सामाजिक प्रशासन के विविध आयाम

DIMENSIONS OF SOCIAL ADMINISTRATION

सामाजिक प्रशासन के विविध आयाम

DIMENSIONS OF SOCIAL ADMINISTRATION

लेखक

डॉ॰ गोविन्द प्रसाद

वरिष्ट रीडर, भूगोल विभाग

राणा प्रताप स्नातकोत्तर महाविद्यालय

सुलतानपुर (उ.प्र.)

डिस्कवरी पब्लिशिंग हाउस

नई दिल्ली–110 002

प्रथम संस्करण: 2007

ISBN: 978-93-5056-681-7

प्रकाशक
डिस्कवरी पब्लिशिंग हाउस
4831/24, अन्सारी रोड, दरियागंज
नई दिल्ली—110 002
दूरभाष—23279245
फैक्स—23253475
e-mail: dphbooks@rediffmail.com
dphtemp@indiatimes.com

मुद्रक
अरोड़ा ऑफसैट प्रेस
दिल्ली-110 092

प्रस्तावना

हर समाज में ऐसे लोग होते हैं जो स्वयं अपनी जीविका उपार्जित नहीं कर पाते। वे अन्धे, बहरे, पागल, कमजोर, लंगड़े, लूले, विक्षिप्त और बीमार होते हैं। ऐसे अनाथ बच्चे, निराश्रित वृद्ध तथा विधवा महिलाएँ भी होती हैं जिनकी देखभाल करने वाला कोई नहीं होता। इन वर्गों के लोगों की अलग-अलग समस्याओं का समाधान एक ऐसा कार्य है जो आय का साधन नहीं हो सकता। जो लोग इस क्षेत्र में कदम बढ़ाते हैं वे मानवता के प्रति अपने प्रेम के कारण निःस्वार्थ भाव से प्रेरित होते हैं। यही सामाजिक कार्य है। इस कार्य को संगठित तथा सुनियोजित रूप से सम्पन्न करने की विधा ही सामाजिक प्रशासन है।

यों तो सामाजिक प्रशासन लोक प्रशासन की ही एक शाखा है लेकिन अपने वैज्ञानिक अर्थ में, सामाजिक प्रशासन एक नया समाज-विज्ञान है। यह लोक-प्रशासन की तुलना में एक नवीन शाखा है। इसका सम्बन्ध सामाजिक कार्यों तथा सेवाओं के समुचित संचालन से है। सामाजिक सेवा की परिधि में वैसे तो मनुष्य के सभी कार्यों को सम्मिलित किया जा सकता है चूंकि मनुष्य जो कुछ भी करता है उसका एक सामाजिक पहलू भी होता है। फिर भी सामाजिक सेवा का एक विशेष अर्थ भी है जो समाज के समस्यापूर्ण वर्ग से सम्बन्ध रखती है।

प्रस्तुत पुस्तक में सामाजिक प्रशासन के सभी पहलुओं पर प्रकाश डाला गया है। आशा है पाठक इससे लाभान्वित होंगे।

—लेखक

अनुक्रम

1

सामाजिक प्रशासन

अपने वैज्ञानिक अर्थ में, सामाजिक प्रशासन एक नया समाज-विज्ञान है। यह लोक-प्रशासन की तुलना में एक नवीन शाखा है। इसका सम्बन्ध सामाजिक कार्यों एवं सेवाओं के समुचित संचालन से है। सामाजिक सेवा की परिधि में वैसे तो मनुष्य के सभी कार्यों को सम्मिलित किया जा सकता है चूंकि मनुष्य जो कुछ भी करता है उसका एक सामाजिक पहलू भी होता है। फिर भी सामाजिक सेवा का एक विशेष अर्थ भी है। यह समाज के समस्यापूर्ण वर्ग से सम्बन्ध रखती है। हर समाज में ऐसे लोग होते हैं जो स्वयं अपनी जीविका उपार्जित नहीं कर पाते। वे अन्धे, बहरे, पागल, कमजोर, लंगड़े, लूले, विक्षिप्त और बीमार होते हैं। ऐसे अनाथ बच्चे, निराश्रित वृद्ध तथा विधवा महिलाएँ भी होती हैं जिनकी देखभाल करने वाला कोई नहीं होता। इन वर्गों के लोगों की अलग-अलग समस्याओं का समाधान एक ऐसा कार्य है जो आय का साधन नहीं हो सकता। जो लोग इस क्षेत्र में कदम बढ़ाते हैं वे मानवता के प्रति अपने प्रेम के कारण निःस्वार्थ भाव से प्रेरित होते हैं। यही सामाजिक कार्य है। इस कार्य को संगठित तथा सुनियोजित रूप से सम्पन्न करने की विद्या ही सामाजिक प्रशासन है।

जहाँ हमें विश्व के इतिहास में हत्यारे, चोर, लुटेरे और समाज-विरोधी तत्त्वों के काले पृष्ठ मिलते हैं वहाँ विभिन्न निःस्वार्थ साहसी, परोपकारी, दयावान, मानवता प्रेमी विभूतियों के स्वर्णिम पृष्ठ भी उपलब्ध होते हैं। भारत के आधुनिक इतिहास

में ही राजाराम मोहन राय, पण्डित रमाबाई, महात्मा गाँधी, ईश्वरचन्द्र विद्यासागर, महर्षि कर्वे, बहरामजी मालाबारी आदि विभिन्न समाज-सेवी हुए हैं। समाज-सेवा की मुख्य प्रेरणा धर्म से प्राप्त होती है। धार्मिक विश्वास के कारण लोग ईश्वर को प्रसन्न करने या मृत्यु के बाद स्वर्ग प्राप्त करने के लिए निःस्वार्थ सेवा करते हैं। समाज सेवा की दूसरी प्रेरणा समाज की सुस्थापित परम्पराएँ हैं। हिन्दू समाज में दूसरों की सेवा और सहयोग एक परम्परागत कर्त्तव्य है। इससे प्रेरित होकर समर्थ लोग पेड़ लगवाते हैं, प्याऊ खुलवाते हैं, धर्मशालाएँ बनवाते हैं, कुएँ खुदवाते हैं और ऐसे ही अन्य लोकोपकारी कार्य करते हैं। भारतीय दर्शन में भी समाज सेवा की प्रेरणा दी गई है। यह दर्शन कर्म को महत्त्व देता है और उसे सुखी जीवन का आधार मानता है।

सामाजिक सेवाओं के संगठन और कार्य से सम्बन्धित सामाजिक प्रशासन विषय का शुरू हुए ज्यादा दिन नहीं हुए। बीसवीं शताब्दी के शुरू में कुछ ब्रिटिश विश्वविद्यालयों ने सामाजिक कार्यकर्त्ताओं के अध्ययन के लिए इस विषय को अपनाया। 1901 में London School of Sociology and Economics की स्थापना हुई। 1912 में यह समाजशास्त्र विभाग बन गया। ग्रेट-ब्रिटेन के अलग-अलग विश्वविद्यालयों में सामाजिक कार्यकर्त्ताओं के लिए विभिन्न प्रशिक्षण कार्यक्रम प्रारम्भ किए गए। ब्रिटेन की भाँति विश्व के दूसरे देशों ने भी सामाजिक प्रशासन का अध्ययन और अध्यापन प्रारम्भ किया। विभिन्न देशों में इसे विभिन्न नामों से जाना जाता है। राज्य के कार्यों की प्रकृति में परिवर्तन के साथ-साथ सामाजिक प्रशासन का स्वरूप भी बदलता रहता है। द्वितीय विश्व युद्ध के बाद की परिस्थितियों में प्रशिक्षित सामाजिक कार्यकर्त्ताओं की आवश्यकता बढ़ी। फलतः सामाजिक प्रशासन की प्रकृति और क्षेत्र में गम्भीर परिवर्तन हुए। यद्यपि सामाजिक प्रशासन एक महत्त्वपूर्ण और उपयोगी विषय है, किन्तु यह एक दुःखद तथ्य है कि इसके अध्ययन का विकास बड़ी धीमी गति से हो रहा है। भारत में प्रत्यक्षतः इससे सम्बन्धित बहुत कम रचनाएँ हैं। कम से कम हिन्दी माध्यम में तो सामाजिक प्रशासन के ग्रन्थों का नितान्त अभाव है। प्रस्तुत रचना में हम हिन्दी माध्यम से सामाजिक प्रशासन विषय की प्रारम्भिक जानकारी देने का प्रयास करेंगे।

सामाजिक प्रशासन : अर्थ

सामाजिक प्रशासन का अर्थ स्पष्ट करते हुए विभिन्न विचारकों ने पृथक-पृथक परिभाषाएँ दी हैं। यहाँ इनमें से कुछ परिभाषाओं का वर्णन किया जा सकता है।

1946 में विकासशील देशों में सामाजिक प्रशासन पर एक विचार गोष्ठी का आयोजन किया गया था। इसमें सामाजिक प्रशासन की यह परिभाषा स्वीकार की गई–"सामाजिक प्रशासन लोक प्रशासन का वह भाग है जो अक्षमताओं को रोकने तथा समाज में परिवारों एवं व्यक्तियों के कल्याण हेतु अवसर पैदा करने के लिए विभिन्न सेवाएँ व्यवस्थित और संचालित करता है।" यह परिभाषा सामाजिक प्रशासन के दोहरे कार्य-क्षेत्र पर प्रकाश डालती है। निषेधात्मक दृष्टि से सामाजिक प्रशासन समाज के अक्षम व्यक्तियों एवं परिवारों की सहायता करता है और सकारात्मक दृष्टि से समस्त समाज के व्यक्तियों एवं निवारण या उपचार और क्षमताओं का विकास सामाजिक प्रशासन का मुख्य दायित्व है। रिचार्ड टिटमस (Richard M. Titmus) ने अधिक स्पष्ट शब्दों में सामाजिक प्रशासन के अर्थ का उल्लेख किया है। उनके कथनानुसार, " सामाजिक प्रशासन को व्यापक रूप से उन सामाजिक सेवाओं के अध्ययन के रूप में परिभाषित किया जा सकता है जिनका उद्देश्य परिवार या समूह के सम्बन्धों में मनुष्य के जीवन की दशाओं को सुधारना है। सामाजिक प्रशासन में इन सेवाओं के ऐतिहासिक विकास का अध्ययन किया जाता है। संविधीय एवं ऐच्छिक संगठनों तथा सामाजिक कार्य के नैतिक मूल्यों का अध्ययन किया जाता है। इसमें इन सेवाओं के कार्य, आर्थिक पहलू तथा सामाजिक सेवाएँ प्रदान करने वाले प्रशासन यन्त्र का अध्ययन किया जाता है। यह सेवित व्यक्तियों के जीवन, आवश्यकता एवं आपसी सम्बन्धों का भी अध्ययन करती है।" यह परिभाषा सामाजिक प्रशासन के विभिन्न पहलुओं पर प्रकाश डालती है। इसमें सामाजिक प्रशासन के विषय क्षेत्र का उल्लेख किया गया है। प्रो. डोनीसन (Prof. D. V. Donnison) ने सामाजिक प्रशासन को संकीर्ण तथा व्यापक दोनों रूपों में परिभाषित किया है। उनका कहना है कि "संकीर्ण अर्थ में लोक प्रशासन सामाजिक सेवाओं के विकास, संरचना एवं व्यवहारों का अध्ययन है। व्यापक रूप में यह दर्शन सहित सभी सामाजिक विज्ञानों को बदलती हुई सामाजिक समस्याओं के विश्लेषण एवं समाधान में लगाना है।" इस परिभाषा में सामाजिक प्रशासन के निषेधात्मक पहलू पर ज्यादा जोर दिया गया है। इसे सामाजिक समस्याओं के विश्लेषण तथा समाधान का साधन मात्र ही माना है। इसके द्वारा सामाजिक, व्यक्तिगत तथा सामूहिक कल्याण के लिए किए जाने वाले कार्यों पर रोशनी नहीं डाला गयी है।

सामाजिक प्रशासन सरकारी तथा गैर-सरकारी दोनों प्रकार की संस्थाओं का उपयोग करता है। वाल्टर फ्रीडलैण्डर ने लिखा है कि "सरकारी अभिकरणों में सामाजिक कल्याण प्रशासन सामाजिक व्यवस्थापन को कार्यान्वित करता है तथा

कानूनों, नियमों एवं विनियमों को लोगों के लिए सेवाओं में परिवर्तित करता है। यह मानवतावादी तथा धार्मिक प्रकृति के अन्य निजी सामाजिक अभिकरणों तथा अन्य ऐच्छिक संगठनों द्वारा संगठनों के विशेष लक्ष्यों को कार्य रूप में परिणत करता है।" इस परिभाषा में सामाजिक प्रशासन के कार्यों का वर्णन किया गया है। यह सामाजिक प्रशासन के लक्ष्य एवं क्रिया दोनों पर रोशनी डालती है। जॉन किडने के मतानुसार, "सामाजिक प्रशासन सामाजिक नीतियों की सामाजिक सेवाओं में परिवर्तन की प्रक्रिया है। यह सामाजिक नीति के मूल्यांकन एवं रूप-परिवर्तन में अनुभव का प्रयोग करती है।"

सामाजिक प्रशासन लोक प्रशासन का वह हिस्सा है जो अलग-अलग सामाजिक सेवाओं के प्रशासन में जनता के साथ मिलकर कार्य करता है। यह समाज को स्वास्थ्य, अनुदान-सहायता, समाज कल्याण, शिक्षा, जीवन-बीमा, गृह-निर्माण, अपाहिजों की सेवा, अपराधों की रोकथाम, मादक पेयों का नियन्त्रण आदि सेवाएँ प्रदान करता है। संक्षेप में यह समाज के अलग-अलग वर्गों के लिए उपयोगी सेवाओं का संचालन और इस तरह कई सामाजिक एवं आर्थिक कष्टों का निराकरण करता है।

सामाजिक प्रशासन : प्रकृति

सामाजिक प्रशासन की प्रकृति के सम्बन्ध में अनेक बातों का उल्लेख किया जा सकता है जो इस शास्त्र के अर्थ को और ज्यादा स्पष्ट कर सकेंगी। ये बातें अग्रलिखित प्रकार से हैं–

(1) **एक नया विषय**–सामाजिक प्रशासन एक अनुशासन के रूप में हाल ही में विकसित हुआ है। वैसे तो स्वयं लोक प्रशासन ही एक नया विषय है, लेकिन इसमें भी सामाजिक प्रशासन तो और भी नया है। यह अभी शैशव अवस्था में है। इसके सिद्धान्त, मान्यताएँ, संगठन के रूप, कार्य-प्रणाली, तरीके और तकनीकें तथा दर्शन अभी तक निश्चित नहीं हो सके हैं। अलग-अलग देशों के सामाजिक प्रशासन अनेक संगठनात्मक एवं कार्यात्मक दोषों से ग्रस्त हैं। इनमें नौकरशाही, सत्तावाद, लालफीताशाही आदि दोष अतिशय की स्थिति में है। इस विषय पर पर्याप्त तथा उपयुक्त साहित्य का भी अभाव है।

(2) **निश्चितता का अभाव**–सामाजिक प्रशासन में मुख्य रूप से समाज कल्याण के कार्यक्रमों का संचालन किया जाता है, किन्तु ये कार्यक्रम भ्रमपूर्ण स्थिति में हैं। समाज कल्याण के अन्तर्गत आने वाले कार्य निश्चित नहीं हैं। ये संख्या में

अधिक होने के साथ-साथ प्रकृति में भी अनेकतापूर्ण हैं। जिन क्षेत्रों में व्यवस्थापन किया जा चुका है उनमें थोड़ी निश्चितता आई है, किन्तु दूसरे अनेक ऐसे विषय है जिन पर व्यवस्थापन नहीं हो सका है और इसलिए वे अभी तक अनिश्चित हैं। भारत जैसे अर्द्धविकसित देश में सामाजिक प्रशासन अनेक समस्याओं के जाल में गुँथा हुआ है। यहाँ सत्ता का विकेन्द्रीकरण किया गया है, किन्तु उपयुक्त परम्पराओं के अभाव में सही प्रशासनिक संरचना और व्यवहार नहीं हो पाता। प्रशासनिक स्तरों पर व्यावसायिक मानक अपेक्षाकृत कमजोर तथा अपर्याप्त है। सामाजिक प्रशासन में संगठन को कार्यकुशल बनाने के लिए सम्बन्धित समाज, जनता, उनकी आवश्यकताएँ तथा उनके पारस्परिक सम्बन्धों की उचित जानकारी अनिवार्य है। अभी तक सामाजिक प्रशासन ने अपनी सैद्धान्तिक संरचना नहीं की है। असल में सामाजिक सेवाओं की प्रकृति प्रशासन के भिन्न रूप की माँग करती है। इस पर कानून और व्यवस्था की स्थापना करने वाला प्रशासन यंत्र सही रूप में लागू नहीं किया जा सकता।

(3) **विधायी आधार का अभाव**—सरकार द्वारा संचालित समाज कल्याण कार्यक्रम का स्पष्ट विधायी आधार नहीं होता। भारत में स्थिति यह है कि अनेक विभाग एवं निदेशालय बिना किसी विधायी आधार के समाज कल्याण कार्यक्रमों को सम्पन्न करने लगते हैं देश के कई राज्यों में वृद्धावस्था सहायता एवं पेन्शन कार्यक्रमों के लिए उचित कानून नहीं है। ये काम प्रशासनिक आदेश के अन्तर्गत होते रहते हैं। बिना किसी विधायी आधार के समाज कल्याण कार्यक्रमों का अध्ययन करना भी एक जटिल कार्य है। इसके बिना सेवा के मापदण्डों और संगठन के सिद्धान्तों की जानकारी कठिन है।

(4) **मानवीय दृष्टिकोण**—सामाजिक प्रशासन मानवीय तत्त्व पर अधिक जोर देता है। यह लोक प्रशासन की अन्य शाखाओं की अपेक्षा कम नौकरशाहीपूर्ण और अधिक मानवतावादी है। यह मानव सेवाओं की ओर अधिक ध्यान देता है और नियमों, प्रक्रियाओं तथा आचरण के निर्धारित नियमों की अधिक महत्त्व नहीं देता। सामाजिक प्रशासन की विशेषता यह है कि इसमें विशेष ध्यान मानव-सम्बन्धों के संचालन पर दिया जाता है, ऐसे मानवों का सम्बन्ध जो किसी न किसी प्रकार के दुःख या पीड़ा से ग्रस्त है। समाज सेवा के अधिकारियों को पर्याप्त नम्रतापूर्ण व्यवहार करना होता है ताकि असहाय, बीमार, विस्थापित, अपराधी और ऐसे ही अन्य लोगों को अधिक राहत मिल सके। सामाजिक प्रशासन के कार्यकर्त्ताओं को सदैव मानवतावादी दृष्टिकोण से कार्य करना होता है क्योंकि उनकी विषय-वस्तु भौतिक

चीज अथवा प्रक्रिया नहीं होती। उनका दृष्टिंकोण निर्वैयक्तिक नहीं हो सकता और होना भी नहीं चाहिए। प्रो. टी. एस. सिमी ने लिखा है कि, "सामाजिक प्रशासन के कार्यों में अत्यधिक लोचशीलता होनी चाहिए, जिससे यह परिस्थितियों के अनुसार समायोजित हो सके, इसमें लोगों की आवश्यकता एवं भावना के प्रति सहानुभूति हो तथा यह जनमत के प्रति सजग हो।"

(5) **निरन्तर एकरूपता की खोज**—सामाजिक प्रशासन जो कार्य सम्पन्न करता है वे किसी सरल और एकरूप संगठन द्वारा सम्पन्न नहीं किए जा सकते। इस प्रकार पृथक-पृथक सेवाओं हेतु विभिन्न तरह के संगठन अपनाए जाते हैं। किन्तु संगठनों की इस विभिन्न रूपता में प्रशासनिक कार्यकुशलता की दृष्टि से निरन्तर एकरूपता की खोज भी चलती रहती है। सामाजिक प्रशासन में एकरूप संगठन का अभाव विभिन्न कारणों का परिणाम है। जैसे—(1) निजी उद्यमों की परम्पराओं का अस्तित्व जो कल्याणकारी राज्य का विकास होने के उपरांत भी कायम है एवं रहेगी, (2) सामाजिक स्थिति की जटिलता एवं सामाजिक समस्याएँ, (3) सामाजिक प्रशासन के निजी एवं सरकारी दोनों ही क्षेत्रों में निहित स्वार्थ, सम्मान एवं गर्व, (4) कार्य संचालन की सुविधा एवं दृष्टिकोण की सुगमता के कारण बहु-विभागीय एवं बहु-कार्यात्मक रूप एक सीमा तक अपरिहार्य बन जाते हैं। इन सभी कारणों से सामाजिक प्रशासन में समन्वय की समस्या बनी रहती है और एकीकरण अथवा संगठन के एकीकृत रूप की खोज लगातार चलती रहती है।

(6) **सामयिक पुनर्गठन की जरूरत**—सामाजिक प्रशासन की विषय-वस्तु मानव-जगत है जिसकी परिस्थितियाँ, आकांक्षाएँ, समस्याएँ तथा आदर्श बदलते रहते हैं और तदनुसार समाज कल्याण विभागों का भी पुनर्गठन होता रहना चाहिए। समाज कल्याण के लिए जब कभी कोई नया कार्यक्रम शुरू किया जाता है या पुराने कार्यक्रम को ही व्यापक रूप में कार्यान्वित किया जाता है तो इसे कार्यरूप देने हेतु एक नए संगठन की माँग की जाती है। इस माँग के पीछे जनमत, निहित स्वार्थ एवं बड़े आदमियों का दबाव रहता है। इस प्रवृत्ति से संगठन का स्थापित एकीकरण भंग हो जाता है तथा पुनः एकीकरण की प्राप्ति के लिए संगठनों में घटा-बढ़ी होती रहती है। श्री जगन्नाधम के मान्यता है कि समाज कल्याण संगठनों में तदर्थ विकास की सामयिक पुनरीक्षा होती रहनी चाहिए तथा समाज कल्याण विभागों के पुनर्गठन का औचित्य परखते रहना चाहिए।

(7) **नौकरशाही का खतरा**—वैसे तो नौकरशाही का खतरा सम्पूर्ण लोक प्रशासन पर छाया रहता है अपितु सामाजिक प्रशासन के परिप्रेक्ष्य में यह विशेष रूप

से चिन्तनीय है। संगठन की कार्यकुशलता के लिए एकरूपता या एकीकरण की कोशिश इसके प्रभावों का विवेचन करने के पश्चात ही किया जाना चाहिए। नौकरशाही का यह मूल दोष है कि यह प्रक्रिया की लकीरों पर इतनी मजबूत हो जाती है कि संगठन के लक्ष्य एक तरफ रह जाते हैं। मरीज असहनीय पीड़ा से कराह रहा है तथा उसकी श्वाँस गले में अटक रही है लेकिन डॉक्टर उसे तभी देखेगा जब कागजी कार्यवाहियाँ पहले पूरी कर ली जाएं। होना यह चाहिए कि लक्ष्य को प्रमुखता दी जाए और प्रक्रिया को गौण माना जाए। सामाजिक प्रशासन के कार्यक्रमों में भिन्नरूपता बनाए रखना अत्यंत जरूरी है। इसमें समाज कल्याण के प्रत्येक कार्य के अनुरूप लोचशीलता रहनी चाहिए तथा नौकरशाही के दुष्प्रभावों को रोकने का प्रत्येक प्रयास किया जाना चाहिए।

(8) **निजी क्षेत्र तथा सरकारी क्षेत्र का संगम स्थल**—निजी क्षेत्र एवं सरकारी क्षेत्र दोनों की साझेदारी सामाजिक प्रशासन में रहती है। यहाँ निजी क्षेत्र बराबर का साझीदार ही नहीं वरन् अनेक मामलों में तो यह मार्ग-प्रदर्शक भी रहा है। औपचारिक रूप से कल्याणकारी सेवाएँ ऐच्छिक संगठनों द्वारा प्रारम्भ की गई हैं। जब उन्हें सरकारी संगठन द्वारा अपना लिया जाता है तो भी जनसहयोग की प्राप्ति के लिए ऐच्छिक संस्थाओं का महत्त्व बना रहता है। ऐच्छिक निजी संस्थाएँ सामाजिक कार्यों के लिए अपेक्षाकृत उपयुक्त रहती हैं। इनमें नौकरशाही के दोष व्याप्त नहीं होते तथा सामाजिक सेवाओं के उपयुक्त लोचशीलता सदैव बनी रहती है। सरकारी संस्थाएँ निर्वैयक्तिक भाव से यन्त्रवत् कार्य करती हैं। उनका कार्य औपचारिक और प्रायः अनिच्छापूर्ण होता है। यह प्रवृत्ति सेवाभाव के अनुकूल नहीं है। सेवा हमेशा आन्तरिक प्रेरणा से की जाती है और वही सेवा सच्चे अर्थों में सेवा बन सकेगी। किसी मरीज के गले में दवा डाल देना ही पर्याप्त नहीं है किन्तु दवा देते समय मरीज के साथ कितना समात्मभाव पैदा किया गया है यह महत्त्वपूर्ण है और यही वास्तविक उपचार है। अधिकांश रोग शारीरिक कम तथा मानसिक अधिक होते हैं। इनका उपचार सेवक की सहानुभूति, आत्मीयता, प्रेम, सौहार्द्र, समझदारी एवं आत्मिक प्रेम से ही हो सकता है। भारत में 'सामाजिक नीति सम्बन्धी प्रस्ताव पर प्रारूप समिति' ने सामाजिक प्रशासन में ऐच्छिक अभिकरणों के महत्त्व पर पर्याप्त प्रकाश डाला है। इसके अनुसार, "सरकारी तथा गैर-सरकारी संगठनों के बीच साझेदारी तथा सामाजिक नीतियों की रचना एवं कार्यान्वित में उत्तरदायित्वों का बँटवारा सच्चे प्रजातन्त्र एवं लोक-कल्याणकारी राज्य की धारणा के अनुकूल है यह पारस्परिक सम्बन्ध कल्याणकारी कार्यों के लिए पर्याप्त उपयुक्त है।"

(9) **क्षेत्रीय कार्य**—सामाजिक प्रशासन का सम्बन्ध मानवीय समस्याओं से है, इसकी विषय-वस्तु 'मानव' है। फलतः अपनी सार्थकता एवं उपयोगिता बनाए रखने के लिए इसे प्रत्येक उस अँधेरे कोने तक पहुँचना होता है जहाँ मानव रहते हैं। सामाजिक कार्यकर्त्ताओं का कार्य वातानुकूलित कमरों में बैठकर समाज के दुख-दर्द पर मगरमच्छ के आँसू बहाते हुए कागजी घोड़े दौड़ाना नहीं है वरन् इसका कार्य 'तलवार की धार धावना है।' गर्मी, सर्दी और बरसात में पहाड़ों पर और मैदानों में अपने दुख-दर्द को भुलाते हुए कार्य करते हैं। बीमारों, अपाहिजों, वृद्धों तथा अन्य पीड़ित व्यक्तियों के दुःख-दर्द को जानने के लिए सामाजिक कार्यकर्त्ता क्षेत्रों में आते हैं। यद्यपि उसके आचरण के भी कुछ नियम तथा तरीके हैं किन्तु ये उसके कार्य में सहायता देने के लिए हैं न कि बाधा देने के लिए। यह मुख्यतः मानवीय दृष्टि से विचार करता है। यदि कोई नियम इस दृष्टिकोण से भिन्न हो तो उसे बदल दिया जाता है।

(10) **जन-सहयोग की अपेक्षा**—सामाजिक प्रशासन में प्रत्येक कदम पर जन-सहयोग की अपेक्षा रहती है। सामाजिक कल्याण की नीतियाँ एवं कार्यक्रम तय करते समय सामान्य जनता की इच्छा जानी जाती है तथा उनकी आकाँक्षाओं के अनुरूप निर्णय लिए जाते हैं। जो कार्यक्रम जन-इच्छा की अभिमनुष्य न हो वह अप्रजातान्त्रिक तो है ही किन्तु उपयोगी भी न रहेगा। जन-कल्याण की योजनाओं को कार्यरूप देते समय भी जनता का सक्रिय सहयोग माँगा जाता है। इसके लिए सामाजिक कार्यक्रम को जनमत में गहराई तक उतारा जाता है, उनकी रुचि जागृत की जाती है तथा सक्रिय होने के लिए प्रेरणा पैदा की जाती है। सामाजिक प्रशासन के कर्मचारी जनता के प्रत्येक दिन के कार्यों से सम्बन्ध रखते हैं। ये आपस में संचार तथा समझदारी का आदान-प्रदान करते हैं।

(11) **निम्नतलीय प्रशासन**—सामाजिक प्रशासन का सम्बन्ध स्थानीय लोगों के दैनिक जीवन की समस्याओं से है। यह जिन क्षेत्रों की समस्याओं से उलझता है वहाँ के लोगों में परस्पर कई विभिन्नताएँ रहती हैं। ये सामाजिक, सांस्कृतिक, आर्थिक तथा अन्य दृष्टियों से कई असमानताओं में जीते हैं। भारत के सन्दर्भ में यह कहा जाता है कि यहाँ की एक ही साथ कई सदियाँ जीती हैं। इस अवस्था में यह स्वाभाविक है कि सामाजिक प्रशासन में हर क्षेत्र के जन-साधारण अपना सम्बन्ध रखें। जन-साधारण के विकास हेतु योजनाएँ बनाई जाती हैं, साधन स्रोत उपलब्ध कराए जाते हैं, आवश्यक समर्थन दिया जाता है और स्थानीय जनता को उनके सम्पूर्ण कल्याण के लिए जिम्मेदारी सौंपी जाती है। इसके लिए स्थानीय अधिकारियों

को व्यापक शक्तियाँ सौंपी जाती हैं तथा केन्द्रीय और राज्य स्तर के अधिकारी इन पर सामान्य निरीक्षण रखने का कार्य करते हैं। सामाजिक कल्याण के कार्यक्रमों तथा नीतियों को कार्य रूप देने की जिम्मेदारी सम्बन्धित क्षेत्र की निजी अथवा सरकारी संस्थाओं का है।

(12) **समस्याजन्य प्रशासन**—सामाजिक प्रशासन का मुख्य अध्ययन-विषय समाज की आर्थिक तथा सामाजिक समस्याओं का निदान है। आरम्भ में यह केवल सामाजिक सेवाओं तथा उनके आर्थिक, नैतिक और प्रशासनिक पहलुओं से सम्बन्ध रखता था। वह इनकी यथास्थिति के अध्ययन में व्यस्त था लेकिन बाद में इसकी रुचि पृथक-पृथक सामाजिक एवं आर्थिक समस्याओं की वजह जानने की तरफ भी हो गई। अब यह सामाजिक सेवाओं की वर्तमान स्थिति तथा ऐतिहासिक विकास का ही अध्ययन नहीं करता वरन् सामाजिक समस्याओं के कारणों का भी विवेचन करता है। सामाजिक प्रशासन का विद्यार्थी न केवल सामाजिक समस्या का ही अध्ययन करता है वरन् उनके समाधान के लिए उपयोगी और सार्थक तरीका ढूँढने की भी कोशिश करता है। वह हर स्तर पर सामाजिक कार्य का मूल्यांकन करता है और जरूरत के अनुसार उसमें बदलाव के लिए जरूरी कदम उठाता है।

सामाजिक प्रशासन : क्षेत्र

सामाजिक प्रशासन का क्षेत्र काफी कुछ उसी सूत्र द्वारा व्यक्त किया जा सकता है जिसका उल्लेख लूथर गुलिक ने लोक प्रशासन का क्षेत्र व्यक्त करने के लिए किया है। यह सूत्र पोस्डकार्ब (POSDCORB) है। यह क्रमशः नियोजन, संगठन, स्टाफिङ्ग, निदेशन, समन्वय, रिपोर्टिंग तथा बजट सम्बन्धी कार्यों की तरफ संकेत करता है। लोक प्रशासन ने लूथर गुलिक के बाद होने वाले विकासों ने 'पोस्डकार्ब' दृष्टिकोण को अपर्याप्त सिद्ध किया है क्योंकि मानव सम्बन्ध, जन-सम्पर्क, प्रबन्ध की तकनीकें आदि विभिन्न नवीन विकास इससे अछूते रह जाते हैं सामाजिक प्रशासन के कुछ विषय भी इस सूत्र की परिधि से बाहर रह जाते हैं अतः यह गलत नहीं है तो अपर्याप्त अवश्य है। सामाजिक प्रशासन का क्षेत्र अधोलिखित शीर्षकों में वर्णित किया जा सकता है—

(1) **नियोजन**—वस्तुतः सामाजिक प्रशासन का मुख्य उद्देश्य समाज के व्यक्तिगत सदस्यों के कल्याण को प्रोत्साहित करना है। यह कार्य अकेले रूप में या समूह के रूप में अथवा पूरे समाज के रूप में सम्पन्न किया जा सकता है। संयुक्त राष्ट्रसंघ की सामाजिक तथा आर्थिक परिषद् के मतानुसार, "सामाजिक कार्य

व्यक्तियों, समूहों एवं समुदायों को सामाजिक, मानसिक एवं शारीरिक कल्याण के सम्भावित उच्चतम शिखर पर पहुँचने में सहायता करता है।"इस उद्देश्य की प्राप्ति के लिए नियोजन नितान्त आवश्यक है। सामाजिक प्रशासकों द्वारा सामाजिक बीमा, शिशु, कल्याण सेवा, स्वास्थ्य एवं चिकित्सा सेवा, पारिवारिक सेवा, मानसिक स्वास्थ्य सेवा, अपराध-सेवा आदि के रूप में जो कार्य किए जाते हैं वे तभी सफल तथा सार्थक बन सकते हैं जब उनके लिए उपयुक्त नियोजन किया जाएगा। नियोजन जैसा कि प्रो. मिलेट का कहना है, प्रशासकीय कार्यों का लक्ष्य निर्धारित करने तथा उसे प्राप्त करने की प्रक्रिया का नाम है। प्रो. हेमेन के मतानुसार "नियोजन मूल रूप से एक बौद्धिक प्रक्रिया है जिसके द्वारा निर्णय लिए जाते हैं।" सामाजिक प्रशासन में नियोजन करते समय पहले तो विभिन्न क्षेत्रों में लक्ष्य तय किए जाते हैं तथा उसके बाद इन लक्ष्यों की प्राप्ति के लिए ऐसे साधनों का निर्धारण किया जाता है जिन्हें अपनाकर इन लक्ष्यों की उपलब्धि की जा सके। लक्ष्य तय करते समय देश की परिस्थिति, समाज का वातावरण, आर्थिक साधन-स्रोत, जन-सहयोग की सम्भावना, इच्छापूर्ण संगठनों का कार्य आदि के आधार पर प्राथमिकताएँ निश्चित की जाती हैं। सामाजिक नियोजन की यह प्रक्रिया आर्थिक नियोजन से मिलती हुई है, किन्तु समकक्ष नहीं है। दोनों की विषय-वस्तु में अन्तर है। सामाजिक नियोजन का क्षेत्र एवं जटिलताएँ अपेक्षाकृत अधिक है। इसमें अपनाए गए साधन भी आर्थिक नियोजन के साधनों से भिन्न होते हैं। आर्थिक नियोजन में प्राथमिकताएँ तय करना इतना कठिन नहीं होता जितना सामाजिक नियोजन में होता है। सामाजिक नियोजन की तैयारी और क्रियान्वित में सरकारी तथा गैर-सरकारी दोनों प्रकार के संगठनों का सक्रिय योगदान रहता है। इसमें स्थानीय स्तर अधिक महत्त्वपूर्ण बन जाता है। योजना बनाते समय स्थानीय जनता की समस्याओं को ध्यान में रखा जाता है तथा कार्यरूप देते समय भी निम्नस्तरीय लोगों को प्राथमिकता दी जाती है।

(2) **संगठन**—सामाजिक प्रशासन के क्षेत्र में दूसरा महत्त्वपूर्ण विषय संगठन है। सामाजिक प्रशासकों द्वारा सामाजिक नियोजन के रूप में जब लक्ष्य निर्धारित किए जाते हैं तो उपलब्ध साधनों को देखते हुए इन लक्ष्यों की प्राप्ति के लिए समुचित संगठन किया जाता है। संगठन करते समय अनेक बातों का ध्यान रखा जाता है। इनमें से कुछ मुख्य बातें ये हैं—(1) संगठन का रूप ऐसा हो जो समाज में व्याप्त समस्याओं का सही तथा कुशल समाधान ढूँढ सके। (2) संगठन बनाते समय उपलब्ध साधनों का समुचित ध्यान रखा जाना चाहिए। (3) संगठन ऐसा हो जिसमें अधिक से ज्यादा जन-सहयोग प्राप्त किया जा सके क्योंकि सामाजिक

प्रशासन में पर्याप्त जन-सहयोग अपेक्षित तथा वाँछनीय है। (4) संगठन इस तरह का हो कि उसमें नौकरशाही के खतरे ज्यादा न पनप सकें। वह प्रक्रिया सम्बन्धी औपचारिकताओं में उलझकर सामाजिक सेवा के कार्य को गौण न बना दे। (5) संगठन ज्यादा कठोर न होकर लोचशील हो ताकि बदलती हुई सामाजिक परिस्थितियों एवं समस्याओं के सन्दर्भ में उसे समायोजित किया जा सके। (6) संगठन का रूप निर्धारित करते वक्त यह सोच लिया जाए कि इसका पद सोपान कैसा होगा, क्षेत्रीय स्तर कितने रखे जाएँगे तथा समन्वय, संचार, निर्देशन और जन-सम्पर्क की क्या व्यवस्था होगी।

स्पष्ट है कि सामाजिक प्रशासन के उद्देश्यों की प्राप्ति के लिए समुचित संगठन किया जाना चाहिए। यह संगठन ऐसा हो जिसमें प्रत्यायोजित सत्ता द्वारा सम्बन्धित भागों को एक संस्था में मिला दिया जाए, जिसमें व्यवस्थित श्रम-विभाजन किया जाए;जिससे कुछ इच्छित लक्ष्यों की प्राप्ति हेतु आवश्यक औजारों, साधनों, मनुष्यों, वस्तुओं, स्थान आदि को एक व्यवस्थित एवं प्रभावशाली रूप से समन्वित किया जाए; तथा जिसमें कार्यों तथा उत्तरदायित्वों का स्थानीयकरण किया जा सके। संगठन द्वारा सामाजिक प्रशासन के अभिकरणों को प्रशासनिक संरचना प्रदान की जाती है।

(3) **स्टाफिङ्ग**—सामाजिक प्रशासन के लक्ष्यों की प्राप्ति एवं संगठन के समुचित कार्य संचालन के लिए योग्य तथा कार्यकुशल कर्मचारी काफी जरूरी है। इनके बिना सामाजिक नियोजन निरर्थक बन जाता है। वह कागजों से निकलकर वास्तविक व्यवहार में परिवर्तित नहीं हो पाता। सामाजिक प्रशासकों द्वारा योग्य कर्मचारियों की भर्ती तथा प्रशिक्षण की समुचित व्यवस्था की जाती है। समाज कल्याण सम्बन्धी किसी भी अभिकरण से पूरी सेवा प्राप्त करने में कर्मचारी वर्ग की आकार, रचना एवं क्षमता निर्णायक योगदान करती है। इसके लिए सेवीवर्ग प्रशासन की सन्तोषजनक व्यवस्था की जानी चाहिए। सेवीवर्ग प्रशासन में भर्ती, रोजगार, वेतन, कार्यकाल, छुट्टियाँ तथा काम की शर्तें आदि निर्धारित की जाती हैं। कर्मचारियों के कार्य-संचालन, पदोन्नति तथा पेन्शन के बारे में की गई व्यवस्था का उनके कार्य, स्तर तथा चरित्र पर सीधा प्रभाव पड़ता है। यह उचित है कि समय-समय पर कर्मचारियों के कार्य का मूल्यांकन किया जाए ताकि वे कार्यकुशल बने रहें और पदोन्नति के लिए अपनी उपयुक्तता भी सिद्ध कर सकें। सामाजिक प्रशासन सेवीवर्ग सम्बन्धी नीतियाँ तय करते समय सेवाकालीन प्रशिक्षण, अभियोग निरोधक प्रक्रिया, सेवा-निवृत्ति के नियम, पदमुक्त करने की व्यवस्था एवं पर्यवेक्षण आदि पर विचार किया जाता है।

(4) **निदेशन**–कार्यपालिका अधिकारी अपने अधीनस्थो के कार्यों का निदेशन करता है। इसके लिए निदेशक में रचनात्मक प्रतिभा का होना आवश्यक है। उसमें नेतृत्व के ऐसे गुण होने चाहिए ताकि वह शेष कर्मचारियों का इच्छापूर्ण तथा उत्साहजनक सहयोग प्राप्त कर सके। निदेशन द्वारा एक अधिकारी अपने अभिकरण के कार्यों में सुधार के लिए सुझाव देता है, कर्मचारियों के कार्यों का उचित मूल्यांकन करता है तथा उनमें विश्वास जाग्रत करता है। सामाजिक संस्थाओं के कार्य कार्यपालिका अथवा उसी के किसी सहयोगी के निदेशन में संचालित किए जाते हैं। इन कार्यों में मुख्य ये हैं–प्रार्थियों का स्वागत, प्रार्थना-पत्रों को फाइल में लगाना, सामाजिक जाँच-पड़ताल, उपयुक्तता का निर्धारण, सहायता की कार्यवाही तथां अन्य ऐसे ही कार्य। इन सभी औपचारिक कार्यों को सामाजिक संगठन की प्रक्रिया कहा जा सकता है। इस कार्य प्रक्रिया का समुचित निदेशन संगठन के कार्यों के समुचित संचालन के लिए परम उपयोगी है।

(5) **समन्वय** (Co-ordination)–‘‘प्रशासनिक समन्वय व्यक्तियों के समूह के कार्यों को एकीकृत तथा संकालवर्तित बनाता है। समन्वय द्वारा कर्मचारियों की क्रियाएँ एक सामान्य लक्ष्य की ओर सामंजस्यपूर्ण तथा एकीकृत होती है। सामाजिक अभिकारणों के कार्य में समन्वय अत्यन्त आवश्यक है अन्यथा सीमित साधनों का अपव्यय और दुर्व्यय होगा तथा सामजिक समस्याओं का सन्तोषजनक निदान नहीं हो सकेगा। संगठन की क्रियाओं में समन्वय द्वारा वही कार्य किया जाता है जो फूलों के हार के एक धागे द्वारा किया जाता है। धागे के बिना फूल असम्बद्ध रहेंगे तथा हार नहीं बन सकेगा, समन्वय के बिना भी संगठन अपने लक्ष्यों को सही रूप में प्राप्त नहीं कर सकेगा। चेस्टर बर्नाडे ने लिखा है कि ‘‘समन्वय का गुण एक संगठन के अस्तित्व के लिए महत्त्वपूर्ण तत्त्व है।’’चार्ल्सवर्थ के मतानुसार ‘‘समन्वय किसी उद्यम के उद्देश्यों की प्राप्ति के लिए कुछ मार्गों का एक व्यवस्थित समग्र में एकीकरण करना है।’’

सामाजिक प्रशासन में समन्वय का महत्त्व विशेष रूप से बढ़ जाता है क्योंकि यहाँ विभिन्न स्तरों पर अनेक प्रकार के अभिकरण कार्यरत रहते हैं। सरकारी संगठनों के साथ-साथ निजी तथा ऐच्छिक संगठन भी कार्य करते हैं। समन्वय न होने पर अनेक कार्यों का अनावश्यक दुहराव किया जाएगा तथा अनेक कार्य छूट जाएँगे। समन्वय का कार्य इस रूप में किया जाना चाहिए ताकि प्रत्येक कर्मचारी अपनी पहल की शक्ति से काम ले सके तथा उसमें यह भावना विकसित हो सके कि उसका स्वयं का कार्य अभिकरण के सकल कार्यक्रम का महत्त्वपूर्ण अंग है।

(6) **प्रतिवेदन**—प्रतिवेदन का दायित्व प्रशासनिक मण्डल को सौंपा जाता है। तदनुसार एक सामाजिक अभिकरण का प्रशासनिक मण्डल अपने सदस्यों को, व्यवस्थापिका को तथा सामान्य जनता को अभिकरण के कार्यों के सम्बन्ध में प्रतिवेदन देता है। यह प्रतिवेदन अभिकरण के अभिलेखों, लेखाओं, साँख्यिकी तथा अनुसन्धान आदि के आधार पर तैयार किया जाता है। केवल सामाजिक रूप से अभिकरण की साँख्यिकी अथवा अन्य औपचारिक सूचना प्रकाशन मात्र नहीं होता। प्रतिवेदन में वह सब भी शामिल है जो समाचार-पत्र, रेडियो, टेलीविजन अथवा भाषणों द्वारा जनता को बताया जाता है। फ्रीडलैण्डर के शब्दों में, "प्रतिवेदन जनता के सामने अभिकरण के कार्यों की व्याख्या के प्रभावशाली तरीके हैं। इनसे जनता अभिकरण की सेवाओं के मूल्य को मान्यता देने में सक्षम है।" इन प्रतिवेदनों को पढ़ने से जनता को अभिकरण की गतिविधियाँ ज्ञात होती हैं और इस प्रकार यह जनसम्पर्क का भी प्रभावशाली साधन बन जाता है। सभी आवश्यक सूचनाएँ स्पष्ट रूप से प्राप्त हो जाने पर दूसरे सामाजिक अभिकरण भी मददगार बन जाते हैं। वे सामाजिक सेवाओं के क्षेत्र में अविश्वास या स्पर्द्धा का दृष्टिकोण न अपनाकर पारस्परिक मदद और अनुपूरकता का दृष्टिकोण अपनाते हैं।

(7) **बजट का कार्य**—मि. जोसेफ पोइस के कथनानुसार, "बजट एक प्रक्रिया है जिसके द्वारा एक सरकारी अभिकरण की नीतियाँ बनाई और संचालित की जाती है।" फ्रीडलैण्डर के अनुसार बजट किसी अभिकरण के वित्तीय स्रोतों के संचालन, व्यय तथा नियन्त्रण का कार्य है। बजट में अभिकरण की आय तथा व्यय सम्बन्धी भविष्यवाणियाँ एवं पूर्वानुमान रहते हैं। इसके आधार पर संघ, राज्य तथा स्थानीय स्तरों पर कोष के आबंटन के लिए समझौता वार्ताएँ की जाती हैं। निजी कल्याणकारी संगठनों में धन संग्रहीत करने के लिए खास अभियान चलाए जाते हैं। बजट सम्बन्धी कार्य में एकत्रित धन का सही रूप में खर्च करना भी शामिल है। इस हेतु समुचित लेखे तैयार किए जाते हैं, वित्तीय अभिलेख रखे जाते हैं तथा नियन्त्रण की व्यवस्था की जाती है। सही बजटिंग वह मानी जाती है जिसमें धन का व्यय बुद्धिपूर्वक तथा अभिकरण की नीतियों एवं नियमों के अनुसार किया जाए। अभिकरण की प्रत्येक शाखा तथा सम्भाग को इस प्रकार धन आबंटित किया जाता है ताकि वे सबसे ज्यादा प्रभावशाली रूप से कार्य संचालित कर सकें।

(8) **नीति निर्धारण**—किसी भी सामाजिक संगठन की नीति निर्धारित करना अत्यंत जरूरी है। इस नीति द्वारा ही संगठन की प्रकृति, संरचना एवं कार्य तय किए जाते हैं। नीति निर्धारित करने का कार्य केन्द्रीय सरकारी अभिकरण के सन्दर्भ में व्यवस्थापिका द्वारा पूरा किया जाता है। इसी तरह स्थानीय तथा प्रान्तीय स्तरों पर

भी इसी स्तर के अधिकारियों द्वारा किया जाता है। गैर-सरकारी अभिकरणों में नीति-निर्धारण इसके निदेशक मण्डल के सदस्यों द्वारा अथवा सदस्यों की सभा द्वारा किया जाता है। समय-समय पर इस कार्य में स्थानीय अधिकारियों की मदद भी प्राप्त की जाती है। सामाजिक संगठनों के कर्मचारी नीति-रचना के कार्य में प्रत्यक्षतः भाग नहीं लेते वरन् वे अप्रत्यक्ष रूप से योगदान करते हैं। व्यवस्थापिका के सदस्य और प्रशासन मण्डल समय-समय इन पर कर्मचारियों से प्रतिवेदन, सूचना और सुझाव प्राप्त करते रहते हैं।

(9) **व्यवस्थापन**—सामाजिक प्रशासन के विषय क्षेत्र में व्यवस्थापन का अत्यंत प्रमुख जगह है। इस कार्य में रत सभी सरकारी अभिकरण किसी न किसी कानून पर आधारित होते हैं। कानून द्वारा न सिर्फ उनके संगठन तथा लक्ष्य तय किए जाते हैं वरन् अनेक बार उनकी कार्य-प्रक्रिया भी तय की जाती है। सामाजिक अभिकरण को कानून की सीमाओं का अतिक्रमण करने से भी रोका जाता है। सामाजिक कार्य करने वाले गैर-सरकारी अभिकरणों को भी कानून द्वारा नियमित किया जाता है, यद्यपि यह नियमन तुलनात्मक सबसे कम होता है और अभिकरण को कार्य करने की पर्याप्त स्वतन्त्रता छोड़ता है। सामाजिक प्रशासन का सम्बन्ध सिर्फ उस व्यवस्थापन से है जो सामाजिक समस्याओं के समाधान या समाज कल्याण के लिए किया गया है। यह सामाजिक व्यवस्थापन है। इसके द्वारा ऐसे आदर्श तथा लक्ष्य प्राप्त किए जाते हैं जिन्हें सामाजिक संस्थाएँ प्राप्त करने का प्रयास करती हैं।

(10) **जनसम्पर्क**—वैसे तो प्रत्येक प्रशासन के लिए जनसम्पर्क अत्यन्त उपयोगी है किन्तु सामाजिक प्रशासन के क्षेत्र में इसका महत्त्व अपेक्षाकृत अधिक है। समाज के जिन लोगों की समस्याएँ दूर की जाती हैं तथा जिन्हें विशेष रूप से सुविधाएँ उपलब्ध कराई जाती हैं उनको समुचित रूप में सामाजिक नीतियों एवं कार्यक्रमों की सूचना दी जानी चाहिए। ऐसा होने पर ही समाज कल्याण की योजनाओं और सामाजिक सेवा के कार्यक्रमों में जनसहयोग प्राप्त किया जा सकेगा। प्रो. फ्रीडलैण्डर (Prof. Friedlander) के कथनानुसार, "सामाजिक कार्य प्रशासन को अपने व्यवहार, कार्य और सामाजिक नीति जनता के सम्मुख स्पष्ट करनी होगी ताकि लोग उस अभिकरण के कार्य की आवश्यकता और मूल्य से परिचित हो सकें।" इस कार्य के लिए यह संचार के प्रायः सभी स्रोतों का प्रयोग करता है। अपने सरकारी प्रतिवेदनों द्वारा, मनोरंजक कहानियों के रूप में, समाचार-पत्रों में, वक्तव्यों एवं साक्षात्कारों के रूप में व्यापक जन-सम्पर्क किया जाता है। इस कार्य में रेडियो, भाषण-टेलीविजन आदि का उपयोग किया जाता है।

(11) **सामाजिक क्रियाकलाप के विभिन्न उपाय**–सामाजिक कार्यों की प्रतिक्रियाओं को 6 प्रमुख प्रकारों में वर्गीकृत किया जा सकता है। ये हैं–Social Case Work, Social Group Work, Community Organisation, Social Action, Social Welfare Research and Social Welfare Administration. इन सभी प्रकार के तरीकों में कुछ सामान्य प्रतिभा और योग्यता की आवश्यकता है। इसे सामान्य सामाजिक कार्य-योग्यताएँ कहा जाता है। ये सभी तरीके और तकनीकें एक दूसरे से पर्याप्त भिन्न हैं। Social Case Work तथा Social Group Work के अन्तर्गत वे क्रियाएँ आती हैं जो इन सेवाओं का प्रयोग करने वाले लोगों से प्रत्यक्ष सम्पर्क रखती है। अन्य तरीकों का प्रयोग सामाजिक अभिकरणों की स्थापना, रख-रखाव और संचालन के लिए किया जाता है।

सामाजिक प्रशासन के सिद्धान्त

सामाजिक अभिकरणों का प्रशासन सामाजिक व्यवस्थापन के प्रावधानों को कार्यरूप में परिणत करने का प्रयास करता है। सामाजिक अभिकरणों द्वारा लोगों की अधिक से अधिक सहायता करने की नीति संक्षेप में मानव सम्बन्धों की कला कही जाती है। इस कला का संचालन निश्चय ही कुछ सिद्धान्तों के आधार पर होता है। फ्रीडलैण्डर ने बड़े सुन्दर शब्दों में लिखा है कि "सामाजिक कार्य के आधारभूत मूल्य रास्ते के जंगली फूलों की भाँति नहीं खिलते वरन् वे गहन उपजाऊ विश्वासों में उपजते हैं जिनसे सभ्यता पोषित होती है।" हर राष्ट्र की अपनी परम्पराएँ होती हैं और इन परम्पराओं पर आधारित स्वयं के मूल्य होते हैं। कहीं व्यक्तिगत स्वतन्त्रता, समानता, नैतिकता और आध्यात्मिकता के मूल्यों का प्रभाव रहता है तो कहीं सत्ता, प्रभुता, एकाधिकार और नियन्त्रण की प्रवृत्तियाँ ज्यादा प्रभावपूर्ण बन जाती है। जिस देश के मूल्यों की जैसी स्थिति होती है उस देश में सामाजिक प्रशासन के वैसे ही सिद्धान्त विकसित हो जाते हैं। साधारणतया प्रजातन्त्र, मानवतावाद, उदारवाद और अनुभववाद–ये सब किसी न किसी रूप में करीब-करीब हर राष्ट्र में उपलब्ध होते हैं। इन्हीं पर सामाजिक प्रशासन के सिद्धान्त अवलम्बित रहते हैं।

सामाजिक अभिकरणों का प्रशासन सामान्य प्रशासन की तकनीकों एवं सिद्धान्तों को अपनाता है। इसका प्रमुख लक्ष्य मानवीय समस्याओं को सुलझाना तथा मानवीय जरूरतों को सन्तुष्ट करना है। सामाजिक अभिकरण की एक सक्षम कार्यपालिका को व्यावसायिक प्रशिक्षण तथा सामाजिक कार्य का अनुभव प्रदान किया जाता है। सामाजिक कार्यकर्त्ता की भावनाएँ, दृष्टिकोण, व्यवहार तथा आदर्श

कुछ मूल्यों के रंग में रंगे जाते हैं। ये मूल्य ही सामाजिक प्रशासन के सिद्धान्त है। इनका अध्ययन निम्न प्रकार किया जा सकता है।

मनुष्य की अन्तर्निहित उपयोगिता, ईमानदारी तथा प्रतिष्ठा में विश्वास

सामाजिक प्रशासन हर मनुष्य को एक मनुष्य के रूप में प्रतिष्ठा देता है। वह शिक्षा, जाति, धर्म, व्यवसाय, आर्थिक स्थिति आदि किसी आधार पर अंतर नहीं करता। हर मनुष्य एक मनुष्य होने के नाते सामाजिक अभिकरण से लाभान्वित होने का अधिकारी है। यदि मनुष्य के साथ कई वजहों से अंतर किया गया तो ऐसी सामाजिक संस्था अपना महत्त्व खो देगी। सामाजिक प्रशासन के तीन मुख्य रूप हैं—सामाजिक वैयक्तिक कार्य, सामाजिक दल कार्य तथा सामुदायिक संगठन कार्य। इन तीनों ही रूपों में सामाजिक प्रशासन का समुचित संचालन इस सिद्धान्त को स्वीकार करने पर ही किया जा सकता है। यह सिद्धान्त वैयक्तिक कार्यकर्त्ता के अपने सेवित व्यक्तियों के प्रति दृष्टिकोण को निर्धारित करता है तथा उनके आपसी सम्बन्धों का तय करता है। यह सेवित मनुष्य की सामाजिक परिस्थितियों में आने वाले बदलाव का आधार है। यही धारणा सामाजिक समूह के सभी सदस्य एक दूसरे में अपनत्व के भाव रखते हैं। जब समूह कार्यकर्त्ता यह स्वीकार करता है कि समूह के प्रत्येक मनुष्य को पूर्ण मान्यता, आदर, ध्यान तथा विचार देते हुए समूह के उद्देश्य तथा कार्य निर्धारित किए जाएंगे तो इसका भारी प्रभाव होता है। सामुदायिक संगठन के क्षेत्र में यही बात समुदाय के अलग-अलग समूहों तथा संगठनों के प्रतिनिधियों पर लागू होती है। सामुदायिक संगठनकर्त्ता को समुदाय के व्यक्तिगत सदस्यों का आदर करना चाहिए। जिन सामाजिक कार्यकर्त्ताओं का समाज-कल्याण तथा स्वास्थ्य सम्बन्धी सेवाएँ पैदा करनी हैं उन्हें चाहिए कि समुदाय के सभी सदस्यों में श्रेष्ठ जीवन, प्रसन्नता और सन्तोष की वृद्धि करें। इन सब कार्यों में मनुष्य के महत्त्व एवं प्रतिष्ठा का आदर्श सबसे ऊपर रहता है। मानव-गरिमा में विश्वास के आधार पर ही सामाजिक कार्य किए जाते हैं।

मनुष्य का स्वावलम्बन एवं आत्म-निर्णय का अधिकार

सामाजिक प्रशासन का दूसरा सामान्य सिद्धान्त यह है कि जो मनुष्य आर्थिक, व्यक्तिगत या सामाजिक समस्याओं से ग्रस्त है उसे स्वयं यह निर्णय लेने का अधिकार है कि उसकी आवश्यकताएँ क्या हैं तथा उन्हें किस प्रकार पूरा किया जा सकता है। सामाजिक प्रशासन यह मानकर चलता है कि भौतिक अथवा भावनात्मक आवश्यकतामन्द मनुष्य-निर्णय का अधिकार रखता है। तदनुसार किसी मनुष्य को

प्यार पाने के लिए बाध्य नहीं किया जाएगा, किसी मनुष्य को भौतिक सम्पन्नता पाने के लिए मजबूर नहीं किया जाएगा। सामाजिक कार्यकर्त्ता अपने हाथ में सेवाओं के पुष्पहार लिए खड़ा रहता है किन्तु वह किसी मनुष्य के गले में उसे जबर्दस्ती से नहीं डालेगा। एक समाजसेवी का यह व्रत था कि वह प्रतिदिन किसी की सेवा करके ही भोजन ग्रहण करेगा। एक दिन अवसरवश उसे उसकी सेवा की माँग करने वाला कोई दिखाई नहीं दिया। अतः मजबूर होकर वह बाजार में प्रतीक्षा करने लगा कि किसी की दुर्घटना हो और वह आहत मनुष्य को अस्पताल ले जाए, लड़ाई हो और वह बीच-बचाव कराए, किसी महिला से छेड़छाड़ की जाए और वह पुलिस कार्यवाही कराए, किसी की जेब कटे और वह गिरहकट की मरम्मत करे आदि-आदि। लम्बी प्रतीक्षा के बाद भी यह सब कुछ करने का अवसर न आया। समाजसेवी को भूख सता रही थी। अन्त में उसे लाठी टेकती एक बुढ़िया पटरी पर आती दिखाई दी। वह नजदीक गया और बुढ़िया इस अप्रत्याशित गतिविधि को पहले तो समझी नहीं, बाद में डर और घबराहट से चिल्लाने लगी। उसने प्रतिरोध करते हुए बार-बार कहा कि वह सड़क पार नहीं करना चाहती किन्तु समाज-सेवी को तो सेवा का नशा चढ़ा था। उसने बुढ़िया को सड़क पार ले जाकर ही दम लिया। यह प्रवृत्ति सामाजिक सेवा के आत्म-निर्णय एवं स्वावलम्बन के सिद्धान्त का खण्डन है। ऐसा होने की आशँका अनेक बार रहती है क्योंकि समाज सेवा भी एक व्यसन है, एक नशा है किन्तु यदि सेवित मनुष्य की इच्छा का ध्यान नहीं रखा गया तो सेवा का लक्ष्य ही धूमिल पड़ जाएगा।

इस सिद्धान्त का एक अर्थ यह है कि समाजसेवी सेवित मनुष्य के लिए सारे कार्य स्वयं ही न करे। फ्रीडलैण्डर के शब्दों में, "समाजसेवी को यह समझ लेना चाहिए कि सेवित मनुष्य की आर्थिक और मनो-सामाजिक दशाओं में परिवर्तन केवल तभी हो सकता है जब उसे स्वयं की सहायता करने में सहायता दी जाए।" वैयक्तिक कार्यकर्त्ता के योगदान का अपना महत्त्व है किन्तु वह तभी लाभप्रद होगा जब सेवित मनुष्य अपनी समस्याओं के कारणों को समझ ले तथा उनका निराकरण करने में व्यक्तिगत रुचि दिखाए। सामाजिक कार्यकर्त्ता का यह विश्वास होना चाहिए कि लोग अपना दृष्टिकोण एवं व्यवहार बदल सकते हैं। लेकिन यह परिवर्तन उसी रूप में होना चाहिए जिस रूप में सेवित मनुष्य स्वयं चाहता है। यदि मनुष्य बीमार है या भावनात्मक रूप से दुःखी है या आर्थिक संकट से ग्रस्त है तो सामाजिक कार्यकर्त्ता उसे मार्गदर्शन दे ताकि वह अपनी समस्या की वजहों को समझ सके तथा उनका समाधान कर सके। सिर्फ तभी उसमें आत्म-सम्मान तथा विश्वास जागृत हो

सकता है। हर स्वाभिमानी मनुष्य यह पसन्द नहीं करता कि कोई अन्य मनुष्य उसके निजी जीवन में हस्तक्षेप करे या उसकी स्वतन्त्रता में बाधक बने। दूसरों के द्वारा सुलझी हुई समस्याएँ मनुष्य के आत्मविश्वास को खण्डित कर देती है। वह उस आनन्द एवं आत्मतोष की प्राप्ति से वंचित रह जाता है जो किसी समस्या के स्वयं निराकरण करने पर उसे प्राप्त हो सकता था।

सामाजिक समूह कार्य के सम्बन्ध में समूह को यह अधिकार है कि वह अपने लक्ष्य साधन तथा उद्देश्य तय करे। सामाजिक कार्यकर्त्ता को इस अधिकार का आदर करना चाहिए। उसे सिर्फ तभी सहयोग करना चाहिए जबकि समूह के सदस्य एवं अपनी समस्याएँ नहीं सुलझा पा रहे हैं अथवा समूह में अन्तर्विरोध, कटुता या अन्य समस्या होने के कारण उसकी अन्तर्दृष्टि, ज्ञान एवं अनुभव लाभप्रद रहेगा। आधुनिक सभ्यता समूहों की रचना को प्रोत्साहन देती है। मनुष्य के शारीरिक, आध्यात्मिक तथा मानसिक विकास के लिए, वातावरण के साँस्कृतिक विकास के लिए तथा मनुष्य की खुशी की अभिवृद्धि के लिए अनेक समूह गठित किए जाते हैं। इन समूहों की सफलता के लिए आत्मविश्वास होना अत्यंत जरूरी है।

सामुदायिक संगठन के सन्दर्भ में सामाजिक कार्यकर्त्ता को समुदाय तथा उसकी सरकार, संगठन एवं समूहों के इस अधिकार का पूर्ण रूप से आदर करना चाहिए कि जनता के कल्याण हेतु आवश्यक एवं आवश्यक कार्यों का निर्णय ले सकें। प्रजातान्त्रिक दर्शन समानता का पोषक है। यह किसी को विशेष अधिकार नहीं सौंपता। इसके अन्तर्गत प्रत्येक मनुष्य को धन, शिक्षा, स्तर, विश्वास, जाति, व्यवसाय आदि का भेदभाव किए बिना समान समझा जाता है। समुदाय के सभी समूह सामान्य कल्याण के लिए जिम्मेवार होते हैं। सामाजिक कार्यकर्त्ता को चाहिए कि वह उन व्यक्तियों तथा समूहों को प्रोत्साहन दे जो समुदाय का नवनिर्माण करना चाहते हैं तथा उसकी बुराइयों को समाप्त करना चाहते हैं। यह स्मरणीय है कि सामाजिक कार्यकर्त्ता अपनी लक्ष्य-प्राप्ति में तभी सफल हो सकता है जब वह समुदाय के सभी सदस्यों के स्वतन्त्र मत का आदर करे तथा उनकी सामाजिक जरूरतों एवं साधनों का मूल्यांकन करे।

सभी के लिए समान अवसर में विश्वास

सामाजिक प्रशासन का तीसरा सिद्धान्त यह है कि इसमें सभी को विकास का समान अवसर दिया जाता है। इन मौकों का फायदा उठाना या न उठाना मनुष्य की स्वयं की इच्छा एवं क्षमता पर आधारित है। सामाजिक कार्यकर्त्ता मानवीय गरिमा

तथा आत्म-निर्णय का सम्मान करते हुए जातीय, धार्मिक तथा राजनीतिक दुराग्रहों से प्रभावित नहीं होता। फ्रीडलैण्डर के कथनानुसार, "सामाजिक सेवाएँ बिना जाति, धर्म तथा वर्ग के भेदभाव के सभी को उपलब्ध होनी चाहिए।" सामाजिक वैयक्तिक कार्य में मनुष्य की आर्थिक, सामाजिक एवं भावनात्मक आवश्यकताओं के प्रति सहानुभूतिपूर्वक देखा जाना चाहिए। उसकी समस्याओं पर विचार करते हुए किसी प्रकार का भेदभाव नहीं बरता जाना चाहिए। सामाजिक समूह कार्य में भी समानता के प्रजातान्त्रिक मूल्य अपनाए जाते हैं। तदनुसार समूह में शामिल होने वाले हर व्यक्तिगत सदस्य का सामाजिक कार्यकर्त्ता द्वारा स्वागत एवं समर्थन किया जाता है। समूह के सहयोग तथा विश्वास द्वारा नए सदस्य की एकता का बन्धन दृढ़ किया जाता है, उसकी आध्यात्मिक तथा भावनात्मक प्रगति को प्रोत्साहित किया जाता है। दूसरी ओर समूह भी मनुष्य से यह उम्मीद रखता है कि वह समूह के कार्यों एवं दायित्वों में अन्य लोगों के साथ सहयोग करेगा। मनुष्य को सहकारी व्यवहार की ओर प्रेरित किया जाता है तथा उसे सिर्फ स्वयं के कल्याण और सुख की संकीर्ण परिधियों में नहीं बँधने दिया जाता। वह दूसरे लोगों के कल्याण और सुख की सफलता में रुचि लेने लगता है। मनुष्य को यह सिखाया जाता है कि अपनी पूरी क्षमता से दूसरों की मदद करना सिर्फ दायित्व ही नहीं है वरन् आनन्द का स्रोत भी है। समूह के लोगों में धर्म, जाति, रंग, वर्ग आदि का अन्तर होते हुए भी मूलभूत एकता की भावना का पोषण करना सामाजिक कार्यकर्त्ता का दायित्व है। समूह के लोगों के साथ अपने सम्पर्क के समय वह समाजशास्त्र, नागरिक शास्त्र, शिक्षा एवं मानवीय व्यवहार के अध्ययन का प्रयोग करता है।

सामुदायिक संगठनकर्त्ता समान अवसरों के मानव अधिकार द्वारा प्रेरित होता है। यह समुदाय के नेताओं को प्रेरित करता है ताकि वे अभावग्रस्त लोगों को शिक्षा के अवसर, सांस्कृतिक विकास की परिस्थितियाँ, शारीरिक स्वास्थ्य का वातावरण तथा सुख प्रदान कर सकें।

मनुष्य का परिवार के प्रति, स्वयं के प्रति एवं समाज के प्रति सामाजिक जिम्मेवारी

सामाजिक प्रशासन का एक अन्य सिद्धान्त यह है कि प्रत्येक मनुष्य जो समाज से अनेक प्रकार की सेवाएँ प्राप्त कर रहा है उसका स्वयं का भी स्वयं के प्रति, परिवार के प्रति तथा पूरे समाज के प्रति कुछ दायित्व है। मनुष्य को कोई ऐसा आचरण नहीं करना चाहिए जो उसके स्वयं के या परिवार के या समाज के हितों

पर कुठाराघात करता हो। इसके विपरीत उसे सदैव अपनी, अपने परिवार की तथा समाज की प्रसन्नता, प्रगति, कल्याण, स्वास्थ्य एवं भलाई के लिए प्रयत्नशील रहना चाहिए। अपने दायित्वों को निर्वाह करने पर ही मनुष्य अपने व्यक्तिगत अधिकार, आत्म-सम्मान, आत्म-निर्णय तथा समान अवसरों की प्राप्ति का दावा कर सकता है। इस तरह मनुष्य और समूह, समुदाय एवं समाज के बीच आदान-प्रदान का सम्बन्ध है। जग की रीति-नीति यही है कि 'इस हाथ लो और उस हाथ दो।' सामाजिक वैयक्तिक कार्यकर्त्ता एवं समूह कार्यकर्त्ता को मनुष्य एवं समूह को यह बताना होगा कि उनके स्वयं के अधिकारों की मान्यता के लिए यह आवश्यक है कि वे अपने दायित्वों एवं सीमाओं का ध्यान रखें तथा दूसरों की जरूरतों एवं अधिकारों को आदर प्रदान करें।

स्पष्ट है कि समाज तथा मनुष्य के बीच क्रिया-प्रतिक्रिया का सम्बन्ध है। मनुष्य स्वयं के लक्ष्य, प्रेरणा तथा व्यवहार के अनुसार ही समाज अथवा समूह के प्रति दायित्व स्वीकार करता है। अतः वैयक्तिक कार्यकर्त्ता और समूह कार्यकर्त्ता मनुष्य की प्रेरणा एवं समूह के कार्यक्रम और उनकी क्रिया-प्रतिक्रिया का उल्लेख करता है। सामुदायिक संगठनों में सामाजिक कार्यकर्त्ता इस बात का ध्यान रखता है कि संगठन का कोई कार्यक्रम तथा कार्य दूसरे समूहों के स्वास्थ्य तथा कल्याण की जरूरतों को नुकसान न पहुँचाए।

मूल्य-निरपेक्ष दृष्टिकोण

सामाजिक प्रशासन का एक सिद्धान्त यह है कि व्यावसायिक कार्यकर्त्ताओं को मूल्य-निरपेक्ष दृष्टिकोण अपनाना चाहिए। जब सामाजिक प्रशासक अपने सेवित मनुष्य से सम्पर्क करें तो पहले से ही किसी दृष्टिकोण विशेष से लदे न हों। जिस तरह एक डॉक्टर मरीज का इलाज करते समय मरीज के व्यक्तिगत आचरण, विश्वास तथा मान्यताओं की ओर कोई ध्यान नहीं देता। वह रोग के लक्षणों का अध्ययन करता है और तदनुसार उपचार करता है। उसकी दवाइयाँ रोग के लक्षणों के आधार पर निर्धारित होती है, रोगी की मनोवृत्ति, विचारधारा, विश्वास अथवा व्यवहार के आधार पर निर्धारित नहीं होती और न होनी चाहिए। इसी प्रकार सामाजिक प्रशासकों से जो मनुष्य सहयोग की माँग करता है उस मनुष्य के आचरण पर नैतिक निर्णय देने का कार्य प्रशासक को नहीं करना चाहिए वरन् उसे ज्यादा से ज्यादा सम्भव मदद प्रदान करनी चाहिए। इसका यह तात्पर्य यह नहीं है कि सामाजिक प्रशासक डाकुओं के खेमे में जाकर कार्य करें अथवा समाज-विरोधी

कार्यवाहियों में लगे व्यक्तियों को प्रत्यक्ष अथवा अप्रत्यक्ष रूप से प्रोत्साहित करें। उनका स्वयं का आचरण निश्चय ही नैतिक मूल्यों पर आधारित होना चाहिए।

समाज कल्याण-कार्यक्रम : एक संक्षिप्त विवरण

समाज कल्याण के कार्यक्रम बहुमुखी और व्यापक हैं तथा महत्त्वपूर्ण कार्यक्रमों पर अलग-अलग विस्तृत विवरण देना होगा। इस प्रकार अध्ययन की सुविधा की दृष्टि से यह उचित होगा कि हम इस प्रथम अध्याय में ही पृष्ठभूमि के रूप में समस्त समाज कल्याण-प्रशासन और समाज कल्याण-कार्यक्रमों की एक मोटी रूपरेखा प्रस्तुत कर दें। इससे हमारे सामने विषय-वस्तु का सारा चित्र स्पष्ट हो जाएगा और अगले अध्यायों के विवरणों को समझने की पृष्ठभूमि तैयार हो जाएगी।

देश में समाज कल्याण कार्य करने की प्रेरणा भारतीय संविधान से मिली है। जिसमें एक कल्याणकारी राज्य की परिकल्पना की गई है। संविधान के अनुच्छेद 38 में यह कहा गया है कि राज्य ऐसी सामाजिक व्यवस्था की, जिसमें सामाजिक, आर्थिक और राजनीतिक न्याय राष्ट्रीय जीवन की सभी संस्थाओं को अनुप्राणित करे, भरसक कार्यसाधक के रूप में स्थापना और संरक्षण करके लोक कल्याण की उन्नति का प्रयास करेगा। संविधान में यह भी कहा गया है कि "श्रमिक पुरुषों और स्त्रियों का स्वास्थ्य और शक्ति तथा बालकों की सुकुमार अवस्था का दुरुपयोग न हो तथा आर्थिक आवश्यकता से विवश होकर नागरिकों को ऐसे रोजगारों में न जाना पड़े जो उनकी आयु तथा शक्ति के अनुकूल न हों और शैशव तथा किशोरावस्था का शोषण से तथा नैतिक और आर्थिक परित्याग से संरक्षण हो।"

समाज कल्याण सेवाओं ने आयोजना के तीन दशक से अधिक की अवधि में बच्चों, महिलाओं तथा समाज के शारीरिक तथा सामाजिक रूप से विकलांग लोगों का कल्याण तथा विकास करने का प्रयास किया है। ग्रामीण तथा जनजातीय क्षेत्रों और शहरों की गन्दी बस्तियों में समाज के नाजुक वर्गों की महिलाओं तथा बच्चों के कल्याण पर अधिक बल दिया गया है।

प्रशासनिक ढाँचा

केन्द्र में समाज कल्याण मंत्रालय और राज्य सरकारों के विभाग, बच्चों, महिलाओं और समाज के शारीरिक रूप से तथा सामाजिक दृष्टि से विकलांग लोगों के कल्याण तथा विकास के लिए उत्तरदायी हैं। उनके प्रयास सामाजिक न्याय के साथ विकास करने के राष्ट्रीय प्रयासों के पूरक होते हैं तथा उन्हें बढ़ावा देते हैं। इस कार्य में स्वयंसेवी संगठनों का सहयोग भी प्राप्त किया जाता है।

देश में समाज कल्याण तथा विकास कार्यकलापों का समन्वय केन्द्रीय स्तर पर समाज कल्याण मंत्रालय के तीन विभागों द्वारा किया जाता है। ये विभाग हैं—(1) पोषाहार तथा बाल विकास विभाग, (2) समाज सुरक्षा तथा विकलांग कल्याण और विकास विभाग, अथवा (3) नारी कल्याण विभाग।

योजनाओं के अन्तर्गत समाज कल्याण

पहली पंचवर्षीय योजना में 1.6 करोड़ रुपये के मामूली व्यय से शुरुआत समाज कल्याण के क्षेत्र में योजनागत परिव्यय तथा व्यय में वृद्धि होती रही है। छठी पंचवर्षीय योजना के दौरान समाज कल्याण मंत्रालय के केन्द्रीय तथा केन्द्र द्वारा प्रायोजित कार्यक्रमों के लिए 150 करोड़ रुपये का परिव्यय निर्धारित किया गया।

बाल कल्याण—भारत सरकार ने अगस्त, 1974 में बच्चों के लिए एक राष्ट्रीय नीति संकल्प पारित किया। संकल्प में बाल कल्याण के लिए अपनाए जाने वाले विभिन्न उपायों तथा उन्हें दी जाने वाली प्राथमिकताओं की व्याख्या की गई है। संकल्प के अनुसार दिसम्बर, 1974 में एक राष्ट्रीय बाल बोर्ड स्थापित किया गया था। 25 मई, 1981 को बोर्ड का पुनर्गठन किया गया। हिमाचल प्रदेश तथा चण्डीगढ़ संघ राज्य क्षेत्र को छोड़कर सभी राज्यों में इसी तरह के बोर्ड गठित किए गए हैं।

समेकित बाल विकास योजनाएँ—छठी पंचवर्षीय योजना में बाल कल्याण कार्यक्रम को सर्वोच्च प्राथमिकता दी जा रही है। इस क्षेत्र की सबसे प्रमुख योजना 6 वर्ष तक की आयु के बच्चों, प्रसूता व गर्भवती महिलाओं आदि के लिए 'समेकित बाल विकास सेवाएँ' हैं। इस योजना के तहत समेकित सेवाएँ प्रदान की जाती हैं जिनमें पूरक पोषाहार, रोग प्रतिरक्षण, स्वास्थ्य जाँच, परामर्श सेवाएँ, पोषाहार तथा स्वास्थ्य शिक्षा और स्कूल पूर्व अनौपचारिक शिक्षा शामिल हैं। 1982-83 के अन्त तक ऐसी 620 परियोजनाएँ चल रही थीं जिनमें से 94 परियोजनाएँ शहरी क्षेत्रों, 336 परियोजनाएँ ग्रामीण क्षेत्रों और 190 परियोजनाएँ जनजातीय क्षेत्रों में चल रही थीं। 1983-84 में 200 तथा 1984-85 में 180 अतिरिक्त परियोजनाएँ शुरू करने का विचार था जिससे 60 लाख बच्चों को पूरक पोषाहार, 165 लाख बच्चों के लिए रोग प्रतिरक्षण और 30 लाख बच्चों को स्कूल पूर्व शिक्षा की व्यवस्था करने के लिए छठी पंचवर्षीय योजनावधि में कुल 1000 परियोजनाएँ हो जाएँगी।

जरूरतमन्द बच्चों हेतु देखभाल एवं संरक्षण सुविधाएँ—एक अन्य महत्त्वपूर्ण कार्यक्रम परित्यक्त, अवांछित और बेसहारा बच्चों की देखभाल करना तथा उन्हें संरक्षण प्रदान करना है। इस कार्यक्रम की जरूरत परम्परागत परिवार प्रणाली के टूटने की वजह से हुई है जिसमें आश्रित बच्चों की देखभाल होती थी तथा उन्हें आश्रय

दिया जाता था। 1974-75 में शुरू की गई इस योजना के तहत स्वयंसेवी संगठनों को निराश्रित बच्चों की रिहाइश तथा देखभाल के लिए सहायता दी जाती है। 1982-83 के अन्त तक एक लगभग 59,000 जरूरतमन्द बच्चों की देखभाल की गई तथा उन्हें संरक्षण प्रदान किया गया।

बीमार तथा नौकरी वाली महिलाओं की खातिर बालवाड़ियाँ—इस योजना के अन्तर्गत नौकरी करने वाली तथा बीमार महिलाओं के 5 वर्ष तक की आयु के बच्चों की दिन में देखभाल की जाती है। बच्चों के लिए सोने की सुविधाएँ, दिन में देखभाल करने की सेवाएँ, पूरक पोषाहार, दवाईयाँ, मनोरंजन और डॉक्टरों से सप्ताह में स्वास्थ्य की जाँच करने की सुविधाएँ उपलब्ध हैं। यह योजना स्वयंसेवी संगठनों के माध्यम से क्रियान्वित की गई। 1974-75 में यह योजना 247 बालवाड़ियों से शुरू की गई थी जिनमें लगभग 5,000 बच्चे थे। इनकी संख्या में वृद्धि होती रही और 1983-84 के दौरान 5,000 बालवाड़ियों में बच्चों की संख्या लगभग 1,25,000 हो जाना अनुमानित था।

विभिन्न पोषाहार कार्यक्रम—बच्चों में, खासकर निम्न आर्थिक स्तर के बच्चों में, व्यापक पोषाहार की कमी को पूरा करने के लिए अलग-अलग प्रकार के पोषाहार कार्यक्रम क्रियान्वित किए गए हैं। 1970-71 में जनजातीय तथा पिछड़े ग्रामीण क्षेत्रों और शहरों की गन्दी बस्तियों में 6 वर्ष से कम आयु के बच्चों और गर्भवती तथा प्रसूता महिलाओं के लिए पूरक पोषाहार की व्यवस्था करने हेतु एक विशेष पोषाहार कार्यक्रम शुरू किया गया। इस समय, इस कार्यक्रम के तहत करीब 80 लाख बच्चों एवं महिलाओं को लाभ मिल रहा है। बालवाड़ियों और स्वयंसेवी संगठनों द्वारा चलाए जा रहे दिन में देखभाल करने वाले केन्द्रों के माध्यम से एक अन्य पोषाहार कार्यक्रम चलाया जाता है। इस कार्यक्रम के अन्तर्गत 3 से 6 वर्ष तक की आयु के बच्चों को पूरक पोषाहार दिया जाता है। 1984 के प्रारम्भ में इस कार्यक्रम के अन्तर्गत 7,000 बालवाड़ियों के माध्यम से लगभग 2.29 लाख बच्चों को लाभ मिल रहा था।

1976 से 10 राज्यों में विश्व खाद्य कार्यक्रम के अन्तर्गत एक पोषाहार परियोजना भी चलाई जा रही है जिससे 20 लाख बच्चे लाभान्वित हो रहे हैं। विस्तार के अगले चरण में इस कार्यक्रम का लक्ष्य 1985 तक 12 राज्यों में 21 लाख बच्चों तथा महिलाओं को लाभ पहुँचाना है। 'केयर' विभिन्न पोषाहार कार्यक्रमों के लिए खाद्य पदार्थ सप्लाई करता है। सभी पूरक पोषाहार कार्यक्रमों में स्वास्थ्य निवेश तथा पीने के साफ पानी की सप्लाई करने की सुविधाओं का उत्तरोत्तर विस्तार किया जा

रहा है ताकि इनका अधिकतम प्रभाव पड़े। केन्द्रीय समन्वय समिति यह सुनिश्चित करती है कि बच्चों तथा महिलाओं को पोषाहार सम्बन्धी आवश्यकताओं के प्रति समेकित दृष्टिकोण अपनाया जाए तथा पोषाहार को विकास के अन्य क्षेत्रों के साथ भी सम्बद्ध किया जाए।

स्वैच्छिक प्रयासों को प्रोत्साहन देने हेतु बाल कल्याण के क्षेत्र में किए गए उत्कृष्ट कार्य के लिए व्यक्तियों तथा संगठनों दोनों को 1979 से राष्ट्रीय पुरस्कार दिया जाना आरम्भ किया गया है। किसी मनुष्य को 20,000 रुपये का नकद पुरस्कार तथा प्रशस्ति-पत्र और संस्था को 1,00,000 रुपये का नकद पुरस्कार तथा प्रशस्ति पत्र दिया जाता है।

राष्ट्रीय-जन सहयोग तथा बाल विकास संस्थान—दिल्ली स्थित राष्ट्रीय जन-सहयोग तथा बाल विकास संस्थान स्वैच्छिक कार्य तथा बाल विकास के क्षेत्र में अनुसन्धान, मूल्यांकन तथा प्रशिक्षण का कार्य करता है। इसके कार्यक्रमों में तरह-तरह की समस्याओं पर अनुसन्धान किया जाता है तथा समेकित बाल विकास योजना और क्षेत्र स्तर के कार्यकर्त्ताओं तथा वरिष्ठ कार्मिकों को समाज-प्रशासन में प्रशिक्षण दिया जाता है। संस्थान के तीन क्षेत्रीय एकक गोवाहाटी, बंगलौर और लखनऊ में हैं।

प्रशिक्षण कार्यक्रम—विभिन्न कार्यक्रम आरम्भ करने के लिए पर्याप्त संख्या में प्रशिक्षित कार्मिक उपलब्ध कराने की दृष्टि से क्षेत्र स्तर के कार्यकर्त्ताओं के लिए कई प्रशिक्षण कार्यक्रम प्रायोजित किए गए हैं। बाल कल्याण कर्मचारियों को प्रशिक्षण देने के लिए 1961-62 के दौरान बाल सेविका प्रशिक्षण कार्यक्रम आरम्भ किया गया था। 1982-83 में ऐसे 39 बाल सेविका प्रशिक्षण केन्द्र थे जहाँ पर स्कूल पूर्व शिक्षा, मनोरंजन, स्वास्थ्य, पोषाहार, सामाजिक कार्य तथा समेकित बाल विकास योजना की अवधारणा के बारे में ग्यारह महीने का प्रशिक्षण दिया जा रहा था। सामाजिक कार्यकर्त्ताओं को विशेष रूप से स्वयंसेवी क्षेत्र में बढ़ती माँग को पूरा करने के लिए राष्ट्रीय जन सहयोग तथा बाल विकास संस्थान और राष्ट्रीय सामाजिक सुरक्षा संस्थान भी गैर-सरकारी अधिकारियों के लिए लघु अवधि के प्रशिक्षण पाठ्यक्रमों तथा कार्यशालाओं का आयोजन करते हैं।

अन्तर्राष्ट्रीय बाल वर्ष—1979 में अन्तर्राष्ट्रीय बाल वर्ष मनाने से बच्चों के कल्याण के लिए कार्यक्रमों का विस्तार करने में काफी ज्यादा प्रोत्साहन मिला। इस वर्ष के दौरान पोषाहार, शिक्षा, स्वास्थ्य, कल्याण, आदि के क्षेत्रों में बच्चों के विकास के लिए व्यापक राष्ट्रीय कार्य-योजना तैयार की गई है। बच्चों के विकास के लिए

सरकार की कोशिशों को मूर्त रूप देने के लिए समाज कल्याण मंत्रालय एक 'बाल विकास सम्बन्धी संदर्शी योजना—1980-2000' तैयार कर रहा है। अन्तर्राष्ट्रीय बाल वर्ष के दौरान बाल कल्याण कार्यक्रमों के लिए संसाधन जुटाने के लिए एक राष्ट्रीय बाल निधि भी बनाई गई है।

महिला कल्याण

महिलाओं के कल्याण तथा विकास हेतु एक राष्ट्रीय कार्य-योजना तैयार की गई है जिसमें महिलाओं के विकास तथा उनकी सहभागिता के अलग-अलग पहलू सम्मिलित हैं। महिलाओं के लिए नीतियों एवं कार्यक्रमों के क्रियान्वयन पर निगरानी रखने के लिए एक राष्ट्रीय महिला समिति गठित की गई है। समाज कल्याण मंत्रालय महिलाओं से सम्बन्धित सभी मामलों, जिनमें समन्वय भी शामिल है, के बारे में भारत सरकार में केन्द्र बिन्दु है।

प्रौढ़ महिलाओं के लिए कार्यात्मक साक्षरता—1975-76 में 15 वर्ष से 45 वर्ष तक की आयु की महिलाओं के लिए कार्यात्मक साक्षरता की योजना शुरू की गई थी। इस योजना के तहत स्वास्थ्य तथा स्वच्छता, खाद्य एवं पोषाहार, गृह-प्रबन्ध और बच्चों की देखभाल सम्बन्धी अनौपचारिक शिक्षा प्रदान की जाती है। 1984 के शुरू में यह योजना 620 समेकित बाल विकास परियोजना क्षेत्रों में चलाई जा रही थी।

प्रौढ़ महिलाओं हेतु संक्षिप्त शिक्षा पाठ्यक्रम तथा व्यावसायिक प्रशिक्षण—खासतौर से ग्रामीण क्षेत्रों में योग्य तथा जरूरतमन्द महिलाओं को रोजगार के नए अवसर उपलब्ध कराने तथा प्राथमिक स्कूल अध्यापिकाओं, बाल सेविकाओं, स्वास्थ्य निरीक्षकों, परिचारिकाओं, दाइयों और परिवार नियोजन कार्यकर्त्ताओं जैसे सक्षम तथा प्रशिक्षित कार्यकर्त्ताओं का वर्ग तैयार करने के लिए संक्षिप्त शिक्षा पाठ्यक्रम योजना आरम्भ की गई। 1958 में इस योजना के प्रारम्भ होने से लेकर दिसम्बर, 1982 तक 6,607 पाठ्यक्रमों को स्वीकृति दी गई थी जिनसे करीब 1,40,600 महिलाएँ लाभान्वित हुईं।

महिला कर्मचारियों के लिए हॉस्टल—घर से बाहर कार्य करने के लिए महिलाओं को प्रोत्साहित करने की दृष्टि से हॉस्टलों का निर्माण/विस्तार करने के लिए स्वयंसेवी संगठनों को सहायता-अनुदान देने के लिए 1972 में एक योजना आरम्भ की गई ताकि निम्न आय वर्ग की महिला-कर्मचारियों के लिए सस्ता तथा सुरक्षित आवास प्राप्त कराया जा सके। इस योजना के तहत वित्तीय सहायता महिला कल्याण के क्षेत्र में कार्यरत पंजीकृति स्वयंसेवी संगठनों को लागत अंश के आधार पर दी जाती है। सरकार निर्माण की कुल औसत लागत के 75 प्रतिशत के बराबर

मदद दे रही है, 1972-73 में इस योजना के आरम्भ होने के समय से 1983 तक करीब 300 हॉस्टलों के लिए अनुमति दी जा चुकी थी जिनमें करीब 18,500 महिला-कर्मचारियों को आवास उपलब्ध कराया जाएगा।

महिलाओं हेतु सामाजिक-आर्थिक कार्यक्रम—जरूरतमन्द महिलाओं को पूर्णकालिक आधार पर कार्य के अवसर उपलब्ध कराने तथा उन्हें मजदूरी देने के लिए केन्द्रीय समाज कल्याण बोर्ड द्वारा 1958 में एक सामाजिक-आर्थिक कार्यक्रम आरम्भ किया गया था। यह कार्यक्रम शनैः-शनैः जोर पकड़ रहा है और आने वाले वर्षों में बड़े पैमाने पर कृषि आधारित योजनाओं तथा स्वनियोजन योजनाओं को बढ़ावा देने का विचार है। इस समय करीब 5,300 इकाइयों को मदद दी जा रही है जिनसे लगभग 60,000 महिलाओं को लाभ मिल रहा है।

महिलाओं के पुनर्वास हेतु प्रशिक्षण केन्द्र—15 से 50 वर्ष तक की आयु की निस्सहाय महिलाओं को बिक्री-योग्य दस्तकारी में प्रशिक्षण देने के उद्देश्य से 1977 में पुनर्वास केन्द्र स्थापित करने के लिए योजना आरम्भ की गई थी। प्रशिक्षण की अवधि के दौरान महिलाओं तथा उनके आश्रित बच्चों (6 वर्ष से कम आयु के) को रिहाइश की सुविधाएँ प्रदान की जाती हैं तथा उनकी देखभाल की जाती है। यह योजना स्वयंसेवी संगठनों के द्वारा क्रियान्वित की जाती है जिन्हें इस प्रयोजन के लिए 90 प्रतिशत मदद मिलती है। इस योजना से करीब 2,000 महिलाओं को फायदा मिल रहा है।

अन्य कार्यक्रम—केन्द्रीय समाज कल्याण बोर्ड, राज्य सरकारों तथा स्वयंसेवी संगठनों द्वारा कई अन्य महिला कार्यक्रम चलाए जाते हैं। इनमें से महत्त्वपूर्ण कार्यक्रम स्थानीय ग्राम स्तर के महिला संगठनों (महिला मण्डलों), व्यावसायिक प्रशिक्षण तथा पुनर्वास केन्द्रों को सहायता देना तथा निस्सहाय महिलाओं के लिए आश्रम स्थापित करना है। कुछ राज्यों ने महिलाओं द्वारा किए जा रहे कार्यकलापों के संघर्ष तथा उन्हें आर्थिक सहायता देने के लिए नारी विकास निगम स्थापित किए हैं। कई स्वयंसेवी संगठन बाल विवाह, दहेज तथा लड़कियों को स्कूलों से निकालना, आदि प्रथाओं को समाप्त करने के लिए सक्रिय रूप से जनमत तथा समर्थन प्राप्त करने के कार्य में लगे हुए हैं।

कानूनी तरीका—भारत में महिलाओं की स्थिति सम्बन्धी समिति की सिफारिशों के अनुसरण में सरकार ने पारस्परिक सहमति से विवाह-विच्छेद का सिद्धान्त स्वीकार कर लिया है और हिन्दू विवाह में इस आशय का संशोधन कर दिया गया है। विवाह-विच्छेद के लिए क्रूरता और परित्याग को भी आधार माना गया है। केन्द्रीय

सरकार के कर्मचारियों के मामलें में दहेज लेने तथा दहेज देने को सरकारी सेवा के आचरण नियमों का उल्लंघन घोषित कर दिया गया है। राज्य सरकारों को भी इसी प्रकार की कार्यवाही करने की सलाह दी गई थी। केरल, हिमाचल प्रदेश, तमिलनाडु और आन्ध्र प्रदेश ने यह सलाह मान ली है। उड़ीसा, बिहार, पश्चिम बंगाल, हरियाणा, पंजाब, हिमाचल प्रदेश ने विद्यमान कानून को अधिक प्रभावी बनाने के लिए दहेज प्रतिशोध अधिनियम, 1961 में संशोधन कर दिया है। बिहार और हिमाचल प्रदेश ने अधिनियम के अन्तर्गत किए गए अपराधों को संक्षेय अपराध बना दिया है। समान मजदूरी अधिनियम, 1976 पारित कर दिया गया है जिसमें पुरुषों तथा महिलाओं को समान मजदूरी देने तथा रोजगार के मामलों में महिलाओं के प्रति भेदभाव को बरतने को रोकने की व्यवस्था है। विवाह विधि संशोधन अधिनियम, 1976 द्वारा हिन्दू विवाह अधिनियम, 1955 तथा विशेष विवाह अधिनियम, 1954 को संशोधित करके कन्या को यह अधिकार प्रदान कर दिया गया है कि वह बालिग होने से पहले बचपन में की गई अपनी शादी को रद्द करा सकती है, चाहे उसका पति के साथ सहवास हुआ हो या नहीं। बाल विवाह प्रतिबन्ध (संशोधन) अधिनियम, 1978 में संशोधन करके लड़की की उम्र 15 वर्ष से बढ़ाकर 18 वर्ष तथा लड़के की शादी की उम्र 18 से बढ़ाकर 21 वर्ष कर दी गई है। इस अधिनियम के तहत किए गए अपराधों को संज्ञेय अपराध बना दिया गया है।

फैक्टरी (संशोधन) अधिनियम, 1976 में ऐसी हर फैक्टरी में शिशु-गृह स्थापित करने की व्यवस्था है, जहाँ 30 महिलाएँ (जिनमें नैमित्तिक अथवा ठेके पर काम करने वाली महिलाएँ भी शामिल हैं) काम करती हों। इससे पहले 50 महिलाओं पर एक शिशु-गृह खोलने की व्यवस्था थी। प्रसूति लाभ अधिनियम, 1961 में अप्रैल, 1976 में संशोधन करके उन महिलाओं को इसके तहत लाया गया है जो कर्मचारी राज्य बीमा अधिनियम, 1948 के क्षेत्राधिकार में नहीं आतीं।

शारीरिक रूप से अक्षम का कल्याण

राष्ट्रीय नमूना सर्वेक्षण संगठन द्वारा हाल में किए गए सर्वेक्षण के अनुरूप यह आकलन किया गया है कि देश में लगभग 1.20 करोड़ मनुष्य विकलांग हैं। विकलांग व्यक्तियों अर्थात् बधिरों, नेत्रहीनों, शारीरिक विकलांगों, मानसिक रूप से मन्द बुद्धि वाले व्यक्तियों, मस्तिष्क-स्तम्भ से आक्रान्त तथा कुछ कुष्ठ रोग से उपचारिक मनुष्य का शीघ्र पता लगाने तथा उनका उपचार करने, उन्हें शिक्षा तथा प्रशिक्षण देने एवं उनका पुनर्वास करने के लिए कार्यक्रम क्रियान्वित किए जा रहे

हैं। राष्ट्रीय स्तर के विभिन्न संगठनों द्वारा विकलांग व्यक्तियों के विषय में अनुसन्धान तथा विकास कार्य किया जा रहा है।

बधिर—बधिरों के लिए राष्ट्रीय स्तर पर शिक्षा, प्रशिक्षण और अनुसन्धान की समेकित सेवाएँ प्रदान करने के लिए मुम्बई में, राष्ट्रीय अली यावर जंग बधिर संस्थान स्थापित किया गया है। हैदराबाद में प्रौढ़ बधिरों के लिए प्रशिक्षण केन्द्र तथा आंशिक रूप से बधिर बच्चों के लिए विद्यालय है। जो दर्जीगिरी, शीट मेटल वर्क, बिजली के तार लगाने, फिटिंग, वेल्डिंग, बढ़ईगिरी और फोटोग्राफी में प्रशिक्षण देते हैं।

नेत्रहीन—देश में नेत्रहीनों के लिए करीब 200 विद्यालय तथा प्रशिक्षण केन्द्र हैं। राष्ट्रीय स्तर पर देहरादून राष्ट्रीय नेत्रहीन संस्थान इस सम्बन्ध में समेकित सेवाएँ प्रदान कर रहा है जिनमें संस्थान से सम्बद्ध नेत्रहीन बच्चों के लिए एक आदर्श उच्चतर माध्यमिक विद्यालय भी शामिल है। इस संस्थान में प्रौढ़ नेत्रहीनों के लिए एक प्रशिक्षण केन्द्र, कमजोर दृष्टि वाले बच्चों के लिए एक विद्यालय, ब्रेल छापाखाना भी है। नेत्रहीनों के लिए राष्ट्रीय पुस्तकालय, जो कि एक संस्थान का अंग है, देश में ब्रेल साहित्य वितरित करता है। दिल्ली, मुम्बई, कोलकता और चेन्नई में चार शिक्षक प्रशिक्षण केन्द्र हैं जो हर साल नेत्रहीनों के लिए 40-50 शिक्षकों को प्रशिक्षण देते हैं।

मानसिक रूप से विकलांग—6 वर्ष से 15 तक की आयु के मानसिक रूप से विकलांग बच्चों के लिए दिल्ली में मॉडल स्कूल चलाया जा रहा है। यह स्कूल शिल्पों का भी प्रशिक्षण देता है। मानसिक रूप से विकलांग बच्चों के लिए राष्ट्रीय स्तर पर एक संस्थान स्थापित करने का भी विचार है।

समेकित शिक्षा—शिक्षा सम्बन्धी राष्ट्रीय नीति के अनुसरण में विकलांग बच्चों को सामान्य विद्यालयों में दाखिल करने के लिए समेकित शिक्षा की योजना तैयार की गई है। इस योजना को चलाने के लिए राज्यों को शत-प्रतिशत सहायता दी जाती है।

सहायक साधनों एवं उपकरणों की खरीद के लिए मदद—अन्तर्राष्ट्रीय विकलांग वर्ष के दौरान सहायक साधनों तथा उपकरणों की खरीद/फिटिंग के लिए मदद देने के लिए शुरू की गई एक नई योजना के अन्तर्गत ऐसे व्यक्तियों को जिनकी आय प्रतिमाह 750 रुपए से कम थी, 25 रुपये से लेकर 1,500 रुपये तक की लागत के सहायक साधन तथा उपकरण मुफ्त दिए गए थे और ऐसे व्यक्तियों को सहायक साधन तथा उपकरण आधी लागत पर दिए गए जिनकी मासिक आय 751 से 1,500 रुपये के बीच थी। 1982-83 के दौरान इस प्रयोजन के लिए 56

मान्यता प्राप्त क्रियान्वयन एजेन्सियों को 100 लाख रुपए का सहायता अनुदान दिया गया।

छात्रवृत्तियाँ—बधिर, नेत्रहीन तथा शारीरिक रूप से विकलांग छात्रों को सामान्य शिक्षा, तकनीकी, व्यावसायिक प्रशिक्षण देने के लिए छात्रवृत्तियाँ दी जाती हैं। हर साल करीब 10,000 छात्रवृत्तियाँ दी जाती हैं। इस योजना का विकेन्द्रीकरण कर दिया गया है।

पेट्रोल खरीद पर समर्थित योजना—इस पैट्रोल सहायता योजना के अन्तर्गत मोटर चालित वाहनों के विकलांग मालिकों द्वारा खरीदे गए पैट्रोल/डीजल की लागत के 50 प्रतिशत के बराबर लागत की उन सभी विकलांगों के मामले में प्रतिपूर्ति की जाती है जिनकी आय प्रतिमाह 2,000 रुपये कम हो।

राष्ट्रीय पुरस्कार—भारत के राष्ट्रपति, प्रत्येक वर्ष विकलांगों को रोजगार देने वाले विशिष्ट नियोक्ताओं, सरकारी तथा गैर-सरकारी क्षेत्र, स्थानीय निकायों, सरकारी क्षेत्र के उपक्रमों, निगमों के सबसे कुशल विकलांग/कर्मचारियों/स्वनियोजित व्यक्तियों और विकलांगों के नियोक्ता अधिकारियों को राष्ट्रीय पुरस्कार प्रदान करते हैं। इस योजना के अन्तर्गत 1983 में 11 नियोक्ताओं, 19 कर्मचारियों, 3 स्वनियोजित व्यक्तियों और 2 नियोक्ता अधिकारियों को सम्मानित किया गया था।

विकलांग व्यक्तियों की भलाई के लिए किए गए स्वैच्छिक कार्य को सरकारी मान्यता देने हेतु 1981 से विकलांगों के कल्याण के लिए किए गए उत्कृष्ट कार्य के लिए राष्ट्रीय पुरस्कार दिए जाने आरम्भ किए गए हैं। पुरस्कारों में किसी मनुष्य तथा संस्था को प्रशस्ति पत्र, प्रमाण पत्र तथा नकद पुरस्कार दिया जाता है।

सहायक साधनों एवं उपकरणों का उत्पादन—कानपुर स्थित भारतीय कृत्रिम अंग उत्पादन निगम जो कि एक सरकारी कम्पनी है, विकलांग कार्मिक तथा अन्य विकलांगों की आवश्यकताओं को पूरा करने के लिए सहायक साधनों एवं उपकरणों का निर्माण करता है। इन्हें ग्रामीण विकलांग तक पहुँचाने के लिए जिला तथा स्वास्थ्य केन्द्र के स्तर पर शारीरिक रूप से विकलांग व्यक्तियों के लिए व्यापक तथा समेकित सेवाएँ उपलब्ध कराने के लिए पुनर्वास केन्द्र स्थापित किए गए हैं।

अन्तर्राष्ट्रीय विकलांग वर्ष—1981 में अन्तर्राष्ट्रीय विकलांग वर्ष मनाया गया और इस वर्ष में नए कार्यक्रम शुरू किए गए, विद्यमान कार्यक्रमों का विस्तार किया गया तथा विकलांगों की क्षमता के बारे में जागरूकता पैदा की गई। एक राष्ट्रीय समिति के मार्गदर्शन में राष्ट्रीय कार्य-योजना तैयार की गई और सलाहकार निकाय के रूप में यह सुनिश्चित करने के लिए राष्ट्रीय परिषद् गठित किया गया

है कि विकलांगों के लिए अनुसन्धान, प्रशिक्षण एवं सेवाओं के प्रति समन्वित तथा व्यापक दृष्टिकोण अपनाया जाए। राष्ट्रीय विकलांग कल्याण निधि बनाने का भी निर्णय किया गया है।

सेवाओं के आरक्षण—विकलांगों के रोजगार को बढ़ावा देने के लिए केन्द्रीय सेवाओं एवं सरकारी क्षेत्र के उपक्रमों में शारीरिक रूप से विकलांग व्यक्तियों के लिए समूह 'ग' तथा 'घ' के 3 प्रतिशत पद आरक्षित किए गए हैं।

सामाजिक सुरक्षा कार्यक्रम

वैयक्तिक तथा सामाजिक भटकाव के पृथक-पृथक रूपों को रोकने तथा उन्हें हतोत्साहित करने के उद्देश्य से राज्य सरकारों ने मुख्य रूप से विशिष्ट कानूनों तथा संबंधित उपायों के ढाँचे के भीतर अव्यवस्थित समूहों तथा व्यक्तियों के लिए विशेष सामाजिक सुरक्षा कार्यक्रम शुरू किए गए हैं। इन उपायों में कैदियों का कल्याण, बाल अपराधों का निवारण तथा नियन्त्रण, परिवीक्षा, भिक्षावृत्ति नियन्त्रण, सामाजिक तथा नैतिक स्वास्थ्य कार्यक्रम आदि शामिल हैं।

कैदियों का कल्याण—अपराधों को रोकने तथा अपराधियों के प्रति किए जाने वाले व्यवहार के मामले में इस बात की काफी जरूरत महसूस की गई है कि अपराधियों के अधिकारों की रक्षा की जाए। इस योजना के अन्तर्गत कल्याण अधिकारी, कैदियों की व्यक्तिगत समस्याओं को उनके परिवार के साथ सम्पर्क स्थापित करके हल करने में सहायता करते हैं। कुछ जेलों में महिला कैदियों के बच्चों के लिए शिशु-गृह स्थापित किए गए हैं।

बाल अपराध—बाल अपराध राज्य का विषय है। अलग-अल राज्यों ने अपराधी बच्चों की देखभाल करने, उनका रखरखाव तथा कल्याण करने, उन्हें प्रशिक्षण तथा शिक्षा देने और उनका पुनर्वास करने के लिए बाल-अदालतों, बाल कल्याण बोर्डों/सुधारालयों/प्रक्षेणगृहों/ विशेष/प्रमाणित/स्वीकृत स्कूलों की जरूरी बुनियादी सुविधा की व्यवस्था करने के लिए केन्द्रीय सरकार जरिए अधिनियमित बाल अधिनियम को अपनाया है। बाल अधिनियम, 1960 सभी संघ राज्य क्षेत्रों पर लागू होता है।

परिवीक्षा सेवाएँ—अपराधी परिवीक्षा अधिनियम, 1958 में एक ऐसा अनिवार्य उपबन्ध किया गया है जिसके अनुरूप अदालतें 21 वर्ष से कम आयु के युवा अपराधियों के बारे में परिवीक्षा अधिकारियों की जाँच रिपोर्ट पर विचार करती हैं। इसमें आजीवन कैद की सजा वाले मामलों को छोड़कर 21 वर्ष से कम आयु के बाकी

अपराधियों को परिवीक्षा पर रिहा करने की भी व्यवस्था है। यह एक केन्द्रीय कानून है जिसे ज्यादातर राज्यों ने अपना लिया है। कुछ स्वयंसेवी संगठन परिवीक्षा पर रिहा किए गए अपराधियों को आर्थिक तथा हॉस्टल में स्थान तथा रोजगार दिलाने जैसी अन्य सहायता प्रदान करते हैं।

भिक्षावृत्ति उन्मूलन—पन्द्रह राज्य तथा दो संघ राज्यों क्षेत्रों ने भिक्षावृत्ति विरोधी कानून बनाए हैं और राज्यों में नगरपालिका तथा पुलिस अधिनियमों में भिक्षावृत्ति की रोकथाम के लिए उपाय किए गए है। भारत सरकार संघ राज्य क्षेत्रों के लिए भिक्षावृत्ति सम्बन्धी कानून बनाने के बारे में विचार कर रही है जो राज्यों के लिए आदर्श कानून हो सकता है।

सामाजिक तथा नैतिक आचरण—भारतीय संविधान के अनुसार मानव-देह व्यापार निषिद्ध है। भारत सरकार ने 1956 में औरतों और लड़कियों का अनैतिक व्यापार दमन अधिनियम पारित किया। यह एक केन्द्रीय कानून है जो सारे देश में लागू है और यह अधिनियम राज्य सरकारों को इसके समुचित कार्यान्वयन के लिए नियम बनाने का अधिकार देता है। यह अधिनियम आजीविका के लिए वेश्यावृत्ति करने तथा अधिसूचित क्षेत्रों में वेश्यावृत्ति करने पर रोक लगाता है। इस अधिनियम के अन्तर्गत वेश्याघरों से छुड़ाई गई स्त्रियों तथा लड़कियों को सरंक्षण अथवा सुधार गृहों में भेजा जाता है। विभिन्न राज्यों तथा संघ राज्य क्षेत्रों ने नैतिक खतरे का सामना कर रही स्त्रियों तथा लड़कियों के लिए सुरक्षा गृह, स्वागत केन्द्र, अल्पावधि निवास गृह तथा जिला आश्रय स्थल स्थापित किए हैं। इस अधिनियम को कार्यान्वित करने के दौरान प्राप्त अनुभवों को ध्यान में रखते हुए 1978 में इसमें उपयुक्त रूप से संशोधन किया गया था।

मद्यपान-निषेध—संविधान के अनुच्छेद 47 में व्यवस्था की गई है कि सरकार दवाई में प्रयुक्त नशीले पेयों तथा औषधियों को छोड़कर स्वास्थ्य के लिए हानिकारक नशीले पेयों और औषधियों के सेवन पर रोक लगाने का प्रयास करेगी। मद्य-निषेध के सम्बन्ध में सांवैधानिक दायित्वों को पूरा करने की जिम्मेदारी मुख्य रूप से राज्य सरकारों पर है। भारत सरकार द्वारा गठित की गई केन्द्रीय मद्य-निषेध समिति विभिन्न राज्यों में मद्य-निषेध की प्रगति की समीक्षा करती है और इस कार्य में तेजी लाने के उपाय सुझाती है। केन्द्रीय सरकार ने मद्य-निषेध लागू करने के लिए दिशा-निर्देश भी जारी किए हैं।

राष्ट्रीय सामाजिक सुरक्षा संस्थान—नई दिल्ली स्थित राष्ट्रीय सामाजिक सुरक्षा संस्थान को विभिन्न क्षेत्रों में, जिनमें मद्यपान, ज़ूआ, आत्महत्या और नशीली

दवाओं के सेवन से सम्बन्धित कार्य भी सम्मिलित हैं, सामाजिक सुरक्षा कार्यक्रमों के समन्वय, मानवीकरण तथा विकास के सम्बन्ध में तकनीकी कार्य सौंपे गए हैं।

इन लक्ष्यों को प्राप्त करने के लिए संस्थान अनुसन्धान कार्य करता है, आँकड़े एकत्र करता है, प्रशिक्षण कार्य को बढ़ावा देता है, प्रारूप आदर्श कानूनों तथा नियमों को बनाने में सहायता करता है, सामाजिक सुरक्षा सम्बन्धी समस्याओं के बारे में जनता में जागरूकता पैदा करता है और विश्वविद्यालयों तथा अनुसन्धान एजेन्सियों के साथ सम्पर्क स्थापित करता है। इसके प्रशिक्षण कार्यक्रमों के अन्तर्गत संस्थान सामजिक सुरक्षा के क्षेत्र में कार्यरत व्यक्तियों के लिए प्रशिक्षण कार्यक्रम/सेमीनार आयोजित करता है। ये पाठ्यक्रम/सेमीनार मुख्य रूप से भिक्षावृत्ति उन्मूलन, बाल-अपराध, स्त्रियों और लड़कियों का अनैतिक व्यापार दमन, जेल प्रशासन, सामाजिक सुरक्षा में सहभागिता, नशीली दवाओं और शराब पर रोक, जेल में कल्याण सेवा, आदि से सम्बन्धित होते हैं। संस्थान केन्द्रीय सरकार तथा राज्य सरकारों को सामाजिक सुरक्षा विकास के विभिन्न पहलुओं के बारे में भी सलाह देता है।

वृद्ध एवं कल्याण सेवाएँ—भारतीय परिवार प्रणाली में बड़े-बूढ़ों की देखभाल की जिम्मेदारी उनके बच्चों की अथवा निकट सम्बन्धियों की है। यद्यपि यह उत्तरदायित्व आम तौर पर अब भी निभाई जाती है, फिर भी कभी-कभी परिस्थितिवश वृद्ध बेसहारा हो जाते हैं। इसकी वजह यह है कि हमारे यहाँ बहुत कम ऐसी नौकरियाँ हैं जिनसे सेवा निवृत्ति पर पेंशन, ग्रेच्युटी आदि मिलती है। असम को छोड़कर सभी राज्य सरकारों तथा संघ राज्य क्षेत्रों ने बेसहारा वृद्ध लोगों को नगद मदद प्रदान करने की योजनाएँ प्रारम्भ की हैं। सरकार तथा स्वयंसेवी ऐजेन्सियों दोनों ने वृद्धों के लिए आश्रय-गृह तथा वृद्धों के घर पर अन्य सेवाएँ उपलब्ध कराना भी आरम्भ कर दिया है।

अनुसन्धान तथा मूल्यांकन—समाज कल्याण मंत्रालय, 1973-74 से समाज कल्याण, सामाजिक नीति तथा समाज विकास के क्षेत्र में अनुसन्धान के लिए सहायता अनुदान योजना के माध्यम से अनुसन्धान तथा मूल्यांकन सम्बन्धी अध्ययन कर रहा है। इस योजना के तहत विश्वविद्यालयों/अनुसन्धान संस्थाओं/व्यावसायिक निकायों को अनुसन्धान परियोजना पर आने वाली लागत को पूरा करने के लिए स्वीकृत मानदण्डों के अनुसार अनुदान दिया जाता है। इस योजना के प्रारम्भ होने से दिसम्बर, 1982 तक 200 से ज्यादा अनुसन्धान परियोजनाओं को अनुमति दी गई थी।

2

सामाजिक प्रशासन की पद्धतियाँ

सामाजिक प्रशासन जिन उद्देश्यों की प्राप्ति की कोशिश करता है तथा मानव समाज को जो सेवाएँ प्रदान करता है उन्हीं के अनुसार इसके तरीके और प्रणालियाँ होते हैं। मिरियम वाटर्स (Miriam Waters) के मतानुसार, "सामाजिक प्रशासन का क्षेत्र एवं प्रकृति अन्तर्राष्ट्रीय तथा अन्तर्जातीय है इसकी प्रविधियाँ सम्पन्न तथा सन्तुष्ट तथा अपाहिज तथा अप्रसन्न सभी की मानवीय समस्याओं को सुलझाने में उपयोगी रहती हैं।" सामाजिक प्रशासन की प्रणालियाँ मुख्य रूप से तीन हैं–

(1) सामाजिक वैयक्तिक कार्य (Social Case Work)

(2) सामाजिक दल-कार्य (Social Group Work)

(3) सामुदायिक संगठन (Community Organisation)

विचारक इन तीनों प्रणालियों के सम्बन्ध में प्रायः एकमत हैं। प्रस्तुत अध्याय में हम इन प्रणालियों के अर्थ, प्रक्रिया एवं उपयोगिता का संक्षेप में वर्णन करेंगे। उल्लेखनीय है कि तीनों ही प्रणालियाँ समस्या एवं परिप्रेक्ष्य की दृष्टि से अपनी उपयोगिता रखती हैं।

सामाजिक केसवर्क

सामाजिक वैयक्तिक कार्य सामाजिक सेवा का एक व्यावसायिक तरीका है। ज्यादातर सभी समाजों में प्राचीनकाल से ही इस तरीके के तत्त्व वर्तमान रहे हैं। इसमें

सामाजिक सेवाएँ एक समूह को प्रदान करने की अपेक्षा मनुष्य को प्रदान की जाती हैं। समूह की समस्याओं का स्वरूप एवं क्षेत्र व्यक्तिगत समस्याओं से अलग रहता है। यह सम्भव है कि एक समाज में समूह स्तर पर कोई समस्या न रहते हुए भी मनुष्य स्तर पर अनेक समस्याएँ हों। इस प्रकार इस प्रणाली में मनुष्य की कठिनाइयाँ एवं जरुरतें मनुष्य स्तर पर ही सुलझाई जाती हैं। वैयक्तिक कार्यकर्त्ता प्रत्येक मनुष्य से सम्पर्क स्थापित करता है तथा स्वयं रुचि लेकर उसकी समस्याओं का समाधान करता है। इसके लिए कभी उसे कुछ कार्य करना होता है तो कभी उसका प्रभाव ही पर्याप्त होता है। मनोवैज्ञानिक तथा व्यावसायिक सामाजिक कार्यकर्त्ता लोगों पर प्रभावशाली ढंग से प्रभाव डाल पाते हैं। अनेक बार एक पारिवारिक मित्र अथवा कोई सम्बन्धी भी यह कार्य बड़ी सफलता से कर देता है। यह प्रभाव बहुत कुछ आत्मिक है और इसके कारण किसी को स्पष्टतः ज्ञात नहीं होते। वैयक्तिक कार्य एक प्रणाली के रूप में ऐसी वैज्ञानिक प्रक्रिया कही जा सकती है जो लोगों की सहायता करने में सहायोगी बन सके। यह लोगों की मदद करने का एक व्यावसायिक तरीका है जिसमें सहायता देने वाली प्रक्रिया के तत्त्वों की सजग जानकारी रहती है। यह तत्त्व अन्तरात्मा के प्रभाव की भाँति अज्ञात नहीं बने रहते। वाल्टर फ्रीडलैण्डर (Walter A. Friedlander) ने लिखा है कि, "वैयक्तिक कार्य प्रभावित मनुष्य में आत्म-सहायता की शक्ति जाग्रत करता है। यह उसमें स्वसमर्थन की योग्यता पैदा करता है। इस प्रकार उसमें आत्मसम्मान एवं आत्मगौरव के भाव जाग्रत हो जाते हैं।"

केस कार्य का भारत में प्रारम्भ

भारत में वैयक्तिक कार्य का इतिहास पर्याप्त भिन्नतापूर्ण है। एक-एक मनुष्य की सेवा करना यहाँ की पुरानी धारणा है। यह सामाजिक वैयक्तिक कार्य की प्रणाली का विकास होने से बहुत पहले से ही कायम रही है। इसे व्यावसायिक रूप देने की दिशा में महत्त्वपूर्ण कदम 1936 में उठाया गया जबकि बम्बई में समाज कार्य के सर दोराबजी टाटा ग्रेजुएट स्कूल की स्थापना की गई। अब यह Tata Institute of Social Sciences के नाम से जाना जाता है। यहाँ केस वर्क को भी पाठ्यक्रम के एक विषय के रूप में रखा गया । द्वितीय विश्व युद्ध के बाद 1950 में परिस्थितियाँ बदलीं। भारत के समाज कार्य विद्यालयों में अमेरिका में प्रशिक्षण प्राप्त प्राध्यापक रखे जाने लगे, मनोविश्लेषण पर जोर दिया जाने लगा तथा धीरे-धीरे केस वर्क प्रणाली का महत्त्व बढ़ता गया। देश के बँटवारे के बाद भारत में वातावरण सम्बन्धी अनेक सामाजिक समस्याएँ पैदा हो गईं। अब आर्थिक तत्त्वों पर अधिक जोर दिया जाने लगा। गरीबी अनेक समस्याओं का मूल कारण मानी गई। अतः केस

वर्कर अपने सेवित व्यक्तियों की सेवार्थ वर्क सेन्टर, रोजगार अभिकरण, शरणार्थी-गृह आदि खोलने लगे। इतने पर भी भारत में व्यावसायिक सामाजिक कार्य का अभी प्रारम्भ ही था। अतः प्रशिक्षित केस वर्कर्स का कार्य अभी वातावरण सम्बन्धी समस्याओं तक ही सीमित रहा।

काफी समय तक कार्य करने के बाद भारतीय केस वर्कर को नए अनुभव प्राप्त हुए। अब वह वातावरण के साथ-साथ मनोवैज्ञानिक तत्त्वों को पहले की अपेक्षा अधिक महत्त्व देने लगा। व्यापक रूप से अब यह समझा जाने लगा कि सेवित मनुष्य के बाह्य वातावरण या परिस्थितियों को बदलना मात्र ही पर्याप्त नहीं है। समस्या के समाधान के लिए दृष्टिकोण में परिवर्तन करना भी आवश्यक है। बिना दृष्टिकोण को बदले यदि मनुष्य का पूरा वातावरण बदल दिया जाता है तो भी समस्या पूर्ववत् बनी रहती है। वह नए वातावरण में आकर भी पहले की भाँति ही व्यवहार करता रहता है। अतः मनोवैज्ञानिक समाधान किया जाना अत्यन्त आवश्यक है। अनेक सामाजिक समस्याओं के पीछे भावनात्मक कारण निहित रहते हैं। ये कारण हमारे दैनिक जीवन में इतने घुलमिल जाते हैं कि प्रायः इनकी ओर ध्यान नहीं जाता। किन्तु इनके समाधान बिना आगे गति नहीं है।

सामाजिक सम्बन्धों का केस वर्क में प्रभाव

केस वर्क में सिर्फ मनोवैज्ञानिक तत्त्वों पर जोर देना खतरे से खाली नहीं है। मनुष्य सिर्फ मनोभावनाओं एवं प्रवृत्तियों से ही प्रभावित होकर कार्य नहीं करता वरन् बाह्य परिस्थितियाँ एवं सामाजिक सम्बन्ध उसके व्यवहार को अमनोवैज्ञानिक भी बना देते हैं। सामाजिक सम्बन्धों की मर्यादा के कारण ही मनुष्य को जहाँ किसी प्रकार दुःख नहीं होता वहाँ नौ-नौ आँसू रोना पड़ता है। वजह यह है कि मनुष्य एम सामाजिक प्राणी है और सामाजिक सम्बन्ध उसके व्यवहार को पर्याप्त प्रभावित करते हैं। अतः सामाजिक केस वर्कर को चाहिए कि वह सेवित मनुष्य के व्यक्तित्त्व में अन्तर्दृष्टि रखे तथा एक मन पर प्रभाव को आँकता रहे। इसके साथ ही वह वातावरण के प्रभावों, खतरों तथा साधनों का भी पूरा ध्यान रखे। संक्षिप्त रूप में, सामाजिक केस वर्कर को मनोवैज्ञानिक तत्त्वों पर आवश्यक ध्यान देने के साथ-साथ व्यापक रूप से सामाजिक तत्त्वों का भी ध्यान रखना चाहिए। उसे यह देखना चाहिए कि कौन-से सामाजिक तत्त्व सेवित मनुष्य की प्रसन्नता पर आघात करते हैं, इस सम्बन्ध में वह तथा उसका समाज क्या कर सकते हैं और केस वर्कर इसमें क्या सहायता कर सकता है। यह सच है कि मनुष्य आज जो कुछ भी है वह उसके बीते हुए कल

का नतीजा है। इस प्रकार यदि मनुष्य का भविष्य सुधारना है तो उसके आज को सन्तोषजनक बनाया जाए।

भारत में जन-समुदाय की प्रवृत्ति यह है कि मनुष्य को स्वयं का व्यक्तित्त्व उभारने का अवसर दिए बिना उसे पूरी तरह अपने अनुकूल बना लिया जाए। इस प्रवृत्ति के कारण मनुष्य को कई बार परेशानी होती है। समाज के खिलाफ कुछ भी कहने या सुनने वाले का मुँह बन्द कर दिया जाता है। सामाजिक मूल्यों को चुनौती देने वालों को इसका नतीजा भुगतना होता है। इस स्थिति में केस वर्कर का कार्य पर्याप्त सावधानी की माँग करता है। उसे चाहिए कि वह सेवित मनुष्य को सामाजिक मान्यताओं के आगे घुटने टेकने को मजबूर न करे। मनुष्य समाज को परिवर्तित की शक्ति एवं क्षमता भी रखता है। अपने नए विचारों तथा नए रहन-सहन से वह समाज को एक नई दिशा दे सकता है, इस प्रकार उसे प्रोत्साहित किया जाना चाहिए। मनुष्य सामाजिक मूल्यों का अन्ध भक्त न बन जाए बल्कि वह सक्रिय भागीदार के रूप में कार्य करे।

कुल मिलाकर यह कहा जा सकता है कि भारत में सामाजिक केस वर्क सामाजिक कार्य का एक ऐसा तरीका है जो अलग-अलग सिद्धान्तों पर आधारित है जिन्हें मनोविज्ञान, मनोविश्लेषण, समाजशास्त्र, जीवनशास्त्र, औषधिशास्त्र आदि से ग्रहण किया गया है। इसके द्वारा हर मनुष्य की निजी तौर पर उस समय सहायता की जाती है जब उसके स्वयं के साधन बीत चुके होते हैं।

सामाजिक केस वर्क के कुछ सोपान

केस वर्क प्रणाली के कतिपय सोपान हैं। इनका प्रयोग या तो एक साथ किया जा सकता है अथवा एक के बाद एक के रूप में किया जा सकता है। इनका प्रयोग पूरी तरह किया जाएगा अथवा आँशिक रूप में किया जाएगा यह सम्बन्धित केस पर निर्भर करता है। ये सोपान निम्नलिखित हैं–

(i) सेवित मनुष्य (Client) के साथ कार्य,

(ii) परिवार के साथ कार्य, तथा

(iii) समुदाय के साथ कार्य।

कुछ मामलों में सेवित मनुष्य के लिए कुछ सेवाएँ सम्पन्न करते हुए केस वर्कर उसके साथ प्रगाढ़ सम्बन्ध बना लेता है तथा इस प्रकार उसके दृष्टिकोण को बदलने की चेष्टा करता है, उसके सामने समस्याएँ स्पष्ट करता है तथा समस्याओं की गहराई तक जाने में उसकी मदद करता है। कुछ मामलों में सेवित मनुष्य के परिवारजनों से साक्षात्कार किया जाता है तथा यदि परिवार जनों के दृष्टिकोण का

सेवित मनुष्य की समस्याओं पर प्रभाव हो सके तो उसे बदलने का प्रयास किया जाता है। भारत में अधिकांश मनुष्य परिवार के साथ तथा मित्रों के साथ सम्बन्धों में गुँथे रहते हैं। अतः केस वर्कर को मित्रों एवं सम्बन्धियों के माध्यम से कार्य करना चाहिए। एक सेवित मनुष्य जिसे अपना मित्र या सम्बन्धी मानता है उससे वह प्रभावित भी हो सकेगा। समुदाय के साथ कार्य करने का अर्थ यह है कि समाज की विभिन्न संस्थाओं यथा—स्कूल, रोजगार कार्यालय, अस्पताल, न्यास, आदि से पूरा सहयोग लेकर कार्य किया जाए। केस वर्कर को समुदाय का दृष्टिकोण बदलने का भी प्रयास करना चाहिए तथा सेवित मनुष्य से इस कार्य में पूरी सहायता लेनी चाहिए।

केस कार्य का व्यवहार तथा क्षेत्र

केस वर्क का व्यवहार विभिन्न अभिकरणों एवं संगठनों में किया जाता है। यह परिवार जैसी प्राथमिक संस्थाओं में कार्य करता है। इस रूप में यह मनुष्य की सामाजिक समस्याओं को दूर करने का प्रयास करता है। यह गौण संस्थाओं जैसे अस्पताल, स्कूल, न्यायालय आदि द्वारा भी कार्य करता है। इन गौण संस्थाओं द्वारा प्रदान की जा रही सेवाओं के अनुरूप केस वर्कर भी अपने व्यवहार को बदलता रहता है। वह अपना कार्य अन्य व्यवसायों के साथ मिलकर इस प्रकार करता है जिससे मनुष्य का अधिक से अधिक कल्याण किया जा सके।

भारत में केस वर्क का क्षेत्र पर्याप्त व्यापक है। अस्पताल तथा क्लिनिक्स में सरकार तथा निजी संस्थाओं द्वारा मेडीकल सामाजिक कार्य किया जाता है। मनोस्थिति के क्षेत्र में केस वर्क शिशु निर्देशक क्लिनिक, मानसिक चिकित्सालय तथा अन्य मनोविश्लेषण विभागों द्वारा किया जाता है। पारिवारिक केस वर्क में परिवार को एक इकाई तथा मनुष्य को उसका एक सदस्य मानकर चला जाता है। यहाँ सम्बन्धित समस्या परिवार के किसी पहलू की हो सकती है। वैसे परिवार मनुष्य की मूल संस्था है अतः इसे किसी भी केस वर्क का आधार माना जा सकता है। मनुष्य की हर समस्या के कारण तथा समाधान के सूत्र उसके पारिवारिक जीवन में प्राप्त हो सकते हैं। वैसे परिवार की अनेक समस्याएँ होती हैं। इन सभी को केस वर्क का विषय अभी नहीं बनाया गया है। केवल कुछ समस्याएँ हीं इसके लिए चुनी गई हैं जैसे—बालकों की रक्षा, शादी सम्बन्धी विवाद, कुँआरी माँ की समस्याओं का समाधान आदि। केस वर्क अपराध-विज्ञान के क्षेत्र में भी प्रवेश पा चुका है। यह वयस्क न्यायालय, बाल अपराध, परिवीक्षा, पैरोल, उत्तर रक्षा-कार्य आदि से भी सम्बन्ध रखता है। महिलाओं तथा शिशुओं की कुछ संस्थाओं में केस वर्क किए जाने लगे हैं। श्रम

कल्याण के क्षेत्र में औद्योगिक मजदूरों की अलग-अलग सामाजिक समस्याओं के समाधान के लिए केस वर्क की जरूरत अनुभव की जा रही है। स्कूलों तथा कॉलेजों में भी केस वर्क का अभी पर्याप्त विकास नहीं हो सका है। संक्षेप में, यह कहा जा सकता है कि एक मनुष्य चाहे वह रोगी है, मिल मजदूर है, विद्यार्थी है, परिवीक्षाधान है या बन्दी है; समाज के साथ समायोजन की उसकी समस्या के निराकरण के लिए केस वर्क अपेक्षित है।

सामाजिक दल कार्य

मानव जीवन में सामाजिक समूहों का.प्रमुख योगदान रहता है। इन समूहों का सामाजिक सेवा की एक प्रणाली के रूप में भी प्रयोग किया जाना चाहिए। विदेशों में सामाजिक कार्यकर्त्ताओं को इस बात का अनुभव औद्योगीकरण द्वारा उत्पन्न सामाजिक समस्याओं के परिप्रेक्ष्य में शीर्घ ही हो गया था, लेकिन भारत में सामाजिक कार्यकर्त्ता इसे सजग रूप से तभी अपनाने लगे जबकि यह सामाजिक कार्य के विद्यालयों के पाठ्यक्रम के शामिल कर लिया गया।

ग्रुप वर्क : परिभाषा

सामाजिक ग्रुप वर्क भी सामाजिक कार्य की एक प्रणाली है। यह लोगों की कठिनाईयों सुलझाने तथा उनको सामाजिक सेवाएँ प्रदान करने का एक तरीका है। गिसेला कोनोपका (Gisela Konopka) का कहना है कि "ग्रुप वर्कर विभिन्न तरह के समूहों को इस प्रकार कार्य करने योग्य बनाता है ताकि ग्रुप अन्तःक्रिया एवं कार्यक्रम प्रक्रिया मनुष्य के विकास तथा वाँछनीय सामाजिक लक्ष्यों की प्राप्ति में योगदान क्रर सकें।" मि. खिण्डुका (S. K. Khinduka) ने सामाजिक कार्य को परिभाषित करते हुए कहा है कि "सामाजिक ग्रुप वर्क एक सेवा, एक अनुभव तथा एक प्रणाली है। एक सेवा के रूप में इसे सामाजिक कार्य करने वाले अभिकरण द्वारा सेवित मनुष्य के लिए सामूहिक क्रियाओं की एक श्रृंखला के रूप में प्रस्तुत किया जाता है। इस सेवा का लाभ उठाने वालों के लिए यह एक अनुभव है—एक सुखद तथा उपयोगी अनुभव जो उनकी सामाजिक सम्बन्धों की कठिनाईयों को सुलझाने में विशेष सहयोग करता है। ग्रुप वर्कर की दृष्टि से यह लोगों की सहायता करने का एक तरीका है। मोटे रूप से यह कहा जा सकता है कि सामाजिक ग्रुप वर्क सामाजिक कार्य की एक प्रक्रिया है जिसमें एक योग्य कार्यकर्त्ता समूह में मनुष्य की सहायता के लिए मनुष्य को समूह सम्बन्धी अनुभव कराता है। वह सामाजिक सम्बन्धों को सुधारने तथा समाज के सुचारू कार्य संचालन के लिए विभिन्न

कार्यक्रमों का आयोजन करता है। यह मूलतः एक समस्या-समाधान दृष्टिकोण है। ग्रुप वर्क की एक मूल विशेषता यह है कि यह सभी सत्तापूर्ण को ठुकराता है। यह अपने रूप एवं विषय-वस्तु की दृष्टि से प्रजातान्त्रिक है। मि. फ्रीडलैण्डर ने केस वर्क तथा ग्रुप वर्क की प्रणालियों में अन्तर स्पष्ट करते हुए लिखा है कि, "सामाजिक केस वर्क एक मनुष्य (केस वर्कर) को दूसरे मनुष्य (सेवित मनुष्य) के साथ सहायतापूर्ण सम्बन्ध है। सामाजिक ग्रुप वर्क को समूह में संचालित किया जाता है। इसमें सहायता की प्रक्रिया व्यक्तियों के एक समूह के सदस्य के रूप में उनके आपसी सम्बन्धों पर विचार करती है।"

ग्रुप वर्क : इसके प्रमुख सिद्धान्त

सामाजिक ग्रुप वर्क की सफलता अनेक बातों पर निर्भर है। जैसे-ग्रुप वर्क का प्रयोग करने की एजेन्सी की इच्छा, समाज के उपलब्ध साधन स्रोत, सामाजिक सेवा को स्वीकार करने की लोगों की अभिलाषा तथा सामाजिक कार्यकर्त्ता की क्षमता। सामाजिक कार्यकर्त्ता की योग्यता इस दृष्टि से सर्वाधिक महत्त्वपूर्ण तत्त्व है। इसके बिना ग्रुप वर्क कदापि सफल नहीं हो सकता। ग्रुप वर्कर को उसके कार्यकाल में अनेक समूहों से पाला पड़ता है। इन सभी के साथ एक जैसा व्यवहार नहीं किया जा सकता। उसे कार्य की कुछ दिशाएँ निश्चित कर लेनी होती हैं। इन्हें ग्रुप वर्क के सिद्धान्त भी कहा जा सकता है। इनका अध्ययन निम्नलिखित शीर्षकों में किया जा सकता है—

(1) ग्रुप वर्कर का ज्ञान,
(2) ग्रुप वर्कर का कार्यक्रम एवं कार्यक्रम के माध्यम,
(3) ग्रुप वर्कर का विश्वास एवं दर्शन।

(1) ग्रुप वर्कर का ज्ञान—यदि एक ग्रुप वर्कर किसी मनुष्य के चरित्र एवं व्यक्तित्त्व को बनाना तथा ढालना चाहता है तो उसे सामूहिक जीवन का महत्त्व भली प्रकार समझ लेना चाहिए। उसे समूह की प्रक्रिया तथा उसके विभिन्न तत्त्वों की जानकारी प्राप्त होनी चाहिए। इसके अतिरिक्त इन विषयों का ज्ञान होना भी अनिवार्य है—समूह की औपचारिक तथा अनौपचारिक संरचना, समूह में कार्यों एवं स्तरों का वितरण, उत्तरदायित्वों का विभाजन, नियम तथा विनियम, इसका सामाजिक नियन्त्रण का यन्त्र, इसके नेतृत्त्व का तरीका, इसके विभिन्न उप-समूह, इसका मोरेल, समूह-संस्कृति की अवधारणा, समूह के सदस्यों का समूह के जीवन में भाग लेने का तरीका आदि का ज्ञान भी प्राप्त होना चाहिए। ग्रुप वर्कर का कार्य तभी सुचारू रूप से चल सकेगा जबकि वह समूह के सदस्यों की उम्र, लिंग, जाति, वर्ग, निवास-स्थान

आदि से परिचित होगा। वजह यह है कि ये सारी बातें समूह के सदस्यों के आपसी सम्बन्धों को प्रभावित करती हैं। ग्रुप वर्कर को सहयोग, संघर्ष, समायोजन, सहमति, विरोध आदि की प्रक्रिया का ज्ञान होना चाहिए। उसे मानव व्यवहार की गत्यात्मकता के साथ-साथ सामाजिक विज्ञानों में किए गए अनुसन्धानों से भी अपने आपको सुविदित रखना चाहिए।

व्यक्तियों की तरह समूह भी परस्पर भिन्नतापूर्ण होते हैं। ग्रुप वर्कर को यह बात हमेशा ध्यान में रखनी चाहिए। ग्रुप के विकास के अलग-अलग स्तरों का भी ध्यान रखना चाहिए तथा तदानुसार ही ग्रुप वर्कर को कार्य करना चाहिए। ग्रुप के प्रारम्भिक स्तर पर उसकी प्रकृति एवं समस्याएँ अलग होती हैं; मध्य स्तर पर वह काफी कुछ बदल जाता है तथा विकसित स्तर पर समूह के लक्ष्य पर्याप्त स्पष्ट हो जाते हैं और इसके सदस्य अधिक स्वतन्त्रता एवं सरलता का अनुभव करते हैं।

ग्रुप वर्कर साक्षात्कार की कला का विशेषज्ञ होना चाहिए। उसे समस्या तथा उसके समाधान की जानकारी के लिए लोगों के घर जाना चाहिए। उसे ग्रुप के वातावरण का लगातार विश्लेषण करते रहना चाहिए। सामाजिक कार्य अभिकरण द्वारा प्रस्तुत साधन स्रोतों का आशाजनक रूप से प्रयोग करना चाहिए। उसे संचार व्यवस्था के प्रति पूरी तरह से संजग होना चाहिए। ग्रुप के सदस्यों को उपदेश देने या उनके साथ बौद्धिक विवेचन करने के स्थान पर उन्हें भावनात्मक रूप से समझाया जाना चाहिए।

(2) ग्रुप वर्कर का कार्यक्रम—ग्रुप वर्कर को ग्रुप के सदस्यों की सहायता के लिए उपयुक्त कार्यक्रम अपनाना चाहिए। उल्लेखनीय है कि यह कार्यक्रम पूरे ग्रुप का होना चाहिए न कि ग्रुप वर्कर का यह ग्रुप के सदस्यों की जरूरतों को पूरा करे तथा उनके हितों को सन्तुष्ट करे। यह लोगों पर लादा नहीं जाना चाहिए। यह लोगों की शारीरिक, भावनात्मक एवं बौद्धिक क्षमताओं के अनुकूल होना चाहिए। कार्यक्रम का केन्द्र मनुष्य होना चाहिए न कि स्वयं क्रिया। यह समूह का आत्मनिर्णय होना चाहिए। एक अच्छा कार्यक्रम आसानी से जटिलता की ओर अग्रसर होता है। यह यथार्थवादी होना चाहिए जिसका प्रबन्ध आसानी से किया जा सके। यह समूह के उद्देश्यों को प्राप्त करने का प्रयास करे तथा सदस्यों की प्रगति एवं हितपूर्ति के अनुसार हो।

कार्यक्रम को संचालित करने के माध्यम ऐसे होने चाहिए जो प्रभावशाली हों, कम खर्चीले हों, सुगम हों, ग्रुप की पसन्द के अनुसार हों तथा ग्रुप के लक्ष्यों की पूर्ति करा सकें। भारत तथा विदेशों के अनुभवों के आधार पर ग्रुप वर्क के लिए कार्यक्रम

के लिए निर्धारित माध्यम ये हैं—खेलकूद, कहानी कहना, नाटक या नौटंकियाँ, संगीत, कैम्प लगाना, पिकनिक मनाना, सामूहिक विचार-विमर्श आदि। यदि ग्रुप वर्कर द्वारा इनका सही रूप में प्रयोग किया जाए तो ये माध्यम पर्याप्त प्रभावशाली सिद्ध होते हैं। श्रम दान या शारीरिक परिश्रम भी ऐसा सामूहिक कार्य है जो समूह में विभिन्न प्रकार के मूल्य विकसित करता है। इससे भिन्नता, सहयोग तथा एकता की भावना बढ़ती है। जब कुछ चुनी हुई कहानियाँ सही रूप में सुनाई जाती हैं तो उनका भी प्रभाव पड़ता है। इन सभी कार्यक्रमों के सम्बन्ध में दो बातें सदैव ध्यान में रहनी चाहिए—(i) ये कार्यक्रम सदैव साधन बने रहें तथा साध्य कभी भी न बनें। (ii) मुख्यतः स्वदेशी तकनीकें एवं साधन काम में लाए जाएँ, जैसे-लोक गीत, लोकाभिनय, कठपुतली के तमाशे तथा अन्य भारतीय खेल। इनमें अधिक साज-समान की आवश्यकता नहीं होती तथा ये पर्याप्त सस्ते होते हैं।

(3) ग्रुप वर्कर के दर्शन—ग्रुप वर्कर के ज्ञान एवं कुशलता से भी अधिक महत्त्वपूर्ण उसका दर्शन है। व्यक्तिगत रूप से ग्रुप वर्कर के कुछ विशेष मूल्य तथा चिन्तन का एक विशेष तरीका होना चाहिए। इस दृष्टि से कुछ उल्लेखनीय बातें निम्न प्रकार हैं—

(i) सभी सामाजिक कार्यकर्त्ताओं की भाँति मानवीय गौरव एवं प्रतिष्ठा में उसका पूर्ण विश्वास होना चाहिए। उसे समस्या में उलझे मनुष्य को भी उतना ही सम्मान देना चाहिए।

(ii) ग्रुप वर्कर को व्यक्तियों को उसी रूप में स्वीकार करना चाहिए जिस रूप में कि वह है। उन्हें अपने मन के नैतिक आदर्श में बाँधने का दुराग्रह नहीं करना चाहिए। वह ग्रुप के सदस्यों की सेवा करने से पूर्व कोई शर्त न लगाए। वह उनके व्यवहार से वाँछनीय परिवर्तन के लिए आग्रह न करे।

(iii) उसे सदस्यों के कार्यों पर कोई नैतिक निर्णय नहीं देना चाहिए।

(iv) वह सदस्यों की गुप्त बातों को सदैव गोपनीय रखे।

(v) वह सदस्यों के उसके साथ असहमत होने के अधिकार का सम्मान करे।

(vi) वह ग्रुप के सदस्यों के साथ अर्थपूर्ण, उद्देश्यपूर्ण तथा व्यवसायिक सम्बन्ध विकसित करे। वह अपने प्रयोग के सम्बन्ध में सदैव सजग रहे तथा सदस्यों को स्वतन्त्रतापूर्वक उनकी भावनाएँ व्यक्त करने दे।

(vii) ग्रुप वर्कर को समाज कार्य की दूसरी प्रणालियों के साथ सहयोग के प्रत्येक अवसर का प्रयोग करना चाहिए। नेतृत्त्व, योगदान, कार्यक्रम नियोजन तथा लोगों के दृष्टिकोण परिवर्तन आदि कार्यों में दूसरी प्रणालियों के साथ पर्याप्त सहयोग करना चाहिए।

ग्रुप वर्क का क्षेत्र : भारतीय संदर्भ में

'सामूहिक जीवन' भारतीय संस्कृति एवं समाज की मुख्य विशेषता है। समाज सेवा की दृष्टि से ग्रुप वर्क को यहाँ आसानी से अपनाया जा सकता है। कुछ क्षेत्रों में तो यह अत्यन्त लाभप्रद रहेगा। ऐसा ही एक क्षेत्र है अवकाश के समय का रचनात्मक प्रयोग। इस दृष्टि से ग्रुप वर्क प्रणाली ने दूसरे देशों में काफी कुछ किया है, यह इस देश में भी पर्याप्त लाभकारी सिद्ध हो सकता है। शहरी एवं देहाती क्षेत्रों में विभिन्न भारतीय संगठनों द्वारा ग्रुप वर्क कार्यक्रम संचालित किए जाते हैं तथा लोगों के अवकाश के क्षणों का समाज तथा मनुष्य दोनों के हित में रचनात्मक प्रयोग किया जाता है।

ग्रुप वर्क का एक अन्य क्षेत्र सुधारात्मक प्रशासन है। जेलों में, उत्तर रक्षागृहों में तथा बढ़ते हुए किशोर अपराधियों में ग्रुप वर्क द्वारा समस्या को दूर करने की दिशा में महत्त्वपूर्ण कार्य किया जा सकता है। ग्रुप वर्क अपराधियों एवं पथभ्रष्टों के लिए आशा का प्रतीक बन सकता है। वे अपने जीवन को बदलने में सुरक्षा की अनुभूति कर सकते हैं। अनेक अपराधी इस कारण असामाजिक गतिविधियों में लगे रहते हैं क्योंकि उनको साधारण नागरिक के रूप में समाज स्वीकार नहीं करता। ग्रुप वर्क अपराधों के सम्बन्ध में प्रतिरोधात्मक कदम भी उठा सकता है। स्कूलों में ग्रुप वर्क की मदद से विद्यार्थियों को परस्पर सहकारितापूर्ण सम्बन्ध स्थापित करने तथा कम से कम विरोध भाव रखने का प्रशिक्षण दिया जाता है। वे अनुशासन का महत्त्व समझते हैं। अस्पतालों में ग्रुप वर्क द्वारा एक मरीज को दूसरे मरीजों के साथ सामाजिक सम्बन्ध विकसित करने की प्रेरणा दी जाती है। इनके बीच प्रसन्नतापूर्ण सम्बन्धों से उपचार में मदद मिलती है तथा वे मनोवैज्ञानिक रूप से राहत अनुभव करते हैं।

वृद्ध लोगों के लिए ग्रुप वर्क काफी उपयोगी है। यह उनको अकेलेपन, निरर्थक जीवन, अवाँछनीय अस्तित्त्व जैसी भावनाओं के प्रभावों से बचा कर रचनात्मक मनोरंजन के विभिन्न कार्यक्रमों में भागीदार बनाता है। चुवकों तथा बालकों के कैम्पों में ग्रुप वर्क द्वारा भागीदारों के जीवन को सम्पन्न बनाया जाता है। यह अपाहिज लोगों के लिए भी उपयोगी सिद्ध होता है। श्रम कल्याण में ग्रुप कार्य को सम्मिलित करने पर श्रमिकों का मनोबल ऊँचा उठाया जा सकता है, उनके बीच सहयोग को प्रोत्साहित किया जा सकता है तथा प्रजातान्त्रिक निर्णय प्रक्रिया को प्रोत्साहित किया जा सकता है। भारत में प्रचलित सामुदायिक विकास कार्यक्रमों में जिम्मेवार सेवीवर्ग को ग्रुप वर्क की तकनीक का पूरा लाभ उठाना चाहिए। अन्तर्जातीय एवं अन्तर्वर्गीय

तनावों के क्षेत्र में कड़वाहट, विरोध तथा उग्रतापूर्ण सम्बन्धों को रोकने हेतु ग्रुप वर्क कार्यक्रमों से सहायता ली जा सकती है। संक्षेप में यह कहा जा सकता है कि सामूहिक रहन-सहन तथा सामूहिक सम्बन्धों में उत्पन्न प्रत्येक समस्या के निदान में ग्रुप वर्क उपयोगी साबित होगा। यह प्रत्येक मनुष्य को उसके साथी नागरिकों के साथ प्रसन्नता एवं समरसता से रहने को प्रेरित करेगा।

ग्रुप वर्क की वर्तमान स्थिति

भारत में सामाजिक कार्य के सभी विद्यालयों में ग्रुप वर्क वहाँ के पाठ्यक्रम का अविच्छिन भाग है। यद्यपि उसका स्वरूप तथा क्षेत्र सभी विद्यालयों में भिन्न-भिन्न प्रकार का है। विद्यार्थियों से फील्ड वर्क भी कराया जाता है। इसके तहत विद्यार्थी को एक क्षेत्र विशेष में ग्रुप वर्क का अभ्यास करने का मौका दिया जाता है। अध्ययन का कुल समय 5 से 9 माह का होता है। इतने कम समय में ग्रुप वर्क के सैद्धान्तिक एवं व्यावहारिक पहलुओं का पर्याप्त ज्ञान कराना संभव नही है। विद्यार्थियों द्वारा संगठित मनोरंजन, युवा कल्याण, अवकाश-कालीन गतिवधि तथा कल्याण कार्यक्रमों पर प्रोजेक्ट रिपोर्ट्स प्रस्तुत की जाती है किन्तु इनमें गम्भीरता, परिपक्वता एवं गहराई का अभाव दिखता है। अध्ययन का तरीका अधिक उचित नहीं है। भाषण के तरीके पर ही एकमात्र जोर दिया जाता है, सामूहिक विचार-विमर्श, दृश्य-श्रव्य साधन, प्रक्रिया अभिलेखों पर विचार-विमर्श आदि तरीकों का प्रयोग नहीं किया जाता।

भारत में ग्रुप वर्क की एक प्रमुख समस्या यह है कि इस विषय पर भारतीय लेखकों द्वारा लिखी गई पुस्तकें तथा लेख पर्याप्त नहीं है। विदेशी साहित्य विदेशी रूप-रचना एवं भिन्न संस्कृति से सम्बन्ध रखता है अतः वह भारतीय पाठकों के लिए अधिक आकर्षक या उपयोगी नहीं बन पाता। ग्रुप वर्कर्स द्वारा इस क्षेत्र में उपयुक्त शोध कार्य भी नहीं किए गए हैं। ग्रुप वर्कर्स को समाजशास्त्रियों, समाज मनोवैज्ञानिकों तथा मानव विज्ञान के विद्धानों से सहयोग करके लाभ उठाना चाहिए। ग्रुप वर्क के अध्ययन एवं अनुसन्धान में बहु-अनुशासनीय दृष्टिकोण उपयोगी तथा सार्थक है।

सामुदायिक संगठन

सामाजिक कार्य की उक्त दो प्रणालियों के अतिरिक्त सामुदायिक संगठन की प्रणाली भी पर्याप्त महत्त्वपूर्ण है जो व्यक्तिगत एवं सामाजिक शक्तियों को सक्रिय बना कर सामाजिक कार्य के लक्ष्य प्राप्त करने का प्रयास करती है। सामुदायिक संगठन प्रणाली समाज कल्याण की आवश्यकताओं तथा श्रोतों के बीच समायोजन को प्रभावित करने का एक तरीका है। इसकी प्रमुख विशेषताओं का स्रोत ये तत्त्व

हैं–(i) समुदाय की रचना एवं इसकी समस्याएँ, (ii) इसके लक्ष्यों की प्रकृति तथा (iii) समुदाय के सदस्यों के अन्तःव्यक्तिगत एवं अन्तःसामूहिक सम्बन्धों को प्रभावित करने की इसकी तकनीकें। ये तीन तत्त्व सामुदायिक संगठन प्रणाली की आधारभूत विशेषताएँ हैं।

परिभाषा तथा अर्थ

इस प्रणाली की परिभाषा वाल्टर ए. फ्रीडलैण्डर के शब्दों में इस प्रकार दी जा सकती है–"सामुदायिक संगठन एक सामाजिक कार्य प्रक्रिया है जो एक भौगोलिक क्षेत्र में समाज के साधन स्रोतों तथा समाज कल्याण की आवश्यकताओं के बीच अधिक प्रभावशाली समायोजन स्थापित करती है।" आर्थर डन्हाम ने भी इसी प्रकार की परिभाषा प्रस्तुत की है। उन्होंने भौगोलिक क्षेत्र के साथ-साथ कार्यात्मक क्षेत्र का भी उल्लेख किया है। हेरल्ड लेविस केनेथ प्रे ने सामुदायिक संगठन की परिभाषा देते हुए सामाजिक सम्बन्धों पर विशेष जोर दिया है। मुरे जी. रास की परिभाषा में हमें सामाजिक सम्बन्ध तथा आवश्यकता एवं श्रोत के समायोजन–ये दोनों ही दृष्टिकोण मिल जाते हैं।

एक समय विशेष में समाज की अनेक आवश्यकताएँ होती हैं किन्तु समाज के साधन श्रोत इतने नहीं होते कि इन सभी आवश्यकताओं को पूरा किया जा सके। अतः साधनों को ध्यान में रखकर प्राथमिकता के आधार पर आवश्यकताओं का चयन करना होता है। तदनुसार समाज कल्याण के लक्ष्य निर्धारित किए जाते हैं।

समुदाय : बनावट

समुदाय की परिभाषा एवं वर्गीकरण के लिए विभिन्न आयामों (Dimensions) का प्रयोग किया जाता है। इनमें सबसे ज्यादा लोकप्रिय आयाम भौगोलिक तथा कार्यात्मक तत्त्वों से युक्त हैं। कार्य पर आधारित समुदाय के भी कुछ भौगोलिक निकटता तथा सदस्यों के बीच 'अहम्' की भावना का होना आवश्यक है। सामुदायिक संगठनकर्त्ता की दृष्टि से समुदाय की परिभाषा के उन तत्त्वों पर विशेष जोर दिया जाता है जो समुदाय में फूट पैदा करने की तुलना में एकीकरण को प्रोत्साहन दें। वह शुरू में समुदाय के सदस्यों के साथ रहने की भावना प्रोत्साहित करता है। उसकी योग्यता एवं कुशलता इस बात पर निर्भर है कि वह समुदाय के विरोधी तत्त्वों के साथ काम करते हुए अपने आप को पूरे समुदाय से कितना एकरूप कर लेता है।

सामुदायिक संगठन का व्यवहार पृथक-पृथक स्तरों पर तथा विभिन्न रूप-रचनाओं के साथ होता है। पड़ोसी नगर राज्य एवं राष्ट्र के स्तरों पर कार्य करता है। पड़ोसी स्तर पर सामुदायिक संगठनकर्त्ता मुख्यतः ये कार्य करता है—शहरीकरण के कारण विस्थापित लोगों की मदद करना, भिन्न पृष्ठभूमि के नवागन्तुकों को समुदाय के साथ समायोजित होने में मदद करना, काम पर जाने वाले माँ बाप के बच्चों की दिन में देखरेख करने की ओर समुदाय के नेताओं का ध्यान आकृष्ट करना आदि।

शहर स्तर पर सामुदायिक संगठनकर्त्ता स्थानीय सरकार की इकाई के साथ संगठित हो जाता है। यह नगरपालिका या अन्य ऐच्छिक समाज कल्याण अभिकरण के साथ मिलकर कार्य करने लगता है। यहाँ उसके महत्वपूर्ण कार्य ये हैं, सामाजिक अभिकरण की सेवाओं के बीच समन्वय स्थापित करना, कल्याणकारी सेवाओं का सामुदायिक नियोजन करना, साधन स्रोतों का निर्वारण तथा आवंटन करना, कोष एकत्रित करना तथा विशेष समस्याओं पर जनता को शिक्षित करना।

सामुदायिक संगठनकर्त्ता की गतिविधियाँ राष्ट्रीय स्तर पर विभिन्न संस्थाओं में मूल्यवान समझी जाती हैं—राष्ट्रीय समाज कल्याण संगठन, राष्ट्रव्यापी योजना तथा शोध में संलग्न ऐच्छिक तथा सरकारी निकाय, नेतृत्त्व के विकास में तथा अन्य प्रशिक्षण कार्यक्रमों में रुचि लेने वाले अन्य संगठन। अनेक राष्ट्रीय संस्थाएँ जो अपने स्थानीय एवं राज्य स्तर के संगठनों के मध्य समन्वय एवं कड़ी बनाए रखने का काम करती हैं, वे सामुदायिक संगठनकर्त्ता से भरपूर सहयोग लेती हैं।

आवश्यक कुशलता एवं तकनीक

सामुदायिक संगठनकर्त्ता को सामाजिक कार्य की प्रणाली का प्रशिक्षण दिया जाता है ताकि वह अपना कार्य कुशलतापूर्वक कर सके। उसके दृष्टिकोण, ज्ञान, समझदारी एवं व्यवहार को प्रशिक्षित किया जाता है। ज्ञान की दृष्टि से सामुदायिक संगठनकर्त्ता सामुदायिक प्रक्रिया की प्रवृत्ति से परिचित कराया जाता है। उसे सामाजिक अन्तःक्रिया की विशद् जानकारी दी जाती है तथा सामाजिक नियन्त्रण के रूप साधनों का ज्ञान कराया जाता है। उसमें यह गुण पैदा किया जाता है ताकि वह व्यक्तियों के बीच तथा समूहों के बीच सम्बन्ध बनाए रख सके। उसे हर काम के समय का उचित ज्ञान कराया जाता है ताकि वह इस बात का निर्णय ले सके कि कौन-सी बात कही जानी चाहिए तथा कब नहीं।

सामुदायिक संगठनकर्त्ता में साक्षात्कार एवं सम्पर्क स्थापित करने की कुशलता भी होनी चाहिए। वह इन सबका अभिलेख रखे तथा रिपोर्ट तैयार करे। उसे नीति-रचना, शोध प्रणाली, कार्यक्रम नियोजन तथा कल्याणकारी साधन स्रोतों के

बुद्धिपूर्ण आवंटन का मूलभूत ज्ञान होना चाहिए। उसे सीमित संगठन तथा बजट, पर्यवेक्षण, समन्वय आदि प्रशासनिक प्रक्रियाओं में कार्यकुशल होना चाहिए। समाज के तथा समाज के बाहर के साधन स्रोतों से वह सदैव ही परिचित रहता है। उसे संगठन के पदसोपान तथा उसके पारम्परिक सम्बन्धों का पर्याप्त ज्ञान रहता है।

सामुदायिक संगठनकर्त्ता को उस प्रक्रिया का पूरा ज्ञान रहता है जो विधायी स्तर पर सामाजिक नीति-रचना में अपनाई जाती है। यद्यपि वह स्वयं प्रत्यक्षतः इन गतिविधियों में नहीं उलझता है। फिर भी विधायी नीति का अपना महत्त्व है और इसलिए अलग-अलग सामाजिक समस्याओं की अभिमनुष्य विधायी नीति के रूप में होनी चाहिए।

वर्तमान समस्याएँ तथा जरूरतें

सामुदायिक संगठन के लिए व्यवहार पर आधारित सिद्धान्त की आवश्यकता है। यह सिद्धान्त केवल प्रशिक्षण के लिए ही नहीं वरन् कार्य प्रक्रिया की दृष्टि से भी आवश्यक है। इस समय सामुदायिक संरचना से सम्बन्धित अधिकतर सैद्धान्तिक ज्ञान समाजशास्त्रियों तथा मानवशास्त्रियों के प्रयास का प्रतिफल है। यह ज्ञान निरर्थक तो नहीं है, इसकी अपनी उपयोगिता है किन्तु इसके साथ ही इस प्रकार का सिद्धान्त भी आवश्यक है जो सामुदायिक संगठनकर्त्ता के व्यवहार पर आधारित हो। जब वह व्यक्तिगत समूह को प्रभावित करता है अथवा समुदाय में सामाजिक सम्बन्ध रखता है तो उसके आधार पर कुछ सिद्धान्त निकाले जा सकते हैं।

इसकी दूसरी आवश्यकता यह है कि सामुदायिक संगठन का लक्ष्य समस्या-समाधान से कुछ अधिक रखा जाए। यह समाज कल्याण नीति निर्धारित करने में लोगों की मदद करना होना चाहिए। सामुदायिक संगठनकर्त्ता का कार्य एवं स्थान भी स्पष्ट होना चाहिए। उसकी शक्ति का स्रोत स्पष्ट होना चाहिए तथा यह भी स्पष्ट होना चाहिए कि वह अपने व्यावसायिक मूल्यों के अनुरूप इन शक्तियों का प्रयोग किस प्रकार करेगा। जब तक इस प्रकार का स्पष्टीकरण न हो जाए तब तक यह सम्भावना नहीं है कि नेतृत्त्व के स्तर पर सामुदायिक संगठनकर्त्ता प्रभावशाली योगदान कर सकेंगे।

सामुदायिक संगठन तथा सामुदायिक विकास

सामुदायिक संगठन तथा सामुदायिक विकास कार्यक्रमों में कुछ मौलिक अन्तर हैं। यद्यपि दोनों का सम्बन्ध समुदाय से है किन्तु इनकी कार्यप्रकृति एवं क्षेत्र अलग-अलग हैं। सामुदायिक संगठन सामाजिक कार्य की एक प्रणाली है, यह

ज्यादातर शहरी क्षेत्रों में अपनाई जाती है, यह अक्सर पश्चिमी देशों में प्रचलित है, इसके लक्ष्य समाज कल्याण के समरूप होते हैं। दूसरी ओर सामुदायिक विकास का क्षेत्र व्यापक है। इसमें आर्थिक एवं सामाजिक विकास के कार्यक्रम सम्मिलित हैं, इसे व्यापक सरकारी समर्थन प्राप्त होता है, यह ज्यादातर गैर-पश्चिमी देशों में तथा उनके ग्रामीण क्षेत्रों में अपनाया जाता है। सामुदायिक विकास योजनाएँ प्रायः राष्ट्रीय नियोजन का भाग होती हैं अतः ये योजना लक्ष्यों को सीमित काल में पूरा करने की कोशिश करती हैं। इनमें भी पर्याप्त जन-सहयोग प्राप्त किया जाता है।

सामुदायिक विकास कार्यक्रम के क्षेत्र में विभिन्न प्रणालियाँ अपनाई जाती हैं। प्रसार (Extension) कार्यक्रम इन्हीं में से एक प्रमुख प्रणाली है। सामुदायिक विकास के मुख्यतः दो लक्ष्य हैं–लोगों का आर्थिक कल्याण तथा उनकी कार्यात्मक क्षमता में वृद्धि। यह माना जाता है कि इन उद्देश्यों की प्राप्ति के लिए सामुदायिक विकास कार्यकर्त्ता को एक विशेष तकनीकी क्षेत्र में गहरा ज्ञान होना चाहिए यथा कृषि या पशुपालन, अन्तःव्यक्तिगत या अन्तःसमूह सम्बन्धों की स्थापना, विकास तथा संचालन का ज्ञान आदि। दूसरी ओर सामुदायिक संगठनकर्त्ता मनुष्य तथा समूह की स्थिति को समझता है, उनके साथ गहरे सम्बन्ध स्थापित करता है तथा समुदाय की स्थिति को समझता है, उनके साथ गहरे सम्बन्ध स्थापित करता है तथा समुदाय को स्वनिर्मित दिशा में आगे बढ़ाने की कोशिश करता है। भारत में विभिन्न कारणों से सामुदायिक विकास कार्यक्रमों को अपेक्षित सफलता प्राप्त नहीं हो सकी है। इसके कार्यकर्त्ता तकनीकी दृष्टि से तो कुछ सीखे हैं लेकिन मानव-सम्बन्धों का इनका ज्ञान नहीं के बराबर है।

प्रथम पंचवर्षीय योजना में सामुदायिक संगठन को प्रचुर महत्त्व प्रदान किया गया था। इसकी प्रारूपित रूपरेखा में स्वीकार किया गया था कि सामुदायिक संगठन अब सामाजिक कल्याण का एक प्रभावशाली साधन है। यह समाज कल्याण कार्यक्रमों की सफलता का मूलमन्त्र हैं। इस तकनीक के तहत एक सुपरिभाषित क्षेत्र के निवासी कुछ परिवार मिलकर संगठित हो जाते हैं तथा सामान्य हित की उपलब्धि के लिए एक प्रजातान्त्रिक इकाई का रूप धारण कर लेते हैं। ये सामुदायिक संगठन क्षेत्रीय समुदाय द्वारा ही बनाए, चलाए तथा प्रबन्धित किए जाते हैं। शुरू में इस आन्दोलन को राज्य द्वारा शुरू किया जा सकता है। इसके पश्चात् समाज सेवा अभिकरणों का यह प्रमुख कार्य है कि क्षेत्रीय जनतान्त्रिक समुदायों को संगठित करें, उन्हें शक्ति सम्पन्न करें तथा उनका विकास करें। वे स्थानीय संगठन द्वारा विभिन्न सामुदायिक कार्यक्रम प्रारम्भ कराएँ। इन कार्यक्रमों में ये मुख्य बातें सम्मिलित होनी चाहिए–

(i) सामुदायिक मनोरंजन के कार्यक्रम
(ii) मौलिक शिक्षा एवं सांस्कृतिक विकास
(iii) सहकारी समितियों द्वारा आर्थिक कल्याण
(iv) महिला एवं शिशु कल्याण
(v) परिवेशीय नियोजन एवं विकास
(vi) युवा कल्याण
(vii) सामान्य एवं समाज कल्याण गतिविधियाँ
(viii) सहकारी समितियों एवं पंचायतों के माध्यम से समुदाय के सामाजिक तथा आर्थिक जीवन का प्रभावशाली संगठन करना।

एक सामुदायिक केन्द्र द्वारा मूलभूत शिक्षा के लिए कार्यक्रम विकसित किया जा सकता है और इसको देहाती एवं शहरी क्षेत्रों में समाज कल्याण कार्यों के एकीकृत विकास की नाभि बनाया जा सकता है।

3

भारतीय राज्य एवं प्रशासन की प्रकृति

उदारवादी तथा मार्क्सवादी दोनों रूपों में भारतीय राज्य के स्वरूप की व्याख्या की जा सकती है। यदि उदारवादी दृष्टि से देखा जाए तो भारतीय राज्य एक संवैधानिक एवं लोकतांत्रिक राज्य है जहाँ संघीय शासन के अनुरूप संघ में शक्तिशाली केन्द्रीय सरकार है तथा राज्यों में केन्द्रीय सरकार की अपेक्षा कमजोर सरकारें हैं। यहाँ केन्द्र तथा राज्यों में संसदीय व्यवस्था को अपनाया गया है। ऐसी व्यवस्था में राज्य-अध्यक्ष एवं सरकार के अध्यक्ष में अन्तर किया जाता है। राज्य-अध्यक्ष के नाम पर चलने वाली सभी शक्तियों का प्रयोग सरकार अर्थात् मंत्रिमण्डल द्वारा किया जाता है। संसदीय व्यवस्था का आधार लोकप्रिय सम्प्रभुता होती है जिसके तहत जनसाधारण प्रभुसत्ता का स्वामी होता है और उसके द्वारा चुने प्रतिनिधि शासन-कार्य करते हैं। सामयिक एवं निरपेक्ष चुनाव, दायित्व की व्यवस्था तथा लोकतांत्रिक ढंग से बहुमत द्वारा निर्णय की प्रक्रिया भारतीय राज्य के उदारवादी स्वरूप को दर्शाते हैं। मार्क्सवादी दृष्टिकोण के अनुसार भारत को पूँजीवादी राज्य माना जा सकता है। मार्क्सवादियों का विचार है कि भारत में आर्थिक असमानता एवं आर्थिक शोषण के रहते सरकार का स्वरूप कभी भी वास्तविक रूप से लोकतांत्रिक नहीं हो सकता। जिस व्यवस्था में लोगों में

बेरोजगारी, निर्धनता, काम-प्राप्ति के अधिकार की न तो उपलब्धि और न ही सामाजिक सुरक्षा की व्यवस्था हो, वहाँ लोकतन्त्र अमीरों का लोकतन्त्र होता है।

भारत में संसदात्मक तथा संघीय शासन पद्धति है। संविधान लोगों के अधिकारों की सुरक्षा का आश्वासन देता है तथा राज्य को आधुनिक बनाने हेतु कुछेक समाजवादी, गाँधीवादी तथा उदारवादी सिद्धान्तों को अपनाने का निर्देश देता है। भारत में शासनतन्त्र के संचालन के लिए बनाए गए मौलिक नियमों पर निर्णय सर्वसम्मति, जनसहमति तथा बहुमत के आधार पर लिए जाने की व्यवस्था है। राज्यों को तीन श्रेणियों में बाँटा जाता है। उदारवादी, मार्क्सवादी तथा तृतीय संसार के देश। उदारवादी देशों में प्रायः पश्चिमी यूरोप तथा अमेरिकी महाद्वीप के देश शामिल किए जाते हैं। मार्क्सवादी देशों में प्रायः पूर्वी यूरोप के कुछ समाजवादी देश आते हैं।

तृतीय संसार उन देशों का समूह है जिसमें एशिया, अफ्रीका के नव स्वतन्त्रता प्राप्त देश तथा दक्षिणी अमेरिका के देशों को शामिल किया जाता है। परन्तु संसार में ऐसा वर्गीकरण आज नहीं देखा जाता। आज प्रायः देशों को विकसित और अविकसित श्रेणियों में बाँटा जाता है। यह उत्तर एवं दक्षिण का विभाजन भी है। उत्तरी गोलार्द्ध के देश विकसित तथा दक्षिणी गोलार्द्ध के देश अविकसित माने जाते हैं। भारत का सम्बन्ध दक्षिणी गोलार्द्ध के देशों के साथ है जो अविकसित हैं। हमारे देश के आर्थिक पिछड़ेपन के कई कारण हैं। ब्रिटिश शासन काल में अंग्रेजों ने भारतीय धन को तो लूटा ही, भारतीय संसाधनों का भी जमकर दोहन किया। इसे धन निकासी (Drain of Wealth) की संज्ञा दी गयी। देश से धन की निकासी का कारण था। हमारा पिछड़ापन अंग्रेजों की देन है। 1947 ई. में अंग्रेजों ने जब भारत छोड़ा तब हम आर्थिक, सामाजिक व राजनीतिक रूप से अविकसित थे।

भारत में राज्य का भारतीयकंरण—आजादी के पश्चात् शीघ्र ही भारत के वैचारिक, औपचारिक तथा संस्थापक तत्त्वों का निर्णय करने के लिए संविधान-निर्माण का कार्य आरम्भ हुआ। जब संविधान अपने पूर्णरूप में नवम्बर 1949 को लिख लिया गया तो उसमें विभिन्न विचारों का सम्मिश्रण झलकने लगा। अपने स्वरूप में भारतीय राज्य का स्वरूप उदारवादी था। इस उदारवाद की तस्वीर निम्न रूप में दिखाई देती है—

1. भारत में संपूर्ण प्रभुत्व सम्पन्न लोकतंत्रात्मक गणराज्य की स्थापना की जायेगी।

2. संविधान के अनुसार शक्तियों के पृथक्करण लेगा। वैधानिक कार्य विधानपालिका को, कार्यकारी कार्य कार्यपालिका को तथा न्यायिक कार्य न्यायपालिका को सौंपे गए।

3. संविधान में मौलिक अधिकारों की व्यवस्था की गई और उन्हें न्यायोचित बनाने का प्रयास किया गया।

4. अल्पसंख्यकों के अधिकारों व हितों की रक्षा की व्यवस्था की गई।

5. राज्यनीति के निदेशक तत्त्वों के माध्यम से समाजवादी, गाँधीवादी तथा उदारवादी भारत के निर्माण का संकल्प लिया गया।

6. आर्थिक रूप से भारत न तो पूर्णरूप से समाजवादी और न ही पूर्णरूप से पूँजीवादी राज्य बना। देश में अपनाई गई अर्थव्यवस्था मिश्रित प्रकार की थी जिसमें सार्वजनिक तथा निजी क्षेत्रों के साथ-साथ विकसित होने की व्यवस्था थी।

7. ग्रामीण क्षेत्रों के विकास हेतु पंचायती राज्य व्यवस्था को अपनाने का निर्णय लिया गया।

भारतीय राज्य के उदारवादी स्वरूप के पीछे निम्न तर्क दिए जा सकते हैं—

1. भारतीय संविधान के निर्माता अधिकांशतः उदारवादी तथा संविधान वादी थे। अतः संविधान निर्माताओं से उदारवादी संविधान की ही आशा की जा सकती थी।

2. भारत में संसद की सर्वोच्चता के साथ सर्वोच्च न्यायालय को प्राप्त न्यायिक पुनरावलोकन की शक्ति एक उदारवादी व्यवस्था का प्रतीक कहा जा सकता है।

3. संविधान द्वारा सर्वोच्च न्यायालय को निरपेक्ष तथा स्वतन्त्र बनाने तथा न्यायिक सर्वोच्चता की स्थापना का तत्त्व उदारवादी स्वरूप का ही होता है।

4. संविधान ने ऐसी कार्यपालिका का गठन किया जो संसद से बनती है तथा संसद के प्रति उत्तरदायी होती है। भारत में कार्यपालिका के दायित्व की व्यवस्था भारत के राज्य को उदारवादी बनाती है।

5. भारत के संविधान ने स्वतन्त्र व निरपेक्ष चुनाव आयोग तथा उस आयोग की चुनावों का प्रबन्ध करने का दायित्व देना उदारवादी तत्त्वों के लक्षण हैं। किसी भी उदारवादी राज्य के अनुरूप भारत में राज्य को सामाजिक, आर्थिक परिवर्तन का साधन बनाया गया। पंडित जवाहर लाल नेहरू ने भारत में स्थापित राज्य से यह आशा की थी कि राज्य ऐसे साधन के रूप में कार्य करेगा जो आर्थिक कल्याण तथा समाजवादी ढंग के समाज (समाजवाद, नहीं) की स्थापना को सुनिश्चित बनाए।

नियोजन के दायरे में मिश्रित अर्थव्यवस्था उदारवाद का संकेत है। भारत का सामाजिक ढाँचा बहुलवादी है। इस कारण इस प्रकार के ढाँचे के अनुरूप ही भारत के शासनतन्त्र की व्यवस्था की गई है। वास्तव में, किसी भी देश में उसके सामाजिक

ढाँचे के अनुरूप ही शासकीय व्यवस्था की स्थापना की जाती है। भारतीय शासनतन्त्र भी इसका अपवाद नहीं है। भारंत विषमताओं का देश है। इसमें अनेक धार्मिक सम्प्रदाय हैं, अनेक भाषाएँ बोली जाती हैं, लोगों का अनेक प्रकार की जातियों से सम्बन्ध है। हमारा देश इतना विशाल है कि इनमें कई क्षेत्र तो बहुत अधिक विकसित हैं जबकि कई क्षेत्र बहुत पिछड़े हुए हैं। सामाजिक विषमताओं के साथ आर्थिक विषमताएँ भी सामाजिक ढाँचे को प्रभावित कर रही हैं। भारत के सामाजिक ढाँचे का एक अन्य रूप समाज में विभिन्न समूहों का सम्मिश्रण है।

भारत एक कृषि प्रधान देश है। स्वतन्त्रता प्राप्ति के समय 75 प्रतिशत से भी अधिक लोग गांवों में रहते थे। मूलतया हमारी आर्थिक व्यवस्था कृषि पर आधारित है। इस कारण हमारे गांवों में सामाजिक ढाँचा भी उस आर्थिक व्यवस्था के अनुरूप था। अधिकांश जनता ग्रामवासी है। इनमें छोटे तथा बड़े किसान भी थे, जमींदार व जाग़ीरदार भी थे, किराए पर कृषि-कार्य करने वाले लोग भी थे, बन्धुआ मजदूर भी थे, लगभग प्रत्येक ग्राम में एक-दो दुकानदार, कुछ कारीगर तथा महाजन भी थे। शहरों में कम गिनती के कुछ पूँजीपति, उनकी अपेक्षा अधिक संख्या में श्रमिक, छोटे-मोटे दुकानदार, अंग्रेजी-शिक्षा प्राप्त भारतीय आदि थे। इन सबका सम्बन्ध अलग-अलग धर्मों, जातियों, भाषाओं आदि से था। इस कारण इनकी परम्पराओं, रीति-रिवाजों व रहन-सहन में भी अन्तर था। भारतीय समाज का स्वरूप मूलतः बहुलवादी था। भारत जैसे बहुलवादी देश में शासनतन्त्र का स्वरूप उसके अनुरूप होना अनिवार्य था।

स्पष्ट है कि अपनी नव-प्राप्त स्वतन्त्रता को बनाए रखने के लिए जहाँ एक ओर शक्तिशाली केन्द्रीय सरकार का होना अनिवार्य था, वहाँ दूसरी ओर विभिन्नताओं व विषमताओं को देखते हुए संघीय व्यवस्था का होना भी स्वाभाविक था। यही कारण है कि हमारे देश में जिस प्रकार की संघीय-व्यवस्था का निर्माण किया गया, उसमें राज्यों की अपेक्षा केन्द्र के पास अधिक शक्तियाँ होनी ही थीं। अंग्रेजी सरकार के अधीन एक लम्बे समय तक शासित होने पर भारतीयों को ब्रिटिश पद्धति की शासन-प्रक्रिया की न केवल जानकारी हो गई थी, बल्कि उन्हें राजनीतिक अनुभव भी प्राप्त हो गया था। यह राजनीतिक अनुभव संसदीय शासन प्रणाली से सम्बन्धित था।

ब्रिटिश शासकीय व्यवस्था के अनुरूप भारत में संसदीय शासन प्रणाली को अपनाया गया था। ऐसी प्रणाली में राज्य-अध्यक्ष तथा सरकार अध्यक्ष में भेद किया जाता है। ऐसा भेद भारतीय व्यवस्था में भी विद्यमान है। राष्ट्रपति संवैधानिक मुख्य

हैं जिनके नाम पर शासन होता है, परन्तु वे वास्तविक रूप से शासन नहीं करते। प्रधानमन्त्री प्रशासन के प्रधान होने के कारण अपने मन्त्रिमण्डल की सहायता से देश में शासन-शक्तियों का संचालन करते हैं। मन्त्रिमण्डल को विधानपालिका, विशेषरूप से लोकसभा के प्रति उत्तरदायी बनाए जाने की व्यवस्था की गई है। भारत जैसे देश के लिए आर्थिक प्रकार के शासन-तन्त्र की व्यवस्था करना घातक होता। इसलिए शासन-तंत्र के स्वरूप को पंथनिरपेक्ष बनाया गया।

संविधान कहता है कि व्यक्ति का भले ही कोई भी धर्म हो, परन्तु सार्वजनिक जीवन में राज्य सभी धर्मों को समान दृष्टि से देखेगा। राज्य से यह भी आशा की गई है कि धार्मिक आधार पर किसी भी प्रकार का भेदभाव नहीं होगा। राज्य से किसी भी ऐसे कर लगाने की आशा नहीं है जिसकी जमा-राशि किसी विशेष धर्म पर खर्च की जाएगी। भारत भले ही पूँजीवादी-उदारवादी मूल्यों से प्रेरित न हुआ हो और न ही मार्क्सवादी प्रतिमान से परन्तु इन दोनों प्रकार के प्रतिमानों के अनुयायी भारतीय जनसमूह के सदस्य थे।

स्वतन्त्रता प्राप्ति के बाद तथा आज भी जहाँ पूँजीवादी विचार के लोग हैं, वहाँ समाजवादी विचार के लोग भी हैं। इस कारण भारतीय अर्थव्यवस्था का पूर्णरूप में पूँजीवादी रूप धारण करना उतना ही गलत था जितना कि समाजवादी रूप। फलस्वरूप भारत ने मिश्रित अर्थव्यवस्था को शासन-तन्त्र के पक्ष में था। आज हमारी अर्थव्यवस्था का स्वरूप मिश्रित अर्थव्यवस्था जैसा है।

लोकतान्त्रिक प्रक्रिया

भारतीय शासन व्यवस्था में विद्यमान प्रमुख लोकतान्त्रिक प्रक्रियाओं को अग्र बिन्दुओं के तहत व्यक्त किया जा सकता है–

1. निर्वाचन प्रक्रिया–मतदान प्रणाली भारतीय लोकतंत्र का एक मुख्य अंग है। भारतीय संविधान के भाग पन्द्रह, अनुच्छेद 324-329 में निर्वाचन सम्बन्धी तथ्यों का उल्लेख किया गया है। संविधान में निर्वाचन आयोग की स्थापना की गई है। निर्वाचन आयोग के अध्यक्ष मुख्य निर्वाचन आयुक्त हैं। राष्ट्रपति संसद व विधानमण्डलों के निर्वाचन की घोषणा करते हैं। निर्वाचन आयोग निर्वाचन क्षेत्रों का गठन करता है। हमारे यहाँ प्रत्येक निर्वाचन क्षेत्र से एक सदस्य का निर्वाचन किया जाता है।

यहाँ प्रत्येक नागरिक को जो 18 वर्ष की आयु का है मत देने का अधिकार प्राप्त है तथा अपनी इच्छानुसार मत प्रकट कर सकता है। जो नागरिक चुनाव लड़ना

चाहता है उसमें निर्धारित योग्यताएँ होनी चाहिए। प्रत्येक दल अपने उम्मीदवारों का चयन करते हैं और अपने-अपने घोषणा पत्र लागू करते हैं। कई उम्मीदवार बिना दल के सहयोग से ही चुनाव लड़ते हैं। इन्हें स्वतन्त्र उम्मीदवार कहा जाता है। इसके पश्चात् उम्मीदवार मतदाताओं को प्रभावित करने के लिए सभाएँ आयोजित करते हैं। वे घर-घर जाकर मत प्राप्त करने के प्रयास करते हैं। वे पोस्टर लगाते हैं। अखबारों में अपने कार्यक्रम प्रकाशित करवाते हैं। रेडियो व टेलीविजन पर भाषण देते हैं। कोई भी उम्मीदवार निश्चित राशि से अधिक धन चुनाव में खर्च नहीं कर सकता। जो राजनीतिक दल बहुमत में आता है, वह सरकार बनाकर अपनी नीतियों को लागू करता है। लोकतंत्रात्मक पद्धति का यह स्वरूप तकरीबन हर गणतांत्रिक देशों में देखा जा सकता है।

2. राजनीतिक दलबन्दी—आधुनिक अप्रत्यक्ष लोकतन्त्र में जनता का प्रतिनिधित्व करने हेतु राजनीतिक दलों का होना जरूरी है। राष्ट्रीय स्तर पर मान्यता प्राप्त दल हैं—कांग्रेस (ई.), भारतीय जनता पार्टी, भारतीय साम्यवादी दल, मार्क्सवादी साम्यवादी दल, जनता दल (यू), बहुजन समाज पार्टी, राष्ट्रवादी कांग्रेस। स्थानीय दल में बहुत से दल हैं। इनमें मुख्य हैं—नेशनल कान्फ्रेंस, अकाली दल, डी. एम. के. , अन्ना. डी. एम. के., तेलूगूदेशम, बीजू जनता दल, राष्ट्रीय जनता दल, झारखंड मुक्ति मोर्चा, शिव सेना आदि।

राजनीतिक दलों की आपसी प्रतियोगिता किसी न किसी दल की विजय में बदलती है। चुनाव लोकतन्त्रीय व्यवस्था में निर्णय करने की एक महत्त्वपूर्ण प्रक्रिया है।

3. मतदान-आचरण—मतदान के समय मतदाता कई परिस्थितियों से प्रभावित होता है। इसे ही मतदान-आचरण के तहत रखा जाता है। इसमें जो मतदान नहीं करते उनके आचरण को भी देखा जाता है। जात-पात, गरीबी, अशिक्षा आदि द्वारा मतदान का आचरण निर्धारित किया जाता है।

उदाहरण के लिए 1971 से पूर्व भारत का मतदान कांग्रेस के स्वतन्त्रता संग्राम से प्रभावित रहा। 1971 के चुनाव में गरीबी हटाओ के नारे से प्रभावित होकर मतदाताओं ने कांग्रेस को बहुमत से जिताया। 1977 में मतदाताओं के समक्ष जनता दल ने लोकतन्त्र और तानाशाही के बीच एक को चुनने के लिए कहा। जनता ने लोकतन्त्र का मार्ग चुना। लेकिन जनता दल आपसी फूट के कारण लोकतन्त्र की रक्षा न कर सका। 1980 में लोगों ने महसूस किया कि देश में केवल कांग्रेस (ई.) ही ऐसा दल है जो स्वतन्त्रता, लोकतन्त्र, धर्म-निरपेक्षता व समाजवाद की रक्षा कर

सकता है। इसलिए सत्ता एक बार फिर कांग्रेस (ई.) के हाथों में आ गई। 1985 व 1990 में पुनः कांग्रेस का शासन लौटा। 1996 के बाद से मिली-जुली सरकार का शासन रहा एवं पुनः 2004 में कांग्रेस सता में लौट आई।

ऐसा नहीं की मतदान-आचरण में केवल नारों का प्रभाव पड़ता है बल्कि जाति-धर्म का प्रभाव भी इस पर पड़ता है। मतदाता अपनी जाति और धर्म वाले प्रत्याशी को मत देते हैं। इस कारण राजनैतिक दल चुनाव क्षेत्रों में जाति-धर्म को देखकर अपने प्रत्याशी खड़े करते हैं। भारतीय दल अपने दलीय हितों के कारण सामाजिक संकीर्ण विचारों को नहीं छोड़ पाए हैं।

4. जन-सम्पर्क के विभिन्न साधन—जनसम्पर्क के प्रमुख साधन समाचार-पत्र, दूरदर्शन, रेडियो आदि हैं। इन साधनों द्वारा जनता सरकार की ·तिविधियों को समझ सकती है। जनता सरकार की उन कार्यवाहियों की आलोचना कर सकती है जो राष्ट्रीय हित में नहीं हैं। सरकार इस आलोचना का फायदा उठा सकती है एवं नीतियों में बदलाव कर सकती है।

निश्चत रूप से जन-सम्पर्क के साधन स्वतन्त्र होने चाहिए वरन् उसका कोई फायदा नहीं हो सकता। जनता अन्धकार में रहेगी। लोगों के अधिकार खतरे में पड़ जाएँगे। गैर-जिम्मेदार समाचार-पत्र लोकतन्त्र के लिए हानिकारक सिद्ध होते हैं। समाचार पत्रों को जिम्मेदारी से अपना कार्य करना चाहिए।

5. दबाव-समूह—दबाव-समूह एक ऐसा स्वतंत्र समूह है जो शासकीय अधिकारों की नियुक्ति, सार्वजनिक नीति-निर्धारण, उसके प्रशासन और समझौता व्यवस्था को प्रभावित करने का प्रयत्न करते हैं। इन्हें लॉबी और अनौपचारिक संगठन भी माना जाता है। ये राजनीतिक प्रक्रिया के ठोस अंग हैं एवं सरकार की नीति को आगे बढ़ाने या उसकी दिशा बदलने का प्रयास करते हैं, लेकिन यह स्वयं सरकार नहीं बनाना चाहते।

भारत जैसे लोकतन्त्रात्मक राज्य में राजनैतिक दलों के साथ-साथ दबाव-समूहों के विकास का भी समान अवसर उपलब्ध है। भारत में दबाव-समूहों में मुख्य हैं—भारतीय ट्रेड यूनियन कांग्रेस, राष्ट्रीय ट्रेड यूनियन कांग्रेस, भारतीय व्यापार मण्डल, अखिल भारतीय किसान सभा, भारतीय छात्र संघ, युवा कांग्रेस, अखिल भारतीय विद्यार्थी परिषद् आदि। निःसन्देह भारत के दबाव-समूह अमेरिका के दबाव-समूहों की भाँति सक्रिय नहीं हैं लेकिन इसमें भी सन्देह नहीं कि यहाँ के दबाव समूह सरकार को प्रभावित करते हैं। दबाव समूह संवैधानिक तथा गैर संधानिक मार्ग अपनाकर अपने उद्देश्य की पूर्ति करते हैं। यह जन-आन्दोलन, हड़तालों, सत्याग्रह

आदि मार्ग अपनाकर अपने उद्देश्य की प्राप्ति करते हैं। ये राजनैतिक दलों के कार्यों में मददगार होते हैं। इस तरह ये भी लोकतान्त्रिक-प्रक्रिया के अंग हैं।

भारतीय लोकतंत्र की समस्याएँ

भारत विश्व का सबसे बड़ा लोकतन्त्र है। यहाँ का हर नागरिक लोकतन्त्र में विश्वास रखता है। हमारा लोकतन्त्र स्वतन्त्रता व समानता पर आधारित है। यहाँ सभी निर्णय लेने वाली संस्थाएँ लोकतन्त्रीय आधार पर गठित की गई हैं। पंचायत निचली संस्था व संसद उच्चतम संस्था है। दोनों का गठन वयस्क मताधिकार प्रणाली के आधार पर होता है। 18 वर्ष के सभी नागरिक को मत देने का अधिकार दिया गया है। वह अपने मत का प्रयोग निष्पक्ष रूप से कर सकता है। यहाँ लोग लोकतन्त्र को किसी प्रकार से खोने को तैयार नहीं हैं। इस तरह आज भारत में लोकतन्त्र की जड़ें गहरी होती जा रही हैं। प्रत्येक नागरिक प्रभुसत्ता-सम्पन्न है। वह मत के मूल्य को समझता है। लेकिन तब भी हमारे लोकतन्त्र के समक्ष कुछ समस्याएँ हैं जिस कारण हमारे लोकतन्त्र के समक्ष चुनौतियाँ बनी हुई हैं। ये समस्याएं अग्र हैं–

1. जातिवाद–भारतीय लोकतंत्र के मार्ग की सबसे बड़ी बाधा भारतीय समाज में विद्यमान जातिवाद है। यहाँ के समाज में प्रत्येक व्यक्ति जाति के आधार पर जाना जाता है। यहाँ कुछ जातियाँ उच्च व कुछ निम्न मानी जाती हैं। यहाँ जातियों के आधार पर सम्बन्ध स्थापित किए जाते हैं। आज जाति का सम्बन्ध राजनीति से हो गया है। चुनाव में जातियाँ महत्त्वपूर्ण कार्य करने लगी हैं। प्रत्येक चुनाव-क्षेत्र में जाति के आधार पर प्रत्याशी खड़े किए जाते हैं। यदि किसी राज्य में किसी विशेष जाति की अधिकता होती है तो उस राज्य की राजनीति में वह जाति एक महत्त्वपूर्ण भूमिका निभाती है। टिंकर ने राज्यों की राजनीति को 'जातियों' की राजनीति का नाम दिया है। जातीयता के आधार पर लड़े गए चुनाव लोकतन्त्र के समानता के सिद्धान्त के विरुद्ध हैं। कतिपय जातिवादी नेता सम्पूर्ण जनता के लिए कार्य नहीं करके सिर्फ अपनी जाति के लिए कार्य करते हैं। इस कारण जातीयता भारतीय लोकतत्र के मार्ग में सबसे बड़ी बाधा है।

2. साम्प्रदायिकता–साम्प्रदायिकता भी हमारे लोकतन्त्र को अवरोध पहुचाता है। यहाँ लोग अपने सम्प्रदाय को पसंद करते हैं तथा दूसरे सम्प्रदाय से घृणा करते हैं। प्रत्येक सम्प्रदाय चाहता है कि शासन पर उसका प्रभाव हो तथा अन्य सम्प्रदायों को कुछ भी न मिले। इससे असमानता पैदा हुई है जो लोकतन्त्र के विरुद्ध है।

हमारे देश में प्रत्येक अल्पसंख्यक समूह अपने को अलग समझता है बल्कि संविधान सभी सम्प्रदायों को समान समझता है। प्रत्येक अल्पसंख्यक समूह को

विशेष अधिकार दिए गए हैं। उनकी सुरक्षा का प्रबन्ध भी किया गया है। संविधान में भारत धर्म-निरपेक्ष राज्य घोषित किया गया है। यहाँ किसी भी धर्म को विशेष अधिकार नहीं मिले फिर साम्प्रदायिकता व्याप्त है।

3. क्षेत्रवाद व भाषावाद—भारतीय लोकतंत्र में यह भी एक बहुत बड़ा अवरोध है। प्रत्येक देश की प्रशासनिक सुविधा के लिए राष्ट्र को क्षेत्रों में विभाजित किया जाता है। भारत को भी प्रशासनिक दृष्टि से 28 राज्यों व 7 संघशासित क्षेत्रों में विभाजित किया गया है। महेश्वरी के अनुसार, "इनमें से प्रत्येक क्षेत्र के अन्तर्गत काफी बड़ा इलाका शामिल है। उनका अपना एक विशिष्ट ऐतिहासिक, सांस्कृतिक और आर्थिक सुझाव है। भारत में राज्यों का निर्माण भाषायी व धार्मिक आधारों पर किया गया है। इस कारण यहाँ कई समस्याएँ पैदा हो गई हैं। जम्मू-कश्मीर में नेशनल-कांफ्रेंस, पंजाब में अकाली दल, केरल में ईसाई व मुस्लिम संगठन तथा नागालैण्ड, मिजोरम और मेघालय में ईसाई मिशनरी प्रादेशिक स्वायत्तता की माँग कर रही हैं। इनमें कुछ उग्रवादी दल हैं जो भारतीय संघ से पृथक होने की बात करते हैं। क्षेत्रवाद के साथ-साथ भाषावाद भी भारतीय राजनीति में सक्रिय है।

भारत में बहुत-सी भाषाएँ बोली जाती हैं। निःसन्देह भारतीय संविधान में हिन्दी को राजभाषा घोषित किया गया है, परंतु अनेक भाषाओं की उपस्थिति में भाषायी समस्याएँ पैदा हो गई हैं। राज्यों का गठन भाषा के आधार पर किया गया है। एक भाषा बोलने वाले लोग, दूसरों के साथ मिलकर रहने के लिए तैयार नहीं। भाषा के आधार पर अलग राज्य के गठन की माँग की जा रही है। इसके अतिरिक्त राजनीतिक दल भाषायी समस्या से फायदा उठाने का प्रयास भी करते रहे हैं। दक्षिणी राज्यों में हिन्दी विरोध वहाँ की राजनीति का एक प्रमुख अंग है। प्रत्येक दल यह कहता है कि किसी पर हिन्दी भाषा को थोपा नहीं जाएगा। क्षेत्रवाद व भाषावाद भारतीय राजनीति में काफी सक्रिय रहा है जिस कारण एकता खतरे में पड़ गई है। इस कारण यहाँ असमानता स्थापित हुई है। लोगों की स्वतन्त्रता खतरे में पड़ गई है। क्षेत्रवाद व भाषावाद लोकतन्त्र के दुश्मन हैं।

4. आर्थिक-विषमता—आर्थिक-विषमता भी भारतीय लोकतंत्र में अवरोध पहुँचाता है। भारत में आर्थिक-विषमता, महंगाई, बेकारी, गरीबी और भ्रष्टाचार के कारण पैदा हुई है। एक गरीब आदमी निष्पक्षता से अपने मत को प्रकट नहीं कर सकता। हर नागरिक के समक्ष रोटी की समस्या, राजनीति से अधिक महत्त्वपूर्ण है। आर्थिक विषमता का एक कारण सम्पत्ति है। इस कारण सम्पत्ति के अधिकार को सीमित करने के लिए समय-समय पर संविधान में संशोधन भी किए गए एवं 44वें

संशोधन द्वारा सम्पत्ति के अधिकार को मौलिक अधिकारों की सूची से बाहर कर दिया गया। अब यह एक विधिक अधिकार मात्र है। इसके अतिरिक्त 42वें संशोधन द्वारा प्रस्तावना में 'समाजवाद' शब्द जोड़ा गया। पंचवर्षीय योजनाओं द्वारा प्रति व्यक्ति वार्षिक आय की वृद्धि का प्रयास किया गया।

5. चुनाव प्रक्रिया में सुधार की आवश्यकता—भारत में संविधान निर्माताओं द्वारा चुनाव की प्रक्रिया संविधान में दी गई है। संविधान निर्माता आशा करते थे कि भारत में चुनाव स्वतन्त्र व निष्पक्ष होंगे परन्तु हमारी चुनाव-व्यवस्था में बहुत से दोष हैं। यहाँ पर साधारण बहुमत की पद्धति अपनाई गई है। इसमें जो प्रत्याशी अन्य प्रत्याशियों से अधिक मत प्राप्त करता है उसे सफल घोषित कर दिया जाता है चाहे उसे कुल मत का 20 प्रतिशत या 30 प्रतिशत मत ही क्यों न मिले। इसके अतिरिक्त हमारे यहाँ चुनाव में पैसे का बोलबाला है। चुनाव-आयोग ने चुनाव पर खर्च होने वाली राशि कों निर्धारित किया हुआ है परन्तु फिर भी जो अधिक से अधिक धन खर्च कर सकता है चुनाव जीतता है। आज राजनीति का अपराधीकरण हो गया है। बाहुबली नेता मतदाताओं को डरा-धमकाकर तथा मतदान केन्द्रों पर कब्जा करके चुनाव जीत जाते हैं। कुछ अन्य नेता इन बाहुबलियों के सहारे चुनाव जीतते हैं। इसके अतिरिक्त चुनाव से पूर्व मन्त्री कई सुविधाएँ लोगों को दे देते हैं जिससे उन्हें अधिक मत मिलें। प्रत्याशी चुनाव अधिकारियों पर प्रभाव डालते हैं। ये सब राजनीतिक भ्रष्टाचार के साधन हैं जो भारतीय लोकतन्त्र को खोखला बना रहे हैं।

6. राजनीति में सामन्तवाद—भारत में सामन्तवाद को समाप्त कर दिया गया है परन्तु यह सब दिखावा है। आज भी राजनीति में सामान्तवाद का बोलबाला है। आज चुनाव में कौन भाग लेता है, वही जिसके पास बहुत बड़ी जागीर है। अधिकतर वही व्यक्ति चुनाव लड़ते हैं जिनके पास पैसा होता है या जिन्हें पैसा दिया जाता है। इसके अतिरिक्त स्वयं भूतपूर्व शासक चुनाव लड़ते हैं। इस कारण शासन सामन्तवादियों के हाथों में केन्द्रित हो जाता है।

भारतीय प्रशासन

केन्द्र तथा राज्य सरकार का समस्त शासन संचालन कार्यवालिका के माध्यम से ही सम्पन्न होता है। नीतियों का निर्धारण, नीतियों को कार्यरूप देना, प्रशासन, संचालन आदि कार्य कार्यपालिका द्वारा किए जाते हैं। कार्यपालिका के अनेक प्रकारों में राजनीतिक कार्यपालिका तथा स्थायी कार्यपालिका का वर्णन किया जाता है।

राजनीतिक कार्यपालिका नीतियों के निर्धारण में विशेष भूमिका निभाती है। प्रशासकीय निर्देशन देती है, परन्तु वास्तविक प्रशासन स्थायी कार्यपालिका द्वारा चलाया जाता है। स्थायी कर्मचारियों को प्रशासन रूपी शरीर में रीढ़ की हड्डी कहा जाता है। इनके बिना प्रशासन-संचालन संभव नहीं होता। कर्मचारियों द्वारा शासन को अफसरशाही भी कहा जाता है। किसी भी शासन प्रणाली में अफसरशाही की भूमिका कम नहीं होती, भले ही शासनतन्त्र राजतन्त्रीय हो, कुलीनतन्त्रीय हो, सैनिकतन्त्रीय हो अथवा लोकतन्त्रीय। अफसरशाही में केवल केन्द्रीय तथा प्रान्तीय सरकारों के नागरिक कर्मचारियों को शामिल किया जाता है और उनमें भी केवल अफसरों अर्थात् उच्च नागरिक कर्मचारियों को। अफसरशाही अर्थात् कर्मचारीतन्त्र प्रशासकीय अधिकारियों का वह समूह है जो अपने अनुभव, ज्ञान तथा क्षमता के फलस्वरूप प्रशासन संचालन का कार्य करता है। अफसरशाही सामूहिक रूप से एक समूह की प्रशासकीय गतिविधि है।

समस्त प्रशासन को एक शृंखला का रूप दिया जाता है। निम्न अधिकारी उच्चतर अधिकारियों के आदेशों का पालन करते हैं। प्रत्येक अधिकारी अनुशासित ढंग से अपने कार्य के लिए अपने उच्चतर अधिकारी के प्रति उत्तरदायी होता है। प्रशासन की सारी कार्यवाही लिखित नियमों के अनुसार चलती है। इस दृष्टि से अफसरशाही एक ऐसी व्यवस्था है जो अपने अधिकारियों को व्यवस्थित, दूरदर्शी तथा अनुशासित बना देती है। ऐसी व्यवस्था समस्त संगठन को कुशल बना देती है जिसमें दायित्व का तत्त्व विद्यमान रहता है। प्रशासकीय कार्यालयों के दायित्व तथा कर्मचारियों में अवैयक्तिक सम्बन्ध होते हैं।

कर्मचारी अपने कार्यों का संचालन निश्चित नियमों के अनुसार करते हैं। पद पर रहने वाले कर्मचारी बदलते रहते हैं। परन्तु कर्मचारियों द्वारा संचालित नियम बने रहते हैं। इस कारण कर्मचारियों के कार्यों के सम्बन्ध में पूर्व अनुमान लगाना सम्भव होता है। परन्तु इसके बावजूद यह कहना पड़ता है कि अफसरशाही एक जड़वत अथवा कठोर दृष्टिकोण का प्रतीक होता है। कर्मचारियों की नियुक्ति, पदोन्नति तथा पदमुक्ति के विशेष नियम होते हैं। कर्मचारियों को नियुक्त करने से पूर्व खुली प्रतियोगिताएँ होती हैं। चयनित व्यक्तियों का साक्षात्कार होता है कर्मचारियों को प्रशासकीय परीक्षण प्राप्त करना पड़ता है। इसी प्रकार उनके पदोन्नति के नियम तथा पदमुक्ति के नियम निश्चित होते हैं। आधुनिक राज्यों में असैनिक सरकारी कर्मचारियों अर्थात् लोक सेवाओं की महत्त्वपूर्ण भूमिका होती है। दायित्व बोध सरकारी कर्मचारियों के शासन की एक मुख्य विशेषता है।

लोक सेवा का संगठन

लालफीताशही की प्रवृत्ति को रोकने के लिए हर विभाग में परामर्शदात्री समितियों का गठन किया जाता है। हर विभाग को भिन्न अनुभागों (Divisions) में बांटा जाता है। हर अनुभाग को कई शाखाओं (Branches) में विभाजित किया जाता है। इससे भी आगे, प्रत्येक शाखा के अनेक प्रभाग (Sections) होते हैं। समस्त व्यवस्था एक शृंखला की भाँति होती है। जिसके अन्तर्गत एक उच्चस्तरीय अधिकारी अपने अधीनस्थ कर्मचारियों को दिशा निर्देया देता है, कर्मचारियों के कार्यों की देखभाल करता है एवं वैयक्तिक रूप में अपने से ऊंचे अधिकारी के प्रति जवाबदेह होता है। अन्ततः विभाग का कार्यभार एक वरिष्ठ अनुभवी अधिकारी पर होता है। स्वतन्त्रता से पूर्व विभाग का दायित्व भारतीय नागरिक सेवा पर हुआ करता था। आज यह दायित्व भारतीय प्रशासन सेवा के अधिकारियों को सौंपा जाता है।

विभागीय अधिकारी विभाग के संचालन में राजनीतिक कार्यपालिका अर्थात् सम्बन्धित मन्त्री से निर्देशन प्राप्त करता है तथा मन्त्रिमंडल द्वारा निश्चित नीति-निर्णयों के अनुसार विभाग का प्रबन्ध संभालता है। लोक सेवा के कर्मचारियों का प्रमुख कार्य सचिवालय में न होकर क्षेत्र में होता है। ये कर्मचारी विभाग, अनुभाग, संभाग और शाखाओं के अनुसार संगठित किए जाते हैं। इन कर्मचारियों को समान पदगोपनीय सिद्धान्त द्वारा एक-दूसरे से जोड़ा जाता है। समस्त लोक सेवा का कार्य लिखित तथा निश्चित नियमों के अनुसार चलता है। इन नियमों में वैयक्तिक भावनाओं का कोई स्थान नहीं होता है। सम्पूर्ण प्रशासन में इन लिखित नियमों को कठोरता से लागू किया जाता है। फलस्वरूप नौकरशाही रूपी व्यवस्था काष्ठवत् तथा कठोर जान पड़ती है। इस प्रकार की काष्ठवत् तथा कठोर व्यवस्था प्रशासकीय एकरूपता लाने में सहायक होती है। दायित्व बोध सरकारी कर्मचारियों के शासन की एक मुख्य विशेषता है।

लोक सेवा में लालफीताशाही

लालफीताशाही की प्रवृत्ति को रोकने के लिए हर विभाग में परामर्शदात्री समितियों का गठन किया जाता है। इन परामर्शदात्री समितियों में जनता के अधिकांश प्रतिनिधि होते हैं। फलस्वरूप अधिकारियों तथा जनता में विभागीय संचार की व्यवस्था कायम की जाती है।

लोक सेवकों की भर्ती

किसी भी सरकार के कुशल प्रशासन की पहचान उस सरकार द्वारा नियुक्त सरकारी कर्मचारियों द्वारा की जा सकती है। राजकीय कर्मचारी जितने अधिक योग्य, अनुभवी तथा सक्षम होंगे, प्रशासन उतना अधिक कुशल होगा। यही कारण है कि कर्मचारियों के चयन अथवा नियुक्ति को महत्त्वपूर्ण समझा जाता है। लोकतन्त्रीय व्यवस्था से पूर्व राजतन्त्रीय व्यवस्था में कर्मचारियों के चयन तथा सेवा-शर्तों पर अधिक ध्यान नहीं दिया जाता था। सम्राट अथवा महारानी अपनी इच्छानुसार किसी भी व्यक्ति को अपने अधीन कोई भी काम सौंप देते थे। ऐसे कर्मचारी तब तक अपने पद पर रहते थे जब तक सम्राट् अथवा महारानी उनसे प्रसन्न रहते थे। इन कर्मचारियों के वेतन, काम की शर्तें भी सम्राट अथवा महारानी स्वयं निश्चित करती थीं। लोकतन्त्रीय व्यवस्था के उदय तथा विकास के फलस्वरूप तथा राज्यों द्वारा किए जाने वाले कार्यों में वृद्धि के कारण राजकीय कर्मचारियों की नियुक्ति तथा सेवा-शर्तों पर आज अत्यधिक ध्यान दिया जाता है।

आज प्रायः लोक सेवकों का चयन लोक सेवा आयोग द्वारा किया जाता है। सरकार लोक सेवा आयोग का गठन करती है तथा यह सेवा आयोग राजकीय कर्मचारियों की भर्ती आदि का दायित्व निभाती हैं। इन आयोगों द्वारा विज्ञापनों के माध्यम से खुली प्रतियोगिता तथा योग्यता के सिद्धान्त के अनुसार कर्मचारियों का चयन किया जाता है। जब लोक सेवा आयोग द्वारा लोक सेवकों का चयन कर लिया जाता है तो उन्हें सीधा प्रशासन करने के लिए नहीं भेजा जाता।

व्यावहारिक प्रशासकीय क्षेत्र में प्रवेश से पहले इन लोक सेवकों को प्रशिक्षण दिया जाता है। भारत में इन उच्च लोक सेवकों के प्रशिक्षण के लिए मसूरी में लाल बहादुर अकादमी की स्थापना की गई है। ये लोक सेवक इस अकादमी में प्रारम्भिक प्रशिक्षण प्राप्त करते हैं। इस प्रशिक्षण के पश्चात् ही इन कर्मचारियों को इनकी सेवाओं के अनुसार विभागीय प्रशिक्षण दिया जाता है। तत्पश्चात् ही उन्हें व्यावहारिक प्रशासन में भेजा जाता है। आधुनिक राज्य में लोक सेवाओं की विशेष भूमिका है। वास्तव में, समस्त प्रशासन लोक सेवकों द्वारा चलाया जाता है। रेम्जेम्योर कहते हैं "कि एक अच्छे मन्त्री को अपने कर्मचारियों की सलाह के अनुसार ही कार्य करना चाहिए। यह याद रखना चाहिए कि प्रशासन के प्रत्येक विभाग का राजनीतिक मन्त्री ही अध्यक्ष होता है जिसकी सहायता के लिए असंख्य स्थायी कर्मचारी होते हैं ये प्रशासन संचालन में मन्त्री की सहायता करते हैं।"

राजनीतिक कार्यपालिका तथा स्थायी कार्यपालिका में भेद हैं–

1. राजनीतिक कार्यपालिका जनता द्वारा चुने गए प्रतिनिधियों द्वारा बनाई जाती है। स्थायी कार्यपालिका का चुनाव नहीं होता, अपितु योग्यता के आधार पर नियुक्ति होती है।

2. राजनीतिक कार्यपालिका की अवधि निश्चित नहीं होती। स्थायी कर्मचारियों की अवधि निश्चित होती है और उन्हें निश्चित आयु में अवकाश दिया जाता है।

3. राजनीतिक कार्यपालिका अपने रूप में राजनीतिक दलगत भावना से प्रेरित होती है। स्थायी कार्यपालिका दलगत भावना से परे होती है। दलीय दृष्टि से लोक सेवक तटस्थ रहते हैं। राजकीय कर्मचारियों का किसी दल के साथ सम्बन्ध नहीं होता।

4. राजनीतिक कार्यपालिका अविशेषज्ञ होती है जबकि स्थायी कार्यपालिका विशेषज्ञ। एक व्यक्ति किसी ऐसे मन्त्रालय का मन्त्री बन सकता है जिस मन्त्रालय का उसे कोई अनुभव न हो। परन्तु किसी भी मन्त्रालय में एक कर्मचारी के लिए उस मन्त्रालय से सम्बन्धित ज्ञान तथा अनुभव आवश्यक होता है।

5. क्योंकि प्रशासन का समस्त दायित्व राजनीतिक कार्यपालिका पर होता है, इसलिए मन्त्री अपने विभाग के संचालन के लिए उत्तरदायी होते हैं। किसी भी विभाग के कुप्रशासन का दायित्व विभाग के स्थायी अध्यक्ष पर नहीं होता, राजनीतिक विभागाध्यक्ष पर होता है। त्याग-पत्र मन्त्री देते हैं; स्थायी कर्मचारी नहीं। स्थायी कर्मचारियों के विरुद्ध अनुशासनात्मक कार्यवाही की जा सकती है।

6. राजनीतिक कार्यपालिका के नाम पर ही शासन चलता है। परन्तु हम जानते हैं कि वास्तविक प्रशासन स्थायी कर्मचारियों की न तो प्रशंसा होती है और न ही निन्दा।

सरकारी अधिकारियों तथा मंत्रियों के बीच संबंध

विधायिका के प्रतिनिधि के रूप में मंत्रियों तथा कार्यपालिका का प्रतिनिधित्व करने वाले सरकारी अधिकारियों के बीच मुधर संबंध का होना आवश्यक है। सामान्यतया मंत्री अपने विभाग का अध्यक्ष होता है और कई बार मंत्री तथा अधिकारी के संबंधों के खटास आ जाता है। जिससे शासन संचालन में कठिनाई आती है। नीतियाँ बनाने तथा किसी मामले पर अन्तिम निर्णय देना मन्त्रियों का कार्य होता है। इस दृष्टि में मन्त्री राजकीय कर्मचारियों की अपेक्षा श्रेष्ठतर होते हैं। परन्तु इसका अर्थ यह नहीं है कि राजकीय कर्मचारियों की स्थिति निम्नतर है।

राजनीतिक कार्यपालिका अर्थात् मन्त्री अपने विभाग के विशेषज्ञ नहीं होते। मन्त्रियों को विभागीय अनुभव नहीं होता और न ही उनके पास इतना समय होता है कि वे अपने विभाग के प्रतिदिन के कार्यों को करने तथा समझने का प्रयास करें। यही कारण है कि इन मन्त्रियां को अपने विभाग के कुशल संचालन के लिए अपने स्थायी राजकीय कर्मचारियों पर निर्भर रहना पड़ता है। रेम्जेम्योर ने कहा था, ''एक मन्त्री यदि वह मूर्ख नहीं है जिसमें बुद्धि, शक्ति तथा साहस अपनी चरम सीमा पर नहीं है, सौ में से निन्यानवे मामलों में अपने कर्मचारी द्वारा दी गई सलाह मान लेगा तथा खाली स्थान पर हस्ताक्षर कर देगा।''

उपरोक्त कथन से स्पष्ट है कि एक अच्छा मन्त्री अपने राजकीय कर्मचारियों की सलाह मान लेता है। नीतियों के निर्माण में, विभागीय निर्णयों में तथा मन्त्रालय से सम्बन्धित आदेशों में सम्बन्धित मन्त्री का निर्णय अन्तिम निर्णय होता है, इसलिए इस बात की आशा नहीं की जाती है कि लोक सेवक उन नीतियों, आदेशों तथा निर्णयों को कार्यरूप देने में अपनी अस्वीकृति व्यक्त कर देंगे जिनसे वह सहमत नहीं हैं। यह याद रखा जाना चाहिए कि नीति-निर्माण तथा आदेश व निर्णय करने का कार्य मन्त्रियों का होता है, राजकीय कर्मचारियों का नहीं। राजकीय कर्मचारी तो नीतियों, आदेशों व निर्णयों को कार्यरूप देने वाले होते हैं। इस समस्त कार्य में राजकीय कर्मचारियों की वैयक्तिक भावनाओं तथा विचारों का कोई स्थान नहीं होता। राजनीतिक कार्यपालिका तथा स्थायी कार्यपालिका के पारस्परिक मधुर सम्बन्ध प्रशासन-संचालन के लिए उपयोगी होते हैं। इन दोनों के बीच सम्बन्ध जितने अच्छे होंगे प्रशासन कार्य उतना कुशल होगा। अतः यह आवश्यक है कि इन दोनों के बीच सम्बन्ध अच्छे हैं। इसके लिए निम्नलिखित प्रयत्न किए जाने चाहिए–

(i) मन्त्रियों को अपने विभाग से सम्बन्धित मामलों में अनावश्यक हस्तक्षेप नहीं करना चाहिए।

(ii) मन्त्रियों को विभागीय मामलों की नीतियाँ निर्धारित करने के लिए सरकारी कर्मचारियों की सलाह अवश्य लेनी चाहिए।

(iii) मन्त्रियों को अपने स्थायी कर्मचारियों को उचित आदर देना चाहिए तथा उनके अनुभव, बुद्धि और ज्ञान को पूरा सम्मान देना चाहिए।

(iv) राजकीय कर्मचारियों को अपने मन्त्रियों को निष्पक्ष सलाह देनी चाहिए तथा अपनी सलाह देते समय उन्हें अपने वैयक्तिक विचारों को दूर रखना चाहिए।

(v) लोक सेवकों को विभागीय नीतियों तथा निर्णयों को ईमानदारी से लागू करना चाहिए।

(vi) लोक सेवकों को अपने राजनीतिक विभागाध्यक्ष के प्रति वफादार रहना चाहिए, भले यह अध्यक्ष किसी भी राजनीतिक दल का क्यों न हो।

स्वतन्त्रता प्राप्ति के बाद भारत में सरकारी कर्मचारियों की भर्ती के लिए संघ में संघीय लोक सेवा आयोग तथा प्रत्येक राज्य में राज्य लोक सेवा आयोग गठित की गई।

संघ लोक सेवा आयोग का गठन

भारतीय संविधान के अनुच्छेद 315 में केन्द्र के लिए एक संघ लोक सेवा आयोग और राज्य के लिए राज्यस्तरीय लोक सेवा आयोग के गठन का प्रावधान किया गया है।

संघ लोक सेवा आयोग में एक अध्यक्ष तथा अन्य सदस्य होते हैं। अध्यक्ष तथा अन्य सदस्यों की नियुक्ति राष्ट्रपति द्वारा की जाती है। भारतीय संविधान में संघ लोक सेवा आयोग के सदस्यों की संख्या निश्चित नहीं की गई है।

अवधि—संघ लोक सेवा आयोग के सदस्यों तथा अध्यक्ष की छः वर्ष के लिए नियुक्ति की जाती है, परन्तु संविधान में यह भी बताया जाता है कि यदि इस अवधि से पूर्व कोई भी सदस्य अथवा अध्यक्ष 65 वर्ष की आयु प्राप्त कर लेता है तो उसे उसकी अवधि से पहले भी अवकाश दिया जा सकता है। इसके अतिरिक्त आयोग का कोई सदस्य अपनी अवधि की समाप्ति से पूर्व अपनी इच्छा से भी त्यागपत्र दे सकता है अथवा उसे उसके पद से हटाया भी जा सकता है।

पद मुक्ति का तरीका—संघ लोक सेवा आयोग के किसी सदस्य अथवा अध्यक्ष को कदाचार एवं असमर्थता के आधार पर राष्ट्रपति द्वारा पद मुक्त किया जा सकता है। कदाचार सम्बन्धी आरोप की जाँच-पड़ताल के दौरान उस सदस्य को निलंबित किया जा सकता है। इसके अतिरिक्त राष्ट्रपति निम्न किसी भी आधार पर आयोग के अध्यक्ष अथवा किसी सदस्य को हटा सकते हैं–

(a) यदि सभापति अथवा कोई सदस्य दिवालिया घोषित कर दिया जाए;

(b) यदि आयोग का कोई भी सदस्य अपनी अवधि के दौरान किसी प्रकार का वैतनिक कार्य करने लगे;

(c) राष्ट्रपति की दृष्टि में कोई व्यक्ति शारीरिक तथा मानसिक दुर्बलता के कारण आयोग की सहायता सम्बन्धी कार्य न कर सके।

सेवानिवृत्त होने पर प्रतिबन्ध—संविधान में अनेक ऐसे उपबन्ध जिनसे हैं जिनके फलस्वरूप यह स्पष्ट होता है कि संघ लोक सेवा आयोग के सदस्य न रहने पर भी इन सदस्यों पर कुछेक प्रतिबन्ध लागू होंगे। ये प्रतिबन्ध निम्न हैं–

(a) किसी भी सदस्य को उस पद की अवधि की समाप्ति पर उसी पद पर नियुक्त नहीं किया जाएगा।

(b) संघ लोक सेवा आयोग का अध्यक्ष सेवानिवृत्त होने पर भारत सरकार तथा राज्य सरकार के अधीन किसी भी नियुक्ति के लिए अयोग्य समझा जाएगा।

(c) संघ लोक सेवा आयोग के अन्य सदस्य किसी राज्य की लोक सेवा आयोग के अध्यक्ष के अतिरिक्त सभी संघीय तथा राज्यों की सेवाओं के लिए अयोग्य समझे जाएँगे।

संघ लोक सेवा आयोग के कार्य

संविधान द्वारा लोक सेवा आयोग के निम्न कार्य बताए गए हैं—

1. संघीय कर्मचारियों की भर्ती के लिए परीक्षाओं का प्रबन्ध करना;

2. दो अथवा दो से अधिक राज्यों के अनुरोध पर संघ लोक सेवा आयोग उन राज्यों के लिए भर्ती योजनाएँ तथा नियम बनाता है।

3. संघीय सरकार को निम्न विषयों पर सुझाव देना—

(i) संघीय कर्मचारियों की भर्ती से सम्बन्धित;

(ii) संघीय कर्मचारियों की नियुक्ति, पद-उन्नति, तबादले से सम्बन्धित;

(iii) संघीय कर्मचारियों के अनुशासकीय मामलों से सम्बन्धित;

(iv) संघीय कर्मचारियों के दावों से सम्बन्धित;

(v) संघीय कर्मचारियों की सेवा से सम्बन्धित।

4. राष्ट्रपति संघ लोक सेवा आयोग के कर्मचारियों में सम्बन्धित किसी विषय पर सलाह ले सकता है।

5. संसद कानून द्वारा संघ लोक सेवा आयोग के कार्यों में वृद्धि कर सकती है।

6. संघ लोक सेवा आयोग अपने कार्यों से सम्बन्धित वार्षिक रिपोर्ट राष्ट्रपति को प्रस्तुत करता है जिसे वह संसद के समक्ष पेश करते हैं।

संघ लोक सेवा आयोग की स्थिति

संघीय लोक सेवा आयोग सम्बन्धी विवेचन से आयोग की स्थिति को समझना कठिन नहीं है। संविधान निर्माताओं ने इस आयोग को स्वतन्त्र तथा निष्पक्ष बनाने का पूरा प्रयास किया। आयोग के सदस्यों का लम्बा कार्यकाल उन्हें सुरक्षा प्रदान करता है। आयोग के सभी सदस्यों को निष्पक्ष रूप से कार्य करने हेतु पर्याप्त वेतन दिया गया है। उनका वेतन भारत की संचित निधि पर भारित है और सदस्यों के

सेवा काल के दौरान इसमें किसी प्रकार की कमी नहीं की जा सकती है। सदस्यों को कदाचार के आरोप के अपराध पर ही हटाया जाना यह संकेत करता है कि उन्हें अधिक सुरक्षा प्रदान की गई है। संघ लोक सेवा आयोग की सभी सिफारिशें केवल सिफारिशें होती हैं और इस दृष्टि से यह आयोग केवल परामर्शदात्री समिति ही बनकर रह गया है।

संघीय सरकार इसकी सिफारिशों को अस्वीकार कर सकती है। परन्तु यह देखने में आया है कि संघीय सरकार आयोग की सिफारिशों को अस्वीकार नहीं करती क्योंकि ऐसा करने पर सरकार को संसद में पर्याप्त उत्तर देना पड़ता है। निष्कर्ष में हम यह कह सकते हैं कि संघ लोक सेवा आयोग एक अत्यधिक उपयोगी संस्था है और यह संघीय कर्मचारियों की भर्ती से सम्बन्धित ही महत्त्वपूर्ण कार्य कर रही है। भारत में केन्द्रीय सरकार के कर्मचारियों की भर्ती के लिए संघ लोक सेवा आयोग गठित की गई है। प्रत्येक राज्य में राज्य लोक सेवा आयोग की व्यवस्था की गई है।

राज्य लोक सेवा आयोग का गठन

संघ की तरह हर राज्य में राज्य लोक सेवा आयोग की स्थापना का प्रावधान किया गया है। दो या दो से अधिक राज्य संयुक्त लोक सेवा आयोग की स्थापना कर सकते हैं। संयुक्त लोक सेवा आयोग के अध्यक्ष तथा सदस्यों की नियुक्ति राष्ट्रपति द्वारा होती है। राज्य लोक सेवा आयोग के अध्यक्ष तथा सदस्यों की नियुथ्कत राज्यपाद करते हैं। किसी भी लोक सेवा आयोग में कम से कम आधे सदस्य ऐसे होने चाहिए जो स्वयं कम से कम दस वर्ष तक सरकारी कर्मचारी रह चुके हों।

अवधि—राज्य लोक सेवा आयोग के अध्यक्ष तथा अन्य सदस्यों को छः वर्ष के लिए नियुक्त किया जाता है। परन्तु यदि अपनी अवधि से पूर्व कोई भी सदस्य 62 वर्ष (41वें संशोधन के अन्तर्गत) का हो जाए तो उसें अवकाश ग्रहण करना पड़ता है। अपनी अवधि से पूर्व कोई भी सदस्य स्वयं भी त्यागपत्र दे सकता है अथवा उसे कदाचार के आधार पर, यदि सर्वोच्च न्यायालय द्वारा जाँच-पड़ताल से उसके विरुद्ध आरोप सिद्ध हो जाएँ, अथवा उसके दिवालिया घोषित होने की स्थिति में, अथवा उसके द्वारा वैतनिक पद प्राप्त करने पर, अथवा राज्यपाल द्वारा वह अपने पद के लिए योग्य न रहने पर राज्यपाल द्वारा हटाया जा सकता है।

सेवानिवृत्त होने पर प्रतिबन्ध—संविधान द्वारा राज्य लोक सेवा आयोग के सदस्यों पर अवकाश प्राप्ति के पश्चात् निम्न प्रतिबन्ध लगाए गए हैं—

1. किसी भी सदस्य को उसकी अवधि के पश्चात् उसी पद पर दूसरी बार नियुक्त नहीं किया जाता।

2. राज्य लोक सेवा आयोग का अध्यक्ष अन्य किसी राज्य के लोक सेवा आयोग का अध्यक्ष बन सकता है, संघ लोक सेवा आयोग का सदस्य बन सकता है तथा अध्यक्ष बन सकता है। इसके अतिरिक्त वह किसी भी संघीय सरकारी अथवा राज्य की किसी भी अन्य सेवा के लिए अयोग्य समझा जाता है।

3. राज्य लोक सेवा आयोग का कोई भी सदस्य अवकाश प्राप्ति के पश्चात् किसी भी अन्य राज्य लोक सेवा आयोग का सदस्य बन सकता है, अपने ही राज्य लोक सेवा आयोग का अध्यक्ष बन सकता है, किसी अन्य राज्य के सेवा आयोग का अध्यक्ष बन सकता है, संघीय लोक सेवा आयोग का सदस्य बन सकता है तथा अध्यक्ष बन सकता है। इस सबके अतिरिक्त वह संघीय सरकार अथवा राज्य की सरकार की किसी भी अन्य सेवा के लिए अयोग्य समझा जाता है।

राज्य लोक सेवा आयोग के प्रमुख कार्य

राज्य लोक सेवा आयोग के निम्न कार्य हैं–

1. राज्य कर्मचारियों की भर्ती के लिए परीक्षाओं का प्रबन्ध करना।

2. राज्य कर्मचारियों की भर्ती, नियुक्ति, पदोन्नति, तबादलों, अनुशासनीय मामलों तथा दावों सम्बन्धी सलाह राज्य सरकार को देना।

3. राज्यपाल सरकारी कर्मचारियों से सम्बन्धित कोई भी सलाह राज्य लोक सेवा आयोग से ले सकता है।

4. राज्य लोक सेवा आयोग अपने कार्यों से सम्बन्धित वार्षिक रिपोर्ट राज्यपाल को पेश करता है जिसे राज्यपाल राज्य की विधानसभा के समक्ष प्रस्तुत करते हैं।

राज्य लोक सेवा आयोग की स्थिति

राज्य स्तरीय लोक सेवा आयोग को प्रदत्त अधिकारों की बिना पर यह कहा जा सकता है कि राज्य के कर्मचारियों की नियुक्ति में आयोग प्रमुख भूमिका निभाता है। कुशल कर्मचारियों की भर्ती तभी हो सकती है जब राज्य लोक सेवा आयोग के सदस्य स्वतन्त्र तथा निष्पक्ष हों। ऐसा देखने में आया है कि राज्य लोक सेवा आयोग के सदस्य प्रान्तीय राजनीतिक गठबन्धनों से अलग नहीं हो पाते जिनका परिणाम यह होता हैं कि योग्य तथा ईमानदार कर्मचारियों की नियुक्ति नहीं हो पाती।

आधुनिक लोकतन्त्रात्मक राज्यों में लोक सेवाओं का बहुत अधिक महत्त्व है। सरकार का कर्त्तव्य केवल शान्ति स्थापित करना या बाहृय आक्रमण से रक्षा करना ही नहीं होता वरन् एक कल्याणाकारी राज्य की स्थापना करना होता है। एक कल्याणकारी राज्य की स्थापना में लोक सेवक महत्त्वपूर्ण भूमिका निभाते हैं। कल्याणकारी राज्य की स्थापना में लोक सेवक निम्न कार्य संपादित करते हैं।

नीति-निर्धारण में योगदान—किसी भी शासन-व्यवस्था में राजनीतिक कार्यपालिका के मुख्यतः दो प्रकार के कार्य होते हैं–नीतियों को निर्धारित करना तथा नीतियों को कार्यान्वित करना। कार्यपालिका के सदस्य राजनीतिज्ञ होते हैं। परन्तु कार्यपालिका के ये सदस्य स्वयं ही प्रशासन का सारा कार्य नहीं करते। इनकी सहायता के लिए एक विशाल शासनतन्त्र होता है। इस तन्त्र के स्थाई सदस्य लोक सेवक कहलाते हैं। कार्यपालिका के राजनीतिक सदस्यों के निर्देश एवं नेतृत्व में वे सरकार की नीतियों एवं कार्यक्रमों को कार्यान्वित करते हैं तथा विधियों को लागू करते हैं। इसके अतिरिक्त प्रशासन के स्थाई अंग तथा अनुभवी होने के नाते मन्त्रियों को विधि-निर्माण और नीति निर्धारण में सहायता करते हैं। वे सूचनाएँ एकत्रित करते हैं तथा विशेषज्ञ परामर्श देते हैं। इनकी सहायता से मन्त्री महत्त्वपूर्ण निर्णय ले पाते हैं।

निर्धारित नीतियों को लागू करना—नीति निर्धारण के पश्चात् लोक सेवकों का कर्त्तव्य होता है कि निर्धारित नीति के क्षेत्र में रहकर उस नीति को लागू करें।

आधुनिक राज्य में नीतियों को केवल मोटे तौर पर निर्धारित कर दिया जाता है तथा लोक सेवकों को अधिकार दे दिया जाता है कि अधूरे नियमों को उपनियमों द्वारा पूरा करें। लोक सेवक अपनी सूझ-बूझ से उपनियम बनाते हैं तथा उन्हें लागू करते हैं। लोक सेवकों के इस अधिकार को प्रदत्त व्यवस्थापन (Delegated Legislation) कहते हैं।

भर्ती—प्रशासन के संचालन में योग्य अधिकारियों की आवश्यकता होती है। सचिव ही सम्पूर्ण नौकरशाही को नहीं चला सकते। प्रशासन स्वयं योग्यताएँ तथा नियुक्ति नियमावली निर्धारित करता है। अधिकारियों की नियुक्ति योग्यता के आध ाार पर होती है।

प्रशिक्षण—नौकरशाही में अधिकारियों को प्रशिक्षण दिया जाता है। विभाग स्वयं प्रशिक्षण का प्रबन्ध करता है तथा अधिकारियों को उस कार्य से विदित करवा देता है जो उसको एक सरकारी अधिकारी के रूप में करना पड़ता है।

वित्तीय कार्य—लोक प्रशासन में अधिकारियों के वेतन व प्रशिक्षण के लिए पर्याप्त धन की आवश्यकता होती है। प्रत्येक विभाग अपना वार्षिक बजट बनाकर

वित्तीय विभाग को भेजता है। वित्तीय विभाग उनको देखता है तथा माँगों को स्वीकार अथवा अस्वीकार करता है।

दूसरे विभागों से सम्बन्ध— कुशल प्रशासन के लिए आवश्यक है कि सरकार के विभिन्न विभागों में समन्वय हो। यदि विभागों में समन्वय नहीं होगा तो नीति के लागू होने में कठिनाई उत्पन्न होगी। उदाहरण के लिए सुरक्षा विभाग नहीं चल सकता यदि उसे पर्याप्त धन वित्त-विभाग से नहीं मिलता। इसलिए प्रत्येक विभाग दूसरे विभागों से समन्वय स्थापित करता है।

विकास में नौकरशाही की भूमिका

स्वतंत्रता प्राप्ति के पश्चात भारत का अपना संविधान 26 जनवरी, 1950 से लागू हुआ। इस संविधान में भारत को एक जनकल्याणकारी तथा समाजवादी राष्ट्र बनाने का प्रावधान किया गया है। सरकार केवल बाह्य आक्रमण से रक्षा तथा शान्ति-व्यवस्था ही स्थापित नहीं करती वरन् लोगों के जीवन स्तर क्रो ऊँचा उठाने तथा जीवन को सुखमय व समृद्धशाली बनाने में इसका बहुत बड़ा योगदान है। जबसे भारत स्वतन्त्र हुआ है भारत में कई सामाजिक व आर्थिक परिवर्तन हुए हैं। आज भारतवासी अन्धकार से बांहर आ रहे हैं। व्यक्ति-व्यक्ति में भेदभाव को बहुत हद तक समाप्त कर दिया गया है। छुआछूत बहुत हद तक अब नहीं है क्योंकि सरकार ने उसे अपराध घोषित किया है। अन्तर्जातीय विवाह को बढ़ावा दिया जाता है। बाल-विवाह को अपराध घोषित किया गया है। कोई किसी धर्म को भी अपने पर नहीं थोप सकता। बाल विवाह एक अपराध है।

आर्थिक शोषण से रक्षा करने के लिए ऐसे नियम बनाए गए हैं जिससे श्रमिकों को सुरक्षा मिली तथा काम के घण्टे निर्धारित कर दिए गए। न्यूनतम मजदूरी निर्धारित कर दी गई है। पेंशन, बोनस, प्रोविडेन्ड फंड, ग्रेचुटी आदि नियमों को लागू कर दिया गया है।

धन के एकीकरण को रोकने के लिए मिश्रित-आर्थिक नीति अपनाई गई। लोक व निजी उद्योग स्थापित किए गए हैं। आर्थिक विकास के लिए पंचवर्षीय योजनाएँ बनाई गई हैं। ग्रामीणों की सुविधा के लिए विशेष प्रकार के ऋण बहुत कम ब्याज पर उपलब्ध हैं। बैंकों का राष्ट्रीयकरण कर दिया गया है ताकि कमजोर वर्गों को बैंकों का लाभ पहुँच सके। लोक सेवकों के विशेषाधिकार को समाप्त कर दिया गया है। भूतपूर्व शासकों के प्रिवी पर्सों को समाप्त कर दिया गया है। सुपर बाजार तथा सामूहिक विकास योजनाओं को प्रोत्साहन दिया जा रहा है।

संविधान के भाग तीन में से सम्पत्ति के अधिकार को हटा दिया गया है ताकि समाजवाद की स्थापना में कठिनाई न हो। बन्धक-व्यवस्था को समाप्त कर दिया गया है। उक्त उद्देश्यों की प्राप्ति का श्रेय ईमानदार लोक सेवकों को जाता है। हमारे लोक सेवक समाजवाद व आर्थिक न्याय स्थापित करने के लिए प्रतिबद्ध हैं। कभी-कभी हमारें लोक सेवक उक्त उद्देश्य के प्रति प्रतिबद्ध होते हुए भी कुछ नहीं कर पाते क्योंकि उन पर राजनीतिक दबाव होता है परन्तु आशा की जाती है कि लोक सेवक राजनीति से अलग रहें। यदि इन्हें राजनीति से दूर रखा गया तो आर्थिक-सामाजिक न्याय स्थापित हो सकता है वरना नहीं। हम आशा करते हैं कि मन्त्री अपने उद्देश्य की प्राप्ति के लिए लोक सेवकों पर दबाव नहीं डालेंगे तथा उन्हें उस उद्देश्य को प्राप्त करने देंगे जिनके लिए वे प्रतिबद्ध हैं।

4

भारत की सामाजिक नीति : एक नजर

प्रत्येक मानवीय कार्य को ज्यादातर उपयोगी और सार्थक बनाने के लिए उससे सम्बन्धित नीति-विषयक निर्णय लेना काफी जरूरी है। बिना नीति निर्धारित किए जब कार्य संचालित किए जाते हैं तो उनके परिणाम साधनों के अपव्यय, दुर्व्यय और प्रभावहीनता के रूप में फलित होते हैं। उदाहरणार्थ हरित क्रान्ति का उल्लेख किया जा सकता है। यद्यपि इसका लक्ष्य जन-कल्याण सोचा गया था लेकिन उपयुक्त नीति निर्धारित न होने के कारण इसका लाभ सम्पन्न वर्ग को मिला और छोटे किसान तथा भूमिहीन श्रमिक इससे वंचित ही रहे। इसके फलस्वरूप देहाती क्षेत्रों में असमानता एवं सामाजिक तनाव अधिक बढ़ते गए।

यहाँ यह वर्णनीय है कि सिर्फ नीति निर्धारित करने से सारी समस्याएँ नहीं सुलझ जातीं। इतने पर भी यह समस्या-समाधान की दिशा में प्रथम और महत्त्वपूर्ण कदम है। सामाजिक प्रशासन की दृष्टि से एक उपयुक्त नीति निर्धारित करना अत्यन्त जरूरी है। सामाजिक परिवर्तन की प्रक्रिया में यह एक शक्तिशाली साधन है। आज किसी क्षेत्र में उपयुक्त नीति का अभाव कल के लिए समस्याप्रद बन जाता है। आज की नीतियाँ आने वाले कल के लिए विभिन्न समस्याएँ खड़ी कर देती हैं। इस तरह कारण-कार्य सम्बन्ध के अनुसार नीति रचना का अपना महत्त्व है। यदि

भविष्य में सामाजिक सेवाओं को सही ढंग से जनोपयोगी लक्ष्यों के लिए संचालित करना है तो इसके लिए सही नीति निर्धारित करनी होगी। नीति रचना का भूत, वर्तमान और भविष्य पर इतना प्रभाव होने के कारण ही यह जरूरी हो जाता है कि कोई भी नीति सावधानी के साथ बनाई जाए और उसे गयात्मक रूप से संचालित किया जाए। समय की जरूरत के अनुसार उसमें परिवर्तन भी किए जाएँ।

सामाजिक नीति : अर्थ एवं परिभाषा

सामाजिक नीति अन्य किसी भी नीति की तरह एक ऐसी प्रक्रिया है जिसमें क्रमिक रूप से ये कदम उठाए जाते हैं–(i) सबसे पहले यह अपने कुछ लक्ष्य निर्धारित करती है। (ii) इन लक्ष्यों की प्राप्ति के लिए अपेक्षित घटनाओं की व्यवस्था की जाती है। (iii) नियोजित घटनाओं को साकार करने के लिए कार्यवाही की जाती है। (iv) सार्वजनिक रूप से अथवा सीमित श्रोतागणों को नीति निर्माताओं द्वारा यह बताया जाता है कि वे क्या, क्यों और कैसे करना चाहते हैं। (v) नीति निर्माता अपने निर्धारित लक्ष्यों को कार्यरूप देने का प्रयास करते हैं।

ये सारे सोपान सामाजिक नीति में भी अपनाए जाते हैं। मि. वी. एम. कुलकर्णी ने लिखा है कि "नीति एक ऐसा वक्तव्य है जो स्थानीय, क्षेत्रीय एवं राष्ट्रीय विभिन्न स्तरों पर एक समुदाय की क्रियाओं के विशेष क्षेत्र के सम्बन्ध में सन्दर्भ निर्धारित करता है। इस वक्तव्य में वे सभी आवश्यक तत्त्व होते हैं जो उस क्षेत्र में वाँछित दिशा में कार्य हेतु पर्याप्त निर्देशन दे सकें।" सामाजिक नीति का सही अर्थ समझने के लिए यह जरूरी है कि नीति के अर्थ के साथ-साथ सामाजिक शब्द का भी सही अर्थ समझा जाए।

सामाजिक शब्द का प्रयोग अनेक अर्थों में किया जाता है। इनमें ये तीन अर्थ विशेष रूप से उल्लेखनीय हैं–(1) समाज शब्द का प्रयोग समग्र मानव-समुदाय हेतु किया जाता है। इस अर्थ में सामाजिक नीति का सम्बन्ध सकल राष्ट्र नीति से है। यह सही अर्थ नहीं है। (2) सामाजिक शब्द का दूसरा प्रयोग आर्थिक रूप में किया गया है। डेविड मार्च तथा अन्य ने समाज शब्द का प्रयोग एक प्रावधान, एक सेवा या एक कार्यक्रम के लिए किया है जो बाजार की शक्तियों के स्वतन्त्र संचालन द्वारा प्रस्तुत किया जाता है। प्रशासनिक दृष्टि से समाज शब्द का यह प्रयोग भी महत्त्वपूर्ण नहीं है। (3) सामाजिक शब्द का एक समाजशास्त्रीय अर्थ भी है। यह मनुष्य का मनुष्य से, मनुष्य का समूह से और समूह का समूह से जो सम्बन्ध है तथा इस सम्बन्ध में निहित जो बातें हैं उनकी ओर इंगित करता है। ये सम्बन्ध सामाजिक

सम्बन्ध हैं। इनको सही बनाए रखना समाज कल्याण के रुचि रखने वाले प्रत्येक मनुष्य के लिए महत्त्वपूर्ण है। इस प्रकार सामाजिक नीति के सम्बन्ध में सामाजिक शब्द का जिस अर्थ में प्रयोग किया जा रहा है उसे समझने में समाजशास्त्र और मनोविज्ञान विशेष सहायक सिद्ध हो सकते हैं। मानव-जीवन का सामाजिक, मनोवैज्ञानिक पहलू सामाजिक नीति का महत्त्वपूर्ण अंग है।

विचारकों ने सामाजिक नीति की परिभाषाएँ विभिन्न दृष्टियों से दी हैं। डॉ. एन. विश्वनाथन ने सामाजिक नीति की व्याख्या के विभिन्न दृष्टिकोण का उल्लेख किया है। ये हैं—सामान्य, दार्शनिक, भेदमूलक, अभिकरणात्मक, प्रक्रियात्मक। मि. मैकबैथ ने सामाजिक नीति की परिभाषा सामान्य दृष्टि से की है। उनके कथनानुसार, "सामाजिक नीतियों का सम्बन्ध, सम्बन्धों के उस जाल को सही रूप में व्यवस्थित करना है जो समाजों में रहने वाले पुरूषों व स्त्रियों के बीच में हैं अथवा इसका सम्बन्ध उन सिद्धान्तों से है जो व्यक्तियों अथवा समूहों की क्रियाओं को प्रशासित करते हैं तथा दूसरे लोगों के हितों और जीवन को प्रभावित करते हैं।" दार्शनिक दृष्टि से सामाजिक नीति को परिभाषित करते हुए प्रो. मायडल (Prof. Mydal) ने लिखा है कि "सामाजिक नीति अपने व्यापक अर्थ में सामाजिक जीवन में व्यक्तिगत, अर्द्ध-व्यक्तिगत हस्तक्षेपों के निरन्तर विकास को वर्णित करने का एक सुविधाजनक तरीका है।" भेदमूलक दृष्टि से सामाजिक नीति का अर्थ स्पष्ट करते हुए इसे आर्थिक या तकनीकी नीतियों से भिन्न बताया गया है। प्रो. म्योरहेड़ ने लिखा है कि "यदि आर्थिक नीति का सम्बन्ध सम्पत्ति को अधिकतम बनाने तथा नागरिक उत्पादन से है तो सामाजिक नीति का सम्बन्ध आर्थिक प्राप्तियों के वितरण और नागरिक उपभोक्ताओं से है।" अभिकरणात्मक दृष्टि से सामाजिक नीति को परिभाषित करने वालों का कहना है कि सामाजिक अभिकरणों में जो भी निर्णय लिए जाएँ वही नीति है। यदि किसी सामाजिक अभिकरण के कार्यक्रम में कोई आवश्यक परिवर्तन होता है तो परिणामस्वरूप सामाजिक नीति बदल जाती है। इस अर्थ में "सामाजिक नीति सामाजिक अभिकरण के कार्यक्रम, प्रणाली और सिद्धान्तों सम्बन्धी वक्तव्य है।" प्रक्रिया की दृष्टि से सामाजिक नीति को परिभाषित करने वालों का विचार है कि सामाजिक उद्देश्यों को प्राप्त करने वाली नीति को बनाने की प्रक्रिया काफी कुछ जनतान्त्रिक होनी चाहिए। इस प्रक्रिया में व्यक्तिगत स्वतन्त्रता, सभी को बराबर अवसर और सभी के साथ मानवीय व्यवहार के सिद्धान्त निहित रहने चाहिए। प्रजातान्त्रिक प्रक्रिया द्वारा बनाई गई नीति ही सामाजिक नीति कही जा सकती है। इसमें कोई निर्णय लेने से पहले स्वीकृति प्राप्त की जाती है, स्वतन्त्र व

स्पष्ट विचार-विमर्श के बाद निष्कर्ष निकाले जाते हैं। बौद्धिक एवं व्यावहारिक सुझाव स्वीकार किए जाते हैं, अनावश्यक देरी किए बिना सही अभिकरण द्वारा इन्हें कार्यान्वित किया जाता है। इन अभिकरणों में व्यावसायिक प्रशिक्षण प्राप्त सेवी वर्ग रहता है।

विभिन्न दृष्टियों से की गई उपर्युक्त परिभाषाओं को देखने के बाद यह स्पष्ट हो जाता है कि सामाजिक नीति की अवधारणा विश्वव्यापी तथा अन्तर-विषयी है। अतः इसे परिभाषित करने की तुलना में इसकी व्याख्या एवं भेद प्रदर्शन ज्यादा आसान है। सामाजिक नीति का हमेशा एक रूप नहीं होता। इसमें अनेक प्रकार की सेवाएँ शामिल की जाती हैं जो अपने लक्ष्य और जटिलता की दृष्टि से काफी भिन्न होती हैं। इन सेवाओं को स्थानीय, राज्य तथा राष्ट्र स्तर की विभिन्न संस्थाओं द्वारा क्रियान्वित किया जाता है।

सामाजिक नीति की आवश्यकता

सामाजिक नीति की जरूरत अभी तक सामान्य स्वीकृति प्राप्त नहीं कर सकी है। दूसरे क्षेत्रों की नीतियाँ वास्तविक तथ्य के रूप में स्वीकार की जाती हैं। वैज्ञानिक नीति के सम्बन्ध में 6 दिसम्बर, 1970 के च्जतपवज ने लिखा था कि अब वैज्ञानिकों सहित हर मनुष्य यह मानता है कि हमारी एक राष्ट्रीय वैज्ञानिक नीति होनी चाहिए। इस तरह की मान्यता सामाजिक नीति के क्षेत्र में नहीं है। कुछ लोग इसकी माँग करते हैं, अन्य इसका विरोध करते हैं तथा कुछ तटस्थ नीति अपनाते हैं। यह स्थिति चिन्तनीय तथा दुर्भाग्यपूर्ण है। इस समय देश में शिक्षा नीति, रक्षा उत्पादन नीति, विदेश नीति, खाद्य नीति, श्रम नीति, आयात-निर्यात नीति, कीमत नीति, वैज्ञानिक नीति आदि विभिन्न नीतियाँ प्रचलित हैं। इसी प्रकार हमारी सामाजिक नीति भी होनी चाहिए। यह तभी हो सकता है जबकि सामाजिक नीति का क्षेत्र ठीक तरह से परिभाषित किया जाए। यदि दूसरे क्षेत्रों में हमारी नीतियाँ हैं तो सामाजिक नीतियाँ भी होनी चाहिए। सामाजिक नीति का अपना औचित्य और आवश्यकता है।

सामाजिक नीति एक प्रकार से सामाजिक कार्यों एवं सेवाओं के लिए पथ-प्रदर्शक का काम कर सकती है। नीति सम्बन्धी वक्तव्य को ध्यान में रखते हुए एक समुदाय अपनी कार्यवाहियों को उसी प्रकार निदेशित कर सकता है जिस प्रकार एक जलयान चालक कुतुबनुमा को देखकर मार्ग निदेशित करता है। सामाजिक नीति सामाजिक कार्यों को प्रोत्साहित करने के लिए अत्यन्त उपयोगी है। पौधों के विकास के लिए जो उपयोगिता सूर्य की है वही उपयोगिता सामाजिक गतिविधियों के संचालन के लिए सामाजिक नीतियों की है। यह माला के धागे की तरह अनेक

बिखरे हुए कार्यक्रमों को समेटती है। यह एक प्रकार से समष्टिगत रूप-रचना है। जिसमें व्यष्टिगत कार्यवाहियाँ अर्थपूर्ण रूप से संचालित की जाती है।

यह एक सर्वमान्य तथ्य है कि यदि हम किसी कार्य को कुशलतापूर्वक संचालित करना चाहिते हैं तो इस हेतु नीति निर्धारित करना परमावश्यक है। सामाजिक नीति के अभाव में आर्थिक विकास और सामाजिक विकास कार्यक्रम प्रभावहीन बन जाते हैं। इस सम्बन्ध में हमें सदैव अतिशय के दोष से बचना चाहिए। जॉर्ज नेल्सन (George Nelson) ने लिखा है कि सामाजिक नीति सम्भवतः सर्वाधिक महत्त्वपूर्ण साधन नहीं है जिसके द्वारा सामान्य जन-कल्याण की अभिवृद्धि की जा सके। यह सच है कि केवल उपयुक्त सामाजिक नीति से ही काम नहीं चलेगा हमें अन्य क्षेत्रों में भी सार्थक नीतियाँ अपनानी चाहिए। इसका अर्थ यह भी नहीं है कि सामाजिक नीतियों को कोई महत्त्व नहीं होता। इसके विपरीत सामाजिक नीतियों की दोहरी प्रकृति है। कुछ क्षेत्रों में यह अन्य नीतियों से अधिक महत्त्वपूर्ण है और दूसरे क्षेत्रों में इसका महत्त्व अन्य नीतियों के बराबर है।

संक्षेप में, सामाजिक नीति की आवश्यकता एवं उपयोगिता की दृष्टि से निम्नलिखित बातें उल्लेखनीय हैं–

(i) सामाजिक नीति होने पर सामाजिक कार्यों का संचालन कुशलतापूर्वक किया जा सकता है।

(ii) सामाजिक नीति होने पर इस दिशा में हमारे कार्य पूर्व-निर्धारित लक्ष्यों की ओर निर्देशित किए जा सकते हैं।

(iii) सामाजिक नीति होने पर यह सम्भव है कि इस क्षेत्र में किए गए कार्यों का मूल्यांकन किया जा सके तथा यह मापा जा सके कि वे सन्तोषजनक हैं अथवा नहीं।

(iv) सामाजिक नीति न होने से कार्यकर्त्ताओं में भ्रम पैदा हो जाएगा तथा अनेक सामाजिक समस्याएँ तथा तनाव उत्पन्न होंगे।

(v) सामाजिक नीति के रूप में सामाजिक विकास के तत्त्कालीन, मध्यकालीन तथा दीर्घकालीन लक्ष्य निर्धारित कर लिए जाते हैं एवं उनको व्यवस्थित तरीके से कार्यान्वित किया जाता है।

(vi) भारतीय संविधान में वर्णित राज्य की नीति के निर्देशक सिद्धान्तों द्वारा न्याय, स्वतन्त्रता, समानता तथा भ्रातृत्त्व के मूलभूत मानव-मूल्यों की व्यवस्था की गई है। तदनुसार पुराने मूल्यों को मिटाकर इनके स्थान पर नए मूल्यों की स्थापना के लिए सामाजिक नीति का होना सार्थक है।

(vii) भारत में स्थित सामाजिक समस्याएँ काफी गम्भीर हैं। सीमित साधनों के वितरण में जनसंख्या वृद्धि ने गतिरोध पैदा कर दिया है। बेरोजगारी की समस्या लगातार गम्भीर होती जा रही है। गरीबी इस देश की एक लाइलाज बीमारी बन चुकी है। आर्थिक अभाव की स्थिति ने अनेक सामाजिक समस्याओं तथा अपराधों को जन्म दिया है। इन सबकी पृष्ठभूमि में सही सामाजिक नीति निर्धारित करना परम आवश्यक है।

(viii) देश के सन्तुलित सामाजिक-आर्थिक विकास के लिए सामाजिक नीति उपयोगी है। सामाजिक लक्ष्यों को प्राप्ति के लिए आर्थिक नींव को मजबूत करने की नीति का कई पश्चिमी देशों को बुरा परिणाम भुगतना पड़ा है। इसके फलस्वरूप भौतिक एवं सांस्कृतिक प्रगति में असन्तुलन स्थापित हो गया। यदि इससे बचना है तो हमें सन्तुलित नीति अपनानी चाहिए अर्थात् सामाजिक नीति निर्धारित की जानी चाहिए।

(ix) लगातार बढ़ती हुई आकाँक्षाओं के इस युग में सामाजिक क्षेत्र में समस्याओं तथा प्रश्नों की बाढ़ आई हुई है। इन बहुक्षेत्रीय समस्याओं के समाधान हेतु व्यापक नियोजन किया जाना चाहिए तथा समस्याओं के क्रम, समाधान के उपाय, समय आदि को स्पष्ट करते हुए सामाजिक नीति निर्धारित की जानी चाहिए।

सामाजिक नीति के अंग

सामाजिक नीति के निर्मायक अंग प्रायः वही हैं जो अन्य किसी नीति के निर्मायक अंग हैं। ये क्रमशः अग्रलिखित हैं–

(i) लक्ष्यों की घोषणा–शुरू में नीति के उद्देश्य निर्धारित किए जाते हैं। ये नीति की परिधियों से बाहर रहते हैं। इनको नीति की भूमिका माना जा सकता है। हर नीति सम्बन्धी वक्तव्य में लक्ष्यों का उल्लेख किया जाता है, स्थित परिस्थितियों की संक्षिप्त पुनरीक्षा की जाती है तथा इन दोनों के बीच जो रिक्त स्थान है, जो दूरियाँ हैं उनका उल्लेख किया जाता है।

(ii) स्थिति सुधार के सुझाव–सामाजिक नीति में यह स्पष्ट किया जाता है कि वर्तमान स्थिति की सामाजिक समस्याओं का समाधान कैसे किया जाए। उपलब्ध मानवीय एवं भौतिक साधनों को इन समस्याओं के निराकरण में किस प्रकार लगाया जाए।

(iii) इसमें पूरी राजनीति तय की जाती है तथा हर कार्य के लिए उपयुक्त समय निर्धारित किया जाता है। जहाँ तक सामाजिक नीति के उद्देश्यों का सम्बन्ध है, ये भारतीय संविधान में वर्णित राज्य की नीति के निर्देशक सिद्धान्तों द्वारा

निर्धारित किए जा चुके हैं। ये उद्देश्य क्रमशः विभिन्न सोपानों में प्राप्त किए जाएँगे। इस प्रकार सामाजिक नीति मुख्य रूप से समय निर्धारित करने का कार्य करती है तथा सकारात्मक एवं उपचारात्मक कार्यवाही के लिए निर्देश देती है।

(iv) सामाजिक नीति में वर्णित दिशा-निर्देश वर्तमान सन्दर्भ में घनिष्ठ सम्बन्ध रखते हैं। ये विशेष कार्यक्रमों की अपेक्षा सामान्य अधिक होते हैं। इन्हें विभिन्न कार्यक्रमों का केवल संकलन मात्र भी नहीं कहा जा सकता। यदि राष्ट्रीय अन्तिम लक्ष्यों को नीति का अन्तिम लक्ष्य कहा जाए तो इनको उप-नीति लक्ष्य कहा जाएगा।

सामाजिक नीति एवं सामाजिक स्थिति

सामाजिक नीति के दो प्रमुख पहलू हैं—एक ओर यह मानवीय स्रोतों के विकास का प्रयास करती है तथा दूसरी ओर मनुष्य और मनुष्य मनुष्य और समूह तथा समूह और समूह के आपसी सम्बन्धों को यथासम्भव श्रेष्ठ बनाने की चेष्टा करती है। इन दोनों दृष्टियों से यह आवश्यक है कि जो भी सामाजिक नीति तय की जाए वह सामाजिक स्थिति को ध्यान में रखकर तय की जाए। कारण यह है कि दोनों की अन्तःक्रिया पर ही सामाजिक नीति की प्रभावशीलता निर्भर करती है। सामाजिक नीति के कार्यक्रम तथा लक्ष्य तय करते समय यह ध्यान में रखना होगा कि देश में हरिजनों तथा उच्चजनों की शिक्षा, स्वास्थ्य एवं निवास स्थान की क्या परिस्थितियाँ हैं, देश में आश्रित वर्गों की क्या स्थिति है, सामाजिक व्याधियों के शिकारों की क्या स्थिति है, आदि। इन सारी स्थितियों को ध्यान में रखकर ही सामाजिक नीति निर्धारित की जानी चाहिए। उद्देश्य यह होना चाहिए कि राष्ट्र निर्माण के इन विभिन्न पहलुओं की दिशा में कार्य किया जाए। देश में अच्छे स्त्री-पुरूषों का विकास किया जाना चाहिए तथा उनके बीच अच्छे सामाजिक सम्बन्ध स्थापित होने चाहिए।

नीति रचना की प्रक्रिया

एक देश में सामाजिक नीति तय करने की प्रक्रिया का सबसे पहला कदम यह है कि देश में विद्यमान परिस्थितियों की आवश्यक जानकारी प्राप्त की जाए। नीति सदैव भविष्य का कार्यक्रम है, एक ऐसा कार्यक्रम जो वर्तमान की समस्याओं तथा अभावों का निराकरण कर सके तथा सुखद भविष्य का आधार बन सके। यह वर्तमान परिस्थितियों का अगला कदम है। इस कदम को उठाने से पूर्व यह जानकारी परम् आवश्यक है कि हम वर्तमान में कहाँ खड़े हैं। जिन क्षेत्रों में नीति निर्धारित

की जा रही है उनका ज्ञान नीति निर्माताओं को अवश्य होना चाहिए। इसके लिए उपयुक्त अनुसन्धान कराए जाने चाहिए। उसके बाद की नीति रचना का कार्य बुद्धिपूर्वक सम्पन्न किया जा सकता है। ऐसी व्यवस्था की जानी चाहिए ताकि समय पर उपयुक्त सूचनाएँ प्राप्त हो सकें। समय-समय पर सार्वजनिक वाद-विवाद एवं विचार-विमर्श करके अल्पकालीन लक्ष्य तय किए जाने चाहिए। देश के विभिन्न संगठनों एवं हितों को नीति रचना में सक्रिय भाग लेना चाहिए। जनमत, राजनीतिक दल, दबाव समूह, संसद्, मन्त्रिमण्डल आदि सभी का नीति नचना में योगदान होना चाहिए। एक बार नीति के लक्ष्य निर्धारित हो जाने के बाद विशेषज्ञों द्वारा साधन-श्रोतों का मूल्यांकन किया जाना चाहिए, वैकल्पिक कार्यों का वजन तोलना चाहिए तथा इन लक्ष्यों की ओर आगे बढ़ने की रणनीति बनानी चाहिए। यह नीति रचना की प्रक्रिया है। इसमें यह ध्यान रखना चाहिए कि न्यायपूर्ण समाज व्यवस्था की रक्षा होती रहे।

भारतीय सामाजिक नीति तथा आर्थिक विकास

भारत में सामाजिक दृष्टि से विभिन्न प्रकार की बुराइयाँ हैं जिनके निराकरण हेतु समाज सुधारकों के सक्रिय योगदान की अपेक्षा है। भारतीय समाज को तभी स्वस्थ बनाया जा सकता है जबकि अलग-अलग क्षेत्रों में स्थिति सुधारने के लिए सक्रिय कार्यवाही की जाए। इनमें प्रमुख क्षेत्र ये हैं—आत्मनिर्भरता, राष्ट्रीय लक्ष्य के सामने व्यक्तिगत लक्ष्य को गौण मानना, विशेषाधिकारों का विरोध, उन लोगों की मूल जरूरत को प्राथमिकता देना जिन्हें जीवन की अनिवार्य सुविधाएँ भी उपलब्ध नहीं हैं, वर्तमान सामाजिक व्यवस्थापन को ठीक प्रकार से कार्यान्वित करना, राष्ट्रीय एकता, प्रतिरोधात्मक एवं सुधारात्मक कार्यों पर विशेष जोर देना, मानवीय कष्ट एवं सामाजिक दिक्कतें आदि-आदि। इन क्षेत्रों में कुछ करने की दृष्टि से सामाजिक नीति निर्धारित की जाती है। यहाँ यह उल्लेखनीय है कि ये सभी क्षेत्र प्रत्यक्ष तथा अप्रत्यक्ष रूप से आर्थिक तत्त्व से प्रभावित होते हैं। देश का आर्थिक जीवन इन क्षेत्रों में किए जा रहे कार्यों को प्रभावित करता है तथा इन क्षेत्रों में किए जा रहे विभिन्न कार्य देश के आर्थिक जीवन पर प्रभाव डालते हैं। परिणामतः सामाजिक नीति निर्धारित करते समय आर्थिक तत्त्वों से प्रभावित होना स्वाभाविक है। देश की आर्थिक स्थिति तथा साधन श्रोतों को देखकर ही यह निर्धारित किया जाता है कि किन सामाजिक लक्ष्यों को शीघ्र प्राप्त किया जाए तथा किन्हें कालांतर के लिए छोड़ा जाए। प्राथमिकताओं का चुनाव करते समय यह ध्यान रखना अनिवार्य है कि इन

प्राथमिकताओं को कार्यान्वित करने के लिए पर्याप्त धन भी मिल सकेगा अथवा नहीं। दूसरी ओर आर्थिक योजनाओं में हमारा लक्ष्य एवं मूलमन्त्र यह रहता है कि सभी स्तरों पर उत्पादन वृद्धि की जाए। ज्यादा उत्पादन का यह लक्ष्य तभी प्राप्त किया जा सकता है जबकि सामाजिक पूर्व शर्तें उपलब्ध हों। यदि समाज में असन्तोष है, सामाजिक न्याय एवं समानता का अभाव है, सामाजिक मूल्य मनुष्य की ओर उन्मुख हैं, लोगों में अपराध वृत्ति का प्रभाव ज्यादा है, सामाजिक कुरीतियों एवं रूढ़ियों से ग्रस्त लोग हैं तो निश्चय ही आर्थिक विकास सन्तोषजनक स्तर पर नहीं हो सकेगा।

वह सामाजिक नीति अच्छी नहीं मानी जाती जो आर्थिक विकास के अनुसार न हो। इसी तरह वह आर्थिक नीति ठीक नहीं मानी जाती जिसमें सामाजिक नीति के लक्ष्यों को साकार करने की क्षमता न हो। भारत में जैसी परिस्थितियाँ इस समय वर्तमान हैं; इनको देखते हुए आर्थिक विकास का कार्यक्रम गरीबी हटाने का कार्यक्रम होना चाहिए। इसमें जो आर्थिक विकास की नीति अपनाई जाए वह न्यायपूर्ण होनी चाहिए। न्याय से यहाँ अर्थ यह है नवनिर्मित धन सम्पदा को उन वर्गों में वितरित किया जाए जो इससे हीन हैं तथा भरपूर चिन्तनीय स्थिति में हैं। ऐसा करते वक्त यदि उच्च आय वालों का विकास कुछ समय के लिए यथावत् भी रह जाए तो चिन्तनीय नहीं है। सामाजिक न्याय के अभाव में किया गया आर्थिक विकास केवल कुछ लोगों की सम्पन्नता का प्रतीक बन जाता है। यह देश में खुशहाली लाने की अपेक्षा अनेक नई-नई समास्याएँ पैदा करता है। इनमें से कतिपय समस्याएँ वर्तमान भारत में देखी जा सकती हैं।

भारतीय सामाजिक नीति तथा सामाजिक विकास

भारत में सामाजिक नीति का लक्ष्य उन सभी मूल्यों से परिचित एक नए समाज की स्थापना करना है जो भारतीय संविधान में वर्णित किए गए हैं। इसका लक्ष्य मनुष्य और मनुष्य, मनुष्य और समूह तथा समूह और समूह के बीच अधिक स्वस्थ सामाजिक सम्बन्धों की स्थापना करना है। यह तदनुकूल ही लोगों की मनोवृत्ति में परिवर्तन करने के लिए प्रयत्नशील है। सामाजिक नीति द्वारा मानव मात्र का विकास किया जाएगा, मानव की रक्षा की जाएगी तथा संकट में फंसे लोगों को उबारने का प्रयास किया जाएगा। इन सब कार्यों का सकल लक्ष्य होगा सामाजिक विकास।

भारतीय सामाजिक नीति में नागरिक-सहयोग

सामाजिक नीति में रचना एवं कार्यान्विति दोनों स्तरों पर जनता का सहयोग वाँछनीय है। पर्याप्त जन-सहयोग प्राप्त होने पर ही सामाजिक नीति के अपेक्षित परिणाम निकलते हैं। इसके लिए स्थानीय, क्षेत्रीय एवं राष्ट्रीय स्तरों पर नागरिकों तथा उनके औपचारिक एवं अनौपचारिक संगठनों से विचार-विमर्श किया जाता है। ऐसी संगठनात्मक व्यवस्था भी जानी चाहिए ताकि नीति को कार्यान्वित करने वाले अधिकारी सरकारी और गैर-सरकारी संगठनों से सम्पर्क बनाए रख सकें। राष्ट्रीय स्तर पर यह कार्ययोजना आयोग तथा राष्ट्रीय विकास परिषद् द्वारा किया जाता है। स्थानीय तथा राज्य स्तरों पर भी इसकी समुचित व्यवस्था की जानी चाहिए। यह व्यवस्था जनतान्त्रिक है क्योंकि इसमें कुछ भी ऊपर से नहीं लादा जाता वरन् यह निम्न स्तरों से उद्भूत होती है।

जहाँ तक अन्य नीतियों का सम्बन्ध है वे सभी सामाजिक नीतियों के अनुकूल होनी चाहिए, किसी भी स्थिति में उसके प्रतिकूल नहीं होनी चाहिए। एक-दूसरे के साथ सहयोग करके ये नीतियाँ परस्पर लाभान्वित होती हैं। 'दो और प्राप्त करो' की नीति के अनुसार इनमें समन्वयात्मक सम्बन्ध रहने चाहिए। इस प्रकार का सम्बन्ध सभी नीतियों में जन-सहयोग की दृष्टि से भी लाभकारी है।

भारत में सामाजिक नीति का इतिहास

स्वतन्त्रता के बाद भारत में सामाजिक नीति की व्याख्या के लिए कई प्रयास किए गए हैं। भारतीय संविधान की भूमिका तथा इसमें उल्लेखित नीति-निर्देशक सिद्धान्तों को सामाजिक नीति की दिशा में महत्त्वपूर्ण सीमा चिह्न कहा जा सकता है। ये भावी व्यवस्थापकों तथा प्रशासकों के लिए पथ-प्रदर्शक हैं। इनके अतिरिक्त प्रत्येक पंचवर्षीय योजना में सामाजिक नीति सम्बन्धी व्यवस्था की गई। 1954 में 'समाजवादी समाज' की स्थापना का प्रस्ताव पारित हुआ। इस दिशा में सबसे आवश्यक कदम 1964 में उठाया गया जबकि सामाजिक विकास परिषद् ने सामाजिक नीति सम्बन्धी प्रस्ताव का प्रारूप तैयार करने के लिए श्रीमती दुर्गाबाई देखमुख की अध्यक्षता में एक स्थाई समिति नियुक्त की। भारत में सामाजिक नीति के इतिहास के इन महत्त्वपूर्ण कोशिशों का सॉक्षेप्त परिचय निम्न प्रकार प्रस्तुत किया जा सकता है—

संविधान की भूमिका और राज्य के निर्देशक सिद्धान्त

भारतीय संविधान की भूमिका में यह स्वीकार किया गया है कि यह सभी

नागरिकों को सामाजिक, आर्थिक और राजनीतिक न्याय; विचार-अभिमनुष्य, विश्वास और पूजा की स्वतन्त्रता; स्तर तथा अवसर की समानता एवं भ्रातृत्त्व की भावना दिलाने की कोशिश करेगा। इस संकल्प में समाज सेवा के बीज निहित हैं तथा ये समाज सेवी को प्रोत्साहित करते हैं।

राज्य की नीति के निर्देशक सिद्धान्त राज्य को समाज सेवा की जिम्मेवारी सौंपते हैं। धारा 38 में उल्लेख किया गया है कि "राज्य अधिक प्रभावपूर्ण रूप में, एक ऐसी सामाजिक व्यवस्था तथा सुरक्षा द्वारा जिसमें आर्थिक, सामाजिक तथा राजनीतिक न्याय की प्राप्ति हो, जनता के हित व विकास की कोशिश करेगा और राष्ट्रीय जीवन की प्रत्येक संस्था को इस सम्बन्ध में सूचित करेगा।" स्पष्ट है कि ये निर्देश राज्य को समाज सेवा का दायित्त्व सौंपना चाहते हैं। इनमें यह कहा गया है कि राज्य अपनी नीति का संचालन खासतौर से इस तरह करेगा ताकि सुनिश्चित रूप से–(i) समान रूप से नर और नारी सभी नागरिकों को जीविका के प्रचुर साधन प्राप्त हो सकें। (ii) समुदाय की भौतिक सम्पत्ति का स्वामित्त्व एवं नियन्त्रण इस तरह किया जाए ताकि सामूहिक हित की सर्वोत्तम रूप में साबित हो सके। (iii) अर्थव्यवस्था का संचालन इस तरह हो ताकि उत्पादन के साधनों का सर्वसाधारण के लिए अहितकारी केन्द्रीकरण न हो सके। (iv) पुरुषों तथा स्त्रियों को बराबर कार्य के लिए समान वेतन की व्यवस्था हो। (v) श्रमिक स्त्री-पुरुषों के स्वास्थ्य एवं शक्ति तथा बालकों की सुकुमार अवस्था का दुरुपयोग न किया जाए। आर्थिक कारणों से मजबूर होकर नागरिकों को ऐसे रोजगारों में जाना पड़े जो उनकी आयु तथा शक्ति के अनुसार न हों। (vi) बचपन तथा किशोर अवस्था के शोषण और नैतिक तथा आर्थिक परित्याग से संरक्षण किया जाए।

संविधान के अनुच्छेद 41 में कहा गया है कि राज्य अपनी आर्थिक सामर्थ्य और विकास की सीमाओं के भीतर काम पाने के, शिक्षा पाने के तथा बीमारी, बुढ़ापा, बेकारी आदि अभाव की दशाओं में सार्वजनिक मदद पाने के अधिकार को प्राप्त कराने का कार्य-साधक प्रयास करेगा।

अनुच्छेद 42 में संविधान ने राज्य को निर्देश दिया है कि वह काम की यथोचित और मानवोचित दशाओं को सुनिश्चित करने के लिए तथा प्रसूति सहायता के लिए उपलब्ध करे।

अनुच्छेद 43 में कहा गया है कि राज्य उपयुक्त विधार या आर्थिक संगठन द्वारा अथवा अन्य किसी प्रकार से कृषि, उद्योग तथा अन्य सभी प्रकार के सभी श्रमिकों के काम निर्वाह योग्य मजदूरी, शिष्ट जीवन स्तर तथा अवकाश का सम्पूर्ण

उपभोग सुनिश्चित करने वाली काम की दशाएँ तथा सामाजिक और साँस्कृतिक अवसर प्राप्त कराने का प्रयास करेगा तथा विशेषरूप से ग्रामों और कुटीर उद्योगों को वैयक्तिक तथा सरकारी आधार पर बढ़ाने का प्रयास करेगा। अनुच्छेद 44 नागरिकों के लिए समय व्यवहार संहिता स्थापित करने को कहता है।

अनुच्छेद 45 के अनुसार राज्य संविधान प्रारम्भ होने के बाद दस वर्ष की कालावधि में 14 वर्ष तक के लड़के और लड़कियों को निःशुल्क तथा अनिवार्य शिक्षा देने का प्रयास करेगा।

अनुच्छेद 46 के अनुसार राज्य जनता के दुर्बलतर विभाग के, विशेषतः अनुसूचित जातियों, अनुसूचित जनजातियों तथा कबीलों के शिक्षा सम्बन्धी हितों की विशेष सावधानी से उन्नति करेगा तथा सामाजिक अन्याय और सब प्रकार के शोषण से उनकी रक्षा करेगा।

अनुच्छेद 47 के अनुसार राज्य अपनी जनता के आहार, पोषण तथा जीवनस्तर को ऊँचा करने तथा जनस्वास्थ्य को सुधारना अपना प्राथमिक कर्त्तव्य मानेगा। वह विशेषतः हानिकारक मादक पेयों तथा औषधियों के औषधीय प्रयोजन के अतिरिक्त, उनके उपभोग का प्रतिषेध करने का प्रयास करेगा।

अनुच्छेद 48 के अनुसार राज्य कृषि और पशुपालन को आधुनिक और वैज्ञानिक प्रणालियों से संगठित करने का प्रयास करेगा। वह गायों, बछड़ों तथा अन्य दुधारू और वाहक ढोरों की नस्ल की रक्षा तथा सुधार के लिए तथा उनके वध पर प्रतिबन्ध लगाने के लिए अग्रसर होगा।

राज्य की नीति के उक्त निर्देशक सिद्धान्तों के साथ-साथ कतिपय मौलिक अधिकारों में भी भारतीय नागरिकों को सामाजिक न्याय प्रदान करने की चेष्टा की गई है। भारत भूमि पर कानून के समक्ष सभी, अर्थात् केवल नागरिक ही नहीं; समान हैं और सभी को समान संरक्षण प्राप्त है। संविधान धर्म जाति, मूलवंश, लिंग या जन्मस्थान आदि के आधार पर विभेद का निषेध करता है। राज्याधीन पदों पर नियुक्तियों के सम्बन्ध में सब नागरिकों को अवसर की समता दी गई है। छुआछूत तथा पण्य और बलात् श्रम अथवा बेगार का अन्त कर दिया गया है। कारखानों में बच्चों से काम कराने का निषेध किया गया है और अल्पसंख्यकों के शिक्षा और संस्कृति सम्बन्धी हितों तथा अधिकारों के संरक्षण की व्यवस्था की गई है।

समाजवादी समाज की स्थापना संबंधी प्रस्ताव

सामाजिक नीति की दृष्टि से एक महत्त्वपूर्ण कदम भारत में दिसम्बर, 1954 में उठाया गया था जबकि भारतीय संसद् ने समाजवादी सामज की स्थापना का

प्रस्ताव स्वीकार किया। इस प्रस्ताव में यह कहा गया था कि आर्थिक नीति का लक्ष्य समाजवादी समाज की स्थापना करना होना चाहिएं। इस उद्देश्य की पूर्ति के लिए सामान्य रूप से आर्थिक गतिविधियाँ तथा विशेषरूप से औद्योगिक विकास जहाँ तक संभव हो सके अधिकतम सीमा तक किया जाना चाहिए। समाजवादी समाज के अर्थ में अग्रलिखित बातें उल्लेखनीय हैं–

(i) आर्थिक विकास का उद्देश्य निजी लाभ की वृद्धि नहीं वरन् सामाजिक लाभ की प्राप्ति होना चाहिए।

(ii) विकास का रूप तथा सामाजिक-आर्थिक सम्बन्धों की संरचना इस तरह नियोजित होनी चाहिए ताकि आय और रोजगार में प्रशंसनीय वृद्धि ही न हो वरन् आय तथा सम्पत्ति में ज्यादा समानता की स्थापना भी हो सके।

(iii) उत्पादन, वितरण, उपयोग तथा विनियोग अर्थात् सभी प्रमुख सामाजिक-आर्थिक सम्बन्धों का निर्धारण सामाजिक उद्देश्यों से संगठित अभिकरणों द्वारा किया जाना चाहिए।

(iv) आर्थिक विकास के लाभ समाज के निर्धन और पीड़ित वर्ग को प्राप्त हों, आय के केन्द्रीयकरण में क्रमिक रूप से कमी की जाए।

(v) देश में ऐसा वातावरण तैयार किया जाए जिसमें छोटे से छोटा मनुष्य भी संगठित होकर देश के आर्थिक विकास में सहयोगी बन सके। वह क्रमशः अपना आर्थिक और सामाजिक स्तर ऊँचा उठा सके।

(vi) समाजवादी समाज की स्थापना का विचार किसी विचारधारा या लोचहीन सिद्धान्त पर आधारित नहीं है। यह देश की आर्थिक तथा सामाजिक नीतियों के इतिहास का नतीजा है।

(vii) समाजवादी समाज की स्थापना का लक्ष्य कुछ सकारात्मक लक्ष्यों की उपलब्धि है। ये हैं–जीवनस्तर को ऊँचा उठाना, सभी के लिए अवसरों की समान वृद्धि, पीड़ित वर्ग के उद्यमों को प्रोत्साहन तथा समुदाय के सभी वर्गों के बीच सहभागिता की भावना का विकास। इन सकारात्मक लक्ष्यों के आधार पर ही मौलिक निर्णय लिए जाने चाहिए। प्रजातन्त्र की भाँति समाजवादी समाज की रचना का सिद्धान्त भी कुछ संस्थाओं का संगठन मात्र नहीं है बल्कि जीने का एक तरीका है।

पंचवर्षीय योजनाएँ तथा सामाजिक नीति

प्रथम पंचवर्षीय योजना–स्वतन्त्रता के पश्चात् भारत ने नियोजित आर्थिक विकास का मार्ग अपनाया। 1951 में प्रथम पंचवर्षीय योजना बनी। इसमें आर्थिक विकास के अलग-अलग कार्यक्रमों के साथ-साथ समाज कल्याण के लिए भी

प्रभावशाली योजनाएँ निर्मित की गईं। योजना के आलेख में कहा गया था कि "प्रजातान्त्रिक राज्य में नियोजन एक सामाजिक प्रक्रिया है जिसमें एक हद तक प्रत्येक नागरिक को भाग लेने का अवसर प्राप्त होना चाहिए।" प्रथम पंचवर्षीय योजना में अपनाई गई सामाजिक नीति का लक्ष्य जनता के रहन-सहन का स्तर ऊँचा उठाना था। इसमें यह स्वीकार किया गया था कि योजना का लक्ष्य केवल बड़ी-बड़ी मशीनों का उत्पादन करना मात्र ही नहीं है। वरन् स्वास्थ्य, सफाई और शिक्षा में विकास करना तथा व्यापक साँस्कृतिक प्रगति के लिए सामाजिक परिस्थितियाँ तैयार करना है। नियोजन का अर्थ है इन सभी क्षेत्रों में समन्वयात्मक विकास। भारतीय जनता की वैध आकाँक्षाओं की सन्तुष्टि के लिए तीव्रगति से राज्य के आर्थिक और सामाजिक दायित्त्वों में वृद्धि की गई।

द्वितीय पंचवर्षीय योजना—द्वितीय पंचवर्षीय योजन में मूल उद्योगों के विस्तार के साथ-साथ यह स्वीकार किया गया कि विकास की प्रक्रिया एवं रूप में कुछ सामाजिक मूल्य एवं लक्ष्य अभिव्यक्त होने चाहिए। विकास द्वारा आर्थिक एवं सामाजिक असमानताएँ प्रजातान्त्रिक तरीके से दूर की जानी चाहिए। आर्थिक लक्ष्यों को सामाजिक लक्ष्यों से अलग नहीं किया जा सकता। योजना द्वारा लोगों की वैध आकाँक्षाओं को सन्तुष्ट किया जाना चाहिए।

तृतीय पंचवर्षीय योजना—तृतीय पंचवर्षीय योजना में एक नई समाज व्यवस्था की स्थापना का लक्ष्य अपनाया गया । इसमें यह माना गया कि गरीबी एक बहुत बड़ा अभिशाप है जो अनेक बुराइयों की जन्मदाता है। गरीबी का निराकरण सामाजिक तथा आर्थिक दोनों प्रकार के विकास द्वारा किया जा सकता है। इसके लिए तकनीकी रूप से परिपक्व समाज तथा ऐसी समाज व्यवस्था बनानी होगी जो सभी नागरिकों को विकास के समान अवसर प्रदान कर सके। इसके लिए मूलभूत सामाजिक तथा आर्थिक परिवर्तन करने होंगे तथा पुरानी परम्परावादी व्यवस्था को गत्यात्मक समाज के रूप में बदलना होगा। इसके लिए केवल वैज्ञानिक दृष्टिकोण तथा रहन-सहन को अपनाना ही पर्याप्त नहीं है वरन् सामाजिक रीति-रिवाजों एवं संस्थाओं में भी परिवर्तन करने होंगे। तृतीय पंचवर्षीय योजना में समाजवाद को अधिक महत्त्व दिया गया है। यह माना गया है कि समाजवाद की दिशा में प्रगति अनेक बातों पर निर्भर करती है। इनमें से प्रत्येक द्वारा दूसरे के मूल्य को बढ़ावा दिया जाता है। समाजवादी अर्थ-व्यवस्था में प्रत्येक नागरिक को अवसर की समानता प्राप्त होती है। प्रारम्भ में यह मूलभूत आवश्यकताओं की पूर्ति करती है जैसे-भोजन, काम, शिक्षा के लिए अवसर, स्वास्थ्य के लिए उपयुक्त परिस्थितियाँ, आय का न्यूनतम

स्तर आदि। प्रजातन्त्र और समाजवाद के आधार पर विकास करने वाला समाज, सामाजिक मूल्यों तथा अभिप्रेरणाओं पर अधिक जोर देता है तथा समाज के सभी विभागों में सामान्य हित एवं दायित्त्व की भावना विकसित करता है। भारत में जाति-व्यवस्था के कठोर बन्धनों के कारण आर्थिक विकास में अनेक बाधाएँ तथा हित-संघर्ष आड़े आ जाते हैं। आर्थिक विकास और सामाजिक परिवर्तन साथ-साथ चलने चाहिए। दोनों में जो पीछे रहता है वही आगे वाले को पाँव पकड़ कर खींच लेता है।

चौथी पंचवर्षीय योजना—चौथी पंचवर्षीय योजना का मूल लक्ष्य लोगों के जीवन-स्तर में द्रुतगामी परिवर्तन करना रहा। यह परिवर्तन उन प्रयासों द्वारा किया जाए जो समानता एवं सामाजिक न्याय को बढ़ावा देने वाले हैं। इस योजना में जन-साधारण, कमजोर वर्गों तथा कम अधिकार प्राप्त वर्गों की ओर खास ध्यान दिया गया। योजना के आलेख में यह कहा गया कि आर्थिक विकास का लाभ समाज के कम विशेषाधिकार प्राप्त लोगों को मिलना चाहिए, खासतौर अनुसूचित जाति एवं अनुसूचित जनजाति के लोगों को, जिनके आर्थिक और शैक्षणिक हितों को सामाजिक सजगता के साथ बढ़ावा दिया जाता है। योजना में जो भी आर्थिक विकास के कार्यक्रम अपनाए गए थे उन सबका एक उद्देश्य सामाजिक न्याय की स्थापना माना गया। इसके लिए सामाजिक-आर्थिक संस्थाओं के नवीनीकरण की बात कही गई। योजना आलेख के अनुसार "नियोजन के मोटे उद्देश्यों की परिभाषा समानता और सामाजिक न्याय की ओर निरन्तर प्रगति करते हुए द्रुतगामी आर्थिक विकास के रूप में तथा आर्थिक और सामाजिक प्रजातन्त्र की स्थापना के रूप में की जा सकती है।"

पाँचवीं पंचवर्षीय योजना—चौथी पंचवर्षीय योजना अपने लक्ष्यों की पूर्ति में काफी कुछ असफल रही और पाँचवीं योजना जो समय से एक वर्ष पहले ही समाप्त कर दी गई (1974-78) में स्पष्ट रूप से स्वीकार किया गया कि गरीबी दूर करने की दिशा में चौथी योजना की असफलता का एक बड़ा कारण यह रहा कि औद्योगिक उत्पादन और कृषि की विकास दर में प्रचुर वृद्धि नहीं हुई। अन्य बातों के अतिरिक्त पाँचवीं योजना की रीति-नीति में इन बातों का खास ख्याल रखा गया—(1) कुल घरेलू उत्पादन में 55% की दर से वृद्धि, उत्पादन बढ़ाने वाले रोजगार का विस्तार, (2) कम-से-कम जरूरतों का एक राष्ट्रीय कार्यक्रम, (3) समाज कल्याण कार्यक्रमों को और आगे बढ़ाना, (4) कृषि तथा ऐसे मूलभूत और खास उद्योगों के विस्तार पर जोर, जो जन-साधारण के उपभोग की चीजें बनाते हैं, (5) गरीब लोगों के लिए उचित

भावों पर उपभोग्य वस्तुएँ मिल सकें—इसके लिए पर्याप्त वसूली और वितरण की प्रणाली, (6) निर्यात की वृद्धि और आयात होने वाली चीजों की जगह देशी चीजें पैदा करने का जोरदार प्रयत्न, (7) आवश्यक उपभोग पर कड़ाई से पाबन्दी, (8) कीमतों, वेतनों और आयों का समुचित सन्तुलन एवं (9) सामाजिक, आर्थिक और क्षेत्रीय असमानताएँ घटाने के लिए संस्थागत, वित्तीय तथा अन्य उपाय।

स्पष्ट है कि पाँचवीं पंचवर्षीय योजना का मुख्य उद्देश्य भी लोगों के जीवन-स्तर में द्रुतगामी परिवर्तन करके आत्मनिर्भरता उत्पन्न करना और गरीबी हटाने की दिशा में भारी प्रगति करना था। इस तरह योजना में समानता और सामाजिक न्याय को प्राप्त करने का आश्वासन दिया गया जिसमें जन-साधारण, कमजोर भागों और कम अधिकार प्राप्त वर्गों का विशेष ख्याल रखा गया। यह कहा गया कि "भारत जैसे विशाल देश में गरीबी एक बहुत बड़ी और जटिल समस्या है जिसे किसी एक पंचवर्षीय योजना में समाप्त नहीं किया जा सकता। पाँचवीं योजना में इसे समाप्त करने की प्रक्रिया तेज की जाएगी और आत्मनिर्भरता प्राप्त करने तथा गरीबी हटाने के लिए उत्पादन के ढाँचे में आवश्यक परिवर्तन लाया जाएगा, पाँचवीं योजना समाजवादी लक्ष्य की ओर एक बढ़ता हुआ कदम है।" योजना का उद्देश्य आर्थिक शक्ति के कुछ हाथों में केन्द्रित हो जाने को कम रखना रखा गया था। इसके लिए जरूरी समझा गया कि एक कुशल गतिशील सार्वजनिक क्षेत्र खड़ा किया जाए और वित्तीय संस्थाओं का स्वामित्त्व सरकार के हाथ में अधिकाधिक रखते हुए समुचित सामाजिक नियन्त्रण लागू किया जाए। सामाजिक न्याय की प्राप्ति में शिक्षा और रोजगार के निकट का तालमेल है तथा पाँचवीं योजना में शिक्षा के ढाँचे में कुछ अनिवार्य परिवर्तन करते हुए इन बातों पर जोर देने की बात कही गई—(1) सामाजिक शिक्षा सम्बन्धी अवसरों को सामाजिक न्याय सुनिश्चित करने की समग्र योजना का अंग समझना, (2) शिक्षा प्रणाली, विकास की आवश्यकताओं और रोजगार के बीच निकट का तालमेल करना, (3) शिक्षा स्तर में सुधार और (4) विद्यार्थियों सहित शिक्षा से सम्बद्ध समुदाय को सामाजिक और आर्थिक विकास के कामों में शामिल करना। सामाजिक न्याय को प्रोत्साहन देने के लिए प्राथमिक एवं प्रौढ़ शिक्षा पर काफी जोर दिए जाने की बात कही गई है। यह आश्वासन दिया गया है कि समाज के दुर्बल वर्गों के बच्चों को अधिक से अधिक संख्या में स्कूल जाने और बीच में पढ़ाई न छोड़ने को आवश्यक प्रोत्साहन दिया जाएगा।

पाँचवीं योजना में स्वीकार किया गया कि देश की 30% से अधिक आबादी अत्यन्त गरीब है तथा चिकित्सा और स्वास्थ्य सुविधाओं के नाते देहाती और शहरी

इलाकों में बहुत अधिक असन्तुलन है। पाँचवीं योजना में सार्वजनिक स्वास्थ्य की न्यूनतम सुविधाओं की पूर्ति का निश्चय किया गया और देहाती तथा पिछड़े इलाकों पर विशेष ध्यान दिया गया। समाज कल्याण के क्षेत्रों में पाँचवीं योजना पिछली योजनाओं की अपेक्षा अधिक प्रभावी और व्यावहारिक दृष्टिकोण लिए हुए थी। प्रथ्ज्ञम तो यह स्वीकार किया गया कि पिछले दो दशकों में समाज कल्याण का काम मुख्यतः स्वंयसेवी संस्थाओं ने किया है, जिसमें सरकार ने सहायता की है। ऐसी संस्थाओं का काम यद्यपि हर पंचवर्षीय योजनाओं में बढ़ता चला गया है किन्तु पाँचवीं योजना की नीति समाज कल्याण और समाज के विकास का समन्वय करना है। पाँचवीं योजना में इसके मुख्यतः ये उपाय सोचे गए–(क) समाज कल्याण के रक्षा और विकास के कार्यक्रमों का विस्तार, (ख) दुर्बल वर्गों, विशेषकर बच्चों और स्त्रियों के लिए किए जाने वाले सामाजिक और आर्थिक आयोजनों में समन्वय, (ग) रोजगार के कार्यक्रमों के जरिए कल्याण सेवाओं की वृद्धि, (घ) परिवारों को बुनियादी स्वास्थ्य सेवाएँ मुहैया करना और (ङ) जिन स्त्रियों और बच्चों को संरक्षण की आवश्यकता है, उनके लिए कल्याण के कार्यक्रम और वृद्धों तथा अशक्तों के लिए सहायता। इसी प्रकार पाँचवीं योजना में पुनर्वास के क्षेत्र में प्रभावी कार्यक्रम अपनाए जाने की बात कही गई है।

छठी पंचवर्षीय योजना (1980-85)–जनता सरकार ने सम्पूर्ण नियोजन प्रणाली पर पुनर्विचार किया और पाँचवीं योजना की 31 मार्च, 1979 की बजाय 31 मार्च, 1978 को समाप्त कर 1 अप्रैल, 1978 से नई राष्ट्रीय छठी योजना लागू कर दी। जनवरी, 1980 में श्रीमती गाँधी के नेतृत्त्व में काँग्रेस पुनः सत्तारूढ़ हो गई और नई सरकार ने छठी योजना के प्रारूप का पुनर्मूल्याँकन कर इसे नया रूप दिया और छठी योजना की अवधि 1980-1985 रखी, छठी योजना का मुख्य लक्ष्य है गरीबी को दूर करना, हालाँकि यह भी स्वीकार किया गया है कि इतना बड़ा कार्य पाँच वर्ष की छोटी-सी अवधि में पूरा नहीं किया जा सकता। इस योजना के लिए ऐसी नीति अपनाई गई है कि जिससे कृषि और उद्योग दोनों क्षेत्रों की संरचना सुदृढ़ हो ताकि पूँजी निवेश, उत्पादन और निर्यात बढ़ाने के लिए उपयुक्त वातावरण तैयार हो सके और इस उद्देश्य से तैयार किए गए विशेष कार्यक्रमों के द्वारा ग्रामीण और असंगठित क्षेत्रों में रोजगार अवसरों में बढ़ोतरी हो सकती है जिससे लोगों की मूलभूत आवश्यकताएँ पूरी हो सकें। सभी सम्बद्ध समस्याओं को अलग-अलग के बंदले समेकित रूप से सुलझाने, प्रबन्ध दक्षता बढ़ाने, सभी क्षेत्रों का विस्तृत पर्यवेक्षण करने और स्थानीय स्तर की विशेष विकास परियोजनाओं में लोगों का सक्रिय मदद प्राप्त

करने तथा इन परियोजनाओं के शीघ्र और प्रभावी कार्यान्वयन पर जोर दिया गया है। छठी योजना की अग्रलिखित उद्देश्यों से इसमें निहित सामाजिक नीति स्पष्ट है–

1. अर्थव्यवस्था की संवृद्धि दर में आवश्यक वृद्धि करना, संसाधनों के उपयोग में कुशलता को बढ़ाना और उत्पादकता में सुधार करना;
2. आर्थिक और शिल्प वैज्ञानिक आत्मनिर्भरता, प्राप्त करने के लिए आधुनिकीकरण की गति में वृद्धि करना;
3. गरीबी और बेरोजगारी के सूचकाँक में उत्तरोत्तर कमी करना;
4. ऊर्जा के देशीय संसाधनों का तेजी से विकास करना जिसमें ऊर्जा के उपयोग के संरक्षण और कुशलता पर समुचित बल दिया गया हो;
5. कम-से-कम आवश्यकता कार्यक्रम के जरिए जिसकी व्याप्ति इस तरह की है जिससे यह सुनिश्चित किया जा सकता है कि देश के सभी भाग निर्धारित अवधि में राष्ट्रीय रूप में स्वीकृत स्तरों को प्राप्त कर लेंगे, खासकर आर्थिक और सामाजिक दृष्टि से सुविधावंचित जनसंख्या और सामान्य लोगों के जीवन-स्तर में सुधार करना;
6. लोक/सरकारी नीतियों और सेवाओं में पुनर्वितरणात्मक आधार को इस तरह मजबूत करना जिससे गरीबों को लाभ हो तथा आय और धन की असमानताओं में कमी हो;
7. विकास की गति तथा शिल्प वैज्ञानिक लाभ प्रदान करने में क्षेत्रीय असमानताओं में उत्तरोत्तर कमी करना;
8. छोटे परिवार के मापक को स्वेच्छा से स्वीकार करने के द्वारा जनसंख्या वृद्धि को नियन्त्रित करने वाली नीतियों को प्रोत्साहन करना;
9. पारिस्थितिकीय और पर्यावरणीय परिसम्पत्तियों के संरक्षण और सुधार को बढ़ावा देकर विकास के कम तथा लंबी अवधि के लक्ष्यों के मध्य सामंजस्य स्थापित करना; और
10. उपयुक्त शिक्षा, संचार और संस्थागत कार्य-नीतियों के द्वारा विकास की प्रक्रिया में सभी वर्गों के लोगों की सक्रिय सहभागिता को बढ़ाना।

स्पष्ट है कि छठी योजना में एक ऐसी सामाजिक नीति को पूर्वापेक्षा अधिक पुष्ट किया गया है जिससे देश में समाजवादी समाज की स्थापना की दिशा में तेजी से आगे बढ़ा जा सके। समाज के गरीब और पिछड़े तबके को ऊपर उठाने, आर्थिक विषमताओं को दूर करने और लोक कल्याणकारी कार्यक्रमों का विस्तार करने पर पूरा बल दिया गया है। छठी योजना में निहित समाज कल्याण कार्यक्रमों का उद्देश्य

समाज के सुविधाहीन वर्गों को अपनी सामाजिक, आर्थिक एवं शारीरिक असमर्थताओं पर काबू पाने और अपने जीवन-स्तर में सुधार करने के योग्य बनाना है। ये कार्यक्रम सामान्य रूप से गरीबी और बेकारी की समस्याओं से निपटने में विकास कार्यक्रमों के पूरक हैं। छठी योजना में एक ऐसी नीति अपनाई गई है कि जिससे गरीबी पर तेजी से प्रहार किया जा सके और सभी निहित शक्तियों को एक अधिक शक्तिशाली और अधिक निष्पक्ष समाज बनाने के लिए संगठित किया जा सके। यह मानकर चला गया है कि अनुसूचित जातियों और अनुसूचित जनजातियों को, जो जनसंख्या के गरीब वर्गों का अधिकांश भाग है, योजना कार्यक्रमों से अपना पूरा हिस्सा मिल सके।

सातवीं योजना के नीति पत्र से यही परिलक्षित हुआ है कि पिछली योजनाओं की, सामाजिक नीति को और परिपुष्ट किया जाएगा तथा अधिक व्यावहारिक बनाया जाएगा।

सामाजिक नीति सम्बन्धी प्रस्ताव, 1964

सामाजिक विकास परिषद् द्वारा नियुक्त प्रारूप समिति ने 1964 में एक सामाजिक नीति सम्बन्धी प्रस्ताव तैयार किया था। इस प्रस्ताव में सामाजिक नीति के लक्ष्यों का उल्लेख किया गया था। इस प्रस्ताव में वर्णित कुछ मुख्य बातें निम्नलिखित हैं—

(i) **कमजोर वर्गों का उत्थान**—भारत में आर्थिक दृष्टि से गरीब एवं सामाजिक दृष्टि से पिछड़े तथा पीड़ित वर्ग के लोगों का कल्याण सामाजिक नीति का महत्त्वपूर्ण अंग है। इसके लिए ऐसी योजनाएँ अपनाई जाएँ ताकि आने वाले 15-20 वर्षों में जनसंख्या के इस बड़े भाग को रहन-सहन का अल्प स्तर प्राप्त हो सके। सरकार ने ऐतिहासिक कारणों से अनुसूचित जातियों एवं अनुसूचित जनजातियों को समाज का कमजोर वर्ग माना है। सरकार का ध्येय है कि जाति या धर्म के आधार पर इस तरह का वर्गीकरण करने की तुलना में आर्थिक आधार पर यह किया जाए तथा कम आय वाले लोगों के विकास का कार्य किया जाए। स्थानीय सत्ता एवं स्थानीय समुदायों को मजबूत बनाया जाए ताकि वे बच्चों, युवकों, स्त्रियों तथा वृद्ध जनों के लिए सामाजिक सेवाएँ अथवा समाज कल्याण सेवाएँ संचालित कर सकें।

विकास की आर्थिक नीतियाँ सामाजिक कल्याण की दृष्टि से कार्यान्वित की जाएँ। इनके फलस्वरूप केवल आर्थिक सूचकाँक में ही बढ़ोतरी न हो वरन् भोजन, वस्त्र, मकान शिक्षा और स्वास्थ्य की स्थिति में भी संतोषजनक रूप से सुधार हो।

(ii) **संतुलित दृष्टिकोण**—भारत की पंचवर्षीय योजनाओं में सामाजिक तथा आर्थिक दोनों ही क्षेत्रों में विकास का लक्ष्य निर्धारित किया गया है। सरकार की नीति यह है कि विकास योजनाओं के आर्थिक और सामाजिक दोनों अंगों के बीच सन्तुलन स्थापित किया जाए। दूसरे देशों के अनुभवों एवं स्वयं की पंचवर्षीय योजनाओं में प्राप्त अनुभवों के आधार पर सरकार ने यह महसूस किया है कि आर्थिक नियोजन की कुछ सामाजिक पूर्व-आवश्यकताएँ हैं। मानव साधनों एवं आर्थिक प्रगति को बराबर महत्त्व देने के लिए समाज सेवाओं पर अधिकाधिक जोर दिया जाना चाहिए। भविष्य में विकास के मॉडल बनाते समय सामाजिक संस्थाओं को प्रचुर महत्त्व दिया जाए क्योंकि ये मानवीय रहन-सहन तथा कार्य के रूप को पर्याप्त प्रभावित करती हैं।

(iii) **जनसंख्या नियन्त्रण**—सरकार परिवार के आकार को सीमित करने के लिए हर सम्भव सुविधा उपलब्ध कराएगी। इसके साथ ही हर मनुष्य को भी ऐसी प्रेरणा दी जाएगी ताकि वह अपनी चेतना और सुविधा के अनुसार सीमित परिवार के लिए जरूरी कदम उठा सके। परिवार नियोजन के विभिन्न तरीकों का तुलनात्मक मूल्यांकन और प्रचार किया जाएगा। सीमित परिवार होने से एक तरफ आर्थिक और सामाजिक समस्याएँ कम होगी और दूसरी ओर बालकों की देखभाल ठीक प्रकार की जा सकेगी।

(iv) **शिशु कल्याण**—अलग-अलग उम्र के बालकों की अलग-अलग आवश्यकताओं के अनुसार शिशु कल्याण कार्यक्रम शुरू किए जाएँगे। उनके स्वास्थ्य, पोषाहार, शिक्षा और मनोरंजन के लिए सेवाएँ प्रस्तुत की जाएँगी। प्राथमिकता की दृष्टि से देहाती शिशुओं तथा गन्दी बस्तियों में रहने वाले और निम्न आय के परिवारों वाले शिशुओं की ओर विशेष ध्यान दिया जाएगा। विशेष समस्याओं वाले शिशुओं के लिए पृथक रूप से सेवाएँ आयोजित की जाएँगी।

(v) **परिवार कल्याण**—परिवार समाज की मूलभूत इकाई है। अतः शहरी व देहाती क्षेत्रों में सामुदायिक विकास के अभिन्न भाग के रूप में परिवार के कल्याण हेतु विविध कार्यक्रम प्रारम्भ किए जाएँगे। परिवार की समस्याओं के निराकरण के लिए सामाजिक सुरक्षा कार्यक्रमों का प्रसार किया जाएगा।

सामाजिक सुरक्षा प्रयासों के अन्तर्गत रोजगार में लगे व्यक्तियों को भी लाभ दिया जाएगा। स्वयं के रोजगार में लगे लोगों के लिए भी कुछ प्रोत्साहक प्रयास किए जाएँगे।

(vi) **संविधान की भूमिका तथा नीति-निर्देशक सिद्धान्तों का उल्लेख**—प्रस्ताव में सर्वप्रथम संविधान की भूमिका तथा नीति-निर्देशक सिद्धान्तों का वर्णन

किया गया है। ये भारत में सामाजिक नीति के आधार हैं।

(vii) **समाजवादी समाज की स्थापना का उद्देश्य**—भारतीय संविधान में वर्णित उद्देश्यों की पूर्ति के लिए विकासशील नियोजन का मार्ग अपनाया गया है। प्रत्येक पंचवर्षीय योजना के साथ सामाजिक नीति सम्बन्धी उद्देश्यों का उल्लेख किया गया है। इनमें सामाजिक न्याय की स्थापना का लक्ष्य महत्त्वपूर्ण है। इस लक्ष्य की प्राप्ति के लिए समाजवादी समाज की स्थापना का संकल्प किया गया है। ऐसा समाज तभी स्थापित हो सकता है जबकि इस दिशा में सजग रूप से प्रयास किए जाएँ। सामाजिक न्याय को ध्यान में रखते हुए विचार, अभिमनुष्य, विश्वास और पूजा की स्वतन्त्रता दी जाए, आय की असमानताएँ दूर की जाएँ, समय-समय पर विकास के प्रभावों का मूल्यांकन किया जाए तथा व्यापक भूमि सुधार किए जाएँ। सरकारी क्षेत्र का विकास करना भी सरकारी नीति का एक अंग है। इन सब विधायी, वित्तीय एवं प्रशासनिक प्रयासों द्वारा जनता की वर्तमान असमानताओं का निराःकरण किया जाएगा तथा जनसंख्या के विभिन्न वर्गों का जीवन-स्तर ऊँचा उठाया जाएंगा। इसके साथ ही देश के विभिन्न भागों में रहले वाले लोगों के बीच स्थित क्षेत्रीय असमानताएँ भी न्यूनतम की जाएँगी।

(viii) **सामान्य दृष्टिकोण**—समाज कल्याण कार्यक्रमों के प्रति सरकार की सामान्य नीति की मुख्य बातें ये रहेंगी—(क) प्रतिरोधात्मक और प्रोत्साहक कल्याण सेवाओं को बढ़ावा देना ताकि उपचारात्मक एवं सुधारात्मक सेवाओं पर कम से कम व्यय किया जाए। (ख) सम्बन्धित राष्ट्रीय कार्यक्रमों में स्थानीय साधनों का सहयोग लिया जाए। (ग) आवश्यकतामन्द लोगों को विशेष सेवाएँ प्रदान करना ताकि वे आत्मनिर्भर बन सकें। (घ) ऐच्छिक प्रयासों को विकसित और शक्ति सम्पन्न बनाने के लिए उन्हें आर्थिक सहायता एवं परामर्श देना। (च) विभिन्न स्तरों पर प्रशिक्षित वेतनभोगी सेवीवर्ग की श्रेणियाँ बनाना। (छ) ऐच्छिक अभिकरणों को उनके अपने कार्यकर्त्ताओं को प्रशिक्षित करने में सहायता देना। (ज) इस प्रस्ताव में निहित सामाजिक नीति के सिद्धान्तों में सामान्य प्रशासकों को प्रशिक्षित करना।

(ix) **ऐच्छिक संगठन**—समाज कल्याण सेवाओं के विकास और संचालन के लिए ऐच्छिक संगठनों का पूरा सहयोग लिया जाएगा। ये संगठन समाज कल्याण को प्रोत्साहित करने के कार्य में सरकारी संगठनों के समाज स्तर के सहयोगी हैं। पुराने समय से कार्य कर रहे एच्छिक संगठनों को उपयुक्त महत्त्व दिया जाना चाहिए। न सिर्फ सुविधा, लागत और साधन स्रोतों की दृष्टि से वरन् प्रजातान्त्रिक मूल्यों की दृष्टि से भी ऐच्छिक संगठन महत्त्वपूर्ण हैं। इन संगठनों के कार्यों को

ज्यादा-से-ज्यादा जनतान्त्रिक बनाने के लिए प्रयोग होते रहने चाहिए। जिन सेवाओं को गैर-सरकारी संस्थाओं द्वारा सम्पन्न किया जा रहा है उन्हें सरकार द्वारा दोहराने की जरूरत नहीं है। जहाँ तक संविधीय सेवाओं का प्रश्न है, ये सरकार द्वारा सम्पन्न की जानी चाहिए किन्तु जहाँ कहीं सम्भव हो वहाँ ऐच्छिक संगठनों का सहयोग भी प्राप्त किया जा सकता है। समाज कल्याण सेवाओं की नीति का निर्धारण एवं मूल्यांकन, कार्यक्रम बनाना और इनके लिए कम-से-कम मापदण्ड तय करना आदि कार्य सरकारी और गैर-सरकारी दोनों क्षेत्रों के संयुक्त प्रयास द्वारा किए जाएँगे। प्रशिक्षण शोध और मूल्यांकन का कार्य गैर-सरकारी क्षेत्र में छोड़ा जाना चाहिए।

(x) **साधन के स्रोत**—समाज कल्याण सेवाओं के लिए साधन स्रोत विकसित करने की दृष्टि से नीतियाँ अपनाई जाएँगी। (क) सामाजिक सेवाओं के लिए विकास योजनाओं पर पर्याप्त धन आवंटित किया जाएगा। (ख) सामाजिक साधनों की प्रकृति और क्षेत्रों का मूल्यांकन किया जाएगा और जहाँ कहीं आवश्यक हो वहाँ इन साधनों को सामाजिक जरूरतों को पूरा करने में लगाने के लिए सही व्यवस्थापन किया जाएगा। (ग) नए साधन श्रोत ढूँढे जाएँगे। आत्मनिर्भरता को बढ़ावा देने के लिए स्थानीय स्तर पर स्थानीय परियोजनाओं के लिए खासतौर से साधन जुटाए जाएँगे। (घ) ऐसी परिस्थितियाँ पैदा की जाएँगी जिनमें ऐच्छिक संगठन अपने साधनों का प्रयोग ज्यादा सफलतापूर्वक कर सकें।

(xi) **सामाजिक प्रशासन को मजबूत बनाना**—सामाजिक नीति को प्रभावशाली और सुविधापूर्वक कार्यान्वित करने के लिए सरकार द्वारा राष्ट्रीय स्तर से लेकर स्थानीय स्तर तक के सामाजिक प्रशासन को मजबूत बनाया जाएगा। इनमें पर्याप्त प्रशिक्षित सेवीवर्ग रखा जाएगा। संपूर्ण प्रशासनिक यन्त्र को समाज कल्याण का रुझान दिया जाएगा और सामान्य प्रशासन के लिए भर्ती और प्रशिक्षण भी इसी लक्ष्य को ध्यान में रखकर दिया जाएगा। द्रुतगामी और न्यायपूर्ण प्रशासन के लिए प्रक्रिया को आसान बनाने का कार्य किया जाएगा।

(xii) **संविधान में संशोधन की सम्भावना**—राज्य और स्थानीय सरकारों को वित्तीय तथा तकनीकी क्षेत्र में दी जाने वाली केन्द्रीय मदद का समाज सेवाओं और समाज कल्याण सेवाओं के विकास में पूरा सदुपयोग किया जा सके, इसके लिए यह सोचा जा रहा है कि शिक्षा तथा स्वास्थ्य जैसी सामाजिक सेवाओं को समवर्ती सूची में सम्मिलित कर दिया गया।

(xii) **नियमित पुनरीक्षा**—हर नीति एक खास परिस्थति में ही संगत रहती है। परिवर्तित सामाजिक परिस्थितियों को चुनौतियों का सामना करने की दृष्टि से

उनकी लगातार पुनरीक्षा की जानी चाहिए। देश का संविधान और योजनाएँ ऐसे मापदण्ड या कसौटियाँ हैं जिनके आधार पर किसी विशेष नीति की सफलता या असफलता का मूल्यांकन किया जा सकता है। इस उद्देश्य से यह परम्परा औपचारिक रूप से विकसित होनी चाहिए कि प्रति पाँच वर्ष पश्चात् संसद् और व्यवस्थापिकाओं के सम्मुख सामाजिक नीति की कार्यान्वित का प्रतिवेदन प्रस्तुत किया जाना चाहिए और जहाँ जरूरत हो वहाँ परिवर्तन का प्रस्ताव रखा जाए।

मन्त्रियों के सम्मेलनों में सामाजिक नीति का मुद्दा

राज्यों के समाज कल्याण मन्त्रियों तथा सचिवों के जो वार्षिक एवं अन्य सम्मेलन होते हैं, उनमें हुए विचार-विमर्श और उनके निर्णयों से हमें देश की सामाजिक नीति का आभास होता है। पिछले कुछ वर्षों से इन सिफारिशों तथा निष्कर्षों का सार यह रहा है कि–

1. समाज कल्याण के लिए जरूरतें ज्यादा हैं, परन्तु संसाधन बहुत कम हैं चूँकि राज्यों की परियोजनाओं में समाज कल्याण को साधारणतया निम्न प्राथमिकता दी जाती है, इस प्रकार मुख्य कल्याण कार्यक्रमों की केन्द्रीय प्रायोजित योजनाओं के रूप में वित्त प्रदान किया जाए ताकि इसके लिए धन उपलब्ध हो सके। आदिवासी क्षेत्रों, शहरी गन्दी बस्तियों और ऐसे क्षेत्रों को जिनमें ज्यादातर अनुसूचित जातियाँ रहती हैं, प्राथमिकता देते हुए आपसी समर्थन वाली सामाजिक सेवाओं के एकीकरण की नीति अपनाई जाए जिससे स्त्रियों को और बच्चों तथा विकलांग व्यक्तियों पर विशेष ध्यान दिया जाए। क्षेत्र विकास कार्यक्रमों में सामाजिक निवेश की व्यवस्था भी की जाए।

2. राज्य स्तर पर सभी कल्याण कार्यक्रमों, विशेष रूप से स्त्रियों, बच्चों और विकलांग व्यक्तियों से सम्बन्धित कार्यक्रमों के समन्वय के लिए एक नोडल प्वाइण्ट होना चाहिए। इस बात की भी आवश्यकता है कि पर्यवेक्षण और समुचित प्रबोधन तथा मूल्यांकन को बढ़ाकर प्रशासनिक क्षमता को सुधारा जाए। केन्द्रीय और केन्द्र द्वारा आयोजित योजनाओं के अन्तर्गत दी गई विपुल धनराशि के प्रभावकारी उपयोग के लिए राज्य स्तर पर प्रशासनिक ढाँचे को बढ़ाने के लिए कुछ सहायता दी जाए।

राज्य/संघशासित प्रदेश स्तर पर निम्नलिखित मुख्य कदम उठाए जाने आवश्यक हैं–

(i) कार्यक्रमों के बारे में आँकड़े इकट्ठे करने और उनका प्रबोधन और मूल्यांकन करने के लिए मशीनरी बनाना, जिसका मुख्य उद्देश्य केवल व्यय ही नहीं बल्कि लक्ष्य की प्राप्ति हो।

(ii) समाज कल्याण सेवाओं का समुचित प्रलेखन और सूचना का आदान-प्रदान करना।

(iii) सामाजिक विकास की नई धारणाओं को ध्यान में रखते हुए संकल्पना और परिचालन के स्तरों पर समाज सेवा से सम्बन्धित वरिष्ठ कर्मचारियों का अनुकूलन करना ताकि सामाजिक सेवाओं का उचित रूप से संघठन हो।

3. राष्ट्रीय बाल बोर्ड के इस निर्णय का अनुमोदन किया गया कि छठी योजना में बाल कल्याण के लिए अपनाई गई नीति बच्चों के लिए एक ऐसा संगठित उपाय होगा जिसके अन्तर्गत अनुसूचित जातियाँ, अनुसूचित आदिम जातियाँ और अनुसूचित जनजातियों और शहरी गन्दी बस्तियाँ भी होंगी। यह सिफारिश की गई है कि समेकित बाल विकास सेवा में ऐसे उपय शामिल हैं अतः उसका विस्तार किया जाए। कुछ राज्यों द्वारा राज्य क्षेत्र में ऐसी ही परियोजनाओं को शुरू करने का स्वागत है परन्तु केन्द्रीय सरकार आदिवासियों, अनुसूचित जातियों, अनुसूचित जनजातियों और शहरी गन्दी बस्तियों में रहने वालों के लाभ के लिए बड़ी संख्या में परियोजनाओं को प्रायोजित करना जारी रखे।

4. न्यूनतम आवश्यकता कार्यक्रमों के अन्तर्गत समेकित बाल विकास सेवा परियोजना के क्षेत्रों में पीने के स्वच्छ जल की पूर्ति, मातृ एवं बाल स्वास्थ्य में चिकित्सा अधिकारियों को प्रशिक्षण अधिक मात्रा में कार्य पद्धतियाँ और शिक्षण सामग्री तैयार करना, स्थानीय प्रसूति सहायकों की सेवाओं का बेहतर उपयोग करने, स्वास्थ्य सम्बन्धी कार्यों में आँगनबाड़ी कार्यकर्त्ताओं को अधिक व्यापक प्रशिक्षण देने तथा प्रौढ़ स्त्रियों के लिए कार्यात्मक साक्षरता के कार्यक्रम के अन्तर्गत व्यावसायिक प्रशिक्षर्ण सम्बन्धी पहलू को बढ़ाने के कार्यक्रमों को संघठित किया जाए।

5. राष्ट्रीय बाल नीति में बताए गए उपायों का सशक्त क्रियान्वयन किया जाए।

6. राष्ट्रीय कार्य योजना के भाग के रूप में केन्द्रीय प्रायोजित योजना के अन्तर्गत एक राज्य बाल स्वास्थ्य एवं विकास संस्थान गठित किया जाए।

7. कमजोर वर्गों के अल्पपोषित बच्चों हेतु पूरक पोषाहार के कार्यक्रम बहुत जरूरी हैं, अतः उनके लिए पर्याप्त वित्तीय और प्रशासनिक मदद दी जाए।

8. देश में हर निराश्रित बच्चे की देखभाल के लिए सभी प्रयत्न किए जाएँ और इस समस्या के आकार का पता लगाने के लिए शीघ्र सर्वेक्षण किए जाएँ तथा संस्थागत और गैर-संस्थागत सेवाओं के माध्यम से समस्या को हल करने के लिए ठोस कदम तथा उपाय किए जाएँ।

9. देखभाल और सुरक्षा की जरूरत वाले बच्चों के लिए सेवाओं की केन्द्रीय प्रायोजित योजना के तहत सहायता दी जाती रहे। व्यावसायिक प्रशिक्षण को बढ़ाने, स्वयंसेवी संगठनों को अनुदान शीघ्र देने तथा विभिन्न संस्थाओं द्वारा दी जाने वाली सेवाओं के स्तरों में विभिन्नता को कम करने की जरूरत है।

10. यूनिसेफ से मदद प्राप्त कार्यक्रमों को तैयार करने, उनका पुनरीक्षण और प्रबोधन करने हेतु राज्य स्तर पर मुख्य सचिव या विकास आयुक्त की अध्यक्षता में समन्वय समितियाँ गठित की जाएँ। इन समितियों में यूनिसेफ से मदद प्राप्त कार्यक्रमों को चलाने वाले विभागों और यूनिसेफ के प्रतिनिधियों को शामिल किया जाए।

11. अन्तर्राष्ट्रीय बाल वर्ष की गतिविधियों तथा पोषाहार और अन्य बाल कल्याण कार्यक्रमों का निदेशन और समन्वय करने के लिए राज्य, जिला और ब्लाक स्तरों पर समन्वय मंच बनाने की जरूरत है।

12. बाल कल्याण सेवाओं का विस्तार करने के लिए स्वयंसेवी संगठनों की सहायतार्थ राष्ट्रीय बाल निधियाँ और राज्यस्तरीय निधियाँ बनाई जाएँ और इन निधियों के लिए धन एकत्र करने और उनके सही उपयोग में सभी राज्य/संघ शासित प्रदेश अपना पूरा सहयोग और मदद दें।

13. कमजोर वर्गों में अनुसूचित जातियाँ और अनुसूचित आदिम जातियाँ सबसे कमजोर वर्ग हैं। इस प्रकार स्त्रियों और बच्चों के लिए कल्याण योजनाओं में अनुसूचित जातियों और अनुसूचित आदिम जातियों की स्त्रियों और बच्चों को प्राथमिकता दी जाए। उपयोजना की धारणा के अनुसार अनुसूचित जातियों और अनुसूचित आदिम जातियों के लिए गैर-अपवर्तक आवंटनों को अलग-अलग समाज-कल्याण योजनाओं के लिए किए गए प्रावधानों से पृथक रखा जाए। इन वर्गों में कुछ विशेषरूप से लाभान्वित आदिवासी सम्प्रदायों के पोषाहार के स्तरों का मूल्यांकन करने और उनके लिए पोषाहार के विशेष कार्यक्रम शुरू करने आवश्यक हैं। इन सर्वेक्षणों को करने के लिए शीघ्र आवश्यक धन गृह मंत्रालय की विशेष केन्द्रीय मदद से लिया जाए। आदिवासियों की स्वयंसेवी एजेन्सियों और परम्परागत संगठनों की सहायता प्राप्त की जाए जिससे इन कार्यक्रमों का लाभ हर लाभान्वित को मिले।

14. विकास प्रक्रिया में स्त्रियों की भागीदारी बढ़ाने और उनकी स्थिति सुधारने के लिए सभी राज्य/संघ शासित प्रदेश अपनी स्वयं की कार्य योजनाएँ निर्माण के लिए शीघ्र ठोस उपय करें। इन योजनाओं में राष्ट्रीय कार्य योजना के मार्ग निदेशन

को ध्यान में रखते हुए भौतिक और वित्तीय लक्ष्य को प्राप्त करने के लिए एक निश्चित समय रखा जाए। स्त्रियों को आर्थिक गतिविधियों में भाग लेने के लिए अधिक से अधिक योग्य बनाया जाए। स्त्रियों की निरक्षरता उनके विकास-कार्यों में भाग लेने में रुकावट का एक बड़ा कारण है। राज्यों और संघशासित प्रदेशों के समाज कल्याण विभागों और स्वयंसेवी संगठनों को राष्ट्रीय प्रौढ़ शिक्षा कार्यक्रम में सक्रिय भाग लेना चाहिए जिसमें शिक्षा पर विशेष ध्यान दिया जाए।

15. महिलाओं के स्वयंसेवी संगठनों जैसे महिला मण्डल द्वारा केवल शराब पीने वालों को ही नहीं बल्कि पूरे परिवार में शराब के कुप्रभावों का प्रचार किया जाए।

16. विशेष स्कूलों और समेकित योजनाओं में शिक्षा को अत्यधिक प्रोत्साहन दिया जाए। राज्य सरकारें कक्षा 1 से 8 तक विकलांग छात्रों को छात्रवृत्तियाँ देने की योजना बनाएँ और यह ध्यान रखें कि दी जाने वाली वृत्ति विकलांग बच्चों की शिक्षा पर होने वाले अतिरिक्त व्यय को पूरा करने के लिए पर्याप्त हो। जिन राज्यों/राज्य सरकारों ने ऐसा अभी तक न किया हो, वे कक्षा 9 से आगे विकलांग छात्रों को छात्रवृत्ति देने की योजना के विकेन्द्रीकरण के बारे में अपनी सहमति केन्द्र सरकार को भेज दें। सामान्य स्कूलों में विकलांग बच्चों को शिक्षा देने के लिए राज्य सरकारें प्रबोधन की पर्याप्त व्यवस्था के साथ-साथ समुचित योजनाएँ बनाकर अनुमोदन के लिए केन्द्र सरकार को भेजें। विकलांग व्यक्तियों को शिक्षा देने और उनके पुनर्वास के कार्यक्रम चलाने वाली संस्थाओं और संगठनों को सभी राज्य सरकारें सहायक अनुदान दें। ऐसे कार्यक्रम व्यवसाय उन्मुख हों ताकि रोजगार के लिए योग्यता बढ़े। विकलांग बच्चों को शिक्षित करने के महत्त्व के बारे में सभी जन-संचार के साधनों द्वारा विशेष रूप से ग्रामीण क्षेत्रों में पर्याप्त प्रचार किया जाए।

विकलांग व्यक्तियों को रोजगार के अवसर प्रदान करने के लिए अधिकाधिक प्रयत्न किए जाएँ। राज्य सेवाओं और राज्य क्षेत्र के सार्वजनिक उपक्रमों में विकलांगों के लिए तीन प्रतिशत पद आरक्षित किए जाएँ और जोरदार ढंग से ऐसे आरक्षण को क्रियान्वित किया जाए। विकलांग व्यक्तियों को अधिक रोजगार अवसर देने के लिए कामर्स एण्ड इण्डस्ट्री चैम्बर आदि के माध्यम से निजी उद्योगों की सहायता ली जाए। सभी प्रकार के विकलांग व्यक्तियों को, विशेषरूप से वे जो अधिक विकलांग हैं और खुले बाजार में जिनको रोजगार मिलना आसान नहीं है, रोजगार देने के लिए शैल्टर्ड वर्कशाप बनाए जाएँ।

विकलांग व्यक्तियों के लिए नए आर्थोपैडिक और संवेदी सहायता यन्त्रों का विकास करने और वर्तमान उपकरणों को सुधारने की दृष्टि से अनुसन्धान करने के

लिए राज्य सरकारों द्वारा समुचित वैज्ञानिक संस्थाओं को प्रोत्साहित किया जाए। जिन राज्यों/राज्य सरकारों ने अभी तक ऐसा न किया हो, वे विकलांग व्यक्तियों द्वारा उपकरणों के खरीदने के लिए पैसों अर्थात् वित्तीय सहायता देने की योजनाएँ बनाएँ।

17. निम्नलिखित कानूनों को लागू कना और उनके क्रियान्वयन के लिए संस्थागत सेवाओं को सुदृढ़ करना आवश्यक है–

(क) स्त्री तथा लड़की अनैतिक व्यापार दमन अधिनियम, 1956,

(ख) बाल अधिनियम,

(ग) बाल विवाह प्रतिषेध अधिनियम,

(घ) शिक्षा वृत्ति उन्मूलन कानून,

(ङ.) अपराधी परिवीक्षा अधिनियम।

18. समाज कल्याण अधिकारियों की सेवाएँ सभी केन्द्रीय और जिला जेलों को उपलब्ध की जाएँ। जहाँ जरूरी हो वहाँ महिला बन्दियों के बच्चों के लिए शिशु केन्द्रों की व्यवस्था की जाए तथा बन्दियों के आश्रितों की कल्याण संबंधी जरूरतो को पूरा किया जाए। बच्चों को पक्के मुजरिमों के सम्पर्क में आने से रोकने के लिए विशेषरूप से उनके लिए बनाई गई संस्थाओं में रखा जाए।

19. कुछ राज्य वृद्ध, निर्धनों और निराश्रितों के लिए पेंशन की योजना चला रहे हैं। इस योजना को विस्तृत करने के लिए केन्द्र सरकार वित्तीय मदद देने के बारे में विचार करे।

20. राज्यों द्वारा समय पर अनुदान की धनराशि प्रदान कर तथा उनके कर्मचारियों की सेवा शर्तें उनकी विधायी स्थिति नियत करके राज्य समाज कल्याण बोर्डों को मजबूत किया जाए। राज्यों, समाज कल्याण विभागों और राज्य समाज कल्याण सलाहकार बोर्डों के कार्यों में समन्वय हो। उनके कार्यों की पुनरावृत्ति न हो ताकि उपलब्ध संसाधनों से बहुत अच्छे परिणाम प्राप्त हों। यदि इसके लिए जरूरी हो तो राज्य बोर्डों का ढाँचा बदल दी जाए।

21. राज्य के मुख्यालयों तथा जिलों में राज्य समाज कल्याण के प्रशासनिक ढाँचे को सुदृढ़ बनाया जाए।

22. राज्य बाल बोर्डों/राज्य विश्व बाल वर्ष समितियों को समय-समय पर मिलना चाहिए और राज्यों में बच्चों के कार्यक्रमों की क्रियान्वित हेतु गति बढ़ानी चाहिए।

23. समेकित बाल विकास सेवा परियोजनाओं को शीघ्रता एवं प्रभावकारी तरीके से चलाने के लिए समेकित बाल विकास सेवा परियोजनाओं के चिकित्सा

और पैरा-चिकित्सा कर्मचारियों को ठोस प्राथमिकता देनी चाहिए और उसी समय समेकित बाल विकास सेवा के पदाधिकारियों की नियुक्ति तथा उनके प्रशिक्षण के लिए पहले से ही कार्यवाही प्रारंभ कर देनी चाहिए। इस प्रयोजन के लिए राज्यों में प्रशिक्षण समस्याओं का पुनरावलोकन किया जाना चाहिए और जहाँ कहीं जरूरी हो, सुदृढ़ किया जाना चाहिए।

24. महिलाएँ जो समाज का कमजोर वर्ग बनाए हुए हैं शिक्षा, रोजगार आदि के मामले में पिछड़ी हुई हैं। इसलिए यह जरूरी है कि प्रत्येक राज्य में एक केन्द्रीय प्राधिकरण बनाया जाए जो महिलाओं के विकास के लिए कार्यक्रमों का समन्वय और निरीक्षण करे तथा सुनिश्चित करे कि राज्य के पास हर कार्यक्षेत्र में भौतिक एवं वित्तीय लक्ष्यों सहित अपनी कार्य-योजना हो और महिलाओं की स्थिति सुधारने के लिए समयबद्ध योजना हो। दहेज निषेध कानून की क्रियान्वित को और ज्यादा प्रभावशाली बनाया जाए। महिलाओं के विकास के कार्यक्रमों से सम्बन्धित पृथक-पृथक विभागों तथा प्राधिकरणों के राज्य मुख्यालयों में विशेष सेल स्थापित किए जाएँ जो इस दिश में एक सही कदम होगा। इन सेलों में समन्वय तथा निरीक्षण एजेंटों से कहीं ज्यादा कार्य करना चाहिए। वस्तुतः ये सैल उत्प्रेरक एजेंट की तरह होने चाहिए जिन्हें दूसरे विभागों और एजेंसियों को महिलाओं के समुचित विकास हेतु उचित कार्यक्रमों को तैयार करने तथा कार्यान्वित करने के लिए प्रेरित करना चाहिए। महिलाओं के विकास कार्यक्रमों को आवश्यक समर्थन देते हेतु अनुसन्धान अध्ययन तथा आँकड़े एकत्रित करने के लिंए प्रत्येक राज्य में चुने गए विश्वविद्यालयों या शोध संस्थाओं में महिला अध्ययन केन्द्र स्थापित किए जाएँ।

25. स्वयंसेवी संगठनों को यह सुनिश्चित करने के लिए सहायता देनी चाहिए कि जो भी वित्तीय सहायता उन्हें दी जाती है वह केवल उन कार्यक्रमों पर ही पूर्णरूप से उपयोग में लाई जाती है जो समाज में आर्थिक तथा सामाजिक रूप से विकलांग बच्चों के पुनर्वास करने में सहायता करती हैं।

राज्यों के समाज कल्याण मन्त्रियों का जो वार्षिक सम्मेलन 8 अक्तूबर, 1982 को हुआ उसकी मुख्य सिफारिशों में ये सिफारिशें शामिल थीं—सार्वजनिक क्षेत्र के कम से कम एक प्रतिशत परिव्यय को समाज कल्याण के लिए व्यवस्था, राज्यों में अलग समाज कल्याण निदेशालय स्थापित किया जाना, दहेज की समस्या और अन्य सामाजिक कुरीतियों से निबटने की तात्त्कालिक आवश्यकता तथा विकलांगों को रोकने, उनका शीघ्र पता लगाने, उनका उपचार कराने तथा विकलांग व्यक्तियों का पुनर्वास करने के लिए मूल सेवाएँ प्रदान करने की आवश्यकता।

समाज पिछड़े वर्गों के लिए सामाजिक नीति और उन्हें सवैधानिक संरक्षण

अनुसूचित जातियों तथा पिछड़े वर्गों के लिए राष्ट्रीय सरकार ने जो सामाजिक नीति अपनाई है और संविधान में उन्हें जो संरक्षण प्रदान किए गए हैं तथा उनके सम्बन्ध में सरकार ने जो मुख्य कानून बनाए हैं, उनका पृथक् से उल्लेख आवश्यक है।

संविधान के अनुच्छेछ 341 तथा 342 के उपबन्धों के अन्तर्गत राष्ट्रपति द्वारा जारी किए गए 15 आदेशों द्वारा अनुसूचित जातियों तथा अनुसूचित जन-जातियों का अलग-अलग उल्लेख किया गया है। 1971 की जनगणना के अनुसार देश की कुछ आबादी में अनुसूचित जातियों तथा अनुसूचित जनजातियों की जनसंख्या लगभग 22% थी। इसके अतिरिक्त कुछ राज्य सरकारों ने भी 'अन्य पिछड़े वर्गों' के नाम से अन्य वर्गों के लोगों तथा गैर-अधिसूचित जातियों, खानाबदोश तथा अर्द्ध-खानाबदोश संमुदायों का उल्लेख किया है।

यद्यपि, भारत के संविधान में इन श्रेणियों के लिए सुरक्षा उपायों की व्यवस्था की गई है, फिर भी पंचवर्षीय योजनाओं में इन जातियों के उत्थान को राष्ट्रीय नीति का एक मुख्य लक्ष्य माना गया है।

साँविधानिक संरक्षण

संविधान में अनुसूचित जातियों तथा अनुसूचित जनजातियों एवं अन्य पिछड़े वर्गों का शैक्षिक तथा आर्थिक दृष्टि से उत्थान करने और उनकी सामाजिक असमर्थताओं को दूर करने के उद्देश्य से उन्हें सुरक्षा तथा संरक्षण प्रदान करने की व्यवस्था की गई है। मुख्य संरक्षण निम्न प्रकार से हैं–

(1) अस्पृश्यता का उन्मूलन तथा इसका किसी भी रूप में प्रचलन पर रोक (अनुच्छेद 17);

(2) इन जातियों के शैक्षिक और आर्थिक हितों की रक्षा और उनका सभी तरह के शोषण तथा सामाजिक अन्याय से बचाव (अनुच्छेद 46);

(3) हिन्दुओं के सार्वजनिक, धार्मिक संस्थाओं के द्वारा समस्त हिन्दुओं के लिए खोलना (अनुच्छेद 25 ख);

(4) दुकानों, सार्वजनिक भोजनालयों, होटलों तथा सार्वजनिक मनोरंजन के स्थानों में प्रवेश अथवा पूर्ण या आंशिक रूप से राज्य निधि से पोषित अथवा साधारण जनता के उपयोग के लिए समर्पित कुओं, तालाबों, स्नानघाटों, सड़कों तथा

सार्वजनिक समागम स्थानों के उपयोग के बारे में किसी भी निर्योग्यता, जिम्मेवारी, निर्बन्धन अथवा शर्त को हटाना (अनुच्छेद 15(2);

(5) किसी भी अनुसूचित जनजाति के हित में सभी नागरिकों के स्वतन्त्रतापूर्वक आने-जाने, बसने और सम्पत्ति अर्जित करने के सामान्य अधिकारों में विधि द्वारा कटौती करने की व्यवस्था [अनुच्छेद 19 (5)];

(6) राज्य द्वारा पोषित अथवा राज्य-निधि से मदद पाने वाले किसी शिक्षा-संस्था में प्रवेश पर किसी भी तरह के प्रतिबन्ध का निषेध [अनुच्छेद 29 (2)];

(7) राज्य को पिछड़े वर्गों के लिए उन सरकारी सेवाओं में, जहाँ उनका प्रतिनिधित्त्व अपर्याप्त है, आरक्षण करने का अधिकार देना तथा राज्य के लिए यह आशा करना कि वह सरकारी सेवाओं में नियुक्तियाँ करने के मामले में अनुसूचित जातियों तथा अनुसूचित जनजातियों के दावों को ध्यान में रखें (अनुच्छेद 16 तथा 335);

(8) अनुसूचित जातियों तथा अनुसूचित जन-जातियों को 25 जनवरी, 1990 तक लोकसभा तथा राज्य विधानसभा में विशेष प्रतिनिधित्त्व देना (अनुच्छेद 330, 332 तथा 334);

(9) अनुसूचित जातियों तथा अनुसूचित जनजातियों के कल्याण तथा हितों की रक्षा के लिए राज्यों में जनजाति सलाहकार परिषदों तथा अलग-अलग विभागों की स्थापना करना और केन्द्र में एक विशेष अधिकारी की नियुक्ति करना (अनुच्छेद 163 तथा 338 और पंचम् अनुसूची);

(10) अनुसूचित और जनजातीय क्षेत्रों के प्रशासन और नियन्त्रण के लिए विशेश उपबन्ध (अनुच्छेद 244 और पंचम् अनुसूची तथा षष्ठम् अनुसूची); और

(11) मानव का देह व्यापार तथा जबर्दस्ती लिए गए श्रम का निषेध (अनुच्छेद 23)।

अस्पृश्यता निदान विधान

अस्पृश्यता कानून को अधिक व्यापक बनाने तथा इसके दाण्डिक उपबन्धों को और कठोर बनाने हेतु अस्पृश्यता (अपराध) संशोधन तथा प्रकीर्ण उपबन्ध अधिनियम, 1976 द्वारा, जोकि 19 नवम्बर, 1976 को लागू हुआ था, अस्पृश्यता (अपराध) अधिनियम, 1955 में व्यापक रूप से संशोधन किया गया था। इस संशोधन के साथ मूल अधिनियम का नाम बदलकर नागरिक अधिकार संरक्षण अधिनियम, 1955 रख दिया गया है। इस अधिनियम में किसी मनुष्य को

अस्पृश्यता के उन्मूलन से प्राप्त अधिकारों का अस्पृश्यता के आधार पर प्रयोग करने से रोकने के लिए दण्ड देने की व्यवस्था की गई है। परवर्ती अपराधों के लिए और अधिक दण्ड देने/जुर्माना लगाने की भी व्यवस्था की गई है।

लोक प्रतिनिधत्त्व अधिनियम, 1955 की धारा 8 के उपबन्धों के अन्तर्गत यदि कोई मनुष्य, अधिनियम के अन्तर्गत किसी अपराध को करने का दोषी पाया जाए तो वह दोष सिद्धि की तारीख से छः वर्ष की अवधि तक संसद् तथा राज्य विधान-मण्डलों का चुनाव लड़ने के लिए अयोग्य हो जाता है।

नागरिक अधिकार संरक्षण अधिनियम 1955

नागरिक अधिकार संरक्षण अधिनियम, 1955 समय-समय पर राज्य सरकारों द्वारा भी लागू किया जाता है।

नागरिक अधिकार संरक्षण अधिनियम की धारा 15-क के अन्तर्गत किए गए उपबन्धों के अनुसरण में राज्य सरकारों तथा संघ राज्य क्षेत्रों को केन्द्र से सहायता की जाती है। 18 राज्यों ने नागरिक अधिकारों के संरक्षण से सम्बन्धित मामलों से पीड़ित अनुसूचित जातियों के लोगों को कानूनी सहायता देने की व्यवस्था की है। नागरिक अधिकार संरक्षण अधिनियम के उपबन्धों का उल्लंघन करने के लिए मुकदमें दायर करने और उन पर निगरानी रखने के लिए 17 राज्यों ने विशेष कक्ष/दस्ते स्थापित किए हैं। जून, 1982 तक 17 राज्यों ने अस्पृश्यता की समस्याओं तथा इससे सम्बद्ध मामलों की आवधिक समीक्षा करने तथा नागरिक अधिकार संरक्षण अधिनियम को प्रभावी ढंग से लागू करने के लिए विभिन्न उपाय सुझाने हेतु विभिन्न स्तरों पर समितियाँ स्थापित की थीं। आन्ध्र प्रदेश ने 7 चलती-फिरती अदालतें तथा राजस्थान और तमिलनाडु ने भी क्रमशः 3 तथा 4 विशेष अदालतें स्थापित की हैं। बिहार तथा मध्य प्रदेश ने चार-चार विशेष अदालतें स्थापित की हैं। नागरिक अधिकार संरक्षण अधिनियम के उपबन्धों के प्रभावी क्रियान्वयन के लिए जिसके लिए नागरिक अधिकार संरक्षण अधिनियम के क्रियान्वयन सम्बन्धी केन्द्र द्वारा प्रयोजित योजना के अन्तर्गत राज्यों को समतुल्य आधार पर केन्द्रीय सहायता दी जाती है, समय-समय पर राज्यों को आवश्यक दिशा-निर्देश तथा अनुदेश जारी किए जाते हैं। नागरिक अधिकार संरक्षण अधिनियम के क्रियान्वयन को केन्द्र द्वारा प्रायोजित योजना के अन्तर्गत विद्यमान शुष्क शौचालयों को बदल कर सफाई कर्मचारियों को मल उठाने के काम से मुक्त करने का कार्य भी आरम्भ किया गया है। इस योजना के अन्तर्गत अब तक दस राज्यों को 'समग्र नगर दृष्टिकोण' के

आधार पर कुछ चुने हुए नगरों के लिए इस शर्त पर सहायता दी गई है कि वे मुक्त किए गए सफाई कर्मचारियों को वैकल्पिक रोजगार प्रदान करेंगे। बिहार में, बिहार शरीफ, पूर्णिया, चाईबासा, मधुबनी और डाल्टनगंज नगर केन्द्रीय सहायता से और राँची, सहरसा तथा देवघर राज्य निधि से सफाई करने से मुक्त किए गए हैं और इन नगरों में शुष्क शौचालयों को जल वाले शौचालयों में बदल दिया गया है। अन्य राज्यों के चुने हुए नगरों में यह कार्य विकास के पथ पर है।

विधान सभाओं में प्रतिनिधित्त्व

संविधान के अनुच्छेद 330 तथा 332 के तहत अनुसूचित जातियों तथा अनुसूचित जनजातियों की जनसंख्या के अनुपात में इनके लिए लोकसभा तथा राज्य विधानसभाओं में स्थान आरक्षित किए जाते हैं। प्रारंभ में यह रियायत संविधान के लागू होने से 10 वर्ष तक की अवधि के लिए थी लेकिन संविधान में संशोधन करके इस 25 जनवरी, 1990 तक बढ़ा दिया गया है। संसदीय अधिनियमों में विधान-मण्डल वाले संघ राज्य विधान परिषदों में कोई स्थान आरक्षित नहीं किए जाते। सारणी में लोकसभा तथा राज्य विधानसभाओं में इन जातियों के प्रतिनिधित्त्व का ब्यौरा दिया गया है।

पंचायती राज लागू होने पर अनुसूचित जातियों तथा अनुसूचित जनजातियों के लिए ग्राम पंचायतों तथा अन्य स्थानीय निकायों में स्थान आरक्षित करने की व्यवस्था है ताकि इनमें उनका समुचित प्रतिनधित्त्व हो सके।

सेवाओं में आरक्षण

संविधान के अनुच्छेद 335 में यह व्यवस्था है कि केन्द्र अथवा राज्यों के कार्यों के सम्बन्ध में पदों तथा सेवाओं के लिए नियुक्ति करते वक्त प्रशासनिक कुशलता को बनाए रखने की संगति के अनुरूप अनुसूचित जातियों तथा अनुसूचित जनजातियों के दावों पर विचार किया जाएगा। अनुच्छेद 16(4) पिछड़े वर्गों के पक्ष में उन सेवाओं में, जिनमें उनका प्रतिनिधित्त्व प्रचुर न हो, आरक्षण करने की आज्ञा देता है। इन उपबन्धों के अनुसरण में भारत सरकार ने अपने नियन्त्रण के अधीन आने वाली सेवाओं में अनुसूचित जातियों तथा अनुसूचित जनजातियों के लिए आरक्षण किया है।

अखिल भारतीय आधार पर खुली प्रतियोगिता के द्वारा जिन पदों पर भर्ती की जाती है, उनमें अनुसूचित जातियों के लिए 15% रिक्तियाँ आरक्षित की जाती हैं और किसी अन्य तरीके से की जाने वाली भर्ती के मामले में 16 2/3 रिक्त स्थान

आरक्षित किए जाते हैं। दोनों मामलों में अनुसूचित जनजातियों हेतु 7 1/2% रिक्त स्थान आरक्षित किए जाते हैं। समूह 'ग' तथा 'घ' पदों में जिनमें सामान्य पर स्थानीय अथवा क्षेत्रीय उम्मीदवार आते हैं, सीधी भर्ती के मामले में सम्बन्धित राज्यों तथा संघ राज्य क्षेत्रों में अनुसूचित जातियों तथा अनुसूचित जन-जातियों की जनसंख्या के अनुपात में स्थान आरक्षित किए जाते हैं।

समूह 'ख', 'ग', तथा 'घ' में विभागीय उम्मीदवारों हेतु सीमित प्रतियोगी परीक्षाओं के आधार पर की जाने वाली पदोन्नतियों तथा समूह 'ख', 'ग' तथा 'घ' और समूह 'क' में सबसे निम्न स्तर के ग्रेडों अथवा उन सेवाओं में जिनमें सीधी भर्ती, यदि कोई हो, 66% से ज्यादा न हो, भी अनुसूचित जातियों हेतु 15% और अनुसूचित जनजातियों के लिए 7 1/2% की दर से रिक्त स्थान आरक्षित किए जाते हैं। समूह 'क', 'ख', 'ग' तथा 'घ' के पदों, उन ग्रेडों अथवा सेवाओं में, जिनमें सीधी भर्ती, यदि कोई हो, 66 2/3% से अधिक न हो, वरिष्ठता तथा उपयुक्तता के आधार पर पदोन्नति के मामले में अनुसूचित जातियों तथा अनुसूचित जनजातियों के लिए आरक्षण की व्यवस्था की गई है।

समूह 'क' के 2,250 रुपये प्रतिमास या इससे कम वेतन वाले पदों पर चयन द्वारा पदोन्नति करने के मामले में अनुसूचित जातियों तथा अनुसूचित जन-जातियों के उन अधिकारियों को जो वरिष्ठता के आधार पर विचार किए जाने योग्य हैं और जो पदोन्नति के लिए रिक्त स्थानों की निर्धारित संख्या के अन्दर आते हैं, पदोन्नति के लिए उपयुक्त पाए जाने पर चयन सूची में सम्मिलित कर लिया जाता है।

इन जातियों को पर्याप्त प्रतिनिधित्त्व देने की दृष्टि से कुछ रियायतें दी जाती हैं जो इस प्रकार हैं–(1) आयु सीमा में छूट, (2) उपयुक्तता के मानदण्ड में छूट, (3) पद के लिए चयन बशर्ते वे अनुपयुक्त न पाए जाएँ, (4) जहाँ कहीं आवश्यक हो, अनुसूचित जातियों तथा अनुसूचित जनजातियों के उम्मीदवारों के लिए अनुभव सम्बन्धी योग्यताओं में छूट, (5) अनुसन्धान के लिए अपेक्षित समूह 'क' के सबसे निचले स्तर के ग्रेड के वैज्ञानिक तथा तकनीकी पदों का भी आरक्षण योजना में सम्मिलित किया जाना। समूह 'ग' तथा 'घ' (श्रेणी तीन तथा तथा चार) के पदों में अनुसूचित जातियों तथा अनुसूचित जनजातियों के लिए आरक्षित रिक्त स्थानों की रोजगार कार्यालयों को सूचना देने अथवा उनके बारे में अखबारों में विज्ञापन देने के साथ-साथ अनुसूचित जातियों तथा अनुसूचित जनजातियों की अधिक संख्या वाले क्षेत्रों में स्थित आकाशवाणी केन्द्रों से इन रिक्त स्थानों के बारे में प्रसारण किया जाता है; इनकी सूचना अनुसूचित जातियों तथा अनुसूचित जन-जातियों की

स्वयंसेवी संस्थाओं तथा राज्यों और संघ राज्य क्षेत्रों के अनुसूचित जाति/अनुसूचित जनजाति कल्याण निदेशकों को भेजी जाती है। संघ लोक सेवा आयोग के माध्यम से परीक्षा से भिन्न तरीके से भरे जाने वाले रिक्त स्थानों को पहली बार केवल अनुसूचित जातियों तथा अनुसूचित जनजातियों के लिए विज्ञापित किया जाता है और दूसरी बार, यदि आवश्यक हो, तब विज्ञापन दिया जाता है जबकि अन्य समुदायों के उम्मीदवारों पर भी विचार किया जाना हो और अनुसूचित जातियों/जनजातियों के उम्मीदवार उपलब्ध न हो रहे हों। अनुसूचित जातियों तथा अनुसूचित जनजातियों के लिए किए जाने वाले आरक्षण (जिनमें आगे ले जाए गए रिक्त पद भी सम्मिलित हैं) की अधिकतम सीमा कुल रिक्त स्थानों की संख्या का 50 प्रतिशत है। सरकारी क्षेत्र के उपक्रमों द्वारा भी आरक्षण योजना अपनाई जा रही है। सरकार से पर्याप्त मात्रा में सहायता अनुदान प्राप्त करने वाली स्वयंसेवी एजेंसियों के लिए भी एक शर्त के रूप में यह अपेक्षित है कि वे अपने प्रतिष्ठानों में आरक्षण योजना की कुछ विशिष्ट बातों को अपनाएँ।

आरक्षण लागू करने के लिए अखिल भारतीय आधार पर खुली प्रतियोगिता द्वारा की जाने वाली सीधी भर्ती और खुली प्रतियोगिता से भिन्न तरीके से की जाने वाली भर्ती तथा पदोन्नति के मामले में 40 प्वाइंट का आदर्श रोस्टर निर्धारित किया गया है तथा स्थानीय और क्षेत्रीय आधार पर की जाने वाली भर्ती के लिए 100 प्वाइंट का रोस्टर निर्धारित किया गया है। यदि किसी सेवा या संवर्ग में खाली पदों की संख्या बहुत ही कम है तो इस प्रयोजन हेतु छुप-पुट पदों को सीधी भर्ती के साथ शामिल किया जाता है। सरकार द्वारा जाँच किए जाने के लिए भर्ती प्राधिकारियों के लिए यह अपेक्षित है कि वे वार्षिक विवरण प्रस्तुत करें। विशेष प्रतिनिधित्त्व आदेशों का क्रियान्वयन सुनिश्चित करने के लिए केन्द्र सरकार के भिन्न-भिन्न मंत्रालयों में सम्पर्क अधिकारी नियुक्त किए गए हैं।

राज्य सरकारों ने भी इन श्रेणियों के लिए पदों का आरक्षण करने के बारे में नियम बनाए हैं और राज्य सेवाओं में उनके प्रतिनधित्त्व को बढ़ाने के लिए कदम उठाए हैं।

अनुसूचित तथा जनजातिय क्षेत्रों में प्रशासन

गुजरात, हिमाचल प्रदेश, आन्ध्रप्रदेश, बिहार, मध्यप्रदेश, महाराष्ट्र, उड़ीसा तथा राजस्थान के कुछ क्षेत्र संविधान के अनुच्छेद 244 तथा पंचम अनुसूची के तहत अधिसूचित किए गए हैं। सम्बन्धित राज्यों के राज्यपाल अपने राज्यों में अनुसूचित क्षेत्रों के प्रशासन के बारे में प्रतिवर्ष राष्ट्रपति को रिपोर्ट भेजते हैं।

मेघालय, असम तथा मिजोरम के जनजातीय क्षेत्रों का प्रशासन संविधान की छठी अनुसूची में उपबन्धों के अधीन किया जाता है। अनुसूची के तहत उन्हें स्वायत्तशासी जिलों में बाँट दिया गया है। इस तरह के आठ जिले हैं—असम में उत्तरी कछार तथा मिकिर पहाड़ी जिले, मेघालय में संयुक्त खासी जयन्तियाँ, जवाई और गारो पर्वतीय जिले तथा मिजोरम में चकमा, लाखेर और पावी जिले। हर स्वायत्तशासी जिले में एक जिला परिषद् है, जिसमें ज्यादा-से- ज्यादा 30 सदस्य होते हैं, जिनमें से ज्यादा-से-ज्यादा 4 सदस्य मनोनीत किए जाते हैं और शेष वयस्क मताधिकार के आधार पर चुने जाते हैं। परिषदों को कुछ प्रशासनिक, विधायी तथा न्यायिक अधिकार दिए गए हैं।

कल्याण एवं सलाहकार एजेंसियाँ

भारत सरकार का गृह मंत्रालय, अनुसूचित जातियों तथा अनुसूचित जनजातियों के विकास कार्यक्रमों की समग्र नीति बनाने, उनकी आयोजन तथा समन्वय करने के लिए प्रमुख मंत्रालय है। हर केन्द्रीय मंत्रालय तथा विभाग अपने क्षेत्र के सम्बन्ध में प्रमुख मंत्रालय अथवा विभाग है। गृह मंत्रालय राज्य सरकारों तथा केन्द्रीय मंत्रालयों के साथ सम्पर्क बनाए रखता है।

अगस्त, 1978 में अनुसूचित जातियों तथा अनुसूचित जनजातियों के लिए एक आयोग की स्थापना की गई थी जिसमें एक अध्यक्ष तथा चार सदस्य शामिल थे। इन सदस्यों में एक विशेषाधिकारी भी था, जिसे संविधान के अनुच्छेद 338 के अन्तर्गत नियुक्त किया जाता है तथा जिसे अनुसूचित जाति तथा अनुसूचित जनजाति आयुक्त के नाम से जाना जाता है। आयोग का कार्य सवैधानिक संरक्षणों, सरकारी सेवाओं में आरक्षण से सम्बन्धित सभी मामलों की जाँच-पड़ताल करना, अस्पृश्यता तथा उससे उत्पन्न घृणित भेदभाव को समाप्त करने के उद्देश्य को ध्यान में रखते हुए नागरिक अधिकार संरक्षण अधिनियम 1955 के क्रियान्वयन के बारे में अध्ययन करना और अनुसूचित जातियों तथा अनुसूचित जनजातियों के व्यक्तियों के प्रति किए जाने वाले अपराधों के लिए जिम्मेदार सामाजिक-आर्थिक तथा अन्य संगठित परिस्थितियों का पता लगाना है ताकि समुचित उपचारात्मक उपाय सुझाए जा सकें।

संसदीय समितियाँ—भारत सरकार ने अनुसूचित जातियों तथा अनुसूचित जनजातियों के कल्याण के लिए सॉंविधानिक संरक्षणों के क्रियान्वयन की जाँच करने के लिए तीन संसदीय समितियाँ गठित की हैं। पहली समिति 1968 में, दूसरी समिति 1971 में और तीसरी समिति 1973 में गठित की गई। एक स्थायी संसदीय

समिति का गठन कर दिया गया है और इसके सदस्यों का कार्यकाल एक वर्ष होता है। इस समिति में 30 सदस्य होते हैं। 20 सदस्य लोकसभा के तथा 10 सदस्य राज्यसभा के होते हैं।

राज्यों में कल्याण विभाग—राज्य सरकारों तथा संघ राज्य क्षेत्र प्रशासनों ने अनुसूचित जातियों तथा अनुसूचित जनजातियों और अन्य पिछड़े वर्गों के कल्याण का कार्य देखने के लिए अलग विभाग बनाए हैं। विभिन्न राज्यों में इस सम्बन्ध में प्रशासनिक ढाँचा अलग-अलग है। बिहार, मध्य प्रदेश और उड़ीसा में संविधान के अनुच्छेद 164 में निर्धारित व्यवस्था के अनुसार जनजातीय कल्याण कार्य देखने के लिए पृथक् मन्त्री नियुक्त किए गए हैं। कुछ अन्य राज्यों ने केन्द्र की संसदीय समिति के अनुरूप राज्य विधान-मण्डलों के सदस्यों की समितियाँ गठित की हैं।

अनुसूचित क्षेत्र वाले सभी राज्यों तथा तमिलनाडु और पश्चिम बंगाल ने राज्य में अनुसूचित जनजातियों के कल्याण तथा उत्थान से सम्बन्धित मामलों के बारे में सलाह देने के लिए संविधान की पंचम अनुसूची में किए गए उपबन्धों के अनुसार जनजातीय सलाहकार परिषद् स्थापित किए हैं।

स्वयंसेवी संगठन—कई स्वयंसेवी संगठन भी अनुसूचित जातियों तथा अनुसूचित जनजातियों के कल्याण के लिए कार्य करते हैं। अखिल भारतीय स्वरूप के महत्त्वपूर्ण संगठन इस प्रकार हैं—हरिजन सेवक संघ, दिल्ली, भारतीय दलित वर्ग संघ, नई दिल्ली, ईश्वर शरण आश्रम, इलाहाबाद, भारतीय रेडक्रास सोसाइटी, नई दिल्ली, हिन्द स्वीपर्स सेवक समाज, नई दिल्ली, रामकृष्ण मिशन, नरेन्द्रपुर, पश्चिम बंगाल, भारतीय आदिम जाति सेवक संघ, नई दिल्ली, आन्ध्र राष्ट आदिम जाति सेवक संघ, नेल्लौर, रामकृष्ण मिशन, चेरापूँजी, राँची, पुरी, सिलचर और शिलाँग, ठक्कर बापा आश्रम, उड़ीसा, सर्वेन्ट्स ऑफ इंडिया सोसाइटी, पुणे और समाज कार्य तथा अनुसन्धान केन्द्र, तिलोनिया, राजस्थान।

भारत सरकार, अनुसूचित जातियों तथा अनुसूचित जनजातियों के बीच कार्य कर रहे गैर-सरकारी स्वंयवेसी संगठनों को सहायता अनुदान देती है।

कल्याण योजनाएँ—केन्द्रीय तथा राज्य सरकारों द्वारा अनुसूचित जातियों तथा अनुसूचित जनजातियों के कल्याण पर विशेष ध्यान दिया जाता है। इनके कल्याण के लिए प्रत्येक पंचवर्षीय योजना में विशेष कार्यक्रम आरम्भ किए गए हैं और इन विशेष कार्यक्रमों पर किए गए निवेश की मात्रा में प्रत्येक योजना में वृद्धि होती रही है।

इसके अतिरिक्त राज्य सरकारें अपने गैर-योजनागत बजट में से भी इन वर्गों के कल्याण पर काफी धन खर्च करती रही हैं।

केन्द्रीय योजनागत कार्यक्रम

केन्द्र द्वारा प्रायोजित योजनाओं के तहत क्रियान्वित की जा रही प्रमुख योजनाओं का संक्षिप्त ब्यौरा इस तरह है—

शिक्षण एवं संबंधित योजना—केन्द्र/राज्य सरकारों तथा सरकारी क्षेत्र के उपक्रमों, बैंक सेवाओं, भारतीय जीवन बीम/साधारण बीमा निगम के अधीन आने वाले विभिन्न पदों तथा सेवाओं में अनुसूचित जातियों तथा अनुसूचित जनजातियों के प्रतिनिधित्त्व में सुधार लाने के दृष्टि से देश में भिन्न-भिन्न भागों में परीक्षा-पूर्व शिक्षण केन्द्र स्थापित किए गए हैं जिनमें अनुसूचित जातियों तथा अनुसूचित जन-जातियों के उम्मीदवारों को संघ लोक सेवा आयोग, राज्य लोक सेवा आयोग तथा अन्य भर्ती निकायों द्वारा आयोजित की जाने वाली भिन्न-भिन्न प्रतियोगिता-परीक्षाओं के लिए तैयार किया जाता है। मार्च, 1983 के अन्त तक स्वीकृत/स्थापित ऐसे केन्द्रों की संख्या करीब-करीब 60 थी।

मैट्रिक के पश्चात् छात्रवृत्तियाँ—अनुसूचित जातियों तथा अनुसूचित जनजातियों के लिए मैट्रिक के पश्चात् छात्रवृत्ति की योजना इनके शैक्षिक विकास के लिए एक महत्त्वपूर्ण योजना है। यह योजना 1944-45 में देश के विभिन्न विद्यालयों तथा कॉलेजों में मैट्रिक के उपरान्त अध्ययन करने वाले अनुसूचित जातियों तथा अनुसूचित जनजातियों के छात्रों को वित्तीय मदद देने के उद्देश्य से प्रारंभ की गई थी ताकि वे अपनी पढ़ाई पूरी कर सकें। 1944-45 में अनुसूचित जातियों के लिए यह योजना शुरू की गई और उस वर्ष अनुसूचित जातियों के 114 छात्रों को छात्रवृत्तियाँ दी गईं। 1948-49 में यह योजना अनुसूचित जनजातियों के लिए भी प्रारंभ की गई और उस वर्ष अनुसूचित जनजातियों के 89 छात्रों को छात्रवृत्तियाँ दी गईं। अनुसूचित जातियों तथा अनुसूचित जनजातियों के छात्रवृत्ति पाने वाले छात्रों की अनुमानित संख्या बढ़कर 1979-80 में 4.90 लाख, 1980-81 में 5.65 लाख, 1981-82 में 6.55 लाख और 1982-83 में करीब-करीब 7.50 लाख हो गई। जीवन निर्वाह के बढ़ते हुए व्यय तथा अन्य कारणों को ध्यान में रखते हुए, अब सभी पाठ्यक्रमों हेतु छात्रवृत्ति की दरें बढ़ा दी गई हैं। छात्रवृत्ति पाने की पात्रता के लिए माता-पिता/अभिभावकों की आय सीमा को बढ़ा दिया गया है। दोनों मामलों में यह वृद्धि 1 जुलाई, 1981 से की गई है। 1980-81 से 750 रुपये प्रतिमाह तक कुल वेतन पाने वाले नौकरी शुदा छात्रों को अब यह छात्रवृत्ति मिल सकती है लेकिन इन्हें आवश्यक वापस न की जाने वाली देय राशियों/शुल्क आदि की ही प्रतिपूर्ति की जाएगी। एक ही माता-पिता के दो बच्चों को दी जाने वाली छात्रवृत्तियों की प्रतिबन्धक शर्त भी 1980-81 से छात्राओं के मामले में उदार बनाई गई है।

लड़कियों के लिए हॉस्टल—राज्य तथा संघ राज्य क्षेत्र सरकारों को उन स्थानों में नए छात्रावासों का निर्माण करने तथा वर्तमान हॉस्टलो का विस्तार करने के लिए वित्तीय मदद दी जाती है, जहाँ इन वर्गों की लड़कियों के लिए इस प्रकार की सुविधाएँ पर्याप्त नहीं हैं। छठी पंचवर्षीय योजना के दौरान इस योजना हेतु 13 करोड़ रुपये की राशि की व्यवस्था की गई है।

अनसुन्धान एवं प्रशिक्षण

केन्द्रीय सरकार अनुसूचित जातियों के आर्थिक, सामाजिक तथा शैक्षिक विकास के लिए कार्यक्रम तैयार करने, उनका क्रियान्वयन तथा मूल्यांकन करने से सम्बन्धित समस्याओं के बारे में अल्पावधि कार्योन्मुख अध्ययन करने के लिए प्रतिष्ठित तथा सक्षम संगठनों व संस्थाओं को शत-प्रतिशत वित्तीय मदद देती है लेकिन इन अध्ययनों में इन समुदायों की आर्थिक समस्याओं पर बल दिया जाता है। गृह मंत्रालय की अनुसन्धान सलाहकार समिति किसी विशिष्ट अध्ययन के लिए अनुसन्धान एजेंसी की सहायता अनुदान देने की स्वीकृति के बारे में निर्णय करती है।

पुस्तक बैंक योजना

यह योजना अनुसूचित जातियों तथा अनुसूचित जनजातियों के उन छात्रों के लिए है जो देश में चिकित्सा/इंजीनियरी डिग्री पाठ्यक्रमों में अध्ययन कर रहे हैं। इस योजना के अन्तर्गत उन छात्रों को पाठ्यपुस्तकें उपलब्ध कराई जाती हैं जो राजकीय सहायता के बिना महँगी पढ़ाई जारी नहीं रख सकते। छठी योजना के अन्तर्गत इसके लिए 5 करोड़ रुपये का प्रावधान किया गया है।

मैट्रिक-पूर्व छात्रवृत्तियाँ

यह योजना 1977-78 में आरम्भ की गई और इसका उद्देश्य छठी श्रेणी से लेकर दसवीं श्रेणी में अध्ययन कर रहे उन बच्चों का शैक्षिक विकास करना है जो शुष्क शौचालयों की सफाई करना, चर्मशोधन जैसे तथाकथित 'अस्वच्छ काम' में लगे हुए हैं। इस योजना के अन्तर्गत प्रत्येक छात्र को प्रतिमाह 145 रुपये की छात्रवृत्ति दी जाती है। छठी पंचवर्षीय योजना के दौरान इस कार्य के लिए 8 करोड़ रुपये की व्यवस्था की गई थी।

अनुसूचित जातियों के विकास हेतु नीति

अनुसूचित जातियों के विकास में तेजी लाने के लिए तीन सूत्री नीति तैयार

की गई है–

(क) राज्यों तथा केन्द्रीय मंत्रालयों की विशेष संघटक योजनाएँ।

(ख) राज्यों की अनुसूचित जातियों की विशेष संघटक योजनाओं के लिए विशेष केन्द्रीय सहायता।

(ग) राज्यों में अनुसूचित जाति विकास निगम।

विशेष संघटक योजनाओं में विकास के सामान्य क्षेत्रों के अन्तर्गत ऐसी योजनाओं को जिनसे अनुसूचित जातियों को लाभ हो, निर्दिष्ट करने, प्रत्येक क्षेत्र के अन्तर्गत सभी विभाज्य कार्यक्रमों के लिए निधियों की मात्रा का निर्धारण करने तथा विशिष्ट लक्ष्य निर्धारित करने की व्यवस्था है ताकि यह पता लग सके कि प्रत्येक क्षेत्र के तहत इन कार्यक्रमों से कितने परिवारों को लाभ होगा। इन सबके पीछे मूल मक्सद यह है कि अनुसूचित जाति के परिवारों की आमदनी ठोस रूप से बढ़ाने में उनकी मदद की जाए। विशेष संघटक योजनाओं के अन्तर्गत बुनियादी सेवाएँ तथा सुविधाएँ उपलब्ध कराने और सामाजिक एवं शैक्षिक विकास के अवसर प्रदान कराने के कार्यक्रम भी शामिल किए जाएँगे।

इस वर्ष अनुसूचित जातियों के लिए राज्यों की विशेष घटक योजनाओं हेतु केन्द्र ने विशेष केन्द्रीय मदद प्रदान करना जारी रखा। अनुसूचित जातियों के लिए राज्यों की योजनाओं व कार्यक्रमों के लिए विशेष केन्द्रीय सहायता अतिरिक्त रूप से दी जाती है तथा विशिष्ट योजनाओं के सुनिश्चित ढाँचे के मुताबिक यह मदद नहीं दी जाती। अनुसूचित जातियों के विकास के लिए किए जा रहे राज्यों के प्रयत्नों को उनकी सम्पूर्णता में आँक कर ही ऐसी मदद दी जाती है। राज्यों द्वारा यह अतिरिक्त केन्द्रीय सहायता उनकी विशेष घटक योजनाओं के परिव्यय के साथ जोड़ी जाती है और इसका उपयोग केवल आय वृद्धि करने वाली आर्थिक विकास योजनाओं में किया जाता है। आशय यह है कि गरीबी की रेखा के नीचे जितने भी अनुसूचित जातियों के मनुष्य हैं, उनमें से ज्यादा लोगों की आर्थिक स्थिति में सुधार हो सके। राज्यों और संघ राज्य क्षेत्रों में अनुसूचित जातियों की जनसंख्या कितनी है, वहाँ पिछड़ेपन की क्या स्थिति है और इस दिशा में उनके क्या-क्या कोशिश की हैं, इन सब बातों को ध्यान में रख कर ही विशेष केन्द्रीय सहायता की राशि का निर्धारण होता है।

जैसा कि निम्न तालिका से प्रतीत होता है, विशेष केन्द्रीय सहायता से प्रेरित होकर राज्यों ने तुलनात्मक रूप से बड़े परिव्यय निर्धारित किए हैं।

केन्द्रीय मदद

(करोड़ रुपये में)

वर्ष	राज्य योजना परिव्यय	वि.घ.प. परिव्यय	प्रतिशत	विशेष केन्द्रीय सहायता
1979-80	5,967.03	240.54	4.03	5
1980-81	7,140.31	547.84	7.67	100
1981-82	8,229.31	632.76	7.69	110
1982-83	9,445.49	675.76	7.15	120

छठी पंचवर्षीय योजना के दौरान राज्यों के घटक योजनाओं पर 600 करोड़ रुपये परिव्यय पर 1980-81, 1981-82 व 1982-83 में केन्द्रीय विशेष मदद क्रमशः 100 करोड़, 110 करोड़ व 120 करोड़ रु. रही।

अनुसूचित जाति विकास निगम

आर्थिक विकास से संबद्ध ऐसी योजनाओं में जिनमें बैंक की आवश्यकता होती है, अनुसूचित जाति के परिवारों को वित्तीय संस्थानों से आर्थिक सहायता प्राप्त होती है। अनुसूचित जाति विकास निगम भी इन परिवारों को अल्पराशि वाली सहायता देकर वित्तीय संस्थानों से मिलने वाली सहायता में वृद्धि करते हैं।

ये निगम 17 राज्यों में स्थापित किए गए हैं। केन्द्रीय सरकार द्वारा राज्य सरकारों को इन निगमों की शेयर-पूँजी में 49 : 51 के अनुपात में पूँजी निवेश के लिए अनुदान दिए जाते हैं।

निम्न सारणी के अनुसार अब तक निम्नलिखित अनुदान दिए जा चुके हैं—

अनुसूचित जाति के विकास निगमों को अनुदान

(लाख रुपये में)

वर्ष	राज्य सरकार का योगदान	केन्द्र द्वारा दी गई राशि
1978-79	710.55	50.00
1979-80	703.16	1,224.00
1980-81	1,403.00	1,300.97
1981-82	1,367.56	1,332.87
1982-83	1,364.40	1,350.00

इन निगमों द्वारा अर्जित अनुभवों व राज्य सरकारों/केन्द्रीय मंत्रालयों से प्राप्त सुझावों के आधार पर 1981-82 में इस योजना में कुछ सुधार किए गए। अब ये निगम कुल 12,000 रु. अनावर्ती लागत की योजनाओं को अल्पराशि ऋण सहायता दे सकते हैं। पहले यह सीमा 6,000 रु. तक की थी। संवर्धनात्मक, कार्यकलापों, कर्मचारियों, ऋण वसूली, अनुश्रवण-सूचना, मूल्यांकन, तकनीकी विभागों आदि के लिए अब राज्य सरकारें अनुदान की हकदार हैं। यह अनुदान कुल केन्द्रीय सहायता के लिए निश्चित प्रतिशत से अधिक नहीं मिलता।

पंचवर्षीय योजना में जनजातीय विकास

पाँचवीं पंचवर्षीय योजन के दौरान जनजातीय विकास के लिए भी एक नई योजना बनाई गई। इसके अनुसार जिन इलाकों में 50 प्रतिशत व इससे अधिक प्रतिशत जनजाति के लोग रहते हैं, ऐसे इलाकों के लिए 19 राज्यों और संघ राज्य क्षेत्रों में उप-योजनाएँ बनाई गईं। आन्ध्र प्रदेश, कर्नाटक, केरल, मध्य प्रदेश, महाराष्ट्र, मणिपुर, उड़ीसा, राजस्थान, तमिलनाडु, त्रिपुरा, उत्तर प्रदेश, पश्चिम बंगाल, अण्डमान व निकोबार द्वीप समूह और गोआ, दमन व दीव ऐसे क्षेत्र हैं, जिनमें ऐसी योजनाएँ बनाई गईं। सिक्किम में जनजाति उप-योजना क्षेत्र अगस्त, 1980 में तय किए गए। कुछ राज्यों और संघ राज्य प्रदेशों में जनजातियों की संख्या बहुत अधिक है, जैसे अरुणाचल प्रदेश, मेघालय, मिजोरम, नागालैण्ड, लक्षद्वीप और दादरा और नगर हवेली। इन्हें जनजाति उप-योजनाओं के अन्तर्गत नहीं लिया गया, क्योंकि इन राज्यों की योजनाएँ वस्तुतः जनजाति विकास के लिए ही हैं।

जनजातियों के लिए बनी उप-योजनाओं के प्रमुख उद्देश्य हैं–

(1) जनजाति क्षेत्रों और अन्य क्षेत्रों के बीच विकास के अन्तर को कम करना।

(2) जनजातियों के रहन-सहन को ऊँचा उठाना।

इन उद्देश्यों की प्राप्ति हेतु जनजातियों का शोषण समाप्त करने विशेषकर भूमि, महाजनी, कृषि और वन की उपज में अनाचार समाप्त करने आदि को उच्च प्राथमिकता दी गई है। जनजाति क्षेत्रों के समेकित विकास के लिए जनजाति उप-योजनाओं के अधीन सम्पूर्ण भौतिक और वित्तीय उपायों की व्यवस्था है। इन क्षेत्रीय उप-योजनाओं को धनराशि राज्य योजनाओं, केन्द्रीय मंत्रालयों और विभागों के द्वारा केन्द्रीय परिव्यय, संस्थागत वित्त तथा विशेष केन्द्रीय मदद के द्वारा प्राप्त होती है। पाँचवीं योजना के दौरान विशेष केन्द्रीय सहायता 120 करोड़ रु. थी। छठी योजना में यह सहायता 470 करोड़ रुपये रखी गई थी।

19 राज्यों और संघ राज्य क्षेत्रों में जनजाति उप-योजना क्षेत्रों को 180 समेकित जनजाति विकास परियोजनाओं में विभाजित किया गया है। छठी योजना के समय जनज़ातियों के ऐसे क्षेत्रों को, जिनकी समस्त आबादी 10,000 तथा जनजातियों की आबादी 50 प्रतिशत अथवा उससे ज्यादा है, उप-योजना की नीति के अनुसार संशोधित क्षेत्र विकास कार्यक्रम के अन्तर्गत लिया जा रहा है। उप-योजना की नीति लचीली है ताकि उसे स्थानीय स्थिति के अनुरूप चलाया जा सके। कार्यक्रमों के तहत कृषि, सिंचाई, हाट-व्यवस्था और सहकारिता, शिक्षा आदि है। बहुत ही पिछड़े हुए जनजाति समूहों की ओर विशेष ध्यान देने के लिए पृथक रूप से योजनाएँ बनाई जाती हैं।

जनजाति विकास कार्यक्रम प्रारंभ से ही दो नीतियों को ध्यान में रखकर चलाया जा रहा है -(1) इनके जीवन-स्तर को उठाने के लिए विकास गतिविधियों को बढ़ावा देना और (2) कानूनी तथा प्रशासनिक उपायों द्वारा इनके हितों का संरक्षण। छठी पंचवर्षीय योजना के दौरान जनजाति विकास कार्यक्रमों को इस तरह चलाया जाएगा कि लक्षित परिवारों को इनका लाभ प्राप्त, जिससे ये गरीबी की रेखा से ऊपर आ सकें।

जनजातिय अनुसन्धान संस्थान

जनजाति अनुसन्धान तथा प्रशिक्षण संस्थान असम, बिहार, आन्ध्र प्रदेश, गुजरात, केरल, मध्य प्रदेश, महाराष्ट्र, उड़ीसा, राजस्थान, उत्तर प्रदेश और पश्चिम बंगाल में काम कर रहे हैं। इन्होंने जनजाति उप-योजनाओं के निर्माण, परियोजना रिपोर्ट तैयार करने, अनुश्रवण-सूचना और मूल्यांकन अनुसन्धान, अध्ययन और कर्मचारियों को प्रशिक्षण के मामले में बड़ा उपयोगी काम किया है।

समाज कल्याण क्षेत्र में मदद तथा पुनर्वास पर एक नजर

श्रीलंका से प्रत्यावर्तित भारतीय

1964 और 1974 के भारत-श्रीलंका समझौते के तहत भारत सरकार ने भारतीय मूल के 6 लाख लोगों को उनकी भावी संतान सहित 17 वर्ष की अवधि में भारतीय नागरिकता प्रदान करना और इन्हें प्रत्यावर्तित करना स्वीकार किया था। अप्रैल, 1983 के मध्य तक 412 लाख मनुष्य श्रीलंका से भारत वापस आ चुके थे।

इन परिवारों को नकद सहायता, मुफ्त भोजन, कम कीमत पर राशन, यात्रा रियायत आदि विभिन्न प्रकार की सहायता दी जा रही है। इन्हें आवास, शिक्षा तथा

प्रशिक्षण जैसी पुनर्वास सुविधाएँ भी दी जा रही हैं। इन्हें विभिन्न बागान योजनाओं, प्रत्यावर्तित बैंक योजना, औद्योगिक योजनाओं, भूमि कालोनियों, कृषि योजनाओं और तमिलनाडु राज्य फार्म निगम की परियोजनाओं तथा छोटे-मोटे काम-धन्धे में लगाने की योजनाओं के तहत फिर से बसाया जा रहा है। कुछ लोगों को सार्वजनिक/निजी क्षेत्र के विभिन्न संस्थानों में रोजगार पाने में भी मदद की जाती है। इन लोगों को मुख्यतः चार दक्षिणी राज्यों में बसाया गया है।

प्रधानमन्त्री राष्ट्रीय सहायता कोष

प्रधानमन्त्री का राष्ट्रीय सहायता कोष 1947 में स्थापित किया गया था। मार्च, 1983 के अन्त तक जनता की ओर से इस कोष में 52.03 करोड़ रु. का दान आ चुका था। भूकम्प, बाढ़, तूफान, सूखा, अकाल और आग जैसी प्राकृतिक विपदाओं से ग्रस्त लोगों की सहायता के लिए 28.13 करोड़ रु. से अधिक की राशि दी गई। पाकिस्तान से आए विस्थापितों की शुरू-शुरू में सहायता के लिए भी इस कोष से मदद दी गई थी।

राजस्थान में अनुसूचित जाति, जनजाति एवं पिछड़े वर्ग के लिए सामाजिक नीति

राजस्थान में गरीबी आर्थिक ही नहीं सामाजिक भी है। परम्परा से चले आ रहे धार्मिक अंधविश्वासों, आर्थिक विषमताओं, जातिगत भेदभावों और सामाजिक कुरीतियों का सीधा दुष्परिणाम जनसंख्या के उस भाग को अधिक भोगना पड़ा है जिसको अनुसूचित जाति और अनुसूचित जनजाति के नाम से सम्बोधित किया जाता है। ये लोग सदियों से पिछड़े रहे हैं। जनसंख्या का यह भाग सदैव से आर्थिक शोषण और सामाजिक उत्पीड़न का शिकार रहा है। इनके परिवार सामान्यतः गरीबी की रेखा से नीचे ही रहे हैं।

1981 की जनगणना के अनुसार राज्य की कुल जनसंख्या 342.62 लाख है, जिसमें से 58.39 लाख मनुष्य अनुसूचित जाति के हैं। यह राज्य की कुल जनसंख्या का 17.04 प्रतिशत है। इनमें से 82.05 प्रतिशत मनुष्य ग्रामीण क्षेत्र में एवं 17.95 प्रतिशत मनुष्य नगरीय क्षेत्र में निवास करते हैं। 1981 की जनसंख्या के आधार पर राज्य की जिलेवार जनसंख्या का विश्लेषण करने पर ज्ञात होता है कुल 27 जिलों में से 9 जिले ऐसे हैं जहाँ अनुसूचित जाति के मनुष्य अधिक संख्या में निवास करते हैं जो राज्य की कुल अनुसूचित जाति की जनसंख्या का 52 प्रतिशत है।

यद्यपि अनुसूचित जाति की जनसंख्या कुल राज्य की जनसंख्या का लगभग छठा भाग है किन्तु गरीबी की रेखा के नीचे जीवनयापन करने वालों में इनकी संख्या बहुत अधिक है और ये लोग ज्यादातर ऐसे मनुष्य हैं जो गरीबतम तबके में आते हैं। इन जातियों में अधिकांश मनुष्य चर्म उद्योग, बुनाई का कार्य, कृषि एवं कृषि मजदूरी तथा अन्य कम आमदनी वाले पारम्परिक व्यवसायों पर निर्भर हैं। मैला ढ़ोने का कार्य तथा सफाई का कार्य पूरी तरह अनुसूचित जाति के व्यक्तियों के द्वारा ही किया जाता है। इसी तरह शहरी क्षेत्र में ठेला चलाने वाले, रिक्शा चलाने वाले और बैलगाड़ी चलाने वाले तथा हड्डियों का कार्य करने वाले भी ज्यादातर मनुष्य इसी ज़ाति के हैं। ये लोग ऐसे व्यवसायों पर आश्रित हैं जिनकी आमदनी तुलनात्मक रूप से काफी कम है, जो उनके जीवनयापन के लिए प्रचुर नहीं है।

इन जातियों के व्यक्तियों को यह भी असुविधा है कि इनकी साक्षरता की दर काफी नीची है और अनपढ़ होने की वजह से इन्हें व्यवसाय/सरकारी नौकरी करने में कठिनाई आती है। 1981 की जनगणना के अनुसार सामान्य साक्षरता दर 24. 38 की तुलना में अनुसूचित जाति के व्यक्तियों में साक्षरता केवल 14.04 प्रतिशत ही है। इन जातियों की महिलाओं में तो यह दर और भी नीची है जो केवल 2.69 प्रतिशत है, जबकि सामान्य महिला साक्षरता दर 11.42 प्रतिशत है।

एक अनुमान के अनुसार राज्य में अनुसूचित जातियों के लगभग 11 लाख परिवार हैं। इनमें से करीब 10 लाख परिवार गरीबी की सीमा रेखा से नीचे का जीवन-यापन कर रहे हैं। इन परिवारों को गरीबी की सीमा रेखा से ऊपर उठाने के लिए एक समयबद्ध कार्यक्रम तैयार किया गया और यह तय किया गया कि 5 लाख परिवारों को छठी पंचवर्षीय योजना के दौरान लाभ पहुँचाया जाए।

इस प्रकार लोक कल्याणकारी राज्य में अनुसूचित जाति एवं अनुसूचित जनजाति के लोगों की आर्थिक स्थिति को ऊँचा उठाने, उनका शैक्षणिक विकास करने और उनमें सामाजिक नवचेतना लाने के उद्देश्य से राजस्थान में तीनों मोर्चों पर विभिन्न महत्त्वपूर्ण योजनाएँ और कार्यक्रम चलाए जा रहे हैं। राज्य में विगत तीन वर्षों में इन लोगों के लिए विकास के अपरिमित मौके और साधन उपलब्ध कराए गए हैं। अनुसूचित जाति के व्यक्तियों के आर्थिक पिछड़ेपन को दूर करने के लिए विशिष्ट संघटक योजना और विशेष केन्द्रीय मदद के अंतर्गत तथा राजस्थान अनुसूचित जाति विकास सहकारी निगम द्वारा संचालित योजनाएँ और राज्य के समाज कल्याण विभाग द्वारा संचालित छात्रावास और छात्रवृत्ति प्रमुख कार्य हैं।

राज्य सरकार अनुसूचित जातियों की खुशहाली, उनके विकास और कल्याण के लिए प्राथमिकता के आधार पर प्रयत्न और कार्य कर रही है। योजना प्रक्रिया में

भागीदारी के परिणामस्वरूप इनमें एक नवीन सामाजिक दृष्टिकोण और चेतना जागृत हुई है। राज्य सरकार ने इस दिशा में जो कार्य किए हैं उनके परिणामस्वरूप इस वर्ग के लोगों का आर्थिक एवं सामाजिक जीवन-स्तर विकसित हुआ है। इनके शैक्षणिक एवं आर्थिक विकास के लिए जो अलग-अलग कार्यक्रम चलाए गए हैं और जो कार्य-प्रगति हुई है, उनका विस्तार से वर्णन अध्याय तीन में दिया जा चुका है।

सामाजिक विकास

आर्थिक विकास की योजनाओं के साथ-साथ राज्य सरकार अनुसूचित जातियों के सामाजिक स्तर को ऊँचा उठाने का भी निरन्तर प्रयास कर रही है ताकि ये मनुष्य समाज के अन्य व्यक्तियों के साथ कन्धे से कन्धा मिलाकर राष्ट्रीय हित के कार्य में भागीदार बन सकें।

राज्य सरकार अनुसूचित जाति के नागरिकों के अधिकारों की सुरक्षा एवं छुआछूत के निवारण हेतु पूर्णतया सजग है। राज्य सरकार के अस्पृश्यता अपराध नियम को कड़ाई से लागू करने के लिए पुलिस विभाग को सख्ती से कार्य करने के आदेश दिए हैं। पुलिस के वरिष्ठ अधिकारी मौके पर जाकर स्वयं की निगरानी में ऐसी शिकायतों की जाँच करते हैं तथा तत्परता से सम्बन्धित न्यायालय में चालान प्रस्तुत करते हैं।

इस प्रकार के मामलों पर निगरानी रखने हेतु स्वयं मुख्य मन्त्री महोदय की अध्यक्षता में एक उच्चस्तरीय समिति का गठन किया हुआ है। यह समिति छुआछूत के मामलों की पुलिस द्वारा जाँच व चालान प्रस्तुत करने की समीक्षा करती है और राज्य में अपस्पृश्यता अधिनियम को प्रभावी ढंग से लागू करने के लिए आवश्यकतानुसार निर्देश प्रदान करती है। गत वर्ष इस अधिनियम को प्रभावी ढंग से लागू करने के लिए विशेष प्रयत्न किए गए।

छुआछूत उन्मूलन एवं अनुसूचित जाति के व्यक्तियों पर सवर्णों द्वारा किए जाने वाले अत्याचारों से निपटने हेतु राज्य सरकार ने गृह विभाग के अन्तर्गत एक हरिजन प्रकोष्ठ की स्थापना की है। पुलिस मुख्यालय पर भी एक हरिजन प्रकोष्ठ कार्य कर रहा है। सवर्णों द्वारा इन जातियों के व्यक्तियों पर हत्या, बलात्कार, गहरी चोट द्वारा किए गए अत्याचार एवं छुआछूत सम्बन्धी अपराधों पर तुरन्त कार्यवाही किए जाने के लिए जिला दण्डनायक को आदेश दिए गए हैं। इन अपराधों एवं घटनाओं की प्रति माह समीक्षा की जाती है। जिलों से समीक्षा प्रतिवेदन प्राप्त होने पर गृह आयुक्त के स्तर पर त्रैमासिक समीक्षा बैठक बुलाई जाती है जिसमें सभी मामलों पर विचार किया जाता है। नागरिक अधिकार संरक्षण अधिनियम 1955 के

तहत तुरन्त आवश्यक कार्यवाही प्रारम्भ की जाती है एवं ऐसे सभी मामलों में विशेष रिपोर्ट प्राप्त की जाती है।

अनुसूचित जातियों के व्यक्तियों पर होने वाले अत्याचारों के भामलों पर कार्यवाही तुरन्त सम्पन्न करने हेतु राज्य सरकार द्वारा नीति निर्धारित की गई है जिनमें उल्लिखित है कि–

(1) अत्याचार के मामलों का तुरन्त पंजीकरण किया जाए।

(2) 14 दिवसों के भीतर मामलों की जाँच पूरी कर ली जाए।

(3) भूमि सम्बन्धी ऐसे मामलों जिनमें इन व्यक्तियों के खातेदारी अधिकार हों और भूमि सवर्णों के अधिकार में हो, की तुरन्त जाँच की जाए व चालान कोर्ट में प्रस्तुत किया जाए और पुलिस के द्वारा उन्हें जमीन का कब्जा तुरन्त वापस दिलाया जाए। रबी व खरीफ की बुवाई के समय वायरलैस सन्देश द्वारा जिला मुख्यालय को सजग रखा जाए।

(4) हत्या, बलात्कार, आघात व गहरी चोट लगने पर 24 घण्टे के भीतर जिला दण्डनायक एवं पुलिस अधीक्षक उन्हें संरक्षण प्रदान करे।

(5) समाज कल्याण विभाग द्वारा ऐसे मामलों में शीघ्र आर्थिक सहायता प्रदान करने हेतु स्थापित किए गए कोष से इन्हें शीघ्र सहायता उपलब्ध कराई जाए।

(6) असामाजिक तत्त्वों की छान-बीन की जाए व उन पर पूरी निगरानी रखी जाए एवं उनकी गतिविधियाँ समाप्त की जाएँ।

(7) इन जातियों को शोषण से बचाने के लिए कानूनन संरक्षण प्रदान किया जाए।

विशिष्ट न्यायालय–छुआछूत के तहत दर्ज किए गए मामलों को शीघ्र निपटाने हेतु अलवर, नागौर एवं कोटा में विशिष्ट न्यायालय स्थापित हैं। मौके पर ही ऐसे मामले निपटाने के लिए राज्य सरकार ने 1983-84 से कोटा, अलवर, राजगढ़, बाराँ और अटरू में पाँच मोबाइल न्यायालय भी स्थापित किए हैं।

हरिजन उत्थान प्रोत्साहन योजना–अस्पृश्यता एवं हरिजनों पर अत्याचार की समस्या ग्रामीण क्षेत्रों में ज्यादा है। इस समस्या को निपटाने में कानूनी संरक्षण के अलावा सामाजिक जागृति की आवश्यकता को मानते हुए राज्य सरकार ने छुआछूत के निवारण के लिए ग्राम पंचायतों को अग्रिम विशेष कार्यक्रम दिए हैं–

(1) सवर्णों एवं हरिजनों के लड़कों एवं लड़कियों जिन्होंने आपस में विवाह किया है उनका सार्वजनिक रूप से अभिनन्दन करना व अन्य को इस के लिए प्रेरित करना।

(2) पंचायत क्षेत्रों में होटलों व आमोद-प्रमोद के स्थानों पर हरिजनों को प्रवेश कराना।

(3) पंचायत क्षेत्र में सवर्ण एवं हरिजनों के बीच छुआछूत व भेदभाव के व्यवहार को मिटाने हेतु कार्यक्रम आयोजित करना।

(4) सामूहिक भोजन एवं स्नेह मिलन समारोहों का आयोजन करना।

(5) पंचायत क्षेत्र के मन्दिरों एवं धर्मार्थ संस्थाओं में हरिजनों का प्रवेश करवाना।

(6) पंचायतों द्वारा अपने हरिजन कर्मचारियों को किराये अथवा निःशुल्क आवास हेतु स्वच्छ निवास/घर आवंटन करना।

शैक्षणिक व आर्थिक विकास कार्य भी इस कार्यक्रम में शामिल किए गए हैं। इन कार्यों में अग्रणी रहने वाली ग्राम पंचायत को 5,000 रुपये का पुरस्कार जिला स्तर पर तथा 50,000 तथा 2,500 रुपये के नकद पुरस्कार राज्य स्तर पर चयनित प्रथम एवं दूसरी पंचायत को दिया जाता है। 1983-84 में इन कार्यक्रम के तहत 1.10 लाख रुपया व्यय किया गया।

अन्तर्जातीय विवाह—छुआछूत उन्मूलन के प्रति युवकों/युवतियों को प्रोत्साहन देने के उद्देश्य से राज्य सरकार ने निर्णय लिया है कि अनुसूचित जाति एवं सवर्णों का विवाह होने पर दम्पत्ति को 5,000 रुपये की नकद सहायता दी जाए। यह नियम 1 जनवरी, 1982 से लागू किया गया है। इस कार्यक्रम के तहत, 1983-84 में दो 2 दम्पत्तियों को 0.10 लाख रुपये की सहायता प्रदान की गई।

अत्याचारों से पीड़ितों को आर्थिक सहायता—समाज के असामाजिक तत्त्वों द्वारा अनुसूचित जाति के व्यक्तियों पर किए गए अत्याचारों से पीड़ित परिवारों को तुरन्त आर्थिक सहायता देने की व्यवस्था की गई। अत्याचारों से पीड़ित अनुसूचित जाति के परिवारों को दी जाने वाली तत्काल सहायता की दरों में 1981-82 में काफी वृद्धि की गई है।

1982-83 में सवर्णों के अत्याचारों से पीड़ित व्यक्तियों को तुरन्त आर्थिक सहायता उपलब्ध कराते हुए इस कार्यक्रम के अन्तर्गत 3.04 लाख रुपये की धनराशि 269 परिवारों को दी गई। वर्ष 1983-84 में 3.14 लाख रुपयों का व्यय किया गया।

मेंहतर कष्ट मुक्ति योजना—मेहतर अथवा भंगी नाम से बोधित अनुसूचित जातियों के लोग सदियों से अस्वच्छ कार्यों में कार्यरत रहे हैं। परम्परा से मनुष्य का मैला अपने सिर पर ढोने का कार्य इन व्यक्तियों द्वारा किया जाता रहा है। स्वतन्त्रता

प्राप्ति के पश्चात् यह महसूस किया गया कि यह एक अमानवीय प्रथा है जिसे शीघ्रातिशीघ्र समाप्त किया जाना चाहिए। इस प्रकार भंगी कष्ट मुक्ति योजना के अन्तर्गत एक समयबद्ध कार्यक्रम तैयार कर इस प्रथा को समाप्त करने की दिशा में कार्यवाही प्रारम्भ की गई। सिर पर मैला ढोने की प्रथा समाप्त करने हेतु नगरपालिकाएँ शहरी क्षेत्रों में सूखे तहारतों को फ्लश में बदलने हेतु मकान मालिकों को 300 रुपये अनुदान के रूप में उपलब्ध कराती है। इस सम्बन्ध में एक वृहत् योजना भीलवाड़ा व मकराना नगरपालिका क्षेत्रों में लागू की गई है जहाँ एक समयबद्ध कार्यक्रम के अनुसार नगर की सभी सूखे तहारतों को फ्लश में बदला जा रहा है। 1982-83 में अनुदान राशि की सहायता से 2,479 सूखे तहारतों को फ्लश में परिवर्तित किया गया जबकि 4,237 नवीन फ्लश तहारतों का निर्माण बिना अनुदान के कराया गया। 1983-84 में अनुदान से 1,190 सूखे तहारतों को फ्लश में परिवर्तित किया गया जबकि बिना अनुदान के 1,931 फ्लश तहारतों का कराया गया।

5

मूल अधिकार

कुछ अधिकार ऐसे हैं जो केवल सरकार चलाने के लिए ही नहीं जरूरी है, बल्कि व्यक्ति के व्यक्तित्व के विकास के लिए भी जरूरी हैं, इन्हें ही मूल अधिकार की श्रेणी में रखा जाता है। 26 जनवरी 1950 ई. को भारतीय संविधन को लागू किया गया। इसके साथ ही भारत में लोकतंत्र की स्थापना की गई। भारतीय संविधान में नागरिकों के मूल अधिकार की भी विवेचना की गई है। इसकी विवेचना भाग तीन ओर अनुच्छेद 12 से 36 तक में की गई है। संवैधानिक रूप से भारत के नागरिकों को छह मूल अधिकार दिये गये हैं। इसकी विवेचना आगे की गई है।

समानता का अधिकार

समानता के अधिकार की विवेचना संविधान के अनुच्छेद 14 से 18 तक में कि गई है। मूल रूप से इन धाराओं में सामाजिक अथवा आर्थिक समानता पर बल दिया गया है।

(i) विधि के समक्ष समानता—इसे धारा-14 में स्पष्ट किया गया है कि राज्य किसी भी व्यक्ति को कानून के समक्ष समानता अथवा कानूनों की समान सुरक्षा से वंचित नहीं करेगा। इस धारा की व्याख्या करते हुए सर्वोच्च न्यायालय ने कई मुकदमों में निर्णय देते हुए यह विचार व्यक्त किया है कि भारतीय राज्य क्षेत्र में रहने वाले सभी व्यक्तियों के लिए समान कानून लागू हों तथा समान परिस्थितियों में सभी व्यक्तियों के साथ कानून का व्यवहार एक जैसा हो। कहने का आशय यह है कि

ऐसी परिस्थितियों की स्थापना हो जिसके कारण भेदभावपूर्ण कानूनों की रचना सम्भव न हो।

***(ii)* भेदभाव का अंत**—संविधान की धारा–15 के अनुसार राज्य किसी नागरिक के विरुद्ध केवल धर्म, मूल-वंश, जाति, लिंग, जन्म-स्थान अथवा इनमें से किसी आधार पर किसी भी नागरिक को (अ) दुकानों, सार्वजनिक भोजनालयों, होटलों, मनोरंजनों के स्थानों में प्रवेश से नहीं रोकेगा; (ब) पूर्ण अथवा आंशिक रूप से राज्य निधि द्वारा प्रेरित अथवा साधारण जनता के लिए बनवाए गए कुओं, घाटों, स्नान घाटों, सड़कों एवं सार्वजन्कि समागम के स्थानों के उपभोग से वंचित नहीं करेगा।

धारा 15 के दो उपवाद हैं। प्रथम उपवाद तो आरम्भ से ही संविधान में सम्मिलित था, परन्तु उपवाद दो को प्रथम संशोधन के फलस्वरूप 1951 में संविधान में जोड़ा गया था। ये उपवाद अग्र हैं–

(a) राज्य महिलाओं एवं बच्चों के लिए विशेष उपबन्धन की व्यवस्था कर सकता है।

(b) शिक्षा एवं सामाजिक दृष्टि से पिछड़े हुए वर्ग, अनुसूचित जातियों एवं अनुसूचित जनजातियों की उन्नति के लिए राज्य किन्हीं विशेष उपबन्धों की व्यवस्था कर सकता है। राज्य की ओर से उठाए गए इस तरह के कदम धारा 15 और 29 के दूसरे उपभाग के विरुद्ध नहीं माने जाएँगे।

***(iii)* अवसर की समानता**—इसकी विवेचना संविधान की धारा 16 के प्रथम भाग उपभाग में किया गया है। इसमें कहा गया है कि सब नागरिकों के लिए सरकारी पद पर नियुक्ति के लिए समान अवसर उपलब्ध होंगे। इसी धारा के दूसरे उपभाग में यह स्पष्ट किया गया है कि केवल धर्म, मूलवंश, जाति, लिंग, जन्म स्थान अथवा इनमें से किसी आधार पर किसी नागरिक के साथ विभेद नहीं किया जाएगा। परन्तु इस धारा में प्रदत अधिकार के अनेक उपवाद हैं जिनका उल्लेख अग्र प्रकार है–

1. संसद चाहे तो विधि द्वारा किसी राज्य के या स्थानीय पद को वहीं के निवासियों के लिए आरक्षित कर सकती है।

2. अगर राज्य के विचार में पिछड़े तथा दलित वर्गों के लिए राज्य के अधीन सेवाओं में पर्याप्त प्रतिनिधित्व नहीं है तो वह उन जातियों के लिए नियुक्तियों एवं पदों को आरक्षित करने का अधिकार रखता है।

3. राज्य के अधीन किसी भी सेवा से सम्बन्धित कोई भी कर्मचारी किसी भी धर्म एवं सम्प्रदाय से सम्बन्ध रख सकता है।

(iv) **अस्पृश्यता का अन्त**—संविधान की धारा–17 में अस्पृश्यता का अन्त किया गया है। अस्पृश्यता का किसी भी रूप में प्रयोग निषिद्ध घोषित किया गया है। इससे पैदा किसी निर्योग्यता को लागू करना संविधान के अनुसार न केवल अपराध है बल्कि कानून के अनुसार दण्डनीय भी है।

यह धारा उन असंख्यक पिछड़ी जाति के लोगों को जिन्हें भारतीय इतिहास में अपमानित किया जाता था, नए भारतीय समाज में शेष भारतीयों के बराबर सम्मानजनक दर्जा देता है। इस सम्बन्ध में भारत सरकार ने 1955 में अस्पृश्यता अपराध अधिनियम बनाया था उस समय भारत के गृहमन्त्री ने कहा था, "छुआछूत का यह भयानक रोग हमारे समाज की रगों में घुस चुका है। न केवल यह हिन्दू धर्म पर एक धब्बा है वरन् इसने समाज में असहिष्णुता तथा साम्प्रदायिकता जैसी पृथक्कारी प्रवृत्तियों को जन्म दिया है। यही हमारे समाज की अनेक बुराइयों की जड़ है। छुआछूत का विचार हमारे संविधान के स्वरूप, भावना तथा उपबन्धों के पूर्णतः विरुद्ध है।"

(v) **उपाधियों का अन्त**—संविधान की धारा–18 में इसकी विवेचना की गई है। यह सामाजिक समानता की ओर एक और कदम है जिसमें यह कहा गया है कि सेना अथवा विद्या सम्बन्धी उपाधि के अलावा और कोई उपाधि राज्य की ओर से प्रदान नहीं की जाएगी। भारत का कोई भी नागरिक किसी विदेशी राज्य से कोई उपाधि स्वीकार नहीं करेगा। कोई व्यक्ति जो भारत का नागरिक नहीं है, राज्य के अधीन विश्वास के किसी पद को धारण करते हुए किसी विदेशी राज्य से कोई उपाधि राष्ट्रपति की सम्मति के बिना स्वीकार नहीं करेगा, राज्य के अधीन लाभदायक या विश्वासप्रद-पद पर आसीन कोई व्यक्ति किसी विदेशी राज्य से किसी रूप में कोई भी उपलब्धि अथवा पद राष्ट्रपति की सम्मति के बिना स्वीकार नहीं करेगा।

स्वतंत्रता का अधिकार

संविधान के तहत भारतीय नागरिकों को स्वतन्त्रता का अधिकार प्राप्त है। संविधान में इस अधिकार की विवेचना धारा 19 से 23 तक में की गई है।

धारा 19—धारा 19 के प्रथम उपभाग द्वारा भारतीय नागरिकों को अग्र सात स्वतन्त्रताएँ प्रदान किया गया है–

1. वाक एवं अभिव्यक्ति की स्वतंत्रता : प्रेस परिचालन भाषण।

2. शान्तिपूर्ण निरायुद्ध सम्मेलन की स्वतन्त्रता।

3. संगठन तथा संघ बनाने की स्वतन्त्रता।

4. भारतीय राज्य-क्षेत्र में स्वतंत्रतापूर्वक भ्रमण का अधिकार।

5. भारतीय राज्य क्षेत्र के किसी भाग में निवास करने तथा बसने की स्वतन्त्रता।

6. सम्पत्ति को प्राप्त, धारण तथा खर्च करने की स्वतन्त्रता।

7. कोई भी पेशा, उपजीविका, व्यापार या कारोबार की स्वतन्त्रता।

नागरिकों को स्वतंत्रता का अधिकार प्रदान किया गया है लेकिन इसका प्रयोग किसी निर्मित सीमा में ही सम्भव है। स्वतन्त्रताओं पर बन्धनों का अस्तित्त्व यह संकेत करता है कि संविधान-निर्माताओं ने व्यक्तिगत स्वतन्त्रता तथा राज्य की एकता के बीच समझौता करने का प्रयत्न किया है तथा स्वतंत्रताओं पर कुछ प्रतिबंध भी लगाए हैं–

(1) भाषण तथा विचार अभिव्यक्ति की स्वतन्त्रता—इसका आशय यह है कि कोई भी नागरिक कैसा भी विचार रख सकता है तथा उस विशेष तरह के विचार को प्रकट करने की भी उसे पूर्ण स्वतन्त्रता होगी। इसी स्वतन्त्रता के अधीन लेख तथा प्रेस की स्वतन्त्रता भी सम्मिलित है। लेकिन राज्य इस स्वतन्त्रता को तब सीमित करने का अधिकार रखता है जबकि ऐसी स्वतन्त्रता के फलस्वरूप राज्य की सुरक्षा, विदेशी राज्यों से मित्रतापूर्ण सम्बन्ध, सार्वजनिक सुरक्षा, शिष्टाचार अथवा सदाचार आदि को खतरा पहुँचता हो। राज्य उस समय भी भाषण तथा विचार प्रकट करने की स्वतन्त्रता पर बन्धन लगा सकता है जबकि ऐसी स्वतन्त्रता के कारण अपमानजनक लेख, अपमानजनक-वचन तथा न्यायालय का अपमान होता है। लेकिन इस सम्बन्ध में यह उल्लेखनीय है कि राज्य द्वारा लगाए गए ऐसे बन्धन युक्तियुक्त होना जरूरी है। बन्धन विशेष युक्तियुक्त है अथवा नहीं है इसका निर्णय विधानमण्डलों द्वारा न होकर न्यायालयों द्वारा होता है।

2. शान्तिपूर्ण सम्मेलन की स्वतन्त्रता—इस मूल अधिकार के तहत नागरिक अपने उद्देश्यों की पूर्ति के लिए शान्तिपूर्ण तथा बिना अस्त्र के एकत्रित हो सकते हैं। लेकिन राज्य इस स्वतन्त्रता पर उस समय युक्तियुक्त बन्धन लगाने का अधिकार रखता है जबकि इस स्वतन्त्रता के कारण राज्य की सुरक्षा तथा सार्वजनिक सुरक्षा को किसी तहत की हानि होने की आशंका हो।

3. संस्था या संघ बनाने की स्वतन्त्रता—इसके तहत नागरिक अपने उद्देश्यों की प्राप्ति के लिए संगठित तथा सामूहिक रूप से प्रयास कर सकते हैं। ऐसी

स्वतन्त्रता श्रमज़ीवियों के लिए एक विशेष महत्त्व रखती है जिसके कारण वह अपनी माँगों को पूरा करवा सकते हैं। ऐसी स्वतन्त्रता अन्य नागरिक-समूहों को भी प्राप्त है। यह बन्धन संविधान में 'राज्य की सुरक्षा' सार्वजनिक हित तथा सदाचार के लिए है। न्यायालयों ने संस्था तथा संघ बनाने की स्वतन्त्रता के दो पहलू बताए हैं–*(a)* सकारात्मक एवं *(b)* नकारात्मक। सकारात्मक पहलू के तहत किसी संघ को बनाने तथा रखने और नकारात्मक पहलू के तहत किसी संघ में सम्मिलित होने के लिए बाध्य नहीं करने की स्वतन्त्रता आती है।

4. भारतीय राज्य-क्षेंत्र में भ्रमण की स्वतन्त्रता—इस मूल अधिकार के तहत कोई भी भारतीय राज्य क्षेत्र के किसी भी भाग में घूमने-फिरने का अधिकार रखता है। लेकिन राज्य इस स्वतन्त्रता को सर्वसाधारण के हित में तथा अनुसूचित जनजातियों के हितों में सीमित कर सकता है।

5. भारतीय राज्य क्षेत्र के किसी भी भाग में निवास करने एवं बसने की स्वतन्त्रता—इसका आशय यह है कि कोई भी नागरिक देश के किसी भाग में बसने तथा निवास स्थान बनाने की स्वतन्त्रता रखता है। राज्य ऐसी स्वतन्त्रता पर भी सर्वसाधारण के हित एवं अनुसूचित जन-जातियों के हित में बन्धन लगा सकता है।

6. सम्पत्ति प्राप्त, धारण तथा खर्च करने की स्वतन्त्रता—इसका आशय यह है कि कोई भी नागरिक अपनी सम्पत्ति प्राप्त या धारण कर सकता है तथा उसको खर्च कर सकता है। सर्वसाधारण तथा अनुसूचित जनजातियों के हित में इस स्वतन्त्रता को राज्य द्वारा सीमित किया जा सकता है।

7. कोई भी पेशा, उपजीविका, व्यापार या कारोबार अपनाने की स्वतन्त्रता—इसके अन्तर्गत कोई नागरिक अपनी आजीविका के लिए कोई भी व्यापार या कारोबार कर सकता है। लेकिन यह स्वतन्त्रता भी असीमित नहीं है। संविधान द्वारा इस स्वतन्त्रता के दो उपवाद हैं–(क) राज्य किसी पेशा, व्यापार, उपजीविका या कारोबार के लिए आवश्यक वृत्तिक या शिल्पिक अर्हताएँ विधि द्वारा निश्चित कर सकता है; (ख) राज्य स्वयं या अपने स्वामित्व या अपने नियन्त्रण में कोई पेशा या व्यापार चला सकता है और अगर कोई नागरिक राज्य द्वारा चलाए गए पेशा या व्यापार से पूर्व वैसा ही व्यवसाय कर रहा था तो राज्य उस व्यक्ति को उस व्यवसाय से पूर्णतः अथवा अंशतः वंचित कर सकता है। इस सम्बन्ध में उल्लेखनीय है कि इस स्वतन्त्रता के तहत बन्धनों का प्रभाव सार्वजनिक हित के लिए होना जरूरी है।

संविधान के 42 वें संशोधन में नई धारा जोड़ी गई। इसके तहत संसद के कानून को अवैध घोषित नहीं किया जा सकता, अगर वह कानून संविधान की 14वीं

तथा 31वीं धाराओं के विरुद्ध हो। इस आधार पर धारा 19 में दी स्वतन्त्रताओं पर और भी प्रतिबन्ध लगाए गए हैं तथा राष्ट्रविरोधी गतिविधियों और समुदायों की व्याख्या की गई है।

धारा 20—इसमें अपराधियों के दोषसिद्धि के संबंध में अधिकार प्रदान किये गये हैं। अग्र स्थितियों में राष्ट्र विरोधी कार्य माना जा सकता है—

(a) कानून द्वारा स्थापित सरकार को बलपूर्वक बदलने का प्रयास।

(b) भारत के विभिन्न धार्मिक, जातीय, भाषायी या क्षेत्रीय समुदायों में तनाव पैदा करने का प्रयत्न।

(c) भारत के किसी क्षेत्र के त्याग या अलग करने से सम्बन्धित गतिविधि।

(d) वे गतिविधियाँ जो भारत की एकता, सुरक्षा, अखण्डता व प्रभुसत्ता पर प्रहार करती हों।

अग्र समुदाय को राष्ट्रविरोधी माना जा सकता है—

(a) ऐसा समुदाय जो राष्ट्रविरोधी कार्य को प्रोत्साहन या सहायता दे।

(b) ऐसा समुदाय जिसके सदस्य राष्ट्रविरोधी गतिविधि में शामिल हों।

(c) ऐसा समुदाय जिसका उद्देश्य राष्ट्रविरोधी कार्य हो।

धारा 20 के प्रथम उपभाग के अनुसार कोई भी व्यक्ति किसी अपराध के लिए तब तक दोषी नहीं ठहराया जाएगा जब तक कि उसने अपराध करने के समय किसी प्रचलित कानून को तोड़ा न हो और न ही कोई व्यक्ति उससे अधिक दण्ड का पात्र होगा जो उस अपराध के समय प्रचलित कानून के अधीन दिया जा सकता था। कोई भी व्यक्ति एक ही अपराध के लिए एक बार से अधिक दण्डित और अभियोजित नहीं किया जाएगा। "किसी अपराध में अभियुक्त को स्वयं अपने विरुद्ध गवाह के लिए बाध्य नहीं किया जाएगा।"

धारा 21—इसमें प्राण और दैहिक स्वतंत्रता का अधिकार प्रदान किया गया है। इसके अन्तर्गत "किसी व्यक्ति को उसके जीवन एवं व्यक्तिगत स्वतन्त्रता से कानून द्वारा स्थापित प्रक्रिया को छोड़कर अन्य किसी तरह भी वंचित नहीं किया जाएगा।" अन्य शब्दों में इसका आशय यह है कि कानून में निहित स्थापित प्रक्रिया द्वारा ही किसी व्यक्ति को उसके जीवन एवं व्यक्तिगत स्वतन्त्रता से वंचित किया जा सकता है। यह प्रक्रिया तय करने का अधिकार विधानमण्डलों को प्राप्त है। गिरफ्तारी, कैद या नजरबन्दी सम्बन्धी कानून कितने ही सख्त क्यों न हों न्यायालयों को ऐसे कानूनों में हस्तक्षेप करने का अधिकार नहीं है और फिर कानून का अर्थ संवैधानिक कानून न होकर विधानमण्डल द्वारा बनाया गया कानून माना गया है।

वर्तमान सरकार ने जनता के इस अधिकार को और अधिक महत्त्व देने का आश्वासन दिया है। संसद के सामने एक संशोधन विचाराधीन है कि जब संकटकालीन समय में मूल अधिकारों को निलम्बित किया जाएगा तो उन अधिकारों में धारा 21 के तहत अधिकार शामिल नहीं होंगे।

धारा 22—इसमें कुछ दशाओं में गिरफ्तारी और निरोध से संरक्षण के संबंध में अधिकार प्रदान किये गये हैं। इस धारा के प्रथम उपभाग के अनुसार कोई व्यक्ति जो बन्दी बनाया गया हो, अपने बन्दीकरण के कारणों से शीघ्रातिशीघ्र सूचित कराए बिना हवालात में भेजा नहीं जाएगा और न ही अपनी इच्छा के वकील से परामर्श करने एवं बचाव कराने के अधिकार से वंचित किया जाएगा। हर ऐसा व्यक्ति जो बन्दी बनाया गया है या कैद में रखा गया है, बन्दीकरण के स्थान से न्यायाधीश के न्यायालय तक आवश्यक समय को छोड़कर, ऐसे बन्दीकरण से 24 घण्टे के भीतर ही निकटतम न्यायाधीश के सामने पेश किया जाएगा और ऐसा व्यक्ति उस अवधि से अधिक न्यायाधीश के आदेश के बिना कैद में नहीं रखा जाएगा।" लेकिन बन्दियों को प्राप्त यह सुविधा किसी शत्रु विदेशी तथा निवारक विरोधी सम्बन्धी अधिनियम के अधीन बन्दी बनाए गए व्यक्तियों को नहीं प्रदान की जाएँगी।

धारा 22 के शेष भाग निरोध से संरक्षण से सम्बन्धित हैं। निवारक नजरबन्दी सम्बन्धी कोई भी कानून किसी भी निवारक नजरबन्द व्यक्ति को तीन महीने से अधिक बन्दी बनाने की व्यवस्था नहीं करेगा। लेकिन एक परामर्शदात्री मण्डल की सलाह पर निवारक नजरबन्दी में बन्दीकरण की अवधि तीन महीने से अधिक बढ़ाई जा सकती है एवं बढ़ाई गई अवधि संसद द्वारा बनाए गए कानून से अधिक नहीं होनी चाहिए। यह प्रचलित निवारक नजरबन्द अधिनियम के तहत संसद द्वारा अधिक से अधिक एक वर्ष तय की गई थी। संविधान में इस तथ्य का भी उल्लेख किया गया है कि नजरबन्द व्यक्ति को यह अधिकार प्राप्त होगा कि वह जितना शीघ्र हो अपने नजरबन्द किए जाने के कारण की सूचना प्राप्त कर सके जिससे कि वह अपने नजरबन्द होने के विरुद्ध अभ्यावेदन पेश कर सके। लेकिन निवारक नजरबन्द अधिनियम सम्बन्धी आदेश देने वाले अधिकारी के लिए यह आवश्यक नहीं होगा कि वह नजरबन्द व्यक्ति को नजरबन्दी सम्बन्धी कारणों से अवगत कराए, यदि वह यह समझता हो कि ऐसा करना लोक हित के विरुद्ध है।

संविधान की धारा 22 को ध्यान में रखते हुए भारतीय तथा अनेक राज्यों की सरकारों ने निवारक नजरबन्दी कानून (Preventive Detention Acts) पारित किए। इसकी बहुत आलोचना भी हुई। आलोचकों ने इस प्रकार के कानूनों को

व्यक्तिगत स्वतन्त्रता का सबसे बड़ा शत्रु घोषित किया था। चूँकि ऐसे कानूनों की अवधि तय की गई थी, इसीलिए ऐसे कानून 31 दिसम्बर, 1969 को खत्म कर दिए गए थे। यद्यपि सत्तारूढ़ दल केन्द्र तथा राज्यों में निवारक नजरबन्द अधिनियम को लागू करने की इच्छा रखता था लेकिन स्पष्ट बहुमत न होने के कारण वह अपने उद्देश्य में सफल न हो सका। 1971 के आम चुनावों के फलस्वरूप कांग्रेस को जब स्पष्ट बहुमत प्राप्त हो गया तो उसने निवारक नजरबन्द कानून को अन्य नाम से फिर से जीवित किया। अब इसे आन्तरिक सुरक्षा निर्वहत अधिनियम (Maintenance of Internal Security Act : MISA) कहा जाता है।

आन्तरिक सुरक्षा अधिनियम—आन्तरिक सुरक्षा अधिनियम 18 जून, 1971 ई. को संसद द्वारा पास किया गया। इस कानून की विशेषता यह है कि यह कानून भारतीयों के साथ-साथ विदेशियों की नजरबन्दी एवं दण्ड की व्यवस्था करता है। निवारक नजरबन्दी अधिनियम के तहत एक व्यक्ति को अधिक से अधिक एक वर्ष के लिए बन्दी बनाया जा सकता था लेकिन आन्तरिक सुरक्षा निर्वाह अधिनियम के अधीन यह अवधि अधिक से अधिक दो वर्ष हो सकती है। पुराने कानून के समान इसके द्वारा भी किसी व्यक्ति को भारत की प्रतिरक्षा, विदेशी राज्यों से सम्बन्ध, भारत की सुरक्षा, किसी राज्य की सुरक्षा, सार्वजनिक व्यवस्था एवं समाज के लिए जरूरी आपूर्ति एवं सेवाओं की सुरक्षा भंग करने पर बन्दी बनाया जा सकता है। आन्तरिक सुरक्षा निर्वहन कानून के तहत किसी विदेशी को लेकिन भारत से निकल जाने का आदेश भी दिया जा सकता है। पुराने कानून की भाँति नए कानून में भी नजरबन्द व्यक्ति से सम्बन्धित परामर्शदात्री मण्डल की व्यवस्था की गई है।

शोषण के विरुद्ध अधिकार

शोषण के विरुद्ध अधिकार भी एक मूल अधिकार है जिसकी विवेचना संविध ाान में की गई है। इस अधिकार से सम्बन्धित धाराएँ 23 एवं 24 है। इसके तहत बेगार तथा जबरदस्ती लिए गए श्रम का निषेध माना गया है। संविधान की धारा 23 के प्रथम उपभाग के तहत मानव की खरीद बिक्री की मनाही की गई है। बेगार एवं इसी प्रकार जबरदस्ती से लिया गया कोई भी अन्य श्रम निषिद्ध ठहराया गया है। जो व्यक्ति इस प्रकार का अपराध करता है उसे कानून के अनुसार दण्ड का पात्र समझा जाएगा। संविधान में शोषण के विरुद्ध अधिकार इसलिए आवश्यक समझा गया है कि शताब्दियों से हमारे देश में दासता किसी न किसी रूप में विद्यमान रही है। लेकिन इस धारा से सम्बन्धित अपवाद यह है कि राज्य सार्वजनिक उद्देश्यों की प्राप्ति के लिए कोई भी अनिवार्य सेवा लागू कर सकता है।

इस अधिकार के तहत बच्चों के भारी कारखानों में कार्य को निषेध माना गया है। शोषण का एक रूप यह भी होता है जब छोटी आयु के बच्चों को भारी कारखानों तथा खानों में कार्य करने पर विवश किया जाता है। संविधान की 24वीं धारा द्वारा चौदह वर्ष से कम आयु वाले किसी बच्चे को कारखानों अथवा अन्य किसी जोखिम भरे कार्य पर लगाने की मनाही की गई है।

धार्मिक स्वतंत्रता का अधिकार

धार्मिक स्वतन्त्रता का अधिकार भी एक मूल अधिकार है जिसकी विवेचना संविधान की धारा–25 से 28 तक में की गई है। इसकी विवेचना आगे दी गई है।

धारा 25–इसमें धार्मिक स्वतंत्रता की विवेचना की गई है। धारा 25 सभी व्यक्तियों को अपने अनुकूल किसी भी विश्वास एवं धर्म का अनुसरण करने का अधिकार देता है। इस धारा के प्रथम उपभाग के अनुसार, "सार्वजनिक व्यवस्था बनाए रखने, सदाचार एवं स्वास्थ्य आदि को ध्यान में रखते हुए सभी व्यक्तियों को किसी मत के प्रति विश्वास रखने एवं कोई भी धर्म मानने, पालन करने तथा उसका प्रचार करने का अधिकार प्राप्त होगा।" इससे यह स्पष्ट हो जाता है कि कोई भी भारतीय किसी भी धर्म में विश्वास रख सकता है तथा उस धर्म से सम्बन्धित कर्मकांड अपना कर सकता है और अपने धर्म के प्रचार में वह कोई भी कदम उठा सकता है, संविधान की यह धारा भारत को धर्म-निरपेक्ष राज्य (Secular State) बनाने की ओर संकेत कर रही है। शब्दों में इसका अर्थ यह है कि भले ही कोई भी भारतीय किसी भी धर्म को मानता हो परन्तु भारत सरकार अथवा किसी भी राज्य की सरकार अथवा कोई भी स्थानीय शासन की इकाई जनता के धार्मिक मामलों में पूर्णतः निरपेक्षता का प्रदर्शन करेगी। डॉ. पायली का कहना है *(a)* राज्य किसी धर्म के साथ अपना सम्बन्ध नहीं जोड़ेगा और न ही किसी धर्म द्वारा नियन्त्रित होगा। *(b)* राज्य हर व्यक्ति को उसकी इच्छानुसार धर्म का अनुसरण करने का अधिकार प्रदान करेगा। परन्तु किसी एक धर्म के अनुयायी को दूसरों से श्रेष्ठ नहीं मानेगा और न ही उन्हें कोई विशेष अधिकार देगा। *(c)* राज्य किसी व्यक्ति के साथ उसके धार्मिक विचारों के कारण भेदभाव नहीं करेगा। *(d)* हर व्यक्ति को निर्धारित शर्तों के साथ राज्य के अधीन किसी भी सेवा में प्रवेश पाने का समान अधिकार होगा।

धार्मिक स्वतन्त्रता से सम्बन्धित मुख्य अपवाद अग्र हैं–

1. राज्य द्वारा सामाजिक कल्याण एवं सुधार की व्यवस्था की जा सकती है और हिन्दुओं के सार्वजनिक धार्मिक संस्थाओं को हिन्दुओं के सभी वर्गों एवं श्रेणियों के लिए खोला जा सकता है।

2. धार्मिक स्वतन्त्रता का प्रयोग सार्वजनिक व्यवस्था, नैतिकता एवं स्वास्थ्य के हितों के तहत ही किया जा सकता है।

3. राज्य को यह अधिकार होगा कि वह धार्मिक आचरण से सम्बन्धित किसी आर्थिक, वित्तीय, राजनैतिक एवं अन्य किसी तरह की लौकिक क्रियाओं की व्यवस्था कर सकता है।

धारा 26—संविधान की इस धारा में धार्मिक मामलों का प्रावधान है। धार्मिक स्वतन्त्रता से सम्बन्धित यह धरा किसी भी धर्म के अनुयायियों को कई सुविधाएँ प्रदान करता है। जैसे—

1. धर्म सम्बन्धी संस्थाओं की सम्पत्ति को प्राप्त करने एवं उसके प्रबन्ध का अधिकार।

2. उक्त सम्बन्धों का कानून के अनुसार संचालन करने का अधिकार।

3. धार्मिक संस्थाओं एवं दान से स्थापित सार्वजनिक सेवा-संस्थाओं की स्थापना और उन्हें बनाए रखने का अधिकार।

4. धर्म सम्बन्धी निजी मामलों का स्वयं प्रबन्ध करने का अधिकार।

धारा 27—संविधान की इस धारा में धार्मिक कर का निषेध किया गया है। इस धारा के अनुसार किसी भी व्यक्ति को ऐसे कर (taxes) देने के लिए विवश नहीं किया जाएगा जिसकी रकम किसी विशेष धर्म के कल्याण के लिए खर्च की जाती हो या जाने वाली हो।

धारा 28—संविधान की इस धारा के तहत किसी शिक्षा सम्बन्धी संस्थान में धार्मिक शिक्षा प्रदान करने पर प्रतिबन्ध लगा दिया गया है। धारा 28 के प्रथम उपभाग में यह बताया गया है कि राज्य निधि द्वारा चलाए गए किसी भी शिक्षा संस्थान में धार्मिक शिक्षा नहीं दी जाएगी। ''उस शिक्षण संस्थान में धार्मिक शिक्षा दी जा सकती है, जिसका प्रशासन राज्य करता है लेकिन जो किसी ऐसे धार्मिक संस्था या न्यास (Trust) के अधीन स्थापित हुई हो जिसके अनुसार धार्मिक शिक्षा देना जरूरी कहा गया हो। उक्त संस्था में पढ़ने वाले ''किसी व्यक्ति को संस्था में दी जाने वाली धार्मिक शिक्षा में भाग लेने के लिए बाध्य नहीं किया जाएगा जब तक कि उस व्यक्ति ने अथवा अगर वह वयस्क न हो तो उसके संरक्षक ने इसके लिए अपनी सम्मति न दे दी हो।''

सांस्कृतिक तथा शिक्षा का सम्बन्धी

संविधान में हम सभी भारत के लोगों को अपनी संस्कृति, परम्परा को बनाये रखने का अधिकार है। हमें यह भी अधिकार है कि हम सभी भारत के लोग एक

समान शिक्षा ग्रहण कर सकते हैं। भारत सरकार की ओर ऐसा प्रावधान भी किया है। इसके लिए सम्पूर्ण देश में एक समान शिक्षा प्रणाली लागू करने का प्रयास किया गया है। सांस्कृतिक एवं शिक्षा सम्बन्धी अधिकार के कारण इस देश में भिन्नताओं में एकता (Unity in diversity) के वातावरण को बनाए रखने की कोशिश की गई है। इस अधिकार के फलस्वरूप हर अल्पसंख्यक वर्ग अपनी भाषा, संस्कृति तथा लिपि को शिक्षा-सम्बन्धी संस्थाओं द्वारा कायम रखने का अधिकार रखते हैं।

संवैधानिक उपचारों का अधिकार

संविधान में इस बात की भी चर्चा की गई है कि यदि कोई हमारे मौलिक अधिकार का हनन् करता है तो हम इसके लिए न्यायालय की शरण ले सकते हैं। मौलिक अधिकार से सम्बन्धित यह अधिकार एक विशेष स्थान रखता है। संविधान की धारा 32 में इसका उल्लेख किया गया है। डॉ. अम्बेडकर की दृष्टि में यह सबसे अधिक महत्त्वपूर्ण धारा मानी गई थी। लेकिन आपात काल की स्थिति में राष्ट्र की सुरक्षा को ध्यान में रखते हुए मौलिक अधिकारों के छीन जाने पर न्यायालय में संवैधानिक उपचारों के अधिकार के तहत सुनवाई नहीं हो सकती है। यह एक विशेष स्थिति है। इसके साथ ही यहाँ यह भी उल्लेखनीय है कि अगर संविधान द्वारा इस धारा के तहत अधिकारों की रक्षा सम्भव है तो इसका यह आशय नहीं है कि यह अधिकार सबको प्राप्त है, क्योंकि सर्वोच्च न्यायालय तक पहुँचने के लिए जितना खर्च चाहिए वह बहुत से लोगों को उपलब्ध नहीं है। कितनी हैरानी की बात है कि संवैधानिक उपचारों के अधिकार के होते हुए भी अधिकारों की सुरक्षा को निरंतर खतरा बना रहता है।

मौलिक अधिकारों की आलोचना

संविधान द्वारा प्रदान किये गये इस मौलिक अधिकारों की आलोचना कई दृष्टिकोणों से की गई है। मुख्य रूप से आलोचना दो तरह से की गई है—एक जिसे हम अधिकारों की सामान्य आलोचना के रूप में मानते हैं तथा दूसरी जिसे हम विशेष अधिकारों में निहित आलोचना की संज्ञा देते हैं।

अधिकारों की सामान्य आलोचना

मूल अधिकारों की सामान्य आलोचना को अग्रलिखित बिन्दुओं के तहत व्यक्त किया जा सकता है—

1. जनसाधारण के लिए मौलिक अधिकारों की रक्षा कठिन—संविधान की धारा 32 में यह स्पष्ट किया गया है कि मौलिक अधिकारों की सुरक्षा का दायित्व न्यायालयों पर होगा। सामान्य तौर पर ऐसा लगात है कि न्यायालयों द्वारा अधिकारों की रक्षा सम्भव है, लेकिन ऐसे देश में जहाँ निर्धनता, बेकारी तथा राजनैतिक उदासीनता अपनी चरम सीमा तक पहुँच चुकी हो और जहाँ एक साधारण व्यक्ति के लिए न्यायालय तक पहुँचना कठिन हो, वहाँ उसके लिए अपने अधिकारों की सुरक्षा कराना बहुत ही कठिन कार्य है। डॉ. के. वी. राव मौलिक अधिकारों की समीक्षा करते हुए कहते हैं कि मौलिक अधिकारों के सम्बन्ध में एक व्यक्ति को कुछ भी प्राप्त नहीं है, क्योंकि एक विशेष अधिकार का अस्तित्त्व जब सर्वोच्च न्यायालय द्वारा निर्णय पर ही निर्भर करता हो तो उस स्थिति में केवल मुकदमा लड़ने का अधिकार ही रह जाता है जो वास्तव में अधिकार नहीं है, और विशेषकर निर्धनों के लिए तो यह बिल्कुल ही अधिकार नहीं है।

2. कुछ विशेष अधिकारों की कमी—भारतीय संविधान के तहत प्राप्त अधिकारों में कुछेक विशेष अधिकारों की कमी है। आलोचकों का विचार है कि आधुनिक युग लोकहितकारिता का युग है और ऐसे युग में राजनैतिक अधिकारों की तुलना में आर्थिक एवं सामाजिक अधिकारों को प्राथमिकता मिलनी चाहिए जो कि भारतीय संविधान ने प्रदान नहीं की। मौलिक अधिकारों में सामाजिक सुरक्षा का अधिकार (Right to Social Security), काम प्राप्ति का अधिकार (Right to Work), आदि को कोई स्थान नहीं दिया गया। परिणामस्वरूप संविधान में वर्णित ये अधिकार अपूर्ण हैं।

3. अधिकारों की अपेक्षा निर्बन्धन अधिक—मौलिक अधिकारों की एक अन्य सामान्य आलोचना यह है कि इनमें अधिकारों की अपेक्षा निर्बन्धनों पर अधिक जोर दिया गया है। आलोचकों की धारणा है कि संविधान एक हाथ से मूल अधिकार प्रदान करता है और दूसरे हाथ से इन अधिकारों को छीन लेता है। शब्दों में इन अधिकारों पर अनेक प्रकार के निर्बन्धन डाले गए हैं जिनके फलस्वरूप अधिकार अर्थहीन बन जाते हैं। ऐसे वातावरण में जहाँ भारतीय प्रतिरक्षा अधिनियम अथवा निवारक नजरबन्दी कानून अथवा आन्तरिक सुरक्षा निर्वहत अधिनियम लागू होते हों वहाँ लोगों के अधिकारों की सुरक्षा की सम्भावना कठिन हो जाती है। यही कारण है कि आलोचक मौलिक अधिकारों के इस अध्याय के वर्तमान नाम को बदल कर मौलिक अधिकारों की परिसीमाएँ अथवा मौलिक अधिकार तथा उनकी परिसीमाएँ रखना चाहते हैं।

4. मौलिक अधिकार अधिवक्ताओं का स्वर्ग—आलोचकों का ऐसा विचार है कि मौलिक अधिकारों से सम्बन्धित अध्याय ऐसे अर्हताओं एवं अपवादों से बँधा हुआ है कि एक साधारण व्यक्ति के लिए यह जानना कठिन है कि उसको कौन-कौन से अधिकार मिले हैं। अधिकारों के भाग में संविधान की भाषा बड़ी जटिल एवं कठिन है जिसे केवल कानून के जानकार ही समझ सकते हैं। इसी कारण संविधान में दिए गए अधिकारों के अध्याय को अधिवक्ताओं का स्वर्ग कहा जाता है।

अधिकारों की विशेष आलोचना

मूल अधिकारों की विशेष आलोचना को अग्रलिखित बिन्दुओं के तहत व्यक्त किया जा सकता है–

***(i)* समानता के अधिकार की आलोचना**—डॉ. जैनिंस ने समता के अधिकार की आलोचना करते हुए कहा है कि धारा 17 (छुआछूत का अन्त) तथा धारा 18 (उपाधियों का अन्त) तो नागरिक को कोई अधिकार प्रदान ही नहीं करते। धारा 17 एक सामाजिक बुराई को समाप्त करता है जबकि धारा 18 का उद्देश्य संसद द्वारा बनाए गए किसी कानून द्वारा पूरा किया जा सकता है। समानता के अधिकार की अन्य आलोचनाएँ अग्र हैं–

(क) नियुक्तियों में राज्य द्वारा समान सुविधाओं का व्यावहारिक पहलू सन्तोषप्रद नहीं है।

(ख) समानता के अधिकारों के कई उपबन्ध अस्पष्ट हैं जिनके परिणामस्वरूप नागरिकों में समानता की तुलना में असमानता बढ़ रही है।

(ग) एक ओर 'राजा', 'महाराजा', राय साहिब आदि उपाधियों को धारा 18 के तहत समाप्त किया गया है वहीं दूसरी ओर संविधान के तहत नई उपाधियों की भी स्थापना की गई है। 'भारत रत्न', 'पद्म भूषण', 'पद्म श्री' आदि ऐसी ही कुछ नई उपाधियाँ हैं एवं निश्चय ही ये उपाधियाँ न तो सेना सम्बन्धी हैं और न ही विद्या सम्बन्धी।

(घ) छुआछूत के अन्त के लिए संवैधानिक प्रावधान की तुलना में लौकिक शिक्षण अधिक महत्त्वपूर्ण सिद्ध हो सकता है।

***(ii)* स्वतन्त्रता के अधिकार की आलोचना**—संविधान द्वारा प्रदत स्वतन्त्रता के अधिकार की मुख्य आलोचना यह की जाती है कि हर प्रकार की स्वतन्त्रता पर कई प्रकार के प्रतिबन्ध लगाए हैं। ये प्रतिबन्ध जिनमें राज्य की सुरक्षा, सार्वजनिक

व्यवस्था, नैतिकता, सदाचार आदि शामिल हैं, ऐसे प्रतिबन्ध हैं, जिनकी व्याख्या सरकार या सरकारी कर्मचारियों की इच्छा पर ही निर्भर करती है। कोई भी सरकार अपने राजनैतिक विरोधियों की स्वतन्त्रता इन प्रतिबन्धों की आड़ में छीन सकती है। इस अधिकार की आलोचना अग्र आधार पर भी की जा सकती है।

1. स्वतन्त्रता के अधिकार में दी गई स्वतन्त्रताएँ ऐसी विविध स्वतन्त्रताएँ हैं जिन्हें जबरदस्ती एक साथ रखने का प्रयास किया गया है। भाषण, विचार अभिव्यक्ति, संघ बनाने की स्वतन्त्रता राजनैतिक दृष्टिकोण द्वारा प्रयोजित की गई है जबकि आवागमन एवं निवास की स्वतन्त्रता का उद्देश्य देश की एकता कायम करने की ओर संकेत करते हैं। शेष की स्वतन्त्रताएँ व्यक्ति की उपजीविका पर जोर देती हैं। 42वें संशोधन के आधार धारा पर 31 D द्वारा इन स्वतन्त्रताओं को और अधिक सीमित किया गया है।

2. हर प्रकार की स्वतन्त्रता पर कई प्रतिबन्ध लगाए गए हैं। ऐसा लगता है जैसे हर स्वतन्त्रता का उल्लेख यह वर्णन कर रहा हो कि अगर नागरिक को कोई विशेष स्वतन्त्रता है तो राज्य को भी उस स्वतन्त्रता पर प्रतिबन्ध लगाने की स्वतन्त्रता है।

3. जीवन का अधिकार भी संविधान द्वारा सुरक्षित नहीं है। धारा 21 का सार इस तथ्य पर जोर देता है कि किसी की जीवन-लीला समाप्त करने के लिए कानून की जरूरत है। इस धारा के तहत अधिकार को वास्तविक बनाने का प्रयास किया जा रहा है।

4. स्वतन्त्रता के अधिकार के तहत निवारक निषेध की व्यवस्था की कड़ी आलोचना की गई है। बख्शी टेकचन्द्र ने इसे 'दमन तथा स्वतन्त्रता हनन का पत्र' कहा है। 'न्यायाधीश मुखर्जी के शब्दों में निःसन्देह यह दुर्भाग्यपूर्ण है, यह व्यक्ति की स्वतन्त्रताओं पर गहरा आघात है'। निवारक बन्दीकरण एक तरह से 'भरी हुई बन्दूक' की भाँति है जिसका प्रयोग शासनकर्त्ता व्यक्ति की रक्षा के लिए भी कर सकते हैं तथा उसकी हत्या के लिए भी पायली ने बन्दीकरण सम्बन्धी अधिनियमों को भारत के प्रजातन्त्र पर एक कलंक माना है।

(iii) **शोषण के विरुद्ध अधिकार की आलोचना**—शोषण के विरुद्ध अधिकार में संविधान द्वारा बेगार, जबर्दस्ती से लिया गया श्रम, बाल-अवस्था में जोखिम भरे कारखानों में कार्य करने की मनाही आदि का अन्त किए जाने की व्यवस्था की गई है। लेकिन इनकी समाप्ति से शोषण का अन्त नहीं हो जाता। धार्मिक एवं सामाजिक रूप से पिछड़े देश में शोषण का अस्तित्त्व किसी न किसी

रूप में निरंतर रहता है। जब तक अमीर-गरीब, ऊँच-नीच आदि के भेद रहेंगे, शोषण का अस्तित्त्व भी बना रहेगा। इस दृष्टि से संविधान में शोषण के विरुद्ध अधिकार कोई विशेष महत्त्व नहीं रखता।

(iv) **धार्मिक स्वतन्त्रता के अधिकार की आलोचना**—धार्मिक स्वतन्त्रता के अधिकारों के तहत संविधान द्वारा हर व्यक्ति को यह स्वन्त्रता प्राप्त है कि वह किसी भी धर्म में विश्वास रख सकता है तथा एक ही धर्म को मानने वाले व्यक्तियों को अपनी धार्मिक संस्थाओं को बनाने, बनाए रखने एवं राज्य की ओर से मदद प्राप्त करने का भी अधिकार है। इस अधिकार के तहत जहाँ राज्य का स्वरूप धर्म-निरपेक्ष नजर आता है वहाँ धर्मरूपी पृथक्कारी प्रवृत्तियाँ भी स्पष्ट हो जाती हैं। धर्म एक ओर अपने अनुयायियों को संगठित करता है एवं दूसरी ओर वह दूसरे धर्म के अनुयायियों के विरुद्ध लड़ने की प्रेरणा भी देता है। संविधान की सीमाओं में विभिन्न धार्मिक संस्थाओं के अस्तित्त्व के कारण राष्ट्रीय एकता को किसी समय भी खतरा हो सकता है।

(v) **सांस्कृतिक तथा शिक्षा सम्बन्धी अधिकार की आलोचना**—सांस्कृतिक एवं शिक्षा सम्बन्धी अधिकार के कारण इस देश में भिन्नताओं में एकता (Unity in diversity) के वातावरण को बनाए रखने का प्रयत्न किया गया है। इस अधिकार के परिणामस्वरूप हर अल्पसंख्यक वर्ग अपनी भाषा, संस्कृति एवं लिपि को शिक्षा-सम्बन्धी संस्थाओं द्वारा कायम रखने का अधिकार रखता है। परिणामस्वरूप संविधान ने अल्पसंख्यक वर्गों को उत्साहित करके अल्पसंख्यक समस्याओं को जन्म दिया न कि उसकी समस्याओं को समाप्त किया गया है।

(vi) **सम्पत्ति के अधिकार की आलोचना**—संविधान में वर्णित सम्पत्ति का अधिकार आरम्भ से ही मतभेद का विषय बना रहा है। न्यायालयों ने इस अधिकार के तहत दिए गए उपबन्धों को दृष्टि में रखते हुए लोगों के सम्पत्ति के अधिकार की रक्षा की है। इस कारण राज्य द्वारा उठाए गए समाज सुधार एवं समाजवादी कानूनों को भी न्यायालयों ने सम्पत्ति के अधिकार के विरुद्ध माना है। परिणामस्वरूप संसद को संविधान के तहत इस अधिकार से सम्बन्धित उपबन्धों में संशोधन की जरूरत पड़ी। इस अधिकार की स्थिति यह है कि राज्य किसी व्यक्ति को उसकी सम्पत्ति से वंचित नहीं कर सकता, लेकिन राज्य सार्वजनिक प्रयोजन के लिए किसी भी व्यक्ति को उसकी सम्पत्ति से (रकम देकर) वंचित कर सकता है और अगर राज्य आर्थिक केन्द्रीयकरण को रोकने के लिए कोई कानून बनाता है तो वह कानून सम्पत्ति के अधिकार के विरुद्ध नहीं समझा जाएगा। सही मायने में सब समाजीकरण

की ओर बड़े कदम हैं लेकिन दुर्भाग्य यह है कि समाजीकरण एवं राष्ट्रीयकरण जैसे उपबन्ध गरीबी हटाने की बजाए गरीबों की संख्या बढ़ाने की ओर अधिक तेजी से बढ़ रहे हैं। परिणामस्वरूप सम्पत्ति का अधिकार निजी सम्पत्ति बढ़ाने का अधिकार बन गया है।

(vii) **संवैधानिक उपचारों के अधिकार की आलोचना**—संवैधानिका उपचारों का अधिकार एक विशेष स्थान रखता है। धारा 32 जो इस अधिकार से सम्बन्धित है, डॉ. अम्बेडकर की दृष्टि में सबसे अधिक महत्त्वपूर्ण धारा मानी गई थी। लेकिन यहाँ उल्लेखनीय है कि अगर संविधान द्वारा इस धारा के तहत अधिकारों की रक्षा सम्भव है तो इसका यह अर्थ नहीं है कि यह अधिकार सबको प्राप्त है, क्योंकि सर्वोच्च न्यायालय तक पहुँचने के लिए जितना खर्च चाहिए वह बहुत से लोगों को उपलब्ध नहीं है। यह बहुत ही आश्चर्य की बात है कि सवैधानिक उपचारों के अधिकार के होते हुए भी अधिकारों की सुरक्षा को हमेशा खतरा बना रहता है।

निष्कर्ष

थोड़े में हम मौलिक अधिकारों से सम्बन्धित उस विषय पर विचार-विमर्श करना चाहेंगे जो गत वर्षों में अधिकारों की समस्या पर संसद एवं सर्वोच्च न्यायालय के बीच संघर्ष के कारण शुरू हुआ। एक समय न्यायालयों की यह राय थी कि संशोधन-सम्बन्धी मामलों में संसद या राज्य के विधानमण्डल सर्वोच्च हैं। लेकिन गोलकनाथ के मामले में सर्वोच्च न्यायालय ने यह निर्णय दिया कि संसद को अधिकारों में संशोधन की शक्ति तो दूर, संविधान में संशोधन का अधिकार भी नहीं है। परिणामस्वरूप केन्द्रीय सरकार द्वारा जारी किए विभिन्न आदेश गए। इनमें बैंकों का राष्ट्रीयकरण, प्रिवी पर्सों की समाप्ति आदि सम्मिलित थे, सर्वोच्च न्यायालय ने अवैध घोषित कर दिए।

संसद एवं सर्वोच्च न्यायालय के मध्य इस गतिरोध को दूर करने का श्रेय संविधान के 24वें संशोधन (1971) को जाता है। इस संशोधन द्वारा संसद को यह अधिकार प्राप्त हुआ है कि वह मौलिक अधिकारों सहित संविधान के किसी भाग में संशोधन कर सकती है। इसके अतिरिक्त इस संशोधन में यह भी स्पष्ट किया गया था कि जब संसद के दोनों सदन संशोधन संबंधी प्रस्ताव पारित कर देते हैं तो राष्ट्रपति को उस पर अपनी स्वीकृति देनी ही होगी। इससे यह स्पष्ट हो जाता है कि 24 वें संशोधन द्वारा न केवल संसद के संशोधन के अधिकार को दोबारा स्थापित किया गया, बल्कि गोलकनाथ के मुकदमे में उठी इस आपत्ति को भी दूर किया गया कि धारा 368 संसद को संशोधन का अधिकार नहीं देती। अब स्थिति यह है कि

संसद को संविधान में संशोधन का अधिकार प्राप्त है एवं धारा 368 के अधीन विहित प्रक्रिया ही संशोधन की प्रक्रिया है। परिणामस्वरूप इस 24वें संशोधन ने संसद को सर्वोच्च न्यायालय से अधिक सर्वोच्च मानते हुए संसद एवं सर्वोच्च न्यायालय के मध्य मतभेद को समाप्त कर दिया।

संविधान में इटली, रूस, जापान एवं चीन आदि देशों की तरह 42वें संशोधन द्वारा मौलिक कर्त्तव्यों को शामिल किया गया है। जब 1950 में वर्तमान संविधान लागू हुआ तो इसमें मौलिक कर्त्तव्यों का वर्णन नहीं था। भारतीय प्रशासक वर्ग के द्वारा यह एक अभाव समझा गया। इस अभाव को पूरा करने के लिए संविधान में 42वें संशोधन द्वारा भाग-चार-ए (धारा 51A) जोड़ा गया। धारा 51A अग्रलिखित मौलिक कर्त्तव्यों की विवेचना की गई है—

1. देश में प्राकृतिक पर्यावरण जंगल, नदियाँ, पशुधन आदि की रक्षा एवं संवर्धन करना एवं जीव जन्तुओं के प्रति दया रखना।

2. वैज्ञानिक दृष्टिकोणों, मानववाद, ज्ञानार्जन (अन्वेषण) एवं सुधार की भावना का विकास करना।

3. सार्वजनिक सम्पत्ति की सुरक्षा करना और हिंसा के त्याग का संकल्प करना।

4. जीवन के हर पहलू (व्यक्तिगत तथा सामूहिक) में श्रेष्ठता को प्राप्त करना जिससे कि राष्ट्र लगातार प्रगति और उपलब्धियों के उच्च स्तरों की ओर बढ़ सके।

5. भारतीय संविधान का पालन करना एवं उसके आदर्शों और संस्थाओं, राष्ट्रीय झंडा तथा राष्ट्र का सम्मान करना।

6. राष्ट्रीय स्वतन्त्रता के संघर्ष के आदर्शों का अनुपालन और उसका सम्मान करना।

7. भारत की प्रभुता, एकता तथा अखण्डता की रक्षा करना तथा उसे बनाए रखना।

8. देश की सुरक्षा करना एवं आवश्यकता पड़ने पर राष्ट्र सेवा करना।

9. भारतीयों में भाईचारा, मेल-मिलाप की भावना का विकास करना तथा धर्म, भाषा, प्रवेश अथवा वर्गीय भेदभाव से परे होना तथा ऐसी प्रथाओं का परित्याग करना जो स्त्रियों के सम्मान के विरुद्ध हो।

10. भारतीय संस्कृति की गौरवशाली परम्परा के महत्त्व को समझना और उसका संरक्षण करना।

6

नीति निदेशक तत्त्व

भारतीय संविधान के भाग-4 (अनुच्छेद 36-51) में राज्य के नीति निर्देशक तत्वों का वर्णन किया गया है। इसका उद्देश्य कल्याणकारी राज्य की स्थापना करना है। ये नीति निर्देशक तत्व वाह्यकारी नहीं हैं तथापि राज्य शासन से अपेक्षा की जाती है कि इसमें वर्णित समाजवादी, गांधीवादी, उदारवादी तथा अन्तर्राष्ट्रीय मूल्यों की महत्ता को समझते हुए इस पर समयोचित कदम उठायें।

निदेशक सिद्धान्तों का स्वरूप निदेशात्मक है। ये सकारात्मक प्रकृति के हैं। इनके लागू होने से लोकतांत्रिक व्यवस्था की स्थापना हो सकती है। ये सिद्धान्त आर्थिक लोकतन्त्र के सूचक हैं। नीति निदेशक तत्त्वों के महत्त्व को भुलाना कठिन है। ये राज्य के लिए गृहकार्य की भूमिका निभाते हैं। इन सिद्धान्तों के कार्यरूप को देखते हुए यह अनुमान लगाया जा सकता है कि विकास के पथ पर हम कितने आगे बढ़े हैं और अभी कितनी दूरी तय करनी है।

यद्यपि नीति निर्देशक तत्वों को पूर्ण रूप से क्रियान्वित नहीं किया जा सका है, तथापि इसका आशय यह नहीं है कि राज्य ने इसमें वर्णित मुद्दों पर कोई निर्णय ही नहीं लिया है।

यदि मौलिक अधिकारों द्वारा संविधान निर्माताओं ने राजनैतिक लोकतन्त्र की स्थापना की आशा की थी तो निदेशक तत्त्वों द्वारा वह भारत में आर्थिक लोकतन्त्र की स्थापना करना चाहते थे। इस दृष्टि से मौलिक अधिकार तथा निदेशक तत्त्व एक-दूसरे के पूरक हैं। निदेशक तत्त्व वर्तमान तथा भविष्य की सरकारों को दिए जाने

वाले वे निर्देशन हैं जिन्हें वे कानून बनाते समय अपने सम्मुख रखेंगे। यही कारण है कि इन तत्त्वों को राज्य का पथ-प्रदर्शक भी कहा जाता है। संविधान निर्माताओं ने संविधान की प्रस्तावना द्वारा भारत में एक ऐसे समाज की कल्पना की थी जिसमें सभी नागरिकों को न्याय, समानता तथा स्वतन्त्रता प्राप्त होगी।

इस उद्देश्य की पूर्ति के लिए संविधान के भाग चार (धारा 36 से 51 तक) की धाराओं में उन सिद्धान्तों तथा नियमों का उल्लेख किया है जो राज्यनीति निर्धारित करते समय सरकारें ध्यान में रखेंगी। संविधान के अनुच्छेद 37 में वर्णित है कि निर्देशक तत्व देश के शासन के मूलाधार हैं और निश्चय ही विधि बनाने में इन सिद्धान्तों को लागू करना राज्य का कर्तव्य होगा। ये सिद्धान्त न्यायालय में प्रवर्तनीय नहीं है। धारा 38 में यह बताया गया है कि राज्य अधिक से अधिक प्रभावपूर्ण तरीके से, एक ऐसी सामाजिक व्यवस्था की स्थापना तथा सुरक्षा, जिनमें आर्थिक, सामाजिक तथा राजनैतिक न्याय की प्राप्ति हो सके जनता के हित के विकास का प्रयत्न करेगा और राष्ट्रीय जीवन की प्रत्येक संस्था को इस सम्बन्ध में सूचित करेगा।''

संविधान विशेषज्ञ डॉ. पायली का मत है कि सामूहिक रूप से ये सिद्धान्त लोकतन्त्रीय भारत का शिलान्यास करते हैं। ये भारतीय जनता के आदर्शों व आकांक्षाओं के भाग हैं जिन्हें वह एक सीमित अवधि के अन्दर प्राप्त करना चाहती है। जब सरकार इन्हें कार्यरूप में लागू कर पाएगी तो भारत एक सच्चा कल्याणकारी देश कहला सकेगा।''

निदेशक तत्त्वों का उल्लेख आधुनिक युग की देन है। भारतीय संविधान निर्माताओं ने संविधान में ऐसे निर्देशनों के उल्लेख की प्रेरणा आयरलैंड के संविधान से प्राप्त की थी। आस्ट्रिया तथा स्पेन के संविधान में भी ऐसे निर्देशक तत्वों का वर्णन है। भारत के अतिरिक्त आज जिन अन्य देशों में राज्यनीति के निदेशक तत्त्व नजर आते हैं उनमें ब्राजील (1942), फ्रांस (1946), इटली (1947), म्यांमार (1948), पश्चिमी जर्मनी (1949) आदि के संविधान उल्लेखनीय हैं।

निदेशक तत्त्वों की अपनी कुछ विशेषताएँ हैं। (i) इन निर्देशनों का स्वरूप सकारात्मक है और ये ऐसे आदर्शों के रूप में प्रस्तुत किए गए हैं जिनके पालन की आशा शासनकर्त्ताओं से की जाती है। (ii) इन निर्देशनों के पालन में यदि राज्य असफल रहता है अथवा इनका पालन नहीं करता है तो राज्य के विरुद्ध कानूनी कार्यवाही नहीं की जा सकती। अर्थात् ये तत्त्व न्यायालय द्वारा कार्यान्वित नहीं किए जा सकते। (iii) इन निर्देशनों की विशेष बात यह है कि यद्यपि इनके पालन न होने

पर न्यायालयों से इनके लागू किए जाने की माँग नहीं की जा सकती, परन्तु राज्य शासन करते समय इन सिद्धान्तों को आधार रूप मानेगा। इसका अभिप्राय यह है कि राज्य आसानी से इन तत्त्वों की अवहेलना नहीं कर सकते।

मौलिक अधिकार बनाम नीति निदेशक तत्त्व

मौलिक अधिकारों तथा राज्यनीति के निदेशक तत्त्वों के आपसी अंतर को जानना दोनों विषयों को उचित प्रकार से समझना है। मौलिक अधिकारों तथा निदेशक तत्वों के बीच निम्नांकित प्रमुख अंतर है—

1. मौलिक अधिकार कार्यान्वित हो सकते हैं जबकि राज्यनीति के निदेशक तत्त्व कार्यान्वित नहीं हो सकते—संविधान की धारा 32 स्पष्ट रूप से यह संकेत करती है कि मौलिक अधिकारों की रक्षा के लिए न्यायालयों तक पहुँच की जा सकती है तथा इन न्यायालयों का यह दायित्व होगा कि विभिन्न के प्रलेखों (writs) द्वारा मौलिक अधिकारों की सुरक्षा का आश्वासन दिलाएं। परन्तु राज्य नीति के निदेशक तत्त्वों न्यायालय द्वारा लागू नहीं हो सकते हैं। अर्थात् मौलिक अधिकार वाद योग्य हैं जबकि नीति निर्देशक तत्व वाद योग्य नहीं हैं।

2. मौलिक अधिकार जनता को प्रदत्त अधिकार हैं जबकि निदेशक तत्त्व राज्यों के कर्त्तव्य हैं—मौलिक अधिकारों तथा निदेशक तत्त्वों का एक भेद यह है कि मौलिक अधिकार, व्यक्तियों, नागरिकों अथवा नागरिक समूहों के अधिकार हैं जबकि निदेशक तत्त्व राज्य द्वारा किए जाने वाले कर्त्तव्य हैं। मौलिक अधिकार नागरिकों को प्राप्त सुविधाएँ हैं, निदेशक तत्त्व राज्यों द्वारा अपनाए गए वे सिद्धान्त हैं जिनके पालन की आशा उनसे की जाती है।

3. मौलिक अधिकार निषेधात्मक हैं जबकि निदेशक तत्त्व केवल निर्देशनात्मक हैं—मौलिक अधिकारों का स्वरूप निषेधात्मक है। अधिकारों के अध्ययन से यह स्पष्ट होता है कि उनके प्रयोग पर कौन-कौन से प्रतिबन्ध हैं तथा किन अधिकारों के विषय में राज्य अथवा व्यक्तियों को किन-किन सीमाओं में रहकर उनका प्रयोग करना पड़ता है। परन्तु निदेशक तत्त्वों का स्वरूप निषेधात्मक न होकर निर्देशनात्मक है। इसके अन्तर्गत दिए गए निर्देशनों को राज्य द्वारा सकारात्मक रूप से कार्यान्वित किए जाने की सम्भावना की जाती है।

4. मौलिक अधिकारों का उद्देश्य राजनैतिक लोकतन्त्र की स्थापना है जबकि निदेशक तत्त्वों का उद्देश्य आर्थिक लोकतन्त्र है—मौलिक अधिकारों का लक्ष्य भारत में ऐसे लोकतन्त्र की स्थापना करना है जहाँ प्रत्येक नागरिक को

स्वतन्त्रता प्राप्त हो ताकि वह अपना राजनैतिक अस्तित्त्व बनाए रख सके। परन्तु के निदेशक तत्त्वों का उद्देश्य ऐसे समाज की स्थापना है जहाँ सभी नागरिकों को आजीविका के साधन उपलब्ध हों तथा किसी रूप में आर्थिक शोषण न हो। अन्य शब्दों में मौलिक अधिकार जहाँ लोकतन्त्र के राजनैतिक पहलू पर बल देते हैं, निदेशक सिद्धान्त लोंकतन्त्र के आर्थिक पहलू को महत्त्व देते हैं।

5. मौलिक अधिकारों को निलम्बित किया जा सकता है जबकि निदेशक तत्त्वों का नहीं—विशेष परिस्थितियों में मौलिक अधिकारों को निलम्बित किया जा सकता है। देश पर आन्तरिक तथा बाह्य संकट के समय मौलिक अधिकारों को संकट के दौरान निलम्बित किया जा सकता है। परन्तु राज्यनीति के निदेशक तत्त्वों के निलम्बन की व्यवस्था संविधान में नहीं की गई है।

6. निदेशक तत्त्व मौलिक अधिकारों की अपेक्षा अधिक महत्वपूर्ण है—42वें संशोधन के पारित होने से पूर्व नीति निदेशक सिद्धान्त वास्तविक रूप में गौण थे और न्यायालयों में मौलिक अधिकारों को प्राथमिकता दी जाती थी : परन्तु 1976 में 42वें संशोधन के पारित होने के पश्चात राज्यनीति निर्देशन के सिद्धान्त अब गौण नहीं रहे। 42वें संशोधन (1976) द्वारा जोड़े गये निर्देशक तत्व–

अनुच्छेद 39 (च) : बच्चों को स्वतंत्र एवं गरिमामय वातावरण में स्वस्थ विकास के अवसर और सुविधाएं दी जाएं।

अनुच्छेद 39 (क) : न्याय, समान अवसर के आधार पर सुलभ हो तथा आर्थिक या किसी अन्य नियोग्यता के मामले में निःशुल्क विधिक सहायता राज्य द्वारा दी जाये।

अनुच्छेद 43 (क) : उद्योगों के प्रबंध में कर्मकारों की भागीदारी सुनिश्चित की जाये।

अनुच्छेद 48 (क) : पर्यावरण संरखण हो तथा उसमें सुधार लाया जाए और वनों तथा वन्य जीवों की रक्षा की जाय।

44 वें संशोधन (1978) द्वारा जोड़े गये निर्देशक तत्व

अनुच्छेद 38 (ख) : राज्य, विशिष्ट रूप से आय की असमानताओं को कम रकने और व्यक्तियों के बीच तथा विभिन्न क्षेत्रों में रहने वाले और विभिन्न व्यवसायों में लगे हुए लोगों के समूहों के बीच प्रतिष्ठा, सुविधाओं और अवसरों की असमानता को समाप्त करने का प्रयास करेगा।

क्योंकि नीति निर्देशन के सिद्धान्तों के आधार पर बनाए गए किसी भी कानून को न्यायालय द्वारा इस आधार पर अवैध घोषित नहीं किया जाएगा कि उसमें

संविधान की धारा 14 (समानता का अधिकार), 19 (स्वतन्त्रता का अधिकार) तथा 31 (सम्पत्ति का अधिकार) का उल्लंघन हुआ है।

(a) मौलिक अधिकार राजनीतिक लोकतन्त्र की तथा निदेशक सिद्धान्त आर्थिक लोकतन्त्र की स्थापना करते हैं।

(b) मौलिक अधिकार न्यायोचित है जबकि नीति निदेशक सिद्धान्त न्यायोचित नहीं हैं।

(c) मौलिक अधिकार लोगों के अधिकार हैं जबकि नीति निदेशक सिद्धान्त राज्य के कर्त्तव्य हैं।

(d) मौलिक अधिकारों का स्वरूप निषेधात्मक है जबकि निदेशक सिद्धान्तों का स्वरूप निदेशात्मक है।

निदेशक तत्त्वों से सम्बन्धित धाराओं (धारा 36 से 51) को निम्न शीर्षकों के अंतर्गत प्रस्तुत किया जा सकता है–

1. समाजवादी सिद्धान्त

निदेशक तत्त्वों में जिन समाजवादी सिद्धान्तों का वर्णन किया गया है वे इस प्रकार हैं :

(i) एक ऐसी सामाजिक व्यवस्था की स्थापना राज्य द्वारा की जाएगी जिसमें सामाजिक, आर्थिक तथा राजनैतिक न्याय की कल्पना सम्भव हो।

(धारा 38)

(ii) राज्य लोक कल्याण तथा न्याय की प्राप्ति के लिए अपनी नीति का इस प्रकार निर्देशन करेगा कि :

(क) सभी नागरिकों को समान रूप से जीवन निर्वाह के पर्याप्त साधन उपलब्ध हो सकें;

(ख) सार्वजनिक कल्याण के लिए समाज के भौतिक साधनों पर स्वामित्व तथा नियन्त्रण का समान वितरण हो :

(ग) सार्वजनिक हित के विरुद्ध धन के केन्द्रीयकण को रोका जा सके।

(घ) पुरुषों तथा महिलाओं को समान कार्य के लिए समान वेतन मिले।

(ङ) श्रमिक पुरुषों, महिलाओं तथा बालकों के स्वास्थ्य और शक्ति का दुरुपयोग न हो, ऐसी परिस्थितियों का विरोध किया जाए जिनमें नागरिकों को अपनी सामर्थ्य तथा आयु के प्रतिकूल रोजगार को अपनाने के लिए विवश होना पड़े।

(च) राज्य स्त्री-पुरुष दोनों को समान रूप से जीविका के साधन सुलभ कराने, उन्हें समान कार्य के लिए समान वेतन देने, बालकों को स्वस्थ विकास के अवसर

व सुविधाएँ सुलभ कराने सहित धन और उत्पादन के साधनों का उचित वितरण करने की व्यवसाी करेगा साथ ही, बच्चों तथा युवकों को शोषण से बचाया जाए और उनका नैतिक तथा भौतिक पतन न हो; (धारा 39)।

(iii) राज्य, ग्राम पंचायतों को स्वायत्त शासन की इकाईयों के रूप में संगठित करेगा।

(धारा 40)

(iv) काम पाने, शिक्षा प्राप्त करने तथा बेकारी, बुढ़ापा तथा बीमारी की अवस्थाओं में सार्वजनिक सहायता प्राप्त करने के अधिकार की व्यवस्था।

(धारा 41)

(v) राज्य काम करने की न्यायपूर्ण तथा मानवीय दशाओं का निर्माण तथा प्रसूति सहायता की व्यवस्था करेगा। *(धारा 42)*

(vi) कानून अथवा आर्थिक संगठन द्वारा राज्य ऐसी परिस्थिति पैदा करेगा जिसे कृषि, उद्योग तथा अन्य क्षेत्रों में श्रमिकों को कार्य निर्वाह योग्य श्रमों, वेतन तथा उत्तम जीवन स्तर और अवकाश तथा सामाजिक और सांस्कृतिक अवसर प्राप्त हो सकें। *(धारा 43)*

(vii) अनुच्छेद 43-ए के अनुसार "राज्य उचित व्यवस्थापन या अन्य प्रकार से औद्योगिक संस्थानों के प्रबन्ध में कर्मचारियों को भागीदारी सुनिश्चित करने के लिए कदम उठाएगा।" *(धारा 43-ए)*

(viii) राज्य, भारत के समस्त राज्य क्षेत्र में नागरिकों के लिए एक समान नागरिक संहिता लागू करने का प्रयास करेगा।

(धारा 44)

(ix) समाज के दलित वर्गों, विशेषकर अनुसूचित जातियों तथा अनुसूचित जन-जातियों की शिक्षा तथा अर्थ-सम्बन्धी हितों का विशेष रूप से संरक्षण तथा उन्नति की व्यवस्था का प्रयास राज्य करेगा। *(धारा 46)*

(x) लोगों के जीवन स्तर को ऊँचा उठाने का प्रयास राज्य द्वारा किया जाएगा तथा राज्य मादक वस्तुओं के सेवन पर प्रतिबन्ध लगाएगा जो लोगों के लिए हानिकारक होते हैं। *(धारा 47)*

2. गाँधीवाद की झलक

(i) राज्य ग्राम पंचायतों को संगठित करेगा और उन्हें ऐसी शक्तियाँ प्रदान करेगा कि वे स्वशासन की इकाई के रूप में कार्य कर सकें। *(धारा 40)*

(ii) राज्य गाँवों में कुटीर उद्योगों को वैयक्तिक तथा सहकारी आधार पर बढ़ाने का प्रयास करेगा। *(धारा 43)*

(iii) समाज के दलित वर्गों, अनुसूचित जातियों तथा अनुसूचित जनजातियों के शिक्षण तथा आर्थिक सहायता की व्यवस्था राज्य द्वारा की जाएगी। *(धारा 46)*

(iv) राज्य द्वारा मादक वस्तुओं पर (केवल चिकित्सा के उपयोग को छोड़कर) प्रतिबंध लगाना। *(धारा 47)*

(v) राज्य कृषि तथा पशुपालन का वैज्ञानिक ढंग से संचालन करेगा, बछड़ों, दूध देने वाले तथा भारवाही पशुओं की हत्या का निषेध करेगा। *(धारा 48)*

भारतीय संविधान के 42वें संशोधन के अनुसार "राज्य देश के पर्यावरण की रक्षा तथा उसमें सुधार का प्रयास करेगा। राज्य के द्वारा वनों और वन्यजीवन की सुरक्षा का प्रयास भी किया जाएगा।" *(धारा 48-ए)*

उपरोक्त सिद्धान्तों में मुख्य रूप से वे नियम देखने को मिलते हैं, जिन्हें गाँधीजी ने अपने जीवन में सर्वाधिक महत्वपूर्ण माना था।

3. उदारवादी सिद्धान्त

राज्यनीति के निदेशक तत्त्वों में ऐसे सिद्धान्तों भी हैं जो उदारवार से प्रभावित हैं।

(i) राज्य समग्र भारतीय क्षेत्र में नागरिकों के लिए समान व्यवहार संहिता (Civil Code) लागू करने का प्रयास करेगा। *(धारा 44)*

(ii) राज्य सभी बच्चों को चौदह वर्ष की अवस्था तक निःशुल्क और अनिवार्य शिक्षा की व्यवस्था करेगा। *(धारा 45)*

(iii) राज्य ऐतिहासिक अथवा कलात्मक महत्त्व के प्रत्येक स्मारक अथवा वस्तु को (जिसे संसद राष्ट्रीय महत्त्व का घोषित करे) दूषित होने, स्थानान्तर किए जाने अथवा बाहर भेजे जाने से रक्षा करेगा। *(धारा 49)*

(iv) राज्य न्यायपालिका को कार्यपालिका से अलग करेगा। *(धारा 50)*

4. अन्तर्राष्ट्रीयवाद सम्बन्धी सिद्धान्त

निर्देशक तत्त्वों में कुछेक ऐसे सिद्धान्त भी हैं जिनका सम्बन्ध अन्तर्राष्ट्रवाद की स्थापना से है :

(i) अन्तर्राष्ट्रीय क्षेत्र में राज्य निम्नलिखित प्रयास करेगा–

(a) अन्तर्राष्ट्रीय शान्ति तथा सुरक्षा बनाए रखने का;

(b) राष्ट्रों के बीच न्यायपूर्ण तथा सम्मानपूर्ण सम्बन्धों को बनाए रखने का;

(c) अन्तर्राष्ट्रीय विवादों को मध्यस्थता द्वारा निपटाने के प्रयास के लिए प्रोत्साहन का। *(धारा 51)*

निदेशक तत्त्वों की आलोचना उस समय से होती आ रही है जबसे इससे सम्बन्धित धाराओं पर संविधान-निर्माताओं में विचार-विमर्श हो रहा था। संविधान सभा के एक सदस्य श्री नसीरूद्दीन ने उन्हें 'नए वर्ष के प्रथम दिन पास किए गए प्रस्ताव' (a set of new year resolutions) कहा था। प्रो. के. टी. शाह के अनुसार "यह एक ऐसा चेक है जिसका भुगतान बैंक की सुविधा पर ही निर्भर करता है। प्रो. हीयर ने, इन तत्त्वों को उद्देश्यों तथा आकांक्षाओं की घोषणा मात्र" (A manifesto of aims and aspirations) बताया है।" जिन आधारों पर राज्य नीति के निदेशक सिद्धान्तों की आलोचना की जाती है वे निम्नलिखित हैं–

1. कानूनी रूप से बाध्यकारी नहीं—नीति निर्देशक तत्वों की आलोचना मुख्य रूप से इस आधार पर की जाती हे कि इनको कार्यरूप में परिणत करने के लिनए राज्य बाध्य नहीं है। इसे लागू करना राज्य की सदाशयता पर निर्भर करता है। इसी कारण आलोचक इन तत्त्वों को 'शुभ इच्छाएँ (Pious Wishes)' नैतिक उपदेश (Moral Percepts) तथा वह राजनीतिक घोषणाएँ जिनका कोई सवैधानिक महत्त्व नहीं (Political manifesto devoid of any constitutional importance) आदि नामों से सम्बोधित करते हैं। संविधान की धारा 37 के अन्तर्गत यह स्पष्ट कर दिया था कि इन तत्त्वों के पालन के लिए न्यायालयों से माँग नहीं की जा सकती। राज्य इन्हें यदि लागू नहीं करता तो उसके विरुद्ध कोई कानूनी कार्यवाही नहीं की जा सकती। इसी कारण आलोचकों का मत है कि यह सिद्धान्त व्यर्थ है तथा इनका संविधान में सम्मिलित किया जाना कोई उपयोगी बात नहीं है। प्रो. जैनिंग्ज ने इसी आधार पर राज्य नीति के निर्देशक सिद्धान्तों को व्यर्थ घोषित किया था।

2. सिद्धान्तों की अस्पष्टता तथा अतार्किक रूप से क्रमबद्ध होना—निदेशक तत्त्वों की दूसरी बड़ी आलोचना यह है कि इन सिद्धान्तों को स्पष्ट रूप से नहीं लिखा गया तथा उन्हें किसी तर्कपूर्ण ढंग से क्रमबद्ध नहीं किया गया है। प्रो. जैनिंग्ज के अनुसार निदेशक तत्त्व किसी निश्चित तथा संगतपूर्ण विचारधारा पर आधारित नहीं हैं। एक ही अध्याय में समाजवाद, गाँधीवाद, उदारवाद तथा अन्तर्राष्ट्रवाद जैसी अलग-अलग धारणाओं को शामिल किया गया है। कुछेक सिद्धान्तों को बार-बार दोहराया गया है। कुछ अन्य सिद्धान्त जिनको संसद के कानून द्वारा लागू किया जा सकता था, उन्हें भी संविधान में स्थान दिया गया। प्रो. श्रीनिवासन का मानना है कि इसमें बेतुके ढंग से नए को पुराने से तथा तर्क एवं विज्ञान पर

आधारित बातों को मनोभावों तथा संकीर्णता पर आधारित बातों से मिला दिया गया है।

3. अव्यावहारिकता तत्त्व—निदेशक तत्वों में वर्णित कतिपय ऐसे अनुच्छेद हैं जिनकों क्रियान्वित करना असंभव नहीं तो मुश्किल जरूर है। धारा 38 के अन्तर्गत यह कहा गया है कि राज्य ऐसी सामाजिक व्यवस्था की स्थापना करेगा जहाँ प्रत्येक व्यक्ति को सामाजिक, आर्थिक तथा राजनीतिक न्याय प्राप्त हो सके। कहने को तो यह सिद्धान्त बहुत ही अच्छा लगता है परन्तु इसके लागू होने में कितना समय लगेगा, इस विषय में कुछ भी कहना कठिन है। सामाजिक न्याय, आर्थिक न्याय तथा राजनैतिक न्याय जैसे शब्द इतने अस्पष्ट तथा व्यापक हैं कि उनकी प्राप्ति की कल्पना बहुत दूर भविष्य में भी नहीं की जा सकती। अनेक राज्यों ने नीति निदेशक तत्त्वों के इन सिद्धान्त को कि मद्यनिषेध (Prohibition) लागू किया जाए कार्यरूप देने का प्रयास किया परन्तु शीघ्र ही इन्हीं राज्यों ने मद्यनिषेध नीति को ढीला करना पड़ा इसके अनेक कारण हो सकते हैं और इनमें मुख्य कारण यह है कि मद्यनिषेध के फलस्वरूप राज्यों को मद्य-कर से वंचित होना पड़ता था। इस दृष्टांत का आशय यह है कि नीति निदेशक सिद्धान्तों में अनेक सिद्धान्त व्यवहार की कसौटी पर सही नहीं उँतरते।

4. पर्याप्त साधनों का अभाव—प्रो. जैनिंग्ज ने नीति निदेशक तत्त्वों की इस आलोचना की ओर संकेत किया है कि इन सिद्धान्त रूपी साध्यों के लिए संविधान में साधनों की व्यवस्था का अभाव है। वे कहते हैं कि इन सिद्धान्तों में समाजवाद को अपनाया गया है परन्तु समाजवाद की सीमा के अन्तर्गत उत्पादन, वितरण तथा विनिमय का राष्ट्रीयकरण आवश्यक होता है, लेकिन भारतीय संविधान में ऐसा दिखाई नहीं पड़ता। जहाँ देशवासियों को सम्पत्ति का अधिकार प्राप्त हो, जहाँ निजी सम्पत्ति की प्रवृत्ति दिन-प्रतिदिन प्रबल होती जाएगी तथा देश के न्यायालय भी सम्पत्ति वालों के पक्ष में निर्णय देते हैं। अतः समाजवाद की केवल खोखले नारे बनकर रह जाती है।

5. निदेशक तत्त्व भविष्य में अप्रासंगिक बन जाएँगे—निदेशक तत्वों के आलोचकों का मंतव्य है कि संविधान निर्माताओं ने नीति निदेशक तत्त्वों में निहित विषयों की प्रेरणा 19वीं शताब्दी के ब्रिटिश अनुभवों से प्राप्त की थी और इस कारण 19वीं शताब्दी के रंग में रंगे ये तत्त्व 20वीं शताब्दी के मध्य में भारत के लिए उपयुक्त नहीं हैं। उनके विचारों में राज्यनीति के निदेशक तत्त्व भविष्य में सम्भवतः प्रतिक्रियावादी (rectionary) भी हो जाएँगे और पुराने भी।

6. संवैधानिक गतिरोध—नीति निर्देशक तत्वों को लागू किये जाने के फलस्वरूप संवैधानिक गतिरोध पैदा होने की आशंका उत्पन्न हो जाती है। कुछ आलोचक ऐसे संवैधानिक विषयों का ब्यौरा देते हैं जिसमें राज्यनीति के निदेशक तत्त्वों तथा अन्य संवैधानिक उपबन्धों में आपसी विरोध हो सकता है। एक ऐसा ही विरोध मौलिक अधिकारों तथा राज्यनीति के निदेशक तत्त्वों के बीच उत्पन्न हुआ कहा जाता है। उस स्थिति में जबकि दोनों में आपसी गतिरोध हो जाए तो किसे प्राथमिकता दी जाएगी। न्यायालयों ने यह धारणा व्यक्त की है कि प्राथमिकता मौलिक अधिकारों को प्राप्त होगी परन्तु संसद द्वारा किए गए 25वें संशोधन में धारा 31C के अन्तर्गत निदेशक तत्त्वों की धारा 39 के दूसरे तथा तीसरे उपभाग को राज्य कार्यरूप दे सकता है तथा राज्य का ऐसा कार्य 14, 19 तथा 31 धाराओं के विरुद्ध नहीं समझा जाएगा। इस संशोधन ने नीति-निदेशक तत्त्वों को मौलिक अधिकारों की अपेक्षा अधिक महत्त्व प्रदान कर दिया है। स्थिति आज भी स्पष्ट नहीं है और यह कहना कठिन है कि मौलिक अधिकारों तथा नीति निदेशक तत्त्वों में भविष्य में किसे प्राथमिकता दी जाएगी। इसी प्रकार यदि राष्ट्रपति अथवा राज्यपाल केन्द्रीय मन्त्रिमण्डल अथवा राज्य मन्त्रिमण्डल द्वारा बनाए गए किसी कानून को नीति निदेशक तत्त्वों के विरुद्ध समझते हैं तो क्या संविधान के संरक्षक (Constitution's Custodian) के रूप में वे उस कानून पर हस्ताक्षर करने से इन्कार कर सकते हैं अथवा नहीं। ऐसे कितने ही प्रश्न हैं जो नीति निदेशक तत्त्वों से सम्बन्धित हैं तथा संविधान के मार्ग में किसी प्रकार का भी विरोध उत्पन्न कर सकते हैं। उपर्युक्त बिन्दुओं के आधार पर राज्य के नीति निर्देशक तत्वों की आलोचना की जाती है। कुछ आलोचक तो ऐसे तत्त्वों को संविधान में शामिल किए जाने का भी विरोध करते हैं। उनके विचारों को संक्षेप में इस प्रकार प्रकट किया जा सकता है। मुख्य रूप से नीति निदेशक तत्त्व दो प्रकार के हैं–पहला, तत्त्वों का वह प्रकार जिनमें राज्यों से समाजवादी ढंग के समाज की स्थापना की आशा की गई है तथा ऐसे तत्त्वों में समाजवादी व्यवस्था के सभी प्रावधान शामिल किए जा सकते हैं जिनका उल्लेख 38, 39, 39ए, 42, 43, 43ए, 46, 47 आदि धाराओं में मिलता है। दूसरा, तत्त्वों का वह प्रकार जिनमें पंचायतों का गठन, शिक्षा तथा स्वास्थ्य का प्रबन्ध, अनुसूचित जातियों के आर्थिक तथा शिक्षा संबंधी हितों की रक्षा, ऐतिहासिक स्मारकों की देखभाल, अन्तर्राष्ट्रीय शान्ति तथा सुरक्षा आदि से सम्बन्धित धाराएँ हैं। इन दो प्रकार के तत्त्वों में पहले प्रकार के तत्त्व ऐसे हैं जिन्हें निकट भविष्य में तो दूर, कभी भी पूरा करना असम्भव है क्योंकि सामाजिक, आर्थिक तथा राजनैतिक न्याय की स्थापना

करना चाँद को पृथ्वी पर लाने के बराबर है। जहाँ तक दूसरे प्रकार के तत्त्वों का प्रश्न है, उन्हें तो एक राज्य चाहे वह किसी भी स्थिति में हो, उसे लागू करना ही चाहिए। यदि एक राज्य अपने नागरिकों को शिक्षा, स्वास्थ्य तथा अन्य प्रकार की सुविधाएँ नहीं दे सकता तो उसके अस्तित्त्व का क्या लाभ?

निदेशक तत्त्वों की आलोचना कड़े शब्दों में की जाती है तथा उन्हें 'केवल वचन' (Mere Promises) तथा 'सजावट की सामग्री' कहा जाता है। परन्तु नीति निदेशक तत्त्वों का एक-दूसरा रूप भी है और वह यह है कि इन तत्त्वों का अपना विशेष महत्त्व तथा उपयोगिता है।

1. निदेशक तत्त्व मार्ग-चिह्न का कार्य करते हैं—निदेशक तत्वों की उपादेश्यता इस तथ्य में सन्निहित है कि ये सिद्धान्त मार्ग-चिह्न की भाँति हैं तथा यह संकेत करते हैं कि समाजवादी ढंग के समाज की राह में कितनी यात्रा तय की जा चुकी है और कितनी अभी बाकी है। समाजवादी समाज की स्थापना धीरे-धीरे लम्बे समय बाद कानूनों द्वारा ही सम्भव है। राज्य द्वारा बनाए गए कानून अनेक परिवर्तनों के द्वारा ऐसे समाज का निर्माण सम्भव कर सकते हैं जहाँ प्रत्येक व्यक्ति को सामाजिक, आर्थिक तथा राजनैतिक न्याय प्राप्त हो सकेगा। राज्यनीति के निदेशक तत्त्वों से सम्बन्धित बना प्रत्येक कानून समाजवादी ढंग के समाज के लक्ष्य में एक बढ़ता हुआ कदम है।

2. ये नागरिकों के लिए एक पैमाने का कार्य—निदेशक तत्त्वों की उपयोगिता इस बात में भी है कि ये नागरिकों के लिए वह कसौटी बन जाते हैं जो उनके मताधिकार के प्रयोग की धारा निश्चित करते हैं। चुनाव से पूर्व प्रत्येक राजनीतिक दल अपने-अपने कार्यक्रमों द्वारा जनता के सामने पेश होते हैं। जो राजनीतिक दल निदेशक तत्त्वों से सम्बन्धित उद्देश्यों को जनता के सम्मुख लाता है वह अधिक मत प्राप्त करने में सफल होता है। इस प्रकार निदेशक तत्त्व ऐसे यन्त्र बन जाते हैं जिनके द्वारा नागरिक किसी भी राजनीतिक दल को परख सकते हैं।

3. पथ-प्रदर्शक की भूमिका—निदेशक तत्त्वों की एक अन्य उपयोगिता यह है कि शासक वर्ग इन्हीं सिद्धान्तों के आधार पर अपना व्यवहार करते हैं। संविधान के भाग चार में दिए गए निर्देश शासकों को दिए गए उपदेश हैं कि वे शासन के संचालन में किन नियमों के अनुसार कानून बनाएँगे। धारा 37 यह स्पष्ट करती है कि यद्यपि इन निर्देशनों के पालन न होने पर किसी राज्य के विरुद्ध कोई कानूनी कार्यवाही नहीं की जा सकती, परन्तु ये सिद्धान्त शासन करने के लिए राज्यों द्वारा मौलिक समझे जाएँगे। दूसरे शब्दों में नागरिक भी अपने शासकों द्वारा बनाए गए

कानूनों को निदेशक तत्त्वों की कसौटी पर परख सकते हैं तथा इस निर्णय पर पहुँच सकते हैं कि क्या शासक उनके लिए शासन करने का अधिकार रखते हैं अथवा नहीं।

4. निदेशक तत्त्वों द्वारा लोकहितकारी राज्य की स्थापना का ध्येय—निदेशक तत्वों का एकमेव उद्देश्य भारत को एक जनकल्याणकारी राज्य घोषित कर देश के सभी नागरिकों को समान अधिकार प्रदान करना है। इन तत्त्वों की उपयोगिता इस तथ्य में भी है कि वह भारत में ऐसा ममाज बनाने में योग दे रहे हैं जहाँ व्यक्ति को कार्य प्राप्त होगा तथा उसका किसी भी प्रकार से शोषण नहीं होगा। किसी भी लोकतन्त्रीय शासन के लिए आर्थिक सुरक्षा (Economic Security), रक्षा नली (Safety Valve) का कार्य करती है। एक स्वस्थ आर्थिक लोकतन्त्र की नींव पर ही स्वस्थ राजनीतिक लोकतन्त्र की स्थापना सम्भव हो सकती है। निदेशक तत्त्वों का उद्देश्य भारत में स्वस्थ लोकतन्त्र की कामना है।

5. निदेशक तत्त्व कार्यान्वित भी किए जा सकते हैं—यदि ध्यान से देखा जाए तो निदेशक तत्त्वों को भी कार्यान्वित किया जा सकता है। यह ठीक है कि यदि राज्य इन सिद्धान्तों को लागू नहीं करता तो उसके विरुद्ध कोई न्यायिक कार्यवाही सम्भव नहीं है, परन्तु प्रश्न यह है कि क्या राज्य इन सिद्धान्तों के विरुद्ध कानून बना सकता है? उत्तर यह है कि राज्य इन सिद्धान्तों की अवहेलना करते हुए इनके विरुद्ध कानून नहीं बना सकता और यदि कोई राज्य इनके विरुद्ध कानून बनाता है तो यह केवल इन सिद्धान्तों का विरोध ही नहीं होगा बल्कि संविधान का भी विरोध होगा। न्यायालय ऐसे कानूनों को (जो इन सिद्धान्तों के विरुद्ध बनाए जाएँगे) न केवल नीति निदेशक तत्त्वों के विरोध में बनाए गए कानून घोषित करेंगे बल्कि उनको संविधान के विरुद्ध भी घोषित किया जा सकता है क्योंकि नीति निदेशक तत्त्व संविधान का ही एक भाग है। फलस्वरूप कोई भी राज्य न्यायालयों के भय से इन सिद्धान्तों के विरुद्ध कानून नहीं बना पाएगा। जब कानून निदेशक तत्त्वों के विरुद्ध नहीं होंगे तो निश्चय ही वे इन सिद्धान्तों के अनुरूप बनाए जाएँगे। श्री अल्लादी कृष्णस्वामी के शब्दों में "कोई लोकप्रिय मन्त्रिमण्डल संविधान के चौथे भाग के उपबन्धों का उल्लंघन करने का साहस नहीं करेगा।" और फिर 42वें संशोधन के अन्तर्गत तो अब इन तत्त्वों को मौलिक अधिकारों पर प्राथमिकता भी प्रदान की गई है।

6. दो विपरीत धारणाओं से सुरक्षा—वर्तमान विश्व परिध्रुव में एक तरफ साम्यवाद है, तो दूसरी तरफ पूंजीवाद है। साम्यवादी देशों में जहाँ नागरिकों की

मौलिक स्वतंत्रता सुरक्षित नहीं रहती वहीं दूसरी ओर पूंजीवाद में नागरिकों की आर्थिक स्वतंत्रता का हनन होता है। भारतीय संविधान निर्माताओं ने बड़ी सोच-विचार के बाद इन दो विरोधी धारणाओं के बीच का रास्ता अख्तियार करते हुए देश में मिश्रित अर्थव्यवस्था की प्रणाली को अपनाया है। डॉ. पायली के अनुसार, "राज्य के नीति निदेशक सिद्धान्तों द्वारा भारतीय संविधान व्यक्तिगत स्वतंत्रता की घातक श्रमजीवी वर्ग की तानाशाही तथा जनसाधारण की आर्थिक सुरक्षा में बाधा डालने वाले पूँजीवादी अल्पतन्त्र में सन्तुलन स्थापित करता है।" राज्यनीति के निदेशक तत्त्वों के इस भाव में भी इसका महत्त्वपूर्ण स्थान है।

7. विरोधी दल के हाथों में एक हथियार—नीति निदेशक तत्त्वों द्वारा विरोधी दल सत्तारूढ़ पक्ष की आलोचना भी कर सकते हैं। संसद अथवा किसी भी प्रान्तीय विधानमण्डल की बैठकों में विरोधी दल इस आधार पर सरकार की निन्दा कर सकते हैं कि वह नीति निदेशक सिद्धान्तों के प्रति उदासीन है। अगस्त, 1958 में लोकसभा के एक साम्यवादी सदस्य तुषार चटर्जी ने इसकी जाँच करने के लिए एक आयोग की नियुक्ति की माँग की थी कि सरकार ने नीति निदेशक तत्त्वों को किस सीमा तक लागू किया है। फलस्वरूप सरकार इन सिद्धान्तों के प्रति सदैव सचेत रहती है तथा उन्हें लागू करने का प्रयास भी करती है।

8. निदेशक तत्त्वों की नैतिक उपयोगिता—नीति निदेशक तत्त्वों की नैतिक उपयोगिता यह है कि ये सिद्धान्त समग्र राष्ट्र की इच्छा के प्रतीक हैं। यदि मौलिक अधिकारों तथा निदेशक तत्त्वों में किसी प्रकार का गतिरोध पैदा हो जाए तो न्यायालय मौलिक अधिकारों को प्राथमिकता देने का प्रयास करते हैं, परन्तु इससे निदेशक तत्त्वों की महत्ता पर कोई अन्तर नहीं पड़ता तथा कोई भी न्यायालय इन सिद्धान्तों की उपयोगिता को भुलाने का साहस नहीं कर सकता। इस तर्क का मुख्य भाव यह है कि यदि मौलिक अधिकार एक विशेष व्यक्ति के हित पर बल देते हैं तो निदेशक तत्त्व सम्पूर्ण राष्ट्र के हित को महत्त्व देते हैं और इस दृष्टि से "राष्ट्र के हित को व्यक्ति के हित की अपेक्षा अधिक सम्मान मिलना चाहिए। नैतिक रूप से न्यायालय तथा राज्य निदेशक तत्त्वों को लागू करने पर बाध्य हो जाते हैं।"

9. निदेशक तत्त्वों द्वारा राज्य के सकारात्मक विचार को बल— संविधान के निदेशक तत्त्वों के अध्ययन से एक बात स्पष्ट हो जाती है कि संविधान-निर्माता 'नकारात्मक राज्य' (Negative State) की अपेक्षा 'सकारात्मक राज्य' के विचार को अधिक प्राथमिकता दे रहे थे। नकारात्मक राज्य एक पुलिस राज्य होता है जबकि सकारात्मक राज्य के कार्यों तथा दायित्वों में बढ़ोतरी होना स्वाभाविक है। नीति

निदेशक तत्त्वों द्वारा एक ऐसे समाज की कल्पना की गई है जिसकी स्थापना के लिए राज्य को अनगिनत कानून बनाने पड़ेंगे तथा एक लम्बा मार्ग तय करना पड़ेगा। ऐसी स्थिति में राज्य के कार्य तथा जिम्मेवारियाँ आदि सम्भवतः बढ़ जाती हैं। फलस्वरूप राज्य का स्वरूप शक्ति (Power State) का न रहकर सेवा (Service) का बन जाता है।

10. सरकार की विभिन्न इकाइयों के आपसी सहयोग—राज्यनीति के निदेशक तत्त्वों का एक अन्य महत्त्व यह है कि ये सिद्धान्त एक उत्तम लक्ष्य की प्राप्ति के लिए सरकार की सभी इकाइयों के आपसी सहयोग पर बल देते हैं। संविधान के इस भाग में जिसका सम्बन्ध निदेशक तत्त्वों से है 'राज्य' शब्द के प्रयोग में केन्द्रीय, प्रान्तीय, स्थानीय सभी प्रकार की इकाइयाँ शामिल की गई हैं और इन सभी इकाइयों से यह आशा की गई है कि वह इन सिद्धान्तों को कार्यरूप देने का प्रयत्न करेंगी। ऐसी स्थिति में जबकि 'समाजवादी ढंग के समाज' (Socialistic pattern of society) की स्थापना करनी हो तो विभिन्न इकाइयों के आपसी विरोध पर ऐसा समाज नहीं बनाया जा सकता। अतएव सरकार की विविध इकाइयों के मध्य आपसी तालमेल का होना अनिवार्य है।

राज्यनीति के निदेशक तत्त्वों के व्यावहारिक रूप पर विचारकों में मुख्यतया दो मत हैं। एक मत के अनुसार यह तर्क दिया जाता है कि राज्य द्वारा इन सिद्धान्तों को लागू किया गया है जबकि दूसरे मत के अनुसार यह युक्ति पेश की जाती है कि इन सिद्धान्तों को व्यावहारिक रूप दिया ही नहीं गया। वस्तुतः दोनों विचार एकांगी हैं।

हकीकत यह है कि सरकार द्वारा कई ऐसे कानून बनाये गये हैं जो नीति निदेशक तत्वों पर आधारित है। राज्य द्वारा कार्यान्वित पंचवर्षीय योजनाएँ जिनके फलस्वरूप उत्पादन में वृद्धि हुई है तथा समाजवादी ढंग के समाज की ओर सराहनीय कदम उठाए गए हैं, यह संकेत देते हैं कि राज्य ने निदेशक तत्त्वों के लागू करने में प्रशासकीय प्रयास किए हैं, ग्रामों में ग्राम पंचायतों की स्थापना तथा उनकी शक्तियों और कार्यों में वृद्धि एक महत्त्वपूर्ण कार्य है जिसे राज्य ने अच्छी तरह निभाया है। भौतिक साधनों पर राज्य के स्वामित्व तथा नियन्त्रण को बढ़ाया जा रहा है। भाखड़ा नंगल, दामोदर घाटी योजना, हीराकुण्ड योजना, लोहा तथा इस्पात उत्पादन करने वाली संस्थाएँ जैसे भिलाई, राउरकेला, दुर्गापुर तथा अन्य कितनी फैक्ट्रियाँ जैसे कि सिन्दरी फर्टिलाइजर्स, हिन्दुस्तान मशीन टूल्स इत्यादि राज्य के स्वामित्व तथा नियन्त्रण में हैं और देश के आर्थिक विकास में इनका योगदान

महत्त्वपूर्ण रहा है। बीमा तथा बैंकों के राष्ट्रीयकरण द्वारा भी धन के केन्द्रीयकरण को रोका जा सका है। बेरोजगारी दूर करने के लिए अनेक योजनाएँ राज्य के विचाराधीन हैं। श्रमिक अधिकारों की रक्षा के लिए कई कानूनों को लगभग सभी राज्यों में लागू किया गया है। आज श्रमिकों तथा काम करने वालों को जितनी सुरक्षा प्राप्त है उतनी पहले कभी भी नहीं थी। कर्मचारी राज्य बीमा अधिनियम कर्मचारी क्षतिपूर्ति अधिनियम, न्यूनतम वेतन अधिनियम काम करने वालों के पक्ष में पास किए गए कानून हैं। अनूसूचित जातियों तथा जनजातियों के हितार्थ कई प्रावधान किये गये हैं तथा इन जातियों के सदस्यों के लिए शिक्षा सम्बन्धी अनुदान दिए जाते हैं, सेवाओं में उनके लिए स्थान आरक्षित किए गए हैं तथा उन्हें प्रत्येक प्रकार की आर्थिक सहायता प्रदान की जाती है। विधानमण्डलों में उनके सदस्यों के लिए स्थान भी आरक्षित किए गए हैं। कृषि तथा कुटीर उद्योगों के विकास के लिए भी राज्य द्वारा उठाए गए पग काफी महत्त्वपूर्ण सिद्ध हुए हैं। आधुनिक कृषक अनुसंधान द्वारा कृषकों को बीज, खाद्य आदि की सहायता दी जाती है। लघु उद्योग हेतु आर्थिक सहायता भी उपलब्ध है। ऐतिहासिक महत्त्व के स्मारकों की रक्षा के लिए राज्य द्वारा काफी रकम खर्च किया जाता है। लगभग सभी राज्यों में न्यायपालिका को कार्यपालिका से पृथक् रखा गया है। अन्तर्राष्ट्रीय क्षेत्र में भारत पंचशील के सिद्धान्तों का प्रतीक है। अन्तर्राष्ट्रीय शान्ति तथा सुरक्षा बनाए रखने, राज्यों के बीच झगड़ों को मध्यस्थ द्वारा सुलझाने तथा अन्तर्राष्ट्रीय कानून के पालन करने में भारत सबसे आगे रहा है।

नीति निर्देशक सिद्धान्तों के अनुपालन हेतु समय-समय पर भारतीय संविधान में अनेक संशोधन किए गए, उदाहरणतया 24वां (बैंकों का राष्ट्रीयकरण) 25वां संशोधन (राजाओं के प्रिवीपर्स को समाप्त करना), 29वां संशोधन (सम्पत्ति के मौलिक अधिकार को सीमित करना) तथा 42वां संशोधन जिसमें समानता का अधिकार (धारा 14) स्वतन्त्रता का अधिकार (धारा 19) तथा सम्पत्ति के अधिकार (धारा 31) आदि को सीमित किया गया तथा सम्पत्ति के अधिकार सीमित करने के लिए भूमि हदबंदी कानून भी पास किए गए।

तथापि निदेशक तत्वों को लागू करने की राह पर हमें लम्बी दूरी तय करनी है। आज भी हम समाजवादी ढंग के समाज के अस्तित्त्व से बहुत दूर हैं। आज भी अनगिनत बच्चे अज्ञानता के अन्धकार में पल रहे हैं। आज भी असंख्य युवक तथा युवतियाँ बेकारी की आग में झुलस रहे हैं। निर्धनता के आकार में विस्तार हो रहा है। असमानता दिन-प्रतिदिन कम होने की अपेक्षा बढ़ती जा रही है। जब तक

असमानता, निर्धनता, बेकारी, अज्ञानता आदि का अस्तित्त्व रहेगा तब तक निदेशक तत्त्वों से सम्बन्धी सिद्धान्तों की पूर्ति की सम्भावना भी रहेगी इस सम्बन्ध में पंडित जवाहरलाल नेहरू ने कहा था, ''भारत की सेवा से तात्पर्य उन लाखों लोगों की सेवा से है जो दुःखी हैं। इस सेवा का अर्थ यह है कि निर्धनता, अज्ञानता, बीमारी तथा अ़वसर में असमानता का अन्त हो। हमारी पीढ़ी के श्रेष्ठ व्यक्ति का लक्ष्य यह है कि वह प्रत्येक आँख से आँसू पोंछ सके। यह सब हमारी सामर्थ्य से बाहर हो सकता है, किन्तु जब तक देश में भूखे, बेरोजगार लोग हैं, लोग दुःखी हैं, उनकी आंखों में आंसू हैं तब तक हमारा कार्य समाप्त नहीं होगा।

7

भारत में सामाजिक कानून

पुराने जमाने में जब राज्य का उदय नहीं हुआ था, समाज का शासन 'प्रथाओं' द्वारा होता था। समाज को जो व्यवस्था आवश्यक लगी वह चल पड़ी, और जो देर तक चलती रही, वह 'प्रथा' हो गई। अब इस 'प्रथा' को तोड़ना मुश्किल हो गया। जो इस 'प्रथा' को तोड़ता, उसका बहिष्कार हो जाता। जब समाज में राज्य का जन्म हुआ, तब 'प्रथा' का स्थान 'कानून' ने ले लिया। कभी-कभी तो 'प्रथा' तथा 'कानून' ऐसे थे जिनकी परिस्थितियों के अनुसार जरूरत थी, कभी-कभी ऐसी स्थिति उत्पन्न होती रही जब परिस्थितियाँ बदल गईं, परन्तु 'प्रथा' तथा 'कानून' वहीं रहे। जब ऐसी स्थिति उत्पन्न हो जाती है, तब दो बातें होती हैं। या तो लोग स्वयं उस 'प्रथा' या 'कानून' को बदलकर नवीन परिस्थितियों के अनुसार नया कानून बना लेते हैं। जब व्यक्तियों द्वारा 'प्रथा' या कानून को परिवर्तित का आन्दोलन होता है तब उसे 'सुधार' (Reform) कहते हैं, जब राज्य के हस्तक्षेप से यह कार्य होता है, तब उसे 'कानून' (Law) या 'विधान' (Legislation) कहते हैं। सुधार द्वारा जो कार्य होता है वह जनता की मर्जी से होता है, इसलिए उसमें बाधितपन नहीं रहता, कानून द्वारा जो सुधार होता है, वह जनता की इच्छा से नहीं होता, इसलिए उसमें बाधितपन रहता है, राज्य के दण्ड के भय से लोग उस कानून को स्वीकार करते हैं।

समाज की जरूरतों, समाज कल्याण तथा सामाजिक समस्याओं को हल करने के लिए समय-समय पर जो अधिनियम राज्य द्वारा पारित किए जाते हैं, उन्हें ही

सामाजिक विधान कहा जाता है। ओलिवर वेण्डल होम्स के अनुसार आज का विधान बीते हुए कल की सामाजिक आवश्यकताओं की पूर्ति के लिए है। प्रख्यात समाजविधिक डॉ. सक्सेना के अनुसार, "वह विधान जिसका उद्देश्य समाज को परिवर्तित अथवा पुनर्संगठित करना हो, सामाजिक विधान की श्रेणी में आता है। इस तरह सामाजिक विधान में समाज सुधार, सामाजिक परिवर्तन, सामाजिक समस्याओं का समाधान और सामाजिक आदर्श नियमों का प्रतिपादन एक साथ सन्निहित है।" सामाजिक विधानों के निर्माण में आदर्श एवं व्यवहार दोनों का मिश्रण होना चाहिए कोरे आदर्शवादी सामाजिक विधान भी सफल नहीं हो सकते। किसी भी समाज में सामाजिक विधानों का निर्माण समाज को नियमित एवं नियन्त्रित करने के लिए एवं उस समाज के कल्याण एवं सुधार के लिए जरूरी है। जब समाज में ज्यादा जटिलता उत्पन्न हो जाए तथा एकरूपता का अभाव हो साथ ही नियन्त्रण के अनौपचारिक साधनों जैसे प्रथाओं, रूढ़ियों एवं जन-रीतियों द्वारा सामाजिक नियन्त्रण का कार्य सफलतापूर्वक नहीं किया जा रहा हो अथवा समाज में अन्य ऐसी परिस्थितियाँ उत्पन्न हो गई हों जिनसे सम्बन्धित प्रथाएँ न हों तो ऐसी स्थिति में समाज को सुचारू रूप से चलाने के लिए ही संगठित बनाए रखने के लिए सामाजिक विधानों की आवश्यकता होती है।

देश में सदा दो तरह के विचारक रहा करते हैं—रूढ़िवादी तथा सुधारवादी। रूढ़िवादी पुरानी प्रथा के दास बने रहना पसन्द करते हैं। वे पुराना जो कुछ भी हो उसे बदलना नहीं चाहते। सुधारवादी परिस्थितियों के बदल जाने पर 'प्रथा' या 'कानून' को बदल देना चाहते हैं। सुधारवादियों में भी कुछ लोग जनता में आन्दोलन द्वारा परिवर्तन चाहते हैं, राज्य द्वारा नहीं, कुछ लोग चाहते हैं कि राज्य अपने हस्तक्षेप द्वारा परिवर्तन कर दे, फिर जनता अपने-आप इन परिवर्तनों के लिए अपने को अभ्यस्त कर लेगी। कभी-कभी तो जनता राज्य द्वारा किए गए परिवर्तनों को बिना ज्यादा ननु-नच के स्वीकार कर लेती है, कभी-कभी राज्य द्वारा किए गए परिवर्तनों को देखकर चौंक उठती है और राज्य ही डाँवाडोल हो जाता है। राज्य को चाहिए कि जिस सामाजिक प्रथा में कानून द्वारा परिवर्तन लाना चाहे, पहले उसके लिए जनमत तैयार कर ले। जब जनता के आन्दोलन द्वारा किसी रूढ़ि की, प्रथा की जान निकल जाएगी, तब बोदी दीवार को जैसे एक धक्के से गिरा दिया जाता है, वैसे थोथी प्रथा को कानून के हल्के से धक्के से खत्म कर दिया जा सकता है। बिना जनमत किए कभी-कभी राज्य के हस्तक्षेप से लेने के देने पड़ जाते हैं। कभी-कभी जब कोई प्रथा समाज को सीधा नुकसान पहुँचा रही हो, तब राज्य को इन्तजार किए

बिना हस्तक्षेप करने की जरूरत पड़ जाती है। उदाहरणार्थ, जब सती प्रथा इस देश में प्रचलित थी तब लॉर्ड बैंटिक ने जबर्दस्ती इस प्रथा को रोकने का कानून बनवाया। लोग कहते थे, यदि ऐसा कानून बना तो उपद्रव हो जाएगा। परन्तु जीते-जी एक स्त्री को आग की लपटों की भेंट कर देना—इससे क्रूर कार्य क्या हो सकता था। ऐसे मामलों में तो राज्य को किसी बात की परवाह नहीं करनी चाहिए। ऐसी हालतों में पहले-पहल कुछ हलचल होती है, पीछे जनता स्वयं उसी प्रकार सोचने लगती है, जनता का विचार-स्तर ऊँचा उठ जाता है। परन्तु अच्छा यही है कि राज्य उन्हीं बातों में हस्तक्षेप करे जिनसे समाज को सीधा नुकसान पहुँच रहा हो, अन्यथा जनमत जागृत हो जाने पर हस्तक्षेप करे। वहाँ भी ऐसे कानून बनाए जो 'इच्छात्मक विधान' (Permissive Legislation) हों।

जब से देश स्वतन्त्र हुआ है, तब से चहुँमुखी जागृति हो जाने के कारण अब तक जिन बातों को हम 'समाज सुधार' कहा करते थे, वे तो आम हो गई हैं, कुरीतियों का मकान अपने-आप ढहने लगा है, अब सती-प्रथा, बाल-विवाह, विधवा का सिर मुँडाकर आयु भर पड़े रहना, जात-पात इन सबको लोग स्वयं बुरा मानने लगे हैं। अब 'समाज सुधार' का अर्थ इन कुरीतियों के उन्मूलन से बहुत आगे बढ़ गया है। अब 'समाज सुधार' का क्या अर्थ समझा जाने लगा है? अब 'समाज-सुधार' का अर्थ यह समझा जाने लगा है कि हमें समाज में शिक्षा का प्रसार करना है, प्रत्येक मनुष्य को स्वास्थ्य की सब सुविधाएँ देनी हैं, उसे अच्छा नागरिक बनाना है, देश की दरिद्रता को दूर करना है, जीवन के स्तर को ऊँचा करना है, पिछड़ी जातियों को सब प्रकार की सुविधाएँ देकर उन्हें उन्नत करना है, वेश्यावृत्ति को दूर कर इस प्रकार के कुकर्मों के लिए भगाई गई बहनों को काम पर लगाना है, शराब-बन्दी करनी है, जो युवा या बालक अंगहीन हैं, अन्धे, बहरे, लूले, लंगड़े हैं, उनके लिए शिक्षा के उपयुक्त साधनों को जुटाना है, अपराधी मनोवृत्ति के युवाओं तथा बालकों का सुधार करना है, जेल में जाने की प्रवृत्ति वाले व्यक्तियों की प्रवृत्ति को परिवर्तित है, श्रमिकों के कल्याण का ध्यान रखना है। 'समाज सुधार' का यह सब विस्तृत अर्थ अपने सामने रखकर आज का युग आगे बढ़ रह है। आज अपने तथा अन्य देशों में इसी प्रकार के 'सामाजिक सुधारों' को सामने रखकर 'कानून' बन रहे हैं। इन 'कानूनों' से शिक्षा, स्वास्थ्य, बेकारी, श्रम आदि अनेक सामाजिक समस्याओं का समाधान किया जा रहा है।

सामाजिक कानून का प्रादुर्भाव

जैसा कि वर्णन किया जा चुका है कि प्राचीन काल में मनुष्य के व्यवहार को प्रथा अथवा रिवाज से नियन्त्रित किया जाता था। सामाजिक भय, लोक-लाज तथा

जनमत मनुष्य के व्यवहार को नियन्त्रित तथा निर्देशित करने के महत्त्वपूर्ण साधन थे। राजा राम ने अपनी जनता के लाँछन लगाने मात्र से अपनी धर्मपत्नी को बनवास दे दिया जिसकी पवित्रता और पतिव्रत धर्म से वे पूर्णरूप से आश्वस्त थे। ये पुराने आचार-विचार उस समय के भावना प्रधान तथा श्रद्धाशील युग के साथ इतिहास के पन्नों पर अंकित रह गए और अब हमारे सामने नए युग के नए मूल्य हैं। यद्यपि प्रथाएँ अथवा रिवाज आज भी मनुष्य के व्यवहार को नियन्त्रित और निर्देशित करती हैं तथापि यह स्वीकार करना होगा कि आज का युग अन्धविश्वासों का युग नहीं है, वरन् बुद्धि एवं स्वतन्त्र इच्छा का युग है। इस बुद्धिवादी युग में हर कार्य करने से पूर्व क्यों और कैसे के प्रश्नवाचक चिह्न लगाए जाते हैं। हमारे सभी व्यक्तिगत एवं सामाजिक कार्यों पर बुद्धि का प्रभुत्व छाया हुआ है। बुद्धि स्वतन्त्र चयन को जन्म देती है, इसके परिणामस्वरूप सामाजिक जीवन में समझौते किए जाते हैं तथा इन समझौतों की पृष्ठभूमि में कानून का महत्त्व बढ़ जाता है। आज की औद्योगिक युग की नई चुनौतियों के परिप्रेक्ष्य में राज्य का यह महत्वपूर्ण कर्त्तव्य हो गया है कि वह समाज के प्रतिनिधि तथा संरक्षक के रूप में व्यवस्थापन करे। राज्य द्वारा सामाजिक विधानों ने मुख्य रूप से उन्नीसवीं शताब्दी से जोर पकड़ा है और वह भी खासकर बीसवीं शताब्दी में। औद्योगीकरण के फलस्वरूप राज्य स्पष्ट रूप से साधन-सम्पन्न तथा साधनहीन वर्गों में विभाजित हो गया है। यहाँ राज्य का यह दायित्व है कि वह निर्बल तथा साधनहीन वर्ग को समर्थ एवं शक्तिशाली वर्ग के शोषण से रखा। इसके लिए सामाजिक कानून बनाए जाते हैं। श्रमिकों को मिल मलिकों के विरुद्ध संरक्षण देने के लिए विभिन्न फैक्ट्री कानून बनाए जाते हैं। प्रो. लॉस्की को कहना था कि श्रमिक तथा पूँजीपति की सौदेबाजी करने की शक्ति एक जैसी नहीं होती, अतः इस आर्थिक संघर्ष में श्रमिक को हानि उठानी पड़ती है। इस स्थिति में राज्य व्यवस्थापन द्वारा श्रमिक के हितों की रक्षा करता है।

वर्तमान औद्योगिक समाज के अनेक दोषों में निर्धनता, बेकारी और भुखमरी मुख्य हैं। इनका निराकरण करने के लिए राज्य का आगे आना आवश्यक है। 1929-30 की आर्थिक-मन्दी के समय विभिन्न देशों की सरकारों ने अनेक उपचारात्मक कदम उठाए थे। अमेरिका ने भी (New Deal) की नीति को कार्यान्वित करने के लिए अनेक सामाजिक कानून बनाए। औद्योगिक जीवन ने समाज में अनेक समस्याओं तथा असुरक्षाओं को जन्म दिया है। पुरानी जीवन-प्रणाली की सुरक्षाएँ समाप्त हो चुकी हैं। इस स्थिति में राज्य द्वारा सामाजिक बीमा या अन्य प्रकार के कानून बनाकर नागरिकों की रक्षा करना अत्यन्त आवश्यक हो गया है।

वर्तमान राजनीति के प्रजातान्त्रिक मूल्य भी इस बात की माँग करते हैं कि राज्य को सामाजिक व्यवस्थापन करना चाहिए। प्रजातन्त्र का अर्थ केवल यही नहीं है कि सरकार जनता द्वारा निर्वाचित की जाए वरन् इसमें सरकार जनहित के लिए संचालित की जाती है। राज्य द्वारा आर्थिक एवं सामाजिक क्षेत्र में प्रत्येक असमानता, शोषण तथा अन्याय को रोकने के लिए सामाजिक कानून बनाए जाते हैं।

हमें यह तथ्य नहीं भूलना चाहिए कि कोई भी सामाजिक विधान तब तक प्रभावी ढंग से कारगर नहीं हो सकता जब तक उसे जन-सहयोग न मिले। यदि समाज में परम्परागत और रूढ़िगत विचारों का प्राधान्य है और समाज के अपेक्षित समर्थन का अभाव है तो अनेक सामाजिक विधान कागजी अधिक रह जाते हैं। भारत में कुछ वर्ष पूर्व तक यही स्थिति थी, लेकिन पिछले एक दशक से जो जागरूकता आने लगी है उसके फलस्वरूप सामाजिक विधान अधिकाधिक व्यावहारिक और कारगर बनते जा रहे हैं।

विधान की प्रकृति तथा इसकी सामाजिक उपयोगिता

मि. एच. एस. उर्सेकर ने लिखा है कि "सामाजिक न्याय को लागू किए जाने योग्य कानून में बदलने की जन इच्छा की विधायी अभिमनुष्य है।" कानून का कारण केवल देश की परम्पराएँ, इतिहास तथा समाज शास्त्र ही नहीं होता, वरन् इसका एक महत्त्वपूर्ण कारण समाज का कल्याण भी है। प्रसिद्ध विधिवेत्ता मि. कोर्डोजो के मतानुसार आधुनिक समय में कल्याण कानून की सबसे बड़ी निदेशक शक्ति बनता जा रहा है। कानून सदैव अपने समय की समस्याओं को अभिव्यक्त करता है। डीन रास्को पाउण्ड का कहना है कि "कानून ऐसे आदेशों, सिद्धान्तों और नियमों का संग्रह है जो मानद सम्बन्धों का समायोजन करता है, समाज में उनके व्यवहार को व्यवस्थित करता है।" कानून द्वारा मनुष्य एवं समाज के सम्बन्धों का नियमन किया जाता है। कानून का लक्ष्य मनुष्यवादी समाज में काफी सीमित था। इसका लक्ष्य न्याय, शान्ति और व्यवस्था बनाए रखना था। यह समाज के खिलाफ मनुष्य की स्वतन्त्रता का रक्षक था। यह मनुष्य की कमजोरियों तथा समस्याओं पर विचार करता था। मनुष्य की स्वाभाविक मनोवृत्ति यथा क्रोध, घमण्ड, लालच, तृष्णा, ईर्ष्या तथा पाशविकता को ध्यान में रखते हुए इनसे उत्पन्न अपराधों से सम्बन्ध रखता था। कालान्तर में समय के मूल्य परिवर्तित हुए और इनके साथ ही कानून के क्षेत्र एवं विषय-वस्तु में भी भारी परिवर्तन आए। ज्यादा राज्यों में लोक कल्याणकारी राज्य की धारणा को स्वीकार किया गया। मनुष्यवादी व्यवस्था का स्थान नियोजित अर्थव्यवस्था द्वारा ले लिया गया। राज्य का कार्य केवल कर इकट्ठा करना तथा शान्ति

व्यवस्था स्थापित करना ही नहीं रहा, यह व्यापक हो गया। नियोजित अर्थव्यवस्था वस्तुओं के उत्पादन, वितरण तथा उपयोग को पूरी तरह नियन्त्रित करने लगी। जी. डी. एच. कोल ने लिखा है कि लोग कल्याणकारी राज्य एक ऐसा समाज है जिसमें प्रत्येक नागरिक को ज़ीवन का एक न्यूनतम स्तर तथा अवसर प्रदान किया जाता है। यह एक तरह से सेवा राज्य है। इस राज्य में कानून का लक्ष्य भी मनुष्य को विभिन्न प्रकार की सेवाएँ उपलब्ध कराना बन जाता है। लोक कल्याणकारी राज्य जनता को राष्ट्रीय, स्वास्थ्य, बीमा तथा अन्य सामाजिक सेवाएँ उपलब्ध कराता है। हर नागरिक को जीने का अधिकार दिया जाता है, उसे खुशी प्रदान की जाती है। ज्यादातर संख्या के ज्यादा सुख के उपयोगितावादी विचार को कार्यरूप में परिणत किया जाता है।

लोक कल्याणकारी राज्य में कानून की प्रकृति गत्यात्मक (Dynamic) है। पुलिस राज्य में कानून की प्रकृति नैतिक होती है। यहाँ कानून का लक्ष्य स्थित सामाजिक व्यवस्था को बनाए रखना है जबकि लोक कल्याणकारी राज्य में कानून का उद्देश्य एक नई समाज व्यवस्था की रचना करना है। पुलिस राज्य में कानून का उद्देश्य नागरिकों की सम्पत्ति, जीवन और स्वतन्त्रता की रक्षा करना है जबकि कल्याणकारी राज्य में यह समाज के सद्‌जीवन तथा सुधार का साधन है। पुलिस राज्य का कानून मुख्य रूप से मनुष्य को अधिकार सौंपता है लेकिन कल्याणकारी राज्य में यह मनुष्य को अनेक कर्त्तव्य और दायित्व भी सौंपता है। प्रथम व्यवस्था में कानून का कार्य निषेधात्मक है जबकि दूसरी व्यवस्था में यह सकारात्मक है। सामाजिक रूप रचना के साथ-साथ कानून का स्वरूप भी बदल जाता है। कानून स्थिर नहीं होता, गत्यात्मक होता है। यहाँ तक कि एक न्यायपालिका भी अपने निर्णयों पर पुनर्विचार करती है तथा पहले उसने एक कानून की जो व्यवस्था की थी उसे बदले हुए सन्दर्भ में बदल देती है। कानून की लोचशीलता विधायी प्रक्रिया एवं न्यायिक प्रक्रिया द्वारा बनाए रखी जाती है। परिवर्तन जीवन का कानून है उसी तरह यह कानून का जीवन भी है।

कानून लोक कल्याणकारी राज्य का महत्त्वपूर्ण साधन है। इस राज्य के सभी कार्य समाज कल्याण के लिए प्रेरित होते हैं। समाज कल्याण एक व्यापक धारणा है जिसमें समाज का नैतिक, सामाजिक, आर्थिक, शारीरिक तथा राजनीतिक कल्याण निहित है। यह समाज की चहुँमुखी प्रगति से सम्बन्धित है। यह ऐसा समाज बनाना चाहता है जिसमें सभी प्रसन्न और स्वस्थ रहें। सभी सद्‌इच्छाएँ पूरी हो जाएँ तथा कोई भी अप्रसन्न न हो। समाज कल्याण को लक्ष्य मानने वाले राज्य में निश्चित

रूप से कानून का शासन होगा, यहाँ किसी मनुष्य का शासन नहीं हो सकता। कल्याणकारी राज्य में कानून को एक रचनात्मक कार्य सौंपा जाता है। इसका लक्ष्य समाजवादी तरीके पर एक नए समाज का स्वप्न साकार करना बन जाता है। यहाँ व्यवस्थापक को सामाजिक ताने-बाने का रचयिता माना जाता है। वह सामाजिक अभियन्ता है। सामाजिक कानूनों के माध्यम से वह नवीन रचनाएँ करता है।

यह सच है कि सामाजिक कानून सामाजिक समस्याओं को हल करने का महत्त्वपूर्ण साधन है किन्तु इस साधन की सक्रियता एवं प्रभावशीलता जनमत के समर्थन पर निर्भर है। आवश्यक जनमत का समर्थन प्राप्त किए बिना कोई कानून अपने लक्ष्य की उपलाब्धि नहीं कर सकता। कानून को कार्यरूप देने वाला यन्त्र भी सक्षम तथा सक्रिय होना चाहिए अन्यथा सामाजिक समस्याओं का समाधान नहीं किया जा सकता। भारत में सामाजिक कानूनों को सामाजिक समस्याओं के निराकरण में आंशिक सफलता प्राप्त हुई है, वे सामाजिक बुराइयों को पूरी तरह नहीं रोक सके हैं।

सामाजिक कानून का वर्गीकरण

भारत में शासन का लक्ष्य समाजवादी समाज की स्थापना करना है। संविधान की धारा 38 में कहा गया है कि राज्य का कर्त्तव्य होगा कि वह एक ऐसी समाज व्यवस्था स्थापित करने का प्रयास करे जिसमें सामाजिक, आर्थिक और राजनीतिक न्यास राष्ट्रीय जीवन की सभी संस्थाओं को अनुप्राणित करे और लोक कल्याण की उन्नति का पथ प्रशस्त करे। अनुच्छेद 39 में निर्देशित किया गया है कि राज्य अपनी नीति इस प्रकार संचालित करेगा ताकि सभी नागरिकों को जीविका के साधन उपलब्ध हो सकें, सभी स्त्री-पुरुषों को समान कार्य के लिए समान वेतन प्राप्त हो सके, श्रमिकों के स्वास्थ्य एवं शक्ति का शोषण नहीं किया जाए, बालकों तथा युवकों को शोषण से बचाया जाए। जीवन स्तर को ऊँचा उठाने, पोषाहार की सही व्यवस्था के पुरातन आदर्श को स्वीकार करता है। इसके परिणामस्वरूप सामाजिक व्यवस्थापन पर्याप्त महत्त्वपूर्ण हो गया है।

सामाजिक व्यवस्थापन के अन्तर्गत तीन प्रकार की संविधियाँ शामिल हैं—(क) समाज सुधार कानून, (ख) श्रमिक कानून तथा (ग) समाज कल्याण कानून। ऐतिहासिक दृष्टि से यह कहा जा सकता है कि ब्रिटिश कालीन सामूहिक कानूनों में प्रथम दो प्रकार के कानून पारित किए जाते थे। तीसरे प्रकार का कानून मुख्य रूप से स्वतन्त्रता के बाद की उपज है। इन तीनों प्रकार के सामाजिक काननों की प्रकृति के सम्बन्ध में निम्न प्रकार विवेचन किया जा सकता है—

समाज सुधार कानून

इस श्रेणी में वह सामाजिक व्यवस्थापन सम्मिलित होता है जिसका सम्बन्ध सामाजिक-धार्मिक सुधारों से है। सुधार करना इस तरह के कानून का महत्वपूर्ण लक्ष्य होता है। भारत में जहाँ सामाजिक जीवन को नियमित करने की दृष्टि से रूढ़ियों का विशेष महत्त्व रहा है, धीरे-धीरे समाज सुधार विधान काफी प्रभावशील होता जा रहा है। हिन्दू समाज में रूढ़ियों को सदैव धर्म का समर्थन मिलता रहा है और ये रूढ़ियाँ समाज की प्रगति में भारी बाधक बनी हैं। इन रूढ़ियों ने विभिन्न सामाजिक कुरीतियों और समस्याओं को जन्म दिया है जिनके कारण हमारा समाज खोखला होता रहा है। हिन्दू समाज में बाल विवाह, विधवा-पुनर्विवाह पर प्रतिबन्ध, दहेज प्रथा, अन्तर्जातीय विवाहों पर रोक, बहुपत्नी विवाह, आदि विभिन्न वैवाहिक और पारिवारिक समस्याएँ पाई जाती हैं। हिन्दू समाज अस्पृश्यता के महारोग से पीड़ित है, पिछड़ी जातियाँ नाना निर्योग्यताओं से ग्रस्त हैं। इन अलग-अलग समस्याओं और कुरीतियों को दूर करने के लिए भी समाज सुधार आन्दोलन हुए वे काफी कम सफलता प्राप्त कर सके। ऐसी दशा में इनसे छुटकारा दिलाने के लिए समाज सुधारक भी राज्य की ओर देखने लगे। ब्रिटिश शासन में राजनीतिक कारणों से भारत ने सामाजिक और धार्मिक जीवन में हस्तक्षेप करने की नीति ही ज्यादातर अंगीकार की। जनता निश्चित समर्थन पाने के बाद ही विदेशी हुकूमत ने कुछ कानून पारित कर सामाजिक सुधार की दिशा में कोशिश की।

ब्रिटिश शासन काल में 1829 में सती प्रथा निषेध अधिनियम, 1856 में हिन्दू विधवा पुनर्विवाह अधिनियम, 1929 में बाल-विवाह निरोधक अधिनियम, 1937 में हिन्दू स्त्रियों का सम्पत्ति पर अधिकार अधिनियम, 1937 में मुस्लिम शरीयत अधिनियम, 1939 में मुस्लिम विवाह-विच्छेद अधिनियम और कुछ अन्य अधिनियम पारित किए गए। सामाजिक विधानों की जो नींव ब्रिटिश शासन काल में रख दी गई उसे स्वतन्त्र भारत में और ज्यादा सशक्त बनाया गया। स्वतन्त्र भारत के संविधान में यह निश्चित किया गया कि राज्य जाति, धर्म, लिंग-भेद आदि को ध्यान में रखते हुए सभी नागरिकों को आर्थिक, सामाजिक तथा राजनीतिक न्याय प्रदान करेगा और असमानता का सिद्धान्त अपनाएगा। नागरिकों को प्रमुख मूलभूत अधिकार प्रदान किए गए, अस्पृश्यता को समाप्त कर दिया गया और नीति-निर्देशक तत्त्वों की व्यवस्था की गई जिनके तहत विभिन्न सामाजिक क्षेत्रों को लाया गया और राज्य का यह कर्त्तव्य ठहराया गया कि वह कानून बनाकर समाज कल्याण कार्य को प्रोत्साहन देगा। हिन्दू कानूनों में सुधार की जरूरत महसूस की गई और नवीन

सामाजिक विधान बनाने की दिशा में सरकार सक्रिय हुई। 1952 के आम चुनावों के पश्चात् नई लोकसभा में हिन्दू कोड बिल, जो छोटे-छोटे खण्डों में रखा गया, पारित हुआ। 1955 में हिन्दू विवाह अधिनियम पारित किया गया जिसके द्वारा हिन्दू विवाह से सम्बन्धित अन्य सभी अधिनियमों को रद्द कर दिया गया, केवल 'विशेष विवाह अधिनियम, 1954' ही लागू रखा गया। 1976 में इस अधिनियम में अनेक महत्त्वपूर्ण संशोधन किए गए। 1955 में ही अस्पृश्यता (अपराध) अधिनियम पारित हुआ। 1956 में हिन्दू उत्तराधिकार अधिनियम, हिन्दू नाबालिगी एवं संरक्षिता अधिनियम, हिन्दू दत्तक ग्रहण एवं भरण-पोषण अधिनियम तथा स्त्रियों और कन्याओं का अनैतिक व्यापार निरोधक अधिनियम बने। 1961 में दहेज निरोधक अधिनियम पारित किया गया। भारत सरकार वैवाहिक कानूनों में एकरूपता लाने के लिए प्रयत्नशील है।

श्रम कानून

इस श्रेणी में वह सामाजिक व्यवस्थापन सम्मिलित किया जाता है जिसका सम्बन्ध रोजगार की परिस्थितियों को नियमित करने, औद्योगिक विवादों को सुलझाने तथा राज्य बीमा तथा श्रम कल्याण योजनाओं से रहता है। इस दृष्टि से एक मुख्य प्रारम्भिक प्रयास मृत्युजनित दुर्घटना अधिनियम, 1855 है। इसके पश्चात् मजदूर और मालिक के बीच शान्तिपूर्ण सम्बन्धों की स्थापना के लिए कई अधिकनियम पारित किए गए यथा—मजदूर मुआवजा अधिनियम, 1923; मजदूरी भुगतान अधिनियम, 1936; नियुक्तिकर्त्ता का दायित्व सम्बन्धी अधिनियम, 1938; औद्योगिक विवाद अधिनियम, 1947; न्यूनतम मजदूरी अधिनियम, 1948; मजदूरी राज्य बीमा अधिनियम, 1948 (श्रेणी संशोधन/अधिनियम 1976, आदि)। 1976 में बन्धुआ मजदूर प्रथा (उन्मूलन) अधिनियम बनाकर बन्धुआ मजदूरी को कानूनन समाप्त कर दिया गया। इस तरह के सामाजिक व्यवस्थापन में सुधार एवं समाज कल्याण दोनों का बराबर महत्त्व होता है।

समाज कल्याण कानून

इस प्रकार का व्यवस्थापन सम्पूर्ण समाज के समग्र कल्याण से सम्बन्ध रखता है। यह जन-स्वास्थ्य, जन-शिक्षण एवं अन्य सामाजिक सेवाओं से सम्बन्धित रहता है। यह सामाजिक एवं स्थायी महत्त्व की समस्याओं का निदान करता है। इस श्रेणी में आने वाले कुछ अधिनियम ये हैं—औषधि (नियन्त्रण) अधिनियम-1950, अस्पृश्यता (अपराध) अधिनियम-1955, पुरस्कार प्रतियोगिता अधिनियम-1955, खादी एवं

ग्रामोद्योग आयोग अधिनियम-1956, कर्मचारी भाग्यनिधि अधिनियम-1952, स्त्री और लड़कियों के अनैतिक व्यापार का दमन अधिनियम-1956, कार्यवाहक पत्रकार अधिनियम-1955, गन्दी बस्ती अधिनियम-1956 (केवल संघीय प्रदेशों के लिए), खाद्य मिलावट रोकथाम अधिनियम-1956, सम्पत्ति कर अधिनियम-1957, भेंट कर अधिनियम-1958 तथा आबकारी कर अधिनियम-1963।

ये अधिनियम संघीय अथवा केन्द्रीय स्तर के हैं। राज्यों द्वारा भी अनेक सामाजिक कानून बनाए जाते हैं। स्थानीय पुलिस एवं नगरपालिका अधिनियम तथा बाल अधिनियम आदि में इस दृष्टि से प्रमुख प्रावधान मिलते हैं। इस तरह के सामाजिक व्यवस्थापन का प्रमुख उद्देश्य सभी नागरिकों के लिए सामाजिक समानता स्थापित करके सामाजिक न्याय प्रदान करना है। असमानतापूर्ण वातावरण में न्याय क्लिीन हो जाता है तथा शोषण, अन्याय तथा अत्याचार पनपने लगते हैं। इस प्रकार एक उपयुक्त सामाजिक वातावरण की स्थापना के लिए अलग-अलग वर्गों तथा लिङ्गों के बीच समानता रहनी चाहिए। महिलाओं को भी पुरुषों के बराबर अधिकार दिए जाने चाहिएं। अस्पृश्यता विरोधी कानून समानता की दिशा में एक महत्त्वपूर्ण कदम है। देहाती स्तर पर जमींदार और काश्तकार के मध्य स्थित अन्तर को दूर करने के लिए विभिन्न कानून बनाए गए हैं। विशेषाधिकार प्राप्त वर्ग तथा भूस्वामियों के शोषण को मिटाने के लिए अलग-अलग राज्यों की व्यवस्थापिकाओं द्वारा कानून पारित किए गए हैं। शहरी जीवन से असमानता को मिटाने के लिए तथा मालिक तथा मजदूरों के सम्बन्धों को सौहार्द्रपूर्ण बनाया गया है। मजदूरों को विभिन्न अधिकार दिए गए हैं। मजदूर तथा मालिकों के विवादों को सुलझाने के लिए सही वार्ता हेतु यन्त्र की स्थापना की गई है। साधन-सम्पन्न तथा साधनहीनों के बीच समानता की स्थापना के लिए कर सम्बन्धी व्यवस्थापन किया गया है। अधिक आय वालों पर अधिक कर लगाकर आय की दूरियाँ कम करने की कोशिश की गई है।

सामाजिक व्यवस्थापन के अन्तर्गत उक्त तीनों प्रकार की श्रेणियाँ शामिल हो जाती हैं। वर्तमान सामाजिक व्यवस्थापन की एक मुख्य विशेषता यह है कि एक ही अधिनियम फौजदारी तथा दीवानी दोनों तरह की जिम्मेंवारी सौंपता है।

अन्य महत्वपूर्ण सामाजिक कानून

भारत में सामाजिक विधायन द्वारा सामाजिक न्याय की स्थापना की दिशा में महत्वपूर्ण कोशिश की गई हैं। स्वतन्त्रता से पहले देश के समाज की ओर धर्म सुधारकों द्वारा बनाए गए जनमत की पृष्ठभूमि में ब्रिटिश शासन ने कुछ सामाजिक

कानून बनाए और स्वातन्त्रयोत्तर युग में हमारी राष्ट्रीय सरकार ने इस दिशा में विभिन्न क्रान्तिकारी कदम उठाए। यहाँ कतिपय महत्त्वपूर्ण कानूनों का संक्षिप्त परिचय देना सही होगा।

(1) सती प्रथा निषेध अधिनियम, 1829

1829 के पूर्व भारत में सती प्रथा का प्रचलन था। समाज द्वारा स्त्री को उसके मृत पति के साथ चिता में जलने के लिए प्रेरित किया जाता था। धार्मिक दृष्टि से ऐसा पवित्रता को बनाए रखने के लिए सही माना जाता था। विधवा स्त्रियों को यह लालच दिया जाता था कि सती स्त्री सीधे स्वर्ग में जाती है। मुसलमानों के आगमन के बाद रक्त की पवित्रता बनाए रखने एवं हिन्दू स्त्रियों एवं लड़कियों के साथ मुसलमानों के साथ विवाह रोकने की दृष्टि से भरसक बाल-विवाह एवं सती प्रथा जैसी कुरीतियों का जन्म हुआ। मुसलमान लोग हिन्दू विधवाओं से विवाह करने को तैयार रहते थे। ऐसी दशा में विधवाओं से मुक्ति पाने के लिए समाज ने सती प्रथा को धर्मसंगत ठहराया था इसका सहारा लिया। जो विधवाएँ सती नहीं होना चाहती थीं उन्हें भी जिन्दा चिता में जलने के लिए बाध्य किया जाता था। चिता के चारों ओर ढोल, नगाड़े, शंख आदि बजते थे, लोग चारों ओर लम्बे-लम्बे बाँस, भाले आदि लिए खड़े रहते थे जिससे कि विधवा अगर चिता से उठकर भागे तो उसे रोका जा सके और न ही उसकी करुण चीत्कार कोई सुन सके।

इस अमानवीय कृत्य के विरोध में राजा राममोहन राय ने आन्दोलन प्रारम्भ किया। उन्होंने धर्मशास्त्रों का अध्ययन करके बताया कि "वेदों एवं मनुस्मृति में विधवाओं के सती होने की कहीं कोई व्यवस्था नहीं है।" उनके आन्दोलन का लोगों पर इतना प्रभाव पड़ा कि 1818 में सती होने वाली स्त्रियों की संख्या कुछ ही वर्षों में 839 से घटकर 463 रह गई। अब अग्रेजी शासक लॉर्ड विलियम बैंटिग ने देखा की सती प्रथा के विरोध में काफी जनमत तैयार हो गया है तो उन्होंने अन्त में 1829 में सती प्रथा निषेध अधिनियम पारित कर दिया। इस अधिनियम के अनुसार किसी भी विधवा को सती होने के लिए बाध्य करना और किसी भी रूप में ऐसा करने में सहायता देना दण्डनीय अपराध घोषित कर दिया गया। आज के समय में यह कुप्रथा समाप्त हो गई है और आज जनमत पूर्णतः इसके विरुद्ध है।

(2) विवाह सम्बन्धी विधान

विवाह संस्था को नियमित करने के लिए देश में अनेक कानून बनाए गए हैं। इन कानूनों द्वारा पति-पत्नी के बीच उपयुक्त, न्यायपूर्ण, मानवीय एवं सौहार्द्रपूर्ण

सम्बन्धों की व्यवस्था करने की चेष्टा की गई है। पति के अनाचारों से पत्नी की रक्षा का प्रावधान किया गया है और क़ानून के समक्ष दोनों को समान धरातल पर ला खड़ा करने का प्रयत्न हुआ है।

विवाह विषयक विधि को विभिन्न धर्मों के लोगों पर लागू विभिन्न अधिनियमों में संहिताबद्ध किया गया है। वे विधियाँ हैं-

(1) हिन्दू विधवा पुनर्विवाह अधिनियम, 1856;
(2) धर्म-परिवर्तन (कन्वर्ट) विवाह-विघटन अधिनियम, 1866;
(3) भारतीय विवाह-विच्छेद अधिनियम, 1869;
(4) भारतीय क्रिश्चियन विवाह अधिनियम, 1872;
(5) काजी अधिनियम, 1880;
(6) आनन्द विवाद अधिनियम, 1909;
(7) बाल-विवाह अवरोध अधिनियम, 1929;
(8) पारसी विवाह और विवाह-विच्छेद अधिनियम, 1936
(9) मुस्लिम विवाह विघटन अधिनियम, 1939;
(10) विशेष विवाह अधिनियम, 1954;
(11) हिन्दू विवाह अधिनियम, 1955;
(12) विदेशियों विषयक विवाह अधिनियम, 1969।

कुछ मुख्य विवाह अधिनियमों का विवरण निम्न प्रकार से है—

1. हिन्दू विधवा पुनर्विवाह अधिनियम, 1856—इस अधिनियम द्वारा विधवाओं तथा उनके माता-पिता को पुनर्विवाह सम्बन्धी अधिकार प्रदान किए गए हैं। इस अधिनियम में अग्रलिखित व्यवस्थाएँ हैं—

(1) यदि दूसरे विवाह के समय किसी स्त्री के पति की मृत्यु हो चुकी है तो ऐसा विवाह (दूसरा विवाह) वैध है।

(2) इस तरह के विवाह से उत्पन्न होने वाली कोई भी सन्तान अवैध नहीं होगी।

(3) यदि पुनर्विवाह करने वाली विधवा नाबालिग है और पहले पति से उसका यौन-सम्बन्ध स्थापित नहीं हुआ है तो उसके पुनर्विवाह हेतु पिता, दादा, बड़े भाई या निकट के किसी पुरुष रिश्तेदार की स्वीकृति जरूरी है।

(4) यदि विधवा बालिग है अथवा पहले पति से यौन-सम्बन्ध स्थापित कर चुकी है तो उसके पुनर्विवाह के लिए उसकी अपनी स्वीकृति ही काफी है।

(5) पुनर्विवाह करने वाली विधवा का अपने पूर्व मृत पति की सम्पत्ति में कोई अधिकार शेष नहीं रहेगा।

(6) यदि पहले पति ने वसीयतनामे में उसे पुनर्विवाह की आज्ञा प्रदान कर दी है तो पुनर्विवाह के बाद भी उसका प्रथम पति की सम्पत्ति में अधिकार सुरक्षित रहेगा।

पूर्वोक्त अधिनियम पारित होने के पश्चात् 1856 में ही पहला विधवा पुनर्विवाह कलकत्ता में सम्पन्न हुआ। ईश्वरचन्द्र विद्यासागर ने स्वयं अपने पुत्र का विवाह एक विधवा के साथ किया। विधवाओं के लिए जगह-जगह आश्रम खुलने लगे और उनके पुनर्विवाह को प्रोत्साहित करने के लिए विधवा-पुनर्विवाह समितियाँ बनाई गईं। यह दुर्भाग्य की बात है कि कानून बन जाने पर भी अभी तक हिन्दू समाज में विधवा का विवाह करना प्रायः गलत ही माना जाता है।

2. विशेष विवाह अधिनियम, 1954—विशेष विवाह अधिनियम, 1954 का विस्तार जम्मू-कश्मीर राज्य के सिवाय सम्पूर्ण भारत पर है और यह भारत के उन नागरिकों पर भी लागू होता है जो जम्मू और कश्मीर राज्य के रहने वाले हैं, लेकिन उनका अधिवास उन राज्य क्षेत्रों में है, जिन तक इस अधिनियम का विस्तार है। जिन व्यक्तियों पर यह अधिनियम लागू होता है, वे इस अधिनियम के अधीन विनिर्दिष्ट तौर पर विवाह रजिस्टर करवा सकते हैं, भले ही वे पृथक्-पृथक् धर्म के मानने वाले हों। अधिनियम में यह भी उपबन्धित है कि यदि किसी अन्य रूप में अनुष्ठापित विवाह इस अधिनियम की अपेक्षाओं के अनुसार है, तो उसे विशेष विवाह अधिनियम के अधीन रजिस्टर किया जा सकता है।

3. हिन्दू विवाह अधिनियम, 1955— इसका विस्तार जम्मू और कश्मीर राज्य के सिवाय सम्पूर्ण भारत पर है और यह उन हिन्दुओं पर भी लागू होता है जो उन राज्य क्षेत्रों में अधिवास करते हैं, जिन तक अधिनियम का विस्तार है, किन्तु उक्त राज्य क्षेत्रों के बाहर हैं। इनके अतिरिक्त यह सब धर्म व सम्प्रदायों के हिन्दुओं पर लागू होता है जिनमें बौद्ध, सिक्ख, जैन और वे सब शामिल हैं जो अपने आपको मुस्लिम, ईसाई या पारसी या यहूदी नहीं मानते। किन्तु यह अधिनियम अनुसूचित जनजातियों के सदस्यों पर लागू नहीं होता, जब तक कि सरकार अन्यथा निर्देश न दे। हिन्दू विवाह अधिनियम, 1955 को अधिनियमित करके हिन्दुओं में प्रचलित विधि को संहिताबद्ध करने का प्रयास किया गया है। इस अधिनियम को बनाए जाने के बावजूद इस देश के न्यायालयों ने हमेशा यह धारणा व्यक्त की है—

"किन्तु हिन्दू विधि के अन्तर्गत विवाह की संकल्पना में हिन्दू विवाह अधिनियम बनाने में कोई मूलभूत परिवर्तन नहीं हुए हैं। वस्तुतः उस संकल्पना के बुनियादी ढाँचे को बिल्कुल भी नहीं छुआ गया है और अभी तक विवाह करार या

संविदा की विषयवस्तु नहीं है, अपितु दो आत्माओं का आध्यात्मिक मिलन है। हिन्दू विवाह के अनुष्ठापन के लिए अग्नि के समक्ष पवित्र प्रतिज्ञा करना और 'सप्तपदी' न्यूनतम आवश्यकताएँ हैं। (शकुन्तला बनाम नीलकण्ठ, 1973, महाराष्ट्र ला जर्नल, पृष्ठ 31)।''

विवाह-विच्छेद सम्बन्धी उपबन्ध हिन्दू विवाह अधिनियम की धारा 13 में और विशेष विवाह अधिनियम की धारा 27 में दिए गए हैं। इन अधिनियमों के अधीन पति या पत्नी द्वारा जिन सामान्य आधारों पर विवाह-विच्छेद की माँग की जा सकती है, वे इन प्रमुख शीर्षों के अंतर्गत आते हैं–

जारता, परित्याग, क्रूरता, विकृतिचित्र, रतिज रोग, कुष्ठ रोग, परस्पर सहमति और सात वर्ष से जीवित न सुना जाना।

जहाँ तक ईसाई समुदाय का सम्बन्ध है, विवाह और विवाह-विच्छेद सम्बन्धी उपबन्ध भारतीय क्रिश्चियन विवाह अधिनियम, 1872 और भारतीय विवाह-विच्छेद अधिनियम, 1869 में दिए गए हैं। ईसाई समुदाय पर लागू विवाह-विच्छेद सम्बन्धी उपबन्ध भारतीय विवाह-विच्छेद अधिनिथम की धारा 10 में दिए गए हैं। इस धारा के अनुसार, कोई पति इस आधार पर विवाह-विच्छेद की माँग कर सकता है कि पत्नी जारकर्म की दोषी है, किन्तु पत्नी इस आधार पर विवाह-विच्छेद माँग सकती है कि –

(1) पति धर्म-परिवर्तन करके किसी दूसरे धर्म को मानने लगा है और उसने किसी दूसरी स्त्री से विवाह कर लिया है या वह

(क) सगोत्र जारता;

(ख) जारकर्म सहित द्विविवाह;

(ग) जारकर्म सहित किसी अन्य स्त्री से विवाह;

(घ) बलात्कार, गुदा-मैथुन या पशुगमन;

(ङ) जारता से युक्त ऐसी क्रूरता जो जारता के बिना भी उसे विवाह-विच्छेद के लिए हकदार बना देती है एमेन्सा एट टोरो (यह रोमन चर्च द्वारा बनाई गई विवाह-विच्छेद की पद्धति है जो जारता, दोषपूर्ण आचार, क्रूरता, धर्मद्रोह, धर्म विमुखता के आधारों पर न्यायिक पृथक्करण के समकक्ष हैं) और

(च) दो वर्ष या इससे ज्यादा समय से युक्तिसंगत कारण के बिना परित्याग सहित जारता का दोषी है।

जहाँ तक मुसलमानों का सम्बन्ध है उनके विवाह के बारे में देश में प्रचलित मुस्लिम कानून लागू होती है। जहाँ तक तलाक (विवाह-विच्छेद) का सम्बन्ध है,

मुस्लिम पत्नी को अपने विवाह के विघटन का काफी प्रतिबन्धित अधिकार प्राप्त है। अलिखित और पारम्परिक विधि ने निम्नलिखित रूपों में विघटन की माँग करने की इजाजत देकर उसकी स्थिति को बेहतर बनाने का प्रयास किया है–

(क) खुल : यह विवाह के दोनों पक्षों में हुए करार के अनुसार विघटन है, जिसके लिए पत्नी को विवाह आदि के बन्धन से मुक्त होने के लिए पति को कुछ नतीजा देना पड़ता है। इसकी शर्त आपस में तय कर ली जाती है और अक्सर पत्नी को अपनी मेहर या उसका एक हिस्सा छोड़ना पड़ता है।

(ख) मुबर्रत : यह आपसी सहमति द्वारा तलाक है।

(ग) तलाक-ए-तालविद : यह प्रत्यायोजित तलाक का एक रूप है। इसके अनुसार, पति विवाह संविदा में तलाक के अपने अधिकार को प्रत्यायोजित कर देता है। उस संविदा में अन्य बातों के साथ-साथ यह समझौते किया जा सकता है कि उसके द्वारा कोई दूसरी पत्नी ले लेने पर प्रथम पत्नी को उससे तलाक लेने का अधिक होगा।

फिर, मुस्लिम विवाह-विघटन अधिनियम, 1939 द्वारा मुस्लिम पत्नी को अग्रलिखित आधारों पर विवाह-विघटन का अधिकार दिया गया–

(1) चार वर्ष से पति को कोई अता-पता न हो,
(2) पति दो वर्ष से उसका भरण-पोषण नहीं कर रहा हो,
(3) पति को सात वर्ष या उससे ज्यादा समय का कारावास दे दिया गया हो,
(4) किसी समुचित कारण के बिना तीन वर्ष से पति अपने वैवाहिक दायित्वों का निर्वहन न कर रहा हो,
(5) पति नपुंसक हो,
(6) दो वर्ष से पागल हो गया हो,
(7) कुष्ठता या उग्र रजित रोग से पीड़ित हो,
(8) अगर शादी पत्नी की आयु 15 वर्ष की होने से पहले हो चुकी हो और पूर्णता तक न पहुँची हो,
(9) क्रूर बर्ताव रहा हो।

पारसियों के वैवाहिक सम्बन्ध पारसी विवाह और विवाह-विच्छेद अधिनियम 1936 के अनुसार चलते हैं। अधिनियम में पारसी शब्द की परिभाषा पारसी जरदसी के रूप में की गई है। जरदसी वह मनुष्य होता है जो जरदसी धर्म को मानता है। पारसी शब्द नस्ल का द्योतक है। इस अधिनियम के अन्तर्गत प्रत्येक विवाह और विवाह-विच्छेद को अधिनियम में विहित प्रक्रिया के अनुसार रजिस्टर करवाना

आवश्यक है। फिर भी इस निमित्त अपेक्षाओं का पालन न करने से विवाह अविधिमान्य नहीं होता। अधिनियम में एक विवाह की व्यवस्था है।

जहाँ तक यहूदियों का विवाह-विषयक विधियों का सम्बन्ध है, भारत में इसकी कोई संहिताबद्ध विधि नहीं है। आज भी वे अपनी धार्मिक विधियों से चलते हैं। यहूदी लोग विवाह को सिविल संविदा न मानकर दो व्यक्तियों के बीच ऐसा सम्बन्ध मानते हैं, जिसमें अत्यन्त पवित्र कर्त्तव्यों का पालन करना होता है। उपमें पर-पुरुष या पर-स्त्री गमन अथवा क्रूर बर्ताव किए जाने पर न्यायालय के माध्यम से विवाह-विघटन किया जा सकता है। उनमें एक विवाह का प्रचलन है।

जहाँ तक अल्पसंख्यक वर्ग की स्वीय विधियों का सम्बन्ध है, सरकार की यह नीति रही है कि इन समुदायों के पहल करने पर ही उनमें सुधार किया जाए।

4. बाल विवाह रोक अधिनियम, 1929—1978 के अधिनियम द्वारा हाल ही में संशोधित बाल-विवाह अवरोध अधिनियम, 1929 में अब उपबन्धित है कि पुरुष की विवाह आयु 21 वर्ष होगी और स्त्री की 18 वर्ष। इस संशोधन को 1 अक्तूबर, 1978 से लागू किया गया है।

(3) अस्पृश्यता (अपराध) अधिनियम, 1955

अस्पृश्यों की सभी प्रकार की निर्योग्यताओं को दूर करने के लिए केन्द्रीय सरकार द्वारा अस्पृश्यता अधिनियम 1 जून, 1955 से सारे देश में लागू कर दिया गया। इस अधिनियम में 17 धाराएँ हैं जिनके द्वारा अस्पृश्यता सम्बन्धी सभी निर्योग्यताओं को समाप्त करने का प्रयत्न किया गया है।

(4) हिन्दू उत्तराधिकार अधिनियम, 1956

इस अधिनियम के आधार पर संयुक्त परिवार में किसी पुरुष हिस्सेदार की मृत्यु हो जाने पर, उसकी सम्पत्ति का हिस्सा उसकी माँ, यदि जीवित हो तो, पत्नी, पुत्र एवं पुत्रियों में समान रूप से बाँटने की व्यवस्था की गई है। इस अधिनियम में स्त्री को माता, पत्नी एवं पुत्री के रूप में सम्पत्ति में उसकी विधवा पत्नी एवं पुत्र के बराबर का हिस्सा और पुत्री के रूप में भाइयों के बराबर का हिस्सा मिलेगा।

इस अधिनियम में यह व्यवस्था की गई है कि यदि किसी मनुष्य को पैतृक रूप से सम्पत्ति प्राप्त हुई है तो उसके जीवनकाल में ही उसकी पुत्रियाँ अपने हिस्से की माँग कर सकती हैं यदि पिता की मृत्यु से पूर्व ही उसके लड़के-लड़कियों की मृत्यु हो जाती है तो ऐसी दशा में उसके लड़के-लड़कियों की सन्तानों को अपने पिता या माता के हिस्से को प्राप्त करने का अधिकार होगा जो उनमें समान रूप से बँट

जाएगा। इस अधिनियम में यह भी कहा गया है कि किसी स्त्री को शारीरिक दोष के आधार पर उत्तराधिकार से वंचित नहीं किया जा सकता है।

इस अधिनियम में दो तरह के उत्तराधिकारियों की सूची दी गई है। प्रथम प्रकार के उत्तराधिकारियों के होने पर द्वितीय प्रकार के उत्तराधिकारियों को सम्पत्ति प्राप्त नहीं होगी। दूसरे तरह के उत्तराधिकारियों को नौ भागों में विभाजित किया गया है और हर भाग को प्राथमिकता के क्रम से दिया गया है। इस अधिनियम की विशेषता यही हे कि यह हिन्दू उत्तराधिकार सम्बन्धी नियमों की स्पष्टता प्रदान करता है और पुरुषों के समान ही स्त्रियों को सम्पत्ति का अधिकार प्रदान करता है। स्त्रियों की स्थिति में सुधार लाने के लिए यह अधिनियम प्रभावशाली होगा। यह डर है कि सम्पत्ति में पुत्रियों का हिस्सा होने से खेती का और छोटे-छोटे हिस्सों में विभाजन हो जाएगा, सही नहीं है चूँकि इस अधिनियम में यह व्यवस्था की गई हे कि उन्हें उनका हिस्सा नकद के रूप में दिया जा सकता है।

(5) हिन्दू नाबालिग एवं संरक्षता अधिनियम, 1956

इस अधिनियम के अनुसार 18 वर्ष से कम आयु के बच्चों को नाबालिग माना गया। इस अधिनियम के पारित होने से पहले, यदि कोई मनुष्य अपना नाबालिग बच्चा छोड़कर मर जाता है तो सिर्फ पिता पक्ष का कोई पुरुष सदस्य ही उस बालक की सम्पत्ति का संरक्षक हो सकता था। मातृपक्ष का नहीं। इस अधिनियम में निम्नलिखित व्यवस्थाएँ की गई हैं—

नाबालिग बच्चे या बच्चों के माता-पिता की मृत्यु हो जाने के बाद बच्चों की सम्पत्ति की देखभाल तथा सुरक्षा का कार्य संरक्षक के द्वारा ही किया जाएगा। संरक्षक के दो तरह बताए गए हैं—प्रथम, प्राकृतिक संरक्षक, जैसे माता की मृत्यु हो जाने पर पिता व पिता की मृत्यु हो जाने की स्थिति में माता प्राकृतिक संरक्षक के प्रकार में आते हैं। द्वितीय, न्यायालय द्वारा नियुक्त संरक्षक। नाबालिग बच्चे के माता-पिता की मृत्यु हो जाने की स्थिति में संरक्षक की नियुक्ति न्यायालय द्वारा की जाएगी। यदि माता-पिता में से किसी ने अपनी वसीयत में पूर्व से ही किसी मनुष्य को संरक्षक नियुक्त कर दिया है तो उस स्थिति में न्यायालय द्वारा संरक्षक नियुक्त नहीं किया जाएगा। नाबालिग विवाहित लड़की का संरक्षक उसके पति को माना गया है।

इस अधिनियम के तहत अब कोई संरक्षक किसी नाबालिग की सम्पत्ति को न्यायालय की बिना आज्ञा के न तो बेच सकेगा, न ही उसे रहन रख सकेगा और न ही उसका विनिमय कर सकेगा। प्राकृतिक संरक्षकों को नाबालिग की सम्पत्ति को पाँच वर्ष के लिए या उसके वयस्क होने के बाद तक के लिए पट्टे देने का अधिकर

जरूर दिया गया है। इस अधिनियम में यह भी कहा गया है कि नाबालिग के संरक्षक की नियुक्ति करते समय, मुख्य ध्यान नाबालिग के कल्याण का ही होना चाहिए। स्पष्ट है कि इसके द्वारा नाबालिग की सम्पत्ति की सुरक्षा की सही व्यवस्था की गई है और स्त्री को भी अपनी नाबालिग सन्तान का संरक्षक बनने का अवसर दिया गया है।

(6) हिन्दू दत्तक ग्रहण एवं भरण-पोषण अधिनियम, 1956

इस अधिनियम को 21 दिसम्बर, 1956 को सम्पूर्ण देश में लागू किया गया। इसमें महत्त्वपूर्ण व्यवस्था यह की गई है कि केवल लड़के को ही नहीं अपितु लड़की को भी गोद लिया जा सकता है। विधवा को भी अपनी सम्पत्ति के उपयोग के लिए गोद लेने का अधिकार दिया गया है। गोद लेने के लिए पत्नी की सम्मति का होना भी आवश्यक है, अब दत्तक को धर्म-निरपेक्ष कार्य के रूप में मान्यता प्रदान की गई है।

इस नियम के द्वारा स्त्री-पुरुष दोनों को ही भरण-पोषण का अधिकार दिया गया है। अब पति की सम्पत्ति में से भरण-पोषण का अधिकर केवल स्त्री को ही नहीं है, पुरुष भी आय के साधन न होने की दशा में पत्नी की सम्पत्ति में से भरण-पोषण की राशि प्राप्त करने का अधिकारी है। भरण-पोषण प्राप्त करने वाले व्यक्तियों में पत्नी, विधवा पुत्र-वधु, नाबालिग सन्तान, वृद्ध माता-पिता एवं अन्य आश्रित इन लोगों को आर्थिक संरक्षण प्रदान किया गया है। यद्यपि पुरुष को भी भरण-पोषण की राशि प्राप्त करने का अधिकार दिया गया है तथापि साधारणतः इसकी उपयोगिता तलाकशुदा या पति से पृथक् रहने वाली स्त्रियों के लिए है।

(7) स्त्रियों और कन्याओं का अनैतिक व्यापार-निरोधक अधिनियम, 1956

वेश्यावृत्ति एवं अनैतिक व्यापार समाप्त करने के उद्देश्य से सामाजिक तथा नैतिक स्वास्थ्य विज्ञान समिति के द्वारा सितम्बर, 1955 में प्रस्तुत रिपोर्ट के अनुसार रिपोर्ट को आधार मानकर यह अधिनियम पारित किया गया। इसके द्वारा वेश्यावृत्ति को एक दण्डनीय अपराध माना गया है, वेश्यालय चलाने वाले मनुष्य को एक वर्ष से पन्द्रह वर्ष तक की कैद और दो हजार रुपए तक के जुर्माने का प्रावधान इस अधिनियम में है। लड़कियों एवं स्त्रियों को वेश्यावृत्ति के लिए किसी भी रूप में प्रोत्साहित करना भी दण्डनीय अपराध माना गया है। वेश्याओं के पुनर्वास और सुधार हेतु संरक्षण गृहों की व्यवस्था की गई है।

(8) दहेज निरोधक अधिनियम, 1961

हिन्दू समाज में जहाँ एक ओर विवाह उत्सव में भी काफी खर्चा हो जाता है वहाँ दूसरी ओर ही एक और खर्च दहेज की माँग से सम्बन्ध लिए हुए है। विवाह सम्बन्धी ये विशेषताएँ साधारणतः सभी लोगों में पाई जाती हैं, चाहे वे ग्रामीण हों या नगरीय, उच्च जातियों के हों, या निम्न जातियों के, अशिक्षित हों या शिक्षित। 1961 में सरकार द्वारा दहेज निरोधक अधिनियम पारित किया गया जिसके अनुसार दहेज लेने वालों एवं देने वालों के लिए दण्ड की व्यवस्था की गई है लेकिन व्यावहारिकता में यह कानून अनेक कारणों से दहेज के लेने-देने को रोकने में असमर्थ रहा है। मुख्य रूप से यह कानून सामाजिक आदर्श प्रतिमान को बदल नहीं पाया है। यहाँ लोगों पर कानूनी आदर्श प्रतिमान का ज्यादा प्रभाव दिखाई पड़ता है।

(9) गरीबों के लिए कानूनी मदद

कानूनी सहायता की मौलिक हकदारी संविधान के अनुच्छेद 14 में वर्णित है जिसमें राज्य को आदेश दिया गया है कि वह किसी मनुष्य को विधि के समक्ष समता या विधियों द्वारा समान संरक्षण से वंचित न करे। अनुच्छेद 21 राज्य को किसी भी मनुष्य को उसके जीवन या व्यक्तिगत स्वतन्त्रता से वंचित करने से रोकता है, ऐसा सिर्फ विधिसम्मत क्रियाविधियों द्वारा ही किया जा सकता है। अनुच्छेद 39 (क) में इस बात पर जोर दिया गया है कि आर्थिक तथा अन्य अयोग्यताओं के कारण किसी भी नागरिक को न्याय प्राप्ति के अवसरों से वंचित न किया जाए।

सरकार की चाह थी कि देश में कानूनी मदद की व्यापक योजनाएँ अविलम्ब तैयार करके क्रियान्वित की जाएँ, इसलिए उसने उच्चतम न्यायालय के न्यायमूर्ति पी. एन. भगवती की अध्यक्षता में एक उच्चाधिकार प्राप्त लघु समिति सितम्बर, 1980 में गठित की। समिति ने अपना काम प्रारंभ कर दिया है और राज्यों तथा संघ शासित क्षेत्रों द्वारा अपनाए जाने के लिए एक आदर्श योजना तैयार की गई है। इस आदर्श योजना के तहत महाराष्ट्र, उड़ीसा, पंजाब, तमिलनाडु, आन्ध्र प्रदेश, गुजरात, कर्नाटक, उत्तर प्रदेश और दिल्ली के केन्द्र शासित क्षेत्र में कानूनी सहायता और परामर्शदाता बोर्डों की स्थापना हुई। एक उच्चतम न्यायालय कानूनी सहायता समिति का गठन किया गया है, जिसका काम उच्चतम न्यायालय के पास आए हुए मामलों में कानूनी मदद प्रदान करना है।

(10) विकलांग के लिए कानून

ऑक्सफोर्ड डिक्शनरी के अनुसार विकलांग वह है जो किसी कारणवश हानि की स्थिति में है। यह स्थिति मनुष्य के असाधारण होने के कारण है। मनुष्य की

कमजोरी भौतिक, मानसिक या सामाजिक किसी भी क्षेत्र में हो सकती है। शारीरिक रूप से अपाहिज लोग अन्धे, गूँगे, लंगड़े, बहरे, लूले आदि होते हैं। मानसिक रूप से अपाहिज वे हैं जो पागल हैं। सामाजिक दृष्टि से अपाहिज वे हैं जिनको सही सामाजिक स्तर प्राप्त नहीं है जैसे–भिखारी, निकम्मा, हरिजन, बेरोजगार तथा अपराधी की पत्नी आदि। कुछ अपाहिज जन्म से होते हैं तथा अन्य अपाहिज बनाए गए होते हैं। इन सभी प्रकार के अपाहिजों का पुनर्वासन हमारी समाज कल्याण नीति का एक प्रमुख भाग है। यह कोई दान या दया का विषय नहीं है वरन् यह हर अपाहिज का अधिकार तथा समाज का दायित्व है। इस दायित्व का निर्वाह करने के लिए विभिन्न प्रकार के कदम उठाए जाते हैं यथा–रोजगार, मेडिकल राहत, शिक्षा देना, आर्थिक सहायता, न्यूनतम जीवन स्तर की उपलब्धि आदि। इन सभी कार्यों को सम्पन्न करने के लिए एक राष्ट्रीय नीति होनी चाहिए तथा उपयुक्त व्यवस्थापन किया जाना चाहिए। कानून द्वारा इस दिशा में पर्याप्त रचनात्मक कार्य किया जा सकता है। डीन पौण्ड (Dean Pound) ने कानून को सामाजिक अभियांत्रिकी का महत्त्वपूर्ण साधन माना है। मि. उर्सेकर ने इस सम्बन्ध में पर्याप्त सन्तुलित दृष्टिकोण अपनाया है। वे कानून को एक व्यवस्थित सामाजिक विकास का महत्त्वपूर्ण साधन तो मानते हैं, किन्तु इसकी प्रभावशीलता एवं औचित्य को इसे कार्यान्वित करने वाले यन्त्र पर आश्रित मानते हैं।

भारत में अपाहिजों की स्थिति सुधारने के लिए मुख्यतः ये कानून पारित किए गए हैं–The Lepers Act, 1898; The Indian Lunacy Act, 1912; Workmen's Compensation Act, 1923; The Employer's Liability Act, 1938; The Employees State Insurance Act, 1948; The Untouchability (Offences) Act, 1955; The Suppression of Immoral Traffic Act, 1956; The Probation of Offenders Act, 1958 etc.

यह सच हे कि अपाहिजों के पुनर्वासन में कानून का महत्त्वपूर्ण योगदान है किन्तु जनता का भी इस दृष्टि से महत्त्वपूर्ण दायित्व है। मि. उर्सेकर ने सही लिखा है कि "इस चुनौती का मुकाबला करने के लिए कानून रूप रचना प्रस्तुत करता है, सरकार मोटा कपड़ा प्रस्तुत करती है तथा यह जनता का कार्य है कि इस पर तस्वीर चित्रित करे।"

(11) स्त्रियों तथा लड़कियों में अनैतिक व्यापार दमन अधिनियम, 1956

समाज में व्याप्त वेश्यावृत्ति की कुप्रथा का उन्मूलन करने के लिए पहला विस्तृत कानून 1956 में पास किया गया तथा उसे 1 मई, 1958 से लागू किया

गया। इस कानून के अनुसार वेश्यालय चलाना, वेश्याओं की आय पर निर्भर रहना, वेश्यावृत्ति के लिए स्त्रियों तथा लड़कियों को वेश्यालय में या उसके आस-पास ठहराना आदि व्यवहार दण्डनीय अपराध है। इस प्रकार शरीर बेचकर जीविका कमाना या अनैतिक व्यवहार को बढ़ावा देना पूरी तरह निषिद्ध कर दिया गया है। इस अधिनियम के अन्तर्गत जिन लड़कियों अथवा स्त्रियों का उद्धार किया जाए अथवा जिनको गिरफ्तार किया जाए उनके पुनर्वास, शिक्षा तथा प्रशिक्षण की व्यवस्था की जाती है ताकि वे इज्जत के साथ सामान्य जीवन व्यतीत कर सकें। रक्षा गृहों की व्यवस्था भी की जाती है। वेश्यावृत्ति की समस्या एक अर्थ में समाज का कोढ़ है। केवल कानून बनाकर ही इसे धोया नहीं जा सकता। इसके कारणों तथा प्रेरकों का गहन अध्ययन करके उन पर कुठाराघात किया जाना चाहिए। उपचारात्मक के साथ-साथ प्रतिरोधात्मक कदम भी उठाए जाने चाहिएं। वेश्यावृत्ति करने और कराने वालों की अभिप्रेरणाएँ बहुरंगी हैं अतः इन पर प्रहार भी बहुरंगी रूप में ही किया जाना चाहिए। समाज की परिस्थितियाँ इस प्रकार की होनी चाहिएं ताकि किसी को वेश्या बनने के लिए मजबूर अथवा आकर्षित न होना पड़े। इसके लिए समाज के मूल्यों तथा आदर्शों में परिवर्तन करने होंगे। यह कार्य कठिन तो है लेकिन असम्भव नहीं है। वेश्यावृत्ति में संलग्न लोगों के पुनर्वासन का भी समुचित प्रबन्ध करना होगा। सिर्फ दण्ड का भय इस कलंक को नहीं मिटा सकता चूँकि ऐसी स्थिति में निहित स्वार्थ दण्ड से बचने के उपाय ढूँढ लेंगे। वेश्यावृत्ति के रूप बदल जाएँगे, नाम बदल जाएँगे, तरीके बदल जाएँगे, मगर यह चलती रहेगी। यही सब व्यवहार में हो रहा है। जो कोठे पहले वेश्यालयों के रूप गें जाने जाते थे वे अब नृत्य-संगीत के कला केन्द्र बन गए हैं लेकिन पर्दे के पीछे वही सबकुछ चलता रहता है। विभिन्न सभ्य तरीके आविष्कृत कर लिए जाते हैं। पहले सामाजिक मान्यता होने के कारण वेश्या समुदाय शेष समाज से अलग बना रहता था। आज के परिवेश में इसे पहचानना मुश्किल है। वैसे तो यह सच है कि शरीर का व्यापार अभी रुका नहीं है लेकिन इस समाज में कौन इसमें लिप्त है यह निश्चित रूप से नहीं कहा जा सकता। बड़ी सभ्य बस्तियों में पुलिस स्टेशनों के पास देश की राजधानी देहली में वर्षों से यदि कोई 'चकला' प्रकाश में आए बिना चलता रहता है तो निश्चय ही यह गम्भीर तथा चिन्तनीय स्थिति है। सामाजिक मूल्यों की स्थापना के बिना यह सब रोका नहीं जा सकता।

(12) स्त्रियों और बच्चों के लिए अन्य अधिनियम

स्त्रियों और बच्चों के लिए अन्य प्रमुख अधिनियम हैं—एप्रेंटिस अधिनियम-1950, रिफार्मेटरी स्कूल अधिनियग-1897, बोर्स्टल स्कूल अधिनियम, किशोर

धूम्रपान अधिनियम, विवाहित हिन्दू-महिला का पृथक् आवास तथा भरण-पोषण अधिकार अधिनियम-1946, हिन्दू विवाह सुधार कानून-1946, हिन्दू विवाह वैधता अधिनियम-1949, बाल अपराधी परिवीक्षा अधिनियम-1958, बाल अधिनियम-1960 (केन्द्र शासित प्रदेशों के लिए) आदि तथा विभिन्न राज्यों द्वारा पास किए गए इस तरह के अधिनियम।

(13) कुछ प्रमुख श्रम कानून तथा श्रम कल्याण व्यवस्थाएँ

देश के संविधान में उल्लिखित राज्य के नीति निर्देशक तत्त्वों से भारत में श्रम-नीति इसके दर्शन एवं सन्तुष्टि को प्रभावित करती है। नीति निर्देशक तत्त्व एक जैसे कार्य के लिए समान वेतन, विधि एवं काम की मानवीय स्थिति और सभी मजदूरों के लिए एक आजीविका मजदूरी का आदेश देते हैं। सरकार देश में मजदूरों के संगठित क्षेत्रों के कल्याण को प्रमुखता देती है, विशेष तौर पर स्वतन्त्रता के पश्चात से। यह इस तथ्य से भी प्रमाणित होता है कि 1947 के बाद सामाजिक सुरक्षा, सुरक्षा एवं कल्याण आदि के क्षेत्र में एक बड़ी संख्या में अधिनियम पारित हुए हैं। जबकि औद्योगिकरण के शुरू वर्षों में श्रम नीति मुख्य रूप से श्रम दलों के संगठित क्षेत्रों के साथ जुड़ी हुई थी। संगठित क्षेत्रों के श्रमिकों की वास्तविक आय और कार्य स्थिति के सुधार को ध्यान में रखते हुए, आजकल असंगठित क्षेत्रों के श्रमिकों के हितों की ओर ध्यान दिया जा रहा है। असंगठित क्षेत्रों के लिए भी कुछ अधिनियम और नियम तैयार किए गए हैं। न्यूनतम मजदूरी अधिनियम, 1948 को इस क्षेत्र के बहुत-से श्रमिक वर्गों पर लागू किया गया है।

भारत में श्रमिकों की संख्या 1981 में लगभग 24.71 करोड़ या देश की कुल जनसंख्या का 37.55 प्रतिशत थी। भारतीय अर्थव्यवस्था के संगठित क्षेत्र में सर्वाधिक श्रमिक फैक्टरियों में काम करते हैं।

न्यूनतम मजदूरी अधिनियम—न्यूनतम मजदूरी अधिनियम, 1948 के अन्तर्गत सरकार विशिष्ट धन्धों में कार्य कर रहे कर्मचारियों की न्यूनतम मजदूरी निश्चित कर सकती है। इस अधिनियम में उपयुक्त समय-अन्तरों के बाद जो 5 वर्ष से अधिक नहीं होना चाहिए, पूर्व-निर्धारित न्यूनतम मजदूरी की समीक्षा एवं संशोधन का प्रावधान है। जुलाई, 1980 में हुए श्रम मन्त्रियों के सम्मेलन ने यह सिफारिश की थी कि अधिकाधिक दो वर्ष के अन्तराल पर, या उपभोक्ता मूल्य सूचकांक के 50 अंक बढ़ने पर, दोनों में से जो भी पूर्व हो, न्यूनतम वेतन संशोधन किया जाए।

समान पारिश्रमिक अध्यादेश, 1975—साँविधानिक प्रावधानों को क्रियान्वित करने के उद्देश्य के अतिरिक्त अन्तर्राष्ट्रीय श्रम संगठन के अभिसमय सं. 100 के प्रवर्तन को सुनिश्चित करने के लिए यह अध्यादेश 26 सितम्बर, 1975 को प्रख्यापित हुआ था। यह अध्यादेश समान पारिश्रमिक अधिनियम 1976 में परिवर्तित हुआ। इस अधिनियम के अन्तर्गत एक ही या एक जैसे कार्य के लिए स्त्री और पुरुष कर्मचारियों को समान वेतन या पारिश्रमिक के भुगतान की व्यवस्था है। इससे नौकरियों में या तत्सम्बद्ध मामलों में औरतों के खिलाफ लिंग के आधार पर किए जाने वाले भेदभाव पर अंकुश लगा है।

यह अधिनियम अब तक कई क्षेत्रों में, जैसे बागानों (1951 के बागान मजदूर अधिनियम के अन्तर्गत आने वाले), स्थानीय स्वायत्त संस्थाओं, केन्द्रीय और राज्य सरकारों, बैंकों, शिक्षण-संस्थाओं, खानों, अस्पतालों, होटलों तथा रेस्तराओं, वस्त्र निर्माण तथा वस्त्र उत्पाद उद्योगों, थोक तथा खुदरा व्यापार, निर्माण, कृषि तथा वायु-यातायात उद्योग पर लागू किया जा चुका है। इसके अन्तर्गत सामुदायिक, सामाजिक और वैयक्तिक सेवाएँ भी आ गई हैं।

ठेका मजदूरी (नियमन तथा उन्मूलन) अधिनियम, 1970—यह अधिनियम जो फरवरी, 1971 से समूचे भारत में लागू किया गया, कुछ संस्थानों में ठेका मजदूर व्यवस्था का नियमन करता है तथा कुछ परिस्थितियों में उसका उन्मूलन मजदूरी की अदायगी न होने पर उसके लिए मुख्य मालिक को जिम्मेदार भी ठहराया जाता है।

बंधुआ मजदूर—सम्पूर्ण देश में बंधुआ मजदूर को बंधुआ मजदूरी प्रथा (उन्मूलन) अधिनियम, 1976 द्वारा समाप्त कर दिया गया है। इस अधिनियम के अन्तर्गत प्रत्येक बंधुआ मजदूर को बंधुआ मजदूरी के किसी भी दायित्व से मुक्त घोषित कर दिया गया है।

फरवरी, 1983 तक 1,52,401 बंधुआ मजदूरों का पता लगाकर उन्हें मुक्त कराया जा चुका है। उनमें से 1,11,808 को या तो केन्द्र द्वारा आयोजित योजना के अन्तर्गत अथवा राज्य सरकारों की योजना के अधीन पुनर्वास किया जा चुका था।

बोनस अधिनियम—कर्मचारियों से सम्बन्धित लाभ में विभाजन का अधिकार बोनस का भुगतान अधिनियम, 1965 और बोनस का भुगतान (वित्तीय संशोधन) अधिनियम, 1980 के अनुसार निश्चित किया गया है। अधिनियम से कम-से-कम बोनस 8.33 प्रतिशत या 100 रुपए, जो ज्यादा हो, देने की व्यवस्था है। चाहे इसके लिए विनिहित बचत की व्यवस्था उपलब्ध हो या नहीं। वार्षिक मजदूरी का ज्यादा-से-ज्यादा बोनस 20 प्रतिशत एक निश्चित फार्मूले के अनुसार ही भुगतान

योग्य है। बोनस का भुगतान विनिहित बचत के स्थान पर उत्पादन/उत्पादकता से जुड़े हुए एक अन्य फार्मूले के अनुसार नियोजक एवं मजदूरों के बीच आपसी समझौते के द्वारा किया जा सकता है। भुगतान में अपनाई जाने वाली कोई भी अन्य पद्धति नियम खिलाफ होगी। यह अधिनियम सार्वजनिक क्षेत्र के उपक्रमों पर लागू नहीं होता सिवाय उनके जो निजी क्षेत्र के उपक्रमों के साथ प्रतियोगिता कर रहे हों। यह अधिनियम लाभ के लिए काम न करने वाले संस्थानों उदाहरण के लिए भारतीय रिजर्व बैंक, भारतीय जीवन बीमा निगम और विभागीय उपक्रम आदि पर भी लागू नहीं होता है। हालाँकि यह सभी बैंकों पर लागू होता है।

औद्योगिक विवाद अधिनियम, 1937—यह ऐसा प्रमुख केन्द्रीय कानून है, जिसमें औद्योगिक विवादों को हल करने की व्यवस्था है। इसके अलावा अनुशासन संहिता (1958) और औद्योगिक शान्ति प्रस्ताव (1962) से भी सुचारु औद्योगिक सम्बन्ध बनाए रखने में सहायता मिलती है।

औद्योगिक रोजगार (स्थायी आदेश) अधिनियम, 1946—औद्योगिक शान्ति बनाए रखने के उद्देश्य से यह अधिनियम पारित हुआ, जिसके तहत केन्द्रीय सरकार ने उन औद्योगिक संस्थानों के लिए, जहाँ 100 या उससे ज्यादा श्रमिक काम करते हैं, आदर्श नियम तैयार किए। इस अधिनियम का 1961 में संशोधन किया गया। यह सम्बन्धित सरकार को इस बात का अधिकर देता है कि वह इसे उन संस्थानों पर भी लागू करे, जहाँ 100 से कम कामगार काम करते हैं।

1963 में किए गए एक और संशोधन के तहत सम्बन्धित सरकार द्वारा तैयार किए गए आदर्श स्थायी आदेश उनके तहत आने वाले तमाम औद्योगिक संस्थानों पर तब तक लागू रहेंगे जब तक कि औद्योगिक संस्थानों द्वारा बनाए गए स्थायी आदेश प्रमाणित नहीं किए जाते। केन्द्रीय सरकार ने 19 मई, 1982 को अधिसूचना के द्वारा केन्द्रीय सरकार के नियन्त्रण की सभी औद्योगिक स्थापनाओं में औद्योगिक रोजगार (स्थायी आदेश) अधिनियम को सरकार एवं खानों में जहाँ 50 से ज्यादा लेकिन 100 से कम कर्मचारी नियुक्त हों, विस्तार कर दिया है।

यह अधिनियम अब आन्ध्र प्रदेश, महाराष्ट्र तथा पश्चिमी बंगाल के उन सभी संस्थानों पर लागू होता है, जहाँ 50 या उससे अधिक श्रमिक काम करते हैं। असम में यह उन संस्थानों पर भी (खानों, पत्थर की खानों, तेल के क्षेत्रों और रेलों को छोड़कर) लागू होता है जहाँ 10 या उससे अधिक श्रमिक काम करते हैं। तमिलनाडु में वे सब कारखाने, जो फैक्टरी अधिनियम, 1948 के अन्तर्गत पंजीकृत हैं, इसके अन्तर्गत आ जाते हैं।

कार्मिकों की प्रबन्ध में भागीदारी—इस देश में पिछले तीस वर्षों से प्रबन्धन में कार्मिकों की भागीदारी का किसी न किसी रूप में प्रचलन रहा है। औद्योगिक विवाद अधिनियम में प्रारम्भ से ही वैधानिक द्विपक्षीय कामगार समितियों का प्रावधान है। प्रारम्भिक स्तर पर स्वैच्छिक संयुक्त प्रबन्धन कौंसिलों की स्थापना की योजना की कुछ वर्षों तक कोशिश की गई परन्तु इसमें कुछ खास सफलता नहीं मिली। राष्ट्रीयकृत बैंकों में कार्मिक निदेशकों की नियुक्तियों का प्रावधान है तथा एक स्वैच्छिक योजना के अन्तर्गत ऐसे सार्वजनिक क्षेत्रों, जहाँ पर एक वैध मान्यता प्राप्त श्रमिक संघ और कार्मिकों तथा प्रबन्धकों के सम्बन्ध मधुर हैं, में कार्मिक निदेशकों की नियुक्ति का प्रावधान है।

अक्तूबर, 1975 में सरकार ने ऐसे उत्पादन और खान उद्योगों, जिनमें कि 500 या अधिक श्रमिक कार्य करते हैं, के प्रबन्धन में श्रमिकों की भागीदारी की स्वैच्छिक योजना प्रारम्भ की है। इस योजना के पश्चात् जनवरी, 1977 में, ऐसे वाणिज्यिक और सेवा संगठनों में जिनमें कम-से-कम 100 मनुष्य नियोजित थे, कार्मिकों की भागीदारी की एक दूसरी योजना प्रारम्भ की गई परन्तु बाद वाली योजना केवल सार्वजनिक क्षेत्रों तक ही सीमित रही। योजना में विक्रय केन्द्र परिषदों और संयन्त्र परिषदों को कुछ विशेष कार्यों के साथ स्थापित करने का प्रावधान था। कार्मिकों की प्रबन्धन में भागीदारी संविधान में वर्णित राज्य नीति के निदेशक तत्त्वों के अनुकूल है।

श्रमिक क्षतिपूर्ति अधिनियम, 1923—इस अधिनियम का उद्देश्य किसी औद्योगिक दुर्घटना तथा औद्योगिक बीमारी से श्रमिक को क्षतिपूर्ति करना होता है। दुर्घटना से श्रमिक की मृत्यु हो जाती है अथवा स्थायी एवं अस्थायी असमर्थता प्राप्त होती है। इस आकस्मिकता से बचाव करने हेतु नियोजक द्वारा श्रमिकों की क्षतिपूर्ति करना एक वैधानिक दायित्व है।

यह अधिनियम रेल, कारखानों, नाविक व समुद्र पर काम करने वाले कुछ श्रमिक, डाक-तार, नहर, चाय, रबड़, कहवा उद्योगों में काम करने वाले श्रमिकों, विद्युत स्टेशनों, गोदामों, वेतन पाने वाले मोटर ड्राइवरों आदि ऐसे कामगारों पर लागू होता है जिनकी मजदूरी 1000 रुपए प्रतिमाह से अधिक नहीं है और जो जोखिम रोजगारों में नियुक्त हैं। लेकिन यह अधिनियम आकस्मिक श्रमिकों, सशस्त्र सेनाओं और मालिक के व्यवसाय को छोड़कर अन्य उद्देश्य से लगाए गए श्रमिकों पर लागू नहीं होता है। जो श्रमिक कर्मचारी राज्य बीमा अधिनियम, 1948 के अन्तर्गत लाभ प्राप्त करते हैं उन्हें भी इस अधिनियम के अन्तर्गत लाभ प्राप्त नहीं होंगे।

कामगारों की जबरदस्ती—कर्मचारियों की परिहार्य कठिनाइयों को दूर करने के लिए और उत्पादन तथा उत्पादकता की गति को कायम रखने के लिए औद्योगिक विवाद अधिनियम, 1947 में संशोधन किया गया ताकि कर्मचारियों की जबरन छुट्टी और छँटनी को रोका जा सके। नए अधिनियम (औद्योगिक विवाद (संशोधन) अधिनियम, 1976) के अन्तर्गत मालिकों से जबरन छुट्टी, छँटनी और तालाबन्दी के अधिकार पर समुचित पाबन्दी लगा दी गई है। अब मालिक को तालाबन्दी करने से पहले विशिष्ट प्राधिकारी या उपयुक्त सरकार से ऐसा करने की पूर्व-अनुमति लेनी पड़ेगी और उस नोटिस में जबरन छुट्टी, छँटनी और उस औद्योगिक संस्थान को, जिसमें 300 या उससे ज्यादा कामगार नियुक्त हैं, बन्द करने के कारणों को प्रार्थना-पत्र में साफ-साफ लिखना पड़ेगा। संशोधित अधिनियम में कारखाना बन्द करने से संबद्ध प्रावधान उक्सेल वीयर तथा भारतीय संघ के बीच 1978 के प्रकरण में उच्चतम न्यायालय के फैसले के कारण लागू नहीं है।

औद्योगिक विवाद (संशोधन) अधिनियम, 1982 के द्वारा स्थिति को अब ठीक कर दिया गया है जिसमें संबधित धाराओं को पुनः परिभाषित कर दिया गया है। संशोधित अधिनियम अभी क्रियान्वित होना है।

कर्मचारी राज्य बीमा योजना—कर्मचारी राज्य बीमा अधिनियम 1948 को पारित होना सामाजिक सुरक्षा के हित में काफी महत्त्वपूर्ण कदम था, जो अब तक सिर्फ उन कारखानों में लागू था जहाँ पूरे वर्ष काम होता है, मशीनें बिजली से चलती हैं और कम से कम बीस आदमी काम करते हैं। अब राज्य सरकारों द्वारा धीरे-धीरे उन छोटे कारखानों, होटलों, रेस्तराओं, दुकानों, सिनेमाघरों आदि, जहाँ 20 या 20 से ज्यादा आदमी काम करते हों, पर भी लागू किया जा रहा है। यह उन कर्मचारियों पर लागू होता है जिनका हर महीने वेतन 1,000 रुपए से कम है।

इस अधिनियम के तहत श्रमिकों को प्रसूति, रोजगार में चोट की व्यवस्था में उनके इलाज का प्रबन्ध करने और उन्हें नकद भत्ता देने तथा चोट से मृत्यु होने पर उनके आश्रितों को पेंशन देने की व्यवस्था है। प्रत्येक मनुष्य के परिवार को, जो इस नियम के तहत आता है, हर तरह के इलाज की सुविधाएँ धीरे-धीरे दी जा रही हैं।

कर्मचारी भविष्य निधि—1952 के कर्मचारी भविष्य निधि तथा अन्य प्रावधान अधिनियम द्वारा औद्योगिक कर्मचारियों को अवकाश-प्राप्ति पर कई तरह के लाभ उपलब्ध हैं। 30 अप्रैल, 1983 तक जम्मू और कश्मीर को छोड़कर सारे भारत में 172 उद्योग/प्रतिष्ठान थे, जिनमें 20 या उससे ज्यादा मनुष्य काम करते हैं। यह कानून उन संस्थानों पर लागू नहीं होता जो 1912 के सहकारी सोसायटी अधिनियम

के ज्यादा रजिस्टर्ड हैं और जिनमें 50 से कम लोग काम करते हैं तथा जिनकी मशीनें बिजली या भाप से नहीं चलती हैं। इस समय यह योजना 1600 रुपए तक मासिक वेतन पाने वालों पर लागू होती है।

इस निधि के लिए मालिकों को, कर्मचारियों को दी जाने वाली मजदूरी व महँगाई भत्ते की कुल राशि के सवा छह प्रतिशत के बराबर अपना हिस्सा देना होता है (कुल राशि में कर्मचारियों को दी गई खाद्य रियायतों का नकदी मूल्य और अनुरक्षण भत्ता भी शामिल है)। इतना ही हिस्सा कर्मचारियों को भी देना होता है। 95 उद्योगों के लिए, जिनमें 50 से अधिक मनुष्य काम करते हैं, यह हिस्सा बढ़ाकर 8 प्रतिशत कर दिया गया है।

मृत्यु होने पर सहायता—जनवरी, 1964 में कर्मचारी भविष्य निधि योजना के अन्तर्गत मृत्योपरान्त सहायता निधि स्थापित की गई जिसका उद्देश्य गैर-छूट-प्राप्त संस्थानों के मृतक के उत्तराधिकारियों या नामजद व्यक्तियों को मिलता है जिनका मासिक वेतन (मूल वेतन, महँगाई भत्ता आदि को मिलाकर) मृत्यु के समय 1000 रुपए से अधिक नहीं है। सहायता की राशि 1250 रुपए निश्चित कर दी गई है।

काम की शर्तें और कल्याण—कारखानों में काम की शर्तें फैक्टरी अधिनियम, 1948 के द्वारा नियमित की जाती हैं। इस अधिनियम के अनुसार प्रौढ़ श्रमिकों के लिए सप्ताह में 48 घण्टे काम के लिए निश्चित हैं एवं किसी भी कारखाने में 14 साल से कम उम्र के बच्चों को काम पर लगाने की मनाही है। अधिनियम के अन्तर्गत रोशनी, साफ हवा, सुरक्षा, स्वास्थ्य तथा कल्याण सेवा के न्यूतनम मानक भी निश्चित है, जिनका पालन मालिकों को अपने कारखानों में करना पड़ता है। जिन कारखानों में 30 से अधिक महिला श्रमिक काम करती हैं, वहाँ उनके बच्चों के लिए बाल-गृहों की व्यवस्था करनी पड़ती है। जिन कारखानों में 150 से अधिक मनुष्य काम करते हैं, वहाँ कारखाने के मालिकों को उनके लिए आश्रय-स्थल, विश्राम-गृह तथा भोजन के लिए कमरों की भी व्यवस्था करनी पड़ती है। जिन कारखानों में 250 से अधिक मनुष्य काम करते हैं, वहाँ श्रमिकों के लिए आवश्यक सुविधाओं से युक्त कैन्टीनों की भी व्यवस्था उन्हें करनी पड़ती है।

जिन कारखानों में 500 या इससे अधिक कर्मचारी काम करते हैं उंनमें कर्मचारियों की सुख-सुविधाओं की देखभाल करने के लिए कल्याण अधिकारी की नियुक्ति करना आवश्यक है। खान अधिनियम, 1952, बागान मजदूर अधिनियम, 1951, बीड़ी और सिगार कर्मचारी (रोजगार की शर्तें) अधिनियम, 1966, ठेका मजदूर नियमन और उन्मूलन अधिनियम, 1970, मोटर परिवहन कर्मचारी अधिनियम,

1961 आदि के अन्तर्गत खानों और बागानों के कर्मचारियों के लिए भी सुविधाएँ प्रदान की गई हैं। कोयला, अभ्रक, लौह, अयस्क, मैंगनीज अयस्क, चूर्ण प्रस्तर और डोलोमाइट खानों और बीड़ी उद्योग में कार्य करने वाले श्रमिकों हेतु आवास, चिकित्सा, मनोरंजन और अन्य कल्याण सुविधाएँ नियोजित आधार पर प्रदान करने के लिए सांविधानिक निधि का सृजन किया गया है। निधि के लिए धनराशि अभ्रक निर्यात पर लगे सीमा शुल्क पर उपकर, लोहा और मैंगनीज अयस्क निर्यात के सीमा शुल्क पर उपकर, आन्तरिक खपत पर लगे उत्पादन शुल्क और लोहा अभ्रक इस्पात संयन्त्र और सीमेन्ट तथा अन्य कारखा ों में इस्तेमाल होने वाले चूना पत्थर और डोलोमाइट के उत्पादन पर उपकर लगाकर प्राप्त की जाती है। बीड़ी श्रमिकों के कल्याण निधि के लिए धनराशि तैयार बीड़ी पर लगे शुल्क पर उपकर लगाकर प्राप्त की जा रही है।

वे अधिनियम जिनमें स्थापित की गई है, इस प्रकार हैं–लौह अयस्क खान और मैंगनीज अयस्क खान श्रमिक कल्याण उपकर अधिनियम, 1976; लौह अयस्क, खान और मैंगनीज अयस्क, खान कल्याण निधि अधिनियम, 1976; चूर्ण प्रस्तर और डोलोमाइट खान श्रम कल्याण निधि अधिनियम, 1972; कोयला खान श्रम कल्याण निधि अधिनियम, 1946 और बीड़ी कर्मचारी कल्याण उपकर (संशोधन) अधिनियम, 1981।

मार्ग की रुकावटें

जनतन्त्र में सामाजिक व्यवस्थापन को कार्यरूप देने की दृष्टि से मुख्यतः अग्रलिखित समस्याएँ आती हैं–

(1) कानूनी समस्याएँ

जब सामाजिक व्यवस्थापन को लागू किया जाता है तो विधायी दृष्टि से कुछ परेशानियों सामने आती हैं। व्यवस्थापिका द्वारा बनाए गए दूसरे कानून अथवा संविधान के प्रावधान इनके मार्ग में बाधक बनकर खड़े हो जाते हैं। इस प्रकार की कानूनी कठिनाइयों में दो विशेष रूप से वर्णनीय हैं–

(क) मूलभूत अधिकार–सामाजिक व्यवस्थापन की लागू करने में राज्य तथा केन्द्र सरकार के सामने मुख्य समस्या संविधान में वर्णित मौलिक अधिकारों द्वारा प्रस्तुत की जाती हैं। संविधान की धारा 13 के अनुसार मौलिक अधिकारों से असंगति रखने वाला कोई भी अधिनियम गैरसंवैधानिक समझा जाएगा। राज्य कोई

ऐसा कानून नहीं बना सकेगा जो इन अधिकारों को छीन ले अथवा सीमित कर दे। कोई कानून मौलिक अधिकारों के जितना विरुद्ध है वह उतना ही गलत है। मौलिक अधिकारों को आधार बनाकर कई सामाजिक कानूनों को न्यायालय में चुनौती दी गई है। ये अधिनियम किसी न किसी मौलिक अधिकार पर आघात करते हैं। उदाहरणार्थ स्त्रियों तथा लड़कियों के अनैतिक व्यापार के दमन अधिनियम, 1956 को न्यायालय में चुनौती देते हुए इसे व्यवसाय की स्वतन्त्रता के अधिकार [धारा 19 (1) (g)] के विरुद्ध बताया गया। मध्य प्रान्त का एक अधिनियम (Regulation of Manufacture of Bidis Act, 1948) उप-आयुक्त को शक्ति देता था कि वह खेती-बाड़ी के मौसम में बीड़ी बनाने के काम पर रोक लगा दे। इस अधिनियम का उद्देश्य यह था कि बीड़ी बनाने वाले क्षेत्रों में खेती बाड़ी के दिनों में उपयुक्त श्रमिक प्राप्त हो सकें। इस अधिनियम को भी भारतीय संविधान के उक्त प्रावधान के आधार पर चुनौती दी गई। सरकार द्वारा सार्वजनिक उद्देश्य के लिए सम्पत्ति अधिग्रहण को भी न्यायपालिका में चुनौती दी गई। इस चुनौती का आधार या तो यह था कि अधिग्रहण का उद्देश्य सार्वजनिक नहीं है अथवा यह कि क्षतिपूर्ति पर्याप्त नहीं दिया गया है। इस सम्बन्ध में न्यायालय की राय यह थी कि यद्यपि संविधान 8 के अनुच्छेद 31 में समुचित मुआवजे का भुगतान करने की बाध्यता नहीं है फिर भी क्षतिपूर्ति का अर्थ सदैव न्यायपूर्ण एवं पर्याप्त क्षतिपूर्ति है। ऐसी न्यायिक व्याख्याओं के सन्दर्भ में अनुच्छेद 31 का क्लॉज (2) संशोधित करते हुए संविधान में चौथा संशोधन किया गया। यहाँ उल्लेखनीय है कि कोई देश अपने संविधान में समय-समय पर परिवर्तन नहीं कर सकता। यही कारण है कि मौलिक अधिकार सामाजिक व्यवस्थापन को लागू करने में महत्त्वपूर्ण बाधाएँ बन जाते हैं। जैसा कि अधिकांश विधिवेत्ताओं का मत है नागरिकों के मौलिक अधिकार पवित्र होते हैं। ये प्रजातन्त्र की आत्मा हैं। किसी सर्वाधिकारवादी संविधान द्वारा नागरिकों को मौलिक अधिकार नहीं दिए जाते और इसलिए वहाँ सामाजिक व्यवस्थापन के मार्ग में यह बाधा उत्पन्न नहीं होती। इस स्थिति में प्रश्न यह उठता है कि क्या समाज कल्याण की दृष्टि से यह उचित है कि मौलिक अधिकारों को समाप्त कर दिया जाए? यह उपचार रोग से अधिक हानिकारक है। मौलिक अधिकर स्वतन्त्रता की रक्षा करके मानव प्रगति की रक्षा करते हैं। इनके द्वारा प्रदान की गई राजनीतिक स्वतन्त्रता के बिना व्यक्तिगत स्वतन्त्रता केवल कल्पना की चीज है।

(ख) मेन्स री—एक कहावत के अनुसार कोई कार्य तब तक दोषपूर्ण नहीं हो सकता जब तक कि दोषपूर्ण दिमाग न हो। यही मान्यता मेन्स री का सिद्धान्त

है। ये सिद्धान्त शताब्दियों तक अंग्रेजी अपराध शास्त्र के मुख्य आधार बने रहे। सिद्धान्त के अनुसार कोई भी गलत कार्य उस समय तक दोषपूर्ण नहीं माना जाएगा जब तक कि कर्त्ता के दिल में उस गलत कार्य के करने की चैतन्य स्वीकृति न हो। कोई कार्य तब तक अपराध नहीं है जब तक कि यह जानबूझ कर तथा सोद्देश्य न किया जाए। अनजाने में या दुर्घटनावश घट जाने वाले कार्य अपराध की श्रेणी में नहीं आते। विष्णु पुराण में लिखा है मन ही बन्धन और मोक्ष का कारण है। (मन एवं मनुष्याण कारण बंध मोक्षयोः)।

परम्परागत सिद्धान्त के अनुसार किसी अपराधी का अपराध साबित करने के लिए यह दिखाना जरूरी है कि अपराध दोषपूर्ण मन से किया गया था। यह बात सामाजिक व्यवस्थापन के सम्बन्ध में बहुत कठिन बन जाती है। मुख्य न्यायाधीश छागला ने मैक्मूल (Macmul) के मामले में कहा था कि केवल सीमित तथा अपवाद स्वरूप अपराध ही ऐसे होते हैं जो अपराधी भावना के बिना ही सम्पन्न किए जाएँ। दूसरे शब्दों में अधिकांश अपराधों के पीछे अपराधी भावना अवश्य रहती है, किन्तु इस भावना को समाज कल्याण सम्बन्धी कार्यों में पहचानना सरल नहीं है। अतः यह उचित रहेगा कि समाज कल्याण सम्बन्धी अपराधों में मनुष्य की अपराधी मनःस्थिति को महत्त्व नहीं दिया जाए। अन्यथा समाज कल्याण कार्यों की गति अत्यन्त मन्द हो जाती है।

(2) कार्यपालिका सम्बन्धी समस्याएँ

प्रत्येक प्रकार के व्यवस्थापन को कार्यरूप देना कार्यपालिका का दायित्व है। कार्यपालिका राज्य में शान्ति व्यवस्था की स्थापना का प्रबन्ध करती है। इस कार्य में वह पुलिस, न्यायालय, सेना आदि अभिकरणों का सहयोग प्राप्त करती है। सामान्य फौजदारी कानून को सामान्यतः पुलिस द्वारा कार्यान्वित किया जाता है। सामाजिक व्यवस्थापन को कार्यरूप देने के लिए कभी-कभी खास संगठन की स्थापना भी कर ली जाती है। उदाहरणार्थ Money Lenders Act, 1946 के कार्यरूप का पर्यवेक्षण करने के लिए पृथक् संगठन बनाया गया है। इस अधिनियम के अनुरूप कुछ अभियोगों की कार्यवाही रजिस्ट्रार की पूर्व अनुमति के बिना शुरू नहीं की जा सकती। ये विशेष संस्थान निश्चय ही सम्बन्धित कानून के उल्लंघनकर्त्ता को पकड़ने के लिए समय पर कार्यवाही करते हैं। सामान्य पुलिस संस्थान से इस सम्बन्ध में खास अपेक्षता नहीं की जा सकती। सामाजिक कानूनों का उल्लंघन होने पर पुलिस प्रायः शीघ्र कार्यवाही नहीं करती। जो भी कार्यवाही की जाती है वह प्रभावशाली तथा सन्तोषजनक नहीं होती। एक जेब कतरे अथवा हत्यारे को पकड़ने में पुलिस काफी

कार्यकुशलता का परिचय देती है जबकि सामाजिक कानून के उल्लंघन के समय इतनी सजगता, कुशलता एवं प्रभावशीलता दिखाई नहीं देती। बाल-विवाह के विरुद्ध कानून बना हुआ है किन्तु हम सब जानते हैं कि हर वर्ष कितने अबोध बालकों की शादी कर दी जाती है। अनेक बार ऐसे दूल्हे घोड़ी पर सवार होकर निकलते दिखाई देते हैं जिनके हाथ की तलवार उनके स्वयं के आकार से बड़ी होती है। ये दूल्हे राजा जब अपने प्रजा बरातियों के साथ गाजे-बाजे के साथ कोतवाली चौपड़ पर होकर निकलते हैं तो सामान्य जनता के साथ-साथ पुलिस वाले भी इस अनाहूत तमाशे का आनन्द प्राप्त करते हैं। अतिथि नियन्त्रण कानून है तो भी शादियों में सैंकड़ों लोगों का भोज होता है। मृत्यु-भोज पर पाबन्दी है लेकिन किसी वृद्धजन के स्वर्गवासी होने पर 40 गाँवों के लोग परिवार सहित मृतक के यहाँ उसकी शान्ति के लिए कामना करते हैं। इन सब कार्यों में पुलिस प्रायः सक्रिय नहीं होती और जब कभी होती भी है तो उसके पीछे दायित्व की भावना नहीं व्यक्तिगत मनमुटाव काम करते हैं। सामाजिक व्यवस्थापन को लागू करने में पुलिस का स्थान काफी महत्त्वपूर्ण है। अब तक का तो अनुभव यही रहा है कि पुलिस इस कार्य में न केवल उदासीन रही है वरन् कई बार उसने सामाजिक कानून का उल्लंघन करने वालों को सकारात्मक या नकारात्मक रूप से मदद भी दिया है।

(3) न्यायिक समस्याएँ

सामाजिक कानून को लागू करने में न्यायालय का प्रमुख योगदान है। न्यायालय द्वारा की गई असंगत एवं असामाजिक व्याख्याएँ सामाजिक कानून को कार्यरूप देने में प्रमुख बाधा का कार्य करती हैं। न्यायालय का एक महत्त्वपूर्ण कार्य कानून की व्याख्या करना है। यह व्याख्या शाब्दिक अथवा उदार दोनों ही तरह की हो सकती है। प्रत्येक मनुष्य का अपना जीवन दर्शन होता है, न्यायाधीश भी इसके अपवाद नहीं होते। असल में कानून वह है जो न्यायाधीश इसकी व्याख्या करें। यह व्याख्या शब्दशः भी की जा सकती है और उसके आशय अथवा उद्देश्य की दृष्टि से भी की जा सकती है। कानून में सदैव स्थायित्व एवं परिवर्तन के प्रति आन्तरिक संघर्ष छिड़ा रहता है। यह संघर्ष मुख्य रूप से इतिहास और वृद्धि का संघर्ष हैं, यह अतीत बुद्धि एवं वर्तमान जरूरतो का संघर्ष है। मुख्यतः न्यायाधीश पातंजलि शास्त्री के मतानुसार किसी विवाद में सभी परिस्थितियों में बुद्धि-संगत बात क्या है यह निर्धारित करने में न्यायाधीश का सामाजिक दर्शन तथा मूल्यों का स्तर निश्चय ही महत्त्वपूर्ण प्रभाव डालते हैं। न्यायाधीश यदि चाहे तो सामाजिक व्यवस्थापन को कार्यरूप में परिणत करने में महत्त्वपूर्ण योगदान कर सकते हैं। इसके विपरीत यदि

न्यायाधीश किसी कानून की आत्मा एवं अन्तर्निहित भावना पर ध्यान दिए बिना केवल उसके रूप पर ही ध्यान दें तो सामाजिक कानूनों को कार्यान्वित करना पर्याप्त हो जाएगा। यह सच है कि न्यायाधीश व्यवस्थापक नहीं होते, कानून उनके द्वारा बनाए नहीं जाते किन्तु प्रत्येक कानून में कुछ रिक्त स्थान होते हैं। इन स्थानों की पूर्ति न्यायाधीश द्वारा की जाती है। न्यायाधीश अपनी व्याख्या द्वारा इसे पूरा करते हैं तथा भविष्य के लिए परम्पराएँ बनाते हैं। यहाँ एक उल्लेखनीय बात यह है कि कानून तथा समाज कल्याण के बीच दोहरा सम्बन्ध है। एक ओर तो कानून द्वारा समाज कल्याण की भावना का विकास किया जाता है दूसरी ओर समाज कल्याण की भावना का रूप निर्धारित करने में प्रभाव डालती है अथवा उसे डालना चाहिए। मि. कोर्डोजो का यह कहना सही है कि "कानूनों को प्रसारित अथवा प्रतिबन्धित करते समय समाज कल्याण को दिशा निर्देश एवं दूरियों का मार्ग दर्शक बनना चाहिए।"

(4) जन-सहयोग की समस्या

सामाजिक कानूनों को प्रसारित करने वाला एक महत्त्वपूर्ण तत्त्व जनता का सतर्क सहयोग है। शिक्षित और जागरूक नागरिक किसी भी कानून को ठीक प्रकार से लागू कर पाते हैं। इनके अभाव में अच्छे से अच्छा कानून भी केवल कागजी बन कर रह जाता है। प्रायः वास्तविक व्यवहार में यह देखा जाता है कि कानून एवं जनमत के बीच एक भारी रिक्त स्थान रहता है। कभी-कभी कानून जन इच्छा की अपेक्षा कई गुना अधिक प्रगतिशील होता है। दोनों की दूरियाँ अनेक कठिनाईयाँ उत्पन्न कर देती हैं। इसे मिटाने की दृष्टि से दो दृष्टिकोण प्रकट किए जाते हैं। एक मत यह है कि उस समय तक कोई भी सामाजिक व्यवस्थापन नहीं किया जाना चाहिए जब तक कि उसका स्वागत करने के लिए जनमत तैयार न हो। दूसरा मत यह है कि जनमत तो हमेशा रूढ़िवादी होता है। यह काम नेताओं का है कि विधायी सुधारों द्वारा लोकमत की रचना की जाए। वैसे यह प्रश्न इतना सरल नहीं हे कि लोकमत के अनुसार कानून बने अथवा कानून के द्वारा लोकमत को बदला जाए? फिर भी यह तथ्य है कि कानून जनमत को बनाने या बदलने में महत्त्वपूर्ण भूमिका निभाता है केवल कानून भी पर्याप्त नहीं है। केवल कानून बनाने मात्र से ही सामाजिक समानता नहीं लाई जा सकती। जनता को शिक्षित करना भी उतना ही महत्त्वपूर्ण है। कानून का बाध्यकारी तरीका तथा जनता को शिक्षित करने का समझाने-बुझाने वाला तरीका दोनों एक साथ अपनाए जाने चाहिए तभी सफलता प्राप्त हो सकेगी।

वर्तमान स्थिति यह है कि जनता को उचित प्रकार से शिक्षित किए बिना ही कानून बना दिए जाते हैं। जन-मानस को ये कानून स्वीकार नहीं हो पाते। अधिकांश लोग इन कानूनों का अर्थ नहीं समझने अथवा उन्हें लागू करने के लिए सही वातावरण एवं परिस्थितियाँ नहीं होतीं। अतः कानून रखा का रखा रह जाता है। इसके साथ-ही-साथ एक अन्य तथ्य यह भी महत्त्वपूर्ण है कि सामाजिक कानून की रचना समाज कल्याण के उद्देश्य से नहीं की जाती वरन् राजनीतिक स्वार्थपूर्ति के लिए की जाती है। अतः उसकी कार्यान्विति का समुचित प्रबन्ध भी नहीं किया जाता।

(5) आर्थिक कठिनाईयाँ एवं गरीबी

भारत एक विकासशील देश है इस तरह यहाँ महत्त्वाकाँक्षाएँ निरन्तर बढ़ रही हैं किन्तु उनकी सन्तुष्टि के लिए समुचित साधन नहीं हैं। अल्प साधनों के लिए नागरिकों में खींचतान रहती है, स्पर्धा बढ़ती है तथा विभिन्न प्रकार की समस्याएँ जन्म लेती हैं। सामाजिक कानूनों को कार्य रूप देने में ये सारी समस्याएँ बाधक बन जाती हैं। समाज कल्याण के लिए कानून बनते हैं लेकिन व्यवहार में उनको कार्यान्वित नहीं किया जाता। पर्याप्त आर्थिक साधनों की कमी की वजह से बड़ी-बड़ी योजनाएँ पूरा नहीं रह जाती हैं अथवा प्रारम्भ ही नहीं हो पातीं। मुख्य न्यायाधीश श्री छागला कहते है कि ''भारत में प्रजातन्त्र और स्वतन्त्रता रीते शब्द हैं यदि उनके द्वारा गरीबी और अभाव को नहीं मिटाया जाता, जनता को भोजन तथा मकान नहीं दिए जाते तथा उनका रहन-सहन का स्तर नहीं सुधारा जाता।''

(6) अशिक्षा एवं रूढीवादी समाज

अशिक्षा सामाजिक विधानों के मार्ग में सबसे बड़ी बाधा है। अशिक्षा के कारण देश के ज्यादा लोग अपनी उपयोगिता को नहीं समझते हैं और आवश्यक जन-सहयोग प्रदान नहीं कर पाते है। अशिक्षा की वजह से रूढ़िवादिता पाई जाती है। लोग परम्पराओं से चिपके रहते हैं। बदलाव को आसानी से स्वीकार नहीं करते हैं। ऐसी दशा में सामाजिक विधान इनके व्यवहारों को परिवर्तित नहीं कर पाते हैं। भारतीय समाज एक परम्परावादी समाज रहा है। यहाँ परम्पराओं का खास प्रभाव देखने को मिलता है। परम्पराओं के पीछे सामान्य सामूहिक स्वीकृति पाई जाने से, लोग सामान्यतया उनका विरोध करने या तोड़ने की हिम्मत नहीं कर पाते हैं। यही वजह है कि विवाह-विच्छेद सम्बन्धी अधिनियमों के पारित हो जाने के उपरान्त भी न तो मुस्लिम स्त्रियाँ और न ही हिन्दू स्त्रियाँ इस अधिनियम का लाभ उठा पाई हैं यद्यपि अपवाद के रूप में कुछ तलाक की घटनाएँ अवश्य होती हैं।

(7) धार्मिक विश्वास तथा जाति-व्यवस्था

धार्मिक विश्वासों का हिन्दुओं में जीवन में ज्यादा प्रभाव रहा है और अधिनियमों के माध्यम से इनमें परिवर्तन लाना कोई आसान कार्य नहीं है। यहाँ मनुष्य कानून की उपेक्षा कर सकता है, लेकिन धार्मिक नियमों की नहीं। यही वजह है कि हमारे यहाँ आज भी विधवा-विवाह प्रचलित नहीं हो पाए हैं बाल-विवाहों को पूरी तरह रोका नहीं जा सका है और न ही अस्पृश्यता को समाप्त किया जा सका है। भारत में जाति-व्यवस्था आज भी एक महत्त्वपूर्ण संस्था के रूप में अधिकांश लोगों के जीवन को अनेक रूपों में प्रभावित कर रही है। जातीय बन्धनों में जकड़े हुए लोग कानूनी बाधाओं के न होने पर भी सामाजिक रूढ़ियों को नहीं तोड़ पाते।

(8) चरित्रहीनता एवं भ्रष्टाचार

भारत में मूल्यहीनता की स्थिति चिन्ताजनक रूप से विकसित हो रही है। भ्रष्टाचार व्यापक है। समाज कल्याण के लिए जो विभिन्न व्यवस्थाएँ की जाती हैं और सामाजिक कानून बनाए जाते हैं उनका अपेक्षित लाभ अपेक्षित वर्ग को नहीं मिल पाता। समाज कल्याण की अनेक योजनाएँ कुछ सीमित लोगों की हितपूर्ति का साधन बन गई हैं। सामाजिक विधान पीड़ित और अभावग्रस्त लोगों को उतनी राहत नहीं पहुँचा पाते जितनी उसे पहुँचनी चाहिए। जब तक भ्रष्टाचार का बोलबाला रहेगा और चरित्रहीनता की स्थिति बनी रहेगी तब तक सामाजिक विधानों का प्रभावी रूप में लागू होना कठिन है।

(9) प्रमुख कारण

(i) देश में सामाजिक विधानों के आशानुरूप सफलता प्राप्त न होने का मुख्य कारण यह है कि 80 प्रतिशत लोग ग्रामीण इलाकों में निवास करते हैं। ये लोग शिक्षा के अभाव में तर्क, ज्ञान एवं प्रगतिशील व्यवहारों को नहीं समझ पाते हैं। परिणाम यह होता है कि वे अच्छे-से-अच्छे अधिनियम को अपनी स्वतन्त्रता में हस्तक्षेप समझते हैं, सामाजिक और धार्मिक जीवन में बाधक समझते हैं।

(ii) उचित संचार-व्यवस्था के अभाव में नवीन सामाजिक विधानों का ग्रामीण क्षेत्रों में, सामान्य लोगों में और नगरीय क्षेत्रों में, विशेषतः अशिक्षित लोगों में प्रचार नहीं हो पाया है। इन लोगों मे से अधिकांश तो यह तक नहीं जानते कि हमारे देश में स्वतन्त्रता-प्राप्ति के पश्चात् कौन-कौन से सामाजिक विधान पारित किए गए हैं। आवश्यक प्रचार के अभाव में लोगों के लिए रूढ़ियों को तोड़कर नवीन परिवर्तनों

को ग्रहण करना सम्भव नहीं है।

(iii) आर्थिक दृष्टि से भारतीय महिलाएँ आज भी पुरुषों पर निर्भर हैं। अभी तक यहाँ अधिकतर स्त्रियाँ अशिक्षित हैं, अज्ञानता के अन्धकार में डूबी हुई हैं। परिणाम यह हुआ है कि जो अधिनियम स्त्रियों की विविध वैवाहिक ओर सामाजिक निर्योग्यताओं को दूर करने की दृष्टि से पारित किए गए हैं, उनका लाभ भी वे नहीं उठा पाती हैं। संयुक्त परिवार व्यवस्था ने भी सामाजिक अधिनियमों के माध्यम से नियोजित परिवर्तन को लाने में बाधा उपस्थित की है।

सामाजिक कानून मूल्यांकन एवं उनका प्रभाव

भारत में सामाजिक व्यवस्थापन विभिन्न क्षेत्रों में किया गया है। इसके द्वारा अनेक सामाजिक अभावों की पूर्ति तथा समस्याओं के निदान का प्रयास किया गया है लेकिन व्यवहार में ये अधिक सफल नहीं रहे हैं। इनके द्वारा आवश्यक लक्ष्यों की पूर्ति नहीं हो सकी है। कुछ क्षेत्रों में इनका प्रभाव बड़ा अच्छा रहा है लेकिन अन्य क्षेत्रों ये प्रभावहीन साबित हुए हैं। कतिपय उदाहरणों को ध्यान में रखते हुए इनका मूल्यांकन किया जा सकता है। लगभग 1½ शताब्दी पूर्व सती प्रथा को समाप्त करने के लिए व्यवस्थापन किया गया था। परिणामतः यह पाशविक परम्परा समाप्त हो गई। अब मृत पति के साथ पत्नी को नहीं जलना पड़ता। इतने पर भी सती प्रथा के विषाणु अन्य रूपों में आज भी उपलब्ध होते हैं। एक लड़की को मजबूर करके किसी अनचाहे पुरुष के साथ विवाह सूत्र में बाँध दिया जाता है। ऐसा होने पर वह जिन्दा ही तिल-तिल कर जलने लगती है और एक दिन आत्महत्या भी कर लेती है। दहेज न लाने वाली बहू के साथ उसके ससुराल वालों द्वारा किया जाने वाला अमानवीय तथा क्रूर व्यवहार ज्यादा अपरिचित नहीं है। इसे देखकर यदि माना जाए कि सती प्रथा इससे बुरी नहीं थी तो अतिशयोक्ति नहीं होगी। जाति असमानता समाप्ति अधिनियम 1950 में पारित हुआ था। जाति के आधार पर किसी प्रकार का भेदभाव संविधान द्वारा भी निषिद्ध है। इतने पर भी हम आए दिन समाचार-पत्रों में पढ़ते हैं कि अमुक गाँव के सवर्णों द्वारा हरिजनों पर अत्याचार किए गए या अमुक हरिजन महिला के साथ दुर्व्यवहार, अत्याचार अथवा बलात्कार किया गया। विभिन्न अधिनियमों द्वारा हिन्दुओं में अन्तर्जातीय विवाह की बाधाओं को हटा दिया गया है। इसके बाद भी जाति व्यवस्था सामाजिक विषयों तथा स्तर और आर्थिक एवं राजनीतिक लाभों की दृष्टि से पर्याप्त प्रभावशाली है। डॉ. इरावती कर्वे ने पूना में शादी सम्बन्धी एक सर्वेक्षण किया था जिससे ज्ञात हुआ कि शत-प्रतिशत शादियाँ

जाति में ही की जाती हैं। यहाँ तक कि समाज के प्रगतिशील तथा सम्पन्न वर्ग भी जाति में ही विवाह सम्बन्ध करते हैं। विवाह सम्बन्धी विज्ञापनों को देखने पर भी यह स्पष्ट हो जाता है। इनमें वर या वधू की अन्य अपेक्षाओं के उल्लेख के साथ-साथ खास जाति का होने की शर्त भी लगाई जाती है। 1929 में ही बाल-विवाहों पर रोक लगा दी गई थी, लेकिन ये आज भी होते हैं और पर्याप्त धूम-धड़ाके के साथ होते हैं। देहाती क्षेत्रों में सामान्य रूप से तथा शहरी क्षेत्रों में निम्नस्तरीय लोगों में बाल-विवाह का काफी प्रचलन है। हिन्दू विधवा पुनर्विवाह अधिनियम को पारित हुए 100 वर्ष से भी अधिक हो गए हैं किन्तु अभी तक यह परम्परा समाज के गले नहीं उतर सकी है। एक विधवा का पुनर्विवाह होना बड़ी टेढ़ी खीर है। उस पर हजारों प्रकार के लाँछन लगाए जाते हैं तथा यदि कोई पुनर्विवाह के लिए राजी भी होता है तो विभिन्न शर्तों के साथ और वह भी उस अभागी के इच्छा के अनुसार नहीं होता। तलाकशुदा स्त्री का पुनर्विवाह भी उतना ही मुश्किल है। तलाक कानून एक स्त्री को उसके वर्तमान अत्याचार से तो मुक्ति दिला सकता है, किन्तु भावी सुखद जीवन की व्यवस्था नहीं कर सकता। दहेज निषेध अधिनियम, 1961 द्वारा दहेज पर रोक लगा दी गई है, किन्तु सभी जानते हैं कि दहेज के बिना कितनी षोड़षियाँ कुँआरी बैठी रहती हैं, कितनों को अनमेल जुए के साथ जुत जाना पड़ता है, कितने ही पिता कर्ज के बोझ से लद जाते हैं और दूसरे बच्चों का भविष्य अन्धकार में पड़ जाता है। आज भी लड़के का पिता अपने लड़के की शिक्षा में किया खर्च लड़की वाले से वसूल करता है, उच्च शिक्षा हेतु विदेश भेजने का खर्च लेता है या नया व्यवसाय शुरू करने की लागत वसूल करता है। विभिन्न राज्यों में नशाबन्दी कानून स्वतन्त्रता से पूर्व ही बना दिए गए थे, किन्तु स्वतन्त्रता के बाद कई राज्यों ने उनको उदार बना दिया अथवा पूर्ण नशाबन्दी के स्थान पर पूर्ण नशाचार की अनुमति प्रदान कर दी। शराब को अलोकप्रिय बनाने का यह भी एक तरीका है। इसकी मान्यता है कि लोगों को खुलकर शराब पीने दो, राज्य द्वारा भी इसके लिए सुविधाएँ उपलब्ध कराई जाएँ, लोग इतनी पीएँ, इतनी पीएँ कि पीते-पीते पीना ही छोड़ दें। यह है हमारे कुछ राज्यों की नशाबन्दी की नीति। एक ओर मूल्यों की शराब से गिरी जनता है जो शराब पीकर ही कन्ट्रोल की लम्बी लाइन में खड़े होने की क्षमता प्राप्त करती है।

इस विवेचन से यह निष्कर्ष नहीं निकाला जा सकता है कि भारत में सामाजिक विधान सामाजिक समस्याओं को सुलझाने में पूर्ण असफल रहे हैं। इन अधिनियमों ने लोगों को सामाजिक समस्याओं के प्रति जागरूक बनाया है। अपने अधिकारों के प्रति उनमें चेतना जाग्रत की है। धीरे-धीरे उनकी अभिवृत्तियों में परिवर्तन आ रहा है। आज विधवा-विवाह और अन्तर्जातीय विवाहों के प्रति लोगों

का सहानुभूतिपूर्ण दृष्टिकोण पाया जाता है। बाल-विवाह निरन्तर कम होते जा रहे हैं। आवश्यकता पड़ने पर लोग विवाह-विच्छेद का भी सहारा लेने लगे हैं। साम्पत्तिक अधिकार मिलने से स्त्रियों की स्थिति में क्रमिक परिवर्तन आ रहा है। लोगों की अस्पृश्यता सम्बन्धी धारणाएँ भी बदल रही हैं। इन सब परिवर्तनों को लाने के लिए सामाजिक विधानों के अतिरिक्त अनेक अन्य कारकों का योगदान रहा है।

सामाजिक समस्याओं को हल करने में सामाजिक विधानों का निश्चित रूप से महत्त्वपूर्ण स्थान है। प्रारम्भ में इनके द्वारा परिवर्तन धीरे-धीरे आता है क्योंकि शताब्दियों से चल रही मान्यताएँ एकाएक समाप्त नहीं हो जाती हैं। सामाजिक विधानों की सफलता बहुत कुछ मात्रा में उन लोगों के दृष्टिकोण पर निर्भर करती है जिनके द्वारा निर्माण किया गया है। प्रो. कुप्पुस्वामी का कथन है कि "स्वतन्त्रता-प्राप्ति के पूर्व और पश्चात् पारित किए गए अधिनियमों द्वारा यह पता चलता है कि राज्य और समाज द्वारा एक ओर मौजूदा सामाजिक आदर्श प्रतिमानों के आधार पर सामाजिक आदर्श प्रतिमानों को सुधारने का प्रयत्न किया गया। प्रथम प्रकार के मामले में सामाजिक विधान जैसे कि एक विवाह-प्रथा आदि काफी सफल रहे हैं लेकिन दूसरे मामले में कानून के पास कठिनता से ही सामाजिक शक्ति रही है, क्योंकि जो कानून सामाजिक आदर्श प्रतिमानों से काफी आगे होते हैं उनके शैक्षणिक कार्य सम्मिलित होते हैं। केवल सजा का भय ही कानून को शक्तिशाली एवं प्रभावशाली नहीं बनाता है। जहाँ तक व्यवहार में बाधिक आज्ञापालन अंतर्निहित होता है, वहाँ नवीन मूल्यों का आन्तरिकीकरण नहीं हो पाता और इसलिए कानून का उल्लंघन होता है।"

यह सामाजिक विधान की सफलता के लिए जरूरी है कि नए कानून में निहित नए मूल्यों को समझने में लोगों की मदद की जाए। इसके लिए ऐच्छिक संगठित प्रयास किए जाने चाहिए। समाजीकरण की प्रक्रिया इस दिशा में विशेष योग दे सकती है। माता-पिता द्वारा यह भी कोशिश की जानी चाहिए कि बालक नई कानूनी आदर्श प्रतिमान को सामाजिक आदर्श प्रतिमान के रूप में स्वीकार करे। इस क्षेत्र में शिक्षा एवं सही संचार-व्यवस्था भी अच्छी भूमिकाएँ निभा सकती हैं।

8

स्थानीय सामाजिक प्रशासन

सामाजिक प्रशासन के संगठन को भारत में धरातल तक ले जाया गया है। सिर्फ राष्ट्रीय अथवा राज्य स्तर पर संगठन करके ही इतिश्री नहीं कर दी गई है। स्थानीय स्तर पर भी इसका समुचित संगठन किया गया है। वजह यह है कि सामाजिक प्रशासन की विषय-वस्तु जनसाधारण है। इसके द्वारा सम्पन्न सेवाओं में स्थानीय प्रकृति की सेवाएँ भी पर्याप्त होती हैं। इस प्रकार शहरी एवं देहाती क्षेत्रों में तथा जिला, खण्ड एवं पंचायत स्तरों पर सामाजिक प्रशासन का संगठन किया गया है।

यहाँ एक बात वर्णनीय यह है कि स्थानीय स्तर पर दो प्रकार के संगठन उपलब्ध होते हैं। एक प्रकार का संगठन वह है जिसमें जिला स्तर पर राज्य सरकार के अधिकारी समाज कल्याण विभाग एवं निदेशालय के अधीन रहकर कार्य करते हैं। दूसरे प्रकार का संगठन पंचायती राज की स्थापना के रूप में प्रजातान्त्रिक विकेन्द्रीकरण की कार्यान्विति का परिणाम है। इस तरह के कुछ कार्यकर्त्ता जिला परिषद् एवं खण्ड स्तर पर कार्य करते हैं। समन्वयात्मक कार्यक्रमों में मुख्य सेविका, ग्राम सेविका, ग्राम लक्ष्मी आदि होती हैं जो पहले राज्य समाज कल्याण सहकारी बोर्ड के अधीन कार्य करती थीं। लेकिन अब जिला एवं खण्ड संस्थाओं के तहत कार्य करती हैं। स्थानीय स्तर का संगठन सभी राज्यों में एक जैसा नहीं है। इस दृष्टि से राज्यों के बीच विभिन्न अन्तर वर्तमान हैं।

संगठन में विभिन्नता

भारत के विभिन्न राज्यों में स्थानीय स्तर पर सामाजिक प्रशासन का संगठन एकरूप नही है। अनेक संस्थाएँ कुछ राज्यों में अपना ली गई हैं, लेकिन अन्य राज्यों में अभी तक नहीं अपनाई गई हैं। परिणामतः राज्यों के स्थानीय संगठनों में अंतर मिलती हैं।

आन्ध्र प्रदेश के आन्ध्र क्षेत्र में तहसीलदार स्तर के जिला समाज कल्याण अधिकारी होते हैं, किन्तु तेलंगाना क्षेत्र में उप-कलक्टर ग्रेड के अधिकारी होते हैं। तेलंगाना क्षेत्र में इनके अलावा तहसीलदार ग्रेड के समाज कल्याण अधिकारी, समाज कल्याण निरीक्षक, समाज कल्याण संगठनकर्त्ता तथा समाज सेवक भी होते हैं। असम में जिला स्तर पर दस मनुष्य कार्य करते हैं, लेकिन उनके बीच किसी तरह का वर्गीकरण नहीं किया गया है। गुजरात में जिलों के विभिन्न स्थानों में विभिन्न समाज कल्याण संस्थाएँ होती हैं। इनका प्रबन्ध विभिन्न स्तर के अधिकारियों द्वारा किया जाता है। यहाँ जिला प्रशासन के भाग के रूप में पृथक् जिला समाज कल्याण अधिकारी नहीं होते। समाज कल्याण निदेशालय के अधीन मुख्य सेविकाओं के पद हैं, किन्तु इनको पंचायती राज संस्थाओं के जिम्मे कर दिया जाता है। समाज कल्याण निदेशालय का मुख्य कार्यालय जिला एवं अन्य स्तरों के अधीनस्थ स्टॉफ को सभी मामलों में निर्देशन तथा पथ-प्रदर्शन देता है। जम्मू तथा कश्मीर राज्य में जिला समाज कल्याण अधिकारी होते हैं तथा इनके साथ-साथ तहसील कल्याण अधिकारी भी होते हैं। ये तहसील कल्याण अधिकारी खण्ड स्तर के समाज कल्याण सम्बन्धी गतिविधियों की भी देखभाल करते हैं। महाराष्ट्र राज्य में प्रत्येक जिले में जिला परिषद् के अधीन जिला समाज कल्याण अधिकारी होते हैं। इनके अतिरिक्त समाज कल्याण निरीक्षक होते हैं। इनके साथ-साथ विभिन्न अधिनियमों या कार्यक्रमों के अधीन विशेष अधिकारी या संस्था अधिकारी भी होते हैं। मध्य प्रदेश में स्थानीय स्तर का संगठन जिला, खण्ड एवं ग्राम स्तरों में विभाजित है। यहाँ डिवीजनल मुख्यालयों में समाज कल्याण संस्थाओं के राजपत्रित अधिकारी तथा अराजपत्रित कर्मचारी वर्ग होता है। खण्ड स्तर (Block Level) पर पंचायत प्रसार अधिकारी, पुरुष समाज कल्याण संगठनकर्त्ता एवं मुख्य सेविकाएँ होती हैं। ग्राम्य स्तर पर पूर्णकालीन एवं अंशकालीन समाज शिक्षा अधिकारी होते हैं

राजस्थान में जिला स्तर पर एक जिला परिवीक्षा तथा समाज कल्याण अधिकारी होता है। जिलों में पृथक् अधिकारी हैं, कुछ जिला अधिकारियों को दो-दो जिलों का कार्य सौंपा गया है। जिला समाज कल्याण अधिकारी जिला स्तर पर

प्रशासकीय एवं व्यवस्था की दृष्टि से स्वयं सक्षम होते हैं। ये जिला स्तर पर विभाग की प्रत्येक प्रवृत्ति को कार्यान्वित करने तथा अवलोकन करने की शक्ति रखते हैं। प्रत्येक जिले में अनेक संस्थाएँ समाज सेवा का कार्य सम्पन्न करती हें। उदाहरण के लिए जयपुर जिले में सेवा सदन (भिक्षुक गृह) महिला सदन, शिशुगृह, बालक गृह, बालिका गृह, सम्प्रेषण गृह आदि संस्थाएँ हैं जो अधीक्षक तथा अधीक्षिकाओं के अधीन कार्य करती हैं।

स्थानीय स्तर पर समाज कल्याण कार्य के संगठन विषयक उक्त वृतान्त से मुख्यतः दो बातें स्पष्ट होती हैं—

(i) स्थानीय स्तर पर संगठन की दृष्टि से व्यापक अन्तर है। कुछ राज्यों में जिला समाज कल्याण अधिकारी का पद अलग से है जबकि अन्य राज्यों में विशेष अधिनियमों के अन्तर्गत ही विशेष अधिकारी हैं।

(ii) पंचायती राज संस्थाओं से राज्य समाज कल्याण विभागों एवं निदेशालयों का सम्बन्ध अधिक स्पष्ट नही है। आन्ध्र प्रदेश, महाराष्ट्र आदि कुछ राज्यों में समाज कल्याण का विषय पंचायती राज संस्थाओं का अभिन्न अंग है तथा समाज कल्याण अधिकारी इन संस्थाओं के अधीन ही कार्य करते हैं। कुछ राज्यों में पंचायती राज संस्थाएँ अभी तक प्रारम्भ ही नहीं की गई हैं। अतः समाज कल्याण अधिकारियों से उनके सम्बन्ध की समस्या पैदा नहीं होती किन्तु प्रश्न यह है कि यहाँ पंचायती राज की स्थापना होने पर सम्बन्ध कैसा रहेगा इसका निश्चय पहले ही हो जाना चाहिए।

ग्रामीण स्थानीय सरकार तथा समाज कल्याण कार्यक्रम

स्थानीय सरकार की संस्थाएँ समाज कल्याण कार्यक्रमों को क्रियान्वित करने के लिए सर्वश्रेष्ठ साधन मानी जाती हैं चूँकि वे जन-साधारण के नजदीक रह कर कार्य करती हैं तथा उनका जनता से सीधा सम्पर्क रहता है। स्थानीय सरकार की संस्थाओं द्वारा जब समाज कल्याण के कार्यक्रम सम्पन्न किए जाते हैं तो सिर्फ इन कार्यक्रमों को ही लाभ नहीं होता वरन् अपने आप इन संस्थाओं को भी लाभ होता है। नागरिकों में इनकी तस्वीर उभर आती है। जनता का सहयोग भी इन संस्थाओं को प्राप्त होने लगता है। इस प्रकार यह कहा जाता है कि समाज कल्याण के सभी कार्य स्थानीय संस्थाओं द्वारा किए जाने चाहिए। ऐसा करने से व्यय में कमी आएगी, प्रशासनिक दृष्टि से सुविधाजनक रहेगा तथा सही समय पर सभी कार्य किए जा सकेंगे। कुछ समय पश्चात् समाज कल्याण कार्यों की योजनाएँ भी इन स्थानीय संस्थाओं द्वारा बनाई जा सकती हैं।

स्थानीय संस्थाओं को समाज कल्याण के कार्य सौंपने के विरुद्ध दो तरह की आपत्तियाँ की जा सकती हैं–(i) इन कार्यों की प्रकृति इस प्रकार की है कि इनको स्थानीय सरकार की संस्थाओं द्वारा पूरा नहीं किया जाना चाहिए। (ii) राजनीतिक मतभेदों का प्रभाव समाज कल्याण कार्यक्रमों को कार्यान्वित करने पर पड़ना प्रारंभ हो जाएगा। प्रथम आपत्ति के सम्बन्ध में स्पष्टीकरण यह है कि सरकार द्वारा संचालित अनेक समाज कल्याण कार्यक्रमों में विशेष संविधि अथवा कार्यपालिका आदेश के अंतर्गतः विशेष संस्थाओं की स्थापना तथा प्रबन्ध किया जाता है। ये संस्थाएँ समाज कल्याण निदेशालय के प्रत्यक्ष नियन्त्रण में रहकर कार्य करती हैं। पंचायती राज संस्थाओं का इनमें सहयोग प्राप्त किया जा सकता हैं लेकिन इनको समाप्त करके सारे कार्य पंचायती राज संस्थाओं को दिए जाने उचित नहीं है। जहाँ तक दूसरी आपत्ति का सम्बन्ध है यह काफी कुछ सत्य है। ये कार्यक्रम दलबन्दी की दलदल में फँस जाएँगे तथा इनको व्यक्तिगत राजनीतिक स्वार्थपूर्ति का साधन बना लिया जाएगा। फिर भी अपेक्षा की जाती है कि कालान्तर में इन स्थानीय जनतान्त्रिक संस्थाओं के सदस्यों को समझ आएगी और वे समाज के हित को अपने दलीय हित से ऊपर रख कर चला करेंगे। इसी स्तर पर लोगों को जनतान्त्रिक तरीके से काम करने का प्रशिक्षण दिया जा सकता है। इस प्रकार समाज कल्याण के कुछ कार्य इन जनतान्त्रिक स्थानीय संस्थाअें को अवश्य सौंपे जाने चाहिए। वी. जगन्नाधम का विचार है कि हमें लोगों के प्रति यह विश्वास रखना चाहिए के स्थानीय सरकार के अस्वस्थ व्यवहार से ऊपर उठकर कार्य करना सीखेंगे।

शहरी स्थानीय सरकार तथा समाज कल्याण कार्यक्रम

शहरी क्षेत्र में स्थानीय सरकार की संस्थाएँ नगरपालिका एवं नगर निगम हैं। इन संस्थाओं द्वारा सम्पन्न किए जाने वाले कार्यक्रमों में समाज कल्याण सम्बन्धी कार्यक्रमों का विशेष स्थान नहीं रहता। इनके प्रशासनिक संगठन में समाज कल्याण विभाग नहीं बनाया जाता। यद्यपि शहरी स्थानीय संस्थाएँ प्रसूति एवं शिशु कल्याण की दृष्टि से अनेक महत्त्वपूर्ण कार्य करती हैं किन्तु इन कार्यों में समाज कल्याण का दृष्टिकोण प्रायः नहीं रहता। ये सरकारी औपचारिकताओं के अधीन सम्पन्न की जाती हैं। इस स्थिति का कारण क्या है? यह जानना अत्यन्त रोचकतापूर्ण है। इसका एक कारण तो यह मान्यता है कि शहरी स्थानीय सरकार की सभी गतिविधियाँ समाज कल्याण के दृष्टिकोण पर आधारित हैं, अतः अलग से समाज कल्याण विभाग बनाने की जरूरत नहीं है। यह मान्यता तथ्यसंगत नहीं है। कारण यह है कि शहरी जीवन की समस्याएँ अत्यन्त जटिल हैं इसलिए यहाँ समाज कल्याण का कार्य

संचालित करना भी कम जटिल नहीं है। अपने देश में दिन-प्रतिदिन शहरीकरण बढ़ता जा रहा है साथ ही शहरी जीवन की नई-नई समस्याएँ भी जन्म ले रही हैं। इस स्थिति में यह जरूरी है कि अपरोधात्मक एवं सुधारात्मक कदम उठाए जाएँ ताकि शहरी जीवन को अधिक सुखद बनाया जा सके। इस दृष्टि से कुछ प्रभावशाली एवं बुद्धिपूर्ण कदम उठाए जाने चाहिए। शहरों के जीवन में लोगों के मूल्य बदल रहे हैं, कार्य एवं विचारों की दिशाएँ बदल रही हैं तथा प्राथमिकताओं में परिवर्तन आ रहे हैं। इन सबको ध्यान में रखते हुए ही समाज कल्याण कार्यक्रम प्रारम्भ किए जाने चाहिए तथा स्थानीय संस्थाओं का भी इन कार्यों में जहाँ तक संभव हो सके सहयोग लिया जाना चाहिए।

समाज कल्याण विभाग : स्थानीय सरकार

वी. जगन्नाधम ने सारी स्थिति का अध्ययन करने के बाद देहाती एवं शहरी दोनों ही क्षेत्रों की स्थानीय सरकारों में समाज कल्याण विभाग की स्थापना पर जोर दिया है । उनके मतानुसार देहाती क्षेत्र में जिला परिषद् एवं खण्ड स्तरों पर समाज कल्याण विभाग होना चाहिए। प्रत्येक जिले में एक जिला समाज कल्याण अधिकारी हो तथा प्रत्येक खण्ड स्तर पर समाज कल्याण प्रसार अधिकारी हो। समाज कल्याण अधिकारी के कार्य स्पष्टतः परिभाषित किए जाने चाहिए तथा संगठनात्मक दृष्टि से उसे राज्य समाज कल्याण विभाग के साथ मिला दिया जाना चाहिए। जिला स्तर पर उसे पूरी सचिवालयी सहायता प्राप्त होनी चाहिए। समाज कल्याण अधिकारी के पद पर यथासम्भव ऐसे मनुष्य की नियुक्ति की जानी चाहिए जिसने सामाजिक कार्य में कोई डिग्री या डिप्लोमा प्राप्त किया हो। प्रवेशोत्तर प्रशिक्षण की व्यवस्था भी की जा सकती है।

9

पंचायती राज प्रणाली एवं नगरीय प्रशासन

भारत गांवों का देश है। यहाँ की बहुसंख्यक जनता गांवों में निवास करती है। अतएव देश में स्थानीय इकाइयों को लोकप्रिय बनाने के लिए पंचायती राज प्रणाली और नगरपालिका तथा नगरनिगम को शक्तिशाली बनाने का प्रयत्न किया गया है। इन स्थानीय इकाइयों को लोकतान्त्रिक आधार पर गठित किया गया तथा इन्हें स्थानीय महत्त्व के दायित्व सौंपे जाते हैं तथा स्थानीय विकास भी इन इकाइयों द्वारा करने का प्रयास किया जाता है। भारत में इन शहरी व ग्रामीण स्थानीय इकाइयों की अपनी विशेष समस्याएँ हैं। साधारण जनता राजनीतिक रूप से इन दायित्वों को निभाने में लगभग उदासीन रहती है। जनता में भी निरक्षरता, निर्धनता, राजनीतिक शिक्षण का अभाव आदि इस उदासीनता के कारण हैं।

सरकारी हस्तक्षेप एक अन्य कारण है जो इन इकाइयों के आन्तरिक मामलों में समय-समय पर हस्तक्षेप करके इन इकाइयों के मार्ग में बाधा उत्पन्न करता है। पर्याप्त वित्तीय साधनों की कमी इन स्थानीय इकाइयों की एक अन्य समस्या है। राजनीतिक दलों की अनावश्यक भूमिका स्थानीय स्वशासन के सार को लुप्त कर देती है। पंचायती राज स्वतन्त्र भारत की सबसे महत्त्वपूर्ण राजनीतिक खोज है। पंचायती राज का सम्बन्ध ग्रामीण क्षेत्रों में प्रशासन से है। पंचायती राज की संकल्पना में न केवल ग्रामीण क्षेत्रों के स्थानीय प्रशासन का कार्य स्थानीय लोगों तथा उनके

प्रतिनिधियों को सौंपा जाता है, अपितु उन्हें प्रशासनिक मामल। में स्वायत्तता भी प्रदान की जाती है। पंचायतों द्वारा ग्रामीण क्षेत्रों का प्रशासन भारत में प्राचीनकाल से चला आ रहा है। मैन तथा मेटकॉफ ग्रामीण समुदाय को छोटे गणतन्त्र कहा करते हैं। महात्मा गांधी इन समुदायों अर्थात् पंचायतों को स्वशासन की इकाइयाँ बनाने की इच्छा व्यक्त करते थे। अंग्रेजी काल में पूर्व अंग्रेजकाल की पंचायतों की व्यवस्था समाप्त कर दी गई तथा उसके स्थान पर जमींदारी तथा रैयतवारी आरम्भ कर दी गई स्वतन्त्रता के पश्चात् इन ग्रामीण क्षेत्रों में पंचायती व्यवस्था वापस लाने का प्रयास किया गया परन्तु इस पंचायती व्यवस्था को मात्र शासन की इकाई ही नहीं, अपितु सामुदायिक विकास का एक माध्यम भी बनाने का यत्न किया गया।

स्थानीय स्वशासन एवं सामुदायिक विकास कार्यक्रम में सम्बन्ध

भारत में पंचायती राज तथा सामुदायिक विकास कार्यक्रम आरम्भ में कुछ समय तक अलग-अलग कार्य करते रहे। वास्तव में, आरम्भ में इन दोनों की समस्याएँ अलग-अलग देखी जा रही थीं। स्वतन्त्रता प्राप्ति से पूर्व भारत में अंग्रेजों द्वारा संचालित जमींदारी प्रथा में अनेक त्रुटियाँ देखी जाने लगीं। जमींदारी प्रथा के कारण ग्रामीण क्षेत्रों का विकास तो दूर उनमें दिन-प्रतिदिन त्रुटियाँ (जैसे छोटे किसानों पर अत्याचार, सामन्तशाही, ग्रामीण श्रमिकों का शोषण आदि) और अधिक बढ़ती गई। अतः स्वतन्त्र भारत में संविधान-निर्माताओं ने ग्रामीण क्षेत्रों की समस्याओं के समाधान हेतु मुख्यतः दो सुझाव दिए तथा उनका संविधान के नीति निर्देशक सिद्धान्तों में उल्लेख भी किया (1) पंचायतों का विकास इस क्रम से हो कि वे शासन की स्वायत्त इकाइयाँ बन सकें (अनु. 40), (2) ग्रामों में कुटीर उद्योगों को वैयक्तिक तथा सहकारी आधार पर विकसित करने की योजना तथा कृषि व पशुपालन का वैज्ञानिक ढंग से संचालन, (अनु. 43 तथा धारा 48 क्रमशः)। इन दोनों कार्यों की ओर शीघ्र कदम भी उठाए गए।

मध्य प्रदेश में 1948 में ग्रामीण क्षेत्रों में जनपदों को प्रारम्भ करने का प्रयास किया गया। सामुदायिक विकास हेतु ग्रामीण क्षेत्रों में कृषि, संचार, शिक्षा, स्वास्थ्य, समाज सेवा, कुटीर तथा लघु उद्योग को प्रोत्साहित करने का प्रयास भी किया गया। इस सम्बन्ध में अमेरिका द्वारा 500 लाख डालर की सहायता द्वारा लगभग 55 परियोजनाओं में कार्य भी आरम्भ किया गया। परन्तु शीघ्र ही यह महसूस किया गया कि इन दोनों दिशाओं में होने वाले कार्यों की गति बहुत धीमी है तथा इनके मार्ग में पड़ने वाली बाधाएँ बहुत अधिक हैं। अतः यह महसूस किया गया कि ये दोनों

कार्य अलग-अलग न करके एक साथ किए जाएँ तथा पंचायती राज संस्थाओं को ही प्रशासन के साथ-साथ ग्रामीण विकास योजना का कार्य सौंपा जाए।

स्थानीय विकास स्थानीय लोगों द्वारा ही सम्भव हो सकता है। ग्रामीण क्षेत्रों में पंचायती राज तथा सामुदायिक विकास योजनाओं का आपसी सम्बन्ध बहुत घनिष्ठ है। सामुदायिक विकास कार्यक्रम जितना स्थानीय स्वायत्त इकाइयों द्वारा हो सकता है, उतना किसी बाहरी अथवा ऊपरी संस्थाओं द्वारा नहीं हो सकता। सामुदायिक विकास से प्राप्त लाभ से पंचायती राज संस्थाएँ उच्चकोटि के राजनीतिक शिक्षण तथा अनुभव का प्रदर्शन कर सकती हैं। सामुदायिक विकास कार्यक्रम तथा पंचायती राज से सम्बन्धित कार्यों को एक रूप देने के लिए 1956 में श्री बलवन्त राय मेहता की अध्यक्षता में एक समिति गठित की गई। इस समिति की सिफारिशों के आधार पर सर्वप्रथम 2 अक्टूबर, 1959 को राजस्थान के नागौर में पंचायती राज प्रणाली का शुभारंभ किया गया। इसके बाद आंध्र प्रदेश एवं तत्पश्चात संपूर्ण देश में पंचायती राज प्रणाली को लागू किया गया।

त्रिस्तरीय पंचायती राज प्रणाली

पंचायती राज व्यवस्था के तीन स्तर अग्र हैं–

1. ग्राम पंचायत
2. पंचायत अथवा खण्ड समिति
3. जिला परिषद्

आन्ध्र प्रदेश, बिहार, कर्नाटक, तमिलनाडु, गुजरात, हिमाचल प्रदेश, महाराष्ट्र, पंजाब, राजस्थान, उत्तर प्रदेश, पश्चिमी बंगाल, अरुणाचल प्रदेश तथा चण्डीगढ़ में त्रिस्तरीय प्रणाली है। असम, मध्य प्रदेश, हरियाणा, मणिपुर, उड़ीसा, दादरा, नागरहवेली, दिल्ली तथा पांडिचेरी में दो स्तरीय प्रेणाली है जबकि अन्य राज्यों में एकस्तरीय व्यवस्था है।

पंचायती राज के तीन स्तरों का अन्तर्संबंध

संगठनात्मक दृष्टि से पंचायती राज प्रणाली के तीनों अंग आपस में एक दूसरे से जुड़े हैं। पंचायत समिति के कुछ सदस्यों का चुनाव ग्राम पंचायत करती हैं। जिला परिषद् के कुछ सदस्यों का चुनाव पंचायत समितियों के सदस्य करते हैं तथा पंचायत समिति के अध्यक्ष जिला परिषद् के सदस्य भी होते हैं। वास्तव में ग्राम में सामुदायिक विकास कार्य पंचायत द्वारा ब्लाक में पंचायत समिति द्वारा तथा ग्रामीण जिले में

जिला परिषद् द्वारा किया जाता है। इसके अतिरिक्त प्रत्येक उच्चतर स्तर निम्नतर स्तर के कार्यों का निरीक्षण भी करता है। स्वतन्त्रता प्राप्ति के पश्चात् भारत में मेहता समिति की सिफारिश पर पंचायती राज लागू किया गया। पंचायती राज ग्रामीण क्षेत्रों में अपनाई गई एक त्रिस्तरीय प्रणाली है। सबसे निचले स्तर पर ग्राम सभा व ग्राम पंचायत की व्यवस्था की गई है।

ग्राम सभा का गठन

ग्राम सभा गाँव की विधायिका है। गाँव के सभी नागरिक जिनकी आयु कम से कम 18 वर्ष की हो, वे ग्राम सभा के सदस्य होते हैं। आंध्र प्रदेश, असम, बिहार, गुजरात, हरियाणा, हिमाचल प्रदेश, मध्य प्रदेश, उत्तर प्रदेश, महाराष्ट्र, उड़ीसा, पंजाब, राजस्थान तथा पश्चिमी बंगाल में ग्राम सभा की वैधानिक संस्था है। जम्मू-कश्मीर तथा कर्नाटक में ग्राम सभा की स्थिति अधिनियम से परे है जबकि केरल तथा तमिलनाडु के अधिनियमों में ग्राम सभा का कोई प्रावधान नहीं है।

ग्राम सभा का संचालन

ग्राम सभा का वर्ष में दो बार अधिवेशन होना अनिवार्य है। स्वयं सरपंच अथवा ग्राम सभा के 1/5 सदस्य भी उसका अधिवेशन बुला सकते हैं।

ग्राम सभा के प्रमुख कार्य

ग्रामसभा के अग्र कार्य हैं–

1. विकास-योजनाओं पर विचार करना।
2. ग्राम पंचायत के लेखा परीक्षण की रिपोर्ट पर विचार करना।
3. ग्राम पंचायत के कार्यों पर निगरानी रखना।
4. ग्राम पंचायत की प्रशासकीय रिपोर्ट पर विचार करना।
5. वर्षभर के लेखे के विवरण पर विचार करना।
6. आगामी वर्ष की कार्य-योजनाओं का विवरण तैयार करना तथा उसे पास करना।

ग्राम सभा की स्थिति

ग्राम सभाओं को प्राप्त शक्तियां उसके शक्तिशाली होने का सूचक नहीं हैं। इसके अनेक कारण हैं जैसेः–(i) ग्राम सभाओं की बैठकें नियमित रूप से नहीं होतीं;

(ii) उसकी बैठकों में सदस्यों की कम उपस्थिति उदासीनता का प्रतीक है; (iii) ग्रामवासियों की अपनी आर्थिक समस्याएँ इतनी अधिक होती हैं कि वे जन-सेवा कार्यों पर अधिक समय नहीं लगा पाते; (iv) ग्राम सभाएँ राजनीति का अखाड़ा बन गई हैं, प्रबल गुट ग्राम सभाओं पर नियन्त्रण रखने में सफल हो जाते हैं। 1964 की सादिक अली समिति ने ग्राम सभाओं के प्रभावहीन होने के अग्र कारण बताए हैं—

1. उच्च प्रचार की कमी।
2. ग्रामवासियों के पास समय का अभाव।
3. पंचों व सदस्यों की ग्रामीण मामलों में उदासीनता।
4. ग्राम सभा के पास पर्याप्त शक्तियाँ नहीं हैं।
5. शिक्षा तथा पर्याप्त अनुभव का अभाव।

जिलाधीश

जिला राज्य शासन की मूल इकाई है एवं इसके अध्यक्ष को जिला अधिकारी या उप-कमिश्नर अथवा कलैक्टर कहा जाता है। जिला प्रशासन में इसका महत्त्वपूर्ण स्थान है। वह जिले में प्रत्येक विभाग पर नियन्त्रण रखता है। वह वास्तविक जिला कार्यकारिणी अध्यक्ष होता है तथा जिले में व्यवस्था बनाए रखने के लिए उत्तरदायी होता है।

सामान्य रूप से जिला अधिकारी भारतीय प्रशासनिक सेवा का सदस्य होता है परन्तु कई बार राज्य नागरिक सेवाओं में से किसी वरिष्ठ अधिकारी को भी इस पद पर नियुक्त किया जा सकता है। वह अवकाशग्रहण करने तक जिला अधिकारी रहता है तथा उसे एक स्थान से दूसरे स्थान पर भेजा जा सकता है।

जिलाधीश के प्रमुख कार्य

जिला अधिकारी जिला प्रशासन की रीढ़ की हड्डी होता है तथा जिला प्रशासन के कुशलतापूर्वक संचालन के लिए उत्तरदायी है। यह वह धुरी है जिसके चारों ओर जिला प्रशासन घूमता है। उसे राज्य सरकार की 'आँख, कान तथा हाथ' कहा जाता है। जिला अधिकारी के कार्यों पर निम्नलिखित शीर्षकों के अन्तर्गत विचार किया जा सकता है।

वित्तीय कार्य

वास्तव में जिलाधीश पद का सृजन ब्रिटिश शासन काल में राजस्व एकत्रित करने के लिए किया गया था। स्वाधीनता के बाद जिलाधीश के कार्यों व उत्तरदायित्वों

में वृद्धि हुई है। एक कलेक्टर के नाते जिला अधिकारी निम्नलिखित कार्य करता है–

1. वह सरकारी सम्पत्ति की रक्षा करता है तथा कोर्ट्स आफ बोर्ड के अधीन प्रशासन चलाता है।

2. वह अपने पास पूर्ण भू-अभिलेख रखता है।

3. वह जिले में भूमि प्राप्ति के कार्य का प्रशासन करता है।

4. वह किसानों को ऋण देता है तथा उसे वापस लेने के लिए उत्तरदायी होता है।

5. वह जिले के राजस्व विभाग का मुख्य अधिकारी होता है। वह भू-राजस्व, उप-कर तथा अन्य करों को एकत्रित करता है। इस कार्य के लिए वह तहसीलदार, कानूनगो, लेखपाल तथा पटवारी की सहायता लेता है।

6. वह राजस्व के बारे में अधिकारियों के निर्णयों के विरुद्ध अपीलें सुनता है।

7. भूमि से सम्बन्धित होने वाले झगड़ों का निपटारा उसी के द्वारा किया जाता है।

8. जिले में आए शरणार्थियों को अनुदान उसी के द्वारा दिया जाता है।

9. बाढ़ आने या अकाल पड़ने पर या सूखा पड़ने की स्थिति में या कोई अन्य प्राकृतिक संकट आने की अवस्था में वह उचित सहायता देता है।

10. वह किसी भी प्रकार के कर एकत्रित करने के लिए अधिकारियों को आदेश दे सकता है।

11. वह कई वस्तुओं के बिकने का लाइसेंस देता है।

12. वह जिला कोषाध्यक्ष का मुख्य अधिकारी होता है। वह धन एकत्रित करने तथा जमा कराने के लिए उत्तरदायी होता है।

13. जमींदारी उन्मूलन का मुआवजा उसी की देख-रेख में दिया जाता है।

14. स्टाम्प अधिनियम उसी के द्वारा जिले में लागू किया जाता है।

न्यायिक कार्य

प्रथमवर्गीय दण्डाधिकारी (First Class Magistrate) के रूप में जिला अधिकारी अग्रलिखित कार्य करता था–

1. वह लोगों को अपनी रक्षा के लिए रखे गए हथियारों के लिए लाइसेंस देता है।

2. वह कैदियों को उच्च श्रेणी प्रदान कर सकता है। उन्हें कानून के अन्तर्गत मुक्त कर सकता है, जिसे पैरोल (Parole) कहते हैं। वह किसी भी कैदी के दण्ड में कमी करने का परामर्श दे सकता है।

3. जिला अधिकारी को दण्डाधिकारी के रूप में मूल-क्षेत्राधिकार तथा अपीलीय क्षेत्राधिकार दिए गए हैं। वह द्वितीय तथा तृतीय दण्डाधिकारी के निर्णय के विरुद्ध अपीलें सुनता है।

4. जिले में सभी दण्डाधिकारियों के कार्यों पर सामान्य नियन्त्रण रखता है।

5. वह जिले में शासन एवं व्यवस्था स्थापित रखने के लिए उत्तरदायी है। शासन एवं व्यवस्था के लिए जिले का पुलिस अधीक्षक उसके अधीन होता है। अधीक्षक समय-समय पर जिला अधिकारी को शान्ति एवं व्यवस्था से सम्बन्धित महत्त्वपूर्ण सूचनाएँ देता है।

6. वह जेलों का निरीक्षण करता है तथा जेलों के उचित प्रशासन के आदेश देता है।

7. वह जिले में स्थित सभी छापेखानों का निरीक्षण करता है। कोई भी छापाखाना स्थापित करने या पत्रिका आरम्भ करने पर जिला अधिकारी के सामने घोषणा पत्र भरना पड़ता है।

8. कैदियों द्वारा दिए गए प्रार्थना-पत्र पर विचार करता है तथा उसकी रिपोर्ट राज्य सरकार को भेजता है।

9. वह अनूसूचित जातियों, जनजातियों एवं राजनीतिक पीड़ितों को प्रमाण-पत्र देता है।

10. वह जिले में निवास करने वाले लोगों को पासपोर्ट एवं वीज़ा दिलाने के लिए सिफारिश करता है।

कार्य पालिका जनित कार्य

जिले का मुख्य कार्यकारिणी अधिकारी होने के नाते वह जिले के सभी कार्यकारिणी अधिकारों का प्रयोग करता है। जिला अधिकारियों के अध्यक्ष के रूप में वह निम्नलिखित कार्य करता है—

1. कर्मचारियों द्वारा की गई हड़तालों का शान्तिपूर्ण ढंग से हल ढूँढ़ता है।

2. वह जिले का चुनाव अधिकारी होता है। वह निर्वाचन सूची तैयार करवाता है तथा जिले में चुनाव करवाता है।

3. जिला में प्रशासन सम्बन्धी वार्षिक रिपोर्ट तैयार करता है तथा सरकार को भेजता है।

4. जिले में शासन-व्यवस्था बनाए रखने के लिए उत्तरदायी होता है।

5. वह जिला परिवार नियोजन समिति, जिला कल्याण संगठन, रैडक्रास सोसायटी, आदि समाज कल्याण संस्थाओं का अध्यक्ष होता है।

6. आजकल जिला अधिकारी असैनिक रक्षा, प्रान्तीय रक्षा-दल की देख-रेख तथा जनगणना के कार्य भी करने लगा है।

7. राज्य सरकार के अभिकर्त्ता (Agent) के रूप में जिले में सरकार के हितों की रक्षा करता है। वह सरकार द्वारा दिए गए आदेशों को कार्यान्वित करता है।

8. जिला प्रशासन में सभी राजकीय कर्मचारी उसके अधीन कार्य करते हैं। उनकी नियुक्ति, उन्नति, अवनति, तबादले, आदि के प्रश्न उसी के द्वारा सुलझाए जाते हैं।

9. वह जिले एवं ग्राम में बहुत से अधिकारियों की नियुक्ति करता है। जैसे—चौकीदार, नम्बरदार, चपरासी, निम्न श्रेणी के क्लर्क, आदि।

10. वह जिला प्रशासन में सभी शाखाओं का निरीक्षण करता है। जेल, शरणार्थी गृह, आदि का भी निरीक्षण करता है। जिले में अन्य उच्च अधिकारियों का कर्त्तव्य है कि उसे कार्यों से विदित करवाएँ।

11. वह स्थानीय स्वायत्त संस्थाओं के कार्यों की देख-रेख करता है।

12. वह राज्य सरकार के समक्ष जिले का बजट पेश करता है।

अन्य विकासात्मक कार्य

जिला अधिकारी जिले के विकास के लिए किये जाने वाले कार्यों में सहयोग देता है। इस कार्य के लिए उसे जिला विकास अधिकारी का सहयोग मिलता है। इसके अलावा वह जिला परिषद् की मान्यता भी लेता है। वह लोकतन्त्रीय विकेन्द्रीयकरण योजना की सफलता के लिए जिम्मेदार है।

जिलाधीश की स्थिति

जिला अधिकारी के कार्यों पर प्रकाश डालने से यह स्पष्ट होता है कि वह जनता तथा सरकार में सम्बन्ध स्थापित करता है। जिला प्रशासन के कुशल संचालन के लिए हर सम्भव प्रयत्न करता है। जिला प्रशासन के उचित संचालन का सम्पूर्ण दायित्व उस पर है। जिला अधिकारी मात्र राजस्व सम्बन्धी, न्यायिक और कार्यकारिणी कार्य ही नहीं करता बल्कि विकासवादी कार्य भी करता है जिससे कि जिले को खुशहाल बनाया जा सके। वह जिला प्रशासन की वह धुरी है जिसके चारों ओर सभी विभाग धूमते हैं। इस सम्बन्ध में पालंडे (Palande) का विचार है—"वह जिले में प्रान्तीय सरकार की आँख, कान, नाक, मुँह तथा हाथ है।"

10

राज्यस्तरीय सामाजिक प्रशासन

राज्यस्तरीय सामाजिक प्रशासन के संगठन की असंगठित प्रकृति

भारत में राज्य स्तर पर सामाजिक प्रशासन के संगठन की बिखरी प्रकृति है। समाज कल्याण के कार्य तथा सामाजिक सेवाएँ किसी एक संगठन द्वारा संचालित नहीं की जातीं वरन् वे विभिन्न मंत्रालयों, विभागों तथा संगठनों द्वारा की जाती हैं। उदाहरणार्थ ज्यादा राज्यों में श्रम विभाग, मेडिकल एवं स्वास्थ्य विभाग, प्राथमिक एवं माध्यमिक शिक्षा निदेशालय, राज्य बीमा विभाग, गृह विभाग, पुनर्वास विभाग, जेल विभाग तथा स्थानीय स्व-सरकार विभाग द्वारा क्रमशः रोजगार एवं श्रम कल्याण, परिवार नियोजन, गूँगे-बहरे तथा अन्धों के स्कूल, राज्य बीमा, महिलाओं एवं बालकों के अनैतिक व्यापार का निदान, विस्थापित लोगों का कल्याण, कैदियों का कल्याण तथा गन्दी बस्तियों के निवासियों का कल्याण आदि विषयों का संचालन किया जाता है। स्पष्ट है कि समाज कल्याण के क्षेत्र में आने वाले विभिन्न कार्य एक ही विभाग या संगठन द्वारा सम्पन्न नहीं किए जाते। यह स्थिति एक सीमा तक तो आवश्यक है क्योंकि समाज कल्याण का क्षेत्र अत्यन्त व्यापाक है तथा दूसरे मंत्रालयों एवं विभागों के कार्य किसी न किसी रूप में समाज कल्याण की दृष्टि से जरूर ही प्रभाव डालेंगे, उनको रोका नहीं जा सकता। इतने पर भी यह वाँछनीय है कि कम से कम प्रमुख कार्य एक ही संगठन द्वारा संचालित किए जाएँ। पिछले वर्षों से यह प्रवृत्ति

जोर पकड़ रही है कि सामान्य समाज कल्याण से सम्बन्धित कार्य समाज कल्याण विभाग को ही सौंपे जाएँ। राजस्थान भी इस दिशा में आगे बढ़ा है और पहले की तुलना में विभिन्न समाज कल्याण कार्य राज्य का समाज कल्याण विभाग सम्पन्न करने लगा है।

राजस्थान में सरकारी स्तर पर समाज कल्याण में योगदान करने वाले विभिन्न अभिकरण अग्रलिखित प्रकार से हैं–

(1) श्रम विभाग–राज्य का श्रम विभाग श्रमिकों के कल्याण सम्बन्धी कार्य करता है–जैसे, नियोजक का दायित्त्व, श्रमिकों की क्षतिपूर्ति, कार्य की शर्तें, भविष्य निधि, असमर्थता (इनवेलिडिटी) और वृद्धावस्था पेंशन तथा प्रसूति अवस्था लाभ, खानों में श्रम और सुरक्षा का विनियमन। श्रम कल्याण केन्द्रों के संचालन, श्रमिक-बालकों को शैक्षणिक रियायतें प्रदान करना आदि भी श्रम विभाग का कार्य है।

(2) शिक्षा विभाग–यह एन. सी. सी. ए. सी. सी. तथा विशेष विद्यालयों का संचालन करता है। सैनिक कर्मचारियों के बच्चों के लिए शैक्षणिक रियायतें भी शिक्षा विभाग ही देता है।

(3) पंचायत एवं विकास विभाग–इस विभाग के जरिए ये कार्य सम्पन्न किए जाते हैं–मेडिकल राहत के प्रयास, बाल कल्याण प्रयास, धर्मशाला एवं सराय बनाना तथा उनकी देखरेख करना, अकाल राहत, सरकारी समितियाँ एवं सहकारी बैंक, सामाजिक आर्थिक सर्वेक्षण, गरीबों के लिए घर, परिवार नियोजन, व्यायामशाला, अनाथालय, खेलकूद के मैदान, शरणार्थी गृह, पार्क तथा अन्य मनोरंजन के साधन आदि।

(4) मेडिकल विभाग–इसके समाज कल्याण के क्षेत्र में कार्य हैं– परिवार नियोजन, पोषाहार सर्वेक्षण, बाल निदेशन सेवा। शारीरिक रूप से अपाहिजों के लिए केन्द्र, स्वास्थ्य शिक्षा, स्कूल स्वास्थ्य सेवा, मानसिक चिकित्सालय।

(5) समाज कल्याण विभाग–समाज कल्याण सम्बन्धी कार्यों के लिए मुख्यतः यही विभाग जिम्मेवार है। यह प्रत्यक्ष रूप से विभिन्न कार्य स्वयं सम्पन्न करता है तथा अप्रत्यक्ष रूप से समाज कल्याण सेवाएँ सम्पन्न करने वाले अभिकरणों को यह मदद देता है। राजस्थान सरकार के समाज कल्याण विभाग के संगठन और कार्यों का विस्तार से विवेचन आगे अलग से करेंगे।

(6) राजस्व विभाग–यह विभाग अकाल राहत के क्षेत्र में उल्लेखनीय कार्य करता है, प्राकृतिक प्रकोप जैसे–बाढ़े, अग्नि आदि के पीड़ितों को क्षतिपूर्ति करता है। अभावग्रस्तता हेतु भी यह विभाग सहयोग देता है।

राजस्थान राज्य समाज कल्याण विभाग : संगठन

राज्य स्तर पर समाज कल्याण विभाग का कार्यक्षेत्र एवं व्यापकता केन्द्र की अपेक्षा भिन्न है। इस प्रकार दोनों स्तरों पर संगठन सम्बन्धी कुछ भेद भी हैं। यहाँ हम राजस्थान सरकार के समाज कल्याण विभाग के संगठन की रूपरेखा प्रस्तुत करेंगे जिससे हमें विभिन्न राज्यों में समाज कल्याण विभागों के प्रशासनिक संगठन की रूपरेखा का अंदाज हो सके।

राजस्थान राज्य में समाज कल्याण विभाग 1951-52 से पिछड़े वर्गों के कल्याणार्थ तथा 1955-56 से सामान्य समाज कल्याण कार्य कर रहा है। समाज कल्याण विभाग, राजस्थान का प्रशासनिक संगठन इस तरह है–

(1) निदेशक एवं पदेन उपसचिव–यह विभागाध्यक्ष होता है। यह राज्य भर में संचालित समाज कल्याण सेवाओं पर प्रशासकीय नियन्त्रण रखता है। इसके जरिए से विभागीय कर्मचारियों की नियुक्ति, स्थानान्तरण एवं अन्य प्रशासनिक प्रश्नों के सम्बन्ध में निर्णय लिए जाते हैं। यह भारतीय प्रशासनिक सेवा का सदस्य होता है अतिरिक्त राजस्थान प्रशासनिक सेवा का वरिष्ठ सदस्य होता है।

(2) सचिव–समाज कल्याण विभाग का सचिव राज्य सचिवालय में बैठता है। यह समाज कल्याण विभाग की हर गतिविधि पर सचिवालयी नियन्त्रण रखता है। यह राज्य सरकार को विभाग की किसी सेवा के विस्तार अतिरिक्त किसी सेवा की कटौती की सिफारिश करता है। यह विभाग के प्रशासनिक एवं राजनीतिक अंगों के बीच की कड़ी है।

(3) उपनिदेशक (पिछड़ी जाति)–यह गैर-राजस्थान प्रशासनिक सेवा का सदस्य होता है। इसकी देखरेख में ये कार्य सम्पन्न किए जाते हैं–पिछड़ी जातियों का विकास, मकान सहायता, नल-बिजली, छात्रावास व्यवस्था आदि-आदि।

(4) उपनिदेशक (प्रशासन)–यह निदेशक के सहयोगी के रूप में कार्य करता है तथा प्रशासनिक मामलों में निदेशक की मदद करता है। इसे अराजपत्रित अधिकारियों एवं कर्मचारियों को नियुक्त करने का अधिकार होता है। उनके सम्बन्ध में इसे अन्य प्रशासनिक शक्तियाँ भी प्राप्त हैं। यह राजस्थान प्रशासनिक सेवा का सदस्य होता है।

(5) उपनिदेशक (शिक्षा एवं रोजगार)–यह अनुसूचित जाति एवं अनुसूचित जनजातियों के लिए संचालित अलग-अलग शिक्षा सम्बन्धी कार्यक्रमों की देखभाल करता है। राजकीय अनुदानित एवं तृतीय श्रेणी के छात्रावासों की देखभाल भी इसका काम है। यह छात्रवृत्ति, राज्य कर्मचारियों को क्षतिपूर्ति, छात्रवृत्ति तथा अन्य शैक्षणिक

समस्याओं का निदान करता है। राज्य सरकार द्वारा सेवाओं तथा अधि-सरकारी सेवाओं में विकलांग व्यक्तियों को तथा अनुसूचित जाति एवं जनजाति के व्यक्तियों को नियोजन दिलवाने सम्बन्धी कार्य-भार भी समाज कल्याण विभाग पर है। यह राजस्थान प्रशासनिक सेवा का सदस्य होता है।

(6) उपनिदेशक (महिला एवं बच्चे)—यह राज्य में महिला कल्याण एवं बाल कल्याण सम्बन्धी कार्यों की देखरेख करता है। यह भी राजस्थान प्रशासनिक सेवा का सदस्य होता है।

उपरोक्त सभी उपनिदेशक (जो संख्या में पाँच हैं) अपने निदेशक (डायरेक्टर) को अपने विभिन्न कार्यों में मदद देते हैं और उसके निर्देशों का अनुपालन करते हैं।

(7) उपनिदेशक (पोषाहार)—यह शहर से दूर क्षेत्रों में तथा हरिजन बस्तियों में चलाए जा रहे शिशु कल्याण केन्द्रों एवं अन्य पोषाहार केन्द्रों पर व्यवस्था संबंधी कार्य करता है। यह राज्य भर में चलाए जा रहे पोषाहार केन्द्रों पर निगरानी रखता है। यह राजस्थान प्रशासनिक सेवा का सदस्य होता है।

(8) सहायक निदेशक—समाज कल्याण विभाग के मुख्यालय में उपरोक्त पाँच उपनिदेशकों के अतिरिक्त पाँच सहायक निदेशक (असिस्टेण्ट डाइरेक्टर्स) हैं। इनका विवरण इस तरह से है—

(क) सहायक निदेशक (भिक्षावृत्ति)—यह राज्य में भिक्षावृत्ति उन्मूलन सम्बन्धी कार्य करता है। भिखारियों के लिए राज्य में इस अधिकारी की देखरेख में ही सेवा सदन चलाए जाते हैं।

(ख) सहायक निदेशक (योजना)—यह समाज कल्याण के लिए नई-नई योजनाएँ तैयार कराता है, उन्हें सरकार के सामने रखता है तथा स्वीकार हो जाने पर उनकी कार्यान्वित की व्यवस्था करता है। इसके अतिरिक्त यह अन्धे, लूले, लंगड़े तथा बहरे व्यक्तियों को आर्थिक सहायता प्रदान करता है। यह गैर-राजस्थान प्रशासनिक सेवा का सदस्य होता है।

(ग) सहायक निदेशक (सामान्य)—यह समाज कल्याण विभाग के सामान्य कार्यों में अपने उच्चाधिकारियों को सहायता देता है। यह समाज कल्याण सम्बन्धी सेवाओं का प्रचार करता है। यह भी गैर-राजस्थान प्रशासनिक सेवा का सदस्य होता है।

(घ) सहायक निदेशक (नहर क्षेत्र)—राजस्थान नहर क्षेत्र में अनूसूचित जाति एवं जनजाति में परिवारों को आवश्यक सुविधाएँ उपलब्ध कराकर कृषि पर पुनःस्थापना करवाने सम्बन्धी कार्य की देखरेख इस अधिकारी पर है।

(ङ) सहायक निदेशक (साँख्यिकी)—समाज कल्याण विभाग के सीमा क्षेत्र में आने वाले विभिन्न साँख्यिकी-एकत्रण का काम यह अधिकारी करता है। यह भी गैर-राजस्थान प्रशासनिक सेवा का सदस्य होता है।

उपरोक्त पाँचों सहायक निदेशक (जो गैर-राजस्थान प्रशासनिक सेवा के सदस्य होते हैं) अपने उच्चाधिकारियों सहायक निदेशकों को विभिन्न कार्यों में सहायता देते हैं और उनके आदेशों का अनुपालन करते हैं।

(9) मुख्य परिवीक्षा अधिकारी—1 जनवरी, 1962 को अपराधी परिवीक्षा अधिनियम पारित हुआ, तभी से राजस्थान में परिवीक्षा सेवाएँ प्रारम्भ हो गईं। इन सेवाओं का संचालन मुख्य परिवीक्षा अधिकारी की देखरेख में होता है। यह गैर-राजस्थान प्रशासनिक सेवा का सदस्य होता है। यह परिवीक्षा गृह, बन्दी कल्याण, उत्तर-रक्षा, पैरोल, उपेक्षित महिलाओं के लिए कार्यक्रम, राज्य महिला सदन, जिला आश्रम गृह आदि का प्रबन्ध करता है। परिवीक्षा प्रणाली अपराध शास्त्र एवं दण्ड शास्त्र के इतिहास में अपराधियों के साथ सामाजिक व्यवहार की दिशा में आधुनिकतम एवं महत्त्वपूर्ण प्रयास है। यह सुधारवाद के दर्शन पर आधारित है। परिवीक्षा अधिनियम के तहत न्यायालय मृत्यु दण्ड एवं आजीवन कारावास सम्बन्धी अपराधों में दोषी पाए गए अपराधियों के अलावा किसी भी अपराधों को परिवीक्षा पर छोड़ सकता है। 21 वर्षों से कम के अपराधियों को न्यायालय कारावास का दण्ड नहीं दे सकता, जब तक कि इसके अतिरिक्त कोई मार्ग न हो। अपराधी के प्रति व्यवहार करने के बारे में निर्णय लेने में न्यायालय की मदद हेतु परिवीक्षा अधिकारी के प्रतिवेदन का प्रावधान है। इस प्रतिवेदन में अपराधी के व्यक्तिगत, सामाजिक, आपराधिक, आर्थिक एवं अन्य महत्त्वपूर्ण बातों का वर्णन किया जाता है। इस प्रतिवेदन के आधार पर अपराधी के सामाजिक सुधारों की सम्भावनाओं का पता लगाया जाता है तथा उसके सुधारों की दिशा निर्धारित की जाती है।

(10) लेखाधिकारी—समाज कल्याण विभाग के मुख्यालय में एक लेखाधिकारी होता है जो विभाग के हिसाब-किताब के लिए उत्तरदायी है। यह बजट एवं लेखा सम्बन्धी कार्य के अतिरिक्त आडिट तथा निरीक्षण का कार्य भी करता है।

(11) समाज कल्याण अधिकारी (निदेशालय)—यह अधिकारी निदेशालय स्तर पर समाज कल्याण के कार्यक्रमों का संचालन करता है। उपनिदेशक (पिछड़ी जाति) इसके सहायक के रूप में कार्य करता है।

(12) मुख्य शिशु अधिकारी—यह राज्य में शिशु कल्याण सम्बन्धी कार्यों की देखभाल करता है। अनाथालय, पालना-गृह, मन्द बुद्धि बालक गृह आदि की

व्यवस्था सम्बन्धी कार्यभार इसी अधिकारी पर है। बालक-अधिनियम लागू करने के सम्बन्ध में यह जरूरी कार्यवाही करता है। यह निराश्रित बच्चों के पालन-पोषण की योजनाएँ बनाता है और उन्हें राज्य सरकार से स्वीकृत कराता है।

(13) सहायक शोध अधिकारी—यह अन्वेषण तथा शोध सम्बन्धी कार्य सम्पन्न करता है।

उपरोक्त समस्त संगठन समाज कल्याण विभाग के मुख्यालय का है, जो जयपुर में स्थित है। मुख्यालय में विभिन्न श्रेणी के कर्मचारियों की बड़ी संख्या है जो विभिन्न कार्यों में अपने पदाधिकारियों को सहायता देते हैं।

समाज कल्याण विभाग का जिलों में संगठन

राज्य के 27 जिलों में से 26 जिलों में समाज कल्याण विभाग के जिला-कार्यालय खुले हुए हैं। हर जिले में जिला परिवीक्षा एवं समाज कल्याण अधिकारी कार्यालय का मुख्य अधिकारी होता है जो कार्यक्रमों को क्रियान्वित करता है तथा जिले में अपने कार्यों से सम्बन्धित समस्याओं से मुख्यालय को मदद करता है। उसके नीचे सहायता हेतु कर्मचारीगण होते हैं।

राजस्थान समाज कल्याण विभाग के कार्य सन्दर्भ में

यदि हम राजस्थान राज्य के समाज कल्याण विभाग के कार्यों पर विस्तार से दृष्टि डालें तो हमें अन्य राज्यों के समाज कल्याण विभागों के कार्यों का भी बोध हो सकेगा चूंकि समाज कल्याण के कार्य तो करीब समान प्रकृति के हैं।

राजस्थान में समाज कल्याण विभाग के कार्यों की जरूरत सबसे अधिक है। यह राज्य सदियों से एक पिछड़ा हुआ राज्य रहा है और इसमें रहने वाले पिछड़े वर्ग को सदैव ही राजा-महाराजाओं, सामन्तों तथा पूँजीपति वर्ग के शोषण का शिकार रहना पड़ा है। उन्हें सामाजिक न्याय देने के जो प्रयत्न पिछले वर्षों में किए गए हैं उनमें राज्य सरकार को आँशिक सफलता ही मिली है। आज भी इन वर्गों के उत्थान की आवश्यकता राज्य के लिए गम्भीर चिन्तन का विषय बनी हुई है। राज्य में कुल जनसंख्या का 18 प्रतिशत भाग अनुसूचित जाति और जनजाति के अन्तर्गत आता है। इनके अलावा विकलांग, असहाय, अपाहिज बालकों और महिलाओं का ऐसा बहुत बड़ा वर्ग है जिसे सामाजिक सुरक्षा और आर्थिक सहयोग की आवश्यकता है। राज्य की नई सरकार ने इस दिशा में समाज कल्याण विभाग की अनेक योजनाओं को लागू किया है। यही नहीं, एक अन्त्योदय योजना भी शुरू की है, जिसका उद्देश्य समाज के सबसे गरीब लोगों को मदद देकर ऊँचा उठाना है। परन्तु यह कार्य सिर्फ

सरकार द्वारा ही पूरा नहीं हो सकता। इसके लिए यह जरूरी है कि सभी जागरूक नागरिक और सामाजिक संस्थाएँ वक्त-वक्त पर ऐसे माहौल का निर्माण करें कि सदियों से उपेक्षित पिछड़ा हुआ वर्ग यह महसूस करने लगे कि वह अकेला नहीं है, उसकी देखरेख करने वाले और लोग भी हैं।

राजस्थान राज्य में समाज कल्याण विभाग 1951-52 से पिछड़े वर्गों के कल्याणार्थ तथा 1955-56 से सामान्य समाज कल्याण कार्य कर रहा है। विभाग के वार्षिक प्रगति विवरण से हमें इसके कार्यकलापों का बोध होता है। यहाँ हम राज्य समाज कल्याण विभाग के प्रगति विवरण (1983-84) को प्रस्तुत कर रहे हैं जिससे हमें विभिन्न क्षेत्रों में विभाग के व्यापक कार्यों और कार्यक्रमों का बोध होगा।

अनुसूचित जातियों, अनुसूचित जनजातियों, घुमन्तु एवं विमुक्त जातियों, अन्य पिछड़ी जातियों तथा समाज के कमजोर वर्गों के आर्थिक, सामाजिक व शैक्षणिक विकास एवं उत्थान हेतु राज्य सरकार कृत संकल्प है। राज्य का समाज कल्याण विभाग इन वर्गों के उत्थान के साथ-साथ महिला कल्याण, बाल कल्याण, विकलांग कल्याण, वृद्ध एवं अशक्त सेवा, पोषाहार सेवा, सामाजिक कुरीतियों एवं शोषण को समाप्त करने की दिशा में अनेक महत्त्वपूर्ण योजनाएँ संचालित कर रहा है।

प्रवृत्तियाँ तथा योजनाएँ

समाज कल्याण विभाग की योजनाओं को मुख्य रूप से अग्र क्षेत्रों बांटा जा सकता है–

(1) पिछड़े वर्ग का विकास एवं कल्याण कार्य।

(2) समाज कल्याण कार्य।

पिछड़े वर्ग का विकास एवं कल्याण कार्यक्रम में निम्न प्रवृत्तियाँ विभाग द्वारा क्रियान्वित की जा रही हैं–

(1) अत्याचार एवं उत्पीड़न के शिकार व्यक्तियों को आर्थिक सहायता।

(2) खनिज व्यवसाय के लिए अनुदान।

(3) अनुसूचित जाति विशेष संगठन योजना।

(4) अनुसूचित जाति विकास सहकारी निगम।

(5) निःशुल्क छात्रावास।

(6) छात्रवृत्ति।

(7) स्नातक एवं स्नातकोत्तर व्यक्तियों को बेरोजगारी भत्ता।

(8) परीक्षा-पूर्व प्रशिक्षण केन्द्र।

(9) सहकारी समितियों में हिस्सा पूँजी अंशदान।
(10) कृषि कूप निर्माण के लिए ऋण के ब्याज का पुनर्भरण।
(11) आवास सुविधाएँ।

समाज कल्याण की मुख्य प्रवृत्तियों में निम्न प्रवृत्तियाँ विभाग द्वारा संचालित की जा रही हैं–

(1) बाल कल्याण।
(2) महिला कल्याण।
(3) विकलांग कल्याण।
(4) समाज रक्षण।

1. शैक्षणिक विकास कार्य

जनजाति, अनुसूचित जाति, विमुक्त तथा घुमन्तु जाति के छात्र-छात्राओं को निःशुल्क छात्रावासीय सुविधाएँ उपलब्ध कराने के लिए समाज कल्याण विभाग द्वारा अलग-अलग जिलों में छात्रावास चलाए जा रहे हैं। इसके साथ ही स्वयंसेवी संस्थाओं द्वारा चलाए जा रहे छात्रावास को विभाग द्वारा अनुदान दिया जाता है। इन छात्रावासों में आवाज व भोजन की निःशुल्क सुविधा के साथ-साथ मुश्किल विषयों में ट्यूशन व चिकित्सा सुविधा आदि का प्रबन्ध किया गया है।

1982-83 में विभाग द्वारा 181 राजकीय, 108 अनुदानित 40 भंगी कष्ट मुक्ति योजना के तहत हरिजन छात्रावास एवं 54 तृतीय श्रेणी के छात्रावास चल रहे थे जिनसे 15834 छात्र-छात्राएँ लाभान्वित हुए। 1983-84 में 197 राजकीय, 108 अनुदानित एवं 54 तृतीय श्रेणी के छात्रावास तथा 40 हरिजन छात्रावास संचालित थे जिनसे 16234 छात्र-छात्राएँ लाभान्वित हो रहे थे।

दिनाँक 1-2-1982 से छात्रावासों का पुनर्गठन कर नई व्यवस्था लागू की गई है। विधान सभा में वित्त मन्त्री द्वारा दिए गए आश्वासन के अनुसार समाज कल्याण विभाग ने राजकीय एवं अनुदानित छात्रावासों की छात्रवृत्ति की दरों में 25 प्रतिशत की वृद्धि की है जो कि 1-4-1982 से प्रभावी है। छात्रवृत्ति की दरों की स्थिति निम्नानुसार है–

कक्षा	*पूर्व दर (रुपये)*	*संशोधित दर (रुपये)*
कक्षा 6 से 8	80.00 रुपये	100.00 रुपये
कक्षा 9 से 11	85.00 रुपये	106.00 रुपये

इस व्यवस्था के अनुरूप सब छात्र स्वयं मैस समिति का संचालन कर रहे हैं तथा वांछित धनराशि का व्यय भी मैस कमेटी द्वारा किया जाता है। छात्रावास के नजदीक के विद्यालय के प्रधानाध्यापक/सहायक अध्यापक को वार्डन नियुक्त किया गया है। इस नवीन पद्धति से छात्र स्वावलम्बी बने हैं तथा उनका आत्म-विश्वास एवं मनोबल भी बढ़ा है। इसके अतिरिक्त 6-8 कक्षा के छात्रों को 40 रुपये एवं 9-11 के छात्रों को 60 रुपये प्रति छात्र पुस्तकें, फीस, स्टेशनरी आदि के लिए वर्ष में एकमुश्त दी जाती हैं। छात्रावासों का लाभ अधिक छात्रों को मिल सके, इस उद्देश्य से 72 राजकीय छात्रावासों तथा 40 अनुदानित छात्रावासों को पंचायत समितियों के अधीन कर दिया गया है। इस हेतु आवश्यक राशि विभाग द्वारा सम्बन्धित पंचायत समितियों को हस्तान्तरित की जा चुकी है।

आश्रम विद्यालय—आश्रम विद्यालयों के जरिए से अनुसूचित जाति, जनजाति के छात्र-छात्राओं को निःशुल्क आवास एवं भोजन की सुविधाएँ उपलब्ध कराई जा रही हैं। ये विद्यालय विशेष रूप से आदिवासियों की शिक्षा सम्बन्धी जरूरतों को पूरा करने हेतु खोले गए हैं। विभाग द्वारा 4 राजकीय एवं 4 अनुदानित आश्रम स्कूल संचालित किए जा रहे हैं। 1982-83 में इन आश्रम स्कूलों से 315 छात्र लाभान्वित हुए जिन पर 4.75 लाख रुपये की धनराशि व्यय की गई। 1983-84 के लिए 4. 89 लाख रुपयों का प्रावधान था जिससे 315 छात्र लाभान्वित होंगे।

मैट्रिक के पूर्व छात्रवृत्ति—जनजाति, अनुसूचित जाति, विमुक्त एवं घुमन्तु जाति एवं अन्य पिछड़ी जातियों के छात्र-छात्राओं को जो कक्षा 6-11 तक की कक्षाओं में अध्ययन करते हैं यह छात्रवृत्ति प्रदान की जाती है। 1982-83 से पूर्व मैट्रिक छात्रवृत्ति की दरों में 25 प्रतिशत की वृद्धि की गई है। अब यह कक्षा 6-8 तक के छात्रों को 12.50 रुपये प्रतिमाह तथा 9-11 तक के छात्रों को 25 रुपये प्रतिमाह की दर से 10 माह के लिए प्रदान की जाती है। 1982-83 में 1,64,426 छात्र/छात्राओं को पूर्व मैट्रिक छात्रवृत्ति प्रदान की गई जिस पर 252.09 लाख रुपये व्यय किए गए। 1983-84 में लगभग 2.03 लाख छात्रों को इससे लाभान्वित किए जाने की सम्भावना थी जिस पर 273.00 लाख रुपये अनुमानित व्यय किया जाना था।

विशेष प्रकार की छात्रवृत्ति—जनजाति, अनुसूचित जाति के मेधावी छात्र-छात्राएँ पब्लिक स्कूल में अध्ययन करें, इस दृष्टि से विभाग उनकी शिक्षा व छात्रावास का पूर्ण व्यय वहन करता है। इसकी प्राप्ति के लिए पूर्व परीक्षा में कम से कम 55 प्रतिशत अंक अर्जित करना आवश्यक है तथा इसके नवीनीकरण हेतु 45 प्रतिशत

अंक प्राप्त करना जरूरी है। यह सुविधा वर्तमान में सेन्टजेवीयर स्कूल, जयपुर, महारानी गायत्री देवी पब्लिक स्कूल, जयपुर, सैनिक स्कूल, चित्तौड़गढ़, विद्या भवन पब्लिक स्कूल, उदयपुर, बनस्थली विद्यापीठ, बनस्थली एवं पब्लिक स्कूल, पिलानी में उपलब्ध कराई जाती है। अगले वर्ष इस हेतु और नई संस्थाओं को शामिल किए जाने की कार्यवाही चल रही है ताकि राज्य के अन्य क्षेत्रों में भी छात्रों को इसका लाभ मिल सके। 1982-83 में अनुसूचित जाति के 281 छात्र/छात्राएँ इस योजना से लाभान्वित हुए तथा 10.74 लाख रुपये की धनराशि व्यय की। 1983-84 में 490 छात्र-छात्राओं को लाभान्वित किया गया, जिन पर 17.94 लाख रुपये व्यय किए जाने थे।

उत्तर मैट्रिक छात्रवृत्ति—यह छात्रवृत्ति कालेजों एवं व्यावसायिक कोर्सेज में अध्ययन करने वाले छात्र-छात्राओं को केन्द्रीय सरकार एवं राज्य सरकार द्वारा दी जाती है।

1982-83 में 20 हजार छात्र-छात्राओं को उत्तर मैट्रिक छात्रवृत्ति प्रदान की गई जिस पर 208.10 लाख रुपये खर्च हुए। 1983-84 में 25 हजार छात्र-छात्राओं को छात्रवृत्ति से लाभान्वित किए जाने की सम्भावना थी जिस पर करीब-करीब 242 लाख रुपया व्यय किया जाना था।

बुक बैंक—राज्य के मेडिकल एवं इन्जीनियरिंग कॉलेजों में अध्ययन करने वाले अनुसूचित जाति, जनजाति के छात्रों के लिए कॉलेजों को लाईब्रेरी में बुक बैंक योजनान्तर्गत पुस्तकों की वृद्धि करने के लिए 1982-83 में चार मेडिकल कॉलेजों, एक इन्जीनियरिंग कॉलेज एवं कृषि इन्जीनियरिंग कॉलेज को पाठ्य पुस्तकें क्रय करने के लिए कुल 2.00 लाख रुपये की धनराशि आवंटित की गई। 1983-84 में भी इसके अन्तर्गत 2.00 लाख रुपये व्यय किए जाने थे।

2. आर्थिक विकास

बेरोजगारी भत्ता—अनुसूचित जाति, जनजाति के स्नातक एवं स्नातकोत्तर बेरोजगार व्यक्तियों को क्रमशः 150 रुपये व 250 रुपये की दर से मासिक वृत्तिका प्रदान की जाती है। इस कार्यक्रम के अंतर्गत ऐसे स्नातक एवं स्नातकोत्तर व्यक्तियों को बेरोजगारी भत्ता दिया जाता है, जिन्होंने अपनी परीक्षा प्रथम एवं द्वितीय श्रेणी में पास की हो तथा जिनके माता-पिता आयकरदाता न हों तथा जिनके परिवार में अन्य कोई मनुष्य बेरोजगारी वृत्तिका प्राप्त न कर रहा हो। 1981-82 में इस योजनान्तर्गत 117 व्यक्तियों को रोजगार उपलब्ध कराया गया। 1983-84 में 64 मनुष्य वृत्तिका

प्राप्त कर रहे थे जिन्हें शीघ्र राजकीय एवं अर्द्ध-राजकीय संस्थाओं मे नियोजन दिलाने की कोशिश किए जा रहे थे। इस योजना हेतु वर्ष के दौरान 210 लाख रुपयों का प्रावधान था।

परीक्षा पूर्व प्रशिक्षण केन्द्र—प्रशासनिक सेवाओं की प्रतियोगी परीक्षाओं में बैठने वाले अनुसूचित जाति, जनजाति के प्रत्याशियों को परीक्षा पूर्व प्रशिक्षण दिए जाने के लिए विभाग द्वारा राजस्थान विश्वविद्यालय के सहयोग से परीक्षा पूर्व प्रशिक्षण केन्द्र जयपुर में चलाया जा रहा है जिसमें करीब 40 छात्रों को प्रशिक्षण एवं आवासीय सुविधाएँ देने की व्यवस्था है। इस योजना पर 1982-83 में 1.64 लाख रुपये की राशि व्यय की गई। 1983-84 में 2.86 लाख रुपयों का व्यय किया गया। 1983-84 में उदयपुर में भी विश्वविद्यालय के सहयोग से 25 अभ्यार्थियों का पूर्व परीक्षा प्रशिक्षण केन्द्र शुरू कर दिया गया। भविष्य में प्रशासनिक सेवाओं के साथ-साथ अन्य सेवाओं की परीक्षा के लिए भी प्रशिक्षण दिया जाना प्रस्तावित था।

खनिज व्यवसाय के लिए अनुदान—अनुसूचित जनजाति के सदस्य जो जनजातीय विकास क्षेत्र में निवास करते हैं, उनको खनिज व्यवसाय में पुनर्स्थापन करने हेतु खानों के लिए उपयोग में आने वाले उपकरणों को क्रय करने तथा खनिज व्यवसाय के लिए गठित सहकारी समितियों के हिस्से क्रय करने के लिए समाज कल्याण विभाग द्वारा अनुदान राशि दी जाती है। यह अनुदान राशि प्रति परिवार 250 रुपये व सहकारी समितियों के हिस्सा खरीदने हेतु 2500 रुपये (शत-प्रतिशत) स्वीकृत की जाती है। 1982-83 में 2.00 लाख रुपये का प्रावधान रखा गया था जिसमें से 1.66 लाख रुपये खर्च कर 452 परिवारों को लाभ पहुँचाया गया। आलोच्य 1983-84 में 1.65 लाख का प्रावधान रखा गया था जिसके द्वारा 452 परिवारों को लाभ पहुँचाने का लक्ष्य रखा गया।

आवास सुविधाएँ—अनुसूचित जाति/जनजाति के व्यक्तियों को 10,000 रुपये तक की लागत के मकान बनाने, मकान क्रय करने के लिए विभाग द्वारा अनुदान दिया जाता है। राजस्थान आवासन मण्डल योजना के अन्तर्गत यदि प्रार्थी भवन, किराया क्रय पद्धति के अनुसार क्रय करना चाहता है तो भी प्रार्थी को समाज कल्याण विभाग 750/- रुपये की आर्थिक सहायता अनुदान स्वरूप प्रदान करता है। यदि प्रार्थी किसी सरकारी, अर्द्ध-सरकारी अथवा बैंक से ऋण प्राप्त कर अपना निजी मकान बनाना चाहता है तो विभाग 750/- रुपये ऋणदाता सरकारी, अर्द्ध-सरकारी संस्था को अथवा बैंक को ऋणी के पेटे भुगतान कर देगा। इस सुविधा को प्राप्त करने हेतु प्रार्थी की वार्षिक आय 4800 रुपये से अधिक नहीं होनी चाहिए।

1982-83 में इस योजना में 2.21 लाख रुपये खर्च करके 295 व्यक्तियों को लाभ दिया गया। 1983-84 में 1.65 लाख रुपये का प्रावधान था जिसमें से 1.45 लाख रुपये खर्च कर 193 व्यक्तियों को लाभ दिया गया।

विमुक्त एवं घुमन्तु जाति के परिवारों को कच्चे मकान बनाने हेतु 500 रुपये तथा पक्के मकान बनाने हेतु 750 रुपये प्रति परिवार अनुदान दिया जाता है। 1982-83 में 2.00 लाख रुपये का प्रावधान था जिसमें से 1.80 लाख रुपये खर्च कर 251 परिवारों को लाभ दिया गया। 1983-84 में 2.00 लाख रुपये का प्रावधान था।

जन अधिकारों की सुरक्षा एवं अस्पृश्यता निवारण—राज्य सरकार अनुसूचित जाति, जनजाति के नागरिकों के अधिकारों को सुरक्षा एवं छुआछूत के निवारण हेतु पूर्णतया सजग है। राज्य सरकार ने छूआछूत अपराध अधिनियम को कड़ाई से लागू करने के लिए पुलिस विभाग को भी सख्ती से कार्य करने के आदेश दिए हैं। पुलिस के वरिष्ठ अधिकारी मौके पर जाकर अपनी निगरानी में ऐसी शिकायतों की जाँच करते हैं तथा तत्परता से सम्बन्धित अदालत में चालान प्रस्तुत करते हैं।

राज्य सरकार ने ऐसें मामलों पर निगरानी रखने हेतु मुख्य मन्त्री की अध्यक्षता में एक उच्च-स्तरीय समिति का गठन किया हुआ है। यह समिति राज्य में इस अधिनियम को प्रभावी ढंग से लागू करने, छुआछूत के मामलों को पुलिस द्वारा जाँच व चालान प्रस्तुत करने की समीक्षा करती है व आवश्यतानुसार निर्देश प्रदान करती है। राज्य सरकार द्वारा छुआछूत के अन्तर्गत दर्ज कराए गए मामलों को जल्दी निपटाने के लिए अलवर, नागौर एवं कोटा में विशिष्ट न्यायालय भी स्थापित किए हुए हैं।

मोबाइल कोर्ट—छुआछूत के दर्ज मामलों को निपटाने में और भी अधिक गति प्रदान करने हेतु गत वर्ष राज्य सरकार के तीन मोबाइल कोर्ट स्थापित करने का निर्णय लिया था। इस वर्ष इस योजना को कार्यरूप दे दिया गया है, जिसके अनुसार दो कोर्ट कोटा में तथा एक अलवर में चालू कर दिया गया है।

छुआछूत उन्मूलन के प्रति युवकों को प्रोत्साहित करने के उद्देश्य से राज्य सरकार ने यह फैसला लिया है कि अनुसूचित जाति, तथा सवर्णों का विवाह होने पर दम्पत्ति को 5,000 रुपये (रुपये पाँच हजार मात्र) की नकद मदद दी जाए। इस नियम को 1 जनवरी, 1982 से लागू किया है। 1983-84 के दौरान इस योजना के लिए 50,000 रुपये (रुपये पचास हजार मात्र) का प्रावधान था जिसके विरुद्ध 10,000 रुपये व्यय किए जा चुके थे व ऐसे दो दम्पत्तियों को लाभ दिया गया।

पीड़ितों को आर्थिक सहायता—समाज के असामाजिक तत्त्वों द्वारा अनुसूचित जाति, जनजाति के व्यक्तियों पर किए गए अत्याचारों से पीड़ित व्यक्तियों को तुरन्त सहायता देने की व्यवस्था की गई है। अत्याचारों से पीड़ित अनुसूचित जाति के लोगों को दी जाने वाली तत्त्काल मदद की दरों में 1981-82 से काफी वृद्धि की गई है। नवीन दरें अग्र प्रकार हैं—

क्र. सं.	दरें
(1) हत्या	5000 रुपये
(2) स्थाई शारीरिक क्षति	3000 रुपये
(3) अस्थाई शारीरिक क्षति	1000 रुपये
(4) पक्के मकान का नुकसान	2000 रुपये
(5) मकान की आँशिक क्षति	1000 रुपये
(6) बलात्कार	2000 रुपये
(7) कृषि या अन्य तरह की सम्पत्ति का नुकसान	1500 रुपये

वर्ष 1982-83 में सवर्णों के अत्याचारों से पीड़ित व्यक्तियों को शीघ्र आर्थिक मदद उपलब्ध कराई गई जिस पर 3.05 लाख रुपये की धनराशि व्यय हुई। 1983-84 में 4.00 लाख रुपयों का प्रावधान था जो राशि जिलाधीशों को आवंटित की जा चुकी थी।

अस्पृश्यता निवारण एवं हरिजन उत्थान में अग्रणी ग्राम पंचायत को पुरस्कृत करने की योजना—यह मानते हुए कि राज्य में ग्राम पंचायत ग्राम स्तर पर मुख्य इकाई है और वह छुआछूत दूर करने व हरिजनों के उत्थान में महत्त्वपूर्ण भूमिका निभा सकती है, राज्य सरकार ने छुआछूत के निवारण हेतु ग्राम पंचायतों को विशेष कार्यक्रम दिए हैं। मुख्यतः—

1. पंचायत क्षेत्र में सवर्ण एवं हरिजनों के मध्य छुआछूत व भेदभाव के व्यवहार को मिटाने के लिए कार्यक्रम आयोजित करना।

2. सवर्णों एवं हरिजनों के लड़के व लड़कियों, जिन्होंने आपस में विवाह किया है; उनका सार्वजनिक रूप से अभिनन्दन करना व अन्यों को इस उद्देश्य को प्रेरित कराना।

3. पंचायत क्षेत्रों में, होटलों व आमोद-प्रमोद के स्थानों पर हरिजनों का प्रवेश कराना।

4. सामूहिक भोजन एवं स्नेह मिलन समारोह का आयोजन करना।

5. पंचायत क्षेत्र के मन्दिरों एवं धर्मार्थ संस्थाओं में हरिजनों का प्रवेश कराना।

6. पंचायतों द्वारा अपने हरिजन कर्मचारियों को स्वच्छ घरों को किराए अथवा निःशुल्क आवास हेतु आवंटन करना, आदि।

इसके अतिरिक्त इस योजना में शैक्षणिक व आर्थिक विकास के भी कार्यक्रम सम्मिलित किए गए हैं। इन कार्यों में अग्रणी रहने वाली ग्राम पंचायत को 5,000 रुपये का पुरस्कार, जिला स्तर पर प्रथम रहने वाली पंचायत को तथा प्रथम व द्वितीय पुरस्कार। राज्य स्तर पर चयनित प्रथम व द्वितीय पंचायतों को क्रमशः 50,000 रुपये व 25,000 रुपये नकद दिए जाएँगे। 1983-84 में 1.10 लाख रुपये के पुरस्कार प्रदान किए गए।

अनुसूचित जाति कम्पोनेन्ट प्लान—प्रधानमन्त्री के आह्वान पर राज्य के पचास प्रतिशत अनुसूचित जाति के परिवारों को छठी पंचवर्षीय योजनान्तर्गत गरीबी की रेखा से ऊपर उठाने का लक्ष्य है। इसके अनुसार लगभग 5 लाख परिवारों को लाभान्वित किया जाना है। 1982-83 के अन्तर्गत 1,02,500 अनुसूचित जाति के परिवारों को गरीबी की रेखा से ऊपर उठाने का लक्ष्य निर्धारित किया गया था, जिसके विरुद्ध 1,37,023 परिवारों को विभिन्न योजनाओं से लाभान्वित किया जा चुका है। चालू वर्ष के दौरान् 1,12,000 परिवारों को लाभान्वित करने का लक्ष्य है, जिसके विरुद्ध जनवरी, 1984 तक 82,094 परिवारों को लाभान्वित किया जा चुका था।

1982-83 में अनूसूचित जाति कम्पोनेन्ट प्लान के अन्तर्गत राज्य योजना में 38.96 करोड़ रुपयों का व्यय किया गया। 1983-84 में 48.43 करोड़ रुपये की राशि विभिन्न योजनाओं के माध्यम से अनुसूचित जाति के परिवारों के उत्थान हेतु व्यय की जानी थी।

राज्य योजना के अतिरिक्त इस योजना हेतु 1982-83 में विशेष केन्द्रीय सहायता के रूप में 6.35 करोड़ रुपये की राशि प्राप्त हुई। 1983-84 के लिए विशेष केन्द्रीय सहायता के अन्तर्गत 6.41 करोड़ रुपये प्राप्त होने की आशा थी। इस राशि का व्यय अनुसूचित जाति विकास सहकारी निगम के माध्यम से, अनुसूचित जाति के परिवारों के आर्थिक उत्थान के लिए आर्थिक कार्यक्रम चलाने में किया जाता है।

अनूसूचित जाति की बस्तियों और मोहल्लों के विकास की योजना भी क्रियान्वित की जाती है, जिसके अन्तर्गत हरिजन बस्तियों में बिजली, पानी, शिक्षा व स्वास्थ्य की सुविधा उपलब्ध कराई जाती है। 1982-83 के अन्त तक 7,950 हरिजन बस्तियों में पीने के पानी की सुविधा उपलब्ध कराई गई, जबकि चालू वर्ष में 1,000 हरिजन बस्तियों में उक्त सुविधाएँ पहुँचाने के लक्ष्य के विरुद्ध दिसम्बर, में 1984 तक 2,222 बस्तियों में पीने के पानी की सुविधा उपलब्ध करा दी गई।

इसी प्रकार 1982-83 के अन्त तक 2,062 हरिजन बस्तियों में बिजली पहुँचाई गई। वर्ष 1983-84 में 900 बस्तियों में बिजली पहुँचाने का लक्ष्य था।

अनुसूचित जाति विकास सहकारी निगम—राजस्थान में अनसूचित जाति के परिवारों के आर्थिक उत्थान के लिए राज्य सरकार ने 30 मार्च, 1980 को अनुसूचित जाति विकास सहकारी निगम की स्थापना की । निगम अनुसूचित जाति के परिवारों की आर्थिक स्थिति में सुधार के लिए योजनाएँ बनाता है एवं उन्हें क्रियान्वित करता है। इन योजनाओं को तीन मुख्य श्रेणियों में विभक्त जा सकता है—

(1) अनुसूचित जाति के व्यक्तियों को ऋण अनुदान आदि के द्धारा से स्वरोजगार देना।

(2) छोटे कुटीर उद्योग के उत्पादन को बढ़ाने एवं विक्रय की व्यवस्था के लिए योजनाओं का क्रियान्वयन।

(3) रोजगार तथा प्रशिक्षण कार्यक्रम।

अनूसूचित जाति के व्यक्तियों को केन्द्रीय सहकारी बैंक एवं प्राथमिक भूमि विकास बैंकों के द्वारा से माध्यमिक एवं दीर्घावधि ऋण उपलब्ध कराने की योजना के तहत बैंकों के सदस्य बनने के लिए क्रमशः 250 व 500 रुपये तक का हिस्सा राशि ऋण 4 प्रतिशत ब्याज पर उपलब्ध कराया जाता है तथा विभिन्न आय वृद्धि योजनाओं के अन्तर्गत, जिन धन्धों की कुल लागत 25,000 रुपये से अधिक न हो, के लिए समस्त लागत का 20 प्रतिशत अधिकतम 5,000 रुपये तक की राशि मार्जिन मनी ऋण के रूप में उपलब्ध कराई जाती है।

अनुसूचित जाति के व्यक्तियों को उनकी आय वृद्धि के लिए एकीकृत ग्रामीण विकास योजना के अन्तर्गत जिला ग्रामीण विकास अभिकरणों के माध्यम द्वारा बढ़ी हुई दर पर अनुदान योजना के तहत चालू वित्तीय वर्ष में जनवरी, 1984 तक 41,847 परिवारों को लगभग 190.00 लाख रुपये की सहायता एवं शहरी क्षेत्र मे अनुसूचित जाति के व्यक्तियों के आर्थिक उत्थान हेतु जनवरी, 1984 तक 5,500 व्यक्तियों को लगभग 33.13 लाख रुपये की राशि एवं स्काइट कार्यक्रम के तहत 2,592 व्यक्तियों को 17.54 लाख रुपये की राशि उपलब्ध कराई गई।

इसके अलावा निगम द्वारा विभिन्न प्रकार की व्यावसायिक/औद्योगिक प्रशिक्षण योजनाएँ भी चलाई जा रही हैं, जिनके तहत अनुसूचित जाति के मनुष्य प्रशिक्षण प्राप्त कर रहे हैं, यथा—बी.एड., आई.टी.आई., ए.ए.एन.एम., एस.टी.सी., उद्योग धन्धों में प्रशिक्षण एवं रोजगार, मोटर चलाना, वकालत प्रशिक्षण एवं फूड क्राफ्ट प्रशिक्षण आदि।

शहरी क्षेत्र में 2,000 दुकान निर्माण योजना के तहत जिला ग्रामीण विकास अभिकरणों को 98.50 लाख रुपये की राशि उपलब्ध कराई गई।

1983-84 में निगम के पास अग्र योजनाएँ विचाराधीन थीं—

(1) बुनकरों के लिए करघाघर बनाने की योजना।

(2) ईंट-भट्टा व चूना भट्टा-निर्माण की योजना।

(3) प्रत्येक जिले में जनता सिनेमा गृह निर्माण योजना।

3. सामान्य समाज कल्याण कार्यक्रम

विकलांग कल्याण—1981 का वर्ष 'विकलांग वर्ष' के रूप में मनाया गया था, जिसके तहत समाज कल्याण विभाग द्वारा विकलांगों के कल्याणार्थ कई कल्याणकारी योजनाएँ क्रियान्वित की गईं, जिससे विकलांगों को समाज में बराबरी का भागीदार मानते हुए उन्हें पुनर्स्थापित करने के अनेक प्रयास किए गए। 1981 की जनगणना के आधार पर राज्य में विकलांगों की कुल संख्या 80,043 है, जिनमें 46,465 नेत्रहीन, 12,061 गूँगे, बहरे, 12,527 विपरूशोधीय हैं।

राज्य में विकलांगों को कृत्रिम अंग भगवान महावीर विकलांग सहायता समिति, जयपुर द्वारा जयपुर तथा राज्य में इसकी सात शाखाओं बीकानेर, उदयपुर, जोधपुर, अजमेर, कोटा, भरतपुर, पाली द्वारा निःशुल्क उपलब्ध कराए जाते हैं, जिसके लिए विभाग द्वारा प्रति वर्ष अनुदान दिया जाता है। 1983-84 में 1.50 लाख रुपये अनुदान स्वरूप दिए जाने थे।

स्वरोजगार के लिए प्रशिक्षण—1981-82 में प्रथम बार आर्थिक दृष्टि से विकलांगों को स्वावलम्बी बनाने हेतु राज्य सरकार ने ग्रामीण युवकों को स्व-नियोजन हेतु प्रशिक्षण (ट्राईसम) योजना के आधार पर शहरी क्षेत्र में विकलांग व्यक्तियों को स्व-रोजगार के लिए प्रशिक्षण दिए जाने की योजना लागू की। यह योजना जिला विकास अभिकरणों के माध्यम से क्रियान्वित की जा रही हैं, जिसके लिए समाज कल्याण विभाग द्वारा 1982-83 में जिला विकास अभिकरणों को 2.00 लाख रुपये की धनराशि आवंटित की गई। इस योजना के अन्तर्गत वर्ष के दौरान 205 विकलांगों को रोजगार हेतु प्रशिक्षित किया गया है। वर्ष 1983-84 हेतु 3.80 लाख रुपयों का बजट प्रावधान किया गया था।

अपने रोजगार के उद्देश्य से अनुदान/सहायता—ऐसे विकलांग व्यक्तियों को, जो अपना कोई धन्धा करके रोजगार चलाना चाहते हैं, उन्हें राष्ट्रीयकृत बैंकों से ऋण के 33.33 प्रतिशत बैंक अनुदान दिया जाता है; जो कि 3,000 रुपयों से

अधिक नहीं होगा। इस लिए विभाग द्वारा 1982-83 में 3.10 लाख रुपया जिला विकास अभिकरणों को आवंटित किया गया, जिससे 300 मनुष्य लाभान्वित हुए। 1983-84 के लिए इस योजना के लिए 2.00 लाख रुपयों का प्रावधान रखा गया जिससे 200 मनुष्य लाभान्वित होने थे। इस मद में 3.10 लाख रुपया जिला विकास अभिकरणों को माँग पर आवंटित कर दिया गया।

विकलांग बेरोजगारी भत्ता—1981-82 में अनुसूचित जाति/जनजाति के बेरोजगार स्नातक एवं स्नातकोत्तर व्यक्तियों को दिए जाने वाले बेरोजगारी भत्ते के समान ही प्रथम एवं द्वितीय श्रेणी में उत्तीर्ण स्नातक एवं स्नातकोत्तर बेरोजगार विकलांगों को क्रमशः 150 व 250 रुपये प्रति माह की दर से वृत्तिका प्रदान करने की योजना शुरू की गई है, जिस हेतु 0.10 लाख रुपये कस वित्तीय प्रावधान किया गया था किन्तु निर्धारित समय पर प्रार्थनापत्र पूर्ण अवस्था में प्राप्त नहीं होने पर किसी तरह का खर्चा नहीं किया जा सका। 1983-84 तक केवल 3 विकलांगों को बेरोजगारी भत्ता दिया गया।

स्कालरशिप—1982-83 में 7,418 विकलांग छात्र-छात्राओं को छात्रवृत्ति प्रदान की गई, जिस पर 22.57 लाख रुपये व्यय किए गए। 1983-84 के लिए इस कार्यक्रम में 34.00 लाख रुपये उपलब्ध थे, जिससे इस वर्ष 12,500 से ज्यादा छात्रों को लाभान्वित किए जाने सम्भावना थी।

पेंशन—पूर्व राज्य में राज्य सरकार द्वारा 18 वर्ष व उससे ऊपर की आयु के विकलांग व्यक्तियों को पेंशन प्रदान की जाती थी किन्तु 1981 से राज्य सरकार ने विकलांग वर्ष के उपलक्ष में विकलांगों के पेंशन नियमों में जरूरी संशोधन किया जिसके परिणामस्वरूप विकलांगों को आयु सीमा में 10 वर्ष तक की छूट दी गई। अब विकलांग पेशन के लिए कम-से-कम आयु सीमा 18 वर्ष से हटाकर 8 वर्ष कर दी गई है। 1982-83 में 3,981 विकलांग व्यक्तियों को विकलांग पेंशन प्रदान करने हेतु 30.00 लाख रुपये की धनराशि सभी जिलाधीशों को उपलब्ध कराई गई। 1983-84 में 8,000 से अधिक व्यक्तियों को पेंशन हेतु 40.00 रुपये व्यय किए जाने थे।

ब्रेल मशीन से पाठ्य-पुस्तकें तैयार करना—राजकीय अंध विद्यालय, बीकानेर में नेत्रहीन व्यक्तियों के लिए पाठ्य पुस्तकें ब्रेल मशीन से तैयार करने की योजना चालू की गई है जिससे नेत्रहीन छात्रों को अध्ययन के लिए पाठ्य पुस्तकें अब सुलभ हो सकेंगी। इस योजना के लिए समाज कल्याण विभाग ने इस वर्ष 74,000 रुपये अनुदान दिया है।

स्वयंसेवी संस्थाएँ—विकलांगों के प्रशिक्षण एवं पुनर्वास हेतु राजस्थान में कई संस्थाएँ हैं जिनमें से 9 ऐसी संस्थाएँ हैं जिनको कि समाज कल्याण विभाग की ओर से विकलांग प्रशिक्षण एवं पुनर्वास पर होने वाले खर्च का 90 प्रतिशत अनुदान के रूप में दिया जाता है।

समाज कल्याण विभाग कटिबद्ध है कि स्वयंसेवी संस्थाओं को विकलांग कल्याण क्षेत्र में अनुदान देकर अग्रसर करे। 1983-84 में 5 नई संस्थाओं को अनुदान स्वीकृत करने हेतु विचार किया जा रहा था। इस वर्ष में समाज कल्याण विभाग द्वारा 10.53 लाख रुपये विकलांगों के कल्याण एवं पुनर्वास पर खर्च करने का अनुमान था।

स्वयंसेवी संस्थाओं को भवन निर्माण हेतु भारत सरकार से अनुदान विभाग की सिफारिश पर उपलब्ध कराया जाता है। इस वर्ष बाधित बाल विकास, अजमेर की एक लाख छब्बीस हजार रुपये भवन निर्माण के लिए स्वीकृत कराया गया है। इसी प्रकार नेत्रहीन कल्याण संघ, जोधपुर को भी भवन निर्माण के लिए राशि शीघ्र ही आवंटित होने की आशा है।

महिला कल्याण—नैतिक संकट वाली महिलाओं को आश्रय देकर उन्हें व्यावसायिक प्रशिक्षण देने तथा विवाह व रोजगार द्वारा उनके पुनर्स्थापन करने हेतु जयपुर में एक महिला सदन चलाया जा रहा है। अजमेर में उत्तर रक्षा गृह तथा कोटा, जोधपुर व भरतपुर में जिला आश्रय गृह चलाए जा रहे हैं। 1982-83 में इन संस्थाओं के द्वारा औसतन 140 महिलाएँ लाभान्वित हुई हैं। इन संस्थाओं पर 8.05 लाख रुपये की धनराशि व्यय की गई। 1983-84 के दौरान 275 महिलाओं को लाभान्वित किया गया था।

श्रमजीवी महिलाओं के लिए हॉस्टल—शहरी क्षेत्रों में निरंतर दर पर कार्यरत महिलाओं के आवास की कमी और निम्न आय वर्ग की श्रमजीवी महिलाओं द्वारा सही उठाई जाने वाली समस्या को दूर करने की दृष्टि से श्रमसेवी संस्थाओं और स्थानीय निकायों के द्वारा श्रमजीवी महिलाओं के लिए छात्रावास भवन बनवाए जा रहे हैं, जिसके लिए 75 प्रतिशत राशि भारत सरकार द्वारा उपलब्ध कराई जाती है। अब तक राज्य में वनस्थली, अलवर, साँगरिया (श्रीगंगानगर), श्रीगंगानगर, भूसावर (जिला भरतपुर) एवं अजमेर जिलों में इस प्रकार के छात्रावास भवनों का निर्माण किया जा चुका है। नगर परिषद्, जयपुर, कोटा, उदयपुर, जोधपुर, बीकानेर एवं जीवन निर्माण संस्थान, भरतपुर 'महिला आश्रम भीलवाड़ा, राजस्थान महिला परिषद्, उदयपुर, दधिमति शिक्षण संस्था श्रीगंगानगर को भी 1983-84 में कार्यशील महिला

छात्रावासों के निर्माण की स्वीकृति केन्द्र सरकार द्वारा प्रदान कर दी गई, जिनसे 400 महिलाओं को आवासीय सुविधा प्राप्त हो सकेगी।

आपातग्रस्त महिला प्रशिक्षण एवं पुनर्स्थापन

निराश्रित एवं आपातग्रस्त महिलाओं को आत्म-निर्भर बनाने की दृष्टि से उन्हें विभिन्न व्यवसायों में प्रशिक्षण देने एवं उनका पुर्नसंस्थापन करने के लिए वर्तमान में राज्य में 5 प्रशिक्षण केन्द्र स्थापित किए गए हैं जो क्रमशः जयपुर में 3, भरतपुर में एक तथा श्रीगंगानगर में एक है जहाँ उन्हें सिलाई-कढ़ाई, बुनाई आदि व्यवसायों में तथा पापड़ व बड़ियाँ बनाने के प्रशिक्षण देकर आत्म-निर्भर बनाने के प्रयास किए जा रहे हैं ताकि वे स्वयं जीविकोपार्जन कर अपना व उन पर निर्भर होने वाले बच्चों का पालन-पोषण कर सकें। नोर्वेजियल विकास ऐजेन्सी द्वारा 'रिको' को 8.00 लाख रुपये की सहायता दी गई है जिसके द्वारा 100 महिलाओं को टी. वी., घड़ियाँ तैयार करने एवं टी. एच. एफ. स्विचों में प्रशिक्षण देकर रोजगार सुनिश्चित किया जा रहा है।

निराश्रित बालक पालन-पोषण योजना

वर्तमान में निराश्रित बालकों के पालन-पोषण हेतु 84 इकाइयाँ कार्यरत हैं। जिनके द्वारा लगभग 2,100 बालक-बालिकाएँ लाभान्वित हो रहे हैं। इसके अलावा 3 इकाइयाँ फोस्टर केयर की चल रही हैं जिनसे 250 बच्चे लाभान्वित हो रहे हैं। इस योजना पर प्रतिवर्ष लगभग 28.00 लाख रुपये व्यय होता है।

शिशु गृह

जयपुर तथा जोधपुर में विभाग द्वारा अविवाहित माताओं की कोख से जन्मे बालक-बालिकाओं तथा छोटी उम्र के निराश्रित बालक-बालिकाओं के लिए शिशु गृह चलाए जा रहे हैं, जहाँ उनका पालन-पोषण किया जा रहा है। 1982-83 में इस योजनान्तर्गत 2.97 लाख रुपये की धनराशि व्यय की गई जबकि वर्ष 1983-84 के दौरान इस मद में 3.00 लाख रुपयों के व्यय की सम्भावना थी।

अनाथाश्रम—वर्तमान में विभाग द्वारा जयपुर में एक बालिका गृह एवं बीकानेर में एक अनाथाश्रम अनाथ बालकों के लिए चलाया जा रहा है। यहाँ 6 वर्ष से ज्यादा की उम्र के बालकों को 18 वर्ष की उम्र तक रखा जाता है। 1982-83 में इन संस्थाओं पर 2.85 लाख रुपये की धनराशि खर्च की गई जबकि 1983-84 के दौरान भी इतनी ही राशि व्यय होने का अंदाजा था।

4. समाज रक्षा

सामाजिक परिवर्तन और विकास के परिणामस्वरूप मनुष्य और सामाजिक विघटन स्वयं ही बढ़ता है जिसके परिणामस्वरूप बाल अपराध, भिक्षावृत्ति, वेश्यावृत्ति एवं अन्य प्रकार के व्यसन प्रकट होते हैं। ऐसी समस्याओं पर विजय प्राप्त करने के लिए राज्य द्वारा विभिन्न कार्यक्रम क्रियान्वित किए जा रहे हैं।

बाल अधिनियम—अन्तर्राष्ट्रीय बाल वर्ष में राज्य के सभी जिलों में बाल अधिनियम लागू कर दिया गया था तथा राज्य को 7 भागों में विभाजित कर प्रत्येक में एक-एक बालक अधिकारी तथा बाल बोर्ड व बाल न्यायालय की स्थापना की गई। इसके अलावा राज्य में 3 सम्प्रेषण गृह, 3 बालक गृह व एक विशेष विद्यालय चलाए जा रहे हैं। बाल अधिनियम के क्रियान्वयन के लिए अग्र प्रकार जिले सम्बद्ध किए गए हैं—

सम्प्रेषण गृह, मुख्यालय		जिले जो सम्बद्ध किए गए
1.	जयपुर	जयपुर, टौंक, सीकार, झुन्झुनू
2.	अजमेर	अजमेर, भीलवाड़ा, नागौर
3.	कोटा	कोटा, बून्दी, झालावाड़
4.	उदयपुर	उदयपुर, चित्तौड़गढ़, डूँगरपुर, बाँसवाड़ा
5.	जोधपुर	जालौर, जोधपुर, बाड़मेर, जैसलमेर, पाली
6.	बीकानेर	बीकानेर, चुरू
7.	भरतपुर	भरतपुर, धोलपुर सवाईमाधोपुर
8.	अलवर	अलवर
9.	श्री गंगानगर	श्रीगंगानगर

बाल अधिनियम के तहत उपेक्षित एवं उपचारी बालकों की जाँच के लिए बाल कल्याण बोर्ड एवं बालक न्यायालय का गठन उक्त मुख्यालयों पर किया गया है। राज्य सरकार द्वारा बोर्ड एवं न्यायालय के सदस्यों में एक महिला सदस्य को भी मनोनीत किया गया है।

राजस्थान बाल अधिनियम के अन्तर्गत 9 सम्प्रेषण गृह, 3 बालक गृह जयपुर, जोधपुर व उदयपुर में एक विशेष विद्यालय जयपुर में संचालित है, जिनमें 425 उपेक्षित एवं उपचारी बालकों के लिए व्यवस्था उपलब्ध है।

परिवीक्षा सेवाएँ—राजस्थान में अपराधी परिवीक्षा अधिनियम 1 जनवरी, 1958 से प्रभाव में लाया गया है जिसके अधीन अपराधियों खासकर उन अपराधियों

को जिन्हें मृत्युदण्ड या आजीवन कारावास सम्बन्धी अपराधों में दोषी नहीं पाया गया है, उन्हें कारागृह दण्ड देने की तुलना में निर्धारित शर्तों व खास अवधि के लिए परिवीक्षण प्रदान करने हेतु न्यायालय को सक्षम किया गया है। इस सम्बन्ध में परिवीक्षा अधिकारियों द्वारा किए गए कार्यों को विवरण अग्र प्रकार है—

क्र. सं.	वर्ष	जाँच प्रतिवेदन	पर्यवेक्षण में
1.	1982-83	785	602
2.	1983-84 (दिसम्बर, 83 तक)	696	537

बन्दी कल्याण योजनान्तर्गत जेलों में वास कर रहे कैदियों के कल्याण के अन्तर्गत विभाग द्वारा बन्दी कल्याण अधिकारी जेलों के भीतर तथा बाहर उनकी समस्याओं के निवारण में सहयोग प्रदान करने तथा सम्पर्क सूत्र में सहयोग प्रदान करने तथा काम करने हेतु तैनात हैं। इस कार्य हेतु वर्तमान में 14 जिलों में 16 परिवीक्षा अधिकारी नियुक्त हैं जिनमें एक महिला अधिकारी भी है। शेष जिलों में परिवीक्षा का कार्य जिला अधिकारी करते हैं। इस वर्ष परिवीक्षा कार्य हेतु 3 जिलों भरतपुर, सवाईमाधोपुर, बाड़मेर में परिवीक्षा एवं कारागृह कल्याण अधिकारी के तीन पद पृथक् से सृजित किए गए हैं। इन अधिकारियों द्वारा 1983-84 में निम्न कार्य किए गए—

1.	बन्दियों की संख्या जिनसे सम्पर्क किया गया	2165
2.	बन्दियों की जमा तलाशी में सहायता	108
3.	जमीन सम्बन्धी मामलों के निपटारे में सहायता	385
4.	पारिवारिक समस्याओं को सुलझाने में मार्गदर्शन/सहायता	423
5.	अपील आदि के लिए मार्गदर्शन/सहायता	235
6.	बन्दियों के पुनर्वास हेतु जमीन आदि दिलवाने में सहायता	85
7.	बन्दियों के पुनर्वास हेतु बैंक ऋण दिलाने में सहायता	11
8.	पैरोल प्रार्थना पत्र के सम्बन्ध में जाँच	255
9.	मनोरंजन कार्यक्रम/वार्ता आदि की व्यवस्था	335

राजस्थान में वृद्धावस्था पेंशन—पारिवारिक विघटन की स्थिति को देखते हुए राज्य में 1964-65 से वृद्धावस्था पेन्शन योजना लागू की गई है जिसके अन्तर्गत पुरुषों को 58 वर्ष की आयु व महिलाओं को 55 वर्ष की आयु में निराश्रित होने की स्थिति में तथा यदि महिला विधवा है तो उस स्थिति में 45 वर्ष की आयु में 40.00 रुपये प्रतिमाह की पेंशन स्वीकृत की जाती है। 1982-83 में इस योजना पर

लगभग 315 लाख रुपये व्यय हुआ जिसके फलस्वरूप 70,000 वृद्धा एवं विधवाओं को सहायता प्राप्त हुई।

राजस्थान में भिक्षुक गृह—यद्यपि राज्य में भिक्षावृत्ति निरोधक अधिनियम लागू नहीं है किन्तु स्वयं की इच्छा से भिक्षावृत्ति छोड़ने वाले व्यक्तियों को तथा भिक्षुकों को भिक्षावृत्ति छोड़ने के लिए प्रेरित कर उन्हें जयपुर अथवा अजमेर स्थित भिक्षुक-गृह में रखा जाता है और शारीरिक रूप से योग्य व्यक्तियों को व्यावसायिक प्रशिक्षण देकर रोजगार में स्थापित किया जाता है। इसके अतिरिक्त राज्य के तीर्थ स्थान पुष्कर एवं टौंक में वृद्ध एवं अशक्त गृह भी संचालित किए जाते हैं।

राजस्थान में विशेष पोषाहार कार्यक्रम—राजस्थान में 1970-71 से विशेष पोषाहार कार्यक्रम क्रियान्वित किया जा रहा है। इस कार्यक्रम के अन्तर्गत ग्रामीण आदिवासी क्षेत्र तथा विभिन्न शहरी क्षेत्र, गन्दी बस्तियों में निवास करने वाले 0-6 वर्ष की आयु श्रेणी के बच्चों, गर्भवती स्त्रियों एवं दूध पिलाती माताओं को पूरक पोषाहार दिया जाता है। शहरी क्षेत्र में समाज कल्याण विभाग तथा ग्रामीण व आदिवासी क्षेत्र में सामुदायिक विकास एवं पंचायत विभाग इस कार्यक्रम का संचालन करते हैं।

इस कार्यक्रम के तहत पोषाहार वितरण के लिए पोषाहार केन्द्रों पर प्रति लाभान्वितों को केयर एवं विश्व खाद्य कार्यक्रम के तहत प्राप्त खाद्य सामग्री तैयार कर वितरित की जाती है। इन केन्द्रों पर लाभान्वितों का नाप, तोल, ऊँचाई, स्वास्थ्य परीक्षण, रोग प्रतिरोध टीके एवं चिकित्सा आदि की व्यवस्था की गई है। 1982-83 में समाज कल्याण विभाग द्वारा इस कार्यक्रम पर 46.37 लाख रुपये खर्च किए गए जिस पर औसतन 1.03 लाख लाभान्वितों को लाभ प्रदान किया गया। 1983-84 के दौरान 1,06,000 को लाभान्वित करने का लक्ष्य था जिस पर 60.21 लाख रुपये व्यय होने थे।

समन्वित बाल विकास सेवा परियोजना—समन्वित बाल विकास सेवा परियोजना के तहत 6 वर्ष तक की आयु के बच्चे, गर्भवती स्त्रियों तथा दूध पिलाती माताओं के लिए पूरक पोषाहार, स्वास्थ्य, चिकित्सा, रोग-निरोधक टीके, स्वास्थ्य परीक्षण, अनौपचारिक शिक्षा आदि सेवाएँ तथा कार्यात्मक साक्षरता, पूर्व शाला व अनौपचारिक शिक्षा आदि की सुविधाएँ एक साथ उपलब्ध कराई जाती हैं। इस योजना के तहत लाभान्वितों को ग्राम स्तर पर आँगनबाड़ी केन्द्रों द्वारा उक्त सुविधाएँ उपलब्ध कराई जाती हैं। 1982-83 के दौरान 13 नई परियोजनाएँ प्रारम्भ कर कुल 29 परियोजनाओं के माध्यम से 2.12 लाख को लाभ प्रदान किया गया।

समेकित बाल विकास योजना के अन्तर्गत 1983-84 के दौरान् 16 नई बाल विकास सेवा परियोजनाएँ शुरू की गई हैं। इस तरह राज्य में कार्यरत समस्त 45 परियोजनाओं में इस योजना के तहत वर्ष के दौरान् 2.65 लाख लाभान्वितों को सेवा प्रदान करने का लक्ष्य है जिसके विरुद्ध जनवरी, 1984 तक 2.79 लाख व्यक्तियों को लाभान्वित किया गया।

अलग-अलग समाज कल्याण मंत्रालय की जरूरत

राज्य स्तर पर अलग-अलग विभागों द्वारा समाज कल्याण के कार्य सम्पन्न किए जाते हैं। इन सब कार्यों का एक ही मंत्रालय में एकीकृत करने का सुझाव समय-समय पर दिया जाता रहा है। ये कार्य हैं–पिछड़ी जातियों का कल्याण, अपाहिजों का कल्याण, महिला कल्याण, वृद्धावस्था कल्याण, युवा कल्याण, सामुदायिक विकास आदि। इन सभी को एक मंत्रालय में एकीकृत करना पर्याप्त औचित्यपूर्ण है। इससे नियोजन भली प्रकार किया जा सकेगा, अलग-अलग कार्यक्रमों को कार्यान्वित करना सरल होगा, कार्यों के बीच समन्वय हो सकेगा तथा उनके मूल्यंकन में सुविधा रहेगी। अलग-अलग विभागों में बिखरी रहने के कारण जो कठिनाइयाँ समाज कल्याण सम्बन्धी सेवाओं में रहती हैं, वे कम हो जाएँगी। यह सच है कि विषयों के एकीकरण के पश्चात् बनाया गया यह मंत्रालय आकार में बड़ा होगा। इससे कार्यकुशलता एवं समन्वय पर विपरीत प्रभाव पड़ने की आशंका व्यक्त की जाती है, परन्तु यह आशंका निर्मूल है क्योंकि इससे भी बड़े मंत्रालय हैं जो सफलतापूर्वक कार्य कर रहे हैं। प्रो॰ सी. ह्वाइट के कथनानुसार, “विभाग का आकार प्रभावशाली प्रशासन में कोई बाधा नहीं डालता बशर्ते कि विभाग का सही रूप में नियोजन किया जाए तथा योग्य सम्भाग अधिकारी नियुक्त किए जाएँ।” मंत्रालय का बड़ा आकार दुःखदायी न होकर लाभकारी हो सकता है क्योंकि राज्य स्तरीय समाज कल्याण विभाग केन्द्रीय और स्थानीय सरकारों के बीच मध्यवर्ती कड़ी का काम करता है। अधिकांश समाज कल्याण कार्यक्रम संघीय स्तर पर प्रारम्भ किए जाते हैं तथा वास्तविक सेवाएँ स्थानीय प्रशासनिक अभिकरणों द्वारा सम्पन्न की जाती हैं। इस स्थिति में राज्य विभाग का बड़ा आकार एक बाधा न होकर श्रेष्ठ समन्वय में सहायक बन जाएगा।

समाज कल्याण सम्बन्धी कार्यों के लिए पृथक् मंत्रालय बन जाने के बाद भी दूसरे कुछ मंत्रालय जैसे शिक्षा, स्वास्थ्य, श्रम, रोजगार, गृह, विधि आदि इस क्षेत्र में अपना योगदान करते रहेंगे, अतः इनके बीच समन्वय की आवश्यकता अभी भी बनी रहेगी। इतने पर भी प्रमुख कार्यों को एक मंत्रालय में एकीकृत करने के बाद यह

कार्य पर्याप्त सरल बन जाता है। आन्तरिक समन्वय का कार्य सही होने पर विभागों के बीच समन्वय स्थापित करना सुगम बन जाता है।

निदेशालय : इसके संगठन एवं कार्य-क्षेत्र

निदेशालय के संगठन

समाज कल्याण निदेशालय का संगठन प्रत्येक राज्य में एक जैसा नहीं होता। बिहार राज्य में इस निदेशालय को सामाजिक एवं युवा कल्याण निदेशालय कहा जाता है, किन्तु अन्य राज्यों में यह समाज कल्याण निदेशालय के नाम से जाना जाता है। वैसे तथ्य यह है कि दूसरे राज्यों में भी 'युवा कल्याण' समाज कल्याण का एक अंग है। मद्रास राज्य में कुछ वर्ष पूर्व तक पृथक् से समाज कल्याण निदेशालय नहीं था। यहाँ महिला कल्याण निदेशालय था। उत्तर प्रदेश जैसे कुछ राज्यों में हरिजन एवं समाज कल्याण निदेशालय है जबकि पंजाब में हरिजन कल्याण निदेशालय अलग से है। यहाँ प्रश्न यह उठता है कि हरिजन कल्याण तथा पिछड़ी जातियों के कल्याण के लिए क्या अलग से कोई निदेशालय होना चाहिए। राज्य स्तर के निदेशालयों में संगठन सम्बन्धी अनेकरूपताओं का निराकरण करने से पूर्व यह आवश्यक है कि पहले उनका नामकरण तो कम से कम एक रूप में किया जाए। यहाँ हम कुछ राज्यों में स्थित समाज कल्याण निदेशालय के संगठन का उल्लेख कर रहे हैं–

आन्ध्र प्रदेश निदेशालय का संगठन–यहाँ समाज कल्याण निदेशालय में एक भारतीय प्रशासनिक सेवा के स्तर का निदेशक होता है। उसकी सहायतार्थ एक संयुक्त निदेशक, दो उपनिदेशक (प्रशासन एवं योजना), दो सहायक निदेशक तथा एक लेखाधिकारी होता है। इस दृष्टि से राज्य दो क्षेत्रों में बँटा हुआ है–तेलंगाना क्षेत्र तथा आन्ध्र क्षेत्र। जिला स्तर पर जिला समाज कल्याण अधिकारी होते हैं जो तहसीलदार ग्रेड के होते हैं। तेलंगाना क्षेत्र में उप-कलक्टर ग्रेड के विशेष समाज सेवा अधिकारी होते हैं। इनके नीचे क्रमशः तहसीलदार ग्रेड के समाज सेवा अधिकारी, समाज कल्याण निरीक्षक, समाज कल्याण संगठनकर्त्ता तथा समाज सेवक होते हैं। समाज कल्याण का कार्य करने वाले विभिन्न विभागों तथा समाज कल्याण विभाग के कार्यों में समन्वय की स्थापनार्थ समन्वय समितियाँ होती हैं।

बिहार निदेशालय का संगठन–बिहार में निदेशालय स्तर पर सामाजिक तथा युवा कल्याण निदेशक होता है। वह साँस्कृतिक शिक्षा के राज्य मण्डल में पदेन

सचिव का कार्य करता है। इसकी मदद हेतु एक उपनिदेशक तथा एक सहायक निदेशक होते हैं। यह निदेशालय शिक्षा विभाग के प्रत्यक्ष नियन्त्रण में होता है।

गुजरात निदेशालय का संगठन—यहाँ निदेशालय की अध्यक्षता एक निदेशक द्वारा की जाती है। इसके अधीन प्रमाणीकृत स्कूलों तथा संस्थाओं का मुख्य निरीक्षक रहता है। इसके पश्चात् सहायक निदेशक तथा अपाहिजों के लिए विशेष अधिकारी होते हैं। इसके बाद प्रमाणीकृत स्कूलों के निरीक्षक, महिला निरीक्षक तथा शोध सहायक एवं साँख्यिकीय अधिकारी होता है।

महाराष्ट्र निदेशालय का संगठन—महाराष्ट्र में समाज कल्याण निदेशालय की अध्यक्षता निदेशक द्वारा की जाती है। इसके नीचे चार उपनिदेशक होते हैं जो क्रमशः शोध, प्रचार एवं साँख्यिकीय, सफाई तथा गली सफाई कार्यक्रम, अपाहिजों की शिक्षा एवं पुनर्वास तथा सुधारवादी प्रशासन का निदेशन करते हैं। उपनिदेशकों के नीचे सहायक निदेशक तथा सुधारवादी प्रशासन का निदेशन करते हैं। उपनिदेशकों के नीचे सहायक निदेशक तथा विशेष अधिकारी इत्यादि होते हैं। महाराष्ट्र राज्य चार डिवीजनों में विभाजित है—नागपुर, पूना, मूम्बई तथा औरंगाबाद। हर की अध्यक्षता एक डिवीजनल समाज कल्याण अधिकारी द्वारा की जाती है। जिला स्तर पर जिला समाज कल्याण अधिकारी होते हैं। अन्य राज्यों में भी इसी तरह थोड़ी-बहुत भिन्नता के साथ समाज कल्याण निदेशालय का संगठन किया गया है।

निदेशालय के प्रमुख कार्य

संगठन की तरह विभिन्न राज्यों के निदेशालय के कार्यों में भी अन्तर है। उनका कार्यक्षेत्र उनके वित्तीय तथा सेवी वर्ग सम्बन्धी साधन श्रोतों पर निर्भर करता है। इतने पर भी कुछ कार्य ऐसे सामान्य हैं जो करीब-करीब सभी निदेशालयों द्वारा सम्पन्न किए जाते हैं। ये कार्य इस तरह हैं—महिला एवं शिशु कल्याण, अपाहिजों का कल्याण, सामाजिक सुरक्षा, सामाजिक एवं नैतिक स्वास्थ्य, तथा उत्तर रक्षा कार्यक्रम। कहीं-कहीं पर महिला कल्याण, हरिजन कल्याण, पिछड़ी जाति कल्याण एवं जनजाति कल्याण के लिए अलग से निदेशालय होते हैं। कुछ राज्यों में समाज कल्याण निदेशालय ये कार्य भी सम्पन्न करता है-(i) युवा कल्याण, (ii) सामाजिक सहायता योजना के तहत वृद्ध जनों की सहायता, (iii) भिखारियों का कल्याण, (iv) कैदियों का कल्याण, (v) गन्दी बस्तियों में रहने वालों का कल्याण, (vi) श्रम कल्याण, (vii) गरीबों को कानूनी सहायता, तथा (viii) विस्थापित व्यक्तियों को राहत। ये सभी कार्य समाज कल्याण की दृष्टि से पर्याप्त महत्त्वपूर्ण है किन्तु विभिन्न राज्य अपने साधन स्रोतों के अनुसार ही इनको अपनाने का निर्णय लेते हैं।

बी. जगन्नाधम का सुझाव है कि जनजाति कल्याण जैसे कुछ विषय कुछ राज्यों की विशेष समस्या होते हैं। इनके अतिरिक्त सभी विषय प्रायः सभी राज्यों की सामान्य विशेषताएँ हैं, अतः सभी राज्यों के समाज कल्याण कार्यक्रम प्रायः एक जैसे ही होने चाहिए। कोई राज्य अपनी विशेष स्थानीय स्थिति के कारण कुछ नए कार्य न जोड़ लें। सभी राज्य निदेशालयों का एक जैसा कार्य क्षेत्र होने पर उनके संगठन में भी समरूपता लाई जा सकती है।

निदेशालय के कार्यों को संगठनात्मक एवं प्रशासनात्मक दृष्टि से दो वर्गों में विभाजित किया जा सकता है। एक ओर निदेशालय की मुख्यतः व्यवहारात्मक प्रक्रियाएँ हैं। ये प्रत्यक्षतः विशेष समाज कल्याण अधिनियमों पर आधारित हैं। दूसरी ओर निदेशालय द्वारा सम्पन्न की जाने वाली समन्वयकारी क्रियाएँ हैं। इन दोनों प्रकार की क्रियाओं के अलावा निदेशालय सहायता अनुदान, नियोजन, शोध, प्रशिक्षण एवं मूल्यांकन सम्बन्धी कार्य भी करता है। निदेशालय का संगठन एवं कार्य प्रक्रिया इस प्रकार की होनी चाहिए कि तकनीकी सेवीवर्ग प्रथम वर्ग के कार्य सम्पन्न करे तथा गैर-विशेषज्ञ सेवीवर्ग दूसरे वर्ग के कार्य करे। समाज कल्याण कार्यों का एक मोटा वर्गीकरण प्राथमिक कार्य तथा गौण कार्य के रूप में किया जा सकता है।

समाज कल्याण कार्यों में वर्गीकरण का दूसरा आधार यह है कि कुछ कार्यक्रम व्यवस्था द्वारा समर्थित होते हैं जबकि कुछ कार्यक्रमों को व्यवस्थापन का समर्थन प्राप्त नहीं होता। यह वर्गीकरण निदेशालय के संगठन को भी प्रभावित करता है। जिन कार्यों को उचित व्यवस्था का समर्थन प्राप्त होता है वे प्रमुख बन जाते हैं तथा कार्यान्वित करते समय उनको प्रथम स्थान प्राप्त होता है। जिन कार्यक्रमों के पीछे उपयुक्त व्यवस्थापन नहीं रहता उनको निदेशालय प्रत्यक्ष रूप से सम्पन्न करने की अपेक्षा सहायता अनुदान के द्वारा कार्यान्वित करना अधिक अच्छा समझता है। यह स्थिति होने पर निदेशालय का संगठनात्मक रूप स्वतः ही बदल जाएगा।

निदेशालय के कार्यों की दृष्टि से इस समय मुख्यतः दो दोष विद्यमान हैं—

(1) समाज कल्याण कार्यक्रमों में एक व्यापक भिन्नरूपता है तथा उनके बीच प्राथमिकताओं का निर्धारण नहीं किया गया है। फलतः निदेशालय अपने सीमित वित्तीय एवं सेवीवर्ग साधनों का सही आवंटन नहीं कर पाता।

(2) निदेशालय के अधीन कल्याणकारी विषयों को इसी रूप में समूहीकृत नहीं किया गया है। समाज कल्याण सम्बन्धी कार्यों को सम्पन्न करने वाले विभिन्न विभागों के बीच भी उपयुक्त समन्वय का अभाव है।

समाज कल्याण विभाग तथा निदेशालय कार्य-क्षेत्र सम्बन्धी विवाद

समाज कल्याण सम्बन्धी कार्यों के संचालनार्थ राज्य स्तर पर विभाग एवं निदेशालय दो मुख्य इकाइयाँ हैं। उड़ीसा तथा चेन्नई को छोड़कर सभी राज्यों में समाज कल्याण निदेशालय हैं। निदेशालय एक कार्यपालिका शाखा के रूप में कार्य करता है। सचिवालय स्तर पर समाज कल्याण विभाग उस मंत्रालय के अधीन रहकर कार्य करता है जिसके अधीन अन्य विभाग भी हैं। यह जिस सचिव के अधीन रहता है वह अन्य सम्बन्धित विभागों का भी अध्यक्ष रहता है।

यहाँ सवाल यह उठता है कि सचिवालय तथा निदेशालय में राज्य-स्तर पर जो अन्तर किया जाता है उसे बनाए रखा जाए अथवा नहीं। इस सम्बन्ध में वी. जगन्नाधम का कहना है कि "सम्भवतः यह कहना सही है कि दोनों के कार्यों में फर्क रखा जाना उपयुक्त है किन्तु संगठन की दृष्टि से अन्तर को बनाए रखना उचित नहीं है।" दोनों को अलग रखने पर आवश्यक देरी होती है। सचिवालय की यह प्रक्रिया है कि किसी भी कागज या फाइल को निम्नतर मनुष्य से उच्चस्तरीय अधिकारी तक दौड़ाया जाता है। इस प्रक्रिया में अनेक परिवर्तन तथा सुधार करने की जरूरत है। इसके साथ ही यह भी सुझाव दिया जाता है कि निदेशालय का कार्यालय मंत्रालय में ही स्थापित कर दिया जाए। ऐसा होने पर ज्यादा मध्यवर्ती पत्र-व्यवहार को रोका जा सकता है। मद्रास (अब चेन्नई) राज्य की Retrenchment and Reorganisation Committee ने सुझाया है कि सचिवालय तथा निदेशालय के स्थान, शक्ति, कार्य एवं उत्तरदायित्त्वों को स्पष्टतः परिभाषित किया जाना चाहिए। स्थिति यह है कि निदेशालय को जो कार्य एवं दायित्त्व सौंपे गए हैं उनके निर्वाह के लिए उतनी शक्तियाँ नहीं दी गई हैं, अतः निदेशालय को अधिक शक्तियाँ हस्तान्तरित की जानी चाहिए।

सचिवालय तथा निदेशालय के मध्य कार्यक्षेत्र का विवाद नीति एवं कार्यान्वित (Policy and Execution) का विवाद है। सचिवालय नीति सम्बन्धी कार्य सम्पन्न करता है, जबकि निदेशालय उन नीतियों की कार्यान्विति के लिए उत्तरदायी है। नीति रचना का औपचारिक दायित्त्व सम्बन्धित मन्त्री का होता है लेकिन मन्त्री इस विषय में पूर्णतः अनभिज्ञ रहता है। इसके अलावा वह कभी इस विभाग में तथा कभी उस विभाग में बदलता रहता है, इस प्रकार नीति सम्बन्धी कार्य की तकनीकी से अपरिचित रहता है। उसका निर्णय सचिव के परामर्श पर निर्भर करता है। इस तरह वास्तविक व्यवहार में नीति रचना का दायित्त्व सचिव के हाथ में आ जाता है।

नीति और कार्यान्विति के कार्यों को अलग-अलग रखने के पक्ष-पोषकों का मत है कि नीति को कार्य रूप में परिणत करने के लिए विशेषज्ञता जरूरी है। अतः यह कार्य तकनीकी विशेषज्ञों को सौंपा जाता है किन्तु ये अधिकारी प्रायः एकपक्षीय दृष्टिकोण वाले होते हैं। ये हर विषय को सिर्फ अपने क्षेत्र की दृष्टि से देखते हैं। इनमें व्यापक दृष्टिकोण का अभाव रहता है जो कि नीति रचना सम्बन्धी कार्य के लिए परम आवश्यक है। जहाँ एक समस्या पर विभिन्न दृष्टिकोणों से विशेषज्ञ विचार करते हैं वहाँ एक जनरलिस्ट उस समस्या पर कार्यान्विति की दृष्टि से तथा दूसरे विभागों के साथ इसके सम्बन्धों और प्रतिक्रियाओं की दृष्टि से विचार करता है। समस्या के सभी पहलुओं की दृष्टि से विचार करना जनरलिस्ट प्रशासकों की विशेषता होती है और कारण सचिवों तथा नीति सम्बन्धी पदों पर ऐसे अधिकारियों की नियुक्ति की जाती है। सचिव के कार्य मुख्यतः ये हैं—

(i) नीति रचना के कार्य में स्पष्ट एवं स्वतन्त्र परामर्श देना।

(ii) मन्त्री के सामने सभी दृष्टिकोण प्रस्तुत करना।

(iii) निर्णयों की प्रक्रिया एवं कार्यान्विति का पूरा रिकार्ड रखना।

यह कहा जाता है कि नीतियों को कार्यान्वित करने वाले तकनीकी कार्याकर्त्ताओं के ऊपर एक सामान्य दृष्टिकोण वाले अधिकारी अवश्य रहने चाहिए अन्यथा एकपक्षीय दृष्टिकोण का खतरा रहता है। आजकल लोक प्रशासन के साहित्य में इस बात पर जोर दिया जाता है कि नीति एवं कार्यान्विति के कार्य परस्पर सम्बन्धित तथा क्रिया-प्रतिक्रिया करने वाले होते हैं। बिना प्रशासनिक ज्ञान के तकनीकी अधिकारी तथा बिना तकनीकी ज्ञान के तकनीकी ज्ञान के जनरलिस्ट अधिकारी दोनों ही खतरनाक हैं, अतः इस स्थिति का निराकरण किया जाना चाहिए। इस हेतु विभागीय सचिव के पद पर तकनीकी दृष्टि से योग्य मनुष्य को नियुक्त किया जाना चाहिए। कुछ राज्यों में सामाजिक प्रशासन के संगठन में इस दृष्टिकोण को अपनाया गया है। यहाँ तकनीकी विभागाध्यक्षों को अतिरिक्त सचिव पर स्तर देकर उनको सीधे मन्त्री तक जाने की सुविधा दी गई है। द्वितीय वेतन आयोग ने यह सिफारिश की थी कि जिन विभागों में पर्याप्त तकनीकी एवं प्रशासनिक कार्य रहता है वहाँ का सचिव प्रशासनिक क्षमतायुक्त तकनीकी अधिकारी होना चाहिए। सामाजिक प्रशासन में किसी प्रकार का पुनर्गठन करते समय तकनीकी एवं जनरलिस्ट अधिकारी सम्बन्धी विवाद को ध्यान में रखना चाहिए।

वर्तमान नए विकासों के सन्दर्भ में समाज कल्याण प्रशासन के संगठन में नीति एवं कार्यान्वित के लिए अलग-अलग इकाइयाँ नहीं होनी चाहिए। दोनों कार्यों

का एकीकरण अनेक दृष्टियों से लाभप्रद है। जब नीति एवं कार्यान्वित के लिए सचिवालय एवं निदेशालय दो अलग-अलग संगठन रखे जाते हैं तो कार्य में देरी होती है, नियन्त्रण में दुहराव आता है तथा उत्तरदायित्त्व में भ्रम उत्पन्न होता है। यह प्रवृत्ति किसी भी प्रशासन के लिए अच्छी बात नही है। कम-से-कम विकास प्रशासन के लिए तो यह कदापि उचित नहीं है। आज नियोजन का प्रभाव बढ़ने के कारण अनेक नीति सम्बन्धी निर्णय नियोजन स्तर पर लिए जाते हैं, अतः नीति एवं कार्यान्विति के लिए अलग-अलग संगठन रखने का कोई औचित्य नहीं रहा गया है। राज्य-स्तर के विभाग अधिकांशतः नियोजित नीतियों एवं कार्यक्रमों को कार्यान्वित करते हैं। मनुष्यवादी विचारधारा से प्रभावित होकर नीति एवं कार्यान्विति के बीच रखी गई दूरियाँ नियोजित व्यवस्था में कोई औचित्य नहीं रखतीं। नीति एवं कार्यान्विति के लिए अलग संगठन रखने पर ऐसी स्थिति भी आ जाती है जब उपयुक्त नीति के अभाव में कार्य रुक जाता है अथवा नीति-निर्माता संगठन अपने अस्तित्त्व का औचित्य सिद्ध करने के लिए गलत नीतियाँ बनाता रहता है। वी. जगन्नाधम के अनुसार "समाज कल्याण के नए उभरते हुए क्षेत्र में दो संगठन—एक नीति के लिए, दूसरा कार्यान्विति के लिए रखने की कोई जरूरत नहीं है; दोनों का एक में विलय हो जाना चाहिए।" समाज कल्याण निदेशालय के निदेशक को एक विभागीय सचिव का पूरा स्तर प्रदान किया जाना चाहिए। तभी वह दूसरे विभागीय सचिवों से बराबरी के स्तर पर बात कर सकता है तथा समुचित समन्वय स्थापित किया जा सकता है।

समाज कल्याण बिभाग का राज्य समाज कल्याण बोर्ड तथा समाज कल्याण विभाग एवं निदेशालय के साथ सम्बन्ध

मार्च, 1954 में राज्य समाज कल्याण परामर्शदाता बोर्ड्स की स्थापना केन्द्रीय समाज कल्याण बोर्ड के एक प्रस्ताव द्वारा की गई। तभी अपनी प्रगति रिपोर्ट में केन्द्रीय समाज कल्याण बोर्ड ने कहा था कि राज्य समाज कल्याण परामर्शदाता बोर्ड्स उसके परामर्शदाता निकायों के रूप में कार्य करेंगे। इन बोर्ड्स का संगठन सभी राज्यों में एक जैसा है तथा इनके कार्य भी एक जैसे हैं।

संगठन

राज्य समाज कल्याण परामर्शदाता बोर्ड राज्य सरकार या संघीय प्रदेश की सरकार द्वारा केन्द्रीय समाज कल्याण बोर्ड के साथ सलाह करके गठित किया जाता है। बोर्ड की सदस्यता का निर्णय भी ये दोनों संस्थाएँ मिलकर लेती हैं। बोर्ड का

सभापति परम्परा के अनुसार गैर-सरकारी मनुष्य होता है जिसकी नियुक्ति केन्द्रीय बोर्ड के सभापति तथा राज्य सरकार के संयुक्त विचार-विमर्श के पश्चात् की जाती है। सामान्यतः बोर्ड में राज्य के प्रत्येक जिले का एक प्रतिनिधि लिया जाता है। इसके अलावा अन्य प्रतिनिधियों का चयन विश्वविद्यालयी विभागों से, सामाजिक कार्य के स्कूलों से, समाज कल्याण के कार्यों से सम्बन्धित विभागों से किया जाता है। बोर्ड में राज्य व्यवस्थापिका का भी एक प्रतिनिधि रहता है। सभापति के अलावा आधे सदस्य केन्द्रीय समाज कल्याण बोर्ड द्वारा तथा अन्य आधे राज्य सरकार द्वारा मनोनीत किए जाते हैं। बोर्ड के सभापति का कार्यकाल दो वर्ष है तथा वह लगातार दो बार से ज्यादा इस पद पर कार्य नहीं कर सकता। अपवाद स्वरूप इस प्रावधान में ढील दी जा सकती है।

बोर्ड के पदाधिकारी ये हैं—सभापति, उपसभापति एवं कोषाध्यक्ष। सभापति के अलावा दोनों पदाधिकारी बोर्ड के सदस्यों में से ही चुने जाते हैं।

बोर्ड के कार्य

राज्य समाज कल्याण परामर्शदाता बोर्ड मुख्य रूप से ये कार्य सम्पन्न करता है-

(1) यह क्षेत्र तथा केन्द्र दोनों के बीच सूचना के आदान-प्रदान के माध्यम के रूप में कार्य करता है।

(2) यह विभिन्न कार्यक्रमों के तहत ऐच्छिक कल्याणकारी संस्थाओं से सहायता अनुदान के लिए प्रार्थना-पत्र आमन्त्रित करता है, प्राप्त करता है, परीक्षा करता है तथा केन्द्रीय समाज कल्याण बोर्ड को सिफारिश करता है।

(3) विभिन्न संस्थाओं एवं परियोजनाओं के कार्यरूप का पर्यवेक्षण करता है तथा केन्द्रीय समाज कल्याण बोर्ड को प्रतिवेदन देता है।

(4) राज्य में नए कल्याणकारी कार्यक्रमों एवं गतिविधियों की जहाँ कहीं आवश्यकता हो उनके बारे में केन्द्रीय बोर्ड को परामर्श एवं मदद प्रदान करता है।

(5) राज्य में विभिन्न विभागों द्वारा किए जा रहे कल्याणकारी एवं विकास कार्यक्रमों में समन्वय स्थापित करता है ताकि दोहराव को रोका जा सके।

(6) उक्त लक्ष्यों को पूरा करने में मददगार अन्य कार्य करता है।

(7) ऐच्छिक समाज कल्याण अभिकरणों के विकास को प्रोत्साहित करता है तथा उन क्षेत्रों में कल्याण सेवाएँ शुरू करता है जो अभी तक अछूते हैं।

(8) सहायता प्राप्त अभिकरणों के लिए क्षेत्रीय परामर्शदाता सेवा की व्यवस्था करने में केन्द्रीय बोर्ड को सहयोग देता है।

(9) देहाती कल्याण परियोजनाओं के कार्यक्रमों को प्रशासित करता है।

(10) राज्य तथा स्थानीय शहरों पर ऐच्छिक कल्याण अभिकरण के बीच प्रभावशाली समन्वय को प्रोत्साहित करता है।

(11) कल्याण सेवाओं के भावी विकास में केन्द्रीय समाज कल्याण बोर्ड तथा राज्य सरकारों को मदद देना।

बोर्ड का कार्य-संचालन

बोर्ड की एक स्थायी समिति होती है जिसमें सभापति, उपसभापति, कोषाध्यक्ष तथा बोर्ड का एक सदस्य और रहता है। यह स्थायी समिति बोर्ड के सारे मामलों की देखभाल करती है। यह बोर्ड द्वारा प्रस्तावित सीमाओं में तथा उसी के निर्देशों के अनुसार कोष का प्रबन्ध करती है। बोर्ड इसके अलावा भी विशेष समस्याओं तथा विशेष उद्देश्यों के लिए अन्य स्थायी समितियाँ, तदर्थ समितियाँ, उप-समितियाँ अथवा विशेषज्ञों का पेनल बना सकता है। बोर्ड द्वारा केन्द्रीय बोर्ड से स्वीकृत पदों पर उसी के द्वारा निर्धारित शर्तों के अनुसार नियुक्तियाँ की जाती हैं। बोर्ड अपने कार्य का दायित्त्व एक प्रस्ताव द्वारा अपने सभापति अथवा सचिव को हस्तान्तरित कर सकता है लेकिन यह हस्तान्तरण बोर्ड की मीटिंग में स्वीकार होना चाहिए। बोर्ड की गणपूर्ति कुल सदस्यों की एक तिहाई संख्या है। बोर्ड वर्ष में कम-से-कम चार बैठकें करता है। यह सामान्य बैठक के लिए 10 दिन पूर्व तथा असाधारण बैठक के लिए 5 दिन पूर्व सूचना देती है।

बोर्ड के कार्यक्रमों में सहायता अनुदान दिलाने के अतिरिक्त और भी कई महत्त्वपूर्ण बातें हैं, यथा—प्रौढ़ महिलाओं के लिए शिक्षा योजना, सामाजिक-आर्थिक कार्यक्रम, शहरी कल्याण प्रसार परियोजनाएँ, रैन-बसेरे अवकाश गृह, बालबाड़ी, बाल सेविका, प्रशिक्षण खाला इत्यादि। ये बोर्ड अपनी सेवाएँ अलग-अलग वर्ग के लोगों जैसे—बालकों, महिलाओं, अपाहिजों, वृद्धों एवं असमर्थों, अपराध सुधार या गैर-अपराध सुधार संस्थाओं से छूटे व्यक्तियों, मैडिकल संस्थाओं के मरीजों आदि के लिए प्रदान करता है। अलग-अलग राज्यों के बोर्ड्स द्वारा ये कार्यक्रम अलग-अलग प्राथमिकताओं के आधार पर संचालित किए जा रहे हैं। वे अपनी स्थानीय दशाओं तथा परिस्थितियों के अनुसार ही इन कार्यों पर सापेक्षिक जोर देते हैं।

सहसंबंध

साफ है कि राज्य समाज कल्याण परामर्शदाता बोर्ड का राज्य के निदेशालय तथा समाज कल्याण विभाग से सम्बन्ध करीब-करीब सभी राज्यों में एक रूप है।

ये बोर्ड्स राज्य सरकार द्वारा बनाई जाती है लेकिन केन्द्रीय समाज कल्याण बोर्ड से विचार करके बनाई जाती है। इनमें समाज कल्याण विभाग तथा अन्य सम्बन्धित विभागों के प्रतिनिधि सदस्य के रूप में रहते हैं। इनको राज्य सरकारों से कुछ वित्तीय मदद भी प्राप्त होती है।

राज्य बोर्ड्स गैर-सरकारी निकाय हैं तथा समाज कल्याण विभाग सरकारी निकाय है। दोनों संगठन राज्य स्तर पर विरोधी नीति अपना सकते हैं। दो बराबर संगठनों के होने से कार्यों के आवंटन एवं संचालन में मतभेद पैदा हो सकते हैं। वी. जगन्नाधम ने अपने अध्ययन में इन आशंकाओं पर विचार प्रकट किए हैं। उन्होंने राज्यों के बोर्ड्स से दो प्रश्नों पर जानकारी की मांग की थी-(i) क्या बोर्ड के कार्य स्पष्ट रूप से परिभाषित एवं विभाजित हैं ताकि किसी स्तर पर कार्यों का दुहराव न हो? (ii) राज्य बोर्ड तथा राज्य विभागों एवं निदेशालयों का आपसी सम्बन्ध क्या है? क्या यह सम्बन्ध सन्तोषजनक है? क्या इसमें कोई परिवर्तन की जरूरत है? यदि है तो वह परिवर्तन किस प्रकार का हो सकता है?

श्री वी. जगन्नाधम को उपर्युक्त प्रश्नों के लिए जो उत्तर प्राप्त हुए उनमें अलग-अलग मत प्रकट किए गए। प्रथम प्रश्न के सम्बन्ध में कुछ का कहना था कि बोर्ड तथा विभागों एवं निदेशालयों के कार्यों के बीच स्पष्ट विभाजन नहीं है, अतः इनके कार्यों में दुहराव रहता है। दूसरों का कहना था कि ऐसा कोई दुहराव नहीं रहता चूँकि इनके कार्यों की स्पष्ट परिभाषा एवं विभाजन है। दूसरे प्रश्न के सम्बन्ध में आए उत्तर भी इसी तरह भिन्न रूप थे। एक राज्य ने लिखा था–"समाज कल्याण निदेशालय राज्य समाज कल्याण परामर्शदाता बोर्ड के साथ कोई सम्बन्ध नहीं रखता। बोर्ड का सम्बन्ध केवल शिशु एवं महिला कल्याण कार्यक्रमों से है।" यह कथन तथ्यों के विपरीत है चूँकि राज्य बोर्ड तथा राज्य विभागों के बीच इस प्रकार की पूर्ण पृथक्कता नहीं है। 'राज्य बोर्ड' राज्य सरकार द्वारा गठित की जाती है। समाज कल्याण निदेशक या अन्य कोई विभागीय अधिकारी बोर्ड के पदेन सदस्य होते हैं। बोर्ड राज्य सरकारों से वित्तीय अनुदान प्राप्त करती है। ऐसी स्थिति में बोर्ड को पूर्णतः स्वतन्त्र और पृथक् मानना तथ्यसंगत नहीं है। एक अन्य राज्य ने लिखा था कि "राज्य विभाग बोर्ड के किसी भी प्रशासनिक एवं वित्तीय मामले से कोई सम्बन्ध नहीं रखता।" सम्भवतः यह दृष्टिकोण बोर्ड की स्वायत्तता के विचार से प्रकट किया गया है।

राज्य बोर्ड्स के विलय का प्रश्न

राज्य समाज कल्याण परामर्शदाता बोर्ड के बारे में यह विचार प्रकट किया जाता है कि इसे राज्य समाज कल्याण विभाग/निदेशालय में मिला देना चाहिए,

इसका विलय कर देना चाहिए। बोर्ड के नाम तथा कार्यों के बीच अन्तर की गहरी खाई है। इसको परामर्शदाता बोर्ड कहा जाता है। इस अर्थ में इसका मुख्य कार्य परामर्श देना होना चाहिए किन्तु तथ्य यह है कि बोर्ड केन्द्रीय समाज कल्याण बोर्ड की ओर से कार्यक्रमों को क्रियान्वित करती है। यह एक कार्यपालिका निकाय बन गई है और इसलिए इसके पृथक् रहने का कोई औचित्य नहीं है। इसे राज्य विभाग के साथ मिला देना चाहिए। बोर्ड तथा विभाग के बीच अच्छे सम्बन्धों के लिए यह जरूरी माना जाता है कि राज्य स्तर पर बोर्ड को समाज कल्याण विभाग का अभिन्न भाग बना दिया जाए। मद्रास (अब तमिलनाडु) राज्य में इसी प्रकार का कदम उठा लिया गया। वहाँ राज्य समाज कल्याण परामर्शदाता बोर्ड को महिला कल्याण निदेशालय में मिला दिया गया। यहाँ समाज कल्याण निदेशालय तो था ही नहीं अतः यह आँशिक विलय था।

राज्य बोर्ड के विलय के जहाँ लाभ हैं वहाँ हानियाँ भी हैं। इसके लाभ ये हैं–(i) बोर्ड को नीति रचना एवं कार्यान्विति के क्षेत्र में अतिरिक्त दायित्त्व प्राप्त हो जाएँगे। (ii) राज्य बोर्ड्स ने सेवीवर्ग के लिए श्रेष्ठ सेवा की शर्तें प्राप्त होंगी, तथा (iii) राज्य स्तर से स्थानीय स्तर तक कल्याणकारी संस्थाओं का एकीकृत जाल बिछ जाएगा। इन संस्थाओं में गैर-सरकारी अधिकारियों की प्रभुता रहेगी।

राज्य बोर्ड के विलय की हानियाँ ये हैं–(1) बोर्ड कुछ समय में ही उस लोचशीलता एवं गत्यात्मकता से वंचित रह जाएगी जो एच्छिक संगठनों के सम्बन्ध में अनिवार्य है। गैर-सरकारी सदस्यों का बहुमत होना मात्र ही पर्याप्त नहीं है। (2) विलय के बाद यदि बोर्ड का गैर-सरकारी सभापति प्रभावशाली रहा तो स्थाई नागरिक सेवक उसका सचिव मात्र बन कर रह जाएगा और यदि विभागाध्यक्ष अधिक प्रभावशाली रहा तो वह गैर-सरकारी सदस्यों को भी नौकरशाही रंग में रंग देगा। (3) एक अन्य आशंका यह है कि बोर्ड के गैर-सरकारी सदस्यों तथा विभाग के स्थाई अध्यक्ष के बीच यदि प्रेम पूर्ण सम्बन्ध नहीं रहे तो वे एकीकृत बोर्ड के कार्य संचालन को विषैला बना देंगे। (4) बोर्ड प्रभावशाली रूप से तभी कार्य कर सकता है जबकि सरकार के साथ विरोधी दृष्टिकोण अपनाकर न चले। इसे अपनी नीतियों पर सरकारी स्वीकृति प्राप्त करनी होगी, वित्त आवंटित करना होगा तथा सरकारी ढाँचे में कार्यक्रमों को प्रशासित करना होगा। संक्षेप में बोर्ड की लोचशीलता एवं स्वतन्त्रता से कार्य करना अतीत की गाथा बन जाएगा।

राज्य बोर्ड्स के कार्यों का बदला रूप

राज्य बोर्ड्स के कार्य निष्पादन की दिशा में पर्याप्त बढ़ गए हैं। अतः उन्होंने राज्य से अनुदान माँगना तथा प्राप्त करना शुरू कर दिया है। राज्य बोर्ड्स का कार्य

पर्याप्त प्रमुख है। यह राज्य में केन्द्रीय समाज कल्याण बोर्ड तथा राज्य सरकारों द्वारा किए गए कल्याण कार्यों में एक कड़ी का काम करता है। यह दोनों के बीच की संस्था है।

समाज कल्याण एवं पिछड़े वर्गों के कल्याण पर अध्ययन दल ने राज्य बोर्ड्स के कार्य संचालन की पुनरीक्षा की। अध्ययन दल ने इस सम्बन्ध में मुख्य रूप से दो बातें कहीं-(i) राज्य बोर्ड्स को ज्यादा कार्य दिए जाएँ तथा (ii) बोर्ड के बदले हुए कार्यों को देखते हुए बोर्ड के नाम में से 'परामर्शदाता' शब्द को निकाल दिया जाए। राज्य बोर्ड को परामर्शदाता के रूप में नहीं वरन् विशुद्ध रूप से एक कार्यपालिका अभिकरण के रूप में कार्य करना चाहिए। इसका तात्पर्य यह हुआ कि राज्य बोर्ड के स्तर, रूप तथा संगठन को पुनः परिभाषित किया जाना चाहिए। अध्ययन दल के प्रतिवेदन में राज्य बोर्ड को संविधीय स्तर देने का सुझाव दिया गया।

अध्ययन दल की रिपोर्ट आने के पश्चात् इस दिशा में दो नए विकास हुए हैं– (i) करीब-करीब सभी राज्यों में समाज कल्याण निदेशालय स्थापिन हो गए हैं। (ii) विभिन्न राज्यों में पंचायती राज एवं प्रजातान्त्रिक विकेन्द्रीकरण की योजना लागू हो गई है। अब राज्य बोर्ड्स ने देहाती कल्याण परियोजनाएँ पंचायती राज संस्थाओं को सौंप दी हैं। इसके अन्य कार्य अभी भी मुख्य हैं। यह केन्द्रीय समाज कल्याण बोर्ड को परामर्श देता है तथा उसकी ओर से कार्य करता है।

11

केन्द्रीय सामाजिक प्रशासन

सामाजिक और मानवीय विकास भी आर्थिक वृद्धि की तरह ही अत्यन्त आवश्यक है। स्वास्थ्य, पोषाहार और शिक्षा मानवीय जीवन, कार्य निष्पादन और तन्दुरुस्ती के आधार हैं। बुनियादी आवश्यकताएँ और सेवाएँ एकीकृत रूप में जीवन के स्तर को ऊँचा उठाने और कुल आर्थिक विकास को तेज करने में योगदान करती है। जो उपाय जीवन की परिस्थितियों को सुधारते हैं तथा बच्चों, स्त्रियों एवं समाज के सामाजिक और शारीरिक रूप से बाध्य व्यक्तियों को लाभ पहुँचाते हैं, वे आर्थिक और कल्याण को भी तेज कर सकते हैं। समाज कल्याण मंत्रालय के कार्यकलाप न्यायसंगत और उचित आर्थिक और सामाजिक व्यवस्था को प्राप्त करने के लिए राष्ट्रीय प्रयत्न के अनुरूप सामाजिक विकास के उद्देश्यों को प्राप्त करने के लिए है। समाज के जरूरतमन्द और कमजोर वर्गों के कल्याण की व्यवस्था करने में सरकारी प्रयत्नों के साथ-साथ स्वयंसेवी प्रयत्न भी किए जा रहे हैं। इस मंत्रालय द्वारा बढ़ावा दिए गए और इससे सहायता पाने वाले स्वयंसेवी प्रयत्न न केवल भौतिक और वित्तीय साधनों को बढ़ाते हैं। बल्कि कल्याण सेवाओं के कार्यान्वयन में लोगों का योगदान प्राप्त करते हैं जिससे राज्य और स्वयंसेवी क्षेत्र के बीच साझेदारी मजबूत होती है। भारतीय संविधान द्वारा एक लोक-कल्याणकारी राज्य की स्थापना की गई है। इस सम्बन्ध में संविधान के विभिन्न अनुच्छेदों के स्पष्ट वर्णन हैं। संविधान के 38वें अनुच्छेद में कहा गया है कि राज्य ऐसी सामाजिक व्यवस्था की, जिसमें

आर्थिक, सामाजिक ,और राजनीतिक न्याय राष्ट्रीय जीवन की सभी संस्थाओं को अनुप्राणित करें, भरसक कार्य साधन रूप में स्थापना और संरक्षण करके लोक-कल्याण की उन्नति का प्रयास करेगा। अनुच्छेद 41 में कहा गया है कि, "राज्य अपनी क्षमता एवं विकास की सीमाओं में रहकर काम करने का अधिकार, शिक्षा, और बेरोजगारी, वृद्धावस्था, बीमारी, असमर्थता एवं अन्य स्थितियों में जन सहयोग के लिए प्रभावशाली प्रावधान करेगा।" इसी बात को ज्यादा स्पष्ट करते हुए अनुच्छेद 46 में कहा गया है–"राज्य जनता के दुर्बल वर्गों के आर्थिक एवं शैक्षणिक हितों को विशेष तौर से प्रोत्साहित करेगा तथा सामाजिक अन्याय और प्रत्येक प्रकार के शोषण से उनकी रक्षा करेगा। इस प्रकार भारतीय संविधान ने स्पष्ट शब्दों में राज्य पर सामाजिक सेवाओं की जिम्मेवारह डाला है। राज्य के नीति-निदेशक तत्त्वों का सार ही यह है कि भारत में एक लोक-कल्याणकारी राज्य की स्थापना हो। राज्य इस दृष्टि से विभिन्न क्षेत्रों में अनेक कार्य पूरा करता है। वह शिशु कल्याण, महिला कल्याण, युवा कल्याण, सामाजिक सुरक्षा, अपाहिजों का कल्याण, गन्दी बस्तियों में रहने वालों का कल्याण आदि को ध्यान में रखकर विभिन्न सेवाएँ पूरा करता है। ये समस्त कार्य सम्पन्न करने के लिए राज्य तथा केन्द्रीय स्तर पर विभिन्न सरकारी एवं गैर-सरकारी संस्थाएँ संलग्न रहती हैं।"

केन्द्रीय सामाजिक प्रशासन : रूपरेखा

जैसा कि उल्लेख किया जा चुका है कि–भारत का स्वरूप एक संघ राष्ट्र का है। इस कल्याण योजनाओं के कार्यान्वयन की जिम्मेदारी केन्द्रीय व राज्य दोनों सरकारों की है। केन्द्र सरकार समाज कल्याण सेवाओं की राष्ट्रीय-नीति तैयार करने के लिए जिम्मेदार है और राज्यों द्वारा कल्याण योजनाओं पर अमल कराने, उनके समन्वय करने और उन्हें बढ़ावा देने का काम करती है।

केन्द्रीय स्तर पर सामाजिक प्रशासन के लिए शीर्ष पर समाज कल्याण मंत्रालय है। समाज कल्याण विभाग तथा केन्द्रीय समाज कल्याण बोर्ड, समाज कल्याण प्रशासन तथा समाज कल्याण कार्यक्रमों के लिए मुख्य रूप से प्रत्यक्ष जिम्मेवार है। केन्द्र द्वारा संचालित विभिन्न समाज कल्याण संस्थाएँ समाज कल्याण विभाग द्वारा निर्देशित और नियन्त्रित होती है। राज्य स्तर के समाज कल्याण प्रशासन को भी केन्द्रीय समाज कल्याण प्रशासन द्वारा अपनी सीमा के अन्तर्गत आवश्यकतानुसार परामर्श-निर्देशन आदि उपलब्ध होता है और वित्तीय सहायता भी प्रदान ही जाती है।

14 जून, 1964 को समाज कल्याण विभाग की स्थापना तथा केन्द्रीय समाज कल्याण बोर्ड की स्थापना 1953 में की गई थी। प्रस्तुत अध्याय में यथास्थान इन दोनों के संगठन, कार्यों आदि पर विस्तार से रोशनी डाली गयी है। केन्द्रीय स्तर पर जो समाज कल्याण कार्यक्रम है उनके संचालन का प्रत्यक्ष भार विभिन्न संस्थाओं, समितियों और ब्यूरो पर है। उदाहरणार्थ, भारत में महिला कल्याण और विकास के लिए जो राष्ट्रीय मशीनरी स्थापित की गई है उसमें एक राष्ट्रीय समिति, राष्ट्रीय समिति की एक संचालन समिति, एक अन्तर-विभागीय समन्वय समिति तथा महिला कल्याण और विकास ब्यूरो शामिल है। बाल-विकास और पोषाहार के लिए समाज कल्याण मंत्रालय केन्द्रीय मंत्रालय के रूप में कार्य करता रहा है और राष्ट्रीय स्तर पर एक राष्ट्रीय बाल बोर्ड की व्यवस्था की गई है। इसी तरह मार्च, 1979 में राष्ट्रीय बाल-कोष स्थापित किया गया है। विकलांग व्यक्तियों के कल्याण तथा पुनर्वास के लिए राष्ट्रीय दृष्टिहीनार्थ संस्थान, जुलाई, 1979 से स्थापित किया गया है। इसी तरह राष्ट्रीय विकलांग संस्थान भी स्थापित किया गया है। समाज रक्षा का उत्तरदायित्व केन्द्रीय समाज कल्याण मंत्रालय पर है। समाज रक्षा में सामाजिक विघटन की समस्याओं से समाज का रक्षण है जैसे बाल आवारागर्दी को मिटाना, अपचार तथा अपराध को रोकना, भिक्षावृत्ति को समाप्त करना आदि। समाज कल्याण मंत्रालय के कार्यक्रम और उसकी नीतियाँ मुख्य रूप से सम्पूर्ण नीति, मार्गदर्शन, अनुसन्धान और प्रशिक्षण से सम्बन्धित है जबकि समाज रक्षा योजनाओं को कार्यान्वित करने का उत्तरदायित्व राज्य सरकारों का है। राष्ट्रीय समाज रक्षा संस्थान, समाज कल्याण मंत्रालय का एक विशिष्ट संस्थान है। इसके अतिरिक्त एक केन्द्रीय समाज रक्षा सलाहकार बोर्ड भी है। यह केन्द्रीय सरकार द्वारा संगठित एक उच्च निकाय है जो समाज रक्षा के सम्बन्ध में मूल्यवान सुझाव और सिफारिशें प्रस्तुत करता है।

केन्द्रीय स्तर पर सामाजिक प्रशासन को यह एक मोटी रूपरेखा है। प्रस्तुत अध्याय में न केवल समाज कल्याण विभाग तथा केन्द्रीय समाज कल्याण बोर्ड पर अलग से विस्तार से प्रकाश डाला गया है अपितु केन्द्रीय सरकार के विभिन्न समाज कल्याण कार्यक्रमों के विवरण के प्रसंग में विभिन्न सामाजिक प्रशासनिक संस्थाओं, समितियों, ब्यूरो आदि का भी यथास्थान विस्तार से विवरण दिया गया है।

समाज कल्याण विभाग (मंत्रालय)

भारत सरकार के विभिन्न मंत्रालय जो कल्याण कार्यक्रम चला रहे थे, उन सबको एक जगह मिलाकर 14 जून, 1964 को समाज कल्याण विभाग स्थापित

किया गया जिसे 1979 में मंत्रालय का दर्जा दे दिया गया। केन्द्रीय समाज कल्याण मंत्रालय का कार्य वर्तमान में तीन विभागों द्वारा किया जाता है—(1) पोषाहार तथा बाल विकास विभाग, (2) समाज सुरक्षा तथा विकलांग कल्याण और विकास विभाग, तथा (3) नारी कल्याण विभाग।

समाज कल्याण मंत्रालय के कार्यक्रम समाज के अत्यन्त अभावग्रस्त वर्गों अर्थात् बच्चों, महिलाओं, विकलांगों, वृद्धों और सामाजिक रूप से असमंजित लोगों के लिए निर्दिष्ट है। इस मंत्रालय ने पिछले वर्षों में समाज कल्याण सेवाओं को उत्तरोत्तर विकासोन्मुख बनाया है। चालू कार्यक्रमों को विस्तृत तथा सरल और कारगर बनाने के अलावा, मंत्रालय नवीन परियोजनाओं की रूपरेखा तैयार करता है और फिर निर्धारित नीति के अनुरूप उन्हें कार्यान्वित करता है। महिलाओं से सम्बन्धित सामाजिक कानूनों को और अधिक प्रभावी बनाने की दिशा से मंत्रालय सतत् जागरूक रहा है। मंत्रालय ने कल्याण सेवाओं के कार्यान्वयन में स्वयंसेवी क्षेत्र को भी बड़े पैमाने पर प्रोत्साहन और सहायता दी है।

समाज कल्याण मंत्रालय : संगठन

(1) पोषाहार तथा बाल विकास विभाग—पर विकास कार्यक्रम क्रियान्वित करने के अलावा बाल विकास की समग्र तथा समन्वय की जिम्मेदारी है। इस विभाग द्वारा महत्त्वपूर्ण कार्यक्रम क्रियान्वित किए जाते हैं जिनमें समेकित बाल विकास सेवाएँ, कामकाजी तथा रोगी महिलाओं के बच्चों के लिए शिशुगृह और देखभाल एवं संरक्षण के जरूरतमन्द बच्चों का कल्याण भी सम्मिलित है। यह विभाग अन्तर्राष्ट्रीय बाल निधि के कार्य, 'केयर' में मदद प्राप्त कार्यक्रमों, विशेष पोषाहार कार्यक्रम, बालवाड़ी पोषाहार कार्यक्रम आदि जैसे अलग-अलग पोषाहार कार्यक्रमों का समन्वय करता है। दिल्ली स्थित राष्ट्रीय जन-सहयोग तथा बाल विकास संस्थान बच्चों के विकास तथा इस विभाग के प्रशासनिक नियन्त्रण के अधीन आने वाले कार्यों से सम्बन्धित प्रशिक्षण तथा अनुसन्धान कार्यकलापों में लगा हुआ है।

(2) समाज सुरक्षा एवं विकलांग कल्याण एवं विकास विभाग—विकलांगों के कल्याण के लिए नीतियों तथा कार्यक्रमों को क्रियान्वित करता है। शारीरिक रूप से विकलांग लोगों का शीघ्र पता लगाने, उनकी शिक्षा, उनको प्रशिक्षण देने तथा उनके पुनर्वास के लिए विशेष कार्यक्रमों की जिम्मेदारी इस विभाग पर है। इस विभाग द्वारा चलाई जा रही कुछ प्रमुख योजनाओं के तहत विकलांग छात्रों को छात्रवृत्तियाँ दी जाती हैं, सहायक साधन तथा उपकरण खरीदने के लिए विकलांग व्यक्तियों को मदद दी जाती है, समेकित शिक्षा दी जाती है, विकलांगों को सेवाएँ प्राप्त कराने हेतु

स्वयंसेवी संगठनों को अनुदान दिए जाते हैं। अक्षमता के विभिन्न पहलुओं के बारे में अनुसन्धान करने तथा प्रशिक्षण देने के लिए राष्ट्रीय संस्थान भी स्थापित किए गए हैं। देहरादून स्थित राष्ट्रीय नेत्रहीन संस्थान, कोलकता स्थित राष्ट्रीय शारीरिक विकलांग संस्थान, नई दिल्ली स्थित शारीरिक विकलांग संस्थान, दिल्ली स्थित मन्द बुद्धि बाल विद्यालय तथा हैदराबाद स्थित मूक प्रशिक्षण केन्द्र इस विभाग के अंतर्गत हैं। मुम्बई में अली यावर जंग बधिर संस्थान स्थापित किया जा रहा है। विकलांगों के लिए सहायक साधनों तथा उपकरणों का निर्माण करने का कार्य कानपुर में कृत्रिम अंग निर्माण निगम कर रहा है।

इस विभाग के आयोजना, अनुसन्धान, मूल्यांकन तथा निगरानी प्रभाव पर आयोजना बनाने, अनुसन्धान तथा मूल्यांकन अध्ययन प्रायोजित करने, आँकड़ों को एकत्र करने तथा उनक संकलन करने, संकलन का प्रकाशन करने आदि की जिम्मेदारी है।

(3) महिला कल्याण एवं विकास विभाग को नारी कल्याण तथा विकास कार्यक्रमों का समन्वय करने का उत्तरदायित्व सौंपा गया है। यह विभाग बच्चों की दिन में देखभाल करने की सुविधाओं के साथ नौकरी करने वाली महिलाओं के लिए हॉस्टल का निर्माण करने, निस्सहाय महिलाओं के प्रशिक्षण केन्द्र स्थापित करने के लिए मदद प्रदान करने जैसे कार्यक्रम भी प्रारंभ करता है। इस विभाग के प्रशासनिक नियन्त्रण के अधीन केन्द्रीय समाज कल्याण बोर्ड (1953 में स्थापित) और राष्ट्रीय सामाजिक सुरक्षा संस्थान (1975 में स्थापित) भी है।

उक्त तीनों विभागों अथवा ब्यूरो में से प्रत्येक का प्रधान, अधिकारी संयुक्त सचिव होता है। योजना, अनुसन्धान, मूल्यांकन और प्रबोधन प्रभाग इस मंत्रालय के कार्यकलापों के लिए तकनीकी सहायता प्रदान करते हैं। मंत्रालय के कुछ कार्यक्रमों का संचालन इसके द्वारा स्थापित संगठनों अर्थात् केन्द्रीय समाज कल्याण बोर्ड, राष्ट्रीय जन-सहयोग एवं बाल विकास संस्थान, राष्ट्रीय समाज रक्षा संस्थान तथा विकलांग व्यक्तियों के लिए राष्ट्रीय संस्थान द्वारा किया जाता है।

समाज कल्याण मंत्रालय का संगठन क्रमशः इस प्रकार है—शीर्ष पर मन्त्री होता है जिसके नीचे श्रीमती गाँधी के समय तक एक उपमन्त्री होता था किन्तु श्री राजीव गाँधी के प्रधानमन्त्री बनने के बाद से उपमन्त्री पद समाप्त करके राज्य मन्त्री पद ही रखा गया है। तत्पश्चात् एक सचिव होता है और सचिव के नीचे तीनों विभागों या ब्यूरो के संयुक्त सचिव होते हैं। संयुक्त सचिव के स्तर पर ही एक वित्त सलाहकार होता है। तीनों संयुक्त सचिवों में प्रत्येक के नीचे निदेशक (प्रायः एक

से तीन तक) और फिर उनके नीचे अवर सचिव और तत्पश्चात् विभिन्न श्रेणियों के अधिकारी और कर्मचारी होते हैं। वित्त सलाहकार के नीचे अवर सचिव और उपलेखा नियन्त्रक तथा फिर अन्य अधिकारी और कर्मचारी होते हैं।

समाज कल्याण मंत्रालय के अंतर्गत आने वाले विषय

भारत सरकार, समाज कल्याण मंत्रालय की 1983-84 की रिपोर्ट के अनुसार समाज कल्याण मंत्रालय को आवंटित विषयों की रूपरेखा इस प्रकार है–

भाग 1–निम्नलिखित विषय जो भारत के संविधान की सप्तम अनुसूची 1 के अन्तर्गत हैं–

1. 'भारत-अमेरिका, भारत-यू. के., भारत-जर्मन, भारत-स्विटजरलैण्ड और भारत-स्वीडन के दान के रूप में राहत पूर्तियों/वस्तुओं की बिना शुल्क की प्राप्ति के सम्बन्धित करारों का संचालन तथा उनके तहत आने वाली पूर्तियों के वितरण से सम्बन्धित मामले।''

भाग 2–निम्नलिखित विषय सूची 3 के जो भारत के संविधान की सप्तम अनुसूची के अन्तर्गत आते हैं (केवल विधि निर्माण के सम्बन्ध में)–

(क) सामाजिक सुरक्षा और सामाजिक बीमा, उस सीमा तक छोड़ कर जहाँ तक वे किसी अन्य विभाग को आबंटित हैं।

भाग 3–केन्द्र शासित प्रदेशों के लिए अग्रलिखित विषय जो भारत के संविधान की सप्तम अनुसूची की सूची 2 या सूची 3 के तहत आते हैं जहाँ तक वे इन केन्द्र- शासित प्रदेशों की बाबत विद्यमान हैं–

2. अक्षम और बेरोजगार व्यक्तियों को सहायता और सामाजिक सुरक्षा तथा सामाजिक बीमा से सम्बन्धित उपाय, उस सीमा तक छोड़कर जहाँ तक वे किसी अन्य विभाग को आवंटित हैं।

भाग 4–साधारण और परिणामिक–

3. समाज कल्याण, समाज कल्याण आयोजन, परियोजना बनाना, अनुसन्धान मूल्यांकन, साँख्यिकी और प्रशिक्षण।

4. परिवार कल्याण।

5. महिला और कल्याण और इस विषय से सम्बन्धित अन्य मंत्रालयों और संगठनों के कार्यकलापों का समन्वय।

6. राष्ट्रीय समाज रक्षा संस्थान।

7. भारतीय कृत्रिम अंग निर्माण निगम, कानपुर।

8. केयर के कार्यकलापों का समन्वय।

9. स्कूल-पर्व बच्चों की देखभाल।

10. केन्द्रीय समाज कल्याण बोर्ड।

11. सामाजिक और नैतिक स्वास्थ्य कार्यक्रम।

12. मादक, औषधि व्यसन के शिक्षा और समाज कल्याण सम्बन्धी पहलू।

13. किशोर अपराधियों की परिवीक्षा।

14. संयुक्त राष्ट्र अन्तर्राष्ट्रीय बाल आपात् निधि (यूनिसेफ)।

15. अन्य देशों के साथ समाज रक्षा सम्बन्धी मामलों में कन्वेंशन्स।

16. स्त्रियों और बच्चों में पणन से सम्बन्धित संयुक्त राष्ट्र संगठन से प्राप्त सन्दर्भ।

17. शारीरिक रूप से निःशक्त और मन्द बुद्धि लोगो के लिए राष्ट्रीय संस्थान।

18. राष्ट्रीय पोषाहार कार्यक्रम का समन्वय, स्कूल-पूर्व बच्चों को पोषाहार और महिलाओं को पोषाहार शिक्षा।

19. राष्ट्रीय दृष्टिहीनार्थ केन्द्र, जिसमें केन्द्रीय ब्रेल मुद्रणालय, देहरादून सम्मिलित हैं, वयस्क बधिर प्रशिक्षण केन्द्र, आँशिक रूप से बधिर बच्चों का मॉडल विद्यालय, नई दिल्ली और अन्य राष्ट्रीय संस्थान।

20. जरूरतमन्द बालकों की, जिनमें अनाथ बाल सम्मिलित हैं, देखभाल और विकास के लिए संस्थागत और गैर-संस्थागत सेवाएँ या अनाथालय।

21. शारीरिक और मानसिक रूप से निःशक्तों की शिक्षा, प्रशिक्षण, पुनर्वास और कल्याण।

22. भिक्षावृत्ति, किशोर आवारागर्दी, अपचारिता तथा अन्य केयर कार्यक्रम।

23. सामाजिक सुरक्षा के सभी मामलों पर अनुसन्धान, मूल्यांकन, प्रशिक्षण, सूचना का आदान-प्रदान और तकनीकी मार्गदर्शन जिसमें सुधारात्मक सेवाएँ सम्मिलित हैं।

24. नशाबन्दी सम्बन्धी सभी मामले।

25. समाज कल्याण मंत्रालय को आबंटित विषयों से सम्बन्धित पुण्यार्थ और धार्मिक न्यास।

26. राष्ट्रीय जन-सहयोग एवं बाल विकास संस्थान।

27. समाज कल्याण मंत्रालय को आवन्टित विषयों के सम्बन्ध में स्वैच्छिक प्रयासों का उन्नयन और विकास।

28. सूची में विनिर्दिष्ट विषयों में से किसी से सम्बन्धित अन्य सभी संलग्न या अधीनस्थ कार्यालय अथवा अन्य संगठन।

29. निम्नलिखित अधिनियम का प्रशासन–

(क) स्त्रियों और लड़कियों में अनैतिक प्रणन दमन अधिनियम, 1956;

(ख) अपराधी परवीक्षा, अधिनियम 1958; और

(ग) बाल अधिनियम, 1960।

सुधार हेतु प्रशासनिक कदम

उचित प्रबन्ध की आवश्यकता के लिए कर्मचारियों को और अधिक जागरूक बनाने के लिए विशेष प्रयास किए जाते रहे हैं। फाइलों को रिकार्ड करने, सूचीबद्ध करने, समीक्षा एवं छँटनी करने के अतिरिक्त कभी-कभी 'बचे हुए कार्य को निपटाने सम्बन्धी पखवाड़ा' माना जाता है ताकि रिकार्ड प्रबन्ध से सम्बन्धित बचा हुआ कार्य पूरा किया जा सके।

आन्तरिक कार्य अध्ययन एकक ने मंत्रालय के वास्तविक कार्यो से सम्बन्धित रिकार्ड के लिए रिकार्ड अनुरक्षण अनुसूची की एक पुस्तिका निकाली हे जो रिकार्ड के वर्गीकरण और अनुरक्षण में अधिकारियों और कर्मचारियों के लिए बहुत ही लाभदायक होगी।

ठीक समय पर कर्मचारियों की उपस्थिति सुनिश्चित करने के लिए इस मंत्रालय के अवर सचिवों और उससे ऊपर के पदों के अधिकारियों द्वारा आलोच्य वर्ष के दौरान कर्मचारियों की उपस्थिति/समयबद्धता की जाँच कराने की योजना चलती रहती है।

इस मंत्रालय में जिन विषयों का कार्य होता है उन विषयों के वितरण की समीक्षा और योक्तिकरण किया जाता है।

हिन्दी के प्रयोग को प्रोत्साहन देने के लिए पर्याप्त प्रयत्न किए जा रहे हैं। सरकारी प्रयोजनों के लिए हिन्दी के प्रयोग में हुई प्रगति का मूल्यांकन करने के लिए मंत्रालय के अधीनस्थ कार्यालयों/संगठनों अर्थात् (1) केन्द्रीय समाज कल्याण बोर्ड, नई दिल्ली, (2) राष्ट्रीय दृष्टिबाधितार्थ संस्थान, देहरादून, (3) राष्ट्रीय विकलांग संस्थान, कलकत्ता, (4) विकलांग व्यक्तियों के लिए संस्थान, नई दिल्ली, (5) वयस्क बधिरों के लिए प्रशिक्षण केन्द्र, हैदराबाद और (6) आंशिक रूप से बधिर बच्चों के लिए स्कूल, हैदराबाद का निरीक्षण चलता रहता है।

समाज कल्याण मंत्रालय एवं महत्वपूर्ण समाज कल्याण कार्यक्रम

(क) बाल विकास तथा पोषाहार

बच्चे मानव विकास के लिए अत्यन्त प्रमुख स्रोत हैं। 68.5 करोड़ (1981 की जनगणना) की कुल जनसंख्या में से बच्चों (0-14 वर्ष) की संख्या लगभग 27. 2 करोड़ है। बहुत बड़ी संख्या में बच्चे आर्थिक और सामाजिक रूप से कमजोर हैं जिनके लिए सरकारी मदद जरूरी है।

समाज कल्याण मंत्रालय बाल विकास और पोषाहार के लिए केन्द्रीय मंत्रालय के रूप में काम करता रहा है तथा वह बच्चों के हित के लिए विभिन्न तरीकों और कार्यक्रमों को कार्यान्वित करता है।

बाल राष्ट्रीय नीति

भारत विश्व के ऐसे कुछ देशों में से है जिसकी बच्चों के लिए एक व्यापक नीति है। इस राष्ट्रीय नीति को अगस्त, 1974 में अपनाया गया था और इसका उद्देश्य बाल विकास के लिए समेकित उपागम के लिए भारत सरकार के मंत्रालयों, राज्य सरकारों और अन्य एजेंसियों को दिशा-निर्देश प्रदान करना है ताकि क्षेत्रीय कार्यक्रमों को ही अपनाने की मनोवृत्ति से बचा जा सके। समाज कल्याण मंत्रालय बच्चों की राष्ट्रीय नीति में दिए गए युक्तियों को तेजी से कार्यान्वित करने के लिए किए जाने वाले कार्य का समन्वय करता है। इन उपायों का उद्देश्य सभी बच्चों को व्यापक स्वास्थ्य कार्यक्रमों के तहत लाना, उनको मिलने वाली खुराक की कमियों को दूर करने के लिए पोषाहार प्रदान करना, 14 वर्ष तक की आयु तक मुफ्त और जरूरी शिक्षा देना तथा समाज के कमजोर वर्गों के बच्चों और विकलांग, अपचारी इत्यादि बच्चों को विशेष मदद प्रदान करना है।

बच्चों को राष्ट्रीय नीति में देश की सबसे महत्त्वपूर्ण सम्पत्ति माना गया है। इसमें यह भी कहा गया है कि बच्चों का पालन-पोषण और देखभाल करना हमारा कर्त्तव्य है। प्रधानमन्त्री की अध्यक्षता में राष्ट्रीय बाल बोर्ड कार्य करता है जो बच्चों के लिए सभी जरूरी सेवाओं का नियामित आयोजन, समीक्षा और समन्वय सुनिश्चित करने के लिए एक केन्द्र और मंच प्रदान करता है। राष्ट्रीय बाल बोर्ड का पुनर्गठन 10 फरवरी, 1978 को हुआ था तथा उसके बाद बोर्ड ने 22 सितम्बर, 1979 को हुई अपनी बैठक में भारत में विश्व बाल वर्ष, बच्चों के लिए विश्व बाल वर्ष कार्यक्रम आदि अनेक बातों पर विचार किया तथा विभिन्न महत्त्वपूर्ण प्रस्ताव

पास किए। इनमें से एक प्रस्ताव विकास योजना की मांग के रूप में 1979-99 तक की अवधि हेतु बाल विकास के लिए सन्दर्भ योजना तैयार करने से सम्बन्धित था। राष्ट्रीय स्तर पर राष्ट्रीय स्तर पर राष्ट्रीय बाल बोर्ड, विश्व बाल वर्ष आयोग के रूप में भी काम करता हैं।

बच्चों के लिए राष्ट्रीय नीति में राष्ट्रीय स्तर पर राष्ट्रीय बाल-बोर्ड के साथ-साथ राज्य/केन्द्र शासित प्रदेश स्तर पर राज्य-केन्द्र शासित प्रदेश बाल बोर्ड स्थापित करने की भी व्यवस्था है। भारत के सभी राज्य केन्द्र शासित प्रदेशों में ऐसे बोर्डों की स्थापना कर दी गई है। इन बोर्डों ने उसी तरह राज्य स्तर पर बच्चों की जरूरतों को पूरा करने के लिए सेवाओं के आयोजन, पुनरावलोकन और समन्वय के लिए एक मंच तैयार किया है जैसा केन्द्रीय स्तर पर राष्ट्रीय बाल बोर्ड ने किया है।

राष्ट्रीय बाल कोष

बाल कल्याण के लिए स्वयंसेवी संगठनों के कार्यकलापों को वित्तीय मदद देने के लिए अन्तर्राष्ट्रीय बाल वर्ष 1979 के दौरान राष्ट्रीय बाल कोष का गठन किया गया था। दिसम्बर, 1983 में इस कोष में 1.23 करोड़ रुपए की राशि जमा थी।

समेकित बाल विकास सेवाएँ

समेकित बाल विकास सेवाओं का उद्देश्य छः वर्ष से कम आयु के बच्चों तथा गर्भवती और दूध पिलाने वाली माताओं को पूरक पोषाहार, रोग प्रतिरोधन, स्वास्थ्य परीक्षण सेवाएँ और परामर्श सेवाएँ, बच्चों को अनौपचारिक स्कूल-पूर्व शिक्षा और महिलाओं को पोषाहार और स्वास्थ्य सेवाएँ प्रदान करना है। पिछड़े ग्रामीण और आदिवासी क्षेत्रों तथा शहरी गन्दी बस्तियों में चुनिन्दा ब्लॉकों में परियोजनाएँ शुरू की जा रही हैं।

यह कार्यक्रम 1975-76 के दौरान 33 समेकित बाल विकास सेवा परियोजना क्षेत्रों में प्रायोगिक आधार पर शुरू किया गया था। छठी पंचवर्षीय योजना के अन्त तक इसको 1000 परियोजना क्षेत्रों में लागू किया जा रहा है। 1975-76 और 1979-80 के बीच केवल 150 परियोजनाएँ शुरू की गई थीं। 1980-81 में 50 परियोजनाएँ, 1981-82 में 100 परियोजनाएँ, 1982-83 में 320 परियोजनाएँ और 1983-84 में 200 परियोजनाएँ शामिल करके इस कार्यक्रम का और आगे विस्तार किया गया। वर्ष 1983-84 के दौरान शेष परियोजनाओं को स्थापित करने के लिए अग्रिम कार्यवाही अनुमोदित कर दी गई जिनको मिलाकर परियोजनाओं की कुल संख्या 1000 हो जाएगी। इन सभी परियोजनाओं के स्थान पर निर्धारण के मामले

को राज्य सरकारों/केन्द्र शासित प्रदेशों के प्रशासनों के परामर्श से अन्तिम रूप दे दिया गया। छोटे बच्चों और गर्भवती माताओं को रोग प्रतिरोधन के अलावा, ये परियोजनाएँ 60 लाख लाभ प्राप्तकर्त्ताओं को पूरक पोषाहार और 30 लाख बच्चों को स्कूल-पूर्व शिक्षा प्रदान करेंगी। कुछ राज्यों ने राज्य क्षेत्र में अतिरिक्त परियोजनाएँ शुरू कर दी हैं।

समेकित बाल विकास सेवा के अग्रलिखित उद्देश्य हैं—

1. बाल विकास को बढ़ावा देने के लिए विभिन्न विभागों के बीच नीति और कार्यान्वयन के बीच प्रभाव समन्वय स्थापित करना, और
2. 0-6 वर्ष की आयु वर्ग के बच्चों के पोषाहार और स्वास्थ्य स्तर में सुधार लाना,
3. बच्चे की सामान्य स्वास्थ्य और पोषाहार सम्बन्धी जरूरतों की देखभाल के लिए उचित पोषाहार और स्वास्थ्य शिक्षा के माध्यम से माता की क्षमता को बढ़ाना।
4. बच्चे के उचित मानसिक, शारीरिक और सामाजिक विकास के लिए भूमिका तैयार करना,
5. मृत्युता, रुग्णता के पोषण और स्कूल से निकाले जाने की घटनाओं को कम करना,

समेकित बाल विकास सेवा योजना की सेवाओं को प्रदान करने के लिए केन्द्र-बिन्दु प्रत्येक ग्राम में एक आँगनबाड़ी होती है। सामान्य तथा ग्रामीण क्षेत्रों और शहरी गन्दी बस्तियों में 1000 की जनसंख्या के लिए एक आँगनबाड़ी और आदिवासी क्षेत्रों में 700 की जनसंख्या के लिए एक आँगनबाड़ी है। आँगनबाड़ी स्थानीय समुदाय की किसी महिला द्वारा चलाई जाती है। सहायिका उसकी सहायता करती है। आँगनबाड़ी कार्यकर्त्ता के कार्यों का पर्यवेक्षण मुख्य सेविका द्वारा किया जाता है। प्रत्येक समेकित बाल विकास सेवा परियोजना का प्रभारी एक बाल विकास परियोजना अधिकारी होता है। स्वास्थ्य और परिवार कल्याण मंत्रालय द्वारा निर्धारित मानदण्डों के अनुसार परियोजना क्षेत्रों में स्वास्थ्य अवस्थापना को सुदृढ़ बनाया गया है।

संयुक्त राष्ट्र अन्तर्राष्ट्रीय बाल आपात् निधि (यूनिसेफ) परामर्श सेवा, प्रशिक्षण संचार आपूर्ति, उपकरण, प्रबोधन, अनुसन्धान और मूल्यांकन के क्षेत्र में समेकित बाल विकास सेवा कार्यक्रम की मदद देता रहा। 'नोराड' उत्तर प्रदेश में 20 समेकित बाल विकास सेवा कार्यक्रम को मदद देता रहा और यू. एस. ए. आई. डी.

गुजरात में 11 समेकित बाल विकास सेवा परियोजनाओं को और महाराष्ट्र में 8 समेकित बाल विकास सेवा परियोजनाओं को मदद दे रहा है। कुछ समेकित बाल विकास सेवा परियोजनाओं के पोषाहार घटकों के लिए 'केयर' और विश्व खाद्य कार्यक्रम की मदद का भी उपयोग किया जा रहा है।

समेकित बाल विकास सेवा कार्यक्रम स्थानीय समुदायों की सम्बद्धता और विभिन्न मंत्रालयों/विभागों और संगठनों द्वारा सभी स्तरों पर कोशिशों के समन्वय पर बहुत आस्था रहता है। केन्द्र, राज्य एवं परियोजना स्तरों पर समन्वय समितियाँ भी गठित की गई हैं।

दिसम्बर, 1983 तक की अवधि के लिए 672 परियोजनाओं की रिपोर्ट प्राप्त हुई। इन परियोजनाओं में 46,034 आँगनबाड़ियाँ 31.10 लाख बच्चों और 7.35 लाख गर्भवती और दूध पिलाने वाली माताओं को पूरक पोषाहार प्रदान कर रही थी और 46,962 आँगनबाड़ियाँ 17.16 लाख बच्चों को स्कूल पूर्व शिक्षा प्रदान कर रही थीं। 4.42 लाख महिलाएँ 26,706 कार्यात्मक साक्षरता कथाओं में भाग ले रही थीं।

बच्चों और माताओं के स्वास्थ्य और पोषाहार स्तर पर समेकित बाल विकास सेवा में मेडिकल और पैरा-मेडिकल कर्मचारियों के अनुकूलन के सर्वेक्षण हेतु देश के मेडिकल कॉलेजों को अखिल भारतीय आयुर्विज्ञान संस्थान और इसके द्वारा कार्यक्रमों में सम्मिलित किया जाता है। अखिल भारतीय आयुर्विज्ञान संस्थान और मेडिकल कॉलेजों द्वारा प्रारम्भिक और दुबारा किए गए सर्वेक्षणों से मालूम होता है कि स्कूल-पूर्व बच्चों में पूरक पोषाहार, विटामिन 'ए' आइरन व फोलिक एसिड तथा रोग प्रतिरोधन के उपयोग में प्रचुर सुधार हुआ है। इससे उनके स्वास्थ्य और पोषाहार स्तर में सुधार हुआ है। यहाँ तक कि इन सेवाओं के द्वारा 3 वर्ष से कम आयु के जिन बच्चों को लाभ पहुँचाया गया है उनमें भी अच्छा सुधार हुआ है।

समेकित बाल विकास सेवा कार्यकर्त्ताओं का प्रशिक्षण

किसी भी परियोजना के कार्यकर्त्ताओं के विभिन्न स्तरों पर सही प्रशिक्षण को परियोजना की सफलता हेतु निर्णायक समझा जाता है। बाल विकास परियोजना अधिकारियों को राष्ट्रीय जन-सहयोग एवं बाल विकास संस्थान, नई दिल्ली और बंगलौर तथा लखनऊ स्थित इसके क्षेत्रीय एककों में प्रशिक्षण दिया जाता है।

आँगनबाड़ी कार्यकर्त्ता प्रशिक्षण केन्द्रों के पर्यवेक्षकों और अनुदेशकों के लिए राष्ट्रीय जन-सहयोग एवं बाल विकास संस्थान के व्यापक मार्गदर्शन के अन्तर्गत 20 माध्यम स्तर के प्रशिक्षण केन्द्र कार्य कर रहे हैं। इन माध्यम स्तर के प्रशिक्षण केन्द्रों को निम्नलिखित जिम्मेदारियाँ भी सौंपी गई हैं—

(i) पर्यवेक्षकों के लिए पुनश्चर्या पाठ्यक्रम आयोजित करना,
(ii) समेकित बाल विकास सेवा के कार्यकर्त्ताओं के लिए राज्य स्तर की कार्यशालाएँ चलाना,
(iii) आँगनबाड़ी कार्यकर्त्ता प्रशिक्षण केन्द्रों का पर्यवेक्षण और मार्गदर्शन,
(iv) समेकित बाल विकास सेवा परियोजनाओं और आँगनबाड़ी कार्यकर्त्ता प्रशिक्षण केन्द्रों के क्षेत्रीय दौरे करना,
(v) हैण्डबुक, गाइडबुक, कार्य-पद्धति और अन्य सामग्री का क्षेत्रीय भाषाओं में अनुवाद करना।

देश में लगभग 300 आँगनबाड़ी कार्यकर्त्ता प्रशिक्षण केन्द्र हैं। भारतीय बाल-कल्याण परिषद् 100 से अधिक प्रशिक्षण केन्द्र चला रही है। अन्य प्रशिक्षण केन्द्र कई अन्य स्वयंसेवी एजेंसियों और राज्य सरकारों द्वारा चलाए जाते हैं। दिसम्बर 1983 तक आँगनबाड़ी कार्यकर्त्ताओं के प्रशिक्षण के लिए भारतीय बाल कल्याण परिषद् और राज्य सरकारों/केन्द्र शासित प्रदेशों/प्रशासनों को 2.76 करोड़ रुपए का अनुदान दिया गया।

बाल सेविका प्रशिक्षण कार्यक्रम की स्थापना

बच्चों के लिए कल्याण कार्यक्रमों को कार्यान्वित करने वाले संस्थानों में प्रशिक्षित कार्मिकों की आवश्यकता को पूरा करने के लिए बाल सेविका प्रशिक्षण कार्यक्रम को 1961-62 में शुरू किया गया था। यह कार्यक्रम सरकार से शत-प्रतिशत वित्तीय सहायता के साथ भारतीय बाल कल्याण परिषद् के माध्यम से कार्यान्वित किया जा रहा है। इस समय बाल सेविका प्रशिक्षण केन्द्रों में केवल प्रायोजित उम्मीदवारों को ही प्रशिक्षण दिया जा रहा है। बाल सेविका पाठ्यक्रम 11 मास की अवधि का है और उसमें स्कूल-पूर्व शिक्षा, मनोरंजन, स्वास्थ्य, पोषाहार और समाज कार्य में प्रशिक्षण शामिल है और यह समेकित बाल विकास सेवा की संकल्पना पर आधारित है। इस समय 27 बाल सेविका प्रशिक्षण केन्द्र कार्य कर रहे हैं। प्रायोजित उम्मीदवारों की अनुपलब्धता को देखते हुए जिन कुछ केन्द्रों को बन्द कर दिया गया था और जो बाल सेविका प्रशिक्षण प्रदान नहीं कर रहे हैं उनको आँगनबाड़ी कार्यकर्त्ताओं को प्रशिक्षणन देने के लिए उपयोग में लाया जा रहा है।

श्रमजीवी तथा बीमार महिलाओं के बच्चों हेतु शिशु केन्द्र

श्रमजीवी और बीमार महिलाओं के बच्चों हेतु शिशु केन्द्रों को केन्द्रीय योजना स्वयंसेवी एजेंसियों द्वारा कार्यान्वित की जाती हैं। मंत्रालय केन्द्रीय समाज कल्याण

बोर्ड को अनुदान देता है जो उसके बदले में योजना के कार्यान्वयन में स्वयंसेवी संगठनों की मदद करता है। इस योजना में 0-5 वर्ष की आयु के बच्चों के लिए दिवस देखभाल सेवाएँ सम्मिलित हैं। सेवाओं में बच्चों के लिए स्वास्थ्य देखभाल, पूरक पोषाहार, शयन सुविधाएँ, रोग प्रतिरोधन, खेल और मनोरंजन शामिल हैं। शिशु केन्द्र के प्रत्येक एकक में 25 बच्चे हैं। बच्चों की देखभाल करने हेतु दो आयालगाई गई हैं।

योजना को कार्यान्वित करने वाले स्वयंसेवी संगठनों की दो आया के लिए 250 रुपए प्रति यूनिट प्रतिमास का मासिक अनुदान दिया जाता है। इसके अतिरिक्त हर एकक के लिए 370 रुपए मासिक आवर्ती व्यय और 2,500 रुपए गैर-आवर्ती व्यय के रूप में एकमुश्त प्रदान किए जाते हैं। सम्पूर्ण अनुमानित लागत का 90 प्रतिशत भुगतांन सरकार द्वारा किया जाता है और शेष 10 प्रतिशत का अंशदान कार्यान्वयन करने वाली स्वयंसेवी एजेंसी द्वारा किया जाना होता है। शिशु केन्द्रों में सिर्फ उन बच्चों को ही प्रवेश दिया जाता है जिनके माता-पिता की मासिक वेतन 300 रुपए प्रतिमास से कम हो।

फरवरी, 1975 में शुरू की गई इस योजना के बाद के वर्षों में तेजी आई। 1974-75 में 10 स्वयंसेवी संगठनों को 6,175 बच्चों के लिए 247 शिशु केन्द्र खोलने के वास्ते 5.93 लाख रुपए मंजूर किए गए। उसके पश्चात् योजना को पर्याप्त रूप से बढ़ाया गया है। 1982-83 में 1,25,000 बच्चों के लिए 5,000 शिशु केन्द्रों के लिए 304 लाख रुपए मंजूर किए गए। 1983-84 के अन्त तक 6,000 शिशु केन्द्रों के द्वारा 1,50,000 बच्चों को सेवाएँ प्रदान करने के लिए योजना का विस्तार किया गया।

सुरक्षा एवं देखभाल के जरूरतमंद बालकों का कल्याण

सुरक्षा एवं देखभाल के जरूरतमन्द बच्चों के कल्याण की केन्द्र द्वारा प्रायोजित योजना को 1974-75 में परित्यक्त, उपेक्षित, अनाथ और बेघर बच्चों को आश्रय, शिक्षा और कल्याण सेवाएँ प्रदान करने के लिए चलाया गया।

यह योजना देखभाल और सुरक्षा के जरूरतमन्द बच्चों (0-18 वर्ष) को संस्थागत और गैर-संस्थागत दोनों तरह की सेवाएँ प्रदान करने के लिए राज्य सरकारों/केन्द्र शासित्त प्रदेश प्रशासनों के द्वारा स्वयंसेवी संगठनों की सहायता प्रदान करती है। इसमें वर्तमान सुविधाओं का विस्तार और नई संस्थाएँ शुरू करना सम्मिलित है। निकट पारिवारिक माहौल पैदा करने के लिए योजना में 25 अनाथ बच्चों के एकक वाले कुटीर की प्रभारी 'गृह माता' नियुक्त करने की व्यवस्था है।

12-18 वर्ष की आयु वर्ग के बच्चों के लिए पूर्व-व्यावसायिक और व्यावसायिक प्रशिक्षण पाठ्यक्रमों की भी व्यवस्था है। इस कार्यक्रम के एक भाग के रूप में पोषक देखभाल सेवाओं को भी विकसित किया जा रहा है।

स्वयंसेवी संगठनों को निर्धारित उच्च सीमाओं के अधीन खर्च के 90 प्रतिशत तक अनुदान मंजूर किए जाते हैं। संस्थाओं को कुटीरों के निर्माण की लागत के 90 प्रतिशत को पूरा करने के लिए भवन-निर्माण अनुदान भी दिए जाते हैं। 1979-80 से अनुदानों के व्यय को केन्द्र सरकार और राज्य सरकारों द्वारा बराबर विभाजित किया जाता है। केन्द्र शासित प्रदेशों के मामले में केन्द्र सरकार समूचा अनुदान देती है।

1947-79 के दौरान 32,288 बच्चों की सेवाओं के लिए 850.32 लाख रुपए की वित्तीय सहायता मंजूर की गई। 1979-80 से इन बच्चों की सेवाओं को जारी रखने के दायित्वों को राज्यों/केन्द्र शासित प्रदेशों के गैर-योजना बजट में अन्तरित किया गया। 1979-83 की अवधि के दौरान राज्यों/केन्द्र शासित प्रदेशों को 25,611 बच्चों की सेवाओं के लिए 374.12 लाख रुपए का बजट प्रावधान रखा गया है जिसमें 27,726 बच्चों की सेवा के लिए राज्यों/केन्द्र शासित प्रदेशों को दिसम्बर, 1983 के अन्त तक 107.96 लाख रुपए के अनुदान दिए गए।

लागत अनुमानों की पद्धति और इन लागत अनुमानों पर आधारित स्वयंसेवी संगठनों को सहायता की पद्धति को चौथी पंचवर्षीय योजना के दौरान इस योजना को तैयार करते समय नियत किया गया था। उसके पश्चात् सभी चीजों के मूल्यों में वृद्धि हुई है। पहली अप्रैल, 1984 से वित्तीय सहायता की पद्धति को संशोधित करने का निर्णय लिया गया है।

निराश्रित बच्चों के लिए व्यावसायिक प्रशिक्षण और बालगृहों की व्यवस्था, सामुदायिक चेतना के कार्यक्रमों, नए कार्यक्रमों के अनुसन्धान और विकास में लगे लोगों के प्रशिक्षण के लिए अब संयुक्त राष्ट्र अन्तर्राष्ट्रीय बाल आपात् निधि की सीमित मदद उपलब्ध है। बच्चों की देखभाल और विकास के क्षेत्र में अच्छा अनुभव रखने वाले केवल कुछ ही स्वयंसेवी संगठनों को संयुक्त राष्ट्र अन्तर्राष्ट्रीय बाल आपात निधि की सहायता के लिए प्रायोजित किया गया है जो नए कार्यक्रमों के अनुसन्धान और विकास के लिए निराश्रित बच्चों को व्यावसायिक प्रशिक्षण प्रदान करेंगे। इस योजना के कार्यान्वयन से सम्बन्धित अलग-अलग कार्यकर्त्ताओं और अधिकारियों के लिए भी प्रशिक्षण शीघ्र शुरू करने का प्रस्ताव है।

सरकार ने असम में अनाथ और निराश्रित बच्चों के पुनर्वास के लिए 1983 में एक योजना अनुमोदित की। इस योजना को बाल कल्याण के लिए राज्य परिषद् और एस. ओ. एस. भारतीय बाल ग्रामों द्वारा कार्यान्वित किया जा रहा है।

विशेष पोषाहार कार्यक्रम

समाज के निर्धन वर्ग के बच्चे ज्यादा अभावग्रस्त हैं और नाना तरह के कुपोषणों से पीड़ित है। खुराक और पोषाहार सर्वेक्षणों ने हमारे बच्चों में बहुत बड़े अनुपात में कुपोषण की स्थिति को दर्शाया है। इस स्थिति का मुकाबला करने के लिए 1970-71 में विशेष पोषाहार कार्यक्रम चलाया गया। इस कार्यक्रम का उद्देश्य शहरी गन्दी बस्तियों, आदिवासी क्षेत्रों, पिछड़े ग्रामीण क्षेत्रों में रहने वाले वर्ष से कम आयु के बच्चों तथा गर्भवती और दूध पिलाने वाली माताओं को पूरक पोषाहार प्रदान करना है। विशेष पोषाहार कार्यक्रम का ध्येय एक साल में 300 दिनों के लिए बच्चों को करीब 300 केलोरी और 10 ग्राम प्रोटीन और माताओं को 500 केलोरी और 20 ग्राम प्रोटीन तक पूरक पोषाहार प्रदान करके दो लक्ष्य वर्गों के बीच पोषाहार के फर्क को पूरा करना है।

1970-71 में विशेष पोषाहार कार्यक्रम ने 6 लाख लाभ प्राप्तकर्त्ताओं को शामिल करके सामान्य रूप से प्रारंभ की थी। चौथी पंचवर्षीय योजना (1974) के अन्त तक देश भर में फैले 28,000 पोषक केन्द्रों के माध्यम से इसने 38 लाख लाभ प्राप्तकर्त्ताओं को सेवाएँ प्रदान कीं। विशेष पोषाहार कार्यक्रम को शुरू में केन्द्रीय योजना के रूप में चलाया गया था। पाँचवीं पंचवर्षीय योजना में स्कूली बच्चों के लिए मध्याह्न का भोजन कार्यक्रम के साथ न्यूनतम आवश्यकता कार्यक्रम के एक भाग के रूप में चलाए जाने के लिए इसको राज्य क्षेत्र में अन्तरित कर दिया गया। पाँचवीं पंचवर्षीय योजना के अन्त तक जितनी सेवाएँ प्रदान की गईं उनके प्रति विशेष पोषाहार कार्यक्रम के प्रतिबद्ध जिम्मेवारियों को राज्यों के गैर-योजना बजट में अन्तरित किया गया। पाँचवीं पंचवर्षीय योजना के अन्त तक विशेष पोषाहार कार्यक्रम की कुल संचित सेवाएँ 57.3 लाख लाभ प्राप्तकर्त्ता थीं। 1975-76 में समेकित बाल विकास सेवा का समेकित कार्यक्रम प्रारंभ किया गया। समेकित बाल विकास सेवा कार्यक्रम की पोषाहार सेवा विशेष पोषाहार कार्यक्रम के बजट में से राज्यों/केन्द्र शासित प्रदेश प्रशासनों द्वारा वित्तपोषित होती है। समेकित बाल विकास सेवा के बाहर सहायक स्वास्थ्य और शिक्षा गतिविधियों के साथ समेकित करके विशेष पोषाहार कार्यक्रम की पुनर्संरचना की भी कोशिश की जरूरत है।

विशेष पोषाहार की वर्तमान अनुमोदित इकाई लागत 25 पैसे प्रति बच्चा प्रतिदिन और 50 पैसे प्रति माता प्रतिदिन है। इसके अतिरिक्त संसाधन और स्थानीय परिवहन लागत के रूप में 10 पैसे प्रति लाभ प्राप्तकर्त्ता प्रदान किए जाते हैं।

बालवाड़ी पोषाहार कार्यक्रम की शुरुआत 1970-71

बालवाड़ी पोषाहार कार्यक्रम 1970-71 से पाँच राष्ट्रीय स्तर के संगठनों अर्थात् केन्द्रीय समाज कल्याण बोर्ड, भारतीय बाल कल्याण परिषद्, हरिजन सेवक संघ, भारतीय आदिम जाति सेवक संघ और कस्तूरबा गांधी राष्ट्रीय स्मारक न्यास के माध्यम से चलाया जा रहा है। ये संगठन कार्यक्रम के कार्यान्वयन के लिए अपने राज्य एककों के माध्यम से स्वयंसेवी संगठनों को मदद देते हैं। कार्यक्रम के लिए सहायक अनुदान का उपयोग बाल सेविकाओं/सहायिकाओं के मानदेय और बच्चों के पूरक आहार के लिए किया जाता है। इस कार्यक्रम को कार्यान्वित करने के लिए पाँच स्वयंसेवी संगठनों द्वारा लगभग 7,000 बालवाड़ियाँ चलाई जा रही हैं।

इस कार्यक्रम में 3–5 वर्ष की आयु वर्ग के करीब 2.29 लाख बच्चों को सेवाएँ प्रदान की जाती हैं। एक साल में 270 दिनों के लिए पूरक पोषाहार प्रदान किया जाता है जिसमें प्रत्येक बच्चे के लिए प्रतिदिन 300 केलोरी और 10 ग्राम प्रोटीन होता है। पोषाहार सम्बन्धी आपूर्ति के अलावा, बालवाड़ियाँ इनमें भाग लेने वाले बच्चों के चहुँमुखी विकास पर भी ध्यान देती हैं। 1983-84 के दौरान कार्यान्वयन करने वाली एजेन्सियों को 260 लाख रुपए की राशि के सहायक अनुदान विमुक्त किए जाने का अनुमान था।

6 वर्ष से कम आयु के बच्चों तथा गंर्भवती और दूध पिलाने वाली माताओं के पोषाहार और स्वास्थ्य स्तर में सुधार लाने के लिए विश्व बैंक की सहायता से तमिलनाडु में 1980-81 में एक समेकित पोषाहार परियोजना शुरू की गई। इस कार्यक्रम को कार्यान्वित करने के लिए विश्व बैंक ने 3.2 करोड़ अमेरिकन डॉलरों का ऋण मंजूर कर दिया है। परियोजना की कुल लागत लगभग 55.78 करोड़ रुपए होने का अनुमान है।

इस परियोजना के तहत तमिलनाडु के 6 जिलों के ग्रामीण क्षेत्रों में 170 ब्लाकों में 6 और 36 महीनों के बीच की आयु के बच्चों तथा गर्भवती और दूध पिलाने वाली माताओं के लिए पोषाहार सम्बन्धी निगरानी और आहार आपूर्ति प्रदान की जानी है। यह कार्यक्रम 1980-81 से शुरू होकर पाँच वर्षो की अवधि के लिए चरणबद्ध ढंग से चल रहा है। इस परियोजना में पोषाहार सेवाएँ, ग्रामीण स्वास्थ्य सेवाएँ, पोषाहार और स्वास्थ्य संचार, प्रबोधन और मूल्यांकन शामिल हैं। उम्मीद थी कि मार्च, 1984 तक 4 जिलों में सेवाएँ प्रदान की जाएँगी।

समाज के कमजोर वर्ग एवं विश्व खाद्य कार्यक्रम

विश्व खाद्य कार्यक्रम समाज के कमजोर वर्गों के 6 वर्षों के 6 वर्ष से कम

आयु के बच्चों, गर्भवती और दूध पिलाने वाली माताओं के पूरक पोषाहार के लिए 1976 के मध्य खाद्य सहायता प्रदान कर रहा है। विश्व खाद्य कार्यक्रम की खाद्य सहायता इस समय लगभग 20 लाख लाभ प्राप्तकर्त्ताओं के लिए उपलब्ध है। विश्व खाद्य कार्यक्रम की खाद्य सहायता का समेकित बाल विकास सेवा कार्यक्रम की पूरक पोषाहार सेवा के लिए उत्तरोत्तर प्रयोग किया जा रहा है।

भारत में 'केयर' सहायता प्राप्त कार्यक्रम

भारत में 'केयर' की गतिविधियों के समन्वयन का उत्तरदायित्व समाज कल्याण मंत्रालय का है। 'केयर' बच्चों के लिए पूरक पोषाहार के लिए खाद्य सामग्रियाँ प्रदान करता हैं। 1983-84 के दौरान 'केयर' ने पोषाहार कार्यक्रमों में लगभग 119.60 लाख लाभ प्राप्तकर्त्ताओं के लिए 2,29,882 मीट्रिक टन खाद्यान्न अर्थात् खाद्य सामग्रियाँ प्रदान करने की सहमति दी है (स्कूल-पूर्व पोषण कार्यक्रम में 54.72 लाख लाभ प्राप्तकर्त्ताओं के लिए 1,35,419 मीट्रिक टन और स्कूल पोषण कार्यक्रम में 64.88 लाख लाभ प्राप्तकर्त्ताओं के लिए 94,463 मीट्रिक टन)। केयर खाद्य सहायता का समेकित बाल विकास सेवा कार्यक्रम को पूरक पोषाहार सेवा के लिए उत्तरोत्तर प्रयोग किया जा रहा है।

'केयर' पोषाहार और बाल कल्याण के क्षेत्र में गैर-खाद्य परियोजनाओं के लिए भी वित्तीय मदद प्रदान करता है। 1983-84 के दौरान 'केयर' ने गुजरात, केरल और उड़ीसा राज्यों में गैर-खाद्य परियोजनाओं के लिए 36,00,000 रुपए आवंटित किए।

संयुक्त राष्ट्र अन्तर्राष्ट्रीय बाल आपात् निधि (यूनिसेफ)

सन् 1949 से भारत संयुक्त राष्ट्र अन्तर्राष्ट्रीय बाल आपात् निधि से संबंधित है। संयुक्त राष्ट्र अन्तर्राष्ट्रीय बाल आपात् निधि बाल कल्याण से सम्बन्धित कार्यक्रमों के लिए भारत को मदद प्रदान करता रहा है। भारत ने संयुक्त राष्ट्र अन्तर्राष्ट्रीय बाल आपात् निधि के सामान्य स्रोतों के प्रति अपने योगदान में उत्तरोत्तर वृद्धि की है। यह इस समय 160 लाख रुपए हैं। इसके अतिरिक्त, भारत संयुक्त राष्ट्र अन्तर्राष्ट्रीय बाल आपात् निधि के नई दिल्ली स्थित क्षेत्रीय कार्यालय के प्रशासनिक खर्च के लिए प्रतिवर्ष 18 लाख रुपए देता है। 1950 से भारत संयुक्त राष्ट्र अन्तर्राष्ट्रीय बाल आपात् निधि की कार्यकारिणी परिषद् का 1961 में एक वर्ष के लिए और 1 अगस्त, 1977 से 31 जुलाई, 1978 तक पुनः एक वर्ष की अवधि की छोड़कर, सदस्य रहा है।

इस समय भारत में संयुक्त राष्ट्र अन्तर्राष्ट्रीय बाल आपात् निधि के सहयोग से बाल विकास के क्षेत्र में विभिन्न कार्यक्रम लागू किए जा रहे हैं, जैसे–1. विकासात्मक व सहायक गतिविधियाँ, 2. समर्थन विकास सूचना और कार्यक्रम सहायक संचार, 3. राष्ट्रीय जन-सहयोग एवं बाल विकास संस्थान, 4. कृषि विश्वविद्यालयों में खाद्य व पोषाहार शिक्षा, 5. खाद्य और ग्रामीण प्रौद्योगिकी (जीव गैस), 6. जल एवं पर्यावरण सम्बन्धी स्वच्छता, 7. स्वास्थ्य और परिवार कल्याण, 8. शिक्षा विकास, 9. बाल अपंगता, 10. निराश्रित बच्चे, 11. समेकित बाल विकास सेवाएँ, 12. विशेष पोषाहार कार्यक्रम, 13. क्षेत्रीय विकास में सामाजिक निवेश, 14. ग्रामीण क्षेत्रों में महिलाओं और बच्चों का विकास और 15. शहरी विकास।

संयुक्त राष्ट्र अन्तर्राष्ट्रीय बाल आपात् निधि की सहायक आपूर्ति और गैर-आपूर्ति दोनों स्वरूपों में प्राप्त होती है। 1980-81 और 1982 के दौरान संयुक्त राष्ट्र अन्तर्राष्ट्रीय बाल आपात् निधि की सहायता निम्नलिखित प्रकार से थी–

(हजार रुपए में)

वर्ष	*सामान्य स्रोत*	*नोट की गई निधि*
1980	30,299.0	4,481.6
1981	23,707.6	6,326.2
1982	30,636.1	4,649.0

संयुक्त राष्ट्र अन्तर्राष्ट्रीय बाल आपात् निधि की मदद केलैण्डर वर्ष पर आधारित है। संयुक्त राष्ट्र अन्तर्राष्ट्रीय बाल आपात् निधि की सहायता अब क्षेत्रीय हितों से आगे बढ़ गई है और इसकी मदद के लिए चुने गए कार्यक्रम उत्तरोत्तर अक्षेत्रीय हैं।

विश्व बाल दिवस

भारत के प्रथम प्रधानमन्त्री स्वर्गीय श्री जवाहरलाल नेहरू, जिनको बच्चों से अत्यधिक प्यार था, के जन्म दिवस 14 नव्रम्बर, 1983 को समूचे देश में विश्व बाल दिवस मानाया गया। 1983 में मनाया गया विश्व बाल दिवस महत्त्वपूर्ण था, क्योंकि यह तृतीय संयुक्त राष्ट्र विकास दशक 1980-81 के तीसरे वर्ष और विश्व विकलांग वर्ष के दूसरे वर्ष में मनाया गया था।

बाल कल्याण हेतु राष्ट्रीय पुरस्कार

बाल कल्याण के लिए राष्ट्रीय पुरस्कार बच्चों के हित के लिए स्वैच्छिक कार्य को सरकारी मान्यता के रूप में 1979 में शुरू किया गया था। इस योजना को 1983

में संशोधित किया गया और अब इसमें बाल कल्याण के क्षेत्र में किए गए उत्कृष्ट कार्य के लिए एक वर्ष में व्यक्तियों को 3 पुरस्कार और संस्थाओं को 2 पुरस्कार दिया जाना शामिल है। हर पुरस्कार विजेता मनुष्य के लिए पुरस्कारों में एक प्रशस्ति पत्र और 20 हजार रुपए का नकद इनाम तथा पुरस्कृत संस्थान के लिए पुरस्कारों में एक प्रशस्ति पत्र और 1,00,000 रुपए के नकद पुरस्कार शामिल हैं।

आनन्द पद्धति पर समेकित परिवार कल्याण कार्यक्रम

भारत सरकार ने गुजरात के कायरा जिले में कार्यान्वयन के लिए आनन्द पद्धति पर समेकित परिवार कल्याण कार्यक्रम की अनुमोदित कर दिया है। इस परियोजना की मुख्य विशेषता छोटे बच्चों को समेकित स्वास्थ्य और शैक्षणिक सेवाएँ प्रदान करने के लिए दुग्ध सहकारिता अवस्थापना का उपयोग करना है। इस योजना में कृषक प्रशिक्षण केन्द्र जैसी अन्य विकासात्मक गतिविधियाँ भी शामिल हैं जिनका प्रमुख उद्देश्य कुछ गाँवों में गरीब परिवारों की आय में वृद्धि करना और सफाई की सुविधाएँ प्रदान करना है। इस योजना को गुजरात के कायरा जिले में एक स्वयंसेवी संगठन 'त्रिभुवनदास फाउण्डेशन' के द्वारा राष्ट्रीय दुग्ध विकास बोर्ड की मदद और यू. के. ओ. डी. ए. (भारत सरकार के माध्यम से) और संयुक्त राष्ट्र बाल अन्तर्राष्ट्रीय आपात् निधि (परियोजना को जिन्स के रूप में सीधी सहायता) की वित्तीय मदद से कार्यान्वित किया जा रहा है।

बाल विकास संस्थान एवं राष्ट्रीय-जन सहयोग

योजना आयोग ने 1966 में केन्द्रीय जन-सहयोग अनुसन्धान व प्रशिक्षण संस्थान की स्थापना की। यह संस्थान जनवरी, 1968 में समाज कल्याण मंत्रालय के प्रशासनिक नियन्त्रण में आया। 1975 में, इसको राष्ट्रीय जन-सहयोग एवं बाल विकास संस्थान के रूप में मान्यता दी गई। इसके कार्यकलापों में जन-सहयोग और बाल विकास के क्षेत्र में अनुसन्धान व प्रशिक्षण शामिल हैं।

संस्थान के व्यावसायिक कार्य को 4 बड़े भागों में विभाजिक किया गया है–

1. बाल विकास प्रभाग–बाल विकास में विशेषकर समेकित बाल विकास सेवा में अनुसन्धान अध्ययनों को आयोजित और प्रोत्साहित करता है। चालू कार्यक्रमों का मूल्यांकन करता है। राष्ट्रीय बाल नीति के अनुपालक में कार्यक्रम आयोजित करता है और इन कार्यक्रमों के कार्यान्वयन से सम्बन्धित वरिष्ठ कार्मिकों का प्रशिक्षण प्रायोजित करता है।

2. प्रशिक्षण प्रभाग–समेकित बाल विकास सेवा कार्यकर्त्ताओं के प्रशिक्षण कार्यक्रमों की योजना बनाता है। उनको सहयोजित करता है और

उसका प्रबोधन करता है तथा प्रभावी संचार के लिए प्रशिक्षण प्रौद्योगिकी का विकास करता है।

3. जन-सहयोग प्रभाग—स्वैच्छिक प्रयासों की समस्याओं में अनुसन्धान और सामाजिक विकास के चालू कार्यक्रमों के मूल्यांकन, सामाजिक कल्याण तथा विकास के क्षेत्र में कार्यरत अधिकारियों और गैर-अधिकारियों के प्रशिक्षण, सूचना के एकीकरण और उसमें रुचि रखने वाली एजेंसियों को उसके वितरण से सम्बन्धित है।

4. सामान्य सेवा प्रभाग—जन-सहयोग, बाल विकास और प्रशिक्षण प्रभागों द्वारा माँगी गई विशेष सेवाएँ अर्थात् सूचना का संग्रहण और वितरण, प्रबन्ध, परामर्श, आँकड़े तैयार करना, प्रलेखन, पुस्तकालय और प्रकाशन इत्यादि की पेशकश करता है।

यह संस्था अपना मुख्यालय और क्षेत्रीय केन्द्रों में प्रशिक्षण पाठ्यक्रम/सेमीनार/कार्यशालाएँ आयोजित करता है। समेकित बाल विकास सेवा कार्यकर्त्ताओं के प्रशिक्षण में राष्ट्रीय जन-सहयोग एवं बाल विकास संस्थान में मुख्य भूमिका का निर्वाह कर रहा है।

संस्थान अनुसन्धान और मूल्यांकन का अध्ययन करता रहता है। संयुक्त राष्ट्र अन्तर्राष्ट्रीय बाल आपात् निधि की मदद से प्रशिक्षण, संचार, क्षेत्रीय प्रदर्शन सेवाओं, प्रलेख और सूचना केन्द्रों को सुदृढ़ बनाने, अनुसन्धान अध्ययनों की सूची बनाने, बच्चों की देखभाल सेवाओं के वैकल्पिक प्रतिमान आदि के क्षेत्र में अलग-अलग प्रकार की परियोजनाएँ पूरी की गई हैं और प्रारम्भ की गई हैं।

संस्थान ने 19 नवम्बर, 1983 को इण्टरनेशनल चिल्ड्रन सेण्टर, पेरिस के साथ एक समझौते में हस्ताक्षर किए। इस समझौते में दो संस्थाओं के बीच अनुसन्धान, प्रशिक्षण, परामर्श, बाल विकास के क्षेत्र में प्रलेखन और सूचना में मदद की व्यवस्था है।

इण्डिया इण्टरनेशनल सेण्टर, नई दिल्ली में 14-18 नवम्बर, 1983 तक 'रोल ऑफ प्ले इन चाइल्ड डेवलपमेंट' के सम्बन्ध में एक एफ्रो-एशियन सम्मेलन का आयोजन किया गया। यह सम्मेलन राष्ट्रीय जन-सहयोग एवं बाल संस्थान, यूनेस्को, यूनिसेफ, इण्टरनेशनल एसोसिएशन फॉर चाइल्ड राइट्स टू प्ले और इण्टरनेशनल यूनियन ऑफ फेमिली ऑर्गेनाइजेशन द्वारा संयुक्त रूप से आयोजित किया गया। 250 प्रतिनिधियों ने सम्मेलन में भाग लिया जिनमें एशिया और अफ्रीका के अलग-अलग देशों में बाल विकास के क्षेत्र में लगे हुए लोग और अमेरिका तथा यूरोप के कुछ प्रतिनिधि सम्मिलित थे।

(ख) महिला कल्याण तथा विकास

संविधान में स्त्रियों और पुरुषों दोनों को सम्मान अवसरों और स्थिति की गारण्टी है तो भी इस देश की स्त्रियाँ लगभग प्रत्येक क्षेत्र में पिछड़ी हुई हैं। राष्ट्रीय विकास कार्य में उनकी एकता और सम्पूर्ण सहयोग से ही स्त्रियों की हैसियत सुधर सकती है।

1981 में देश की कुल 68.52 करोड़ की जनसंख्या में से 48.28 प्रतिशत जनसंख्या महिलाओं की है। भारत के संविधान में पुरुषों और महिलाओं दोनों को समान अवसरों और स्थिति की गारण्टी है। 1975 में अन्तर्राष्ट्रीय महिला वर्ष और 1975 में ही सरकार को दी गई भारत में महिलाओं की स्थिति से सम्बद्ध समिति की रिपोर्ट से कार्यवाही के लिए समुचित उपाय बनाने के लिए महत्त्वपूर्ण मामलों का पता चला है। तदनुसार महिलाओं के लिए एक कार्ययोजना तैयार की गई जो न केवल राष्ट्रीय स्तर पर बल्कि राज्य स्तरों पर भी मार्गदर्शिका बने। इस योजना में कार्यवाही के लिए महिलाओं का स्वास्थ्य, परिवार नियोजन और पोषाहार, शिक्षा, रोजगार, कानूनी उपबन्ध तथा समाज कल्याण सम्बन्धी विषय हैं तथा भारत में महिलाओं की हालत सुधारने के लिए सुनियोजित कार्यवाही के लिए कहा गया है।

मंत्रालय में महिला कल्याण और विकास ब्यूरो भारत सरकार में महिलाओं के कल्याण कार्यक्रमों से सम्बन्धित विभिन्न मंत्रालयों/विभागों को सक्रिय बनाने का प्रयत्न करता है। केन्द्रीय एजेंसी के रूप में ब्यूरो राष्ट्रीय विकास में महिलाओं की सहभागिता सुनिश्चित करने के लिए आवश्यक प्रयासों और उपायों को समन्वित और गहन करता है। महिलाओं के कल्याण कार्यक्रमों की प्रगति की समीक्षा करने और महिलाओं के शोषण तथा उन पर किए जाने वाले अत्याचारों से सम्बन्धित मामलों पर चर्चा करने के लिए महिलाओं के स्वयंसेवी संगठनों, सम्बन्धित केन्द्रीय मंत्रालयों/विभागों, दिल्ली प्रशासन, दिल्ली पुलिस, केन्द्रीय समाज कल्याण बोर्ड इत्यादि के प्रतिनिधियों के साथ मंत्रालय में अवधिवार समन्वित बैठकें होती रहती हैं। बैठकों ने स्वयंसेवी संगठनों के साथ बातचीत करने के लिए एक मंच प्रदान किया है जो कि महिलाओं के विकास कार्यक्रमों को अधिक अर्थपूर्ण बनाने में अपनी सहभागिता के लिए सुझाव देने में सक्षम है। अपनी केन्द्रीय भूमिका को निभाने के अतिरिक्त ब्यूरो ने महिलाओं के कल्याण और विकास के लिए योजनाओं को कार्यान्वित किया है।

स्त्रियों हेतु राष्ट्रीय मशीनरी : भारतीय संदर्भ में

भारत में महिलाओं के कल्याण और विकास के लिए एक राष्ट्रीय मशीनरी स्थापित की गई है जिसमें निम्नलिखित शामिल हैं—

1. महिला कल्याण और विकास ब्यूरो,
2. एक अन्तर-विभागीय समन्वय समिति,
3. संचालन समिति,
4. राष्ट्रीय महिला समिति।

1. महिला कल्याण और विकास ब्यूरो—महिलाओं की प्रमुख भूमिका का पता लगाने, महिला कल्याण और विकास के लिए उपायों का समन्वय करने तथा विकास के प्रत्येक क्षेत्रों में महिलाओं को सम्मिलित करने के लिए कार्यक्रमों और और नीतियों को तैयार करने का कार्य करता है।

2. अन्तर-विभागीय समन्वय समिति—स्त्रियों के लिए कार्यक्रम तैयार करने और उनके क्रियान्वयन का प्रबोधन करने के लिए संचालन समिति की सिफारिश पर एक अन्तर-विभागीय समन्वय समिति संगठित की गई है। यह समिति महिलाओं के कल्याण और विकास को बढ़ावा देने वाले अलग-अलग प्रकार के कार्यक्रमों से प्राप्त उपलब्धियों का पुनरीक्षण करने, जहाँ जरूरी हो वहाँ अलग-अलग विभागों के कार्यक्रमों को समन्वित करने तथा महिलाओं के विकास और कल्याण के नए कार्यक्रमों का सुझाव देती है और इसकी बैठकें निरंतर होती रहती हैं। इस समिति में वाणिज्य, शिक्षा, श्रम, ग्रामीण, पुनर्गठन, स्वास्थ्य और परिवार कल्याण, विज्ञान और प्रौद्योगिकी, औद्योगिक विकास, निर्माण और आवास, कार्मिक, गृह-मंत्रालयों/विभागों और योजना आयोग के प्रतिनिधि होते हैं।

3. संचालन समिति—यह समिति राष्ट्रीय महिला समिति के सदस्यों में से गठित की जाती है। इसकी बैठक उद्देश्यों और उपलब्धियों में प्रकाश के कार्यक्रमों के क्रियान्वयन की प्रगति का पुनरीक्षण करने के लिए बार-बार होती है तथा वह समिति स्त्री आन्दोलन संगठित करने के उपायों का सुझाव देती है।

4. राष्ट्रीय महिला समिति—राष्ट्रीय महिला समिति एक परामर्शदायी निकाय है तथा केन्द्र और राज्य सरकारों के विकास में भारतीय स्त्रियों का भाग बढ़ाने और जहाँ तक सम्भव हो सके आर्थिक और सामाजिक अन्याय, बाधिता और भेदभाव के उन्मूलन करने में मदद और सुझाव देने का काम करती है। अवरोधों को दूर करके स्त्रियों को योग्य बनाने और अपने अधिकारों के लिए समानता मनवाने के लिए उपायों का सुझाव देती है ताकि हर भारतीय स्त्री अपनी क्षमंताओं का विकास करके राष्ट्र की प्रगति में अपनी भूमिका निभा सके।

प्रौढ़ महिलाओं हेतु कार्यात्मक साक्षरता

1975-76 में स्वीकृत की गई प्रौढ़ महिलाओं के लिए कार्यात्मक साक्षरता की योजना केन्द्रीय योजना के रूप में समेकित बाल विकास सेवा परियोजना क्षेत्रों में ली गई है। इस योजना के तहत प्रौढ़ महिलाओं को अनौपचारिक शिक्षा दी जाती है जिसके लिए स्वास्थ्य और स्वास्थ्य विज्ञान, खाद्य एवं पोषाहार, गृह प्रबन्ध, बच्चों की देखभाल तथा नागरिक शिक्षा तथा व्यावसायिक तथा पेशेवर कौशल सम्बन्धी विषयों में कार्यात्मक साक्षरता को साधन के रूप में प्रयोग में लाया जाता है। कार्यात्मक साक्षरता की कक्षाओं के अध्यापकों को 50 रुपए प्रति मास मानदेय दिया जाता है ज्यादा मामलों में समेकित बाल विकास सेवा परियोजनाओं के आँगनबाड़ी कार्यकर्त्ता ही कार्यात्मक साक्षरता की कक्षाएँ चला रहे हैं।

1981-82 तक स्वीकृत 300 समेकित बाल विकास सेवा परियोजनाओं और 1982-83 में स्वीकृत 320 परियोजनाओं में से 251 परियोजनाओं में यह योजना कार्यान्वित की जा रही है। दिसम्बर, 1983 तक प्राप्त प्रगति रिपोर्टों के अनुसार 26,706 केन्द्रों में 4.42 लाख महिलाएँ कार्यात्मक साक्षरता की कक्षाओं में उपस्थिति हो रही हैं। 1983-84 के लिए 525 लाख रुपए का बजट प्रावधान रखा गया है। योजना आयोग के निर्णय के अनुसार 1983-84 में इस कार्यक्रम का विस्तार करना बन्द कर दिया गया।

श्रमजीवी महिला आवास निर्माण योजना

शहरी क्षेत्रों में उचित दाम पर समुचित और सुरक्षित आवास में कठिनाई और उसके परिणामस्वरूप श्रमजीवी महीलाओं के सामने आने वाली कठिनाइयों को ध्यान में रखते हुए भारत सरकार ने 1972 में महिला कल्याण के क्षेत्र में कार्यरत स्वयंसेवी संगठनों को प्रतिमास 750 रुपए (बेसिक) या 1500 रुपए (संचित) से कम आय अर्जित करने वाली श्रमजीवी महिलाओं के लिए हॉस्टल बनाने/विस्तार करने के लिए सहायता देने की एक योजना प्रारम्भ की थी। बाद में इस कार्यक्रम को चलाने के लिए स्थानीय निकायों को भी पात्र मान लिया गया है। इस प्रयोजन के लिए स्वीकृत अनुमानित लागत के 75 प्रतिशत व्यय की मदद प्रदान की जाती है।

वित्तीय वर्ष 1982-83 के दौरान योजना में थोड़ा-सा परिवर्तन कर दिया गया और इसके अन्तर्गत 8 वर्ष तक की आयु वाले बच्चों सहित श्रमजीवी महिलाओं के लिए भिन्न हॉस्टलों के लिए सहायता भी प्रदान की जाने लगी। अब इस योजना के अन्तर्गत श्रमजीवी महिला हॉस्टलों को चलाने वाली एजेंसियों द्वारा भवन खरीदे भी जा सकते हैं। यह परिवर्तन इसलिए किया गया है क्योंकि भूमि दुर्लभ होती जा

रही है और हॉस्टल के नए भवनों के निर्माण में काफी समय लग जाता है। इससे हॉस्टल को स्वीकृति प्रदान किए जाने और उसके वास्तविक कार्यकरण के मध्य कम समय लगेगा। हॉस्टलों में अब रोजगार के लिए प्रशिक्षण प्राप्त कर रही महिलाओं को भी प्रवेश दिया जाता है बशर्ते कि प्रशिक्षण की अवधि एक वर्ष से अधिक न हो। यह सुविधा नियमित विद्यार्थियों को प्राप्त नहीं होगी। ऐसी योजना में इस दृष्टिकोण को ध्यान में रखते हुए किया गया है ताकि उन महिलाओं को सम्मिलित किया जा सके जिन्हें रोजगार तो मिला हुआ है परन्तु अपने रोजगार में नियमित रूप से समावेशित किए जाने से पूर्व किसी प्रकार का प्रशिक्षण प्राप्त करना आवश्यक हो।

1972-73 में योजना के प्रारम्भ से 1981 तक पहले से स्वीकृत 243 हॉस्टलों के अतिरिक्त 1981-83 की अवधि के दौरान 64 हॉस्टलों को स्वीकृति प्रदान की गई जिनमें 3,464 महिलाओं को आवास की सुविधा प्राप्त होगी। 1983-84 के लिए 40 हॉस्टलों का लक्ष्य था जिससे कुल क्षमता लगभग 21,900 महिलाओं के लिए 347 हॉस्टलों की हो जाएगी।

1983-84 (दिसम्बर 1983 तक) के दौरान 725 महिलाओं और 260 बच्चों की स्वीकृत क्षमता वाले 10 हॉस्टलों को स्वीकृति प्रदान की गई। वर्ष के दौरान योजना के लिए 270 लाख रुपए के बजट का प्रावधान उपलब्ध था।

बेघर महिलाओं के पुनर्वास हेतु प्रशिक्षण केन्द्र/संस्थान

महिलाएँ आर्थिक, सामाजिक, मनोवैज्ञानिक और पर्यावरण सम्बन्धी परिस्थितियों से उत्पन्न होने वाली जीवन की विपत्तियों के प्रति पुरुषों से ज्यादा संवेदनशील होती हैं। नौजवान और वृद्ध विधवाएँ, अविवाहित माताएँ, अपहरण के शिकार होना, कुछ ऐसी श्रेणियाँ हैं जिनसे महिलाएँ अवाँछित और निराश्रित हो सकती हैं। रोजी कमाने वाले की लम्बी बीमारी अथवा किसी अपराध के कारण उसको जेल हो जाना और पति द्वारा परित्याग किया जाना महिलाओं के निराश्रित और निस्सहाय होने के कारण हो सकते हैं। आवासीय देखभाल के द्वारा इस तहत की महिलाओं और उनके आश्रितों, आश्रित बच्चों के पुनर्वास के उद्देश्य से 1977-78 में एक योजना शुरू की गई ताकि वे महिलाएँ आर्थिक रूप से आत्मनिर्भर हो सकें। यह केन्द्र द्वारा प्रायोजित योजना है और इस पर होने वाला व्यय अब केन्द्र सरकार/राज्य सरकार और कार्यान्वयन संगठन के बीच 45:45:10 के अनुपात में विभाजित किया जाता है।

पहले इस कार्यक्रम के तहत मदद के लिए केवल संस्था/न्यासों के रूप में पंजीकृत स्वयंसेवी एजेंसियाँ ही पात्र थीं। अब जिला ग्रामीण विकास एजेंसियों, ग्राम पंचायतों और अन्य स्थानीय निकायों को इस कार्यक्रम के तहत सहायता प्राप्त करने

का पात्र बना दिया गया है। यह परिवर्तन इस बात को ध्यान में रखते हुए किया गया है कि ज्यादा स्वयंसेवी संगठन शहरों में स्थापित हैं और ग्रामीण क्षेत्र उनकी गतिविधियों के क्षेत्रों से बाहर हैं। इस परिवर्तन से ग्रामीण (निराश्रय) महिलाओं को भी फायदा होगा।

1982-83 के दौरान 15 लाख रुपए का बजट प्रावधान किया गया था। 1982-83 के दौरान 1750 प्रशिक्षुओं की सम्पूर्ण संख्या वाले 51 बैचों को स्वीकृति प्रदान की गई। वर्ष 1983-84 के दौरान 15 लाख रुपए का बजट प्रावधान था। दिसम्बर, 1983 तक 1,652 महिला प्रशिक्षुओं की संख्या वाले 46 बैचों को स्वीकृति प्रदान की जा चुकी थी।

रोजगार और आय उत्पादन करने वाले एकक

यह कार्यक्रम जरूरतमन्द महिलाओं को अविच्छिन्न आधार पर आय पैदा करने और रोजगार की ओर लक्षित परियोजनाओं की स्थापना के लिए अन्तर्राष्ट्रीय विकास के लिए नार्वे की एजेंसी द्वारा प्रदत्त मदद के साथ 1982-83 में प्रारम्भ किया गया। इस कार्यक्रम के अन्तर्गत सार्वजनिक उपक्रमों और स्वायत्त संगठनों को उनकी परियोजनाओं के प्रशिक्षण संघटकों के लिए मदद दी जाती है। लाभ प्राप्तकर्त्ताओं में ग्रामीण निर्धनों/निर्धन महिलाओं, कमजोर वर्ग (अनुसूचित जाति और जनजाति), युद्ध में शहीद जवानों की विधवाएँ, शहरी गन्दी बस्तियों की निर्धन महिलाएँ और कार्यान्वयन संगठनों के कर्मचारियों की विधवाएँ शामिल हैं।

चालू वर्ष में दिसम्बर, 1983 (20 दिसम्बर, 1983 तक) चार नई परियोजनाओं को अनुमोदित किया गया जिससे 200 महिलाएँ प्रशिक्षण प्राप्त करके रोजगार प्राप्त कर सकेंगी। नोरेडन ने 15 मिलियन क्रोनर की अतिरिक्त सहायता देने की पेशकश की।

महिला दशक के लिए संयुक्त राष्ट्र स्वैच्छिक निधि

महिला दशक हेतु संयुक्त राष्ट्र के स्वैच्छिक निधि के लिए इस मंत्रालय में महिला कल्याण और विकास ब्यूरो केन्द्र बिन्दु हैं। भारत सरकार ने 1 जनवरी, 1984 से 31 दिसम्बर, 1984 तक की अवधि के लिए निधि को 20,000 अमेरिकी डॉलर का अंशदान देने का निर्णय लिया।

महिलाओं से संबंधित संयुक्त राष्ट्र आयोग

संयुक्त राष्ट्र महिला दशक की उपलब्धियों की जानकारी प्राप्त करने और समीक्षा करने के लिए विश्व सम्मेलन के लिए उपक्रमात्मक निकाय के रूप में कार्य

कर रही महिलाओं की स्थिति के सम्बन्ध में संयुक्त राष्ट्र आयोग के सत्र का आयोजन वियना में 25 फरवरी से 4 मार्च, 1983 तक हुआ। इसमें भाग लेने वाले भारतीय प्रतिनिधि-मण्डल ने आयोग की कार्यवाही में सक्रिय भूमिका निभाई। भारतीय प्रतिनिधि-मण्डल का नेतृत्व श्रीमती प्रभाव राव, सदस्या विधान-परिषद्, महाराष्ट्र ने किया। समाज कल्याण मंत्रालय में संयुक्त सचिव श्री वेद मारवा प्रतिनिधि-मण्डल के अन्य सदस्य थे। वियना स्थित भारत के स्थायी मिशन में प्रथम सचिव श्री एस. मेनन और तृतीय सचित श्री रणजीत राव ने भारतीय प्रतिनिधि-मण्डल को सहयोग प्रदान किया।

विभिन्न क्रियाकलाप

देश के अलग-अलग भागों में महिलाओं के विकास से संबंधित संगठनों और संस्थाओं के प्रेक्षण कार्य के क्षेत्र में संयुक्त राष्ट्र फेलोशिप प्राप्त करने वाले अफगानिस्तान के पाँच सदस्यीय प्रतिनिधि-मण्डल के लिए मंत्रालय ने 1 से 3 दिसम्बर, 1983 तक एक अध्ययन कार्यक्रम आयोजित किया। प्रतिनिधि-मण्डल के सदस्य अफगानिस्तान के ग्रामीण विकास विभाग के कर्मचारी थे।

समीक्षाधीन वर्ष के दौरान मंत्रालय ने दो प्रायोगिक परियोजनाओं अर्थात् महिला विकास एजेंसी, बेतुल, मध्य प्रदेश की स्वरोजगार प्राप्त महिलाओं को सामाजिक सेवाएँ प्रदान किए जाने और महिला विकास एजेंसी मेढ़क, आन्ध्र प्रदेश की स्व-रोजगार प्राप्त महिलाओं को सामाजिक सेवाएँ प्रदान किए जाने की परियोजनाओं की समीक्षा की। इन परियोजनाओं के तहत प्राप्त अच्छे परिणामों के परिणामस्वरूप प्रोत्साहित होकर मंत्रालय ने अन्य राज्य सरकारों को महिलाओं की आर्थिक स्थिति को सुधारने के लिए ऐसी रचनात्मक परियोजनाओं को चलाए जाने की सिफारिश की है।

महिलाओं के लिए कार्य के साथ-साथ भारतीय महिलाओं के विदेशी पतियों द्वारा उनके शोषण के मामलों से सम्बन्धित सचिवों की समिति की विभिन्न सिफारिशों पर मंत्रालयों द्वारा अनुवर्ती कार्यवाही की गई।

महिलाओं के कल्याण के लिए मंत्रालय विधि, न्याय और कम्पनी कार्य मंत्रालय के न्याय विभाग के साथ पारिवारिक न्यायालयों की स्थापना किए जाने के मामले पर विचार कर रहा है ताकि दहेज रोक अधिनियम के तहत अपराधों सहित पारिवारिक और वैवाहिक झगड़ों को निपटाया जा सके। न्याय विभाग एक विस्तृत विधेयक पर गहनता से विचार कर रहा है।

मंत्रालय विधि मंत्रालय के विधायी विभाग से दहेज रोक अधिनियम 1961 के संशोधन के लिए विचार कर रहा है ताकि इसके तहत अपराध के लिए जुर्माने और कैद दोनों सजाओं में वृद्धि को प्रज्ञेय बनाया जा सके और अधिनियम के क्षेत्र को और अधिक विस्तृत करके इसे ज्यादा प्रभावी बनाया जा सके। अधिनियम में संशोधन के लिए संसद् में अत्यंत शीघ्र ही विधेयक प्रस्तुत किया जाना है।

दो दण्ड कानून अधिनियम विधेयक पहले ही 1983 में संसद के दोनों सदनों द्वारा पास किए जा चुके हैं जिनमें भारतीय दण्ड संहिता, भारतीय साक्ष्य अधिनियम और दण्ड प्रक्रिया संहिता में संशोधन करके बलात्कार और महिलाओं के विरुद्ध ऐसे अन्य अपराधों से सम्बन्धित उपबन्धों को ज्यादा कड़ा और प्रभावी बनाने की व्यवस्था है और इनमें किसी महिला के विरुद्ध उसके पति और अन्य सम्बन्धियों द्वारा की गई क्रूरता के लिए भी भारतीय दण्ड संहिता में एक नया उपबन्ध जोड़ा गया है। निर्दोषता के प्रमाण का भार अपराधी पर निर्भर करेगा।

महिलाएं पंचवर्षीय योजनाओं में

सातवीं पंचवर्षीय योजना 1985-90 के दौरान महिलाओं के कल्याण और विकास के लिए कार्यनीतियाँ, नीतियाँ और योजना प्राथमिकताओं को तैयार करने के लिए योजना आयोग ने महिलाओं के कल्याण और विकास के लिए सचिव, समाज कल्याण मंत्रालय की अध्यक्षता में कार्यदल की स्थापना की है। कार्यदल की प्रथम बैठक 18 नवम्बर, 1983 को हुई थी। निम्नलिखित विषयों पर विचार करने के लिए निम्नलिखित उपदलों का गठन किया गया–

1. लोक जागरूकता में वृद्धि करना,
2. महिलाओं का कल्याण,
3. महिला और रोजगार,
4. विधान की समीक्षा,
5. संगठनात्मक ढाँचा,
6. प्रबोधन, और
7. समन्वय।

(ग) विकलांग व्यक्तियों संबंधी कल्याण तथा पुनर्वास योजना

यद्यपि विकलांग व्यक्तियों के अलग-अलग वर्गों के स्वरूप एवं आकार से सम्बन्धित सही आँकड़ों का ज्ञान नहीं हैं, फिर भी खासतौर समाज के असुरक्षित वर्गों

के बीच इसका व्यापक विस्तार चिन्ता का विषय बना हुआ है। बड़े दुख की बात यह है कि ग्रामीण क्षेत्रों और बाहरी गन्दी बस्तियों/शहरी गन्दी बस्तियों में स्वास्थ्य देखरेख तथा समाज सेवाओं के माध्यम से किशोर आयु समूह के बीच ज्यादा बाधाएँ निवारणीय हैं। व्यापक निरक्षरता, सामाजिक व्यवहार और संसाधनों की कमियों की वजह से यह समस्या जटिल हो गई है। केन्द्रीय समाज कल्याण मंत्रालय विकलांग व्यक्तियों के पुनर्वास एवं शिक्षा के लिए कार्यक्रमों को कार्यान्वित कर रहा है और उन स्वैच्छिक प्रयत्नों को प्रोत्साहन और सहायता दे रहा हैं जो इस सम्बन्ध में महत्त्वपूर्ण भूमिका निभाते हैं। यह विकलांग व्यक्तियों की सेवाओं के विकास में सहायता देने के लिए अनुसन्धान तथा प्रशिक्षण का भी आयोजन कर रहा है।

राष्ट्रीय नमूना सर्वेक्षण संगठन द्वारा 1981 में आयोजित नमूना सर्वेक्षण के अनुसार यह अनुमान लगाया जाता है कि देश में विकलांग व्यक्तियों की सम्पूर्ण अनुमानित संख्या 1.2 करोड़ है जिनमें से 97 लाख ग्रामीण क्षेत्रों में और 23 लाख शहरी क्षेत्रों में रहते हैं। कम आयु के बच्चों में अपंगता का पाया जाना चिन्ता का कारण है विशेषकर उस दशा में जबकि इसको रोका जा सकता है।

राष्ट्रीय संस्थान

मंत्रालय ने अस्थि विकलांग, श्रवण, वाणी एवं दृष्टिबाधिता के क्षेत्रों में तीन राष्ट्रीय संस्थानों की स्थापना की है। वे पुनर्वास पेशेवरों के प्रशिक्षण सेवा कार्यक्रमों के विकास और अपने-अपने विशेष क्षेत्रों में अनुसन्धान के लिए जिम्मेवार हैं।

राष्ट्रीय दृष्टिबाधितार्थ संस्थान, देहरादून

राष्ट्रीय नेत्रहीन केन्द्र को 2 जुलाई 1979 से राष्ट्रीय दृष्टिबाधितार्थ संस्थान के रूप में परिणत किए जाने के कारण इसकी पहले की सेवाओं को सुदृढ़ करने और बाद में अनुसन्धान, शिक्षा, प्रशिक्षण और विकास के क्षेत्र में इसकी गतिविधियों का विस्तार करने पर जोर दिया गया। इसके द्वारा विभिन्न क्षेत्रों में किए गए कार्यों का सार आगे दिया गया है–

दुर्बल नजर एवं नेत्रहीन संबंधी स्कूल–संस्थान दो माध्यमिक स्कूल चलाता है जिनमें से एक नेत्रहीनों के लिए और दूसरा कमजोर नजर वाले बच्चों के लिए है। दोनों प्रकार के बच्चों को उनकी सामर्थ्य सीमा की प्रकृति के अनुसार माध्यमों से शिक्षा दी जाती है। नेत्रहीनों को ब्रेल और अन्य स्पर्श्य उपकरणों के माध्यम से पढ़ाया जाता है। दुर्बल नजर वाले बच्चों को आकार वृद्धि करने वाले यन्त्रों के उपयोग द्वारा सामान्य छपाई को पढ़ने में मदद दी जाती है। बच्चों को निःशुल्क

भोजन, आवास, वस्त्र, शिक्षा और जेब खर्च प्रदान किए जाते हैं। वर्ष के दौरान स्कूल के रजिस्टर में 66 बच्चों के नाम दर्ज थे। इस वर्ष के दौरान सूक्ष्म-शिक्षण अनुभाव और संसाधन कक्ष को विकसित किया गया।

प्रौढ़ नेत्रहीनों के लिए प्रशिक्षण केन्द्र—संस्थान के एक प्रशिक्षण केन्द्र में 18 से 46 वर्ष की आयु के प्रौढ़ पुरुषों व महिलाओं को व्यावसायिक प्रशिक्षण प्रदान किया जाता है। इसमें देश के अलग-अलग भागों से 2,000 से ऊपर दृष्टिबाधित विकलांगों ने प्रशिक्षण प्राप्त किया। वर्ष के दौरान 58 व्यक्तियों, जिनमें 3 नेपाल के सम्मिलित हैं, ने प्रशिक्षण प्राप्त किया। स्कूलों की तरह, यहाँ भी प्रशिक्षणार्थियों को निःशुल्क आवास, वस्त्र, भोजन, शिक्षण व जेब खर्च प्रदान किया जाता है।

हल्की इंजीनियरी और बुनाई, आशुलिपि आदि जैसे विविध व्यवसायों में प्रशिक्षण दिया जाता है। हाल में संस्थान ने नेत्रहीन व्यक्तियों को गृह प्रबन्ध में प्रशिक्षण देना शुरू किया है जिससे वे स्वतन्त्र रूप से कार्य कर सकें।

शैल्टर्ड कार्यशाला—संस्थान एक लघु शैल्टर्ड कार्यशाला चलाता है जिसमें कार्यकर्त्ताओं को सूती व ऊनी वस्त्र-उत्पादन, कुर्सी बुनने, मोमबत्ती बनाने और कुछ मशीनों के पुर्जे बनाने में लगाया जाता है। कार्यकर्त्ताओं को काम के आधार पर भुगतान किया जाता है। एक कार्यकर्त्ता की औसत मासिक कमाई 450-00 रु. के आसपास थी। औसतन 20 कार्यकर्त्ता कार्यशाल में थे। 1982-83 के दौरान 2.82 लाख रु के उत्पादन बेचे गए।

ब्रेल उपकरणों निर्माण हेतु कार्यशाला—ब्रेल उपकरणों के निर्माण के लिए कार्यशाला संस्थान का एक एकक है। इसने नेत्रहीन लोगों के उपयोग के लिए ब्रेल स्लेटें, शलाकाएँ, घूमने की छड़ियाँ आदि जैसे अलग-अलग विशेष उपकरणों का उत्पादन करना जारी रखा। ये उपकरण नेत्रहीन व्यक्तियों और संस्थाओं को घटी कीमत पर बेचे गए।

केन्द्रीय ब्रेल प्रेस—प्रेस हिन्दी तथा अंग्रेजी में ब्रेल साहित्य प्रकाशित करता है। मासिक पत्रिका 'नयनरश्मि' और पत्रिका 'ब्रेल इन्टरनेशनल' का प्रकाशन जारी रहा। 1983 के दौरान प्रेस ने 22,973 ब्रेल खण्ड व 56 नए शीर्षक प्रकाशित किए। 1,22,455 रु. के मूल्य की पुस्तकें बेची गईं। प्रेस ने संयुक्त राष्ट्र अन्तर्राष्ट्रीय बाल आपात् निधि की मदद से, नेत्रहीनों के लिए समेकित शिक्षा कार्यक्रम के अन्तर्गत कक्षा 5 तक के बच्चों में मुफ्त वितरण के लिए पाठ्य पुस्तकें प्रकाशित कीं। उपरोक्त पुस्तकें दिल्ली प्रकाशन, मध्य प्रदेश व उत्तर प्रदेश सरकार व राष्ट्रीय शैक्षिक अनुसन्धान और प्रशिक्षण परिषद्, दिल्ली द्वारा विहित की गई थीं।

प्रांतीय प्रशिक्षण केन्द्र—यह संस्थान नेत्रहीनों के अध्यापकों के प्रशिक्षण के लिए एक वर्ष के डिप्लोमा पाठ्यक्रम के चार क्षेत्रीय केन्द्र चलाता है। ये प्रशिक्षण केन्द्र दिल्ली, मुम्बई, चेन्नई और कोलकता में स्थित हैं। 1983 के दौरान इन केन्द्रों द्वारा लगभग 30 अध्यापकों को प्रशिक्षित किया गया।

पुस्तकालय सेवाएँ—नेशनल लाइब्रेरी फॉर हैण्डीकैप्ड ने देश भर में नेत्रहीन व्यक्तियों को पुस्तकें भेजकर सेवा करना जारी रखा। पुस्तकालय के सदस्यों की संख्या 1,520 थी। सदस्यों को प्रतिमास औसतन 725 खण्ड भेजे गए। वार्तालाप पुस्तकों की एक नई परियोजना शुरू की और इस तरह की करीब 2 दर्जन पुस्तकें तैयार की गई हैं।

संकट मध्यस्थता एकक—संस्थान ने इस वर्ष के दौरान संकट मध्यस्थता के एक नए एकक की स्थापना की है। यह एकक हाल ही में नेत्रहीन हुए मनुष्य के मानसिक स्वास्थ्य की रक्षा करने और सम्पूर्ण मनुष्यत्व के आधारभूत घटकों को बनाए रखने के लिए मनोवैज्ञानिक और थिपोपेटिक सहायता देता है।

विभिन्न कार्यशालाएँ—1983-84 के दौरान संस्थान ने अग्रलिखित कार्यशालाएँ आयोजित की—

(क) 'ओफ्थाल्मोलोजिकल यूनिट्स ऑफ इण्डिया' के पुनर्वास सहायता के लिए पूर्वाभिमुखीकरण पाठ्यक्रम।

(ख) सामाजिक कार्यकर्त्ताओं के लिए पूर्वाभिमुखीकरण पाठ्यक्रम।

(ग) दृष्टिबाधितों के गणित के अध्यापकों के लिए अल्पकालिक संवर्धन पाठ्यक्रम।

(घ) गिनतारी के उपयोग के सम्बन्ध में कार्यशाला।

(ङ) पूर्वाभिमुखीकरण और गतिशीलता के सम्बन्ध में कार्यशाला।

(च) गृह व्यवस्था के सम्बन्ध में कार्यशालाएँ।

राष्ट्रीय अस्थि विकलांग संस्थान, कोलकाता

राष्ट्रीय अस्थि विकलांग संस्थान को 1978 में अस्थि विकलांगों के पुनर्वास में पूर्ण देखभाल, देखभाल और व्यवस्था के लिए शीर्षस्थ निकाय के रूप में और अस्थि विकलांगों के आँकलन अनुसन्धान, शिक्षा और प्रशिक्षण के लिए केन्द्र के रूप में भी विकसित करने के लिए स्थापित किया गया। संस्थान का 16 अप्रैल, 1982 से एक स्वायत्तशासी निकाय में बदला गया। 1983-84 के दौरान संस्थान की मुख्य गतिविधियाँ निम्नलिखित थीं—

मूल्यांकन क्लिनिक—सहायक यन्त्रों व उपकरणों की निःशुल्क आपूर्ति ओर्थोसिस और प्रोस्थेसिस, फिजियोथेरेपी एक्सरे परीक्षण, ओर्थोस्कोपी, इलेक्ट्रोमायोग्राफी और व्यावसायिक मार्गदर्शन जैसी सेवाओं के लिए दूर-दूर के विकलांग मनुष्य बहुत बड़ी संख्या में संस्थान में आये। एक्सरे और इलेक्ट्रोग्राफी एकक में मूल्यांकन के लिए सुसज्जित उपकरण हैं।

प्रोस्थेटिक तथा ओर्थोटिक एकक—छोटा किन्तु विकसित प्रोस्थेटिक तथा ओर्थोटिक एकक, अस्थि विकलांगों को सहायक यन्त्रों और उपकरणों की सप्लाई करता है। यह एकक केवल स्थानीय आवश्यकताओं को ही पूरी नहीं कर रहा है अपितु पूर्वी भारत के विकलांगों को भी प्रोस्थेटिक तथा ओर्थोटिक सहायक यंत्रों की सप्लाई कर रहा है।

व्यावसायिक परामर्श एकक—विकलांगों को उनके भावी व्यवसाय, नियोजन और रोजगार के लिए सहायता करने के लिए एक व्यावसायिक परामर्श एकक की स्थापना की गई।

प्राकृतिक औषधि विभाग—प्राकृतिक औषधि विभाग ने 1983 के दौरान नए रोगियों और उन पुराने रोगियों को, जिनका इलाज चल रहा हो, भौतिक चिकित्सा प्रदान की।

पुस्तकालय और सूचना केन्द्र—एक अद्यतन निर्देशक पुस्तकालय, जो भारत में अपने किस्म के कुछ ही पुस्तकालयों में से एक है, इस संस्थान में चल रहा है। अस्थि विकलांगों के लिए उपलब्ध विविध सेवाओं के परिप्रेक्ष्य के लिए एक केन्द्रीय सूचना केन्द्र भी स्थापित किया गया है।

रिसर्च तथा विकास—संस्थान ने अपने स्थापना काल से ही सम्बद्ध विषयों में विभिन्न अनुसन्धान परियोजनाएँ शुरू कर दी थीं जिसमें सर्वेक्षण, सूचना का संकलन, सहायक यन्त्रों और उपकरणों का विकास तथा मार्गदर्शन साहित्य की रचना जैसे विषय शामिल थे।

पारिवारिक सलाह—पारिवारिक सलाह पुनर्वास कार्यक्रम की एक महत्त्वपूर्ण विशेषता है। विकलांग बच्चों के माता-पिता अपने विकलांग बच्चों के साथ एक महीने में कम से कम दो बार संस्थान में इकट्ठा होते हैं। यहाँ पर विशेषज्ञ उन्हें विकलांग बच्चों के सही रख-रखाव के सम्बन्ध में सलाह देते हैं।

अली यावर जंग राष्ट्रीय श्रवणबाधितार्थ संस्थान, मुम्बई

अली यावर जंग राष्ट्रीय श्रवणबाधितार्थ संस्थान, मुम्बई को अगस्त, 1982 में संस्था पंजीकरण अधिनियम, 1860 के तहत एक स्वायत्तशासी निकाय के रूप में

पंजीकृत किया गया। इसकी गतिविधियाँ पुनर्वास सेवाओं के अनुसन्धान, प्रशिक्षण और विकास में संकेंद्रित हैं।

राष्ट्रीय भवन निर्माण निगम को संस्थान के भवन के निर्माण के लिए 1982 में ठेका दिया गया। निर्माण कार्य चल रहा है। इस बीच संस्थान एक किराए के भवन में काम कर रहा है और अपने जाँच और मूल्यांकन क्लिनिक में रोग लाक्षणिक सेवाएँ प्रदान कर रहा है। इसके अतिरिक्त, वर्ष के दौरान आवश्यक रोग लाक्षणिक सहायक सुविधाओं और कर्मचारियों से युक्त अग्रांकित एकक स्थापित किए गए—

1. श्रवण विज्ञान एकक,
2. वाणी चिकित्सा एकक,
3. मनोविज्ञान एकक,
4. ई.एन.टी. एकक,
5. प्रशिक्षण एकक,
6. भौतिक विकास एकक।

मानसिक रूप से बाधितों हेतु राष्ट्रीय संस्थान, हैदराबाद

इस संस्थान को हैदराबाद में एक स्वायत्तशासी निकाय के रूप में स्थापित करने का निर्णय लिया गया है। इसके पंजीकरण और कुछ मुख्य पदों के भरने के लिए कार्यवाही प्रारम्भ कर दी गई है।

विकलांग व्यक्तियों हेतु विभिन्न संस्थान

विकलांग व्यक्तियों के लिए संस्थान समाज कल्याण मंत्रालय द्वारा पूर्णतः वित्तपोषित एक पंजीकृत सोसायटी हैं और 1975 से इस मंत्रालय के संरक्षणधीन हैं। यह विकलांग व्यक्तियों, विशेषकर अस्थि विकलांगों के सम्पूर्ण कल्याण और पुनर्वास के कार्य में लगा हुआ है। इस संस्थान के प्रमुख उद्देश्य हैं—अस्थि विकलांग व्यक्तियों के पुनर्वास सेवाएँ प्रदान करना, शारीरिक चिकित्सकों तथा व्यावसायिक उपचारकों के प्रशिक्षण का प्रबन्ध करना, विकलांगों के पुनर्वास के लिए आवश्यक सहायक यन्त्रों और उपकरणों का निर्माण करना और उनका वितरण करना, गम्भीर रूप से अस्थि विकलांग बालकों के लिए प्राथमिक स्तर की शिक्षा की व्यवस्था करना।

व्यावसायिक उपचार तथा शारीरिक उपचार में ड़िप्लोमा—यह संस्थान शारीरिक उपचार और व्यावसायिक उपचार में डिप्लोमा पाठ्यक्रमों का आयोजन करता हैं। यह पाठ्यक्रम तीन वर्ष की अवधि का है तथा यह केन्द्रीय एवं राज्य सरकारों और शारीरिक उपचारकों एवं व्यावसायिक उपचारकों के राष्ट्रीय एवं

अन्तर्राष्ट्रीय निकायों से मान्यता प्राप्त है। इस समय इसकी प्रवेश क्षमता 30 विद्यार्थी प्रति टोली प्रति विषय है। देश के पूर्वी और उत्तरी क्षेत्र के पिछड़े राज्यों द्वारा प्रायोजित विद्यार्थियों के लिए 10 सीटें आरक्षित हैं। इसके अतिरिक्त प्रत्येक विषय में 5 विदेशी विद्यार्थियों को भी प्रवेश दिया जाता है। कॉलेज में विद्यार्थियों की 1984 में संख्या 124 थी।

कार्यशाला व्यवस्था—यह कार्यशाला विकलांगों के लिए आवश्यक आर्थोटिक, प्रोस्थेटिक और चलनक्षम यन्त्रों और उपकरणों का उत्पादन करती है। इसके द्वारा निर्मित विभिन्न वस्तुओं में परकार; पट्टियाँ, खपचियाँ, अस्थि विकलांगों के लिए जूते, सर्जिकल कॉलर, चोलियाँ, कृत्रिम अंग, अंगराग-हाथ, बैसाखियाँ और घड़ियाँ हैं। सिलाई-कटाई, ललित कला, छपाई, बढ़ईगिरी और ऐसे ही व्यवसायोन्मुख पेशे भी इस कार्यशाला कार्यक्रम के अंग हैं। कार्यशाला में कार्यरत कुल कार्यकर्त्ताओं का लगभग 40% भाग विकलांग मनुष्य हैं।

यह कार्यशाला शारीरिक विकलांगता और असाध्य रोग वाले व्यक्तियों की जरूरतों को पूरा करती है। इस कार्यशाला में 1981-82 के दौरान 1.50 लाख रुपये के मुकाबले 1982-83 के दौरान 4.00 लाख रुपये के सहायक यन्त्रों और उपकरणों का उत्पादन किया। 1983-84 के दौरान उत्पादन किए जाने वाले सहायक यन्त्रों और उपकरणों की लागत 5 लाख रुपये से अधिक होने की उम्मीद थी।

विकलांग व्यक्तियों के लिए संस्थान इस मंत्रालय द्वारा शुरू की गई सहायक यन्त्रों और उपकरणों की योजना के अन्तर्गत सुपात्र अपंगों को कृत्रिम अंग और पुनर्वास उपकरणों की सहायता देता है। सहायक यन्त्र आर्थिक मदद के आधार पर निःशुल्क लगाए जाते हैं। इस योजना के अन्तर्गत 1983 में 548 लोगों को लाभ पहुँचा।

पुनर्वास योजनाएँ—इस संस्थान द्वारा शारीरिक उपचार और व्यावसायिक उपचार में दो पूरी तरह विकसित सुसज्जित बहिरंग रोगी विभाग संचालित किए जा रहे हैं। ये बहिरंग रोगी विभाग अर्धांगपात, गठिया (सन्धि शोथ) पोलियो, मस्तिष्क का घात, पोलियोपरान्त लकवावशेष, अंगच्छेद की अपंगताओं से प्रभावित रोगियों और विकृताकार, जन्मस्थ अनियमितताओं, बोलने की दिक्कतों आदि से पीड़ित रोगियों को चिकित्सा सम्बन्धी सेवाएँ प्रदान करते हैं।

विशेष प्रकार के विद्यालय—वृद्धि और विकास के लिए विशेष ध्यान से जरूरतमन्द अस्थि विकलांग बालकों के लिए शिक्षा और उपचार प्रदान करने के लक्ष्य से संस्थान ने 1978 में एक विशेष स्कूल खोला। इस विद्यालय में औसत या औसत

से ऊपर बुद्धि वाले 6 से 11 वर्ष की आयु के अस्थि विकलांग बालकों को प्रवेश दिया जाता है। स्कूल के रजिस्टरों में बालकों की कुल संख्या 66 हैं।

सामान्य संस्थान—इस संस्थान का एक सूचना और प्रलेखन पोषण केन्द्र स्थापित करने का विचार है जिसका मुख्य प्रयोजन अलग-अलग तरह की अंपगताओं के सम्बन्ध में जानकारी प्राप्त कर एकत्र करना, उसका मिलान करना और प्रचार एवं इस क्षेत्र में कार्यरत अलग-अलग सरकारी और गैर-सरकारी एजेंसियों के उपयोग के लिए चार्ट, ग्राफ चित्र और दृश्य-श्रव्य सामग्री तैयार करना होगा। इस सम्बन्ध में प्रथम कदम के रूप में विकलांगों के लिए संस्थाओं की एक डायरेक्टरी तैयार की जा रही हैं।

कम बुद्धि बच्चों के लिए मॉडल विद्यालय

कम बुद्धि बच्चों के लिए मॉडल विद्यालय मनोसामाजिक और व्यवसायपूर्ण प्रशिक्षण प्रदान करने तथा मानसिक तौर से पिछड़े बालकों के अन्तिम रूप से पुनर्वास के लिए 1964 में स्थापित किया गया।

यह स्कूल शिक्षा, देखभाल, प्रशिक्षण और उपचार के उच्चतम स्तर तक पहुँचने के लिए मानसिक रूप से पिछड़े हर बच्चे की मदद करता है। इस विद्यालय के चार एकक अर्थात् विशेष स्कूल, हॉस्टल, वयस्क लड़के और लड़कियों के लिए कार्यशाला और जाँच एवं मूल्यांकन क्लिनिक हैं। इस समय इस स्कूल में दिल्ली और अन्य राज्यों से आए बालकों की कुल संख्या 110 है।

बच्चो को प्रवेश देना—विद्यालय में प्राप्त हुए आवेदनों की पूरी-पूरी छानबीन की जाती है और बच्चों को कार्यात्मक एवं शैक्षिक मूल्यांकन के लिए साक्षात्कार के लिए बुलाया जाता हैं। यह साक्षात्कार विशेष शिक्षक और समाज कार्यकर्त्ताओं के सहयोग से प्रिन्सिपल द्वारा लिया जाता है। सही पाये जाने वाले बालकों को अस्थायी आधार पर तुरन्त इस शर्त पर प्रविष्ट कर लिया जाता है कि 3 महीने के बाद विशेषज्ञों के दल द्वारा उनका पुनरीक्षण किया जाएगा। ये प्रवेश साधारणतया वर्ष में दो बार अर्थात् जून और दिसम्बर में किए जाते हैं। अधिकांश बालक निम्न आर्थिक स्तर के वर्गों से होते हैं।

बच्चों के प्रकार—बच्चों को उनकी कालक्रमिक आयु और उनके कार्यात्मक स्तर के अनुसार वर्गीकृत किया जाता हैं तथा उन्हें विभिन्न वर्गों में रख लिया जाता है। सामान्य योग्यता के आधार पर वर्ग बनाने के प्रयास किए जाते हैं ताकि बालक अपने-अपने साथी वर्ग से बेहतर सम्बन्ध बना सकें। इससे अध्यापक को बालकों के लिए योजनाबद्ध पाठ्यक्रम तैयार करने में मदद मिलती है।

सेवाएँ और कार्यक्रम—इस स्कूल का अपना पाठ्यक्रम होता है जो कि प्रत्येक बालक की मूलभूत जरूरतों को ध्यान में रखकर तैयार किया जाता है। इसके तीन चरण अर्थात् प्रारम्भिक, उत्तर माध्यमिक और उच्च चरण हैं तथा पाँच विषय वर्ग हैं जो विकासात्मक कौशलों, अपनी सहायता स्वयं करने के कौशलों में निपुणता, सामाजिक सामर्थ्य और लगातार एवं स्नायु एवं कार्यात्मक कौशलों पर बल देते हैं, ताकि बालक कार्यात्मक रूप से स्वावलम्बी और सामाजिक रूप से स्वीकार्य बन सकें। शिक्षण का माध्यम हिन्दी है। वर्ष के दौरान स्पर्शात्मक कार्यात्मक समन्वय, नेत्रहस्त समन्वय, भाषा विकास, आकार तथा रंगों का बोध, निकटतम पर्यावरण का ज्ञान, सामाजिक कौशल तथा समुदाय सेवाओं की जानकारी में बालकों की सहायता करने के लिए विभिन्न प्रकार की शैक्षिक सहायता सामग्री तैयार की गई।

व्यवसाय-पूर्व प्रशिक्षण—बालकों को विभिन्न शिल्पों में व्यवसाय-पूर्व प्रशिक्षण भी प्रदान किया जाता है। इसमें सुई कार्य, रेखा कला, पेटिंग, कागज का काम, मोमबत्ती बनाना, गुड़िया बनाना, हाथ एवं मशीन की बुनाई इत्यादि शामिल हैं।

घरों का दौरा और केस वर्क—व्यवहार सम्बन्धी तथा संवेगात्मक समस्याओं वाले बालकों की समाज कार्यकर्त्ताओं द्वारा देखभाल की जाती हैं। ये कार्यकर्त्ता घर के पर्यावरण का निरीक्षण करने के लिए घरों का दौरा करते हैं और सहोदरों जैसा बेहतर सम्बन्ध स्थापित करने के लिए परामर्श भी देते हैं। इसी तरह सलाह अधिवेशनों में अभिभावकों को भी स्कूल में आमन्त्रित किया जाता है।

बालकों हेतु पाठ्येतर गतिविधियाँ—बच्चों को पाठ्येतर गतिविधियों (जो कि उनके स्कूल कार्यक्रम का भाग हैं) में भाग लेने के लिए उत्साहित किया जा रहा है। शारीरिक व्यायाम, खेल-कूद, संगीत और नृत्य पर भी पर्याप्त बल दिया जाता है।

व्यावसायिक चिकित्सा—व्यावसायिक चिकित्सा अनुभाग में, शारीरिक अपंगता या बोलने सम्बन्धी बाधा से ग्रस्त या देर से समझने वाले बच्चों की बाधिता की गम्भीरता को ध्यान में रखते हुए चिकित्सकों द्वारा अकेले या छोटे-छोटे ग्रुपों मे अलग से देखरेख के लिए रखा जाता है।

आवासीय सुविधा—स्कूल में कुछ बच्चों को आवासीय सुविधाएँ प्रदान की जाती हैं। हॉस्टल में प्रवेश 14 वर्ष से कम आयु के बच्चों को दिया जाता है। वर्ष के दौरान हॉस्टल की औसत क्षमता 50 थी।

कार्यशाला का आयोजन—बच्चों द्वारा स्कूल में अपने प्रशिक्षण कार्यक्रम को पूर्ण करने और 18 वर्ष की आयु प्राप्त करने के बाद उन्हें स्कूल से सम्बद्ध वर्कशाल में बढ़ईगिरी या जिल्दसाजी में आगे प्रशिक्षण प्रदान करने के लिए स्थानान्तरित कर

दिया जाता है। वर्तमान में इसमें 20 वयस्कों को प्रशिक्षण प्रदान किया जाता है। इसी प्रकार वयस्क लड़कियों को हाथ और मशीन से बुनाई करने, सुई से सिलाई कार्य और क्रोशिया कार्य इत्यादि करने के लिए प्रशिक्षण प्रदान किया जा रहा है।

मूल्यांकन तथा निर्धारण

बच्चों को कार्यात्मक ज्ञान स्तर के सही मूल्यांकन हेतु बच्चों को निर्धारण और मूल्यांकन क्लिनिक में प्रवेश के लिए भेजा जाता है। इसके अलावा व्यवहार्य और भावनात्मक समस्याओं का या मानसिक अस्वस्थता से पीड़ित बच्चों के लिए भी इसमें उपचारीय सेवाएँ प्रदान की जाती हैं। क्लिनिक के पैनल पर एक मनश्चिकित्सक, एक बाल रोग विशेषज्ञ और एक सामाजिक कार्यकर्त्ता है।

वयस्क बधिर प्रशिक्षण केन्द्र, हैदराबाद

यह केन्द्र 16 से 25 वर्ष की आयु के वयस्क बधिर लड़कों और लड़कियों को विभिन्न इंजीनियरी और गैर-इंजीनियरी व्यवसायों अर्थात् शीट मैटल वर्क, फिटिंग, वायरमैनशिप, बढ़ईगिरी, वैल्डिंग, कटाई तथा सिलाई, टर्निंग और फोटोग्राफी का प्रशिक्षण देता है।

सन् 1962 में इस केन्द्र की स्थापना की गई थी। यहाँ प्रशिक्षणार्थियों को भोजन और आवास की सुविधाएँ मुफ्त प्रदान की जाती हैं। 30 प्रशिक्षणार्थियों के साथ इस संस्थान ने तीन व्यवसायों अर्थात् शीट मैटल वर्क, फिटिंग और वायरमैनशिप में कार्य प्रारम्भ किया था। इस समय यह 100 लड़कों और लड़कियों को 12 व्यवसायों में प्रशिक्षण करता है।

इस संस्थान के ज्यादा प्रशिक्षणार्थी विभिन्न कारखानों और उपक्रमों में नियोजित किए गए हैं। हैदराबाद और सिकन्दराबाद के दो शहरों में ई.सी.आई.एल. एलविन मैटल वर्क्स, सान्तहनगर आर. टी. सी. वर्कशाप और अन्य प्राइवेट फैक्ट्रियों में इनको रोजगार प्राप्त हुआ है।

व्यावहारिक-व्यावसायिक प्रशिक्षण के साथ-साथ प्रशिक्षणार्थियों को शारीरिक प्रशिक्षण भी दिया जाता है और प्रशिक्षणार्थियों को खेलकूद में भाग लेने के लिए प्रोत्साहित किया जाता है। इस केन्द्र के प्रशिक्षणार्थियों ने बधिरों के लिए वक्त-वक्त पर राष्ट्रीय खेलकूद प्रतियोगिता में सफलतापूर्वक भाग लिया है।

आंशिक बधिर बच्चों के लिए विद्यालय

इस मंत्रालय का एक अधीनस्थ कार्यालय आँशिक रूप से बधिर बच्चों के

लिए विद्यालय हैदराबाद में स्थित है। इसमें आंशिक रूप से बधिर लड़के और लड़कियों को 8वीं कक्षा तक विशेष शिक्षा सुविधाएँ प्रदान की जाती हैं। इस तरह उपचार सुविधाएँ प्रदान करके इनको सामान्य जीवन व्यतीत करने के योग्य बनाया जाता है। यह स्कूल आवास सुविधाएँ भी उपलब्ध कराता है।

छः वर्ष के दौरान 76 विद्यार्थियों के नाम दर्ज थे। आँशिक रूप से बधिर बच्चों को शिक्षा प्रदान करने के अलावा इस स्कूल में आम जनता को बधिरता के कारणों और उसके निवारण और बधिर व्यक्तियों को प्रशिक्षण और पुनर्वास सम्बन्धी जानकारी दी जाती है। इस प्रयोजन के लिए साहित्य छपवा कर बाँटा जाता है और प्रदर्शनियाँ आयोजित की जाती हैं।

भारतीय कृत्रिम अंग निर्माण निगम, कानपुर

इस निगम की स्थापना नवम्बर, 1972 में कानपुर में की गई थी। इस निगम का मुख्य उद्देश्य कृत्रिम अंग और उपांगों, ओर्थोटिक व प्रोस्थेटिक सहायक यन्त्रों तथा अन्य पुनर्वास सम्बन्धी सहायक यन्त्रों और उपकरणों के निर्माण और बिक्री को प्रोत्साहित और विकसित करना है।

निर्माण कार्य की शुरुआत—विकलांगों के पुनर्वास के बारे में समाज में जागरूकता पैदा होने के साथ-साथ निगम द्वारा तैयार किए गए उत्पादों की माँग में पर्याप्त वृद्धि हुई है। इस वर्ष के दौरान इसके उत्पाद मूल्यों के 100 लाख रुपये से ज्यादा होने की उम्मीद है।

विभिन्न विपणन गतिविधियाँ—इन उत्पादों की माँग में वृद्धि होने के साथ-साथ विपणन गतिविधियों में पर्याप्त विस्तार होता रहा। देश के दूरस्थ छोरों तक इन उत्पादों को पहुँचाने के लिए क्षेत्रीय विपणन केन्द्रों और बड़ी प्राइवेट एजेंसियों को प्रभावित तथा प्रेरित किया गया। 1982-83 में 66.09 लाख रुपये की बिक्री हुई। चालू वर्ष से पहले 9 महीनों के दौरान 75.90 लाख रूपयें की बिक्री हुई तथा मार्च, 1984 के अन्त तक इसके 100 लाख रुपये से ज्यादा की बिक्री हो गई थी। भारतीय कृत्रिम अंग निर्माण निगम के उत्पाद विदेशों को भी निर्यात किए जा रहे हैं। उपभोक्ताओं की पसन्द व तरजीह को ध्यान में रखते हुए, उत्पादों की रूपरेखा तैयार की गई है। विकसित की गई, विकसित की जा रही कुछ प्रमुख उत्पाद वस्तुओं में पोलियों के रोगियों के लिए स्टील के बने हल्के और सस्ते आर्थेसिस, निचले अंगों की बैंसिग के लिए प्लास्टिक आर्थोसिस, अल्यूमिनियम से बनी काँस और कोहनी वाली बैसाखियाँ, अपंगों के लिए अतिरिक्त सुविधाओं वाली पहिया कुर्सी का कम कीमत का डिजाइन, कालरों के उन्नत डिजाइन, प्रोस्थेटिक और आर्थोटिक पुर्जों के

नए प्लास्टिक का प्रयोग, नेत्रहीनों के लिए प्लास्टिक की बनी ब्रेल और दिखाई की सलेट आदि शामिल हैं।

अंग निर्माण की सेवाएँ—विभिन्न राज्यों में अंग लगाने की सेवाएँ स्थापित करने के लिए राष्ट्रीय रक्षा कोष से 302 लाख रुपये की धनराशि की व्यवस्था की गई। भारतीय कृत्रिम अंग निर्माण निगम ने अब तक देश भर में अंग लगाने वाले 27 प्रमुख केन्द्र स्थापित किए हैं। इनमें से 25 केन्द्र राज्य सरकारों/केन्द्रीय सरकार की एजेंसियों के सहयोग से स्थापित किए गए हैं और 2 केन्द्र भारतीय कृत्रिम अंग निर्माण निगम द्वारा विभागीय तौर पर चलाए जा रहे हैं।

प्रशिक्षण प्रदान करना—विभिन्न केन्द्रों में कृत्रिम अंग फिट करने के काम को चलाने के लिए प्रोस्थेटिक और आर्थोटिक क्षेत्रों में प्रशिक्षित कर्मचारियों की बढ़ती माँग को पूरा करने के लिए कृत्रिम अंग निर्माण निगम ने उड़ीसा में औलातपुर, जिला कटक में राष्ट्रीय आर्थोटिक और प्रोस्थेटिक संस्था के नाम से एक प्रशिक्षण केन्द्र स्थापित किया है। यह संस्था एक ही छत के नीचे पूर्ण पुनर्वास की धारणा को मूल रूप प्रदान करती है। कृत्रिम अंग फिट करने की सेवाओं और प्रशिक्षण की सुविधाओं के अलावा इस संस्था में एक अस्थि अस्पताल भी है।

यह फैसला लिया गया है कि राष्ट्रीय प्रोस्थेटिक और ओर्थोटिक प्रशिक्षण संस्थान को भारतीय कृत्रिम अंग निगम से पृथक कर दिया जाए और इसको संस्था पंजीकरण अधिनियम, 1860 के अधीन एक संस्था के रूप में पंजीकृत किया जाए।

विकलांग संबंधित विभिन्न कल्याण कार्यक्रम एवं संस्थान का प्रावधान

विकलांगों के लिए छात्रवृत्तियों—विकलांगों के सामाजिक-आर्थिक पुनर्वास में विकलांगों की शिक्षा और प्रशिक्षण का प्रमुख स्थान है। विकलांगों को उनकी शिक्षा और उनके व्यावसायिक, तकनीकी, व्यावहारिक प्रशिक्षण को पूरा करने के लिए मदद देने के लिए समाज कल्याण मंत्रालय एक योजना चला रहा है जिसके अधीन 9वीं कक्षा से विकलांग विद्यार्थियों को छात्रवृत्तियाँ प्रदान की जाती हैं। आठवीं कक्षा तक, जहाँ कहीं जरूरी है, छात्रवृत्तियाँ प्रदान करना राज्य सरकारों से अपेक्षित है। जो विकलांग मनुष्य व्यावसायिक प्रशिक्षण प्राप्त करना चाहते हैं उन्हें 'स्टाइफण्ड' दिया जाता है।

इस योजना का सन् 1979 से विकेन्द्रीकरण कर दिया गया है ताकि विद्यार्थियों को छात्रवृत्ति का भुगतान शीघ्र किया जा सके तथा धनराशि भारत सरकार द्वारा उपलब्ध कराई जाती है। इस छात्रवृत्ति/स्टाइफण्ड की इस योजना से लगभग

10,000 विकलांग छात्र लाभ प्राप्त कर रहे हैं। वर्ष 1983-84 के दौरान 15,000 छात्रवृत्तियों के लक्ष्य की प्राप्ति की आशा की गई थी।

विकलांग व्यक्तियों स्वयंसेवी संगठन एवं विकलांग व्यक्ति—विकलांग व्यक्तियों के लिए स्वैच्छिक कार्यों को प्रोत्साहन देना भारत सरकार की नीति की आधारशिला रही है। इस दिशा में, समाज कल्याण मंत्रालय एक योजना कार्यान्वित कर रहा है जिसके तहत विकलांगों के लिए (1) विकलांगता का पता लगाने, इसकी शुरू में ही रोकथाम, विकलांगता की रोकथाम, (2) शिक्षा प्रशिक्षण/अनुसन्धान, सर्वेक्षण और अध्ययन, तथा (3) शारीरिक, मनोवैज्ञानिक सामाजिक और आर्थिक पुर्नवास के लिए सेवाओं का विकास करने के लिए स्वयंसेवी संगठनों को अनुमानित लागत के 90 प्रतिशत की सीमा तक वित्तीय मदद प्रदान की जाती है।

1982-83 के दौरान 138 स्वयंसेवी संगठनों को 174.98 लाख रुपये की धनराशि मंजूर की गई। 1983-84 के दौरान अप्रैल, 1983 से दिसम्बर, 1983 तक 95 स्वयंसेवी संगठनों को करीब 100.00 लाख रुपये मंजूर किए गए।

सहायक यन्त्र और उपकरण खरीदने/लगाने के लिए विकलांग व्यक्तियों को मदद—विशेष उपकरणों की मदद से विकलांगों की अक्षमता को कम करना वर्तमान टेक्नोलाजी ने सम्भव बना दिया है। भारत में बहुत-से ऐसे सहायक उपकरण तैयार होते हैं। विकलांग व्यक्तियों के लिए अन्तर्राष्ट्रीय विकलांग वर्ष (1981) के अवसर पर सहायक उपकरण प्रदान करने के लिए एक योजना शुरू की गई है। इस योजना के अन्तर्गत 25 से 1,500 रुपये तक की कीमत वाले सहायक उपकरण 750 रुपये से 1,500 रुपये तक की कीमत वाले सहायक उपकरण 750 रुपये प्रतिमाह से कम आय वाले व्यक्तियों के लिए निःशुल्क तथा 750 रुपये से 1,500 रुपये प्रतिमाह आय वाले व्यक्तियों को आधी कीमत पर प्रदान किए जाते हैं।

1980-81, 1981-82 और 1982-83 के दौरान इस योजना को कार्यान्वित करने वाली एजेंसियों को इन सहायक उपकरणों को प्रदान करने के लिए क्रमशः 40.74, 76.11 और 100.00 लाख रुपये की सहायता दी गई थी। इस प्रयोजन के लिए मान्यता प्राप्त लगभग 59 कार्यान्वयन एजेंसियों को अप्रैल से दिसम्बर, 1983 के दौरान करीब 60.00 रुपये की धनराशि का अनुदान पहले ही मंजूर किया जा चुका था।

पुनर्वास केन्द्र हेतु विकलांग व्यक्तियों—जिला पुनर्वास केन्द्रों को स्थापित करने की योजना में ग्रामीण क्षेत्रों में विकलांग व्यक्तियों के लिए विस्तृत और समेकित सेवाएँ प्रदान की जाती हैं। परियोजना में विकलांग मनुष्य का उसके बचपन

से ही, जब तक उसकी समाज में पुनः स्थापना नहीं हो जाती, ध्यान दिया जाता है। इस योजना के अन्तर्गत विकलांगों की मदद के लिए वर्तमान स्वास्थ्य अवसंरचना और सामुदायिक स्त्रोतों का उपयोग किया जाता है। केवल आवश्यक निवेशों को ही समाज कल्याण मंत्रालय द्वारा वित्तपोषित किया जा रहा है। चार पुनर्वास केन्द्रों की मंजूरी दे दी गई है, रिपोर्टाधीन वर्ष के दौरान दो और केन्द्रों को मंजूर होने की सम्भावना थी।

खास प्रकार के रोजगार कार्यालय—देश भर में विकलांगों के रोजगार के लिए 22 विशेष रोजगार कार्यालयों ने काम जारी रखा। विकलांग व्यक्तियों को लाभप्रद रोजगार दिलाने के लिए सामान्य रोजगार कार्यालयों सहित विशेष रोजगार कार्यालयों ने प्रयास जारी रखे।

सामान्य तरह के रोजगार कार्यालय विशेष सेल—रोजगार से सम्बद्ध कार्यदल और विशेष रोजगार कार्यालयों के पुनर्गठन से सम्बद्ध कार्यदल की सिफारिशों के अनुसरण में विकलांग व्यक्तियों को रोजगार दिलाने में सहायता करने के लिए सामान्य रोजगार कार्यालयों में विशेष सैल स्थापित करने का निर्णय लिया गया था। 20 राज्यों में 31 विशेष सैल मंजूर किए गए हैं। विशेष रोजगार कार्यालयों और विशेष सैलों के स्थानों को दर्शाने वाली सूची अनुबन्ध पर है।

समेकित शिक्षा योजना—समाज कल्याण मंत्रालय द्वारा 1974 में शुरू की गई विकलांग बच्चों के लिए समेकित शिक्षा की योजना द्वारा सामान्य स्कूलों में विकलांग बच्चों को शिक्षा प्रदान की जाती है। अध्यापकों और बच्चों को भी परिवर्द्धित और उदार लाभ प्रदान करने के लिए 1981-82 में योजना में संशोधन किया गया। संशोधित योजना के अन्तर्गत राज्य सरकारों और केन्द्र शासित प्रदेशों/प्रशासनों को पहले मिलने वाली 50 प्रतिशत सहायता के स्थान पर 100 प्रतिशत सहायता प्रदान की जाती हैं। इस योजना के अन्तर्गत प्रशिक्षित अध्यापकों को सहज कराने और विकलांग बच्चों के शिक्षण के लिए विशेष प्रशिक्षण आयोजित करने के लिए चुने हुए विश्वविद्यालयों/संस्थाओं को अनुदान भी दिए जाते हैं ताकि भविष्य में कार्यक्रम के विस्तार को पूरा किया जा सके। इस उद्देश्य हेतु अनुदान विश्वविद्यालय अनुदान आयोग के द्वारा दिए जाते हैं।

विकलांग बच्चों की शिक्षा से सम्बन्धित गठित कार्यदल की सिफारिश के अनुसार योजना में कार्यान्वयन के काम को अक्टूबर, 1982 में समाज कल्याण मंत्रालय से शिक्षा मंत्रालय को स्थानांतरित कर दिया गया। वित्त वर्ष 1983-84 के दौरान 41 लाख रुपये की बजट व्यवस्था के व्यय होने की सम्भावना थी।

नियोजक एवं विकलांग कर्मचारियों के लिए राष्ट्रीय पुरस्कार—राष्ट्रपति विकलांगों के सर्वोत्कृष्ट नियोजकों और सरकारी, सार्वजनिक क्षेत्र के उपक्रमों, स्थानीय निकायों, निगमों और निजी क्षेत्रों के सबसे ज्यादा कुशल विकलांग कर्मचारियों/स्वरोजगाररत व्यक्तियों को प्रतिवर्ष इस मंत्रालय द्वारा शुरू किए गए राष्ट्रीय पुरस्कारों का वितरण करते हैं। 1981 से विकलांगों के स्थापन अधिकारी भी इस पुरस्कार के पात्र हैं। ये पुरस्कार नेत्रहीनों, बधिरों, अस्थिविकलांगों तथा मानसिक रूप से पिछड़े व्यक्तियों के लिए हैं। 1983 में कुष्ठरोग मुक्त कर्मचारियों तथा उनके नियोजकों को भी शामिल करके इस योजना को और अधिक विस्तृत बना दिया गया। 1983 में 11 नियोजकों, 20 कर्मचारियों, 2 स्वरोजगाररत मनुष्ययों और 2 स्थापन अधिकारियों को इस योजना के अन्तर्गत सम्मानित किया गया।

विकलांगों कल्याण क्षेत्र में सर्वोत्तम कार्य के लिए राष्ट्रीय पुरस्कार—मंत्रालय द्वारा विकलांगों के हित में स्वैच्छिक कार्यों के लिए सरकारी सम्मान के रूप में 1983 में विकलांगों के कल्याण के सर्वोत्कृष्ट कार्य के लिए राष्ट्रीय पुरस्कार प्रदान करने की एक योजना प्रारम्भ की गई है। इस पुरस्कार में (1) मनुष्य के लिए पुरस्कार में एक प्रशस्ति पत्र, एक प्रमाण पत्र और 20,000 रुपये का नकद पुरस्कार होता है, (2) संस्था के लिए एक प्रशस्ति पत्र, एक प्रमाण पत्र और 1,00,000 रु. का नकद पुरस्कार होता है। यदि इस पुरस्कार के लिए एक से ज्यादा संस्था का चयन किया जाता है तो यह पुरस्कार उनमें बाँट दिया जाएगा।

विश्व विकलांग दिवस—प्रत्येक वर्ष मार्च का तीसरा रविवार विश्व विकलांग दिवस के रूप में मनाया जाता है। इस अवसर पर मंत्रालय विकलांगों द्वारा खेल, कौशल और प्रतिभा प्रतियोगिताएँ तथा साँस्कृतिक कार्यक्रमों का आयोजन करता है। विजेताओं को पुरस्कार भी दिए जाते हैं। विश्व विकलांग दिवस मनाने के लिए 19-20 मार्च, 1983 का दिन का कार्यक्रम आयोजित किया गया।

गणतन्त्र दिवस परेड का विकलांगों द्वारा देखना—1973 से समाज कल्याण मंत्रालय देश के अलग-अलग भागों से विकलांग व्यक्तियों को गणतन्त्र दिवस परेड देखने के लिए आमन्त्रित करता रहा। 1983 की गणतन्त्र दिवस परेड देखने हेतु 60 विकलांग व्यक्तियों को आमन्त्रित किया गया। दृष्टिहीन और अस्थि-विकलांग व्यक्तियों की एक मार्गरक्षी अपने साथ लाने की आक्षा है। विकलांग व्यक्तियों को उनके मार्ग-रक्षियों के भोजन, आवास और यात्रा का व्यय सरकार द्वारा वहन किया जाता है। 1984 की गणतन्त्र दिवस परेड देखने के लिए 50 विकलांग मनुष्य आमन्त्रित किए गए।

पेट्रोल परिपूर्ति सहायता सेवा—इस योजना के तहत मोटर गाड़ियों के विकलांग मालिकों द्वारा पेट्रोल/डीजल पर किए गए व्यय के 50 प्रतिशत भाग की कुछ विशेष सीमा शर्तों के आधार पर प्रतिपूर्ति की जाती है। इस योजना के तरह वे सभी विकलांग मनुष्य शामिल किए जाते हैं जिनकी आय 2,000 रुपये प्रतिमाह से कम है।

विकलांग पुनर्वास के लिए रिसर्च—विकलांगों के लिए अनुसन्धान प्रायोजित करने के लिए भारतीय प्रौद्योगिकी संस्थानों, मेडीकल कॉलेजों, विश्वविद्यालयों के विभागों जैसे उत्कृष्ट संस्थानों और स्वयंसेवी संगठनों को 100 प्रतिशत सहायता के लिए सहायक अनुदान दिए जाते हैं।

1983-84 के दौरान अग्रलिखित परियोजनाओं के लिए धनराशियाँ स्वीकृत की गईं—

1. दृष्टिहीन के शैक्षिक और स्वैच्छिक सहायक उपकरणों का विकास	आई. आई. टी, नई दिल्ली
2. कम दृष्टि के सहायक उपकरणों हेतु मध्यस्थ टेक्नोलाजी का उपयोग करने के लिए परियोजना	डॉ. राजेन्द्र प्रसाद नेत्र प्रदाहग्रस्त विज्ञान, नई दिल्ली।

विकलांग कल्याण हेतु राष्ट्रीय परिषद्—विकलांगों हेतु नीतियों और कार्यक्रमों को तैयार करने के लिए एक सलाहकारी निकाय के रूप में विकलांग की अध्यक्षता में किया गया है। राष्ट्रीय परिषद् में 22 राज्य सरकारों के समाज कल्याण मन्त्री, केन्द्रीय मंत्रालयों/विभागों के सम्बन्धित सचिव, अखिल भारतीय संघों और प्रमुख स्वयंसेवी संगठनों के प्रतिनिधि और 3 संसद् सदस्य (2 लोकसभा और एक राज्यसभा) सम्मिलित हैं।

विकलांग कल्याण के लिए राष्ट्रीय परिषद् के कार्य नीचे दिए अनुसार हैं—

(क) विकलांगों के कल्याण और पुनर्वास के लिए नीति दिशा-निर्देशों को तैयार करना;

(ख) राष्ट्रीय कार्ययोजना तैयार करना;

(ग) विकलांग जनसंख्या हेतु अनुसन्धान, प्रशिक्षण और सेवाओं पर एक समन्वित और विस्तृत दृष्टिकोण करना;

(घ) विकलांगों के पुनर्वास मे जन-साधारण की सहभागिता सुनिश्चित करना; और

(ङ) विकलांगों के कल्याण के लिए वैधानिक, प्रशासकीय और अन्य उपायों की अवधिवार समीक्षा।

विकलांग कल्याण हेतु राष्ट्रीय परिषद् की प्रथम बैठक 29 नबम्वर, 1983 को शिक्षा, संस्कृति और समाज कल्याण राज्य मन्त्री की अध्यक्षता में सम्पन्न हुई।

विकलांग रोजगार संबंधी केन्द्रीय सलाहकार समिति—विकलांगों के रोजगार हेतु केन्द्रीय सलाहकार समिति का गठन सचिव, समाज कल्याण मंत्रालय की अध्यक्षता में किया गया हैं। आरक्षण आदेशों के उपयुक्त कार्यान्वियन में मदद करना और विभिन्न मंत्रालयों/विभागों में कार्यान्वित किए गए आरक्षण आदेशों का प्रबोधन इस समिति के मुख्य कार्य हैं। वर्ष के दौरान समिति की बैठकें 29 अप्रैल, 1983 और 5 नवम्बर, 1983 को हुईं।

विकलांग सहायता प्रदर्शनी—2 से 4 अक्टूबर, 1983 तक देश में 'इम्पैक्ट इण्डिया' परियोजना के उद्घाटन के अवसर पर समाज कल्याण मंत्रालय ने स्वास्थ्य एवं परिवार कल्याण मंत्रालय के सहयोग से 'विकलांगों की सहायता करें' प्रदर्शनी आयोजित की गई। प्रदर्शनी का उद्घाटन भारत के राष्ट्रपति द्वारा किया गया।

प्रदर्शनी का मुख्य उद्देश्य विकलांगता की शीघ्र पहचान और उसकी रोकथाम था।

विकलांग सर्वेक्षय—अन्तर्राष्ट्रीय विकलांग वर्ष के दौरान समाज कल्याण मंत्रालय ने भारत में विकलांगताओं के नतीजे पर सर्वेक्षण का सूत्रपात किया था। मंत्रालय के अनुरोध पर राष्ट्रीय नमूना सर्वेक्षण संगठन ने देश भर के विकलांग व्यक्तियों पर एक सर्वेक्षण किया ताकि देश में विकलांगों के प्रभाव क्षेत्र और व्यापकता का सुसंगत अंदाज लगाया जा सके।

नमूने के लिए 5,409 गाँव और 3,652 शहरी खण्डों के द्वारा देश के लगभग सम्पूर्ण भाग को सर्वेक्षण में शामिल कर लिया गया है। सिक्किम और पाँच केन्द्र शासित प्रदेशों को छोड़कर सभी राज्यों ने सर्वेक्षण कार्य में भाग लिया।

तीन तरह की अपंगताएँ अर्थात् दृष्टि विषयक अपंगताएँ, संचार-विषयक अपंगताएँ और चलने-फिरने विषयक अंपगताएँ शामिल थीं। सर्वेक्षण में मानसिक अविकसितता विषय को शामिल नहीं किया गया।

सर्वेक्षण से पता चलता है कि कुल जनसंख्या का करीब 1.8 प्रतिशत अर्थात् 1.2 करोड़ व्यक्तियों का किसी न किसी तरह की अपंगता से ग्रस्त होने का अनुमान है। विकलांगों में से दस प्रतिशत मनुष्य एक से ज्याद तरह की शारीरिक अपंगता होने की रिपोर्ट दी गई है।

चलने विषयक अपंगताओं की अनुमानित संख्या 54 लाख थी जिसके उपरान्त दृष्टिबाधितों (34 लाख), श्रवणबाधितों (30.30 लाख) और वाणी विषयक विकलांगों (17.5 लाख) की बारी आती है।

सर्वेक्षण से यह मालूम हुआ है कि वाणी विषयक अपंगता को छोड़कर सभी तरह की अपंगताओं में व्यापकता दर में बढ़ोत्तरी होती दिखाई देती है और 60 वर्ष की आयु तथा उससे ज्यादा आयु की अवस्था में वृद्धि चरम सीमा पर होती है। वाणी विषयक अपंगता मुख्य रूप से 5–14 वर्ष के आयु वर्ग में पाई जाती है। 60 वर्ष और उससे ज्यादा आयु वर्ग की अपंग जनसंख्या में ज्यादा अनुपात ऐसी जनसंख्या का है जिसे 45 वर्ष और उससे ज्यादा आयु वर्ग में ही अपंगता से ग्रस्त पाया गया है।

(घ) राष्ट्रीय समाज रक्षा

औद्योगिकरण, शहरीकरण का अन्य सामाजिक आर्थिक विकास के कारण उत्पन्न हुई, सामाजिक असंगठनता की समस्याएँ अपचार, किशोर आवारगी, नशीली औषधियों का व्यसन, शराबनोशी, विभिन्न तरह के अपराधों, स्त्रियों व लड़कियों में अनैतिक पणन के रूप में प्रकट हुई हैं। उस समस्याओं से निवारक, सुधारक और पुनर्वास जैसे उपायों से निपटने की आवश्यकता है। मुख्यतः राज्य सरकारों द्वारा समाज रक्षा के कार्यक्रमों को क्रियान्वित किया जाता है फिर भी, केन्द्रीय समाज कल्याण मंत्रालय पूर्णरूप से नीति निर्देशन करता है और अनुसन्धान तथा प्रशिक्षण कार्य शुरू करता हैं।

राष्ट्रीय समाज रक्षा संस्थान

राष्ट्रीय समाज रक्षा संस्थान अपराधों को रोकने तथा अपराधियों के उपचार के क्षेत्र में मंत्रालय के एक केन्द्रीय सलाहकार निकाय के रूप में कार्य कर रहा है। संस्थान के उद्देश्य ये हैं–

(1) समाज रक्षा के क्षेत्र में नीतियों और कार्यक्रमों की समीक्षा करना,

(2) समाज रक्षा सम्बन्धी समस्याओं का पूर्वानुमान करना और उनका समाधान करना;

(3) समाज रक्षा क्षेत्र में निवारक, पुनर्वासात्मक और उपचारात्मक नीतियों का विकास करना,

(4) समाज रक्षा नीतियों के लक्ष्यों को प्राप्त करने के लिए उपायों का पता लगाना और उनका विकास करना,

(5) समाज रक्षा नीतियों और कार्यक्रमों के कार्यान्वयन की समीक्षा करना और उनका मूल्यांकन करना, और

(6) समाज रक्षा के क्षेत्र में स्वयंसेवी कोशिश का विकास करना और उसे बढ़ावा देना।

इन लक्ष्यों की प्राप्ति के लिए यह संस्थान अनुसन्धान करता है, आँकड़ों का संकलन, शोधन और विश्लेषण का विकास करता है, उसे बढ़ावा देता है, प्रायोजित और प्रदान करता है। नमूना कानून, नियमों और विनियमों के मसौदे तैयार करता है, केन्द्रीय और राज्य सरकारों/केन्द्र शासित प्रदेश प्रशासनों को परामर्श देता है तथा तकनीकी सेवा सुविधाएँ प्रदान करता है, सूचना के लिए समाशोधन केन्द्र के रूप में कार्य करता है, जनता में जागरूकता उत्पन्न करता है, संयुक्त राष्ट्र तथा अन्य देशों और एजेंसियों के साथ जानकारी का आदान-प्रदान करने के लिए भारत सरकार को मदद देता है, विश्वविद्यालयों, अनुसन्धान संस्थाओं और स्वंयसेवी संगठनों के साथ सम्पर्क स्थापित करता है, सम्मेलनों/सेमीनारों ओर वर्कशाप का आयोजन करता है तथा समाज रक्षा के क्षेत्र में प्रकाशन निकालता है। इस प्रकार से संस्थान समाज रक्षा के पृथक-पृथक क्षेत्रों में निवारक, सुधारक और पुनर्वास की विस्तृत सेवाओं से सम्बन्धित है जिसमें कैदियों का कल्याण, जेल सुधार और प्रशासन, किशोर आवारगी, अपचार और अपराध, परिवीक्षा, भिक्षावृत्ति, सामाजिक और नैतिक स्वास्थ्य, शराबखोरी, जुआखोरी, आत्महत्या और नशीली औषधियों का व्यसन शामिल है। नियत कार्य का पूरा करने के विचार से संस्थान में अनुसन्धान, प्रशिक्षण और साधारण सेवा सुविधाओं के लिए पृथक् प्रभाग स्थापित किए गए हैं। संस्थान द्वारा रिपोर्टाधीन वर्ष में शुरू किए गए कार्य नीचे दिए गए हैं–

समाज रक्षा संबंध्सी विभिन्न कानून–संस्थान ने जेल प्रशासन, किशोर सुधार, परिवीक्षा, अनैतिक पणन, दमन भिक्षावृत्ति रोकथाम और मदिरापान तथा नशीली औषधियों के दुरुपयोग की रोकथाम के क्षेत्र में कानूनों, नियमों और विनियमों के प्रतिपादन, परिशोधन और लागू करने में केन्द्रीय और राज्य सरकारों की सहायता की है। जिन कुछ महत्त्वपूर्ण पहलुओं पर विचार किया गया, वे निम्नलिखित प्रकार से हैं–

(क) बाल अधिनियम, 1960 को लागू करने और बाल संशोधन अधिनियम, 1978 के उपबन्धों का केन्द्र शासित प्रदेशों के साथ अपनाया गया। इसके साथ-साथ राज्य सरकारों को केन्द्रीय बाल अधिनियम की प्रगतिशील बातों को अपनाने का परामर्श दिया गया।

(ख) वर्ष के दौरान बिहार, उड़ीसा, सिक्किम और त्रिपुरा में बाल अधिनियम के अधिनियमित हो जाने से आवश्यक संस्थान स्थापित करने की कार्यवाही का सम्बन्धित प्राधिकारियों के साथ अनुसरण किया गया।

(ग) स्त्रियों और लड़कियों के अनैतिक पणन दमन (संशोधन) अधिनियम, 1978 के तहत नियम बनाने के लिए संस्थान द्वारा जारी किए गए दिशा-निर्देशों का राज्य सरकारों और केन्द्र शासित प्रदेश प्रशासनों के साथ अनुसरण किया गया। इसके अलावा निम्नलिखित विधेयकों पर विचार किया गया—

1. गुजरात बाल विधेयक, 1983;
2. कर्नाटक देवदासी (समर्पण निषेध) विधेयक, 1982;
3. भारतीय साक्ष्य (महाराष्ट्र संशोधन) विधेयक, 1983 और
4. आन्ध्र प्रदेश में शराब के अवैध धन्धा करने वालों के खतरनाक कार्यकलापों, साम्प्रदायिक अपराधियों, डकैतों, नशीले पदार्थों के अपराधियों, बदमाशों, अनैतिक पणन के अपराधियों और भूमि हथियाना सम्बन्धी विधेयक, 1983।

तकनीकी सलाह एवं सहायता प्रदान करना—केन्द्रीय और राज्य सरकारों एवं स्वयंसेवी संगठनों को नियमित आधार पर तकनीकी सलाह प्रदान करने के अतिरिक्त संस्थान ने समाज रक्षा के क्षेत्र में राष्ट्र और अन्तर्राष्ट्रीय तथा विदेशी एंजेसियों के साथ तकनीकी उपकरण और जानकारी के आदान-प्रदान में मदद की। जिन महत्त्वपूर्ण मदों पर कार्यवाही की गई, वे अग्र प्रकार हैं—

(1) अखिल भारतीय जेल सुधार समिति (1980-83) की रिपोर्ट जो समाज कल्याण मंत्रालय के माध्यम से प्राप्त हुई पर विचार किया गया और उस पर टिप्पणी की गई।

(2) सातवें वित्त आयोग की सिफारिश के अनुसार और आठवें वित्त आयोग द्वारा विचार करने के लिए प्रस्तावित किए अनुसार राज्य सरकारों और केन्द्र शासित प्रदेश प्रशासनों को जेल प्रशासन में सुधार लाने के लिए तकनीकी मदद प्रदान की गई।

(3) कुल राज्यों में जेल में बन्द बच्चों की विस्तारपूर्वक जाँच की गई और बाल अधिनियम के अन्तर्गत विशिष्ट अवसंरचना प्रदान करने के लिए सुझाव दिए गए।

(4) केन्द्रीय समाज रक्षा सलाहकार बोर्ड की 10वीं बैठक की सिफारिशों का केन्द्रीय और राज्य सरकारों के साथ अनुसरण किया गया।

(5) स्वयंसेवी संगठनों के लिए मद्य-निषेध के लिए शिक्षा कार्य के लिए दिशा-निर्देश तैयार किए गए।

(6) योजना आयोग द्वारा 7वीं पंचवर्षीय योजना के लिए समाज रक्षा के लिए गठित किए गए कार्यदल को और मद्यपान और नशीली दवाओं के व्यसन के विरुद्ध नीति बनाने के लिए मंत्रालय द्वारा बनाए गए कार्यदल को भी संस्थान द्वारा सचिवालय सहायता प्रदान की गई।

(7) अपराध निवारण और अपराधियों के उपचार के क्षेत्र में संस्थान ने संयुक्त राष्ट्र के मुख्य संवाददाता के लिए सचिवालय सहायता प्रदान की।

(8) अपराध की रोकथाम और अपराधियों के उपचार पर संयुक्त राष्ट्र सम्मेलन से सम्बन्धित मामलों की जाँच की गई।

समाज रक्षा प्रशिक्षण संस्थान—इसने इस क्षेत्र में विभिन्न वर्गों के समाज रक्षा कार्मिकों और कार्यकर्त्ताओं के लिए (दिसम्बर, 1983 तक) 15 प्रशिक्षण पाठ्यक्रमों/सेमिनारों का आयोजन किया। जनवरी-मार्च, 1984 तक यह संस्थान करीब 12 और ऐसे प्रशिक्षण पाठ्यक्रमों सेमिनारों का आयोजन करेगा, जिससे करीब 600 कार्यकर्त्ता लाभान्वित होंगे। प्रशिक्षण कार्यक्रमों के तहत आने वाले विशिष्ट क्षेत्र निम्न हैं—

(1) अपचार नियन्त्रण,
(2) सुधारात्मक अनुसन्धान और साँख्यिकी,
(3) भिक्षावृत्ति रोकथाम,
(4) जेलों में कल्याण सेवाएँ,
(5) अनैतिक पणन दमन,
(6) जेल प्रशासन,
(7) औषधियों के दुरुपयोग और मदिरापान पर रोकथाम,
(8) समाज रक्षा में स्वेच्छा से भाग लेना,
(9) सुधारात्मक प्रशासन और
(10) समाज रक्षा में न्यायपालिका की भूमिका।

संस्थान ने राष्ट्रीय स्तर पर निम्नलिखित चार पाठ्यक्रमों/सेमिनारों का आयोजन किया—

1. सामाजिक कानून के कार्यान्वयन पर प्रशिक्षण पाठ्यक्रम,
2. समाज रक्षा में पुलिस की भूमिका पर प्रशिक्षण पाठ्यक्रम,
3. समाज रक्षा और कल्याण में जन संचार की भूमिका से सम्बद्ध कार्यशाला,
4. महिलाओं के अधिकारों के संरक्षण के लिए कार्यवाही पर सेमिनार—राज्य और मनुष्य की भूमिका।

विश्वविद्यालयों, समाज कार्य स्कूलों एवं समाज विज्ञान संस्थानों के साथ सम्पर्क बनाए रखने के उद्देश्य से यह संस्थान अपराध और सुधारात्मक सम्बन्धी सेवाओं में विशिष्टता प्राप्त करने के लिए छात्रों को प्रशिक्षण की सुविधाएँ प्रदान करता है।

रिसर्च, आंकड़े एवं मूल्यांकन—संस्थान ने स्त्रियों और लड़कियों में अनैतिक पणन दमन अधिनियम, 1956 और 1981-82 के लिए बाल अधिनियम सेवाओं के कार्यान्वयन पर ज्यादातर का विश्लेषण प्रकाशित किया। संस्थान ने अधिकांश राज्यों/केन्द्र शासित प्रदेशों में परिवीक्षा सेवाओं, जेलों, भिक्षावृत्ति विरोधी कार्यक्रमों, अनैतिक पणन दमन और 1981-82 तक बाल अधिनियम सेवाओं के अन्तर्गत आने वाली संस्थाओं से सम्बन्धित अद्यतन आँकड़ों को भी तैयार किया।

निम्न परियोजनाएँ विकास के अलग-अलग चरणों में थीं—

1. आन्ध्र प्रदेश में बाल अधिनियम के तहत प्रमाणित स्कूलों का मूल्यांकन।
2. देश में स्त्रियों और लड़कियों में अनैतिक पणन दमन अधिनियम, 1956 को कार्यान्वित किए जाने सम्बन्धी गूल्याँकन।
3. देश में अल्प आवास गृहों का मूल्यांकन।

प्रकाशन कार्यक्रम—अलग-अलग स्तरों पर समाज रक्षा के कार्यक्रमों और समस्याओं के सम्बन्ध में आम जनता में जागृति उत्पन्न करने और ज्ञान और अनुभव के प्रसार के बारे में संस्थान के प्रकाशन कार्यक्रम में तेजी लाने का कार्य चलता रहा है। त्रैमासिक पत्रिका 'समाज रक्षा' के नियमित प्रकाशन (तीन अंकों) के अलावा बाल अधिनियम पर एक परिचालन-नियम पुस्तिका प्रकाशित की गई और राज्य सरकारों, केन्द्र शासित प्रदेश प्रशासनों और सम्बन्धित संगठनों को परिचालित की गई।

भारत सरकार एवं अल्प आवास गृह

भारत सरकार वेश्यावृत्ति की कुप्रथा के खिलाफ निवारण उपाय शुरू करने के लिए स्वयंसेवी संगठनों को मदद प्रदान करती है। इस प्रयोजन के लिए सामाजिक तथा नैतिक खतरों में पड़ी स्त्रियों और लड़कियों को अस्थाई आश्रय देने हेतु अल्प आवास-गृहों की एक योजना है, जिसे स्वयंसेवी संगठनों के माध्यम से चलाया जा रहा है। अल्प आवास गृहों में प्रदान की जाने वाली सेवाओं में ये सम्मिलित हैं—स्वास्थ्य जाँच, व्यक्तिगत परामर्श, केस वर्क सेवाएँ, पारिवारिक जीवन सम्बन्धी शिक्षा, शैक्षिक शिक्षा, व्यावसायिक मार्गदर्शन तथा रोजगार और विवाह द्वारा पुनर्वास/गृहों में संवासियों को व्यक्तिगत रूप से उपचार देने पर जोर दिया जाता है।

अल्प आवास गृह की योजना को दो राष्ट्रीय स्तर के स्वयंसेवी संगठनों अर्थात् एसोसिएशन फॉर सोशल हैल्थ इन इण्डिया, नई दिल्ली और भारतीय आदिम जाति सेवक संघ, नई दिल्ली द्वारा कार्यान्वित किया जा रहा है। रिपोर्टाधीन वर्ष के शुरू में देश के विभिन्न भागों में 14 गृह काम कर रहे थे। वर्ष 1983-84 के दौरान 7 और गृहों को स्वीकृति प्रदान की गई है।

पारिवारिक जीवन संस्थान

एसोसिएशन फॉर सोशल हैल्थ इन इण्डिया द्वारा एक पारिवारिक जीवन संस्थान चलाया जा रहा है जिसके लिए 24,000 रु. का वार्षिक अनुदान दिया गया है। इस संस्थान के मुख्य कार्य असमायोजित पत्नी/पति/माता या पिता/अविवाहित युवक/भ्रमित किशोर/स्कूल छुड़ाए गए बच्चों आदि के हितों के लिए परामर्श सेवाएँ और पारिवारिक जीवन शिक्षा है। विद्यार्थियों, दम्पतियों, किशोरों, होने वाली माताओं, नर्सों, अध्यापकों और औद्योगिक कामगारों के लिए पारिवारिक जीवन शिक्षा की भी व्यवस्था की जाती है।

अनैतिक पणन के विरुद्ध और सामान्य नैतिक स्तर को ऊँचा उठाने के लिए जनमत तैयार करने के लिए प्रायोगिक परियोजना

अनैतिक पणन के विरुद्ध जनमत तैयार करने और समाज में नैतिक स्तर को ऊँचा उठाने के लिए एक प्रायोगिक परियोजना चलाने के लिए एसोसिएशन फॉर सोशल हैल्थ इन इण्डिया को वित्तीय मदद प्रदान की गई है। राष्ट्रीय समाज रक्षा संस्थान, नई दिल्ली द्वारा अब परियोजना का मूल्यांकन किया जा रहा है।

मद्य निषेध सिद्धांत

मद्य निषेध राज्य के नीति निर्देशक सिद्धान्तों में से एक है। मादक पेयों के उत्पादन, निर्माण, उनका रख-रखाव, परिवहन और बिक्री और आदमी के उपभोग के मादक द्रव्यों पर आबकारी कर लगाना राज्य सूची के तहत आता है। अतः मद्य निषेध के बारे में सांविधानिक कर्त्तव्यों को पूरा करने की जिम्मेदारी मुख्यतः राज्य सरकारों की है। तथापि भारत सरकार राज्य सरकारों को इस दिशा में साँविधानिक कर्त्तव्यों को पूरा करने के लिए अर्थपूर्ण और प्रभावी कदम उठाने के लिए राज्य सरकारों का अनुसरण करने की सक्रिय भूमिका निभा रही हैं।

इस दिशा में एक उपाय के रूप में मद्य निषेध की नीति की आवधिक समीक्षा करने और इसे लागू करने के लिए मंत्रालय ने सभी राज्य सरकारों और केन्द्र शासित प्रदेश प्रशासनों के मद्य निषेध के प्रभारी मन्त्रियों सहित केन्द्रीय समाज कल्याण

मन्त्री की अध्यक्षता में एक केन्द्रीय नशाबन्दी समिति गठित की। इस समिति का 17 सितम्बर, 1982 को 3 वर्ष की अवधि के लिए अर्थात् 30 सितम्बर, 1985 तक पुनर्गठन किया गया था। केन्द्रीय मद्य निषेध समिति की 11वीं बैठक में की गई सिफारिशों के अनुसरण में मंत्रालय ने 20 अप्रैल, 1983 को मद्यपान और नशीली औषधियों के सेवन के विरुद्ध नीतियाँ बनाने के लिए एक कार्यदल स्थापित किया।

मद्यपान और नशीली दवाओं के सेवन के कुप्रभावों के बारे में जनता को शिक्षित करने के लिए राज्य सरकारों द्वारा उठाए जा रहे कदमों की पूर्ति के लिए समाज कल्याण मंत्रालय स्वयंसेवी संगठनों को सहायक अनुदान के द्वारा और जन संचार माध्यम के द्वारा इस बारे में शिक्षाप्रद प्रचार का कार्य कर रहा है। स्वयंसेवी संगठनों को मद्य निषेध के लिए शिक्षण कार्य करने हेतु सहायक अनुदान की योजना के तहत अखिल भारतीय और प्रमुख स्वयंसेवी संगठनों का मद्य निषेध के प्रचार हेतु बैठकों, सेमिनारों, सम्मेलनों और शिविरों इत्यादि को आयोजित करने के लिए सहायक अनुदान दिया जा रहा है।

समाज के असुरक्षित वर्गो में, छात्र समुदाय अतिसंवेदनशील आयु होने के कारण शराब और नशीली दवाओं के सेवन का आसानी से शिकार हो जाता है। इस समस्या को निम्न स्तर पर समाधान करने के विचार से स्वयंसेवी संगठनों को मद्य निषेध के लिए शिक्षा के कार्य करने के लिए सहायता की योजना को विश्वविद्यालय स्तर पर छात्रों में निबन्ध और वाद-विवाद प्रतियोगिता आयोजित करने के लिए भी सहायता देने हेतु संशोधित किया गया है। योजना के तहत प्रत्येक प्रतियोगिता में ऊपर के तीन प्रतियोगियों को 300 रुपये, 200 रुपये, 100 रुपये, का नकद पुरस्कार दिया जाता है। इसके अलावा 50-50 रुपये के दो सांत्वना पुरस्कार भी दिए जाते हैं चूँकि 1983-84 पहला वर्ष था, इसलिए 49 विश्वविद्यालयों/संस्थानों की ऐसी प्रतियोगिताओं के आयोजन के लिए अचानक ही चयन किया गया। दिसंम्बर, 1983 तक 22 विश्वविद्यालयों/संस्थानों ने ऐसी प्रतियोगिताएँ आयोजित करने के लिए मंत्रालय के अनुरोध को स्वीकार किया।

सूचना एवं प्रसारण मंत्रालय के जन प्रचार एककों द्वारा किए जा रहे प्रचार के अलावा समाज कल्याण मंत्रालय ने 1982-83 के दौरान विज्ञापन और दृश्य प्रचार निदेशालय को रेडियो ओर दूरदर्शन के माध्यम से प्रचार को सुदृढ़ करने के लिए 9,57,600 रुपये की अग्रिम राशि प्रदान की। मद्य निषेध के प्रचार को मजबूत करने के लिए ''नशीले पदार्थों से दूर रहो—ये स्वास्थ्य और परिवार को बर्बाद करते हैं'' नामक संदेश को डाक व तार महानिदेशालय के द्वारा 10 मिलियन अन्तर्देशीय पत्रों पर छपवाया गया।

सन् 1977-78 को आधार वर्ष मानकर भारत सरकार ने मद्य निषेध को लागू करने पर राज्य सरकारों को आबकारी राजस्व की होने वाली हानि की 50 प्रतिशत तक की राशि की वर्ष 1983-84 तक क्षतिपूर्ति करने की योजना प्रारम्भ की चूंकि 1983-84 प्रस्ताव का अन्तिम वर्ष था, अतः 1983-84 के बजट अनुमानों में 1 लाख रु. का प्रावधान शामिल किया गया। फिर भी राज्य सरकारों द्वारा इस प्रावधान का उपयोग नहीं हो पाया।

1983-84 के दौरान मद्य निषेध के प्रचार हेतु 15 लाख रु. का प्रावधान किया गया। इसमें से 6 लाख रु. स्वयंसेवी संगठनों, विश्वविद्यालयों संस्थाओं को सहायक अनुदान के लिए था और 9 लाख रु. दूसरी योजनाओं के माध्यम से प्रचार कार्य के लिए था। यह आशा की गई कि 1983-84 के काल में मद्य निषेध के प्रचार के लिए किए गए 15 लाख रु. के सम्पूर्ण प्रावधान का पूर्ण उपयोग हो जाएगा।

समाज कल्याण

स्वयंसेवी समाज कल्याण संगठन एवं संगठनात्मक सहायता

समाज कल्याण मंत्रालय एक केन्द्रीय योजना चलाता रहा है जिसके तहत समाज कल्याण के क्षेत्र में कार्यरत अखिल भारतीय स्तर के मुख्य स्वयंसेवी समाज कल्याण संगठनों को संगठनात्मक मदद दी जाती है। इस योजना के अन्तर्गत उन संगठनों को वेतनों और कार्यालय पर होने वाले व्यय को पूरा करने हेतु वित्तीय सहायता दी जाती है, जिसका व्यय उनकी आय से ज्यादा होता है।

इस योजना के तहत अग्र प्रकार की मदों पर व्यय के लिए अनुदान दिए जाते हैं–

1. व्यावसायिक और गैर-व्यावसायिक कर्मचारियों के वेतन और भत्ते;
2. निम्नलिखित मदों पर व्यय का 50 प्रतिशत–

(क) कार्यालय उपकरणों का क्रय,

(ख) व्यावसायिक और अवैतनिक कार्यकर्त्ताओं के लिए यात्रा और दैनिक भत्ता,

(ग) स्टेशनरी, दूरभाष, डाक टिकटों और अन्य फुटकर खर्चे।

मूल योजना के तहत एक संगठन को 30,000 रु. का अधिकतम अनुदान उपलब्ध है, तथापि, अनेक प्रकार संगठनों द्वारा वर्णित कठिनाइयों पर विचार करते हुए 1983-84 से अनुदान की सीमा बढ़ाकर 50,000 रु. कर दी गई। 1983-84

के दौरान इस योजना के लिए 25 लाख रु. का प्रावधान था। 23 दिसम्बर, 1983 तक 57 संगठनों को 11.95 लाख रु. स्वीकृत किए गए।

वृद्ध कल्याण

वृद्धों के कल्याण का केन्द्रीय उत्तरदायित्व समाज कल्याण मंत्रालय के कन्धों पर ही है। 1983-84 के दौरान मंत्रालय ने इस क्षेत्र में अपनी भूमिका निभाना जारी रखा।

1982 में संयुक्त राष्ट्रसंघ ने वियना में वृद्धों के लिए एक विश्व सभा आयोजित की। भारत सरकार ने इस सभा में भाग लिया। एक न्यास कोष की स्थापना की गई जिसके लिए भारत ने 10,000 अमेरिकी डॉलर का अंशदान दिया।

सातवीं योजना अभ्यास के भाग के रूप में वृद्धों के सम्बन्ध में सातवीं योजना के दृष्टिकोण का खाका तैयार करने के लिए वृद्धों के लिए एक सब-ग्रुप (उप-दल) का गठन किया गया है। संस्थापक और गेर संस्थापक सेवाओं के लिए स्वयंसेवी संगठनों को सहायक अनुदान हेतु प्रस्ताव इस मंत्रालय द्वारा तैयार की गई स्वयंसेवी संगठनों को सामान्य सहायक अनुदान की एक नई सोजना के अन्तर्गत विचाराधीन है।

सूचना और जन-शिक्षा कार्यकलाप

समाज कल्याण मंत्रालय के सूचना और जन-शिक्षा कार्यक्रम का लक्ष्य जन साधारण की अत्यधिक सम्बद्धता को बढ़ावा देना है–

1. सरकार की विभिन्न समाज कल्याण योजनाओं और कार्यक्रमों के सम्बन्ध में उपयुक्त जागरुकता उत्पन्न करना।
2. दहेज, बाल-विवाह, मद्यपान इत्यादि जैसी सामाजिक बुराइयों के विरुद्ध जनमत तैया करना और स्वैच्छिक प्रयत्नों को प्रोत्साहन देना।
3. महिलाओं को समान स्थिति प्रदान करने, माता-पिता द्वारा बेहतर देखभाल, बच्चों और माताओं को स्वास्थ्य और पोषाहार प्रदान किए जाने के सम्बन्ध में सकारात्मक सामाजिक दृष्टिकोणों को बढ़ावा देना, विकलांगों और वृद्धों की भूमिका को मान्यता।

फिल्में–वर्तमान में इस मंत्रालय द्वारा प्रायोजित 22 वृत्तचित्र और 8 क्यूकीज फिल्म प्रभाग द्वारा निर्माण के विभिन्न चरणों में हैं। इनमे से पाँच फिल्मों का निर्माण पूर्ण कर लिया गया है। ये हैं–1. विदाई, 2. दहेज–एक सामाजिक बुराई, 3. स्तनपान, 4. कलंक (महिलाओं के शोषण पर फिल्म) और 5. आशा का प्रतीक

(केन्द्रीय समाज कल्याण बोर्ड का सामाजिक-आर्थिक पहलू कार्यक्रम)। इसके अतिरिक्त दो दूरदर्शन फिल्में अर्थात् 'कगूर' (महिलाओं के विरुद्ध भेदभाव पर एक फिल्म) और 'काम पर महिलाएँ' निर्माण के अन्तिम चरण में थीं।

नया सवेरा कार्यक्रम—नया सवेरा रेडियो प्रायोजित कार्यक्रम 14 नबम्वर, 1982 को प्रारम्भ किया गया था। इस कार्यक्रम को प्रत्येक रविवार को दोपहर में आकाशवाणी के विज्ञापन सेवाओं के ग्यारह चेनलों अर्थात् चण्डीगढ़, भोपाल, इन्दौर, लखनऊ, कानपुर, इलाहाबाद, जोधपुर, राँची, पटना और दिल्ली से प्रसारित किया जाता है। इस कार्यक्रम के अन्तर्गत 1983 के दौरान विभिन्न सामाजिक समस्याओं और कल्याण कार्यक्रमों से सम्बन्धित 52 एकाँकियों का प्रसारण किया गया।

लोक कल्याण पत्र—मंत्रालय के मासिक संवाद-पत्र लोक कल्याण का अंग्रेजी और हिन्दी दोनों में प्रकाशन जारी रहा। इसे निःशुल्क वितरित किया जाता है। 1983-84 के दौरान परिचालन की संख्या 2,000 से बढ़कर 3,500 हो गई। परिचालन की संख्या बढ़ाकर 25,000 करने की योजना सक्रिय है, ताकि समाज कल्याण के क्षेत्र में सक्रिय बहुसंख्या जन-नेताओं जिनमें अधिकारीगण, स्वयंसेवी संगठन, स्वयंसेवी कार्यकर्त्ता और मनुष्य/एजेंसियाँ आदि सम्मिलित हैं, को उपयुक्त रूप में समायोजित कर सकें।

रेडियो तथा दूरदर्शन स्पोर्ट्स—सारे देश में मद्यपान की बुराइयों पर सभी क्षेत्रीय भाषाओं में आकाशवाणी के सभी 28 विज्ञापन चैनलों से 20 से 30 सैकिण्ड की अवधि के रेडियो स्पोर्ट्स प्रसारित किए जाते हैं। मद्यपान की व्यक्तियों के लिए एक मुख्य स्वास्थ्य संकट के रूप में दर्शाने वाला एक दूरदर्शन स्पोर्ट्स भी प्रसारित किया गया था। मंत्रालय ने दहेज, बाल पोषाहार, मद्यपान की बुराइयों और विकलांगों के लिए सेवाओं से सम्बन्धित विषयों पर फिल्म आधारित दूरदर्शन स्पोर्ट्स का निर्माण करने के लिए कार्यवाही शुरू की है।

दहेज एवं इसके खिलाफ क्षेत्रीय प्रचार अभियान—फिल्म शो, वाद-विवाद, प्रतियोगिताएँ आदि के माध्यम से दहेज के विरुद्ध सन्देश प्रसारित करने हेतु सूचना और प्रसारण मंत्रालय के क्षेत्रीय एककों द्वारा एक क्षेत्रीय प्रचार अभियान प्रारम्भ किया गया है। इस प्रयोजन के लिए 'एक दुल्हन की मौत' और 'एक युग की कथा' नामक दो फिल्मों के प्रिन्टों को क्षेत्रीय प्रचार निदेशालय के कुछ चयनित एककों को वितरित कर दिया गया है। 'एक दुल्हन की मौत' फिल्म के एक प्रिन्ट को जन-साधारण में प्रदर्शित करने के लिए समाज कल्याण निदेशालय, असम को ऋण पर दिया गया है।

विभिन्न प्रचार माध्यम—विज्ञापन एवं दृश्य प्रचार निदेशालय द्वारा स्तनपान और समेकित बाल विकास सेवा कार्यक्रम पर दो पुस्तिकाएँ प्रकाशित की गई हैं।

विभिन्न प्रचार माध्यमों, सरकारी और गैर-सरकारी संगठनों द्वारा समाज कल्याण फिल्मों का पूर्ण तथा तत्काल उपयोग किए जाने के कार्य को बढ़ावा देने के प्रश्न को ध्यान में रखते हुए मंत्रालय ने समाज कल्याण के विभिन्न पहलुओं से सम्बन्धित 150 वृत्तचित्रों की पहचान की है और समाज कल्याण पर फिल्में शीर्षक के एक संकलन को प्रकाशित किया है। संकलन की प्रतियाँ सभी राज्य सरकारों के सूचना और समांज कल्याण निदेशकों, महत्त्वपूर्ण स्वयंसेवी संगठनों, आकाशवाणी, दूरदर्शन तथा क्षेत्रीय प्रचार निदेशालय जैसे प्रचार माध्येमों और समाज कल्याण के क्षेत्र में कार्यरत शिक्षण संस्थाओं को प्रेरित की गई हैं।

नबम्वर, 1983 में नई दिल्ली में सम्पन्न हुए राष्ट्रमण्डल देशों के राष्ट्राध्यक्षों के सम्मेलन के सम्बन्ध में विदेश मंत्रालय द्वारा दो पेपरों अर्थात् 'भारत में महिलाएँ और 'भारत में बाल कल्याण' कार्यक्रमों के प्रकाशन के प्रयोजन हेतु मंत्रालय ने अंशदान दिया।

पत्र सूचना कार्यालय के माध्यम से प्रेस की बहुत-सी पृष्ठभूमिकाएँ और विशिष्ट लेख रिलीज किए गए।

समाज रक्षा एवं कल्याण के लिए जन-संचार पर कार्यशाला—समाज कल्याण के उद्देश्यों और कार्यक्रमों को बढ़ावा देने के लिए जन-संचार के महत्त्व और इस दिशा में आवश्यक कार्यवाही प्रारम्भ किए जाने की आवश्यकता को ध्यान में रखते हुए समाज रक्षा और कल्याण हेतु जन-संचार पर 26 सितम्बर, 1983 से 1 अक्तूबर, 1983 तक एक सप्ताह की अवधि की एक कार्यशाला राष्ट्रीय समाज रक्षा संस्थान, नई दिल्ली में आयोजित की गई। कार्यशाला में केन्द्र के सूचना अधिकारियों के साथ-साथ राज्य सरकारों, देश के अलग-अलग भागों में स्वयंसेवी कार्यकर्त्ताओं और शिक्षा शास्त्रियों ने भी भाग लिया। भारतीय जन-संचार संस्थान ने कार्यशाला के आयोजन में सहयोग प्रदान किया। कार्यशाला का उद्घाटन केन्द्रीय शिक्षा, संस्कृति तथा समाज कल्याण उपमन्त्री श्री पी. के थुंगन द्वारा किया गया। केन्द्रीय सूचना एवं प्रसारण राज्य मन्त्री श्री एच. के. एल. भगत ने समापन भाषण दिया।

इन्सेट—1 बी. एवं दूरदर्शन पर प्रसारित कार्यक्रम में सहभागिता—योजना आयोग के 'संचार सम्बन्धी कार्यदल' ने सिफारिश की है कि समाज कल्याण मंत्रालय सहित अलग-अलग प्रयोगकर्त्ता मंत्रालयों को इन्सेट—1 बी. के माध्यम से दूरदर्शन पर दिखाए जाने वाले कार्यक्रमों को तैयार करने के उत्तरदायित्व में सूचना

एवं प्रसारण मंत्रालय के साथ हिस्सा बाँटना चाहिए। समाज कल्याण मंत्रालय द्वारा अनुवर्ती कार्यवाही की जा रही है।

माध्यम एककों के साथ लगातार सम्पर्क—अन्तरप्रचार माध्यम समन्वय समिति की बैठकों में लगातार रूप से भाग लिए जाने और नियमित रूप से पृष्ठभूमि सामग्री की पूर्ति किए जाने से मंत्रालय ने सूचना और प्रसारण मंत्रालय के माध्यम एककों की साथ लगातार सम्पर्क बनाए रखा है। फलस्वरूप, अब इसका साक्ष्य माध्यम एककों की समाज कल्याण प्रचार से अधिक सम्बद्धता है।

अनुसूचित जातियों तथा विशेष योजना एवं अनुसूचित जनजातियों तथा जनजातीय उप-योजना

समाज कल्याण मंत्रालय द्वारा कार्यान्वित समाज कल्याण योजनाएँ मुख्य रूप से समाज के कमजोर वर्गों के लिए ही हैं उदाहरणार्थ अनुसूचित जातियाँ, अनुसूचित जनजातियाँ, विकलांग मनुष्य तथा पिछड़े ग्रामीण क्षेत्रों की जनजातीय तथा शहरी गन्दी बस्तियों की स्त्रियाँ और बालक। कार्य के प्रकार तथा कार्यान्वयन की रूपरेखा इस बात को कठिन बना देती है कि अनुसूचित जातियों और अनुसूचित जनजातियों के लिए विभिन्न अनुप्रस्थ योजनाएँ बनाई जाएँ। सभी समाज कल्याण योजनाओं को मूलभूत विचार-बिन्दु यह सुनिश्चित करना है कि लाभ समाज के कमजोर वर्गों को पहुँचे जिनमें अनुसूचित जातियाँ, अनुसूचित जनजातियाँ शामिल हैं। इस प्रकार समाज कल्याण के तहत पृथक् परिव्यय नियतन या पृथक् बजट उप-शीर्ष सम्भव नहीं है, समाज के वंचित वर्गों में एक वर्ग को दूसरे से अलग करना मुश्किल है।

फिर भी, समाज कल्याण मंत्रालय की दो क्षेत्र आधारित योजनाएँ हैं, अर्थात् समेकित बाल विकास सेवा योजना तथा व्यस्क महिलाओं के लिए कार्यात्मक साक्षरता। छः वर्ष से अल्प आयु के बच्चों के लिए तथा दूध पिलाने वाली गर्भवती माताओं के लिए समेकित सेवाओं की व्यवस्था करना समेकित बाल विकास सेवा योजना का लक्ष्य है। जबकि वयस्क महिलाओं के लिए कार्यात्मक साक्षरता का लक्ष्य स्वास्थ्य और सफाई, खाद्य और पोषाहार, गृह प्रबन्ध, बाल देख-रेख तथा नागरिक शिक्षा, व्यावसायिक और शैक्षिक कुशलता आदि विषयों पर वयस्क स्त्रियों को अनौपचारिक शिक्षा प्रदान करना है। 1982-83 तक 620 समेकित बाल विकास सेवा परियोजनाओं (335 ग्रामीण, 191 जनजातीय और 94 शहरी) को स्वीकृति प्रदान की गई है। 1983-84 में 200 अतिरिक्त परियोजनाओं को स्वीकृति दी गई जिससे स्वीकृत परियोजनाओं की कुल संख्या 820 हो गई जिनमें से 453 ग्रामीण,

145 जनजातीय और 122 शहरी परियोजनाएँ हैं। इसके अतिरिक्त 1984-85 के लिए 180 परियोजनाओं को स्वीकृति प्रदान की गई। अतः छठी योजना के अन्त तक परियोजनाओं की संख्या 1000 (577 ग्रामीण, 307 जनजातीय और 136 शहरी) हो जाएगी। इन परियोजनाओं को ग्रामीण क्षेत्रों में सामुदायिक विकास खण्डों, जनजातीय बाहुल्य वाले क्षेत्रों में, जनजातीय विकास खण्डों में, और शहरी क्षेत्रों बार्डों या गन्दी बस्तियों में स्थापित किया गया है। परियोजना क्षेत्रों का चयन निम्नलिखित मानदण्डों के अनुसार किया जाता हैं–

1. जिन क्षेत्रों में आदिवासी, विशेषतया पिछड़े हुए आदिवासियों की संख्या ज्यादा हो,
2. पिछड़े क्षेत्र,
3. जिन क्षेत्रों में प्रायः सूखा पड़ता है,
4. वे क्षेत्र जहाँ अनुसूचित जातियों की संख्या बहुत अधिक हो,
5. पोषाहार की कमी वाले क्षेत्र, और
6. वे क्षेत्र जहाँ सामाजिक विकास बहुत कम हुआ हो।

इस परियोजना के तहत परियोजना क्षेत्रों में 0.6 वर्ष के बच्चे, 15-45 वर्ष के बीच की आयु की अशिक्षित महिलाएँ, गर्भवती तथा दूध पिलाने वाली माताएँ आती हैं। इन सेवाओं में किसी प्रकार का भेदभाव नहीं रखा जाता है। हालाँकि इन परियोजनाओं से लाभ पाने वालों में सबसे अधिक संख्या अनुसूचित जातियों और आदिमजातियों की ही है, क्योंकि समेकित बाल विकास सेवा/प्रौढ़ महिलाओं के साक्षरता कार्यक्रम परियोजनाएँ ऐसे क्षेत्र में हैं जहाँ ज्यादातर आदिवासी और पिछड़े क्षेत्र के मनुष्य रहते हैं। उन योजनाओं के अन्तर्गत अनुसूचित जातियों और जनजातियों के लिए पृथक् रूप से राशि निर्धारण या विशेष अंश उपयोजना आवश्यक नहीं है। 1983-84 के दौरान समेकित बाल विकास सेवा और प्रौढ़ महिलाओं के लिए साक्षरता कार्यक्रम परियोजनाओं के तहत जनजातियों के लिए विशेष रूप से स्वीकृत परियोजनाओं के लिए धनराशियों के आवंटन (अस्थाई) के राज्य/केन्द्र शासित प्रदेश-वार विवरण भी दिए गए हैं।

अनुसूचित जातियों और जनजातियों द्वारा मंत्रालय की दो अन्य मुख्य पूरक पोषाहार कार्यक्रमों अर्थात् विशेष पोषाहार कार्यक्रम और बालवाड़ी पोषाहार कार्यक्रम से भी लाभ प्राप्त किया जा रहा है। यद्यपि अनुसूचित जातियों और जनजातियों के लिए पृथक् रूप से राशि निर्धारित नहीं की जाती है, तथापि जनजातीय क्षेत्रों, पिछड़े ग्रामीण क्षेत्रों और शहरी गन्दी बस्तियों में रहने वाले लाभ प्राप्तकर्त्ता स्कूल-पूर्व बच्चे और गर्भवती तथा दूध पिलाने वाली माताओं मुख्यतया इन दो श्रेणियों से ही हैं।

छठी पंचवर्षीय योजना के अनुसार विशेष पोषाहार कार्यक्रम का क्रियान्वयन राज्य क्षेत्र के तहत आता है और न्यूनतम आवश्यकता कार्यक्रम के अन्तर्गत राज्य ही इसके लिए राशियाँ प्रदान करते हैं। अतः राज्य सरकारें ही क्षेत्रों का चयन करती हैं। यद्यपि केन्द्र या राज्य द्वारा शुरू किया गया कोई पोषाहार कार्यक्रम केवल अनुसूचित आदिम जातियों के लिए ही नहीं हैं, फिर भी ज्यादा कार्यक्रम आर्थिक और सामाजिक रूप से पिछड़े हुए वर्गों और आदिवासी क्षेत्रों के लिए ही हैं।

जनजातीय क्षेत्रों में स्वैच्छिक कोशिशों को प्रोत्साहन प्रदान करने के लिए केन्द्रीय समाज कल्याण बोर्ड ने अपने सहायक अनुदान नियमों में अग्रलिखित ढीलें प्रदान की हैं–

1. सिर्फ वही संस्थाएँ जो समाज कल्याण की गतिविधियों में कम से कम 3 वर्ष से लगी हों, बोर्ड द्वारा सहायता अनुदान प्राप्त करने की पात्र हैं, आदिवासी क्षेत्रों में स्थित संस्थाओं के लिए इस शर्त में कुछ छूट है।

2. इन संस्थाओं को सामान्य तौर पर बराबर हिस्से के आधार पर सहायक अनुदान कार्यक्रम के तरह सहायता दी जाती है। (बोर्ड द्वारा 50 प्रतिशत अनुदान और बाकी 50 प्रतिशत की व्यवस्था संस्था द्वारा ही की जाती है)। आदिवासी क्षेत्र में जो संस्थाएँ हैं उन्हें अनुमोदित खर्च का 75 प्रतिशत अनुदान बोर्ड द्वारा मिल सकता है और खास मामलों में बोर्ड 95 प्रतिशत तक भी देता है।

केन्द्रीय समाज कल्याण बोर्ड एक सामाजिक आर्थिक कार्यक्रम भी चलाता है ताकि समाज के कमजोर वर्गों की महिलाओं को रोजगार ओर वेतन प्रदान किया जा सके। इस कार्यक्रम से लाभ प्राप्त करने वालों में अनुसूचित जातियों और अनुसूचित जनजातियों के लोग हैं। ये अनुदेश जारी कर दिए गए हैं कि अनुसूचित जातियों और अनुसूचित जनजातियों के जिस व्यक्तियों को लाभ मिले, उनका अलग रिकार्ड रखा जाए। इसी तरह वयस्क महिलाओं के लिए शिक्षा के संक्षिप्त कोर्सो के तहत जो बोर्ड द्वारा चलाए जाते हैं, इन संस्थाओं से आशा की जाती हैं कि हर कोर्स के लिए अनुसूचित जातियों और अनुसूचित आदिम जातियों की महिलाओं को प्रत्येक कोर्स में भरती करने का प्रयास किया जाए। इन अनुसूचित जातियों और अनुसूचित जनजातियों के अभ्यर्थियों को कोर्सो में भर्ती के लिए जहाँ कहीं जरूरी होता हैं शैक्षिक अर्हताओं में छूट दी जाती है। इन पाठ्यक्रमों में प्रवेश प्राप्त अनुसूचित जाति और अनुसूचित जनजाति की महिलाओं का रिकार्ड रखा जाता है।

बोर्ड के साधारण सहायक अनुदान कार्यक्रम के तहत जिन संस्थाओं द्वारा सिर्फ अनुसूचित जातियों और अनुसूचित जनजातियों के लिए ही कार्य किया जाता

था, उन्हें मार्च 1976 तक बोर्ड के क्षेत्र से परे रखा गया था लेकिन तब बोर्ड की कार्यकारी समिति ने निर्णय लिया कि इन संस्थाओं को भी अनुदान मंजूर किया जाए।

श्रमजीवी महिलाओं के लिए हॉस्टलों की योजना, जिसके तहत स्वयंसेवी संगठनों को अनुदान प्रदान किया जाता है, में यह व्यवस्था की गई है कि अनुसूचित जातियों की महिलाओं के लिए 15 प्रतिशत और अनुसूचित जनजातियों की महिलाओं के लिए 7.5 प्रतिशत स्थान सुरक्षित हों।

समाज कल्याण मंत्रालय तथा अनुसन्धान मूल्यांकन एवं सांख्यिकी सम्बन्धी कार्य

इस देश में सामाजिक समस्याएँ विभिन्न और जटिल हैं। समुचित नीतियाँ बनाकर तथा समुचित विकास कार्यक्रम के क्रियान्वयन हेतु इन समस्याओं की व्यापकता और विस्तार के बारे में वैज्ञानिक जानकारी आवश्यक है। क्रियान्वित किए जाने वाले कार्यक्रम का जायजा लेना न केवल उनके असर का पता लगाने हेतु ही आवश्यक है बल्कि उनकी अच्छाइयों और कमजोरियों को समझने के लिए जरूरी है। अतः अनुसन्धान और मूल्यांकन तथा आँकड़ों के संकलन की नीति निर्धारण तथा कार्यक्रम क्रियान्वयन में एक महत्त्वपूर्ण भूमिका है।

योजना और नीति के सूत्रीकरण और कार्यक्रम के प्रभावी कार्यान्वयन को सरल बनाने के लिए मंत्रालय समाज कल्याण सामाजिक नीति और समाज विकास के क्षेत्र में अनुसन्धान और मूल्यांकन अध्ययनों का प्रयोजन करता है। मंत्रालय समाज कल्याण कार्यकलापों को सांख्यिकीय आधार प्रदान करने के लिए आँकड़े भी संकलित करता है।

अनुसन्धान एवं मूल्यांकन

'अनुसन्धान और प्रकाशन के लिए सहायक अनुदान' की संयुक्त योजना के अन्तर्गत इस मंत्रालय द्वारा 1973-74 में समाज कल्याण के विभिन्न पहलुओं पर अनुसन्धान और मूल्यांकन अध्ययनों को प्रायोजित किया जा रहा हैं। योजना नीतियों और सामाजिक समस्याओं को ध्यान में रखते हुए व्यावहारिक स्वरूप की अनुसन्धान परियोजनाओं को प्राथमिकता दी जाती है जिनके लिए जनता के शीघ्र हस्तक्षेप की आवश्यकता है। इस योजना के अन्तर्गत विश्वविद्यालयों/अनुसन्धान/संस्थानों/व्यावसायिक निकायों को परियोजना की लागत को पूरा करने के लिए अनुमोदित मानदण्डों के अनुसार अनुदान दिया जाता है। इस योजना में अनुसन्धान

के लिए अनुदानों पर विचार किया जाता है जिसमें कार्य अनुसन्धान छात्रों को अनुसन्धान अध्ययनों के लिए अनुदान, कार्यशाला/सेमीनारों से आयोजन हेतु अनुदान, और प्रकाशनों का प्रयोजन करने के लिए अनुदान शामिल हैं। हस मंत्रालय की एक स्थायी अनुसन्धान सलाहकार समिति है जो अनुसन्धान परियोजनाओं को प्रायोजन के लिए अनुमोदित करती है।

मंत्रालय के हित के क्षेत्रों से सम्बन्धित अनुसन्धान प्रस्तावों के लिए अनुरोध किया जाता है। जो प्रस्ताव अनुसन्धान निकायों द्वारा बनाए और भेजे जाते है तथा उनके कार्य के अन्तर्गत आते हैं उन पर मंत्रालय द्वारा भी विचार किया जाता है। कुछ मामलों में एक सामान्य समस्या चुन ली जाती है और कई राज्यों/केन्द्र शासित प्रदेशों में एक साथ अध्ययन प्रारम्भ कर दिया जाता है जैसा कि सामाजिक कल्याण, जनशक्ति की आवश्यकताओं का मूल्यांकन, छात्रों द्वारा नशीले पदार्थों का दुरुपयोग, समाज कल्याण सेवाओं के विकास का स्तर, विकलांग व्यक्तियों को नौकरी प्रदान करने वाली एजेंसियों की निदेशिकाएँ तैयार करना और विकलांग व्यक्तियों के लिए कार्यक्रमों और रियायतों पर हैण्डबुकों का संकलन इत्यादि। बहुत से राज्यों में विकलांग व्यक्तियों के लिए छात्रवृत्ति, देखरेख और सुरक्षा के जरूरतमन्द बच्चों का कल्याण, श्रमजीवी/बीमार माताओं के बच्चों के लिए शिशु केन्द्र, कार्यात्मक साक्षरता कार्यक्रम, बाल सेविका प्रशिक्षण कार्यक्रम, विशेष रोजगार कार्यालयों, श्रमजीवी महिलाओं के हॉस्टल, विकलांग बच्चों के लिए समेकित शिक्षा और वृद्धावस्था पेंशन इत्यादि के सम्बन्ध में योजना का साथ-साथ मूल्यांकन भी किया जाता है।

मंत्रालय ने इस योजना के प्रारम्भ में अब तक (दिसम्बर, 1983 तक) 221 अनुसन्धान परियोजनाएँ स्वीकृत की हैं। इसमें बच्चों से सम्बन्धित (49), महिलाओं से सम्बन्धित (38), विकलांग व्यक्तियों से सम्बन्धित (42), समाज रक्षा से सम्बन्धित (48), सामाजिक कार्य/समाज कल्याण शिक्षा और प्रशिक्षण से सम्बन्धित (23) तथा अन्य से सम्बन्धित (20) विषयों के बारे में अनुसन्धान परियोजनाएँ मंजूर की हैं।

1983-84 के दौरान (दिसम्बर, 1983 तक) राज्यों/केन्द्र शासित प्रदेशों में 7 संस्थानों/विश्वविद्यालयों/स्वयंसेवी संगठनों के लिए 8 अनुसन्धान और मूल्यांकन अध्ययन प्रायोजित किए गए। मंजूर की गई परियोजनाओं में कुष्ठ रोग समस्या, दहेज की समस्या, बलात्कार से पीड़ित महिलाओं की समस्या, बदलते परिवार के ढाँचे तथा निम्न आय वर्गों में वृद्धों के कल्याण की जरूरतों इत्यादि के मूल्यांकन अध्ययन शामिल थे।

1983-84 के दौरान उससे पहले मंजूर किए गए 12 अध्ययनों की रिपोर्ट प्राप्त हो गई थी। इन रिपोर्टों की जाँच की जाती है, और उन पर अनुवर्ती कार्यवाही

की जाती हैं। परियोजना निदेशकों को निष्कर्षों के प्रचार हेतु उनकी रिपोर्टों को प्रकाशित करने के लिए स्वीकृति दी गई है। विशेष अनुरोध पर इस उद्देश्य के लिए इस योजना के तहत अनुदान भी दिए जाते हैं। मंत्रालय द्वारा स्वीकृत अनुसन्धान परियोजनाओं के साराँशों को ज्यादा से ज्यादा प्रचार हेतु मंत्रालय द्वारा प्रकाशित भी किया जाता है। अब तक ऐसे दो भाग प्रकाशित हो चुके हैं। तीसरा भाग अभी तैयार किया जा रहा है।

इस मंत्रालय द्वारा संस्थाओं या संस्था समूह के समाज कल्याण, समाज नीति और समाज विकास के क्षेत्र में कार्यशाला सेमिनारों के आयोजन के लिए अनुदान भी प्रदान किया जाता है।

अनुसन्धान और प्रकाशन की मिश्रित योजना के अन्तर्गत 1983-84 के लिए 27 लाख रुपये के बजट का प्रावधान किया गया, जिसमें से दिसम्बर, 1983 तक 12.10 लाख रुपये की मंजूरी दे दी गई।

योजना निर्माण

मंत्रालय ने वार्षिक योजना (1984-85) के लिए छठी पंचवर्षीय योजना के दिशा-निर्देशों और ढाँचे के तहत अपने प्रस्ताव बनाए और उन पर योजना आयोग से विचार-विमर्श किया।

रिपोर्टाधीन वर्ष 1983-84 के काल में सम्बन्धित राज्यों/केन्द्र शासित प्रदेशों की वार्षिक योजनाओं के समाज कल्याण और पोषाहार क्षेत्रों के तहत परिव्ययों की सिफारिश करने के लिए योजना आयोग में हुए राज्यों/केन्द्र शासित प्रदेशों की वार्षिक योजना (1984-85) पर कार्यकारी दल के विचार-विमर्श में इस मंत्रालय ने सक्रिय भाग लिया।

मंत्रालय ने सातवीं योजना तैयार करने का कार्य शुरू कर दिया है। इस मंत्रालय के सचिव की अध्यक्षता में बाल कल्याण और विकास, महिला कल्याण और विकास, विकलांग, व्यक्तियों के कल्याण और समाज कल्याण के अवशिष्ट क्षेत्रों में प्रत्येक के लिए एक-एक कार्यकारी दल की स्थापना की गई है।

विभिन्न आँकड़े

मंत्रालय ने समाज कल्याण कार्यक्रमों और नीतियों को साँख्यिकीय संकलनों के माध्यम से साँख्यिकी आधार प्रदान करने के अपने प्रयास जारी रखे। पिछले वर्ष 'हैण्डबुक ऑन सोशल वेल्फेयर स्टेटिस्टिक्स' (1981 संस्करण) का संशोधित संस्करण निकाला गया। इस संस्करण का भारत में विश्वविद्यालयों, पुस्तकालयों, अनुसन्धान संस्थाओं और स्वयंसेवी संगठनों इत्यादि में और विदेशों में चुने हुए

व्यावसायिक संस्थानों में विस्तृत रूप से परिचालन किया गया है। मुख्यतया केन्द्रीय और केन्द्र द्वारा प्रायोजित समाज कल्याण योजनाओं से सम्बन्धित वर्तमान आँकड़ों पर प्रकाश डालने के लिए एक नया संकलन प्रारम्भ किया गया है।

यूनिसेफ की सहायता से प्रारम्भ किया गया 'बच्चों सम्बन्धी आँकड़ों का संकलन' पूरा होने वाला है। यह बच्चों से सम्बन्धित है, आँकड़े बच्चों के बारे में गहन जानकारी प्रदान करेंगे। इसके अलावा अन्य सहायक स्त्रोतों से प्राप्त आँकड़ों को समाविष्ट करके बच्चों के लिए समेकित बाल विकास सेवा योजना, विस्थापित बच्चों के लिए आवास, श्रमजीवी और बीमार माताओं के बच्चों के लिए शिशु केन्द्रों और संगठित क्षेत्र इत्यादि में बाल कल्याण सेवाओं जैसे महत्त्वपूर्ण कार्यक्रमों पर नए संकलन तैयार किए गए है।

सामाजिक कार्य, शिक्षा और प्रशिक्षण

समाज कल्याण के क्षेत्र में विकासात्मक उपायों के प्रोत्साहन के लिए मंत्रालय टाटा इन्स्टीट्यूट ऑफ सोशल साइन्सेज रिसर्च, बम्बई, दि इण्डियन काउन्सिल ऑफ सोशल साइन्स रिसर्च, नई दिल्ली, विश्वविद्यालय अनुदान आयोग, काउन्सिल फॉर सोशल डेवलपमेंन्ट जैसे राष्ट्रीय निकायों और ऐसे ही दूसरे अनुसन्धान/शिक्षा निकायों में प्रतिनिधित्व करता रहा।

योजना, अनुसन्धान, मूल्यांकन और प्रबोधन प्रभाग ने समाज कल्याण से सम्बन्धित विभिन्न अध्ययनों/प्रलेखों इत्यादि की रिपोर्टों की जाँच की। इस प्रभाग ने अधिकारियों ने समाज कल्याण के क्षेत्र में विभिन्न शिक्षा, अनुसन्धान और प्रशिक्षण गतिविधियों से सम्बन्धित चर्चाओं, सेमिनारों, वार्ताओं इत्यादि में भाग लिया।

केन्द्रीय सामाजिक कार्यों की बिखरी प्रकृति

आज सामाजिक रूप रचना की जटिलता और सामाजिक कार्यों के क्षेत्र की व्यापकता के कारण राज्य के दायित्व बहुत ज्यादा बढ़ गए हैं। यह केवल शान्ति व्यवस्था और बाहरी आक्रमणों से देश की रक्षा के पुलिस कार्य ही नहीं करता वरन् सच्चे अर्थों में एक लोक कल्याणकारी संस्था है। राज्य द्वारा सम्पन्न किए जाने वाले व्यापक कार्यों में से समाज सेवा की परिधि में आने वाले कार्य भी कम नहीं हैं। इनमें बालक, युवा और वृद्ध स्त्री एवं पुरुषों के सामाजिक, नैतिक, आर्थिक, शारीरिक, मनोवैज्ञानिक, शैक्षणिक, सांस्कृतिक आदि अनेक क्षेत्रों में विभिन्न कार्य सम्पन्न किए जाते हैं। इन सभी कार्यों को कोई एक विभाग अथवा मंत्रालय सम्पन्न नहीं करता वरन् ये अनेक विभागों और मंत्रालयों में बिखरे रहते हैं। यह एक समस्यापूर्ण

स्थिति है जिसके परिणामस्वरूप विभिन्न समस्याएँ जन्म लेती हैं। भारत में सामाजिक कार्यों का प्रशासन संगठन की दृष्टि से बिखरा है। राज्य के सामाजिक दायित्वों का निर्वाह करने वाले सेवी वर्ग के साथ भी यही समस्या है। इसके फलस्वरूप सामाजिक प्रशासन पर्याप्त भ्रमपूर्ण बन गया है। एक ओर तो समाज कल्याण के कार्य बढ़ रहे है ओर साथ ही इनके कार्यों को सम्पन्न करने वाली संस्थाएँ बढ़ रही हैं लेकिन दूसरी ओर उनके संगठनात्मक और कार्यात्मक बिखराव के कारण प्रशासनिक समस्याएँ भी बढ़ी हैं। स्वतन्त्र केन्द्रीय स्तर पर सौभाग्यवश केन्द्र में 1979-80 में समाज कल्याण का एक मंत्रालय स्थापित किया जा चुका है। जबकि इसके पूर्व 1978-79 में शिक्षा और समाज कल्याण मंत्रालय था तथा उसके एक विभाग के रूप में समाज कल्याण विभाग का अस्तित्व था। राज्यों में समाज कल्याण की प्रशासनिक संगठनात्मक व्यवस्था बिखरी प्रकृति की रही है। पर शिक्षा विभाग, सामुदायिक विकास विभाग, योजना आयोग आदि विभागों द्वारा समाज सेवा के कार्य सम्पन्न किए जा रहे थे। इन कार्यों को विभिन्न कारणों से एकीकृत करने की जरूरत है। इस विचार का विकास क्रमिक रूप से हुआ है। यहाँ इस क्रम के कुछ बिन्दुओं का वर्णन करेंगे–

समाज कल्याण एवं पिछड़े वर्गों के कल्याण संबंधी अध्ययन दल

मई, 1958 में योजना आयोग की योजना परियोजना समिति ने श्रीमती रेनुका राय की अध्यक्षता में समाज कल्याण और पिछड़े वर्गों के कल्याण हेतु एक अध्ययन दल नियुक्त किया जिसने जुलाई, 1959 में अपनी सिफारिशें प्रस्तुत कीं। इस दल का विचार था कि तीव्र गति से बढ़ते हुए औद्योगिकरण के कारण अनेक नई सामाजिक समस्याएँ पैदा हुई हैं। रीति-रिवाज तथा जाति व्यवस्था की सत्ता घटी है। इसके फलस्वरूप नई सामाजिक समस्याएँ पैदा हुई हैं। अनुसूचित जातियों एवं पिछड़े वर्गों की समस्याएँ अब अधिक महत्त्वपूर्ण बनती जा रही हैं। इसके समाधान के लिए नई तथा विशेषीकृत तकनीकें अपनाया जाना आवश्यक है। अध्ययन दल के मतानुसार इन समस्याओं के सम्बन्ध में अलग-अलग विभागों द्वारा सेवाएँ सम्पन्न करना पर्याप्त नहीं है। ये एक ही केन्द्रीय अभिकरण द्वारा सम्पन्न की जानी चाहिए। इस अभिकरण को कल्याण एवं सामाजिक सुरक्षा कहा जा सकता है।

अध्ययन दल की कुछ मुख्य सिफारिशें निम्नलिखित थीं–

(1) समाज कल्याण सम्बन्धी सभी कार्य एक अभिकरण द्वारा सम्पन्न किए जाने चाहिएं।

(2) कल्याणकारी कार्यक्रमों में एकीकरण के परिणामस्वरूप कम कर्मचारियों की आवश्यकता पड़ेगी और इस प्रकार प्रशासन में मितव्ययिता आ जाएगी।

(3) कल्याण एवं सामाजिक सुरक्षा मंत्रालय की स्थापना से राजकोष पर कोई अतिरिक्त भार नहीं पड़ेगा। केवल नए कार्यक्रमों का ही अतिरिक्त भार आएगा।

(4) समाज कल्याण सम्बन्धी कार्य इस प्रस्तावित मंत्रालय से बाहर ही रहें। ये कार्य प्रस्तावित मंत्रालय के साथ न जोड़े जाएँ। पृथक् समाज कल्याण मंत्रालय बनाना भी निरर्थक है। पिछड़े वर्गों का कल्याण गृह मंत्रालय का दायित्व है, इसलिए पृथक् से समाज कल्याण मंत्रालय की स्थापना करना प्रशासनिक एवं वित्तीय दोनों दृष्टियों से अनुपयोगी हैं। केन्द्री स्तर पर समाज कल्याण का अधिकांश कार्य केन्द्रीय समाज-कल्याण बोर्ड द्वारा किया जाता हैं, अतः पृथक् मंत्रालय अनावश्यक है।

(5) शिक्षा मंत्रालय में अलग से एक विभाग समाज-कल्याण सम्बन्धी कुछ कार्यों के लिए गठित किया जाए।

(6) पिछड़े वर्गों के कल्याण सम्बन्धी कार्य सम्पन्न करने के लिए गृह मंत्रालय में अलग से एक विभाग गठित किया जाए।

स्पष्ट है कि अध्ययन दल ने अपने अध्ययन के आधार पर तत्कालीन परिस्थितियों में यह उपयोगी समझा कि केन्द्रीय स्तर पर पृथक् से सामाजिक कार्य मंत्रालय गठित न किया जाए। इसके स्थान पर यह कार्य तीन अभिकरणों को सौंपा जाए–(A) कल्याण एवं समाज सुरक्षा मंत्रालय, (B) शिक्षा मंत्रालय में समाज विभाग तथा (C) गृह मंत्रालय में पिछड़े वर्गों सम्बन्धी विभाग। अध्ययन दल का मुख्य जोर इस बात पर था कि सामाजिक कार्यों को एकीकृत किया जाए। इन कार्यो को सम्पन्न करने के लिए एक संगठन की स्थापना में अध्ययन दल की विशेष रुचि नहीं थी।

व्यावहारिक युक्तियाँ

समाज कल्याण सम्बन्धी कार्यों को एक मंत्रालय में संगठित करने की दिशा में कोई व्यावहारिक प्रयास 1964 तक नहीं हो सका। 14 जून, 1964 को राष्ट्रपति के एक आदेश द्वारा एक सामाजिक सुरक्षा विभाग की स्थापना की गई। तदनुसार सामाजिक सुरक्षा सम्बन्धी कार्य गृह मंत्रालय, शिक्षा मंत्रालय, उद्योग मंत्रालय, व श्रम व रोजगार मंत्रालय तथा स्वास्थ्य मंत्रालय आदि से लेकर इस नए विभाग को सौंप दिए गए। प्रारम्भ में यह विभाग योजना मंत्रालय के साथ संलग्न किया गया। इसे योजना एवं समाज कल्याण विभाग कहा जाता था। श्री अशोक मेहता के त्यागपत्र देने पर विधि मन्त्री श्री पी. गोविन्द मेनन ने समाज कल्याण विभाग का भार संभाला और इसके साथ ही यह विभाग विधि मंत्रालय के साथ जोड़ दिया गया। अब इसे विधि एवं समाज-कल्याण मंत्रालय कहा जाने लगा।

एक अलग और स्वतन्त्र मंत्रालय के रूप में समाज कल्याण मंत्रालय की स्थापना की दिशा में विशेष प्रगति नहीं हो सकी। यद्यपि सामाजिक सुरक्षा का स्थान समाज कल्याण विभाग ने ले लिया लेकिन यह अभाव खटकता रहा कि समाज कल्याण सम्बन्धी सभी कार्य एक ही मंत्रालय द्वारा निदेशित और नियन्त्रित हों। समाज कल्याण विभाग ही को सामाजिक सुरक्षा विभाग के अलावा कई नए समाज कल्याण कार्य सौंप दिए गए, लेकिन अलग-अलग मंत्रालयों माध्यम से सम्पन्न किए जाने वाले समाज कल्याण कार्य अभी भी इस विभाग में केन्द्रित नहीं हो सके और समाज कल्याण कार्यों की बिखरी हुई प्रकृति ज्यों की त्यों बनी रही। समाज कल्याण कार्यों के लिए एक अलग मंत्रालय की प्रक्रिया 1979-80 में ही जाकर पूरी हो सकी। 24 अगस्त, 1979 से समाज कल्याण विभाग का दर्जा बढ़कर एक अलग स्वतन्त्र मंत्रालय का हो गया। इस प्रकार 1979-80 में एक पृथक् मंत्रालय के रूप में समाज कल्याण मंत्रालय अस्तित्व में आ गया जबकि इसके पूर्व शिक्षा तथा समाज कल्याण मंत्रालय के नाम से एक मंत्रालय था जिसके एक विभाग के रूप में समाज कल्याण विभाग का अस्तित्व था। अब इस मंत्रालय को समाज कल्याण के अधिकांश विषय आबंटित किए जा चुके हैं, कुछ विशिष्ट प्रकृति के समाज कल्याण कार्य ही कुछ अन्य मंत्रालयों के पास हैं। उदाहरणार्थ श्रमिकों से सम्बन्धित समाज सुरक्षा और कल्याण कार्य श्रम मंत्रालय के पास हैं।

सामाजिक कार्य एकीकरण में बाधाएँ

भारत में सामाजिक कार्यों को एक मंत्रालय में एकीकृत करने का औचित्य एवं उपयोगिता है, लेकिन इस मार्ग में कठिनाइयाँ और समस्याएँ रही हैं।

समाज कल्याण से सम्बन्धित विभिन्न कार्य संविधान द्वारा राज्य सूची में रखे गए हैं, इस प्रकार यह सम्भव नहीं है कि केन्द्रीय स्तर पर ही इन सब कार्यों को एकीकृत करके एक मंत्रालय को सौंप दिया जाए। उदाहरण के लिए केन्द्रीय समाज कल्याण मंत्रालय के कार्यक्रम और नीतियाँ मुख्य रूप से सम्पूर्ण नीति, मार्ग-दर्शन, अनुसन्धान और प्रशिक्षण से सम्बन्धित हैं जबकि समाज रक्षा योजनाओं को कार्यान्वित करने की जिम्मेवारी राज्य सरकारों पर है। समाज रक्षा योजनाओं के क्रियान्वयन का भार केन्द्रीय समाज कल्याण मंत्रालय पर तभी आ सकता है जब संविधान द्वारा स्थिति में बदलाव लाया जाए।

भारत की संघात्मक व्यवस्था में राज्यों का महत्त्वपूर्ण संवैधानिक महत्त्व है, उनकी विशिष्ट स्थिति है, उनकी अपनी सरकारें हैं। राज्य विभिन्न दृष्टियों से स्वायत्तता का उपभोग करते हैं। अतः राज्य सूची के विषयों को एकीकरण की

सीमाओं में बाँधकर एक अत्यधिक शक्ति सम्पन्न केन्द्रीय विभाग या मंत्रालय की स्थापना एक कठिन काम हैं और साथ ही यह उचित भी नहीं है। ऐसा करने से राजनीतिक विरोध और संवैधानिक गतिरोध उत्पन्न हो जाएँगे।

समाज सेवा सम्बन्धी सभी कार्यों को एक मंत्रालय से संगठित करना शायद व्यावहारिक दृष्टि से भी सम्भव नहीं है। जब सामाजिक सुरक्षा विभाग तथा बाद में समाज कल्याण सम्बन्धी विभाग की स्थापना की गई तो वे भी सामजिक सुरक्षा तथा समाज कल्याण सम्बन्धी कार्यों को एकीकृत नहीं कर पाए थे। औद्योगिक श्रमिकों के लिए समाज सुरक्षा सम्बन्धी अधिनियमों के क्रियान्वयन का भार श्रम मंत्रालय द्वारा ही वहन किया जाना उचित है, यह भार समाज कल्याण मंत्रालय पर डालना किसी भी दृष्टि से उचित नहीं होगा। श्रमिकों के कल्याण और रहन-सहन से सम्बन्धित कार्य श्रम मंत्रालय द्वारा ही वहन किए जाएँगे, उन्हें समाज कल्याण मंत्रालय के साथ जोड़ना अनुचित होगा। राष्ट्रीय स्वास्थ्य कार्यक्रमों को, जो समाज कल्याण का ही एक रूप हैं, स्वास्थ्य एवं परिवार कल्याण मंत्रालय के पास ही रखना उचित होगा, समाज कल्याण मंत्रालय पर यह भार डालना व्यावहारिक नहीं होगा। स्पष्ट है कि समाज कल्याण के कार्य इतने बहुमुखी, सुविस्तृत और सुविशाल हैं कि उन्हें किसी एक मंत्रालय को नहीं सौंपा जा सकता। विशिष्ट प्रकृति के समाज कल्याण कार्य, विशिष्ट मंत्रालयों के पास ही रहना उचित है। इन सबको मिलाकर एकीकृत करना सम्भव नहीं है।

सामाजिक कार्यों के एकीकरण में एक महत्त्वपूर्ण बाधा नौकरशाही के निहित स्वार्थ है। यह नौकरशाही की प्रवृत्ति होती है वह किसी भी स्थित संगठन में अपनी शक्तियाँ केन्द्रित कर लेती हैं तथा उसके स्वार्थ संगठन की यथास्थिति से जुड़ जाते हैं। प्रत्येक संगठनात्मक परिवर्तन को नौकरशाही चिन्ता की दृष्टि से देखती है और उसका विरोध करती है।

सामाजिक कार्यों की केन्द्रीय जिम्मेवारी

यह सच है कि व्यावहारिकता एवं उपयोगिता की दृष्टि से सामाजिक कार्य सम्पादित करने वाले सभी विभागों या इकाइयों को समाप्त करना सम्भव नहीं है। सामाजिक कार्यों का पूर्ण एकीकरण करके उन्हें एक संगठन की परिधियों में नही बाँधा जा सकता। दूसरी ओर वह भी उचित नहीं है कि सामाजिक कार्यों का संचालन इतने सारे संगठनों में बिखरा रहे। इससे दुहराव, अतिराव, समन्वय तथा निदेशन सम्बन्धी अनेक समस्याएँ जन्म लेती हैं। केन्द्रीय संगठन होने पर सामाजिक कार्यों का संचालन अधिक अच्छे तरीके से किया जा सकेगा। ये कार्य चाहे राज्य सूची का

विषय हों फिर भी इसके लिए केन्द्रीय संगठन की उपयोगिता स्पष्ट है। प्रशासनिक सुधार आयोग ने भी इसे स्वीकार किया है। आयोग के अध्ययन दल ने कुछ मूल कार्य सम्पन्न करने का दायित्व केन्द्रीय संगठन को ही सौंपने की सिफारिश की थी। अध्ययन दल के मतानुसार ये कार्य मुख्य रूप से अग्रलिखित हैं–

(1) सामाजिक कार्यों के क्षेत्र में राज्यों को पहल तथा नेतृत्व प्रदान करना। देश के दूसरे भागों में सम्पन्न हो रहे कार्यक्रमों की प्रकृति एवं आँकड़ों की सूचना देना।

(2) राज्यों की मदद से सामाजिक कार्यों की राष्ट्रीय योजना बनाना।

(3) राष्ट्रीय स्तर पर अनुसन्धान करना, मुख्य रूप से उन क्षेत्रों में जो राज्यों के साधन स्त्रोतों से बाहर हैं।

(4) मूलभूत स्तर के प्रशिक्षण कार्यक्रम आयोजित करना जैसे नियोजन कर्त्ताओं एवं प्रशिक्षकों का प्रशिक्षण।

(5) अलग-अलग कार्यक्रमों का मूल्यांकन करना तथा उनकी प्रगति की देखरेख करना, कमजोरियाँ ढूँढना तथा उनका उपचार करना।

(6) राज्य के प्रतिनिधियों के लिए मिलने का एक मंच तैयार करना ताकि वे विचारों का आदान-प्रदान कर सकें।

(7) सभी सामाजिक कार्यों के बीच समन्वय की स्थापना करना जो सिर्फ केन्द्र से ही किया जा सकता है।

(8) विदेशी तथा अन्तर्राष्ट्रीय संगठनों से सम्बन्ध स्थापित करना।

ये सभी कुछ आधारभूत कार्य हैं। इन्हें सम्पन्न करने के लिए किसी एक संगठन की नितान्त आवश्यकता है। इन कार्यों की प्रकृति इस तरह की है कि इनके लिए समन्वयकारी केन्द्रीय संगठन का होना आवश्यक है अन्यथा साधनों का अपव्यय होगा और वाँछित लक्ष्य प्राप्त नहीं हो सकेंगे। प्रशासनिक सुधार आयोग का सुझाव था कि समाज कल्याण एवं पुनर्वास के कार्यों को एक ही विभाग (समाज कल्याण विभाग) में मिला दिया जाए। समाज कल्याण के कार्य मुख्य रूप से तीन क्षेत्रों से सम्बन्ध रखते हैं–शिक्षा, स्वास्थ्य एवं समाज कल्याण। ये तीनों ही मुख्य रूप से राज्य सूची के विषय हैं। इनमें से जिन विषयों पर केन्द्र की रुचि हो जाती है उन्हें एक मंत्रालय में ही संगठित कर लिया जाए। यह प्रक्रिया विभिन्न दृष्टियों से उपयोगी तथा लाभप्रद रहती है। 1979-80 में अलग रूप में समाज कल्याण मंत्रालय को अस्तित्व में लाकर एक उपयुक्त प्रशासनिक कदम उठाया गया है जिसके परिणामस्वरूप सामान्य प्रवृत्ति की अधिकाधिक समाज कल्याण सेवाएँ केन्द्रीय स्तर पर एक ही मंत्रालय द्वारा नियन्त्रित हो सकेंगे।

नए समाज कल्याण मंत्रालय की आवश्यकता तथा उपयोगिता

केन्द्रीय स्तर पर नए समाज कल्याण विभाग की स्थापना से ये फायदे प्राप्त होंगे–

(1) इससे प्रशासन में मितव्ययता आएगी। विभिन्न मंत्रालयों में अनेक कर्मचारियों की नियुक्ति पर होने वाले व्यय घट जाएगा। एक मंत्रालय का गठन होने से कार्यों का दोहराव नहीं रहेगा तथा वित्तीय साधनों का अपव्यय रुक जाएगा। समन्वय की समुचित व्यवस्था के कारण मितव्ययता आएगी।

(2) नए मंत्रालय की स्थापना से सामाजिक कार्यों, में सही समन्वय की स्थापना हो सकेगी। एक ओर तो विभागीय कार्यों में समुचित समन्वय स्थापित किया जा सकेगा और दूसरी ओर राज्य सरकारों के साथ सामाजिक कार्यों की नजर से समन्वय करने में सुविधा रहेगी।

(3) इस व्यवस्था में आदेश की एकता (Unity of Command) स्थापित की जा सकती है। एक मंत्रालय की स्थापना होने के कारण कर्मचारियों को विरोधी आदेश मिलने बन्द हो जाएँगे। अलग-अलग मंत्रालयों और विभागों में सामाजिक कार्यों के बिखरे होने पर आदेश की एकता नहीं रह पाती तथा प्रशासनिक भ्रम पनपने लगता है।

(4) नए मंत्रालय्य की स्थापना से सामाजिक कार्यों के क्षेत्र में अधिक प्रभावशाली नियोजन किया जा सकेगा तथा प्रशासनिक निर्णय लेने की सुविधा रहेगी।

(5) नए मंत्रालय स्थापित होने पर सामाजिक कार्यों को उचित महत्त्व प्राप्त हो सकेगा। यह मंत्रालय आम मंत्रालयों से बराबरी के स्तर पर बात करेगा तथा अपने क्षेत्र के कार्यों के साथ उचित न्याय कर सकेगा।

एक नए मंत्रालय की स्थापना के प्रति आपत्ति करते हुए यह कहा जाता है कि यह प्रस्तावित मंत्रालय बहुत बड़े आकार का हो जाएगा। इसमें भिन्न-भिन्न प्रकृति के विषय भानुमति के कुनबे की भाँति आ जुड़ेंगे। परिणामतः कार्यकुशलता घट जाएगी तथा समन्वय की प्रक्रिया पर विपरीत प्रभाव पड़ेगा। इसके उत्तर में वी. जगन्नाधम ने सुझाया था कि मंत्रालय का बड़ा आकार प्रभावशाली प्रशासन के मार्ग की बाधा नहीं है। शिक्षा मंत्रालय, वाणिज्य मंत्रालय तथा उद्योग मंत्रालय आदि बड़े आकार के मंत्रालय होते हुए भी सुव्यवस्थित रहे हैं। मंत्रालय का बड़ा आकार उसकी कार्यकुशलता में बाधक नहीं बनता। यदि उसे सही रूप से नियोजित किया जाए तथा योग्य पदाधिकारी नियुक्त किए जाएँ, तो वह कार्यकुशल बन सकता है। अलग

रूप से समाज कल्याण मंत्रालय की स्थापना करके एक चिरप्रतीक्षित व्यावहारिक कदम उठाया गया है।

केन्द्रीय समाज कल्याण बोर्ड के कार्य तथा संगठन

कल्याण सेवाओं में स्वैच्छिक प्रयासों को बढ़ावा देने के लिए 1953 में समाज कल्याण बोर्ड की स्थापना की गई थी। बाद में 1969 में इसकी कम्पनी अधिनियम 1956 की धारा 25 के अन्तर्गत एक कम्पनी के रूप में पंजीकृत किया गया।

केन्द्रीय समाज कल्याण बोर्ड : संगठन

बोर्ड के सामान्य निकाय में केन्द्रीय समाज कल्याण बोर्ड के अध्यक्ष और कार्यकारी निदेशक सहित 45 सदस्य हैं। इसके सदस्यों में सभी राज्यों/केन्द्र शासित प्रदेशों के प्रतिनिधि, सामाजिक कार्यकर्त्ता, समाज वैज्ञानिक, समाज कल्याण प्रशासक, संसद् सदस्य तथा बोर्ड के कार्यक्रमों के साथ सम्बन्ध रखने वाले अलग-अलग केन्द्रीय मंत्रालयों/विभागों के प्रतिनिधि सम्मिलित हैं। सदस्यों को भारत सरकार द्वारा नामित किया जाता है। बोर्ड का अध्यक्ष भारत सरकार द्वारा नियुक्त किया जाता है। बोर्ड के कार्यों का संचालन कार्यकारी समिति द्वारा किया जाता है जिसमें कार्यकारी निदेशक सहित 12 सदस्य होते हैं। बोर्ड के कार्य की समीक्षा करने और महत्त्वपूर्ण मामलों पर निर्णय लेने हेतु कार्यकारी समिति की बैठक सामान्य रूप से दो महीनों में एक बार होती है। वर्तमान कार्यकारी समिति का पुनर्गठन 12 अक्तूबर, 1983 को किया गया था। महिलाओं, बच्चों और विकलांग व्यक्तियों के कल्याण के कार्यक्रमों को हाथ में लेने और उनको क्रियान्वित करने के लिए तथा देश में स्वैच्छिक प्रयास को बढ़ावा देने के लिए बोर्ड केन्द्रीय समाज कल्याण मंत्रालय की एक मुख्य एजेंसी है। 1983-84 की अवधि के काल में इसके द्वारा करीब-करीब 10,000 स्वयंसेवी संगठनों को सहायता, परामर्श और शक्ति प्रदान की गई।

केन्द्रीय समाज कल्याण बोर्ड पूर्ण रूप से भारत सरकार द्वारा वित्तपोषित है।

केन्द्रीय समाज कल्याण बोर्ड : इसके प्रमुख कार्य एवं कार्यक्रम

बोर्ड द्वारा चलाए जा रहे विभिन्न कार्यक्रमों से हमें इसके कार्यों का स्पष्ट भान हो जाता हैं। भारत सरकार की वार्षिक रिपोर्ट 1983-84 के अनुसार केन्द्रीय समाज कल्याण बोर्ड द्वारा शुरू किए गए कार्यक्रमों का विश्लेषण नीचे दिया जा रहा है—

(1) स्वैच्छिक संगठनों को सामान्य सहायक अनुदान

इस कार्यक्रम के तहत, उन स्वैच्छिक समाज कल्याण संगठनों को वित्तीय

सहायता दी जाती है जो बच्चों, महिलाओं, विकलांग व्यक्तियों, वृद्धों तथा अशक्तों के कल्याण कार्यों में लगे हों। इस वित्तीय सहायता का उद्देश्य उन संगठनों को अपनी सेवाओं को सुदृढ़ बनाने और उसमें सुधार लाने तथा जिन स्थानों पर संगठन नहीं है वहाँ नए संगठन शुरू करने के लिए सक्षम बनाना है। इस कार्यक्रम के तहत संस्थाओं को अग्रलिखित किस्म के अनुदान मंजूर किए गए–

5,000 रुपये तक का एकवर्षीय अनुदान–स्वयंसेवी संगठनों को 5,000 रुपये तक के वार्षिक अनुदान इस शर्त पर मंजूर किए जाते हैं कि वे भी इसके बराबर की धनराशि जुटाएँगे, तथापि आदिवासी, पहाड़ी और सीमावर्ती क्षेत्रों में कार्यरत संस्थाओं के लिए बराबर के अंशदान की इस शर्त में छूट दी गई है। राज्य समाज कल्याण सलाहकार बोर्डों द्वारा इन अनुदानों का संचालन किया जाता है। अब तक 3,914 संस्थाओं को 64.09 लाख रुपये की राशि के अनुदान मंजूर किए गए हैं। इस कार्यक्रम के तहत दिसम्बर, 1983 तक राज्य बोर्डों को 54.29 लाख रुपये की राशि विमुक्त की गई।

5,000 रुपये से ज्यादा योजना अवधि अनुदान–इस श्रेणी के तहत, सुस्थापित स्वयंसेवी संस्थाओं की साधारणतया 10,000 रुपये प्रतिवर्ष तक के अनुदान मंजूर किए गए। ये अनुदान सीधे केन्द्रीय समाज कल्याण बोर्ड द्वारा दिए जाते हैं। 1984-85 के दौरान अब तक 189 संस्थाओं को 15.43 लाख रुपये के अनुदान मंजूर किए गए और 9.37 लाख रुपये स्वयंसेवी संगठनों को विमुक्त किए जा चुके थे।

(2) कल्याण विस्तार परियोजनाएँ

इस योजना को ग्रामीण क्षेत्रों में महिलाओं और बच्चों को मूलभूत न्यूनतम सेवाएँ प्रदान करने के लिए 1954 में शुरू किया गया। इस समय नागालैण्ड में केवल 3 परियोजनाएँ कार्य कर रही हैं और 1983-84 के लिए 1.80 लाख रुपये का प्रावधान रखा गया था जिसमें से 15 दिसम्बर, 1984 तक 1.42 लाख रुपये की राशि विमुक्त की गई।

(3) कल्याण विस्तार परियोजनाएँ (ब्रा. वि.)

ये परियोजनाएँ बहुउद्देशीय प्रकार की हैं और बालवाड़ी, शिल्प गतिविधियाँ, सामाजिक शिक्षा और महिलाओं के लिए प्रसव सेवा जैसी सेवाएँ प्रदान करती हैं। 5 राज्यों में इस तरह की 44 परियोजनाएँ हैं जिनके लिए 1983-84 में 22.20 लाख रुपये का प्रावधान रखा गया था जिसमें से 25 दिसम्बर, 1983 तक 16.10 लाख रुपये की राशि विमुक्त की गई।

(4) कल्याण विस्तार परियोजनाएँ शहरी

इन परियोजनाओं के तहत शहरी गन्दी बस्तियों में रहने वाले बच्चों और महिलाओं के लिए कल्याण सेवाएँ प्रदान की जाती हैं। 1983-84 के दौरान 15 दिसम्बर, 1983 तक 38,000 रुपये की राशि विमुक्त की गई।

(5) श्रमजीवी महिलाओं के लिए हॉस्टल

बोर्ड श्रमजीवी महिलाओं के लिए हॉस्टलों का संचालन करने वाली स्वयंसेवी संगठनों को (1) मैदान पर्यवेक्षकों के वेतन, (2) मनोरंजन सुविधाओं और (3) संस्था द्वारा भुगतान किए गए किराए और अन्तःवासियों से प्राप्त किराए के बीच के अन्तर को पूरा करने के लिए होने वाले व्यय को पूरा करने के लिए वित्तीय मदद देता है। व्यय को पूरा करने के लिए ज्यादा से ज्यादा 10,000 रुपये का अनुदान मंजूर किया गया। 2,57,850 रुपये की राशि का अनुदान मंजूर किए गए और 15 दिसम्बर, 1983 तक 76,000 रुपये विमुक्त किए गए।

(6) बच्चों के लिए अवकाश शिविर

इस कार्यक्रम के तहत स्वयंसेवी संगठनों को 10-16 वर्ष की आयु वर्ग (आदिवासी बच्चों के मामले में 9-16 वर्ष) के ऐसे बच्चों के लिए शिविर आयोजित करने के लिए अनुदान दिए जाते हैं जिनके माता-पिता की आय 3,000 रु. प्रतिवर्ष से ज्यादा न हो, तथापि यदि इस श्रेणी के बच्चे उपलब्ध न हो तो ऐसे बच्चों को भी सम्मिलित किया जाता है जिनके माता-पिता की वार्षिक आय 5,000 से 6,000 रुपये तक हो। अनुदान बजट के अनुरूप दिए जाते हैं अर्थात् सीमावर्ती क्षेत्रों, पिछड़े आदिवासी/पहाड़ी और दूरदराज के क्षेत्रों में स्थित संस्थाओं के लिए 15 दिन की अवधि के लिए 3 स्टाफ सदस्यों सहित 50 बच्चों के शिविर हेतु 10,400 रुपये और 15 दिन की अवधि के लिए 2 स्टाफ सदस्यों सहित 30 बच्चों के शिविर के लिए 6,600 रुपये। 5 स्टाफ सदस्यों सहित 25 विकलांग बच्चों के लिए एक शिविर के लिए 8,000 रुपये मंजूर किए गए। अब तक राज्य बोर्डों को कार्यक्रम के संचालन हेतु 530 शिविर उपलब्ध कराए गए जिन पर 28.18 लाख रुपये खर्च होंगे।

(7) प्रदर्शन परियोजनाओं में बालवाड़ियाँ

भारत सरकार द्वारा यह कार्यक्रम 1964 में चुनिन्दा सामुदायिक विकास खण्डों में प्रायोजित किया गया था। इन परियोजनाओं में बालवाड़ी आयोजित करने का उत्तर दायित्व केन्द्रीय समाज कल्याण बोर्ड को सौंपी गई थी। ये बालवाड़ियाँ मनोरंजन सुविधाएँ, पोषाहार और स्वास्थ्य शिक्षा प्रदान करती है। 1983-84 के दौरान बोर्ड

द्वारा मदद प्राप्त इस तरह की 11 परियोजनाएँ कार्य कर रही थीं जिनमें 250 बालवाड़ियाँ थीं, 1983-84 के दौरान 19.00 लाख रुपये के प्रावधान में से 15 दिसम्बर, 1983 तक 15.19 लाख रुपये विमुक्त किए गए।

(8) समेकित स्कूल-पूर्व परियोजनाएँ (शहरों के आसपास)

शहरी क्षेत्रों में अल्प आयु वर्ग के स्कूल-पूर्व बच्चों और महिलाओं की जरूरतों को पूरा करने की दृष्टि से बाल कल्याण सम्बन्धी समिति की सिफारिशों के आधार पर 1961-62 में इस कार्यक्रम को प्रारम्भ किया गया था। इस योजना के तहत सामान्य तौर पर जो कार्य किए जाते हैं उनमें बालवाड़ी, शिशु-केन्द्र, शिशु स्वास्थ्य केन्द्र, प्रसव-पूर्व और प्रसवोतर देखभाल, परिवार कल्याण, पोषाहार ओर मनोरंजन गतिविधियाँ सम्मिलित हैं। 1983-84 के दौरान इन कार्यक्रम के तहत 24 परियोजनाओं को मदद दी गई। 3,52,374 रुपये की राशि मंजूर की गई और 15 दिसम्बर, 1983 तक 1.93 लाख रुपये विमुक्त किए गए।

(9) कल्याण विस्तार परियोजनाएँ (सीमावर्ती क्षेत्र)

इन परियोजनाओं को संयुक्त कल्याण सेवाएँ प्रदान करने के प्रयोजन से सीमावर्ती क्षेत्रों में शुरू किया गया जिनमें बच्चों और महिलाओं के लिए चिकित्सा सहायता, बालवाड़ी, शिल्प प्रशिक्षण, सामाजिक शिक्षा आदि सम्मिलित हैं। इस समय देश के करीब सभी सीमावर्ती राज्यों में 92 परियोजनाएँ कार्य कर रही हैं। इस कार्यक्रम हेतु 1983-84 में 75 लाख रुपये का प्रावधान था। 15 दिसम्बर, 1983 तक 53.80 लाख रुपये की राशि विमुक्त की गई।

(10) महिला मण्डल

महिला मण्डल कार्यक्रम को पिछली कल्याण विस्तार परियोजनाओं की गतिविधियों को जारी रखने के विचार से प्रारम्भ किया गया था। केन्द्रीय बोर्ड 75% खर्च वहन करता है और शेष 25% व्यय महिला मण्डल द्वारा बराबर के अंशदान के रूप में वहन किया जाता है। चक्रवात, बाढ़, सूखा आदि जैसी प्राकृतिक विपदाओं के मामले में बराबर के अनुदान की शर्त में ढील दी जाती है। यह कार्यक्रम राज्य बोर्डों द्वारा संचालित होता है। 16 दिसम्बर, 1983 के दिन की स्थिति के अनुसार राज्य बोर्डों को इन कार्यक्रमों के लिए 46.13 लाख रुपये की राशि विमुक्त की गई।

(11) जनता के सहयोग हेतु ग्रामीण महिलाओं को प्रशिक्षण

यह कार्यक्रम केन्द्रीय समाज कल्याण बोर्ड द्वारा ग्रामीण महिलाओं में नेतृत्व के गुणों को उभारने और उनको देश के विकास सम्बन्धी गतिविधियों मे लगाने के

लिए 1978-79 से कार्यान्वित किया जा रहा है। यह योजना देश के उन क्षेत्रों में स्वयंसेवी संगठनों के निर्माण में भी मदद करती है जहाँ समाज कल्याण सेवाओं को प्रारम्भ करने के लिए ऐसे संगठन नहीं हैं। 1983-84 में इस कार्यक्रम के लिए 10.00 लाख रुपये की राशि आवंटित की गई। अब तक 111 शिविरों की मंजूरी दी जा चुकी हैं जिन पर 5 लाख रुपये व्यय होंगे और 2.35 लाख रुपये की राशि स्वयंसेवी संगठनों को विमुक्त की जा चुकी है।

(12) पूरक आहार कार्यक्रम

बच्चों के कुपोषण से बचने की आवश्यकता को ध्यान में रखते हुए 1970 में भारत सरकार ने पूरक पोषाहार की योजना शुरू की जिसका उद्देश्य 3-5 वर्ष की आयु वर्ग के उन बच्चों को पूरक पोषाहार प्रदान करना है जो ऐसे परिवारों से सम्बन्धित हों जिनकी आय 300 रुपये प्रतिमास से ज्यादा न हो। इस योजना में बच्चों के रोग प्रतिरोधन और स्थानीय निकायों के सहयोग से अपेक्षाकृत अच्छी सफाई की व्यवस्था जैसी स्वास्थ्य सुविधाएँ भी शामिल हैं। समीक्षाधीन वर्ष के दौरान 15 दिसम्बर, 1983 तक 156.99 लाख रुपये के प्रावधान में से 101.22 लाख रुपये की राशि विमुक्त की गई।

(13) शिक्षा तथा व्यावसायिक प्रशिक्षण पाठ्यक्रमों हेतु संक्षिप्त पाठ्यक्रम

यह योजना स्वयंसेवी संगठनों द्वारा 18-30 वर्ष की आयु वर्ग की वयस्क महिलाओं को बोर्ड अथवा विश्वविद्यालय द्वारा आयोजित माध्यमिक स्कूल परीक्षा मैट्रिक अथवा हाई स्कूल की परीक्षा देने के लिए तैयार करने के लिए कार्यान्वित की जाती है। 1975 में, जरूरतमन्द और गरीब महिलाओं के लिए रोजगार की सम्भावनाओं को और सुधारने के लिए दो और अंशों अर्थात् एस. एस. एल. सी. /एम. एस. सी./मैट्रिक फेल उम्मीदवारों के लिए एक साल का पाठ्यक्रम तथा व्यावसायिक रोजगार/स्वरोजगार करने योग्य बनाने वाले पाठ्यक्रमों को इस योजना में सम्मिलित किया गया। 1983-84 के दौरान 15 दिसम्बर, 1983 तक 14,614 महिलाओं को लाभान्वित करने वाले इस प्रकार के 633 पाठ्यक्रम मंजूर किए गए। इस अवधि के दौरान 125 लाख रुपये के आवंटन में से 98.85 लाख रुपये राज्य बोर्डों को विमुक्त किए गए।

(14) सामाजिक आर्थिक कार्यक्रम

सामाजिक आर्थिक कार्यक्रम का उद्देश्य जरूरतमन्द महिलाओं (जैसे आर्थिक रूप से निराश्रित, पिछड़ी महिलाएँ, विधवा, परित्यक्त महिलाएँ और शारीरिक रूप

से विकलांग मनुष्य) को कार्य और मजदूरी के लिए मौका प्रदान करना है। केन्द्रीय समाज कल्याण बोर्ड द्वारा 1958 में साधारण पैमाने पर चलाया गया यह कार्यक्रम महिलाओं और अपंगों के सामाजिक और आर्थिक सुधार में सहयोग देने वाला अत्यधिक महत्त्वपूर्ण कार्यक्रम बन गया है। इस कार्यक्रम के तहत महिलाओं और अपंगों के फायदे के वास्ते आय पैदा करने वाली अलग-अलग गतिविधियों को प्रारम्भ करने के लिए स्वयंसेवी संगठनों को बोर्ड वित्तीय मदद प्रदान करता है। ये गतिविधियाँ वृहद् औद्योगिक प्रतिष्ठानों/हथकरघा एककों/हस्तशिल्प एककों के अनुषंगी लघु उद्योग एककों की स्थापना करती है जहाँ महिलाओं और विकलांग व्यक्तियों को उनकी पारिवारिक आय में वृद्धि करने के लिए पूर्णकालिक और अल्पकालिक रोजगार के अवसर प्रदान किए जाते हैं। अलग-अलग प्रकार के उत्पादन एककों के अतिरिक्त, अन्य पशुपालन कार्यक्रम (जैसे सूअर पालन, बकरी पालन, भेड़ पालन और मुर्गी पालन) भी शुरू किए गए हैं। इस कार्यक्रम के तहत अनेक स्वरोजगार एकक भी आयोजित किए गए। इस कार्यक्रम को कार्यान्वित करने के लिए बोर्ड लघु उद्योग सेवा संस्थान, अखिल भारतीय हथकरघा एवं हस्तशिल्प बोर्ड, खादी एवं ग्रामोद्योग आयोग, उद्योग विभाग, पशुपालन विभाग इत्यादि जैसे संगठनों से तकनीकी सहायता लेता है।

1983-84 के लिए 280 लाख रुपये का प्रावधान उपलब्ध था जिसमें से दिसम्बर, 1983 तक 2,875 जरूरतमन्द महिलाओं/अपंगों को फायदा पहुँचाने के लिए 247 एककों को 99.45 लाख रुपये विमुक्त किए गए। 1983-84 के दौरान 11,500 जरूरतमन्द महिलाओं और अंपगों को लाभ पहुँचाने के लिए विभिन्न श्रेणियों के अन्तर्गत 830 एकक मंजूर करने का प्रस्ताव था।

(15) राहत कार्य बाढ़/चक्रवात पीड़ित क्षेत्रों में

केन्द्रीय समाज कल्याण बोर्ड और राज्य सलाहकार बोर्ड अवसर आने पर प्राकृतिक विपदाओं से पीड़ित लोगों को राहत और सहायता पहुँचाते रहे हैं। इस वर्ष के दौरान बोर्ड ने गुजरात में बाढ़ पीड़ितों को भी मदद प्रदान की। केन्द्रीय समाज कल्याण बोर्ड ने अन्य स्वयंसेवी संगठनों और राज्य सरकारों के सहयोग से राहत कार्यों को सुविधाजनक बनाने हेतु राहत और कल्याण कोष में से गुजरात राज्य बोर्ड को 5,000 रुपये की राशि विमुक्त की। बोर्ड ने भी अपने राज्य बोर्डों के नेटवर्क के माध्यम से खाद्यान्नों और वस्त्रों सहित धन और सामग्री को जुटाया और गुजरात की राज्य सरकार को भेजा। इसके अतिरिक्त केन्द्रीय समाज कल्याण बोर्ड और राज्य सलाहकार बोर्डों ने स्वयंसेवी संगठनों के द्वारा महाराष्ट्र राज्य में भी सहायता प्रदान की।

(16) स्वैच्छिक कार्य ब्यूरो

महिलाओं और बच्चों पर होने वाले अत्याचारों को चुनौती का सामना करने के लिए केन्द्रीय समाज कल्याण बोर्ड द्वारा स्थापित स्वैच्छिक कार्य ब्यूरो ने 1983-84 के दौरान बहुत अधिक प्रगति की। यह ब्यरो स्वयंसेवी संगठनों और सरकारी एजेंसियों के सहयोग से अल्प आवास सुविधाएँ, निःशुल्क कानूनी सहायता, परामर्श, मनश्चिकित्सीय और चिकित्सा सुविधाएँ तथा पुलिस सहायता इत्यादि सहित निवारक और पुनर्वास सम्बन्धी सेवाएँ प्रदान कर रहा है। दिल्ली में केन्द्रीय समाज कल्याण बोर्ड के कार्यालय में स्थापित इस ब्यूरो ने 20 दिसम्बर, 1983 तक 130 मामले दर्ज किए। इनमें से वैवाहिक विवाद के 7 मामलों का ब्यूरो के सामाजिक कार्यकर्त्ताओं द्वारा सौहार्द्रपूर्ण तरीके से निपटा दिया गया। 12 मामलों में कानूनी सहायता की जरूरत थी उनको उच्चतम न्यायालय के कानूनी सहायता सेल में सहायता के लिए भेजा गया। 16 मामलों को अल्प आवास सुविधाएँ और व्यावसायिक प्रशिक्षण कार्य प्रदान किए गए।

निवारक कार्यक्रम के एक भाग के रूप में, सामाजिक बुराइयों के प्रति लोगों में जागरूकता पैदा करने और इस प्रकार की घटनाओं की पुनरावृत्ति को रोकने के लिए जन-सहयोग को प्रेरित करने के लिए स्वयंसेवी संगठनों के माध्यम से आस-पड़ोस में बैठकें आयोजित की गईं। इन बैठकों का लक्ष्य महिलाओं के अधिकारों, महिलाओं और बच्चों से सम्बन्धित कानूनों तथा नागरिकों के सामाजिक दायित्वों के प्रति लोगों को सचेत करना है।

ब्यूरो में दर्ज ज्यादा मामले पारिवारिक फसाद और वैवाहिक कुसमंजन के थे और इस प्रकार के मामलों को उचित पारिवारिक परामर्श से सुलझाया जा सकता है। पारिवारिक परामर्श नेटवर्क का विस्तार करने की आवश्यकता को ध्यान में रखते हुए बोर्ड ने दिल्ली के स्वयंसेवी संगठनों में काम करने वाले सामाजिक कार्यकर्त्ताओं के लिए पारिवारिक परामर्श में पूर्वाभिमुखीकरण पाठ्यक्रम के लिए भेजा जो अपने किस्म का पहला पाठ्यक्रम था। इस पाठ्यक्रम से सामाजिक कार्यकर्त्ताओं को सही किस्म की परामर्श सेवाएँ प्रदान करने की कार्यप्रणाली और प्रणाली विज्ञान सीखने का मौका मिला। जिन सामाजिक कार्यकर्त्ताओं ने प्रथम पाठ्यक्रम में पूर्वाभिमुखीकरण प्राप्त किया उनमें से अधिकांश लोग अब महिलाओं और बच्चों को परामर्श सेवाएँ प्रदान करने में लगे हैं।

राज्यों/केन्द्र शासित प्रदेशों अर्थात् आन्ध्र प्रदेश, असम, बिहार, गुजरात, हरियाणा, हिमाचल प्रदेश, जम्मू व कश्मीर, कर्नाटक, केरल, मध्य प्रदेश, महाराष्ट्र, उड़ीसा, पंजाब,

राजस्थान, उत्तर प्रदेश, पश्चिम बंगाल, अरुणाचल प्रदेश, चण्डीगढ़, दिल्ली और पाण्डिचेरी में इसी प्रकार के ब्यूरो स्थापित किए गए हैं। उत्तर प्रदेश, पंजाब, हरियाणा और राजस्थान राज्य के कपितय जिलों में भी ब्यूरो स्थापित किए गए हैं।

(17) जन-नेताओं हेतु परिवार कल्याण-प्रेरक शिविर

स्वयंसेवी संगठनों के जरिए जन-नेताओं के लिए प्रेरक शिविर आयोजित करने में स्वास्थ्य तथा परिवार कल्याण मंत्रालय द्वारा 1980-81 से बोर्ड को मदद दी जाती है। इन शिविरों को आयोजित करने से पहले इनका व्यापक प्रचार किया जाता है और इनमें भाग लेने वालों को परिवार नियोजन के लिए प्रेरक सामग्री वितरित की जाती है। इन शिविरों को अक्सर महिला चिकित्सा अधिकारियों, डॉक्टरों और तथा सामाजिक कार्यकर्त्ताओं द्वारा सम्बोधित किया जाता है। इन शिविरों से परिवार कल्याण नियोजन, देर से शादी करने के फायदों, गर्भ निरोध के तरीकों, स्वैच्छिक नसबन्दी, आई. यू. सी. डी./एम. टी. पी./एम. सी. एच. सेवाओं, रोग प्रतिरोधन, पोषाहार सेवाओं, स्वास्थ्य सेवाओं आदि की मुख्य विशेषताओं के विषय में ग्रामीण महिलाओं को शिक्षित करने में मदद मिलती है। कुछ राज्यों/केन्द्र शासित प्रदेशों में इन शिविरों के साथ स्वास्थ्य विभागों की सक्रिय मदद से नसबन्दी शिविर चलाए जा रहे हैं। ये शिविर अत्यंत लोकप्रिय हो गए हैं और राज्य बोर्ड खासकर देश के पहाड़ी और ग्रामीण क्षेत्रों में छोटे परिवार की धारणा का प्रचार करने के लिए शिविर आयोजित करने वाले अनेक स्वयंसेवी संगठनों का पता लगा पाए हैं।

शुरू में 1980-81 के दौरान बोर्ड को 125 शिविर आवंटित किए गए थे। बाद में चूँकि प्रतिक्रिया काफी आशाप्रद थी और प्रत्येक राज्य तथा केन्द्र शासित प्रदेश में इन शिविरों को आयोजित करने के लिए काफी ज्यादा माँग थी, इसलिए शिविरों की संख्या बढ़ाकर 1981-82 में 1,000 और 1982-83 में 4,290 कर दी गई जिन पर क्रमशः 2.00 लाख रुपये और 8.58 लाख रुपये का खर्च हुआ। 1983-84 के दौरान 30.00 लाख रुपये के अनुमोदित खर्च पर 10,000 शिविर आयोजित करने का प्रस्ताव था। 15 दिसम्बर, 1983 तक विभिन्न राज्यों को कुल 9,120 शिविर आवंटित किए गए।

(18) राष्ट्रीय छात्र सेवा तथा युवकों के संबंध

1982-83 और बाद में केन्द्रीय समाज कल्याण बोर्ड के कार्यक्रम के कार्यान्वयन में राष्ट्रीय छात्र सेवा को सम्मिलित किए जाने से काफी सफलता मिली है। आठ राज्यों और केन्द्र शासित प्रदेशों में आयोजित पाँच दिवसीय पूर्वाभिमुखीकरण पाठ्यक्रमों से आशाप्रद नतीजे प्राप्त हुए हैं। बहुत से (160 से अधिक) कॉलेज

केन्द्रीय समाज कल्याण बोर्ड के अवकाश शिविर, जन-सहयोग में ग्रामीण महिलाओं को प्रशिक्षण, जन-नेताओं के लिए परिवार कल्याण प्रेरक शिविर जैसे कार्यक्रमों और कुछ सामाजिक-आर्थिक कार्यक्रमों को प्रारम्भ करने में सम्मिलित हो गए हैं। इसने अन्य राज्यों को भी आकर्षित किया है। तदनुसार राज्य बोर्डों को निर्देश दिए गए हैं कि वे अनुमोदित कार्यक्रमों के अनुदान आवंटन के मामले में राष्ट्रीय सेवा कॉलेजों को प्राथमिकता दें।

(19) प्रचार

बोर्ड की 'समाज कल्याण' और 'सोशल वेलफेयर' नामक मासिक पत्रिकाओं में 20-सूत्री कार्यक्रम के तहत स्वैच्छिक प्रयासों स्वैच्छिक कार्य ब्यूरो, परिवार कल्याण शिविर, कल्याण कार्यक्रमों के कार्यान्वयन में राष्ट्रीय छात्र सेवाओं के युवकों की सम्बद्धता इत्यादि जैसी महत्त्वपूर्ण गतिविधियों को शामिल किया जाता रहा। उनमें समाज कल्याण मंत्रालय के कार्यक्रमों पर भी प्रकाश डाला गया।

केन्द्रीय समाज कल्याण बोर्ड ने ज्वलन्त सामाजिक समस्याओं पर विचार करने के लिए अनेक अवसरों पर विशेष तरह के प्रचार, अभियान और बैठकें आयोजित कीं जिनमें अपराध कानून संशोधन विधेयक, दहेज निषेध अधिनियम, विवाह और तलाक से सम्बन्धित कानून और किशोर अपराधियों के नियोजन का विशेष ध्यान रखा गया। सभी प्रचार माध्यमों, विशेषकर दूरदर्शन, रेडियो और बड़े समाचार-पत्रों ने इन बैठकों के बारे में व्यापक प्रचार किया। महिलाओं और बच्चों के प्रति अत्याचारों की चुनौती का सामना करने के लिए स्थापित स्वैच्छिक कार्य ब्यूरो की गतिविधियों का भी सभी प्रचार माध्यमों से व्यापक प्रचार किया।

समाज कल्याण मंत्रालय की पहल पर दिल्ली महिला कॉलेजों में प्रायोगिक आधार पर महिला विकास केन्द्र स्थापित किए गए हैं जिनका लक्ष्य जागरूकता पैदा करना और महिला विकास कार्यक्रमों में शैक्षिक संस्थाओं को सम्मिलित करना है। ये केन्द्र महिलाओं के स्तर योग्यताओं और प्रत्याशाओं के परिवर्तन के बारे में समुदाय को व्यापक जानकारी देंगे।

बोर्ड ने स्वैच्छिक कार्य ब्यूरो के सम्बन्ध में हिन्दी और अंग्रेजी दोनों भाषाओं में विशेषकर फोल्डर प्रकाशित किए। लखनऊ, त्रिवेन्द्रम, गोहाटी और नई दिल्ली में आयोजित सामाजिक चुनौतियों के सम्बन्ध में क्षेत्रीय सम्मेलनों पर एक रिपोर्ट भी बोर्ड ने प्रकाशित की।

(20) समारोह/बैठकें

आलोच्य वर्ष के दौरान मुख्य महिला संसद् सदस्यों के साथ बैठकें होती रहीं।

इन बैठकों से विभिन्न सामाजिक समस्याओं के सम्बन्ध में विचारों के आदान-प्रदान में मदद मिली। सदस्यों ने बोर्ड के कार्यक्रमों में न केवल गहरी रुचि दिखाई, अपितु विभिन्न क्षेत्रों की सामाजिक समस्याओं के बारे में जानकारी देने में भी बोर्ड की सहायता की।

केन्द्रीय समाज कल्याण बोर्ड की अध्यक्षा श्रीमती सुशीला रोहतगी ने वर्तमान कार्यक्रमों की समीक्षा करने और सातवीं पंचवर्षीय योजना के दौरान लागू की जाने वाली नीतियाँ और कार्यक्रम बनाने के लिए 21 नवम्बर, 1983 को बोर्ड के कार्यालय में राज्य कल्याण बोर्डों के अध्यक्षों की एक बैठक आयोजित की।

(21) अन्तर्राष्ट्रीय का आयोजन सम्मेलन

केन्द्रीय समाज कल्याण बोर्ड की अध्यक्षा श्रीमती सुशीला रोहतगी ने महिलाओं के बीच सामाजिक-आर्थिक क्षेत्र में अनुभव तथा विशेषज्ञता के सहयोग के सम्बन्ध में लघु और मध्यम उपक्रमों की विश्व सत्ता की प्रभारी निकाय की चौथी बैठक में भाग लेने के लिए एथेंस (ग्रीक) का दौरा, किया और वहाँ महत्त्वपूर्ण भाषण दिया। उन्होंने 18 से 20 अक्टूबर, 1983 तक वर्ल्ड असेम्बली ऑफ रिहेबिलिटेशन इन्टरनेशनल में भी भाग लिया और 21 अक्टूबर, 1983 को न्यूयॉर्क में रिहेबिलिटेशन की बैठक में भाग लिया।

समाज कल्याण बोर्ड : कानूनी स्तर की समस्या

केन्द्रीय समाज कल्याण बोर्ड का व्यक्तित्त्व कानून की निगाह में निगमनात्मक नहीं है। जब सरकार द्वारा इसे अनुदान दिया जाता है तो ऐसा मालूम होता है मानो मंत्रालय स्वयं को ही अनुदान दे रहा हो। यद्यपि इस तरह की स्थिति की स्थापना भारत सरकार का मन्तव्य नहीं था लेकिन व्यवहार में ऐसा ही हुआ। बोर्ड को कानूनी स्तर प्रदान करने की समस्या शीघ्र ही व्यावहारिक समस्या बन गई। जब बोर्ड द्वारा बड़े स्तर पर वित्तीय लेन-देन किए गए तो कुछ मामलों में कानूनी कार्यवाही आवश्यक बन गई। अब यह स्पष्ट हो गया कि बोर्ड का कोई कानूनी व्यक्तित्त्व नहीं है। न यह किसी पर मुकदमा चला सकता है और न इस पर मुकदमा चलाया जा सकता है। मंत्रालय द्वारा इसका कानूनी स्तर बहुत पहले ही तय कर दिया जाना चाहिए था। वी. जगन्नाथ के अनुसार, "बोर्ड के भविष्य के सम्बन्ध में अनिश्चितता ने इसके कार्यक्रमों की क्रियान्विति को पर्याप्त प्रभावित किया है।" शुरू में बोर्ड के सामने कानूनी स्तर का प्रश्न खास महत्त्व का नहीं था। अपने शैशव काल में इसने ज्यादा से ज्यादा नए कार्यक्रम अपनाए तथा इन्हें शीघ्र सम्पन्न करने के लिए अपने

औपचारिक संगठन में ही एक अनौपचारिक संगठन भी बना लिया। इसके संचालकों का मुख्य लक्ष्य यह था कि उपलब्ध साधन स्रोतों के द्वारा जितने कार्य शीघ्रातशीघ्र किए जा सकें उतने वे करें। बोर्ड अपने जन्मदाताओं के सद्विश्वास में कार्य कर रहा था तथा कानूनी, सांविधानिक एवं प्रशासनिक प्राथमिकताओं की ओर खास ध्यान नहीं गया था। कालान्तर में अनेक व्यावहारिक समस्याएँ आईं। यह प्रश्न उठा कि जब बोर्ड को कोई कानूनी व्यक्तित्त्व ही प्राप्त नहीं है तो यह दूसरी सरकारी तथा गैर-सरकारी संस्थाओं से लेन-देन किस तरह कर सकता है। तथ्य यह है कि "केन्द्रीय समाज कल्याण बोर्ड का स्तर व्यापक एवं अस्पष्ट है। इसका सभापति गैर-व्यावसायिक लेकिन पूर्णकालीन सरकारी कर्मचारी है। केन्द्रीय बोर्ड को केन्द्र सरकार का भाग माना जाता है लेकिन यह पर्याप्त लोचशीलता से काम करता है।"

केन्द्रीय जनलेखा समिति एवं प्राक्कलन समिति ने बोर्ड की अटपटी स्थिति की ओर सरकार का ध्यान आकृष्ट किया। दोनों समितियों ने बोर्ड को अनुदान देने पर ऐतराज किया क्योंकि यह कानूनी इकाई नहीं थी। यह कार्य पूरी तरह असंवैधानिक, अनियमित तथा गलत माना गया। इन समितियों का सुझाव था कि बोर्ड को कानूनी आधार दिया जाना चाहिए। बोर्ड का स्तर स्पष्ट एवं निश्चित होने पर ही इसे उचित रूप से उत्तरदायी बनाया जा सकता है।

कानूनी स्तर के लिए कोशिशें

केन्द्रीय समाज कल्याण बोर्ड को सौंपे गए नए कार्यों एवं दायित्त्वों ने यह जरूरी बना दिया कि बोर्ड को एक स्वायत्त संविधीय निकाय बना दिया जाए। ऐसा होने पर बोर्ड ज्यादा प्रभावशाली रूप से कार्य कर सकता है। यह कम से कम देरी में, स्वतन्त्र एवं प्रत्यक्ष रूप से कार्य सम्पन्न कर सकता है। कानूनी स्तर प्राप्त हो जाने पर बोर्ड ऐच्छिक संगठनों की विशेष समस्याओं के निदान हेतु नए उपाय खोज सकते है। इन सब कारणों से बोर्ड को कानूनी स्तर प्रदान करने का समर्थन किया गया। 1959 के बाद शिक्षा मंत्रालय और योजना आयोग के बीच इस विषय पर दीर्घ समय तक विचार-विनिमय होता रहा। विचारणीय प्रस्ताव ये थे–

(1) समिति पंजीकरण अधिनियम, 1860 के अधीन बोर्ड का पंजीकरण करना।

(2) भारतीय कम्पनी अधिनियम, 1956 के अधीन बोर्ड को कम्पनी बना देना।

(3) संसदीय कानून के तहत बोर्ड को संविधीय निगम बना देना।

समाज कल्याण एवं पिछड़े वर्गों के कल्याण पर अध्ययन दल ने सुझाया था कि बोर्ड को एक संविधीय स्वायत्त निकाय बना देना चाहिए। यह कहा जाता है कि उस समय देश के सामाजिक कार्यकर्त्ताओं की भी यही राय थी। 1960 में योजना आयोग ने सर्वसम्मति से यह स्वीकार किया कि बोर्ड को संविधीय संगठन बना देना चाहिए। बोर्ड के पदाधिकारियों तथा इसके कार्यक्रमों से सम्बन्धित प्रमुख लोगों ने इसे समिति के रूप में पंजीकृत कराने की बात स्वीकार नहीं की। यह समझा गया कि पंजीकृत समिति का स्तर कुछ नीचा होता है। यह विषय देश भर में विवाद का विषय बन गया। यहाँ हम बोर्ड के कानूनी स्तर से सम्बन्धित अलग-अलग विकल्पों के गुण और दोषों का संक्षेप में अध्ययन करेंगे।

(1) पंजीकृत समिति की सलाह—जो लोग बोर्ड को पंजीकृत समिति का रूप देना चाहते थे उनका कहना था कि ऐसा करने से यह गैर-सरकारी संगठन कई तरह से लाभान्वित होगा। यह व्यक्तिगत अपील के आधार पर एकत्रित सार्वजनिक राशि को ज्यादा स्वतन्त्रता और लोचशीलता के साथ व्यय कर सकेगा। इस प्रकार की कई पंजीकृत समितियाँ हैं। जो पर्याप्त सन्तोषजनक रूप से कार्य कर रही हैं। इनके कार्य सम्बन्धित सरकारी विभागों से प्रमुख अलग नहीं हैं। इतने पर भी इनसे सम्बन्ध रखने वाले सभी जनों को इनके अलग व्यक्तित्त्व का पता है। इस तरह के संगठनों में हर इकाई का अपना अलग व्यक्तित्त्व रहता है साथ ही सरकार की विशेष मदद, लोचशीलता, निर्धारित नीतियों के तहत कार्य की स्वतन्त्रता और स्वायत्तता एवं नियन्त्रण का न्यायपूर्ण मिलन आदि बातें भी शामिल हो जाती हैं।

पंजीकृत समिति के विभिन्न फायदे होते हुए भी इस सुझाव को कम स्वीकार किया गया। केन्द्रीय जनलेखा समिति को भय था कि यदि बोर्ड को एक समिति के रूप में पंजीकृत कर दिया गया तो सरकार के हितों की पर्याप्त रक्षा नहीं हो सकेगी। एक अन्य समस्या यह बताई गई कि समिति पंजीकरण अधिनियम, 1860 कोई अखिल भारतीय अधिनियम नहीं है। इस विषय में कुछ राज्यों के अपने अधिनियम बन चुके हैं, लेकिन बोर्ड को देश व्यापी स्तर पर कार्य करने होते हैं। परिणामतः बोर्ड को सभी राज्यों में पृथक् से पंजीकृत किया जाएगा। ऐसा होने पर एक मुख्य समस्या यह उठती है कि राज्य सरकारों के साथ बोर्ड के क्या सम्बन्ध रहेंगे। एक अन्य तकनीकी कठिनाई यह है कि बोर्ड द्वारा विभिन्न पंजीकृत समितियों को मदद दी जाती है। यदि बोर्ड भी एक पंजीकृत समिति बना दी गई तो यह बराबर वालों में प्रथम बन कर रह जाएगी। यह उनके बीच पर्याप्त अपेक्षित सम्मान प्राप्त नहीं कर पाएगी। पंजीकृत समिति बनने पर यह संसद् के प्रति

समुचित रूप से उत्तरदायी नहीं रह सकेगी। एक पंजीकृत समिति बनने पर यह संसद् के प्रति उचित रूप से जिम्मेवार नहीं रह सकेगी। एक पंजीकृत समिति अपना वार्षिक प्रतिवेदन संसद् को नहीं वरन् समितियों के रजिस्ट्रार को प्रस्तुत करती है। अतः इस पर संसदीय नियन्त्रण अप्रत्यक्ष एवं अप्रभावशाली हो जाता है।

(2) वैधानिक स्तर की सलाह—केन्द्रीय समाज कल्याण बोर्ड के कार्यों में स्वायत्तता रहती है। इसके दायित्त्वों में कुछ कार्यपालिका सम्बन्धी कार्य हैं तथा कुछ कार्य क्षेत्रीय स्तर से संबद्ध हैं। इन सभी बातों को ध्यान में रखते हुए बोर्ड के संगठन का श्रेष्ठ रूप यह माना गया कि इसे संविधीय स्तर प्रदान कर दिया जाए। इस सम्बन्ध में महाधिवक्ता की राय जानी गई। महाधिवक्ता ने बताया कि बोर्ड द्वारा किए जाने वाले विभिन्न कार्य ऐसे हैं जो वास्तव में राज्य सूची में आते हैं। यदि बोर्ड को संविधीय निकाय बनाना है तो राज्य सूची के विषय उससे पृथक् करने होंगे। वैसे संसद् कोई ऐसा संविधीय संगठन नहीं बना सकती जिसके लक्ष्य तथा कार्य राज्य सूची के क्षेत्र में हों। स्पष्ट है कि यदि बोर्ड को संविधीय स्तर प्रदान करना है तो इसके लिए उसके कुछ कार्यों में कटौती करना आवश्यक है। यदि बोर्ड के कार्यों को ज्यों का त्यों रहने दिया जाता तो उसे संविधीय स्तर नहीं दिया जा सकता और यदि संविधीय स्तर दिया जाता है तो उसके वर्तमान कार्यों में कटौती करनी होगी। दोनों बातों को एक साथ नहीं रखा जा सकता।

इन बातों के दृष्टिगत एक विधेयक का प्रारूप बनाया गया। इस पर राज्य सरकारों की राय ली गई। सामान्यतः राज्य सरकारें इसके पक्ष में थीं। जम्मू-कश्मीर की सरकार ने बिना कारण बताए ही प्रस्ताव का विरोध किया था। चारों ओर की राय तथा प्रतिक्रिया जानने के पश्चात 12 मार्च, 1964 को तत्कालीन शिक्षा मन्त्री श्री एम. सी. छागला ने बजट की बहस का उत्तर देते हुए कहा, "मैंने यह निर्णय लिया है कि केन्द्रीय समाज कल्याण बोर्ड एक स्वायत्त निकाय होना चाहिए। इस सम्बन्ध में शीघ्र ही मैं एक विधेयक लेकर सदन के सामने उपस्थित हूँगा।" कुछ समय बाद ही केन्द्रीय समाज कल्याण बोर्ड तथा अन्य समाज कल्याण कार्यक्रम शिक्षा मंत्रालय से लेकर नवनिर्मित सामाजिक सुरक्षा विभाग को सौंप दिए गए। इसके साथ ही शिक्षा मन्त्री का पान मुँह में ही दबा रह गया।

इस सलाह के साथ कुछ समस्याएं भी थीं। बोर्ड को संविधीय स्तर मिल जाने के उपरांत यदि उसके उद्देश्यों तथा प्रावधानों में जरा भी भेदभाव हो तो इसके लिए संसद् के सामने जाना अनिवार्य था। संसद् स्वयं पहले से ही कार्यभार से दबी रहती है यहाँ तक कि सामाजिक व्यवस्थापन में संशोधन कराने में ही काफी वक्त लग जाता है। समाज कल्याण सम्बन्धी कार्यों में यह देर पर्याप्त घातक होती है। ऐसी

अवस्था में सरकार के द्वारा अधिक संसदीय नियन्त्रण जरूरी बन जाता है। इस स्थिति से विभिन्न समस्याएँ तथा उलझनें उत्पन्न होती हैं।

केन्द्रीय समाज कल्याण बोर्ड को संविधीय स्तर देने में विभिन्न समस्याएं होते हुए भी एक वक्त था जब सभी इसका समर्थन कर रहे थे। शिक्षा, मंत्रालय, जनलेखा समिति, अधिकांश राज्य सरकारें, प्राक्कलन समिति, योजना आयोग, स्वयं केन्द्रीय समाज कल्याण बोर्ड, राज्य बोर्डों, विभिन्न स्तरों के बोर्ड के कर्मचारी तथा बोर्ड के कार्यक्रमों में भाग लेने वाले हजारों स्वयंसेवक सभी इसका समर्थन कर रहे थे। इतने पर भी यह सुझाव कार्यान्वित नहीं किया गया। मि. कुलकर्णी ने लिखा है कि यदि सरकार ने ज्यादा गम्भीर रुचि ली होती तो अनिश्चितता की स्थिति 1961-62 में ही मिट गई होती। यह भी सम्भव था कि केन्द्रीय विधेयक बनता और तदनुसार राज्यों में भी विधेयक पारित करके समाज कल्याण बोर्ड को संविधीय स्तर सौंप दिया जाता। खादी तथा ग्रामोद्योग का उदाहरण इस सम्बन्ध में प्रस्तुत किया जा सकता है। संसद् ने 1956 में खादी और ग्रामोद्योग आयोग अधिनियम पारित किया तथा 1961 तक इसमें दो बार संशोधन भी कर दिए। राज्य सरकारों ने भी ऐसे ही अधिनियम पारित किए तथा आयोग के लिए राज्य सरकारों ने भी ऐसे ही अधिनियिम पारित किए तथा आयोग के लिए राज्य स्तर पर बोर्ड का गठन किया गया। इसी तरह की प्रक्रिया केन्द्रीय समाज कल्याण बोर्ड के सम्बन्ध में भी अपनाई जा सकती थी लेकिन ऐसा नहीं किया जा सका।

(3) विभागीय संगठन की सलाह—कुछ विचारकों की सलाह थी कि केन्द्रीय समाज कल्याण बोर्ड को पूर्ण रूपेण विभाग का रूप दे दिया जाए अथवा इसे विभाग का एक अधीनस्थ कार्यालय बना दिया जाए। यह प्रस्ताव अनेक आलोचनाओं तथा आपत्तियों का शिकार बना। मुख्य आपत्तियाँ ये थीं—(1) क्या ऐच्छिक सामाजिक कार्यकर्त्ता एक विभाग की अधीनता में रह कर कार्य कर सकेंगे तथा समाज कल्याण के क्षेत्र को अपेक्षित रूप में व्यापक बना सकेंगे। (2) बोर्ड को विभाग या अधीनस्थ कार्यालय बना देने पर सामाजिक कार्यों के लिए अपेक्षित लोचशीलता, स्वायत्तता, अनौपचारिकता एवं मानवता नहीं रह जाएगी। (3) ऐसा करना एक पिछड़ा हुआ कदम बन जाएगा जिन कारणों से प्रारम्भ में ही (1953 में) विभाग के स्थान पर बोर्ड का गठन किया गया था कि वे सब पीछे रह जाएँगे। (4) बोर्ड को विभाग बना देने पर इसका अध्यक्ष कोई असाधारण समाज सेवी बन सकेगा यह सन्देहजनक है चूंकि सरकारी नियमों-विनियमों तथा विभिन्न औपचारिकताओं को अपनाते हुए ऐसा होना काफी मुश्किल प्रतीत होता है। इन सब वजहों से यह सुझाव अस्वीकार कर दिया गया।

(4) कम्पनी स्तर की सलाह—1967 में पृथक्-पृथक क्षेत्रों से यह सुझाव आने लगा कि केन्द्रीय समाज कल्याण बोर्ड को एक कम्पनी के रूप में पंजीकृत करा दिया जाए और इस तरह उसे एक कम्पनी का स्तर प्रदान कर दिया जाए। संगठन के इस रूप में विभिन्न गुण हैं। इसमें लोचशीलता, कठोर वित्तीय नियन्त्रण, व्यावसायिक स्वायत्तता, निर्देशन देने का सरकार का अधिकार, गैर-सरकारी सदस्यों के लिए मौका आदि भिन्न बातें सम्मिलित रहती हैं। इस सम्बन्ध में कई सवाल उभरे हैं। बोर्ड का कम्पनी के रूप में पंजीकरण किए जाने के सुझाव पर अनेक तरह के प्रश्नवाचक चिह्न लगे। जिज्ञासा, आशंका और सन्देह के साथ यह पूछा गया कि कम्पनी के रूप में पंजीकृत होने के बाद अन्य संगठनों तथा सरकारों से बोर्ड के सम्बन्ध कहीं बदल तो नहीं जाएँगे? क्या यह अपेक्षित सम्मान प्राप्त कर सकेगी। यहाँ वर्णनीय है कि किसी भी संस्था का आदर उसके कानूनी स्तर के आधार पर नहीं होता वरन् उसकी कार्य सम्पन्नता के आधार पर होता है। बोर्ड को कम्पनी के रूप में परिवर्तन से हानि और लाभ दोनों ही हैं।

कम्पनी रूप के लाभ की नजह से पहली बात तो यह है कि इसमें एक पंजीकृत समिति के प्रत्येक गुण हैं इसमें कुछ अन्य लाभ भी हैं। कम्पनी अधिनियम 1956 के अनुरूप पंजीकृत कम्पनियों पर पंजीकृत समितियों के अधिनियम 1860 की तुलना में जनलेखा समिति और प्राक्कलन समिति का ज्यादा नियन्त्रण रहता है। कम्पनी अधिनियम के प्रावधान ज्यादा प्रभावशाली हैं। बोर्ड ने जनवरी, 1968 की अपनी बैठक में इस बात को स्वीकार किया है। कम्पनी के रूप में पंजीकृत होने पर बोर्ड ज्यादा जिम्मेदार बन सकेगा ऐसी आशा प्रकट की गई थी। इसके अलावा कम्पनी अधिनियम एक अखिल भारतीय अधिनियम है। इसके तहत बोर्ड को केवल एक ही स्थान पर पंजीकृत करना पर्याप्त है। यह देश के किसी भाग में कार्य कर सकता है, राज्यों में बोर्ड इसकी शाखा के रूप में कार्य कर सकता है। देश में विभिन्न सार्वजनिक संस्थाएँ कम्पनी अधिनियम, 1956 के सेक्शन 25 के तहत पंजीकृत हैं और सफलतापूर्वक कार्य कर रही हैं।

सरकारी उद्यमों पर प्रशासनिक सुधार आयोग के अध्ययन दल की रिपोर्ट में कम्पनी रूप का समर्थन किया गया था। कम्पनी एक संविधीय निगम की तरह कार्य कर सकती है। कम्पनी रूप में लोचशीलता और स्वायत्तता दोनों प्राप्त होती हैं। अध्ययन दल के शब्दों में, "कम्पनी रूप सरकार को उद्यम की रचना और स्वायत्तता निश्चित करने की ज्यादा स्वतन्त्रता देता है। कम्पनी की धाराएँ और निगम की संविधियाँ स्वायत्तता और कार्य की लोचशीलता की व्यवस्था कर सकती है।" वी. एम. कुलकर्णी ने लिखा है कि विकास के एक स्तर पर पहुँच कर कई

वजहों से कम्पनी रूप पसन्द किया जाता है। इस रूप का अपना महत्त्व और मूल्य है।

अगस्त, 1968 में केन्द्रीय समाज कल्याण बोर्ड के चेयरमैन के हस्ताक्षरों के साथ समाचार-पत्रों में एक नोटिस प्रकाशित हुआ जिसमें कहा गया था कि कानपुर स्थित कम्पनी लॉ बोर्ड के क्षेत्रीय निदेशक से कम्पनी एक्ट, 1956 के सेक्शन 25 के अन्तर्गत यह प्रार्थना की गई है कि एक संस्था केन्द्रीय समाज कल्याण बोर्ड के नाम से कम्पनी के रूप में पंजीकृत की जाए। तदनुसार 1 अप्रैल, 1969 को बोर्ड को कंम्पनी के रूप में पंजीकृत कर लिया गया।

केन्द्रीय समाज कल्याण बोर्ड को कम्पनी के रूप में पंजीकृत करना एक सामयिक कदम है। बोर्ड ने इससे पहले अपनी एक बैठक में इस बारे में विस्तार से विचार किया था। सदस्यों ने विभिन्न सवाल उठाए तथा उनका स्पष्टीकरण चाहा। ज्यादातर सदस्य यही चाहते थे कि बोर्ड को संविधीय स्तर प्रदान किया जाना चाहिए, लेकिन तत्कालीन परिस्थितियों में वे उसे कम्पनी के रूप में पंजीकृत कराने पर भी सहमत हो गए। बोर्ड के सदस्यों का सुझाव था कि कुछ सालों पश्चात सारी स्थिति की फिर से पुनरीक्षा की जानी चाहिए। इन वर्षों में बोर्ड को जो अनुभव प्राप्त हों उनके प्रकाश में संविधि का प्रारूप बनाया जाना चाहिए। यह अपेक्षा की जाती है कि इस मध्यकाल में बोर्ड अपने कार्य का पुनर्मूल्याँकन तथा समुचित प्रसार कर लेगी। कम्पनी के रूप में बोर्ड के निदेशक अपने कर्मचारियों को कार्य की अच्छी दशाएँ देकर एक ऐसा वातावरण बना सकते हैं जो तुलनात्मक ज्यादा सन्तोषजनक होगा।

बोर्ड के कार्य महत्त्वपूर्ण हैं तथा इस पर पर्याप्त धन खर्च होता है। हर वर्ष कई करोड़-अरबों रुपये इसके हाथों इधर-उधर किए जाते हैं। बोर्ड के कार्यों से हजारों महिलाएँ, बच्चे, वृद्ध तथा अपंग लोग लाभान्वित होते हैं। इस तरह का प्रभावशाली तथा उपयोगी संगठन यदि अनिश्चित नींव पर खड़ा हो तो यह चिन्तनीय ही है। होना यह चाहिए कि शीघ्र ही इसे सशक्त आधारों पर आश्रित किया जाए। यह सच है कि सरकार पिछले कई वर्षों से इस सम्बन्ध में पर्याप्त चिन्तित रही है। विभिन्न निर्णय लिए गए हैं फिर परिवर्तित किए गए हैं। यह स्थिति कुल मिलाकर सन्तोषजनक नहीं कही जा सकती। बोर्ड को कम्पनी के रूप में पंजीकृत किया जाना अन्तिम हल नहीं है केवल सामयिक कदम है। बोर्ड को संविधीय स्तर दिया ही जाना चाहिए।

12

सामाजिक आंदोलन

किसी भी देश में जहाँ निर्धनता व्याप्त है, वहाँ के नागरिकों को अपनी मूलभूत सुविधाओं के लिए भी संघर्ष करना पड़ता है। इसके बावजूद अच्छी-खासी तादाद में जनता को ये सुविधाएं मयस्सर नहीं होतीं। निर्धनता रोजगार की उपस्थिति तथा अनुपस्थिति दोनों ही स्थिति में होती है। जहाँ तक भारत का प्रश्न है, एक तिहाई परिवार गरीबी की रेखा से नीचे जीवन-यापन कर रहे हैं। किसी भी आन्दोलन की परिणति सहज रूप में नहीं होती है। बल्कि असहमति के सकारात्मक पहलुओं का दमन कर दिया जाता है तो इसका नतीजा असन्तोष तथा विरोध (क्रोध) के रूप में सामने आता है और अन्त में सामाजिक आन्दोलन का भंयकर रूप एक क्रान्ति के रूप में घटित होता है जिसके तहत् बड़े पैमाने पर हिंसा, खून-खराबा और विध्वंस कुछ भी हो सकता है। इस प्रकार, हमने देखा कि समाज में पहले किसी विषय पर असहमति उभरती है, फिर उसका बदलाव होता है और अन्त में सामाजिक आन्दोलन आरम्भ होते हैं। ये सामाजिक आन्दोलन समाज में बदलाव लाते हैं। सामाजिक आंदोलनों के विभिन्न प्रकारों का विस्तार में अध्ययन करने से पहले, हम यहाँ असहमति तथा विरोध की अवधारणा को स्पष्ट करना चाहेंगे।

असहमति

लोकतंत्र में नागरिक कई तरह की स्वतंत्रताओं का उपयोग करते हैं, जिनमें धार्मिक, अर्थोपार्जन, राजनीतिक, आदि किसी भी प्रकार की तात्पर्य, अभिव्यक्ति,

संगठन आदि की स्वतन्त्रताएँ मुख्य हैं। परन्तु इस प्रकार की स्वतंत्रताओं का यह तात्पर्य नहीं है कि उनका प्रयोग दूसरों के व्यक्तिगत अथवा सामूहिक हितों या सामाजिक राष्ट्रीय हितों के विरूद्ध किया जाए। विचार में भिन्नता और कुछ मुद्दों पर असहमत होना असहमति का आधार माना जाता है। इस तरह असहमति को सामाजिक बदलाव के आन्दोलन की शुरुआत कहा जा सकता है। जैसा, भारत में छुआछूत, सती प्रथा, बाल विवाह, विधवा विवाह निषेध इत्यादि जैसे अमानवीय व्यवहारों के विरोध के संघर्ष इसलिए आरम्भ हुए चूँकि ये सब सामाजिक कलंक थे और इन्हें मूलस्वरूप मिटाना समाज की मांग थी। लोगों ने इन अतानवीय एवं क्रूरतापूर्ण व्यवहारों के खिलाफ अपनी आवाज बुलन्द की। इसका घोर विरोध किया।

आलोचना

आज विश्व का प्रत्येक राष्ट्र या तो गणतंत्रात्मक होने की इच्छा रखता है या गणतंत्रात्मक होने का दावा करता है। वह प्रत्येक कार्य में सामाजिक राजनैतिक, तथा आर्थिक रूप से अच्छा करने का वादा करता हुआ प्रतीत होता है। असल में ऐसा नहीं है, प्रतिकूलता लोकतंत्र भी भ्रम तथा विरोध इत्यादि से परिपूर्ण है। **विरोध क्या है?** आमतौर पर विरोध का स्वरूप एक विशिष्ट प्रकृति का होता है। असहमति जब खुलकर समक्ष आती है, तब यह विरोध का रूप धारण कर लेती है। इससे जब वैचारिक असहमति और भी मजबूत कर लेती है, तब विरोध की स्थिति पैदा हो जाती है। विरोध हमेशा निषेधात्मक रूप में ही नहीं लिया जा सकता। यह वर्तमान व्यवस्था, संस्थाओं या प्रणालियों के बेहतर विकल्प सुझाने तथा उपलब्ध कराने में महत्वपूर्ण भूमिका भी निभाता है। इस प्रकार, विरोध तभी अर्थपूर्ण माना जाएगा, जब उसे किसी समय विशेष में समाज की संस्थागत व्यवस्थाओं के बारे में असहमति द्वारा समर्थन हासिल होगा। वैसे, किसी भी चीज की अति बुरी होती है और यही बात विरोध के साथ भी है, चाहे वह प्रजातन्त्र के खिलाफ हो या किसी अन्य व्यवस्था के। इस प्रकार अर्थपूर्ण विरोध (Meaningful Protest) ही भेदभाव और अन्याय के प्रति समाज की आवाज है।

सामाजिक आन्दोलन की विशेषताएँ

प्रमुख विद्वानों के विचारों के आधार पर हम यहाँ सामाजिक आन्दोलन के अन्तर्निहित तत्वों या विशेषताओं को अग्रलिखित रूप में प्रस्तुत कर सकते हैं–

(1) सामाजिक आन्दोलन आवश्यक रूप में किसी न किसी सामाजिक समस्या या समस्याओं अथवा सामाजिक व्याधिकी की प्रतिक्रिया के रूप में सामने आता है।

(2) प्रत्येक समाजिक आन्दोलन का उद्देश्य किसी न किसी सामाजिक समस्या को सुलझाने या सामाजिक व्याधिकी की स्थिति को सुधारने या किसी आर्थिक, सामाजिक, राजनैतिक शोषण से निपटना होता है ताकि सामाजिक व्यवस्था को एक स्वस्थ आधार प्रदान किया जा सके और सामाजिक प्रगति की गति में आए अवरोध दूर हो सकें।

(3) इस दृष्टिकोण से, जैसा कि **प्रोफेसर एम.एस.ए. राव** ने लिखा है, सामाजिक आन्दोलन आंशिक या पूर्ण सामाजिक परिवर्तन लाने की ओर उन्मुख होता है। परिवर्तन लाने का यह प्रयास सम्बन्धों की वर्तमान व्यवस्था से अथवा मूल्यों तथा आदर्शों से सम्बन्धित हो सकता है, यद्यपि कभी-कभी ऐसा भी देखा जाता है कि किसी-किसी सामाजिक आन्दोलन का उद्देश्य परिवर्तन को रोकना या उसका विरोध करना एवं यथास्थिति को बनाये रखना भी होता है; जैसे पिछड़े वर्गों के आरक्षण के कोटे को बढ़ाने के सरकारी प्रयत्नों के विरुद्ध उच्च जातियों द्वारा किए गए जन-आन्दोल। इस प्रकार के आन्दोलन यथास्थिति को बनाए रखने वाले रक्षात्मक आन्दोलन होते हैं न कि परिवर्तन लाने वाले आन्दोलन। इनका उद्देश्य अपने अस्तित्व को बनाए रखने के लिए वर्तमान स्थिति को बहाल रखना होता है और उसके लिए संगठित प्रयास किया जाता है। पर साधारणतया एक सामाजिक आन्दोलन परिवर्तन व प्रगति की ओर उन्मुख होता है।

(4) सामाजिक आन्दोलन में निःसन्देह सामूहिक क्रिया का प्रयास—न किस व्यक्तिगत क्रिया का प्रयास अन्तनिर्हित होता है, बल्कि इसकी शुरूआत व्यक्तिगत स्तर पर ही हुआ करती है। शुरू करने वाला कोई व्यक्ति, नेता या महापुरुष ही होता है, पर जब उनका यह प्रयास एक सामूहिक क्रिया या प्रयास का रूप धारण कर लेता है तभी उसे 'आन्दोलन' कहा जाता है। यह आवश्यक है कि यह आवश्यक नहीं है कि यह सामूहिक क्रिया औपचारिक रूप में संगठित हो, पर इतना आवश्यक होता है कि वह पर्याप्त संख्या में लोगों के रुचि व चेतना जागृत करने में सफल हो। इस प्रकार एक सामाजिक आन्दोलन आवश्यक रूप में औपचारिक या अनौपचारिक संगठन के माध्यम से सामूहिक प्रयत्न का प्रतीक होता है।

(5) प्रत्येक सामाजिक आन्दोलन में विचारधारा (Ideology) या वैचारिकं निहित होती है। इसका तात्पर्य यह है कि सामाजिक आन्दोलन सिद्धान्तहीन नहीं

होता है और कुछ सिद्धान्तों व आदर्शों की प्राप्ति के लिए ही ऐसे आन्दोलनों को चलाया जाता है। पर बहुत से विद्वान सामाजिक आन्दोलन की विशेषता से सहमत नहीं हैं। उनका कहना है कि कुछ स्वार्थ-समूह या राजनैतिक पार्टियाँ अपने ही समूह के हितों की पूर्ति के लिए कुछ ऐसे सामाजिक आन्दोलनों को हवा देते हैं जो कि समाजिक प्रगति के परिचायक न होकर संकुचित आदर्शों व समूह-स्वार्थों के प्रतीक होते हैं और अन्ततः सामाजिक एकता व अखण्डता के लिए घातक सिद्ध होते हैं।

(6) प्रत्येक सामाजिक आन्दोलन की एक संगठनात्मक कार्य-पद्धति होती है क्योंकि ऐसे आन्दोलन औपचारिक या अनौपचारिक संगठन के बिना सम्भव नहीं हैं। ऐसे संगठन मनमाने ढंग से कार्य नहीं करते हैं। सोचने-समझने के तरीके से या योजनाबद्ध रूप में कार्य किया जाता है। कार्य-पद्धति जितनी अधिक सुसंगठित व सुनियोजित होगी, सामाजिक आन्दोलन की सफलता उतनी ही सुनिश्चित होगी।

(7) अन्तिम रूप में, प्रत्येक सामाजिक आन्दोलन परिणाममूलक होते हैं, अर्थात ऐसे सामाजिक आन्दोलनों के अपने कुछ परिणाम होते हैं। वास्तव में इन परिणामों को प्राप्त करने के लिए ही ऐसे आन्दोलनों को शुरू किया जाता है। सामाजिक आन्दोलन का घनिष्ठ सम्बन्ध समाज कल्याण से होता है। सामाजिक आन्दोलनों का उद्देश्य कुप्रथाओं, रूढ़ियों, सामाजिक-आर्थिक, राजनैतिक शोषणों, धार्मिक अन्यायों को जड़ से उखाड़ना होता है। इस रूप में सामाजिक आन्दोलन की अवधारणा समाज कल्याण की अवधारणा से जुड़ी हुई है।

सभी आन्दोलन एक समान नहीं होते हैं। कुछ आन्दोलन आंशिक परिवर्तन के लिए किए जाते हैं तो कुछ सामाजिक संरचना में मूलभूत परिवर्तन के लिए किए जाते हैं। इस प्रकार हम कह सकते हैं कि जहाँ आन्दोलन परिवर्तन को बढ़ावा देने का काम करते हैं वहीं कुछ उन्हें रोकने का कार्य भी करते हैं।

सामाजिक आन्दोलनों की शुरूआत

सामाजिक आन्दोलन क्यों किए जाते हैं? वे कौन से कारक हैं जो सामाजिक आन्दोलनों को हवा देते हैं? किन स्थिति में एक आन्दोलन शुरू होकर लम्बी अवधि तक चलता है? इन सभी प्रश्नों का जवाब हमें सामाजिक आन्दोलन की उत्पत्ति और उसके स्रोत में मिलेगा।

आन्दोलन की उत्पत्ति से सम्बन्धित तीन मुख्य सिद्धान्त निम्नवत् हैं–

(1) संरचना खिंचाव का सिद्धान्त–सामाजिक आन्दोलन अनिवार्य रूप में सामाजिक परिवर्तन और सामाजिक निमार्ण से सम्बन्धित होते हैं। किन्तु इसका

अर्थ यह नहीं लगाना चाहिए कि सामाजिक आन्दोलन सामाजिक परिवर्तन की एक आवश्यक शर्त है। सच्चाई तो यह है कि सामाजिक आन्दोलन के बिना भी परिवर्तन जन्म ले सकते हैं। इतना ही नहीं, स्वयं सामाजिक आन्दोलन सामाजिक परिवर्तन का खिलाफ करने के लिए क्रियाशील हो सकते हैं। सामाजिक आन्दोलन सामाजिक संरचना की उपज होते हैं और इसलिए सामाजिक निमार्ण या ढाँचे की कुछ निश्चित दशाओं के कारण ही उभरते या खिंचाव प्रकट करते हैं।

(2) पुनर्जीवनीकरण का सिद्धान्त—सामाजिक आन्दोलन सामाजिक सदस्यों (जनता) द्वारा संगठित और सजग कोशिशों के परिणामस्वरूप होते हैं। इन आन्दोलनों का उद्देश्य संस्कृति को ज्यादा सन्तोषजनक बनाने से होता है। आन्दोलन की उत्पत्ति का यह सिद्धान्त पहले बताए गए दोनों सिद्धान्तों से अलग है। पुनर्जीवनीकरण का सिद्धान्त यह दर्शाता है कि व्यवस्था को पुनर्जीवित करने के लिए सामाजिक आन्दोलन एक सकारात्मक कार्यक्रम उद्धत करता है। इसलिए इस सिद्धान्त के मुताबिक, न केवल वर्तमान स्थिति के प्रति असन्तोष तथा असहमति पनपति है, बल्कि व्यवस्था को पुनर्जीवित करने का विकल्प भी है।

(3) सापेक्षिक वंचन सिद्धान्त-यह सिद्धान्त लोगों की अभावग्रस्त अवस्था को प्रदर्शित है। जब लोगों के पास जीवन के लिए अनिवार्य वस्तु का अभाव होता है जो वह उसे पाने के लिए संघर्ष करता है। अर्थात् न्यायोचित अपेक्षाओं और वास्तविक उपलब्धियों में अन्तर ही सापेक्षिक वंचन कहलाता है। आर्थिक-सामाजिक-राजनैतिक शक्ति के कारण एक युवा कम अंक पाकर भी अपने मनचाहे कोर्स में प्रविष्ट पा सकता है जबकि दूसरा अच्छे अंकों के बावजूद धक्के खाता है। इस प्रकार सापेक्षिक वंचन मौजूदा हालात के खिलाफ असन्तोष पैदा करता है, जो आगे चलकर एक आन्दोलन का रूप धारण करता है। समाजशास्त्रियों ने सामाजिक आन्दोलनों का अध्ययन सापेक्षिक वंचन सिद्धान्त की सीमा में किया है।

सामाजिक आन्दोलन का विभक्तिकरण

सामाजिक आन्दोलन की अवधारणा वृहद स्तरीय है इसके अन्तर्गत समस्त सामाजिक जीवन समाहित हैं। इस समस्त सामाजिक जीवन के विभिन्न अंग है-धार्मिक, राजनैतिक, शैक्षिक सांस्कृतिक, आर्थिक, आदि। सामाजिक आन्दोलन इनमें से किसी भी पक्ष से सम्बन्धित हो सकता है और इसी आधार पर सामाजिक आन्दोलन के विभिन्न प्रकारों का वर्णन किया जा सकता है। जैसे छात्र आन्दोलन शैक्षिक जीवन से सम्बन्धित है और राम जन्म-भूमि-बाबरी मस्जिद आन्दोलन हमारे

धार्मिक जीवन से, हॉलाकि इसे अब राजनैतिक रंग में रंग दिया गया है। दक्षिण में हिन्दी-भाषा के खिलाफ जो आन्दोलन चलता रहता है, उसे सांस्कृतिक-सामाजिक आन्दोलन ही कहा जायेगा हॉलाकि आज उसे भी राजनीतिज्ञों ने अपने हाथ में ले लिया है।

आन्दोलन के 'परिणामों' के आधार पर भी सामाजिक आन्दोलनों को वर्गीकृत किया जा सकता है। कुछ ऐसे सामाजिक आन्दोलन होते हैं जो कि जीवन के किसी खास पक्ष में ही सुधार पर जोर देते हैं जबकि कुछ आन्दोलन जीवन के समस्त क्षेत्रों में क्रान्तिकारी परिवर्तन का आह्वान करते हैं। इसी प्रकार सामाजिक आन्दोलनों को भाषायी, कृषक, श्रमिक, धार्मिक, जाति, जनजातिय महिला आदि आधारों पर भी वर्गीकृत किया जा सकता है। इतना ही नहीं, सामाजिक आन्दोलन का वर्गीकरण उनके पैमाने (Scale) व स्थान (Spatial) के आधार पर भी किया जा सकता है। उदाहरण के लिए, कुछ आन्दोलन अखिल भारतीय स्तर पर संगठित होते हैं (जैसे आर्य-समाज आन्दोलन) जबकि कुछ आन्दोलन क्षेत्रीय या स्थानीय स्तर पर क्रियन्वित किए जाते हैं, जैसे झारखण्ड मुक्ति-मोर्चा आन्दोलन। **प्रोफेसर एम.एस.ए. राव** ने अपनी पुस्तक *'Social Movement in India'* में सामाजिक आन्दोलन के अग्रलिखित पाँच प्रकारों का वर्णन किया है जिनका हम यहाँ अलग-अलग उप-शीर्षकों के तहत उल्लेख वर्णन करेंगे–

समाज सुधार आन्दोलन

समाज में व्याप्त रूढ़िवादिता, अन्धविश्वास, कुरीतियों को दूर करने के लिए किये जाने वाले कार्यों को 'समाज सुधार' आन्दोलन की संज्ञा दी जाती है। समाज-सुधार समाज को स्वस्थ्य तथा प्रगतिशील बनाने की भावना को प्रेरित होता है। सुधार आन्दोलन समाज के बुनियादी ढ़ांचे में बिना किसी परिवर्तन किए सामाजिक स्थिति को सुधारने का कोशीश करता है। सुधार अक्सर लोगों के विश्वास, कर्मकाण्ड, धर्म, तथा जीवन-पद्धति से जुड़ा होता है। भारत में समाज-सुधार आन्दोलनों के अनेक उदाहरण हैं। उन्नीसवीं शताब्दी के आरम्भिक में भारत में नवजागरण शुरू हुआ। इस नवजागरण आन्दोलन का सुत्रपात राजा राममोहन राय ने किया, जिन्हें आधुनिक भारत का जन्मदाता कहा जाता है।

राजाराममोहन राय तथा उनके द्वारा स्थापित ब्रह्म समाज ने अंधविश्वासों धार्मिक पाखण्डों, तथा सामाजिक कुरीतियों पर तीखा प्रहार कर समाज सुधार आन्दोलन को जन्म दिया। हिन्दी भाषा प्रान्तों में नवजागरण का कार्य दयानन्द सरस्वती व उनके द्वारा स्थापित आर्यसमाज ने किया। महाराष्ट्र में महादेव गोविन्द

रानाडे आगरकर तथा लोकहितवादी आदि ने समाज सुधार आन्दोलन को आगे बढ़ाया। किन्तु राजा राममोहन राय, दयानन्द सरस्वती, रानाडे आदि उच्च जातियों के थे। इस प्रकार वे निम्न जातियों के सामाजिक उत्पीड़न व उनके कारणों को ठीक तरह नहीं समझ सके। ये समाज सुधार आन्दोलन मुख्यरूप से शहरी लोगों विशेषकर उच्च वर्णीय लोगों तक ही सीमित रहे। ये आन्दोलन सामाजिक सुधार के कुछ सवालों तक ही सीमित रहे जबकि ज्योतिबा फूले का आन्दोलन दलितों तथा पिछड़ों की सामाजिक मुक्ति का आन्दोलन बन गया। ब्रह्म समाज, प्रार्थना समाज, आर्य समाज आदि वेदों उपनिषेदों व अन्य हिन्दू धार्मिक साहित्य पर प्रेरणा व निर्देशों के लिए आश्रित थे।

ज्योतिबा फूले के लिए आर्य परम्परा का सारा साहित्य ब्रह्मणवादी व जनविरोधी था। **फूले** के लिए ब्रह्म समाज, प्रार्थना समाज व आर्य समाज उच्च जातियों का वर्गीय संगठन थे और वे उन पर कटुतापूर्वक हमला करते थे। वे पहले व्यक्ति थे जिन्होंने आम जनता में आत्मसम्मान का भाव पैदा किया और उच्च वर्गों की सर्वोच्यता पर हमला किया। फूले ने वेदों, पुराणों आदि में वर्णित मानवीय आचरण के नियमों व देवी देवताओं को ब्राह्मणवादी श्रेष्ठता स्थापित करने का षड्यंत्र घोषित करते हुए बहुजन समाज को शूद्रों अति शूद्रों से उनका तिरस्कार करने की बात कही। ब्रह्म समाज, आर्य समाज, प्रार्थना समाज, जातिभेद, छुआछूत, विधवाओं की स्थिति आदि का विरोध कर हिन्दू समाज में सुधार करना चाहते थे। वे कहते थे कि जातिप्रथा, सतीप्रथा, अस्पृश्यता, ऊँच-नीच इन सबका वेदों में उल्लेख नहीं है। परन्तु ज्योतिबा तो वेदों पुराणों के परे हटकर समातावादी समाज बनाना चाहते थे। वे जानते थे ब्राह्मणों की श्रेष्ठता, अस्पृश्यता, जातिभेद, महिलाओं की निम्न स्थिति वेद पुराणों के व्याख्याकार व रचनाकार ब्राह्मणों के षड्यन्त्रों का परिणाम है।

अतः सामाजिक सुधार व समता सुधार व समता के लिए हमें वेदों, पुराणों आदि के अस्तित्व को चुनौती देनी होगी। यही बात ज्योतिबा फूले को अपने समकालीनों से अलग करती है। ज्योतिबा केवल उपदेशक ही नहीं थे बल्कि प्रखर क्रान्तिकारी थे। वे जानते थे कि विचारों को व्यावहारिक रूप देने के लिए संगठन की आवश्यकता होती है। इसी उद्देश्य से उन्होंने 24 सितम्बर 1873 को पूना में "सत्यशोधक समाज" की स्थापना की। सत्यशोधक समाज की स्थापना का उद्देश्य स्पष्ट करते हुए ज्योतिबा ने कहा था—"अपने मतलवी ग्रन्थों के सहारे अब तक शूद्रों को नीच मानकर जो ब्राह्मण, भट्ट, जोशी, उपाध्याय आदि लोग करते आए, उन लोगों की गुलामगीरी से शूद्रों को मुक्त करने के लिए सदुपदेश व ज्ञान के द्वारा

उन्हें अपने अधिकारों से परिचित करा देने के लिए तथा धर्म और व्यवहार सम्बंधी ब्राह्मणों के बनावटी और धर्म साधक ग्रंथों से उन्हें मुक्त करने के लिए सत्यशोधक समाज की स्थापना की गयी है।'' इसी प्रकार, केरल में श्री नारायण धर्म परिपालन जैसी संस्था पिछड़ी जातियों के लोगों ने शुरू की थीं।

मुसलमानों में सुधारवादी-कार्यों का नेतृत्व मिर्जा गुलाम अहमद कादिमी ने सर सैयद अहमद खाँ ने अहमदिया आन्दोलन तथा अलीगढ़ आन्दोलन शुरू करके किया था। हिन्दू तथा मुस्लिम धर्म तरह सिक्ख धर्म में भी अनेक बुराइयाँ प्रवेश कर गई थीं। इससे दूर करने के लिए सिंह सभा और शिरोमणि गुरु द्वारा प्रबन्ध समिति की स्थापना हुई। पारसी धर्म भी सुधारवादी आन्दोलन से अछूता नहीं रहा। इस धर्म के समाज-सुधारकों में दादा भाई नौरोजी और रुस्तम जी का नाम विशेष उल्लेखनीय हैं। 1351 में पारसी लोगों ने रहनुमाई मजदेयासन सभा की स्थापना की थी। विश्व बन्धुत्व की भावना का विकास करने के लिए डॉ. ऐनी बेसेण्ट ने 1863 में भारत आकर थियोसोफिकल सोसाइटी नामक संस्था की विभिन्न शाखाएँ खोली थीं। इन सभी समाज-सुधार आनदोलनों ने जनमानस के जीवन में उल्लेखनीय परिवर्तन किए हैं।

विविध जनजातीय आन्दोलन

भारतीय समाज में विविध जाति, सम्प्रदाय के लोग निवास करते हैं, जनजातियां भारतीय संस्कृति को मनमोहक छवि प्रदान करती हैं। भारत में लगभग 532 जन जातियाँ निवास करती हैं तथा इनकी जनसंख्या कुल जनसंख्या का लगभग 8.08 प्रतिशत है। जनजातियों को 'वन्य जाति', 'आदिवासी', 'आदिम जाति', 'गिरिजन' आदि अनेक नामों से पुकारा जाता है। धुरिये ने इन्हें 'पिछड़े हिन्दू' भी कहा है। जनजातीय समुदाय पूरे भारत में फैले हुए हैं। लेकिन उत्तरी-पूर्वी क्षेत्रों में इनकी आबादी अधिक है। वास्तव में, अरुणाचल प्रदेश, मेघालय, मिजोरम और नागालैण्ड में उनकी संख्या बहुत अधिक है। इसी प्रकार, छत्तीसगढ़ तथा झारखण्ड राज्यों में भी जनजातीय जनसंख्या का बाहुल्य है। इन विभिन्न जनजातियों की अपनी अलग संस्कृति, भाषा, सामाजिक संरचना, आदर्श, मूल्य आद्रि हैं।

अधिकतर जनजातीय समुदायों की सांस्कृतिक तथा सामाजिक पहचान में कोई अन्तर नहीं आया है। ये आज भी समाज की मुख्यधारा से कटे हुए हैं। जंगलों में नग्न या अर्धनग्न अवस्था में रहते हैं। परम्परागत तरीकों को खेती और शिकार करते हैं। पशु और वृक्षों को अपना कुल देवता मानते हैं। लेकिन ऐसा नहीं है कि

जनजातीय समुदाय सुधारवादी रुख के प्रति बिल्कुल उदासीन हैं। बल्कि भारत के दूर-दराज के दुर्गम स्थानों जैसे पर्वतों, पठारों, पहाड़ियों, वनों, घाटियो आदि में रहने वाली जनजातियाँ अपने वर्तमान व्यवस्था में सुधार के लिए प्रयत्नशील हैं। सभ्य व आधुनिक कहे जाने वाले संसार के सम्पर्क में जनजातियों की मौलिक विशेषताओं का लोप होता जा रहा है और उनमें अनेक प्रकार की आधुनिक बुराइयों का प्रवेश हो गया है। इतना ही नहीं, बाहरी लोगों नें इन भोले-भाले लागों को शोषण भी किया है और उन्हें उनके मूल वातावरण से अलग कर दिया है।

ब्रिटिश शासन काल में जनजातियों के क्षेत्रों में ईसाई मिशनरियों के बेरोक-टोक प्रवेश ने जहाँ एक और जनजातियों के शैक्षिणिक; आर्थिक, सामाजिक स्थिति आदि में सुधार किया वही दूसरी ओर उनमें इस देश की मूल संस्कृति, व्यवस्था आदि के प्रति घोर असन्तोष भी उत्पन्न किया है। आज अंग्रेजी पढ़े-लिखे जनजातीय युवकों में देशभक्ति, राष्ट्रीयता आदि की भावनाएँ शिथिल पड़ गई हैं। ब्रिटिश संस्कृति में पले शिक्षित जनजातीय लोगों ने जनजातियों में शिक्षा का प्रसार-प्रचार किया है और अनेक विषमताओं व अन्धविश्वासों को दूर करने में पर्याप्त सहायता की है। लेकिन इसी के साथ-साथ जनजातियों के शिक्षित लोगों ने भारत से अलग स्वतन्त्र प्रदेशों व देशों की माँग भी प्रारम्भ कर दी। इसके लिए देश के बाहर और अन्दर रहकर आन्दोलन व तोड़-फोड़ की कार्यवाहियाँ भी कीं। धीरे-धीरे भारतीय संवैधानिक ढाँचे के अन्तर्गत अनेक जनजातीय राज्यों का निर्माण हुआ; नागालैण्ड, अरुणाचल प्रदेश, मिजोरम आदि इसी के उदाहरण हैं। देश के सभी जनजातीय आन्दोलन में **नागा आन्दोलन** सबसे प्राचीन है। इसमें भारत से पृथक राज्य बनाने की माँग है। यह एक सैन्य-विद्रोह है जो अभी तक जारी है।

भारत में झारखण्ड आन्दोलन लगभग छह दशक पुराना है। 1938 में बिहार में जनजातियों अथवा आदिवासियों में सामाजिक, सांस्कृतिक तथा राजनैतिक पुनर्जागरण के लिए आदिवासी महासभा की स्थापना की गई। इसी क्रम में 1950 में चार पड़ोसी राज्या—बंगाल, बिहार, उड़ीसा तथा मध्यप्रदेश की जनजातियों के लिए एक अलग राजय की माँग झारखण्ड आनदोलन के रूप में आरम्भ हुई। इस आन्दोलन की पृष्ठभूमि में विचारधारा, ऐतिहासिकता, उप-क्षेत्रीय पहचान, राजनीति स्वायत्त इत्यादि तत्व विशेष तौर पर रहे। आखिरकार झारखण्ड आन्दोलन सफल हुआ और भारत सरकार ने सन् 2000 में झारखण्ड का एक अलग राज्य घोषित किया। इसी तरह, इस वर्ष छत्तीसगढ़ राज्य की घोषणा भी हुई, जो मध्य प्रदेश से काटकर बनाया गया। साधारण तौर पर भारतीय जनजातियों के आन्दोलनों की आरम्भ

सांस्कृतिक लक्ष्यों को लेकर हुई, लेकिन बाद में राजनैतिक लक्ष्यों को भी इसमें शामिल कर लिया गया।

इसके अतिरिक्त जनजातियों के ऐसे आन्दोलन भी हैं जो शामिल तौर पर सांस्कृतिक हैं क्योंकि ये आन्दोलन सजातीय एकरूपता, सामाजिक-सांस्कृतिक पुनर्जागरण, भाषा, धर्म, लिपि इत्यादि तक ही सीमित हैं। ऐसे ही आन्दोलनों में जनजातियों का 'भगत आन्दोलन' आता है। हिन्दुओं में उच्च जातियों के सामाजिक-धार्मिक तथा व्यवहारों का बिहार, राजस्थान, मध्य प्रदेश तथा गुजरात की अनेक जनजातियाँ अनुसरण कर रही हैं। इस अनुसरण के द्वारा जनजातियाँ या आदिवासी अपनी सामाजिक-सांस्कृतिक स्थिति में सुधार लाने का प्रयत्न कर रहे हैं। ये जनजातियाँ माँस और शराब का परित्याग कर रही हैं, पूरी तरह शाकाहारी होती जा रही हैं। हिन्दू समाज का अंग होने के कारण देवी-देवताओं की पूजा तथा व्रतों का प्रचलन इनमें बढ़ता जा रहा है।

जनजातियों में इस प्रकार की रुचि तथा अनुसरण करने की प्रक्रिया को भगत आन्दोलन के नाम से जाना जाता है। अनेक जनजातियों के बहुतांश सदस्य भगत या साधु बन गए हैं या बनते जा रहे हैं। इस प्रकार जनजातीय भगत आन्दोलन की प्रक्रिया गोण्ड, भील, मीणा, खरवा , डराँव आदि जनजातियों में बड़े पैमाने पर देखी जा सकती हैं। असम प्रदेश में आज अलग बोडोलेण्ड की माँग चल रही है और आन्दोलन हिंसक होता जा रहा है। इस प्रकार जनजातियों के जागरूक शिक्षित लोगों के प्रयत्न से जनजातियों की सामाजिक, राजनीतिक आदि स्थिति पहले से प्रचुर बेहतर होती जा रही है। आज ये लोग देश की मुख्य धारा से जुड़कर अपने सुधार के लिए प्रयत्नशील हैं। इतना ही नहीं, अनेक स्वयं-सेवी संगठन भी जनजातीय सुधार आन्दोलन को दिशा प्रदान कर रहे हैं, ऐसे संगठनों में 'विश्व हिन्दू परिषद्' का नाम महत्वपूर्ण है।

कृषक आन्दोलन

प्रो.ए.आर. देसाई के अनुसार सन् 1918 के पश्चात् ही भारतीय किसानों में कुछ राजनीतिक चेतना का विकसित होना शुरू हुआ जबकि उन लोगों ने संगठित राष्ट्रीय आन्दोलनों में भाग लिया। खुद अपने झण्डे तले कुछ कार्यक्रमों को लेकर कृषकों ने अपना संगठन बनाया और खुद के नेतृत्व में अपनी माँगों की पूर्ति के लिए आन्दोलनों को आयोजित किया। परतन्त्र भारत में **कृषक आन्दोलन** पर क्रमबद्ध अध्ययन भी बहुत कम हुए हैं, सिर्फ **वाल्टर हाउसर** द्वारा उद्धृत 'बिहार प्रान्तीय

किसान सभा (1929-42) का अध्ययन **स्वामी सहजानन्द सरस्वती** द्वारा लिखित बिहार किसान सभा के संस्करण तथा नटराजन द्वारा किया गया **'संथाल विद्रोह'** का अध्ययन, अवश्य ही हमारा ध्यान आकृषित करते हैं। सन् 1917-18 में **गाँधी जी** के नेतृत्व में बिहार चम्पारन जिले में नील बागान मालिकों (indigoplanters), जिनमें अधिकांश अंग्रेज थे, के खिलाफ किसानों का एक आन्दोलन भड़का था जिसमें कि **गाँधीजी** ने अपने सत्याग्रह की विधि को अपनाया था।

इसके पश्चात् **गाँधी** ने **कैरा आन्दोलन** (Kaira) में किसानों का एक सत्याग्रह आन्दोलन लगान वसूली के खिलाफ जब आयोजित किया तब फसल खराब हो जाने के कारण वहाँ के किसान मालगुजारी अदा करने में असमर्थ थे। सन् 1922 मालाबार में **मोपला कृषक विद्रोह** (Moplah pesant Rebellion), का वर्णन इस परिप्रेक्ष्य में आवश्यक है। इस विद्रोह के आधार साम्प्रदायिक तथा आर्थिक दोनों ही थे। **डॉ. देसाई** के कथानुसार मालाबार में ब्राह्मण जाति के नम्बूदरी जमीदारों द्वारा मोपला किसानों, जिनमें अधिकांश मुसलमान थे, का खूब ज्यादा शोषण किया जाता था। इस स्थिति को मुस्लिम सम्प्रदायवादियों (Muslim Communalists) ने एक साम्प्रदायिक रंग देकर भड़काया, परिणामतः एक ऐसा विद्रोह उभरा जिसकी अन्तवस्तु तो मुख्य रूप से आर्थिक थी, पर स्वरूप धार्मिक और जिसके कारण जानमाल की दुःखद क्षति हुई। दो अन्य आन्दोलनों का भी इसी सन्दर्भ में वर्णन किया जा सकता है—एक तो श्री सीताराम राजू के नेतृत्व में नारसीपातान तालुक के कोया किसानों का आन्दोलन तथा दूसरा उत्तर प्रदेश के रायबरेली, सीतापुर आदि जिलों के किसान-आन्दोलन।

उसी प्रकार गुजरात के बारदोली जिले में दो बार किसान-आन्दोलन उभरा—एक तो सन् 1928-29 में और दूसरा 1930-31 में। इसका नेतृत्व श्री **बल्लभभाई पटेल** ने किया था और सरकार को किसानों की ज्यादातर माँगों को मानना पड़ा था। इस सफलता से किसान-आन्दोलन को बड़ी प्रेरणा मिली।

गाँधीजी ने सन् 1930 में एक ग्यारह-सूत्रीय-माँग-पत्र ब्रिटिश सरकार को पेश किया। उसी समय गुजरात, कर्नाटक, उत्तर प्रदेश, आन्ध्र प्रदेश तथा देश के अन्य भागों में किसान-आन्दोलन शनैः शनैः फैलता रहा।

उपरोक्त आन्दोलन की शृंखला में सन् 1927 में बिहार किसान सभा का श्री गणेश हुआ जो कि सन् 1934 के पश्चात् एक विस्तृत व प्रभावशाली संगठन के रूप में विकसित हो गया और इसका श्रेय स्वामी सहजानन्द सरस्वति के प्रयासों को जाता है। यह **'बिहार किसान सभा'** सम्भवतः बाद को बनने वाली अखिल भारतीय

किसान सभा (All-India Kisan Sabha) का सबसे शक्तिशाली अंग रही है। उत्तर प्रदेश में, 'प्रान्तीय किसान सभा' (Provincial Kisan Sabha) का गठन सन् 1935 में हुआ। इस सभा में अपने कार्यक्रमों में जमींदारी प्रथा को समाप्त करने की माँग को भी सम्मिलित कर लिया था। देश के अन्य भागों में भी किसान सभाओं का गठन धीरे-धीरे होता रहा। सन् 1935 में लखनऊ में अखिल भारतीय किसान काँग्रेस (All-India Kisan Congress) का प्रथम अधिवेषण हुआ जिसमें यह तय किया गया कि काँग्रेस का गठन देश के सर्वोच्च किसान संगठन के रूप में किया जाए। इसे **पण्डित जवाहरलाल नेहरू** का भी आशीर्वाद मिला और यह भारतीय किसानों को शिक्षा तथा प्रचार के माध्यम से संगठित करने में अपनी अहम भूमिका निभाता रहा। **ज्योतिबा** ने किसानों को जिसमें कि अधिकांश शूद्र तथा अतिशूद्र हैं की गरीबी एवं दीनता का कारण भारतीय सामन्तवाद एवं ब्रिटिश पूंजीवाद हैं। **"किसान का कोड़ा"** पुस्तक में उन्होंने विस्तार से दिखाया है कि किस प्रकार जमींदार, जागीरदार एवं साहूकार, जिसमें कि अधिकांश ऊँची जातियों के हैं, किसानों का शोषण एवं उत्पीड़न करते हैं।

उनका दृष्टिकोण कहता है कि किसानों को घोड़ा, बेल आदि जानवर की तरह मेहनत करके उन्हें सुख देना चाहिए व उनके ऐशों आराम की चीज पैदा करनी चाहिए। इसी प्रकार ब्रिटेन की औद्योगिक क्रान्ति तथा वहाँ के बने सामानों के भारत में आने के कारण किसानों में गरीबी तथा जनता में बेरोजगारी बढ़ी है। इंग्लैण्ड से कपड़ा, तरह तरह की साड़ियाँ, शाल, सिलाई मशीन, रंग-बिरंगे बिलोरी सामान, ताला चाबी, कैंची, चाकू आदि सामान आने से यहाँ के जुलाहे, धोबी, मोमीन आदि पूरी तरह कंगाल हो गए हैं तथा वे भूखों मर रहे हैं। इस प्रकार किसानों की दयनीय हालत का **ज्योतिबा** ने मार्मिक चित्र खींचा है तथा शूद्रों एवं अतिशूद्रों को सलाह दी है कि वे इस शोषण उत्पीड़न के विरुद्ध खड़े हों।

ऊपर से देखने में यह ऊँची जातियों एवं नीची जातियों में संघर्ष दिखाई देता है पर गहराई से देखने में यह शोषक व शोषित के बीच संघर्ष है। **एच.जी. सरदेसाई** ने लिखा है–"उस युग की परिस्थितियों में यह बोधगम्य है उनकी रचनाओं व आन्दोलन में ऊँची जातियों के विरुद्ध नीची जातियों को लामबंद करके खड़ा कर देने के सारे तत्व मौजूद थे। लेकिन जब हम उनकी सम्पूर्ण गतिविधियों पर विचार करते हैं तो यह बात स्पष्ट हो जाती है कि वे समाज के शोषक तथा उत्पीड़न वर्गों के विरुद्ध सर्वसाधारण शोषित जनता की हिमायत करते थे। उन्होंने निमतापूर्वक सूदखोरों व साहूकारों पर प्रहार किए थे। उनके दृष्टिकोण में उच्चवर्गीय जातिवाद के

विरुद्ध निम्न वर्गीय जातिवाद जैसी कोई चीज नहीं थी। यथावत रूप में वे जातिवाद के खिलाफ थे, फिर चाहे वह जातिवाद नीची जातियों का हो या ऊँची जातियों का।'' **ज्योतिबा** ने किसानों को सलाह दी कि वे व्यक्तिगत जीवन में फिजूल खर्ची से बचें। सरकार को सलाह दी कि वह किसानों को अच्छी खाद्य, अच्छा बीज व उत्तम खेती से सम्बन्धित ज्ञान उपलब्ध कराए।

अकाल का मुकाबला करने के लिए स्थान-स्थान पर छोटे-छोटे बाँध बनाए जाएँ तथा सेना की सहायता ली जाए। उन्होंने किसानों पर लदे क़र्ज को कम करने के लिए सरकारी खर्चे पर रोक लगाने, लगान कम करने आदि की माँग की। इसी प्रकार सन् 1946-47 का **तेभागा आन्दोलन** भी एक उल्लेखनीय घटना थी जिसमें लगान देने वाले किसानों ने जर्जर सामन्तवादी संरचना का विरोध किया। **प्रो. धनागरे** ने इस आन्दोलन की सामाजिक पृष्ठभूमि, सरचनात्मक स्वरूप, कृषक आधार तथा संगठनात्मक पक्ष पर प्रकाश डालते हुए बताया है कि वह आन्दोलन बंगाल के कृषकों के राजनीतिकरण का परिणाम था। आपके अनुसार भारत के इतिहास में राजनीति से प्रेरित कृषकों द्वारा एकजुट होकर चलाया गया यह पहला आन्दोलन था। इस पर साम्यवादियों का प्रभाव स्पष्ट था। स्वतन्त्रता प्राप्ति के बाद भारत में कृषक अशान्ति के सन्दर्भ में **श्री एच.डी. मालिया** ने लिखा है कि जमीदारों तथा किसानों के बीच सम्बन्ध उत्तरोत्तर तनावपूर्ण होता चला गया जिसके परिणामस्वरूप इन दोनों में हिंसक संघर्ष की घटनाएँ भी बढ़ती गयीं।

उत्तर प्रदेश में इस प्रकार के संघर्ष सन् 1947 के आरम्भ से ही शुरु हो गए थे एवं सुलतानपुर जिले के ग्राम शाहपुर में तथा गाजियाबाद जिले के शहबाजपुर गाँव में सन् 1949 तक कृषक अशान्ति काफी फैल चुकी थी। इनमें से प्रत्येक किसानों तथा जमीदारों में हिंसक टकराव हुए एवं जान व माल की क्षति दोनों ही पक्षों को सहनी पड़ी। यह किसानों तथा जमीदारों में बढ़ती हुई वर्ग-चेतना का ही परिणाम था कि 15 जुलाई 1949 तक उत्तर प्रदेश में कुल 2,057 किसान-जमींदार दंगे घटित हुए। इस उग्र परिस्थिति पर ठण्डा पानी जब पड़ा उत्तर प्रदेश सरकार ने जमींदारी उन्मूलन से सम्बन्धित कानून पास किया। सन् 1941 में अखिल भारतीय किसान सभा बिहटा (Bihṭa) में विखण्डित हो गयी और फिर वामपथीं समूह (Leftist groups) कभी भी अपने की एक संगठन एक संगठन के रूप में जोड़ नहीं पाए। सोशलिस्टों ने हिन्द किसान पंचायत का गठन किया।

'क्रान्तिकारी समाजवादी पार्टी' (Revolutionary Socialist Party) तथा अन्य वामपंथी समूहों ने क्रान्तिकारी नेता **श्री योगेश चन्द्र चटर्जी** के नेतृत्व में एक

संयुक्त किसान सभा (United Kisan Sabha) का गठन किया गया। पर इनमें से कोई भी संगठन प्रभावशाली साबित नहीं हुआ। केवल कम्युनिस्ट-प्रभाव व नेतृत्व से प्रभावित अखिल भारतीय किसान सभा उत्तरोत्तर शक्तिशाली होती गई और इसी के नेतृत्व में सन् 1946 और 1950 के बीच कुछ सर्वोत्तम किसान-आन्दोलन चलाये गये। इनमें महाराष्ट्र के वार्ली किसानों द्वारा सन् 1946-47 में चलाए गए आन्दोलन का उल्लेख किया जा सकता है। प्रो. राजेन्द्र सिंह ने उत्तर प्रदेश में बस्ती जिले में हुए दो आन्दोलनों के विषय में लिखा है। एक तो सन् 1946 का जिहाद बोल आन्दोलन और दूसरा सन् 1970 का भूमि हड़पो आन्दोलन। इसमें से पहले का नेतृत्व कांग्रेस ने किया और दूसरे का साम्यवादियों ने। परन्तु सबसे हिंसक तथा कटु कृषक संघर्ष या आन्दोलन तेलंगाना, त्रिपुरा तथा मणिपुर में हुए और इनमें भारतीय कम्युनिस्ट पार्टी द्वारा संचालित तेलंगाना आन्दोलन सबसे ज्यादा भंयकर था।

सन् 1947 के मध्य से शुरू होकर अक्टूबर 1951 तक चलाने वाले इस आन्दोलन में हथियारबन्द किसानों ने पहले रजाकारों के विरुद्ध और बाद में भारतीय सेनाओं के खिलाफ गोरिल्ला युद्ध चलाया। प्रायः 2,500 गाँवों में समानान्तर सरकार (Parallel Government) का गठन किया गया और कम्युनिस्ट दावे के अनुसार 10,00,000 एकड़ जमीन जमींदारों छीन कर कृषि-श्रमिकों तथा गरीब किसानों को बाँट दी गयी। संघर्ष को जारी रखने के लिए यह नियमित गोरिल्ला सैनिक टुकड़ी तैयार की गयी थी जो कि जरूरत पड़ने पर पहाड़ों तथा जंगलों में जा छिपती थी। इस आन्दोलन में लगभग चार हजार साम्यवादी कार्यकर्ता तथा किसान मारे गए और दस हजार लोग जेल गए। प्रो. धनागरे ने ठीक लिखा है, "यदि सत्ता हथियाना तथा लम्बे अर्से तक वैसी स्थिति बनाए रखना आन्दोलन की सफलता का निर्धारक माना जाए तो भारत में कोई भी कृषक आन्दोलन तेलंगाना आन्दोलन से अधिक सफल नहीं कहा जा सकता।" यहाँ यह उल्लेखनीय है कि इस समय महाराष्ट्र के श्री शरद जोशी किसानों के एक रहनुमा के रूप में कृषक आन्दोलन को एक नया आयाम, एक नयी दिशा देने के लिए क्रियाशील हैं। श्रीधर के कथनानुसार, यदि इस देश में 'घेराव' आन्दोलन पश्चिम बंगाल के एक राजनैतिक नेता की देन है, तो 'रास्ता रोका' का आरम्भ करने वाले बहुचर्चित नेता हैं शरद जोशी। आप अपनी ही धुन के धनी एक संकल्पी योद्धा हैं जिन्होंने संयुक्त राष्ट्र के अधिकारी के तौर पर सुख-सुविधायुक्त जीवन त्यागकर किसानों की हालत में सुधार को अपने जीवन का मकसद बना लिया।

संयुक्त राष्ट्र संघ में अपने पदभार को छोड़कर वे जब लौटे तो इस देश की अर्थव्यवस्था की रीढ़ किसानों की पीड़ा का हरण करना ही उन्होंने अपना ईमान बना

लिया। इस उद्देश्य से उन्होंने शेतकारी संगठन की स्थापना की और उन्होंने महाराष्ट्र में किसान-आन्दोलन की कमान सफलता के साथ सँभाली। उनका प्रथम आन्दोलन ही सफल हुआ। उनके द्वारा किसानों की समस्याओं के निवारण के लिए 'रास्ता रोको' का जो तरीका अपनाया गया उनकी अनेक क्षेत्रों में कड़ी निन्दा भी हुई। परन्तु यह तथ्य भी याद रखने योग्य है कि उनके इस नए ढंग की ओर सन् 1980 से ही जनता की रुचि भी जगी।

पंजाब में जब उग्रवादी गतिविधियाँ पराकाष्ठा पर थीं तो चण्डीगढ़ में किसानों ने एक शान्तिपूर्ण 'रास्ता रोको' आन्दोलन का चमत्कार कर दिखाया था। महाराष्ट्र के किसानों को उनकी फसलों का ज्यादा कीमत दिलाने की माँग को लेकर श्री शरद जोशी ने जो आन्दोलन चलाया था, उसमें भी 5,000 से अधिक किसानों ने खुद को गिरफ्तार कराया था। आपकी प्रमुख माँगों में कृषि-मूल्य आयोग को समाप्ति की माँग भी शामिल है। उनकी मान्यता यह है कि इस आयोग को खत्म कर देने से देश की आर्थिक और राजनीतिक समस्या भी बड़ी सीमा तक सुलझ जायेगी। सरकार उनकी यह राय से सहमत नहीं थी। स्वतन्त्र भारत के कृषक आन्दोलन का यह इतिहास किसानों को मसीहा कहे जाने वाले चौधरी महेन्द्र सिंह टिकैत की अगुआई में चल रहे 'भारतीय किसान यूनियन' के आन्दोलन के विवरण बिना निश्चित रूप से अधूरा ही रहेगा।

''भारतीय किसान यूनियन'' का गठन 1978 में हुआ था। कहने को तो किसान यूनियन आरम्भ से ही गैर-राजनैतिक रही, लेकिन अपने उद्देश्य की पूर्ति के लिए कई बार इसने राजनैतिक हथकण्डे भी अपनाए। इस आन्दोलन में नए सिरे से प्राण फूँकने का सम्पूर्ण क्षेत्र इसके जुझारू नेता चौधरी महेन्द्र सिंह टिकैत को जाता है। उत्तर प्रदेश में गैर-राजनैतिक आन्दोलन से जुड़े चौधरी टिकैत इस समय ऐसे अकेले नेता हैं, जिनका किसानों में जनाधार है। ठेठ देहाती भाषा में के 'परमात्मा' और 'सच्चाई' के भरोसे किसानों की लड़ाई लड़ रहे 'टिकैत' ने न केवल सरकार की चूलें हिला दी हैं, अपितु सारे देश में अपार चेतंना जगाने का श्रेय भी हासिल किया है। किसानों के आर्थिक हितों से अधिक फिक्र उन्हें 'देश के भाग्य विधाता' किसान के आत्म सम्मान की है।

कुछ वर्ष पहले तक तो शायद वे किसानों के स्थानीय नेता थे, लेकिन शामली, मेरठ, मुजफ्फरनगर और दिल्ली में आयोजित धरने और आन्दोलन के पश्चात् उन्होंने और उसकी 'भारतीय किसान यूनियन' ने देश भर के किसानों में अनुपम जागरूकता उत्पन्न कर दी है। खेती और उससे जुड़ी दिक्कतों के अतिरिक्त समाज-सुधारों की

तरफ भी श्री टिकैत की चिन्ता है। गाँव के आपसी झगड़ों को थाने-कचहरी के बिना पंचायत में ही निपटाने, टूटे वैवाहिक रिश्तों को जोड़ने, जबरन देहज वसूलने पर रोक की भी उन्होंने कई सार्थक कोशिशें की हैं। माँग शब्द से उन्हें चिढ़ है। वह कहते हैं—''माँग भिखारी करता है—किसान अपना हक चाहता है।''

दलित आन्दोलन

'दलित' शब्द से आशय है, वह व्यक्ति या वर्ग है जिसका समाज में काफी निम्न स्थान है, जो उत्पीड़न का शिकार है तथा जिसका जीवन अभाव, दुःख एवं अपमान का जीवन है। हिन्दू समाज में दलितों को *अछूत* माना जाता रहा है। कहीं इन्हें *हरिजन* भी कहा गया है। प्रशासनिक भाषा में कथित अछूतों (दलितों) को *अनुसूचित जाति* (Scheduled Caste) कहा जाता है। दलितों की सबसे मुख्य समस्या अस्पृश्यता रही है। अस्पृश्यता का इतिहास समाज में जाति व्यवस्था से जुड़ा हुआ है क्योंकि यह जाति प्रबन्ध के साथ ही हमारे समाज में एक गम्भीर समस्या रही है। वैदिक काल में अस्पृश्यता शब्द का प्रयोग तो नहीं किया जाता था। चूँकि, ऐसे व्यक्तियों के लिए चण्डाल, निषाद डोम, अन्त्यज आदि शब्दों का प्रयोग किया जाता रहा, जिनका स्तर लगभग अस्पृश्यों जैसा ही था। अस्पृष्टता के नाम पर हजारों वर्षों तक इन्हें अनेक मानवीय अधिकारों से वंचित रखा गया और इन पर अनेक आर्थिक, धार्मिक, सामाजिक तथा राजनीतिक विर्योग्यताएँ लगा दी गईं।

प्राचीन समय में ब्राह्मण गुरु इनके बच्चों को शिष्य बनाना अपनी मानहानि एवं धर्म के खिलाफ समझता था।.इसका नतीजा1 यह था कि अछूत (दलित) लोग प्रायः शत-प्रतिशत अशिक्षित होते थे। दलित अनेक प्रकार के अत्याचारों और उत्पीड़न के शिकार हो गए थे। समाज-सुधारकों द्वारा समझ-समझ पर अस्पृश्यता के निवारण के लिए निवारण के लिए आन्दोलन किए जाते रहे हैं। महात्मा बुद्ध, रामानुज, कबीर, सेन, चैतन्य, नानक, नामदेव, तुकाराम, रैदास आदि विद्वानों के नाम इन आन्दोलनों से जुड़े हुए हैं। स्वयं अस्पृश्य जातियों द्वारा उन्नीसवीं शताब्दी में दक्षिण में ऐसे आन्दोलनों की शुरुआत की गई। श्री ज्योतिबा फुले एवं डॉ. आम्बेडकर ने अस्पृश्यों को संगठित करके ऐसे आन्दोलनों को आगे बढ़ाया।

स्वतन्त्रता प्राप्ति के बाद भी अनेक संगठन, संघ व आश्रम अस्पृश्यता-निवारण तथा हरिजनोद्धार के कार्यों में लगे हुए हैं। इन सभी के प्रयासों को भी दो श्रेणियों में विभाजित किया जा सकता है—अस्पृश्यता का निवारण के प्रयासों में स्वयं अस्पृश्य जातियों द्वारा किए जाने वाले आन्दोलनों का मुख्य स्थान है। उन्नीसवीं शताब्दी में

दक्षिण में ऐसे आन्दोलनों की शुरुआत हुई क्योंकि दक्षिण में अस्पृश्यों पर अधिक कुठाराघात किया जाता था। इस आन्दोलन के अग्रणी नेता पूना के श्री ज्योतिबा फुले थे, जिन्होंने 'सत्य-शोधक समाज' की स्थापना करके अस्पृश्यों को उनके अधिकार दिलाने का प्रयास किया। बाद में डॉ. आम्बेडकर के नेतृत्व में यह आन्दोलन आगे बढ़ा। 1920 ई. में इनके नेतृत्व में 'अखिल भारतीय दलित वर्ग संघ' एवं 'अखिल भारतीय दलित वर्ग फेडरेशन' स्थापित किए गए जिनके माध्यम से अस्पृश्यों के अधिकारों की आवाज उठाई गई।

1931ई. में गोलमेज कॉन्फ्रेन्स में डॉ. आम्बेडकर इनके लिए पृथक निर्वाचन की माँग को स्वीकार कराने में सफल हो गए, परन्तु गाँधी जी ने इन्हें हिन्दुओं का ही अंग स्वीकार करते हुए अनशन प्रारम्भ कर दिया। 30 दिसम्बर, 1931 ई. को बम्बई में पं. मदनमोहन मालवीय की अध्यक्षता में एक विशाल सभा हुई और 1932 में सारे देश में अस्पृश्यता-निवारण के लिए 'अखिल भारतीय सेवक संघ' की स्थापना की गई। इस संघ में अस्पृश्यों को उनके अधिकार दिलाने एवं निर्योग्यताओं को समाप्त कराने में महत्वपूर्ण भूमिका निभाई है। इस संघ के प्रयासों द्वारा इनके लिए 1,130 शिशु मन्दिर, 1,018 छात्रावास, 67 धर्मशालाएँ एवं 1,995 कुओं की व्यवस्था की गई तथा अस्पृश्यता विरोधी प्रचार में भी तीव्रता आई। इस संघ के प्रयासों के परिणामस्वरूप इनमें शिक्षा प्रसार हुआ तथा इनकी आर्थिक समिति में भी थोड़ा-बहुत सुधार आया।

(2) सवर्ण हिन्दुओं द्वारा आन्दोलन—अस्पृश्यता-निवारण आन्दोलन में सवर्ण हिन्दूओं एवं इनके द्वारा बनाए गए संगठनों का भी महत्वपूर्ण स्थान रहा है। इनकी सामाजिक-आर्थिक निर्योग्यताओं को दूर करने के लिए **ब्रह्म समाज, आर्य समाज** तथा **रामकृष्ण मिशन** ने काफी प्रयत्न किया है। **गाँधी जी** के नेतृत्व में हरिजनाद्धार की दृष्टि में अनेक सुधार समितियों का गठन किया गया। स्वतन्त्रता प्राप्ति के पश्चात् भी अनेक संगठन, संघ तथा आश्रम अस्पृश्यता-निवारण तथा इनके कार्य में लगे हुए हैं।

(3) सरकारी प्रयास—अंग्रेजी शासनकाल में ही अस्पृश्यता निवारण के सरकारी प्रयास प्रारम्भ हो गए थे। 1920 ई. में कांग्रेस ने अस्पृश्यता निवारण को अपने प्रयोग का एक महत्वपूर्ण अंग बनाया। 1936 ई. में कांग्रेस मन्त्रिमण्डलों की स्थापना के बाद इनकी अवस्था सुधारने के प्रयास शुरू किए गए। स्वतन्त्रता प्राप्ति के पश्चात् सरकार ने दलितों की समस्याओं के समाधान हेतु अनेक प्रयास किए हैं। इन सब आन्दोलनों के परिणामस्वरूप दलित संगठित हुए हैं। उनकी बहुत-सी निर्भीग्यताएँ कम हुई हैं। उनकी सामाजिक और आर्थिक स्थिति में उल्लेखनीय सुधार हुआ है।

आरक्षण के लाभ पाकर वे उच्च पदों और सरकारी नौकरियों पर आसीन हैं। देश के निवर्तमान राष्ट्रपति **श्री के.आर. नारायण** दलित समुदाय से हैं। इसी प्रकार उत्तर प्रदेश की निर्वतमान मुख्यमंत्री **सुश्री मायावती** भी दलित समुदाय की ही हैं। यद्यपि दलित जातियाँ अभी आर्थिक क्षेत्र में ऊँची जातियों से नीचे हैं।

महिला सुधार आन्दोलन

समाज में पुरुष प्रधान समाज का वर्चस्व होने के कारण महिलाओं के सुधार एवं कल्याण हेतु समय-समय पर आन्दोलन का आगाज हुआ है। इस आन्दोलनों के माध्यम से महिलाओं ने अपने शोषण, भेद-भाव एवं उत्पीड़न के विरूद्ध आवाज उठाई है। समान अधिकार आर्थिक स्वतन्त्रता, धार्मिक, संस्तुति, तलाक के अधिकर, मताधिकार, स्वतन्त्रता, शिक्षा के अधिकार आदि के सन्दर्भ में जागरुक हुई हैं। भारत में ऐसे अनेक कानून बने हैं जो मूलतः स्त्रियों के अधिकार से समन्धित हैं। बम्बई के न्यायाधीश रानाडे (1842-1901) एक बहुत बड़े समाज-सुधारक थे। उन्होंने सन् 1881 में एक 'विधवा-विवाह-संघ' (Widow Marriage Association) की स्थापना की और बाद में प्रार्थना-सभा से अपना नाता सन्. 1889 में पंडिता रमाबाई ने मुम्बई में विधवा स्त्रियों के लिए 'शारदा सदन' खोला। रमाबाई ईसाई थीं और अपने आश्रम की स्त्रियों को ईसाई बना लेती थीं। इसलिए सन् 1896 में श्री कार्वे ने 'हिन्दू विधवा आश्रम' खोला। राजा राममोहन राय का सबसे उल्लेखनीय कार्य सन् 1828 में 'ब्रह्म समाज' की स्थापना थी।

इस समाज की स्थापना उपनिषदों के आदेशों को सम्मुख रखकर की गई थी। उनकी मृत्यु के बाद महर्षि देवेन्द्रनाथ टैगोर ने ब्रह्म-समाज का संचालन करते हुए समाज-सुधार के आन्दोलन को चलाया और खुले रूप से वेद और वेदान्त का प्रचार करना शुरू कर किया। उन्होंने हिन्दू-समाज को सुधारने के हेतु बहुपत्नी-विवाह का विरोध किया और विधवा-पुनर्विवाह व स्त्रियों की शिक्षा का समर्थन किया। ब्रह्म समाज के संचालक के रूप में सुधार-आन्दोलन को चलाने वालों में श्री केशवचन्द्र सेन का नाम उल्लेखनीय है। सन् 1863 में उन्होंने ही सर्वप्रथम स्त्रियों के लिए 'वामाबोधिनी' नामक पत्रिका प्रकाशित की तथा जाति-भेद को ठुकराकर अन्तर्जातीय विवाह का खुलेआम प्रचार किया।

आपके नेतृत्व में ब्रह्म-समाज का सन्देश बंगाल के गाँव-गाँव में पहुँचा। इसके पश्चात् सन् 1875 में स्वामी दयानन्द सरस्वती ने 'आर्य-समाज' की स्थापना की। इनका उद्देश्य न केवल हिन्दू-धर्म को पुनर्जीवित करना था बल्कि जाति-पाँति के भेदभाव, अन्तर्जातीय विवाह के सम्बन्ध में प्रतिबनध, विधवा-पुनर्विवाह पर प्रतिबन्ध

आदि के विरुद्ध भी क्रियात्मक आन्दोलन चलाना था। आर्य-समाज स्वामी दयानन्द के आदर्शों के अनुसार आज भी इस देश के अलग-अलग भागों में समाज-सुधार-कार्य चल रहा है। ज्योतिबा ही राजा राममोहन राय के बाद थे जिन्होंने महिलाओं की मुक्ति के कार्य को सर्वाधिक प्रधानता दी।

ज्योतिबा ने महिलाओं पर होने वाले अत्याचारों व रूढ़ियों, बाल विवाह, बहुविवाह, केशवपन, नियोग, वैश्यागमन का पूरी शक्ति से विरोध किया। बाल विधवाओं के लिए उन्होंने ''बालहत्या प्रतिबन्धन गृह'' स्थापित किया। उन्होंने विधवाओं के पुनर्विवाह का समर्थन किया। महिलाओं को सम्मान दिलाने के लिए ज्योतिबा ने खोती प्रथा का जोरदार विरोध किया। महाराष्ट्र में मराठा शासन काल में और विशिष्ट तौर पर पेशवाई काल में खोती विधि का विकास हुआ। इसमें खोत ब्राह्मण होता था जो कि एक गाँव या कई गाँवों की भूमि का स्वामी होता था। खोत का काम शूद्रों को जमीन जोतने बाने के लिए देना और फसल के समय तीन चौथाई अनाज जबरन वसूलना होता था। शूद्र बहुओं को शादी की पहली रात उसी खोत के बंगले पर गुजारनी पड़ती थी। ज्योतिबा ने इस अमानवीय खोतीप्रथा के खिलाफ आवाज उठाई। भारत में दलितों और महिलाओं के लिए शिक्षा धर्म की दृष्टि से निषिद्ध थी। ज्योतिबा ने इन्हीं वर्गों के लिए शिक्षा का व्यवस्था किया। 1848 में उन्होंने पूना दलितों के लिए पहला स्कूल खोला।

पूना के सनातनी ब्राह्मणों ने दलितों के लिए स्कूल खोलने का काम को अधर्म घोषित करते हुए ज्योतिबा को समाज से बहिष्कृत करने की धमकी दी। किन्तु ये टस से मस नहीं हुए। 3 जुलाई 1957 को ज्योतिबा ने सिर्फ. कियों के लिए एक स्कूल खोला। ज्योतिबा पहले भारतीय थे जिन्होंने लड़कियों के लिए स्वतन्त्र स्कूल खोला। जब इन्हें इस काम के लिए कोई शिक्षक न मिला तो अपनी पत्नी सावित्री को इसके लिए तैयार किया। इस प्रकार सावित्री भारत की प्रथम भारतीय शिक्षिका बनी। ज्योतिबा शिक्षा को शूद्रों, अतिशूद्रों एवं महिलाओं की मुक्ति के लिए जरूरत मानते थे। वे कहते थे विद्या बिना मति गई। विद्या बिना नीति गई। नीति बिना गति गई। गति बिना वित्त गया। वित्त बिना शूद्र टूटे। इतने अनर्थ एक अविद्या ने किए। इसके पश्चात् सन् 1887 में समाज-सुधार के लिए एक नया संगठन शुरू किया गया जिसका नाम 'भारतीय समाज सम्मेलन' (Indian Social Conference) रखा गया।

इस सम्मेलन का काम दहेज-प्रथा को समाप्त करना, बाल-विवाह को रोकना, विवाहों की अवस्था की उन्नति करना, स्त्री-शिक्षा का प्रचार करना, सामाजिक शुद्धि

तथा आत्मसंयम की शिक्षा देना, अन्तर्जातीय विवाह को प्रोत्साहित करना, अछूत वर्गों का सुधार करना तथा हिन्दू-मुस्लिम एकता का बढ़ाना आदि था। यह सम्मेलन श्री रानाडे की अध्यक्षता में सराहनीय काम करता रहा। इसी समय समाज-सुधार के कुछ प्रयास मुसलिम-समाज-सुधारक सर सैय्यद अहमद खाँ के द्वारा भी हुए। सन् 1875 में उन्होंने एक शिक्षा संस्था की स्थापना की जोकि में 'अलीगढ़ विश्वविद्यालय' के नाम से विख्यात हुई। सन् 1882 में रमाबाई ने पूना में प्रार्थना-समाज के तहत हिन्दू-स्त्रियों के समाज-सुधार के लिए 'आर्य महिला समाज' की स्थापना की। बहुत-से हिन्दू-विधवा आश्रमों की स्थापना सन् 1906 और 1912 के बीच देश-भर में हुई जिसमें मैसूर का 'विधवा-गृह' (1907), कलकत्ता का 'शिल्प आश्रम' (1907), बंगलौर का 'विधवा आश्रम' (1910), ढाका का 'दत्ता विधवा आश्रम', मद्रास का ब्राह्मण विधवा छात्रावास (1912) विशेष रूप से महत्वपूर्ण हैं।

सन् 1917 में दो महिलाओं, डॉ. एनी बेसेण्ट और श्रीमती काउसिन्स ने मद्रास में ''महिलाओं के भारतीय संघ'' (National Council of Women) की स्थापना की गई। अखिल भारतीय महिला सम्मेलन सन् 1927 में बनाया गया। इसके द्वारा बहुपत्नी-विवाह, स्त्री-शिक्षा, दहेज-प्रथा आदि से सम्बन्धित सुधार कार्यक्रम चालू किए गए।

अपनी 'हरिजन' पत्रिका के माध्यम से गांधी जी ने इस प्रकार के जनमत का निर्माण करने का प्रयास किया जिससे पर्दा-प्रथा, स्त्री-शिक्षा,छुआछूत, जातिवाद, विधवा-पुनर्विवाह आदि से सम्बन्धित कुप्रथाओं का अन्त हो सके। अपने जीवन के अन्तिम दिन तक गाँधीजी एक महान सुधारक बने रहे और विशिष्ट रूप से हरिजनों के उत्थान के लिए प्रयास करते रहे। स्वतन्त्रता के बाद भारत को कांग्रेस सरकार ने कल्याण-राज्य घोषित किया और समाज-सुधार के अनेक उत्तरदायित्वों को अपने ऊपर लिया। 'विशेष विवाह अधिनियम, 1954', हिन्दू-विवाह तथा विवाह विच्छेद अधिनियम, 1055, 'दहेज प्रतिबन्ध अधिनियम, 1961 (1886 तक संशोधित), अस्पृश्यता (अपराध) अधिनियम, 1955', तथा वेश्यावृत्ति (निवारण) अधिनियम 1956 (1986 तक संशोधित), भारत सरकार के द्वारा पारित कुछ ऐसे कानून हैं, जिनका प्रत्यक्ष उद्देश्य समाज-सुधार या सामाजिक कुप्रथाओं को रोकने का प्रयास करना है। समाज-कल्याण विभाग, राज्य तथा केन्द्रीय समाज-कल्याण मण्डल आदि भी ऐसी राजकीय संस्थाएँ हैं जोकि आज समाज-सुधार-कार्यों में सक्रिय भाग ले रही हैं।

समाज-कल्याण मण्डल मुख्य कार्य समाज-सुधार के काम में लगी ऐच्छिक संस्थाओं को सहायता देना है। महिलाओं तथा अखिल भारतीय सम्मेलन, विश्वविद्यालय

महिला संघ, भारतीय महिला समिति, अखिल भारतीय स्त्री शिक्षा संस्था, कस्तूरबा गाँधी स्मारक ट्रस्ट आदि के प्रयत्न किए। 1956 के हिन्दू उत्तराधिकार अधिनियम स्त्रियों और कन्याओं का अनैतिक व्यापार निरोधक अधिनियम, दहेज निरोधक अधिनियम 1961 आदि ने स्त्रियों को सुधारने की दृष्टि से महत्त्वपूर्ण भूमिका निभाई है। वर्तमान में नारी ने पुरुषों के समकक्ष स्थान और अधिकार पाने के लिए कई स्त्री आन्दोलनों और संगठनों को जन्म दिया है।

इन संगठनों ने कई मुद्दे उठाए हैं तथा उनको लेकर आन्दोलनों एवं प्रदर्शन भी किए गए हैं। इन मुद्दों में से मुख्य हैं—पुरुषों के समान स्त्रीयों को अधिकार देने तथा दहेज के कारण महिलाओं को जला देना या प्रताड़ित करना, हत्या, बलात्कार, शोषण, स्त्रियों के साथ आमनवीय व्यवहार तथा पुलिस की ज्यादतियाँ आदि। राजनेताओं, सामाजिक कार्यकर्त्ताओं एवं महिला संगठनों ने नारी चेतना पैदा करने एवं उन्हें अपने अधिकारों से अवगत कराने में महत्त्वपूर्ण भूमिका निभाई है।

इसी के परिणास्वरूप सन् 1975 और वर्ष 2001 को **अन्तर्राष्ट्रीय महिला वर्ष** घोषित किया गया। सन् 1971 में भारत सरकार ने स्त्रियों की प्रस्थिति के बारे में एक समिति गठित की जिसने 1974 में स्त्रियों की उन्नति के बारे में कई महत्त्वपूर्ण सुझाव दिए। जिनका सर्वत्र स्वागत किया गया। स्त्रियों की समस्याओं एवं समाधान हेतु एक अखिल भारतीय संगठन भी है। विभिन्न राज्यों में महिला विकास निगम स्थापित किए गए हैं। जो महिलाओं को तकनीकी परामर्श देने तथा बैंक व अन्य संस्थाओं से ऋण दिलाने एवं बाजार की सुविधा दिलाने का प्रयत्न करते हैं। भारत में महिला उद्यमिता में भी प्रगति हुई है। और आज अनेक महिलाएँ अपने स्वयं के कारखाने एवं उद्योग चला रही हैं। यहां कुछ सामाजिक आंदोलनों का संक्षेप में उल्लेख किया गया हैं।

आर्य समाज

आर्य समाज की स्थापना सन् 1875 में स्वामी दयानन्द सरस्वती ने मुम्बई में की। इसके संस्थापक स्वामी दयानन्द सरस्वती ने बड़े विश्वास के साथ कहा है कि हिन्दू धर्म इस्लाम और ईसाई धर्म से कई अर्थों में ऊँचा है। सन् 1920 के दशक में उन्होंने आर्य समाज के तहत एक नया आंदोलन चलाया। इसे शुद्धि आंदोलन कहते हैं। इस आंदोलन का तात्पर्य उन धर्मावलम्बियों से था जिन्होंने इस्लाम और ईसाई को अपना लिया था। आर्य समाज शुरू से ही एक आंदोलन रहा है। इसका उद्देश्य भारत को देश, सामाजिक एवं धार्मिक नजरिए से एकत्रित करना था। दयानंद

सरस्वती ने जब शुद्धि आंदोलन को चलाया तब इसे पूरी तरह परिभाषित नहीं किया यद्यपि उसका तत्कालीन उद्‌देश्य उन हिन्दुओं को जिन्होंने इस्लाम और ईसाई धर्म को अपना लिया था पुनः हिन्दू बनाना था।

यह आंदोलन यद्यपि सांस्कृतिक था लेकिन इसने इस कारण गति ले ली कि इसके परिणाम राजनीतिक थे। उन दिनों हिन्दू महासभा का दशा में प्रभाव था। वी. डी. सावरकर ने शुद्धि आंदोलन को अपना राजनीतिक हथियार बनाया। उन्होंने कहा कि जनतंत्र में शक्ति उन व्यक्तियों के हाथ में रहती है जो आबादी में बहुसंख्यक होते हैं। हिन्दूओं को शक्ति लेने के लिये अपनी संख्या बढ़ानी चाहिये। संख्या बढ़ाने का बहुत अच्छा तरीका शुद्धि करना था। 1922-23 के अपने सम्मेलन ने हिन्दू महासभा ने घोषित किया कि 4,50,000 राजपूत मुसलमानों ने हिन्दू धर्म को अपना लिया था। लेकिन दयानंद सरस्वती के आर्य समाज को सतही ढँग से देखना सही नहीं होगा। दयानंद सरस्वती ने यह तर्क दिया कि भारत की जो भी संस्कृतिक है, मौलिक रूप से वह वैदिक संस्कृति है। उन्होंने नारा दिया–पुनः वेदों की ओर लौटो (Go Back to Vedas)। दयानंद सरस्वती की पुराणों में आस्था नहीं थी। पुराण तो महज राजाओं-महाराजाओं की वंशावलियों का संकलन केवल है।

स्वामी दयानंद ने एक अंधे अध्यापक, स्वामी विराजनंद से मथुरा में वेदान्त की शिक्षा प्राप्त की। अगर हम ब्रह्म समाज तथा राजा राममोहन राय के विचारों को तुलनात्मक दृष्टि से देखे तो मालुम होगा कि स्वामी दयानंद इन सबके निकट हैं। आर्य समाज और ब्रह्म समाज के कुछ सामान्य कार्यक्रमों में बहुत द्वैतवाद, और मूर्तिपूजा में अविश्वास जैसा रूप से मिलता है। स्वामी दयानंद समाज सुधार के प्रर्वतक थे, उन्होंने जाति पर आधारित नियंत्रण के विरुद्ध आवाज उठायी। बाल-विवाह का विरोध किया। स्त्री शिक्षा और विधवा पुनर्विवाह की पैरवी की। अपने समय के अन्य समाज सुधारकों की तरह स्वामी दयानंद सरस्वती भी वेदों को अमर और स्थायी मानते थे। उनका ग्रन्थ सत्यतार्थ प्रकाश वेदों की एक व्याख्या है। स्वामीजी ने रामायण और महाभारत को महान् साहित्यिक कृतियाँ माना है। आर्य समांज के प्रवर्तक स्वामी दयानन्द सरस्वती मूर्ति पूजा के कट्टर आलोचक थे। उनका कहना था कि मूर्तिपूजा कभी भी हिन्दू समाज को ऊँचा नहीं उठा सकती। वे ब्राह्मणवाद के भी विरोधी थे।

उनका तर्क था कि हिन्दू समाज में जो भी कुरीतियाँ हैं, वे मुख्यतया ब्राह्मणवाद के कारण हैं। इसी कारण उन्होंने बाल-विवाह की रोकथाम के लिये आंदोलन क्रिया। वे कहते थे कि विवाह के समय लड़की की उम्र 21 वर्ष और लड़के

की उम्र 25 वर्ष होनी चाहिये। वे अन्तर्जातीय विवाह और विधवा पुर्नविवाह को प्रोत्साहित करते थे। आज भी देश में आर्य समाज एक ऐसी संस्था है जो वैदिक परम्परा के अनुसार हिन्दू विवाह को सम्पन्न करवाती है। कई ऐसे नये प्रेमी हैं जो अपने विवाह के लिये आर्य समाज को एक उपयुक्त स्थान मानते हैं। ऐसे लग्न आर्य समाज के मंदिरों में सम्पन्न किये गये हैं। आर्य समाज पुरुषों के ही समकक्ष दर्जा महिलाओं को भी दिये जाने का प्रबल हिमायती है। यह समाज सामाजिक आपात् में सहायता करने के लिये भी आगे बढ़ता है।

आर्य समाज ने बाढ़, अकाल और भूकम्प आदि के संकट के समय भी लोगों की मदद की है। कई स्थानों पर समाज ने अनाथालय और विधवा आश्रम खोले हैं। स्वामी जी यह चाहते थे कि प्राचीन हिन्दू शिक्षा पद्धति को पुनः चलाया जाये। वे जगह-जगह गुरुकुल जैसे विद्यालयों को बनाना चाहते थे। स्वामी जी उदार दृष्टिकोण के थे। उन्होंने अंग्रेजी शिक्षा के महत्त्व को भी मान्यता दी। यह वड़ी रुचिकर बात है कि आज आर्य समाज द्वारा संचालित दयानन्द एंग्लो-वैदिक स्कूलों और महाविद्यालयों का जाल बिछा हुआ है। इनमें कतिपय विद्यालय के गिने-चुने विद्यालयों में शुभार हैं।

सत्यशोधक समाज आंदोलन

महाराष्ट्र में ज्योतिबा फूले का नाम बड़े सम्मान और आदर के साथ लिया जाता है। यह आंदोलन ब्राह्मणों के विरुद्ध था। उन्होंने लड़कियों के लिये एक स्कूल, हरिजनों के लिये एक स्कूल और विधवाओं के लिये एक अनाथालय खोला। ज्योति बा ब्राह्मणों और उनके कर्मकाण्ड के विरोधी थे। उनका यह आंदोलन दक्षिण के आंदोलन के जैसा था। दक्षिण में भी जो सामाजिक आंदोलन चले वे मुख्य रूप से ब्राह्मणों के खिलाफ थे। अगर हम डी. एम. के. (DMK) की उत्पत्ति को देखे तो यह दल शुरू में और कुछ न होकर ब्राह्मणों के खिलाफ चलाया गया आंदोलन था। महाराष्ट्र में ज्योति बा फूले का आंदोलन भी इसी तर्ज पर था। अपने सभी कार्यक्रमों में ज्योति बा ने ब्राह्मणों की श्रेष्ठता को चुनौती दी।

ज्योति-बा-फूले महाराष्ट्र के ही नहीं वरन् पूरे भारतवर्ष में एक अग्रणण्य स्वतंत्रता सेनानी थे।

इनके द्वारा रचित दो पुस्तकें काफी प्रसिद्ध हुई ये पुस्तकें हैं—(1) सार्वजनिक सत्य धर्म, और (2) गुलाम गिरी। ब्राह्मणों की श्रेष्ठता के खिलाफ ज्योति बा ने सत्यशोधक समाज की स्थापना की। उन्होंने स्त्री मुक्ति आंदोलन को भी चलाया।

वे चाहते थे कि स्त्रियों पर जो अत्याचार होते हैं, उनसे उन्हें मुक्ति किया जाना चाहिये। स्त्री मुक्ति के अतिरिक्त शिक्षा और आर्थिक प्रगति आदि क्षेत्रों में भी ज्योति बा ने अच्छा काम किया। सन् 1900 में कोल्हपुर के महाराजा ने गैर-ब्राह्मण आंदोलन को प्रोत्साहित किया। देखा जाय तो ज्योति बा फूले द्वारा यानी सत्य शोधक समाज द्वारा चलाया गया ब्राह्मण विरोधी आंदोलन महाराष्ट्र से ही दक्षिण को पहुँचा। वहाँ इस आन्दोलन को कम्मा, रेड्डी और बेलाला जैसी प्रभव जातियों ने चलाया। उपरांत में चलकर मुसलमान भी इस आंदोलन में सम्मिलित हो गये।

श्रीनारायण धर्म परिपालन आंदोलन

इस आंदोलन को शुरू करने का श्रेय केरल के नारायण गुरु स्वामी को जाता है। यह आंदोलन उच्च जातियों और विशेषकर क्षत्रियों के खिलाफ था। यह बड़ी रुचिकर बात है कि महाराष्ट्र में ज्योति बा फूले ने ब्राह्मणों के विरुद्ध आंदोलन चलाया और दक्षिण के केरल राज्य ने क्षत्रियों का विरोध किया। ब्रिटिश काल में देश में किसी न किसी रूप में धर्म स्थापित उच्च जातियों का विरोध हो रहा था। ऐसा लगता है कि सम्पूर्ण देश में एक बहुत बड़ा आंदोलन राष्ट्रीय स्वतन्त्रता का था। इस आंदोलन में बड़े-बड़े नेता लगे हुए थे। दूसरी ओर देश के विभिन्न अंचलों में उच्च जातियाँ अपने श्रेष्ठता का बनाये रखने के लिये भेद-भाव उत्पन्न करती हैं। महाराष्ट्र में यह भेदभाव ब्राह्मणों ने किया था। केरल जनसंख्या ने इझावा एक अनुसूचित जाति है। यद्यपि आंचलिक में इझावा हमेशा बहुमत में रहे हैं लेकिन क्षेत्रिय राजाओं ने इन्हें लगातार शोषण का शिकार बनाया। अगर हम जनसंख्या की दृष्टि से देखे तब अनुसूचित जनजातियों के क्षेत्र में—चाहे मध्य प्रदेश हो, दक्षिण बिहार हो, दक्षिण राजस्थान हो, अथवा दक्षिण गुजरात हो—जनजातियाँ हमेशा बहुसंख्यकों का उच्च जातियों ने शोषण किया है।

नारायण गुरु स्वामी केरल में इझावा पर होने वाले शोषण को सहन नहीं कर पाये और उन्होंने श्रीनारायण धर्म परिपालन आन्दोलन चलाया। नारायण स्वामी ने ऊंच-नीच का भेदभाव मिटाने के लिए कतिपय मुद्दे निर्धारित किये। उन्होंने कहा कि इझावा अर्थात् निम्न जातियों को पब्लिक स्कूल में प्रवेश पाने का अधिकार होना चाहिये। इन वर्गों को सरकारी सेवा में लिया जाना चाहिये। उच्च जातियों की तरह इझावा जाति को मंदिर में दर्शन करने के लिये प्रतिबन्ध नहीं होना चाहिये। ये और ऐसे ही कुछ मुद्दे इस आंदोलन ने उठाये। बहुत हद तक ये आंदोलन सफल रहे।

रामकृष्ण मिशन

ब्रिटिश शासनकाल में भारतीय धर्म एवं सस्कृति पतन के गहन गह्वर में चली जा रही थी। ईसाई धर्मावलंबी अंग्रेज अपने धर्म और संस्कृति को श्रेष्ठ समझते थे। इस कारण विदेशी और भारतीय संस्कृति में संघर्ष होना शुरू हो गया। एक विचार चला जो परम्परा बनाम आधुनिकता (Tradition Vs. Modernity) के नाम से जाना जाता है। कुछ लोग खुलकर पाश्चात्यकरण का विरोध करते थे। एक दूसरी विचारधारा थी जिसका कहना था कि परम्परा और आधुनिकता का मेलजोल होना चाहिये। विदेश से आने वाली सम्पूर्ण संस्कृति, भ्रष्ट है ऐसा नहीं कहा जा सकता, और यह भी नहीं कहा जा सकता कि सम्पूर्ण भारतीय परम्पराएँ अप्रासंगिक हैं। दोनों में मेलजोलय होना चाहिये। यही मुद्दा रामक्रृष्ण मिशन का था।

रामकृष्ण परमहंस इस सामाजिक धार्मिक आन्दोलन के प्रर्वतक थे। कोलकाता के समीप दक्षिणेश्वर के एक मंदिर में वे एक निर्धन पुजारी थे। परमहंस अपने आप में मेलजोल की संस्कृति के सूचक थे। वे सभी धर्मों में विश्वास रखते थे। उनका कहना था–

एक ही लक्ष्य की प्राप्ति की दिशा में अग्रसर होने के लिए विविध धार्मिक मठ, एवं विविध मार्ग मात्र हैं। ईश्वर एक ओर कई दोनों हैं। उसका आकार है और वह निराकार भी है। ईश्वर बहुत बड़ी सार्वभौमिक भावना और प्रतीकों का एक पुंज है।

परमहंस के मिशन का यही सार तत्त्व है। उदारता, रहस्यवाद और आध्यात्मिकता के साथ उन्होंने एक एकान्त संत की तरह का जीवन व्यतीत किया। वे अपने शिष्यों के साथ विभिन्न धर्मों में मेलजोल स्थापित करने का काम करते रहे। परमहंस ने अपने शिष्य नरेन्द्रनाथ दत्त को अपना वारिस बनाया। नरेन्द्रनाथ ही आगे चलकर स्वामी विवेकानन्द के नाम से विख्यात हुए। विवेकानंद ने औपचारिकता रूप से सन् 1897 में रामकृष्ण मिशन की स्थापना की। वे कोलकाता विश्वविद्यालय के स्नातक थे। रामकृष्ण मिशन के दो मुख्य उद्देश्य हैं–(1) आत्म त्याग और व्यवहारिक आध्यात्मिकता के साथ जीवन व्यतीत करने वाले साधुओं की एक जमात तैयार करना जिसमें से उपदेशकों और कार्यकत्ताओं को रामकृष्ण के जीवन में परिलक्षित वेदान्त के सर्वदेशीय संदेश को प्रसारित करने के लिये बाहर भेजना, और (2) "आम अनुयायियों के समर्थन के साथ, सभी पुरुष, स्त्री बालकों को ईश्वर की देन मानते हुए और बिना जाति, सम्प्रदाय अथवा रंग आदि के भेदभाव के, उनके लिये शिक्षा, मानवीय और दयायुक्त, दान युक्त कार्यों को सम्पन्न करना है।"

स्वयं परमहंस ने रामकृष्ण मठ की स्थापना अपने युवा शिष्यों की मदद से की थी। उनकी मृत्यु के पश्चात् मिशन के लक्ष्यों को प्राप्त करने हेतु स्वामी विवेकानंद ने निरन्तर प्रयत्न किये। उन्होंने रामकृष्ण के संदेश को सम्पूर्ण देश में फैलाया। विवेकानंद बहुत प्रभावशाली वयक्ति थे। वे एक सफल वक्ता भी थे। उन्हें सुनने के लिये सभी वर्गों के लोग आते थे। सन् 1893 में शिकागो में विख्यात **धर्मों के संसद** में उन्होंने भाग लिया। इंग्लैण्ड और अमेरिका में कई स्थानों पर विवेकानंद ने हिन्दू दर्शन पर व्याख्यान दिये।

रामकृष्ण मठ एवं रामकृष्ण मिशन का प्रधान कार्यालय कोलकाता के समीप बेलूर मठ में है। मठ एक धार्मिक संगठन है। इसका उद्देश्य अपने सदस्यों को आंतरिक आध्यात्मिक जीवन का परिपालन करने के लिये प्रेरित करना है। वास्तव में रामकृष्ण मिशन और मठ अलग-अलग संस्थाएँ हैं मठ का काम आध्यात्मिक जीवन के लिये शिष्यों को प्रेरित करना है और मिशन तो उद्देश्य है। इसका उद्देश्य धार्मिक और सामाजिक सुधार करने का है। विवेकानंद ने अपने भाषणों में जो उपदेश दिये हैं उनका मूल स्रोत उपनिषद् गीता तथा बुद्ध ईसाई धर्म है। मिशन ने इस तथ्य पर जोर दिया है कि हमें जीवकेवल की सेवा करनी चाहिये। दूसरे शब्दों में, जीव केवल की सेवा है। जीवन ही धर्म है। सेवा द्वारा ही मनुष्य में ईश्वर निवास करता है। मानव जाति की सेवाके लिये विवेकानंद तकनीकी और आधुनिक विज्ञानों के उपयोग पर जोर देते हैं।

वर्तमान समय में रामकृष्ण मिशन एक विश्वव्यापी संगठन का आकार ग्रहण कर चुका है। यह बात तो सत्य है कि इसकी प्रकृति धार्मिक है लेकिन धर्म परिवर्तन इसका लक्ष्य नहीं है। यह हिन्दू धर्म का कोई धार्मिक सम्प्रदाय भी नहीं है। मिशन तो मात्र सामाजिक सेवा करना चाहता है। आध्यात्मिकता जीवन की प्राप्ति इसका लक्ष्य है। रामकृष्ण मिशन की मान्यता है कि वेदान्त दर्शन एक ईसाई और एक हिन्दू को बेहतर हिन्दू बनाना है। रामकृष्ण मिशन के विविध जन कल्याणकारी कार्य हैं। इसके द्वारा चलाये जा रहे विद्यालय तथा चिकित्सालय हैं। मिशन आपात स्थितियों यथा–बाढ़, सूखे एवं भूकम्प में काम करता है। मिशन ने लाखों गूँगे पुरुषों और स्त्रियों की सहायता की है। मिशन प्रकाशन का काम भी करता है। इसके प्रकाशन का काम भी करता है। इसके प्रकाशनों में वेदान्त की पुस्तकें प्रमुख हैं। पुस्तक प्रकाशन के अलावा मिशन लगभग 10 पत्र-पत्रिकाओं का प्रकाशन बंगला, अंग्रेजी, हिन्दी और अन्य भाषाओं में करता है।

13

सामाजिक प्रशासन और अपराध

हम एक स्वस्थ सामाजिक प्रशासन की कल्पना करते हैं। लेकिन कई तरह के ऐसे अपराध हैं जो इसमें रूकावट डालते हैं। इस पाठ में कुछ प्रमुख अपराध के विषय में बताया गया है जो हमारे समाज की जड़ों को खोखला कर रहे हैं।

अपराध

अपराध एक ऐसी घटना हे जो समस्त विश्व में व्याप्त है। सिर्फ फर्क यही है कि कहीं यह ज्यादा है तो कहीं कम। लेकिन अनेक देशों में यह पूरी तरह फल-फूल रहा है। लेकिन अपराधविहीन समाज की कल्पना नहीं की जा सकती है। जहाँ तक यह सवाल है कि अपराध है क्या? इस संबंध में यह कहा जा सकता है कि अपराध मानव-व्यवहार है लेकिन सभी तरह के मानव-व्यवहार अपराध नहीं हो जाते। उन्हीं मानव-व्यवहारों को अपराध कहा जा सकता है जो सामाजिक मूल्यों के प्रतिकूल हों और जिससे समाज को हानि पहुँचती हो। मनुष्य के ऐसे व्यवहार जिनका संबंध अपराध से होता है, सार्वभौमिक हैं। अपराध आदिम समाज से लेकर आधुनिक समाज तथा शिक्षित समाज से लेकर अशिक्षित समाज तक में पाया जाता है। अपराध को विचलनकारी व्यवहार का एक विशिष्ट रूप भी कहा जा सकता है।

अपराध की व्याख्या समाजशास्त्रीय मनोवैज्ञानिक व वैधानिक तीनों दृष्टिकोणों से की जा सकती है। समाजशास्त्रीय दृष्टिकोण से अपराध समाज विरोधी-व्यवहारों को कहा जा सकता है, मनोवैज्ञानिक दृष्टिकोण से अपराध मानव के असामान्य व्यवहारों को कहा जा सकता है तथा वैधानिक दृष्टिकोण से अपराध ऐसे व्यवहारों को कहा जा सकता है जो कानून विरोधी हों। अतः यह पता चलता है कि अपराध की व्याख्या कई दृष्टिकोणों से की जा सकती है। अपराधी और अपराध दोनों ही समाज के लिए हानिकारक होते हैं। इसलिए समाज द्वारा इनका विरोध किया जाता है। अपराधी सिर्फ सामाजिक कल्याण के लिए ही खतरनाक नहीं होता बल्कि उससे व्यक्तिगत सम्पत्ति तथा स्वतंत्रता को भी खतरा पहुँचता है। गिलीन इस संबंध में 'Criminology and Penology' में लिखते हैं कि "अपराधी हमारे मनों में हमारे अपने लिए तथा हमारी अपनी सम्पत्ति के लिए आशंका की जो भावना उत्पन्न कर देता है वह भावना ही अधिक महत्त्वपूर्ण है।"

हालाँकि अपराध एक सार्वभौमिक घटना है लेकिन इसकी व्याख्या में सार्वभौमिकता का अभाव पाया जाता है। इसका कारण यह है कि अपराध की अवधारणा स्थान, समय, परिस्थितियों, सामाजिक मूल्यों तथा आदर्शों से सम्बन्धित होती है। इसलिए अपराध को रिलेटिव अवधारणा (Relative Concept) कहा जाता है। अपराध एक तरह का मानव व्यवहार है, फिर भी अपराधी व्यवहारों की सूची तैयार करना संभव नहीं होता है। इसका कारण यह है कि एक स्थान विशेष में जो व्यवहार अपराध की श्रेणी में रखा जाता है वह दूसरे स्थान में अपराध की श्रेणी में नहीं गिना जाता है। उदाहरणस्वरूप भारतवर्ष में किसी का कत्ल कर देना अपराध है लेकिन एस्कीमो जनजाति (Eskimo Tribe) में अपने बूढ़े माता-पिता का कत्ल कर देना अपराध नहीं माना जाता है बल्कि इसे सन्तान का एक आवश्यक कर्त्तव्य समझा जाता है। इस बात की चर्चा आर.ई.एल. फेरिस (R.E.L. Faris) ने अपनी पुस्तक 'Social Disorganization' में की है। इसी तरह बलात्कार हमारे देश में एक गंभीर अपराध है जबकि अनेक देशों में इसे एक छोटी-सी भूल के रूप में स्वीकार किया जाता है। शराब पीना कहीं अपराध समझा जाता है तो कहीं इसे अपराध नहीं समझा जाता है। इसी तरह एक ही समाज में एक समय में जो व्यवहार अपराध की परिधि के बाहर रहता है, दूसरे समय अपराध के क्षेत्र में शामिल हो जाता है। उदाहरणार्थ भारतवर्ष में सती-प्रथा 1829 ई. के पहले एक रूढ़ि थी एवं 1829 के बाद यह अपराध की सीमा में आ गई। हिन्दुओं के लिए 'Hindu Marriage and Divorce Act' 1955 ई. में पास होने के बाद एक से ज्यादा स्त्रियों से विवाह करना कानूनन अपराध हो गया जबकि इससे पहले ऐसा करना अपराध नहीं समझा

जाता था। दूसरे की स्वीकृति के बिना किसी की सम्पत्ति लेना अपराध समझा जाता है, किन्तु प्रत्येक परिस्थिति में नहीं। उदाहरणार्थ कस्टम अधिकारी (Custom Officer) द्वारा स्मगलिंग के मालों को जब्त कर लेना अपराध नहीं समझा जाता है। किसी भी स्त्री के साथ बिना उसकी स्वीकृति के यौन संबंध स्थापित कर लेना अपराध समझा जाता है किन्तु प्रत्येक परिस्थिति और प्रत्येक स्थान पर नहीं। उदाहरणस्वरूप आस्ट्रेलिया की जनजातियों में यौन संबंधी नियमों का उल्लंघन करने पर दण्डस्वरूप उसी स्त्री पर यौन आक्रमण करना अपराध नहीं समझा जाता है।

उक्त बातों से पता चलता है कि अपराध एक सार्वभौमिक घटना है लेकिन प्रत्येक जगहों पर इसका स्वरूप भिन्न-भिन्न होता है। दूसरे शब्दों में यह कहा जा सकता है कि अपराध की व्याख्या देश, काल और परिस्थितियों के अनुसार होती है। समाज गतिशील है और इस गतिशीलता के कारण समाज के मूल्यों, प्रथाओं और परम्पराओं में हमेशा परिवर्तन होता रहता है। परिणामतः अपराध की व्याख्या भी बदलती रहती है। सामाजिक तौर पर अपराध को निर्धारित करने वाले आदर्शों एवं मूल्यों में ही जब परिवर्तन होता रहेगा तो यह स्वाभाविक है कि अपराध का स्वरूप ही बदलता रहेगा। साथ ही कानूनी तौर पर अपराध को निर्धारित करने वाले कानूनों में भी हमेशा परिवर्तन आता रहता है। इसलिए अपराधी व्यवहारों की सूची प्रस्तुत करना सम्भव नहीं प्रतीत होता है।

अपराध फ्रेंच शब्द 'Crime' का हिन्दी अनुवाद है। 'मानक अंग्रेजी हिन्दी कोश' में 'क्राइम' के जो अन्य पर्याय दिए गए हैं वे इस प्रकार हैं–जुर्म, कसूर, दोष, अपकृत्य, पातक, पाप, गुनाह आदि। क्राइम (Crime) शब्द लैटिन भाषा के क्रिमेन (Crimen) शब्द से बना है जिसका अर्थ है विलगाव। सामान्य या साधारण बोलचाल की भाषा में अपराध एक ऐसा कार्य है जो व्यक्ति का सामाजिक विलगाव (अलगाव) उत्पन्न करता है। दूसरे शब्दों में यह कहा जा सकता है कि अपराध एक ऐसा कार्य है जिसके करने वाले को समाज कभी स्वीकार नहीं करता है।

अपराध के बारे में कोई एक ठोस परिभाषा नहीं है, बल्कि इस बारे में अनेक विद्वानों ने अपने-अपने तरीके से परिभाषा दिया है। दूसरे शब्दों में यह कहा जा सकता है कि अपराध को किसी एक आधार पर परिभाषित नहीं किया जा सकता है। मुख्य रूप से अपराध की परिभाषाएँ पाँच अवधारणाओं के आधार पर विद्वानों ने प्रस्तुत की हैं। ये अवधारणाएँ अग्रलिखित हैं–(i) प्रेतविद्या संबंधी अवधारणा (Demonological Conception), (ii) विधिशास्त्रीय अवधारणा (Legal Conception), (iii) समाजशास्त्रीय अवधारणा (Sociological Conception),

(iv) सामाजिक एवं विधिशास्त्रीय अवधारणा (Socio-Legal Conception) तथा
(v) मनोवैज्ञानिक अवधारणा (Psychological Conception)।

अपराध की परिभाषा एवं आशय

अपराध की दो परिभाषाएँ हो सकती हैं–**कानूनी** तथा **गैर कानूनी** या **सामाजिक** परिभाषा। दण्ड-न्याय की प्रबन्ध कानूनी उपागम से समझी जा सकती है चूँकि सरकारी आँकड़े अपराधों की कानूनी परिभाषा पर आधारित होते हैं। **हाल जिरोम** के अनुसार अपराध कानूनी तौर पर वर्जित सभी कार्य हैं जिनका सामाजिक हितों पर हानिकारक प्रभाव पड़ता है जिसका उद्देश्य अपराधिक है और जिसके लिए कानूनी तौर से दण्ड निश्चित हैं। एक कृत्य तब तक अपराध नहीं माना जा सकता जब तक उसमें ये **पाँच** विशेषताएँ न हों–(2) कानून द्वारा वह वर्जित हो, (1) उसका कोई अभिप्राय हो, (5) वह समाज के लिए हानिकारक हो, (4) उसका अपराधिक उद्देश्य हो और (3) उसके लिए कोई दण्ड निर्धारित हो।

अपराध गैर कानूनी और सामाजिक शब्दों में की प्रचलित परिभाषा है– *"मानवीय समूहों को व्यवहार के आदर्श नियमाचारों का उल्लंघन अपराध है।"* अपराध सामाजिक कार्य हैं जो समाज में प्रचलित मानदण्डों की दृष्टि में समाज के कल्याण के लिए हानिकारक हैं और उनके सम्बन्ध में कार्यवाही संगठित समाज द्वारा परीक्षित प्रक्रियाओ (tested procedures) के द्वारा की जानी चाहिए। अपराध की कानूनी और सामाजिक परिभाषाओं के मध्य सामंजस्य बिठाते हुए विद्वानों ने कहा कि कानूनी परिभाषा "अपराधी" का लेबिल (lable) देने के लिए प्रयोग की जा सकती है। किन्तु इस वर्ग में ऐसे व्यक्तियों को भी सम्मिलिति करना चाहिए जो अपराध को स्वीकारते हैं पर न्यायालय से दोषी परमाणित नहीं हुए।

इस प्रकार, हमने देखा कि अपराध की सामाजिक परिभाषा अपराध के स्त्रोत के लिए समाज के स्वरूप पर दृष्टि डालती है न कि व्यक्ति (अपराधी) के जैविकीय या मनोवैज्ञानिक स्वरूप पर। इस सम्बन्ध में, प्रसिद्ध समाजशास्त्री **रॉबर्ट के. मर्टन** ने अपनी पुस्तक '*Social Theory and Social Structure*' में लिखा है कि सामाजिक संरचना व विसंगति में परस्पर घनिष्ठ मात्रा है। उसी प्रकार सामाजिक निर्माण और विचलित व्यवहार भी एक-दूसरे से सम्बन्धित हैं। दूसरे शब्दों में, सामाजिक विचलन सामाजिक निर्माण के कारण होता है न कि विघटित व्यक्तित्व के कारण।

वर्तमान में राज्य के नियमों का उल्लंधन अपराध कहलाता है जबकि प्राचीन समय में ईश्वरीय व्यवस्था का उल्लंघन अपराध कहलाता था। समाजशास्त्र की नजर

से, वह सभी कार्य, जो सामाजिक व्यवस्था के खिलाफ होते हैं, अपराध की श्रेणी में रखे जा सकते हैं। जैसा कि इस सम्बन्ध में **मैनहिक** ने कहा है, *"अपराध कानून से ही सम्बन्धित नहीं होते।"* अपराध की धारणा सभी समस्याओं में एक सी नहीं होती। किसी समाज या स्थान पर जो कार्य अपराध माने जाते हैं, हो सकता है कि वह दूसरे देश या समाज में सिर्फ त्रुटि माने जाते हों। जैसे, सार्वजनिक स्थानों पर शराब पीना भारतीय समाज में एक अपराध है, किन्तु अमेरिका जैसे समाजों में यह समाज-विरोधी कार्य न होकर एक साधारण कार्य कहलाता है। इस प्रकार अपराध की परिभाषा सभी समाजों में तथा सभी कालों में एक-सी नहीं होती। समाशास्त्रीय दृष्टिकोण से, सामाजिक आदर्शों एवं नियमों के खिलाफ कार्य करना अपराध कहलाता है और ऐसा काम करने वाले व्यक्ति को अपराधी के नाम से पुकारते हैं।

आपराधिक व्यवहार

अपराध एक-सार्वभौमिक समस्या है जो हरेक समाज में किसी-न-किसी रूप तथा किसी-न-किसी मात्रा में विद्यमान रहता है। अपराध का सम्बन्ध मानव-व्यवहारों को है, परन्तु सभी मानव-व्यवहार अपराध की सीमा में नहीं आते हैं। अपराध की प्रकृति इतनी ज्यादा जटिल है कि आपराधिक व्यवहार की कोई एक सर्वमान्य वर्णन नहीं की जा सकती है। इसलिए, अन्य कई सामाजिक घटनाओं की तरह आपराधिक व्यवहार की व्याख्या भी विभिन्न समाजशास्त्रियों ने अलग-अलग रूपों में की है। हम यहाँ अपराध के चार कारणों की वर्णन करेंगे।

अपराध के जैविक कारक

अनेक जैविक कारक अपराध के बताए गए हैं। अपराध के जैविक कारक जन्म से या शरीर से सम्बन्धित होते हैं। अपराध में अग्रलिखित जैविक कारक सहायक बताए गए हैं—

(1) आयु (Age) अपराध शास्त्रियों के अनुसार अकसर युवावस्था में अपराध ज्यादा किए जाते हैं। **इलियत** तथा **मैडिल** ने लिखा है कि अपराध सम्बन्धी आंकड़ों का विश्लेषण करने को पता चलता है कि इन अपराधियों में अधिक संख्या युवा वर्ग की होती है, जोकि ज्यादातर मानसिक संघर्ष का शिकार होते हैं। अन्वेषणों से यह भी पता चलता है कि कम गम्भीर अपराध 17 स 24 साल की उम्र तक तीव्र गति से किए जाते हैं तथा गम्भीर अपराध 20 से 26 साल की उम्र में। इस आयु में व्यक्ति शारीरिक रूप से सक्षम तथा साहसी होता है। यौन सम्बन्धी अपराध अधिकतर प्रौढ़

अवस्था में किए जाते हैं। भारतीय आँकड़ों के अनुसार पता चलता है कि भारत में 61.8 प्रतिशत अपराधी 16 से 21 वर्ष की उम्र के हैं।

(2) **लिंग** (Sex)–ज्यादातर पुरुष ही अपराध करते हैं। इसका कारक यह है कि पुरुष का स्वभाव आक्रमणशील (Aggressive) होता है। लड़कियों का हरेक व्यवहार माताओं द्वारा निर्देशित होता रहता है। इसी से लड़कियाँ अधिकतर नियन्त्रित रहती हैं तथा वे लड़कियाँ, जो नियन्त्रण से भाग निकलती हैं, अवैध रूप से गर्भवती हो जाती हैं। परन्तु **पौलॉक** ने बताया है कि, "स्त्रियों का एक बड़ा वर्ग बलात् धन प्राप्त करने (Extortion) ,भूणहत्या (Abortion), ब्लैकमेल (Blackmail) तथा उठाईगीरी (Shoplifting) यदि अपराधी कार्यों को करता है, जो कि समाज की दृष्टि से ओझल है।"

(3) **शारीरिक दोष** (Physical Defects)–शारीरिक दोषों को कुछ विद्वान् अपराध का कारक मानते है। जैसे, **लोम्ब्रोसो** के कथनानुसार अपराधियों में जन्म से ही विशिष्ट प्रकार के शारीरिक लक्षण पाए जाते हैं, एक अपराधी की कई शारीरिक असामान्यताएँ (abnormalities) होती हैं। इसलिए वह कई विशेषताओं और क्षत चिन्हों (shigmata) से पहचाना जा सकता है, जैसे–असममित चेहरा बड़े कान, बहुत अधिक लम्बी बाहें, पिचकी हुई नाक, पीछे की ओर झुका हुआ ललाट, गुच्छेदार और कुंचित (crispy) बाल आदि। परन्तु **गोरिग** ने इसका खण्डन करते हुए इस बात पर अधिक बल दिया कि अपराधी शारीरिक दृष्टि से सामान्य व्यक्तियों के समान होता है। इसके होते हुए भी **गोरिग** ने यह बताया कि अंग्रेज अपराधी सामान्य जनता से कम वजन के छोटे होते हैं। **स्लेस्टर** के अनुसार भी अपराधियों की लम्बाई विश्वविद्यालय के विद्यार्थियों से 2 इंच कम थी। **हट्टन** ने भी इसी प्रकार के विचार व्यक्त किए हैं।

(4) **प्रजाति तथा जन्म-स्थान** (Race and Nativity)–प्रजाति तथा जन्म-स्थान भी अपराध के कारक बताए गए हैं। भारत में पहले बहुत सी ऐसी अपराधी जातियाँ पाई जाती थीं जिनमें अपराध का परिवार द्वारा प्रशिक्षण दिया जाता था और अपराध करना गौरव का सूचक था। कुछ प्रजातियों को भी अधिक अपराध करने में जोड़ा गया है। उदाहरणार्थ, नीग्रो, श्वेतो की अपेक्षा अधिक अपराध करते हैं। लेकिन यह कारक पक्षपात युक्त भी हो सकता है, क्योंकि ऐसे दृष्टिकोण दृष्टि से खरे नहीं उतरते हैं।

(5) **वंशानुक्रमण** (Heredity)–कुछ अपराधशास्त्रियों जैसे **लोम्ब्रोसो गैरोफैलो, फैरी** आदि का विचार था कि अपराधी जन्म से ही अपराध प्रवृति लेकर आता है। वंशानुक्रमण के द्वारा व्यक्ति में जन्म से ही अपराधी-प्रवृति आ जाती है और वह

अपराधी बन बैठता है। इसे **'जन्मजात अपराधी'** सिद्धान्त भी कहा जाता है। परन्तु इसे आज स्वीकार नहीं किया जाता है।

अपराध के मनोवैज्ञानिक कारक

अपराध के अनेक मनोवैज्ञानिक कारक भी बताए गए हैं। ऐसे कारक व्यक्ति की मनोदशा से सम्बनिधत होते हैं। अपराध के निम्नलिखित मनोवैज्ञानिक कारक बताए गए हैं—

(1) मानसिक कमी (Mental deficiency)—अपराधशास्त्री **गोडार्ड** के मतानुसार मानसिक दुर्बलता अपराध का एकमात्र कारक है। दुर्बल मस्तिष्क का व्यक्ति अपने द्वारा किए गए कार्यों के परिणाम के बारे में सोच सकता है और गलत कार्यों को करने के लिए सरलता से प्रेरित हो जाता है। परन्तु **एडलर** के अनुसार ज्यादातर अपराधी बौद्धिक स्तर में सामान्य व्यक्ति के समान होते हैं। केवल वेश्याएँ तथा यौन सम्बन्धी अपराधी बुद्धि-स्तर कम होते हैं।

(2) मानसिक रोग (Mental disease)—कुछ मानसिक रोग, व्यक्तिगत तथा सामाजिक कुशलता में बाधा उालते हैं जिससे व्यक्ति का व्यवहार असामान्य हो जाता है। न्यूरोसिस तथा साक्रोसिस कुछ इसी प्रकार के रोग हैं। सामान्यतः कारोगारों के अन्दर मानसिक रोगों से पीड़ितों की संख्या अधिक पाई जाती है। इस कारण इसको अपराध के मुख्य कारकों में से एक माना जाने लगा है। परन्तु इसका एक कारक कारागारों की खराब हालत भी हो सकती है, क्योंकि मानसिक रोग के विषय में जितने अध्ययन किए गए हैं वे सब कारागारों के अन्दर ही के हैं बाहर के नहीं। इसलिए इस कारक को इतनी महत्ता नहीं देनी चाहिए।

(3) संवेगात्मक अस्थिरता और संघर्ष (Emotional instability and conflicts)—मनोवैज्ञानिकों के अनुसार तनाव का अन्त अर्थात् निवारण अपराध ही होता है। इस प्रकार, यह सिद्ध होता है कि अपराधियों में जब संवेगात्मक संघर्ष होता है, तो वह हीनता की भावनाओं को हिंसात्मक कार्यों के द्वारा सन्तुष्ट करके अपने को आत्मविश्वासी तथा बहादुर समझते हैं। **डब्ल्यू.ए. ह्वाइट** ने संवेग को तीन भागों में बाँटा है—प्रेम, घृणा तथा अपराध। एक असफल प्रेमी आत्महत्या करना उचित समझता है। **बर्ट** के अध्ययन में 47.10 प्रतिशत व्यक्ति संवेगात्मक अस्थिरता वाले **हीले** एवं **बोनर** के अध्ययन में 91 प्रतिशत व्यक्ति संवेगात्मक अस्थिरता से ग्रस्त पाए गए। इससे यह पता चलता है कि मनुष्य जब अपनी इच्छओं को पूरा नहीं कर पाता है तो वह संवेगात्मक अस्थिरता का शिकार हो जाता है जिसके कारण वह अपराध करने लगता है।

(4) चरित्रहीनता (Characterlessness)–कुछ व्यक्तियों का चरित्र बहुत ही दूषित होता है। इनकी दृष्टि में सामाजिक आदर्श तथा मान्यताओं का महत्व नहीं होता। इस हेतु ऐसे चरित्रहीन व्यक्ति अपराध करने लगते हैं।

अपराध के आर्थिक कारक

अपराध के प्रमुख आर्थिक कारक निम्नलिखित हैं–

(1) आर्थिक स्थिति (Economic status)–**मावरर** के अनुसार यह धारणा बार-बार व्यक्ति की गई है कि आर्थिक दशा अपराध के लिए मुख्य भूमिका बनती है। यह निष्कर्ष कुछ अंशों तक इसलिए मान्य है कि अपराध के मुख्यतः अपहरण अथवा सम्पति अपहरण का प्रयास पाया जाता है। अपराध मुख्यतः आर्थिक दशा की देन है। नर हत्या व्यक्ति के विरुद्ध अपराध समझी जाती है, परन्तु यह सम्पति सम्बन्धी झागड़ों के कारण भी हो सकती है। वेश्यावृत्ति सामाजिक आदर्श के विरुद्ध अपराध समझी जाती है, परन्तु स्त्री के दृष्टिकोण से यह आर्थिक मजबूरी हो सकती है। बेकारी, स्त्रियों का नौकरी करना, व्यापार की गिरावट, व्यापार चक्र, बच्चे का नौकरी करना, निर्धनता व्यापारिक मनोरंजन, आर्थिक दुरुपयोगिता, वेश्यागमन, जुआ तथा मद्यपान आदि आर्थिक दशाएँ अपराध को प्रेरित करती हैं। गम्भीर अपराध भी आर्थिक दशाओं की देन कहा जा सकता है।

वैन-कैन–के अनुसार सम्पत्ति के विरुद्ध अपराधों का अधिकतर अप्रत्यक्ष कारक खराब आर्थिक दशा होती है। प्रत्यक्ष कारक अत्यन्त आवश्यकता और घोर दरिद्रता है। भौतिक समृद्धि साधारणतः महत्त्वपूर्ण मूल प्रवृत्तियों को भड़काती है, मद्य सेवन को बढ़ाती है और इसलिए नैतिकता के विरुद्ध अपराधों को बढ़ाती है। इसी विचारधारा का समर्थन डी. **थॉमस** ने भी किया है तथा यह बताया है कि मकान तथा दुकान तोड़कर चोरी करना, सेंध, डकैती लगाना आदि अपराध आर्थिक गिरावट के समय ज्यादा पाए जाते हैं और समृद्धिकाल में यौन सम्बन्धी अपराध ज्यादा पाए जाते हैं।

(2) व्यापारिक स्थिति (Business cycle)–व्यापार की गिरावट के कारण रोजगार में कमी पड़ जाती है, माल का विकास रुक जाता है, पैसे की कमी पड़ जाती है और इससे समाज में भ्रष्टाचार और अपराध बढ़ने लगते हैं।

(3) कम मजदूरी और बेरोजगारी (Less wages and unemployment)– जब मजदूरी बहुत मिलती है तथा बेरोजगर भी अच्छी प्रकार से मिलता है, तो व्यक्तियों में सम्पति सम्बन्धी अपराध बहुत कम पाए जाते हैं। ऐसी स्थिति में सिर्फ बलात्कार जैसे अपराध पाए जाते हैं। इसके प्रतिकूल, जब

समाज में बेरोजगारी अधिक होती है और मजदूरी कम होती है तो समाज में ज्यादा अपराध पाए जाते हैं।

(4) औद्योगीकरण तथा नगरीकरण (Industrialization and urbanization) औद्योगीकरण और नगरीकरण का समाज में अपराध की प्रवृत्ति को जन्म देने में मुख्य हाथ है। औद्योगीकरण तथा नगरीकरण वर्तमान में ऐसी व्यवस्था है जो पारिवारिक नियन्त्रण को शिथिल कर देती है, जिसके कारण व्यक्ति अपराध करने लगता है। इसका वजह यह है कि ऐसे क्षेत्रों में अपरिचितता ज्यादा पाई जाती है तथा प्राथमिक सम्बन्ध नहीं के बराबर होते हैं और ऐसी दशा में गलत कार्यों को रोकने वाला कोई नहीं होता है। औद्योगीकरण तथा नगरीकरण के कारण गन्दी बस्तियों का विकास होता है जिससे अपराध करने की प्रवृत्ति को बढ़ावा मिलता है। इनके कारण प्रतिस्पर्द्धा को काफी ज्यादा बढ़ावा मिलता है और मनुष्य धन प्राप्त करने के लिए अवैधानिक ढ़ग का उपयोग करने लगता है।

(5) व्यावसायिक मनोरंजन (Professional recreation)—आधुनिक में मनोरंजन भी व्यवसाय है। क्लब, रेस्ट्रां, सिनेमा, रेडियो, टेलीविजन तथा होटल इत्यादि मनोरंजन के व्यावसायिक माध्यम हैं। इनमें मनोरंजन उद्धृत करने वाले अपने लाभ की दृष्टि से प्रोग्राम अथवा फिल्म बनाते हैं। यही कारण है कि कई फिल्मों का बालाकों के चरित्र पर कुप्रभाव पड़ता है। कई बाल युवा अपराधी पकड़े जाने पर बताते हैं कि उन्होंने अपराध की प्रेरणा और तरीका अमुक फिल्म से सीखा है। रेडियो ही विशेषतौर पर सस्ते फिल्मी गानों का प्रसारण करता है। क्लब जुए के अड्डे हैं और रेस्ट्रां के 'नग्न और कुत्सित नृत्य' कैबरे के केन्द्र बने हैं। ये सब अपराध की वृत्ति को उत्प्रेरित करते हैं।

(6) निर्धनता (Poverty)—जहाँ गरीबी के अनेक अभिशाप हैं वहाँ एक उल्लेखनीय अभिशाप यह भी है कि गरीबी समाज में अपराध को बढ़ावा देती है। जब व्यक्ति अपने जिम्मेदारी को सामान्य रूप से निभाने में विफल हो जाता है तो अपराध कर बैठता है। जब व्यक्ति गरीबी से घिरा होता है तो वह अपनी सभी नैतिक मान्यताओं को खत्म कर देता है और अपने परिवार का जीवन चलाने के लिए अपराध करने लगता है।

अपराध के समाजशास्त्रीय कारक

इस सिद्धान्त की स्थापना किसी विशिष्ट समय पर नहीं हुई चूँकि सभी सिद्धान्तों में समाजशास्त्रीय मान्यता का प्रयोग कम अथवा अधिक मात्रा में किया

जाता है। इस सम्प्रदाय के केन्द्रीय धारणा यह है अपराध उन्हीं प्रक्रियाओं की देन है, जिनसे समाज में दूसरे प्रकार के व्यवहार प्रभावित होते हैं। कुछ समाजशास्त्री यह मानते हैं कि सामाजिक संगठन कम से कम होने के कारण अपराध होता है। समाज में कुछ असहयोगात्मक प्रक्रियाएँ (जैसे संघर्ष, प्रतिस्पर्द्धा आदि) सदैव चलती रहती हैं जो अपराधी व्यवहार करने के लिए प्रेरित करती हैं। इस सम्प्रदाय में **सदरलैण्ड** का नाम मुख्य रूप से लिया जाता है। इसके अनुसार संगति (Association) अपराध का कारक है यानि अपराध जन्मजात न होकर बुरी संगति में सीखे जाते हैं। इनके अनुसार व्यक्तिगत मित्रता, निष्क्रिय समूहों की सदस्यता तथा अन्तर्क्रियात्मक समूहों की संगति सामान्य व असामान्य व्यवहार को प्रोत्साहित करती है। इन्होंने सामाजिक संगठन की प्रकृति को भी अपराध से जोड़ने का कोशिश किया है। **टैफ्ट** के अनुसार भी अपराध सामाजिक विघटन से सम्बन्धित है। **टैफ्ट** के अनुसार अपराध सांस्कृतिक संगठन की प्रकृति पर आधारित होता है तथा इन्होंने संस्कृति के आधार पर बलात्कार जैसे अपराधों को समझने पर जोर दिया है। **ऑगबर्न** ने अपराध का मुख्य कारक सामाजिक बदलाव बताया है। सांस्कृतिक विड़म्बना संक्रमण की स्थिति पैदा कर देती है जिससे अपराधी प्रवृत्तियों को प्रोत्साहन मिलता है। इस प्रकार समाज में होने वाले परिवर्तन अपराध की दर को प्रभावित करते हैं।

दुर्खीम के विचार–दुर्खिम ने सबसे पहले 'विसंगति' (Anomie) की अवधारणा को अपनी कृति *'The Division of Labour in Society'* (1813) में विशेषकर उस स्थान पर विकसित किया है, जहाँ कि उन्होंने श्रम-विभाजन के सामान्य तथा व्याभिकीय (Pathological) परिणामों का वर्णन किया है। **दुर्खीम** के अनुसार मनुष्य की असंख्य मानसिक, शारीरिक, आर्थिक राजनीति, सामाजिक, सांस्कृतिक आदि आवश्यकताएँ होती हैं और हरेक व्यक्ति को इन जरूरतों की अधिकतम पूर्ति चाहता है। मगर समाज-व्यवस्था व संगठन को बनाए रखने के लिए उन्हें मनमाने तरीके से कार्य करने की अनुमति समाज नहीं देता। बल्कि उन पर सामूहिक नियमों या अज्ञाओं के द्वारा सामूहिक नियन्त्रण की प्रबन्ध करता है।

दुर्खीम का सोचना है कि एक बार जब समाज में विसंगति की अवस्था पैदा हो जाती है तो फिर वह छूत की बीमारी की तरह फैलती जाती है और सम्पूर्ण समाज में मूल्यविहीनता व आदर्श विहीनता की स्थिति बन जाती है। **विसंगति या वैयक्तिक विचलन** की स्थिति में प्रत्येक व्यक्ति अपने मनमाने ढंग से अपनी आवश्यकताओं की अधिकतम पूर्ति करने में जुट जाता है। ऐसा करते हुए न तो वह समाज की परवाह करता है, न लोक-लाज या निन्दा की और न ही सामाजिक आदर्शों की। उसके लिए अपना स्वार्थ सबसे ऊपर होता

है। वह व्यक्तिगत दायरे से निकलकर समाज की प्रबन्ध को तहश-नहश कर सामाजिक विचलन की स्थिति पैदा कर देता है।

मार्टन ने भी **दुर्खीम** के विचारों का समर्थन किया है। **मार्टन** के अनुसार सामाजिक तथा सांस्कृतिक संरचनाओं के विविध तत्वों में दो तत्व विशेष रूप से महत्त्वपूर्ण हैं—**पहला,** सांस्कृतिक लक्ष्य और **दूसरा,** संस्थागत आदर्श नियम। ये सांस्कृतिक लक्ष्य सामान्य मानवीय भावनाओं तथा प्रवृत्तियों का प्रतिनिधित्व करते हैं।

हिंसा

जैसे-जैसे समाज का विकास होता जा रहा है वैसे-वेसे समाज में हिंसा की प्रवृति भी बढ़ती जा रही है। आधुनिक समाज में हिंसा के नए-नए साधन भी विकसित हो रहे हैं।

भिन्न-भिन्न समाजों में हिंसा के भिन्न-भिन्न तरीके अपनाए जाते हैं। आदिम समाज में हिंसा फैलाने के साधनों के रूप में पत्थर, लाठी आदि का प्रयोग होता था, आधुनिक समय में विज्ञान की उन्नति ने हिंसा के नए-नए साधन विकसित किये हैं। हिंसा के आधुनिकतम साधन के रूप में "इराक द्वारा अमेरिका पर चेचक के वायरस द्वारा हमले की आशंका से पूरा विश्व चिन्तित था।"

हिंसा का अर्थ

हिंसा क्या है? इस प्रश्न के उत्तर में विभिन्न विचारकों के भिन्न भिन्न विचार हो सकते हैं, लेकिन सामान्य रूप से हिंसा की निम्नलिखित परिभाषा दी जाती है, "हिंसा किसी व्यक्ति या समाज के विरुद्ध किया गया ऐसा आपराधिक कार्य है, जिसमें व्यक्ति या समाज को या मानसिक भय एवं कष्ट हो।"

इस परिभाषा से स्पष्ट है, कि हिंसा किसी व्यक्ति या समाज के विरुद्ध किया गया ऐसा कार्य है जिसमें व्यक्ति या समाज को मानसिक पीड़ा होती है तथा शारीरिक कष्ट भी होता है।

हिंसा के आवश्यक तत्व

हिंसा के प्रमुख आवश्यक तत्व निम्नलिखित हैं—

(1) अपराध—हिंसा का एक प्रमुख तत्व अपराध है, हिंसात्मक कार्य से ही अपराध का बोध हो जाता है। अपराध के बिना हिंसा सम्भंव नहीं है। जैसे सरकार द्वारा जब किसी व्यक्ति को फांसी दी जाती है तो हम इसे हिंसात्मक कार्य नहीं कहेंगे,

लेकिन जब कोई व्यक्ति किसी सड़क पर चलते व्यक्ति को चाकू मारकर उसका बेग छीन ले जाता है तो यह कार्य हिंसात्मक है और इसमें अपराध हो रहा है।

(2) मानसिक एवं शारीरिक कष्ट—हिंसात्मक कार्य में हिंसापीड़ित एवं हिंसात्मक व्यक्ति दोनों को ही कष्ट होता है। हिंसापीड़ित व्यक्ति को मानसिक एवं शारीरिक दोनों कष्ट होते हैं तो हिंसात्मक व्यक्ति को भी कहीं न कहीं मानसिक पीड़ा आवश्यक होती है।

हिंसा के प्रकार

हिंसा मुख्यतः दो प्रकार की होती है—

मानसिक हिंसा

मानसिक हिंसा को दो भागों में बाँटा गया है—

(i) व्यक्ति के विरुद्ध हिंसा—व्यक्ति के विरुद्ध मानसिक हिंसा वह हिंसा है जिसमें किसी व्यक्ति को मानसिक रूप से कष्ट दिया जाता है। जैसे विवाह के बाद भी अनेक स्त्रियों को इस बात के लिए मानसिक कष्ट दिया जाता है कि वह अपने मायके से और धन की व्यवस्था करे। इसके अलावा गाली-गलौच करना, ताने मारना, धमकी देना, भावनात्मक दबाव डालकर वह सब करवाना जो स्त्री मन से करना नहीं चाहती है। यदि किसी व्यक्ति के बच्चे का अपहरण कर उसे धमकी दी जाए कि यदि उसे बच्चा चाहिए तो इतनी रकम लेकर यहाँ पहुँचा जाओ, यह भी मानसिक हिंसा का ही उदाहरण है क्योंकि इसमें व्यक्ति को बहुत अधिक मानसिक पीड़ा होती है।

(ii) समाज के विरुद्ध हिंसा—समाज के विरुद्ध मानसिक हिंसा वह हिंसा है जिसमें समाज में रह रहे विभिन्न लोगों को मानसिक रूप से कष्ट होता है। जैसे भारत पाकिस्तान के सम्बन्धों को लेकर परमाणु हथियारों के प्रयोग का भय दोनों देशों के नागरिकों को है तथा वर्तमान में इराक एवं अमेरिका के सम्बन्धों को लेकर चेचक के वायरस द्वारा हमले का भय पूरी दुनिया में है।

शारीरिक हिंसा

शारीरिक हिंसा को भी दो भागों में बाँटा जा सकता है—

(i) व्यक्ति के विरुद्ध हिंसा—व्यक्ति के विरुद्ध शारीरिक हिंसा वह हिंसा है जिसमें व्यक्ति को शारीरिक रूप से कष्ट होता है। भारत में महिलाओं के विरुद्ध होने वाले अपराधों में व्यक्ति के विरुद्ध हिंसा को स्पष्ट रूप से देखा जा सकता है।

भारतीय नारी हिंसा का सबसे ज्यादा शिकार होती है। विवाह के बाद कई घरों में नारी को उसकी सास, ननद, देवर एवं पति द्वारा बेरहमी से पीटा जाता है, यहाँ तक की उसे कभी-कभी **जला भी दिया** जाता है। राह चलती लड़की का **बलात्कार** किया जाता है। **मानव संसाधन विकास मंत्रालय** के महिला एवं विकास विभाग द्वारा प्रदर्शित आंकड़ों के अनुसार 54 मिनट पर भारत में एक महिला के साथ रेप होता है। हर 102 मिनट पर एक दहेज हत्या होती है। हर सात मिनट पर परिवार के अन्दर एक महिला के विरुद्ध कोई न कोई हिंसक घटना होती है। महिलाओं के विरुद्ध हिंसा कीं घटनाएँ पूरे विश्व में बढ़ रही हैं। अमेरिका जैसे राष्ट्र में हर 15 सेकेण्ड में एक महिला अपने पति द्वारा पीटी जाती है। यह सब व्यक्तित्व के विरुद्ध हिंसा का ही उदाहरण है। इसमें व्यक्ति को शारीरिक कष्ट के अलावा मानसिक पीड़ा भी होती है।

(ii) समाज के विरुद्ध हिंसा—शारीरिक हिंसा समाज के विरुद्ध वह हिंसा है जिसमें समाज में रह हरे भिन्न भिन्न लोगों को शारीरिक कष्ट होता है। जैसे अमेरिका द्वारा जापान के दो मुख्य शहरों (हीरोसीमा, नागासाकी) में परमाणु बम से हमला करना जिसमें अत्यधिक धन-जन की हानि हुई समाज के खिलाफ शारीरिक हिंसा का उदाहरण है। हाल में गुजरात के अक्षरधाम मंदिर में हुआ आतंकवादी हमला शारीरिक हिंसा का उदाहरण है।

यह स्पष्ट है कि जब भी व्यक्ति या समाज के खिलाफ शारीरिक हिंसा होती है तो उसमें मानसिक हिंसा भी देखने को मिलती है।

हिंसा की उत्पत्ति

हिंसा की उत्पत्ति के सम्बन्ध में अग्रलिखित मुख्य कारण हैं—

(1) बदले की भावना—बदले की भावना हिंसा की उत्पत्ति का एक प्रमुख कारण है। आधुनिक समाज में बदले की भावना के अंतर्गत ही हिंसा का भयानक रूप देखने को मिल रहा है। एक व्यक्ति दूसरे से बदला लेने के किए उसकी हत्या भी कर देता है। एक देश दूसरे देश पर जैविकीय हथियारों के हमले से भय का वातावरण पैदा कर देता है। यह सब बदले की भावना ही है जिससे हिंसा में बढ़ोतरी हाती है।

(2) आवश्यकता की पूर्ति—जरूरत की पूर्ति हिंसा का एक प्रमुख कारण है। आज के समय में बेरोजगार युवकों द्वारा अकेले या समूह बनाकर हिंसात्मक कार्य अपनी आवश्यकता पूर्ति के लिए किए जा रहे हैं। आज के माहौल में युवकों को

जब उचित रोजगार नहीं मिल रहा है तो वे अकेले या समूह बनाकर लूट-पाट के कार्यों की ओर प्रेरित हो रहे हैं। अक्षरधाम मन्दिर में फायरिंग करने वाले 20-22 वर्ष के नवयुवक को उनकी आवश्यकता ने आतंकवादी बना डाला।

(4) भय उत्पन्न करना—आज के समय में अनेक ऐसे संगठन बन गए हैं जिनका उद्देश्य जनसमुदाय में भी भय पैदा करना है। उदाहरणार्थ लादेन का संगठन अलकायदा के द्वारा अमेरिका के विश्व प्रसिद्ध टावर ध्वस्त कर अमेरिका की सरकार एवं जनता में भय उत्पन्न कर दिया था। इस प्रकार के संगठनों की संख्या भी विश्व में बढ़ रही है।

(3) हिंसा का प्रसार—हिंसा का भी पूरा प्रसार स्वना एवं प्रौद्योगिकी के विकास न किया है। अमेरिकी टावर ध्वस्त की घटना पूरे विश्व में प्रसारित की गई। भारतीय संसद पर किए गए हमले का मीडिया ने खूब प्रचार किया।

हिंसा के प्रचार-प्रसार का सबसे प्रमुख साधन सिनेमा है। आधुनिक समय में हर रोज लाखों लोग सिनेमा घरों में हिंसात्मक दृश्य देखते हैं। आज का बच्चा सिर्फ नेटवर्क के माध्यम से हर रोज लगभग 50 हिंसात्मक दृश्य देखता है, उसका उसके दिमाग पर क्या असर पड़ रहा है? यह शोध का विषय बन गया है। इस प्रकार स्पष्ट है कि मीडिया से हिंसा प्रचार-प्रसार किया है।

हिंसा की प्रमुख समस्या

परिवर्तन की रणनीति में हिंसा (Violence) और संघर्ष (Conflict) की भूमिका का समाजशास्त्रियों ने विश्लेषण किया है। सामाजिक परिवर्तन और हिंसक राज़नीति के आपसी रिश्तों में दो मूल बातें शामिल हैं। पहली बात तो यह है कि तनाव और हिंसा सामाजिक परिवर्तन के स्वाभाविक कारण हो सकते हैं। दूसरी, परिवर्तन के मन्त्रों के रूप में हिंसा और संघर्ष को लिया जा सकता है। विश्व में इन दोनों मुद्दों पर बराबर बहस जारी है। यहाँ सामाजिक परिवर्तन के लिए उन हिंसक साधनों की चर्चा की गई है जो सोच-समझकर उपयोग किए जाते हैं। मार्क्सवादी संघर्ष को क्रान्ति का औजार मानते हैं। उनका इतिहास संघर्षों से भरा हुआ है। वे क्रान्ति लाने के लिए खूनी संघर्ष से भी परहेज नहीं करते हैं।

इसका एक अच्छा उदाहरण भारत में नक्सलवादी आन्दोलन है। अकसर सभी हिंसक प्रतिक्रियाओं का उद्देश्य लक्ष्य को हासिल करना नहीं होता है। कई लोग धन-दौलत, माल-असबाब इत्यादि जमा करने के लिए भी इन हिंसक प्रवृत्तियों में जुटे देखे जा सकते हैं। वे मौकों की तलाश में रहते हैं और उन व्यावसायियों को लूट लेते हैं, जिन्होंने कभी उनकी मदद नहीं की थी। इसलिए सामान्यतय हिंसक प्रवृत्तियों को

सामाजिक परिवर्तन का एक उपयुक्त साधन नहीं माना जाता है। चूँकि हिंसा का इस्तेमाल समाज में शान्ति को भंग करता है। इससें विकास की योजनाएँ प्रभावित होती हैं। प्रजातन्त्र में हिंसा की मान्यता नहीं दी जा सकती।

हिंसा को रोकने के उपाय

हिंसा का विकास वर्तमान समय में इतनी तीव्र गति से हो रहा है कि इससे विकास कार्य भी प्रभावित हो रहे हैं। देश के वर्तमान में हिंसा को रोकने के लिए अग्रलिखित प्रमुख उपाय किए जा रहे हैं–

(2) सरकारी उपाय–विभिन्न उपाय सरकारी उपायों के तहत किए जा रहे है जिनका उद्देश्य हिंसा में कमी करना भी है। उदाहरण आतंकवादियों के विरुद्ध सक्त रवैया, पोटा लागू करना, बेरोजगारों के लिए विभिन्न रोजगार योजनाएँ जैसे प्रधानमन्त्री रोजगार योजना इत्यादि योजनाओं द्वारा सरकार का प्रयास हिंसा को कम करना भी है।

(1) गैर-सरकारी उपाय–विभिन्न संस्थाएं एवं संगठन का प्रचार-प्रसार गैर-सरकारी उपायों के तहत करते है, हिंसा को कम करने में सहायक हैं। उदाहरण–ब्रह्म समाज, आर्य समाज विभिन्न महिला संगठन इत्यादि। जैन धर्म एवं बौद्ध धर्म में भी हिंसा का कोई स्थान नहीं है।

प्रत्यक्ष तौर पर सरकारी या गैर सरकारी उपायों का मुख्य उद्देश्य हिंसा दूर करना नहीं किन्तु अप्रत्यक्ष तौर पर उनके उपरोक्त कार्यक्रम बहुत हद तक हिंसा को कम करते हैं।

भारत में अपराध

अब तक के विवरण से हम यह जान चुके हैं कि अपराध समाज विरोधी कार्य हैं, मगर इनकी सार्वभौमिकता को अस्वीकार भी नहीं किया जा सकता है। वस्तुतः अपराध एक गम्भीर सामाजिक समस्या है जो कि सामाजिक विचलन द्वारा उत्पन्न होती है। अपराध सभी समाजों और युगों में होते आए हैं। हाँ, इनके स्वरूप और मात्रा में कुछ अन्तर या भिन्नता अवश्य हो सकती है। भारत भी अपराधों से अछूता नहीं है। आँकड़े इसके प्रत्यक्ष प्रमाण हैं कि हमारे देश में अपराधों की मात्रा में वृद्धि हो रही है।

क्राइम इन इण्डिया, 1998 के अनुसार वर्ष 1995-98 के दौरान भारत में औसतन प्रतिवर्ष हुए कुल अपराधों में से भारतीय दण्ड संहिता के अन्तर्गत लगभग 17.26 लाख संज्ञेय (Cognizable) अपराध होते हैं जिनमें चोरी, सेंध लगाकर चोरी, लूटमार, डकैती, हत्या, दंगा, अपहरण, धोखाधड़ी, विश्वास भंग आदि शामिल हैं। इसी प्रकार लगभग 44.94 लाख अपराध स्थानीय और विशेष कानूनों के तहत होते हैं,

जैसे—मोटर व्हीकिल एक्ट, प्रोहिबिशन एक्ट, गैम्बिलिग एक्ट, एक्साइज एक्ट, आर्म्ज एक्ट, सप्रेशन ऑफ इम्मौरल ट्रेफिक एक्ट, ओपियम एक्ट, रेलवे एक्ट, एक्सप्लोसिव सब्सटैन्सा एक्ट आदि। इस अर्थ में भारत में अपराध की दर अधिक ऊँची नहीं है। औद्योगिक समाजों में अमेरिका अपराध के क्षेत्र में सबसे ऊपर है, वहाँ एक वर्ष में पूरी जनसंख्या के अनुपात में 4 से 5 प्रतिशत अपराध होते हैं। हमारे देश में प्रति एक लाख जनसंख्या में संज्ञेय अपराध की दर लगभग 180 है। कुल संज्ञेय अपराधों में से लगभग 38 प्रतिशत चार हिन्दी भाषी उत्तरी राज्यों, जैसे—उत्तर प्रदेश, मध्य प्रदेश, बिहार और राजस्थान में होते हैं और लगभग 27 प्रतिशत चार दक्षिणी राज्यों, जैसे—तमिलनाडु, कर्नाटक, आन्ध्र प्रदेश और केरल में होते हैं।

कुल संज्ञेय अपराधों में से लगभग 23 प्रतिशत अर्थिक अपराध 16.2 प्रतिशत चोरी, 6.7 प्रतिशत सेंध लगाकर चोरी (Burglary), 1.3 प्रतिशत लूटमार, 0.5 प्रतिशत डकैती जैसे अपराधों से सम्बन्धित हैं। इसकी तुलना में 77 प्रतिशत अपराध तो सम्पति पर आधारित अपराध होते हैं और 23 प्रतिशत अपराध व्यक्तिगत अपराधों की श्रेणी में आते हैं। भारत में संज्ञेय अपराध की दर महिलाओं की अपेक्षा पुरुषों में बहुत अधिक है। सौ अपराधियों में से 95 पुरुष हैं और 5 महिलाएँ। शहरी अपराधियों का अनुपात ग्रामीण अपराधियों की तुलना में बहुत कम है। अपराध की दर निम्नतम सामाजिक आर्थिक समूहों में सबसे अधिक है। आयु समूह के आधार पर संज्ञेय अपराध की दर 16 वर्ष से कम आयु में समूह में 0.2 प्रतिशत, 16-18 वर्ष की आयु समूह में 1.2 प्रतिशत, 18-30 वर्ष के आयु समूह में सबसे अधिक 51.2 प्रतिशत, 30-50 वर्ष के आयु समूह को सबसे अधिक 41.4 प्रतिशत और 50 से अधिक के आयु के समूह में 6 प्रतिशत। *(क्राइम इन इण्डिया, 1998)*

अपराध के मामले में देश की राजधानी दिल्ली नम्बर वन पर है। 1जनवरी, 2002 से 31 जुलाई, 2002 की अवधि के दौरान दिल्ली में हुए अपराध की डायरी लोकसभा में प्रस्तुत करते हुए गृहराज्य मन्त्री ने बताया था कि इन छह महीनों में राष्ट्रीय राजधानी दिल्ली के 23,312 आपराधिक मामले दर्ज किए गए। चारों प्रमुख महानगरों में आपराधिक मामलों में दिल्ली सबसे आगे है। इन मामलों में दुष्कर्म, डकैती, हत्या, दंगे और फिरौती के लिए अपहरण के मामले शामिल हैं। गृह राज्यमंत्री के अनुसार इससे पिछले वर्ष भी दिल्ली भारतीय दण्ड संहिता के तहत दर्ज कुल 4,746 मामलों के साथ अपराध में सबसे आगे थी। जबकि 2351 मामलों के साथ मुम्बई दूसरे, 999 मामलों के साथ कोलकाता तीसरे तथा 520 मामलों के साथ चेन्नई चौथे नम्बर पर थी।

बाल अपराध

विकास के मार्ग पर आरूढ़ आज का मानव पूर्व की तुलना में कहीं अधिक धनी एवं. शिक्षित है। वह अपने बच्चों को ऊंची-से-ऊंची शिक्षा, देने-दिलाने की कोशिश ही नहीं करता, बल्कि उसे हर तरह की सुविधा देने का प्रयास करता है, जिससे वह प्रगति के नये आयाम कायम कर सके। अभिभावक की तरफ से इतनी सुविधा मिलने के बाद भी बाल अपराधियों की संख्या में लगतार हो रही वृद्धि अत्यंत ही चिन्तनीय है।

वैज्ञानिक और मशीनी युग की विशेषताओं ने समाज के परंपरागत मूल्यों, विश्वासों, स्थितियों, भूमिकाओं को ही नहीं, अपितु सामाजिक व्यवस्था, संगठन एवं ढाँचे को भी बदल दिया है। मानवीय जीवन से सम्बन्धित कई वस्तुओं और सम्बन्धों के ताने-बाने विश्रृंखलित होकर विघटित हो गये हैं। बाल-अपराध की समस्या कृषि-प्रधान एवं अर्द्ध-विकसित देशों की अपेक्षा उन देशों में अधिक गम्भीर हो गयी है जो औद्योगिक क्षेत्र में अत्यधिक उन्नति कर गये हैं। औद्योगिक क्षेत्र में जहाँ आर्थिक ढाँचे में प्रगति हो रही है, वहाँ नगरीकरण की प्रक्रिया में वृद्धि हो रही है। सामाजिक आर्थिक मूल्यों में नगरीकरण के प्रभाव से बदलाव हो रहा है। इन परिवर्तनों से नगरों में बाल-अपराधियों में बढ़ोतरी हो रही है। भारतीय कृषक समाज अब भी अपनी कृषक विशेषताओं हेतु आगे बढ़ रहा है किन्तु यह भी स्पष्ट तौर पर दिखाई दे रहा है कि वह औद्योगिक एवं नगरीकरण के प्रभाव से वंचित भी नहीं है। बड़े विशाल नगर एवं महानगर औद्योगीकरण की प्रक्रिया में काफी आगे निकल चुके हैं। यहाँ पर निवास करने वाले करोड़ों व्यक्तियों का जीवन-दर्शन परिवर्तित हो चुका है। उनके जीवन के साथ परम्परात्मक विश्वासों का स्तर नजर नहीं आता है। न तो उसके ऊपर अब संयुक्त-परिवार का नियंत्रण है और न पास-पड़ोस अथवा समुदाय का ही है। वे स्वतंत्र और मुक्त हैं, जैसा चाहें वैसा कर सकते हैं।

नगरों में संयुक्त-परिवार के स्थान पर एकाकी परिवार हैं एकाकी-परिवार का सम्बन्ध न तो अपने सम्बन्धियों से है और न तो अपने चारों ओर निवास करने वाले व्यक्तियों से है। इन परिवारों का जीवन अपने सदस्यों के अहम् के चारों तरफ मंडराता है। उन्हे सिर्फ अपनी चिन्ता है। दूसरों के प्रति ज्यादातर वे उदासीन रहते हैं। नगर में परम्परागत नियंत्रण के साधनों में परिवर्तन हो गये हैं जिसने नगर समाज को परम्परा से अलग बना दिया है। नगरीकरण एवं औद्योगिकीकरण के आकर्षण ने ग्रामीण व्यक्ति को अपनी तरफ आकर्षित किया। बड़ी संख्या में ग्रामीण व्यक्ति नगर में आकर बसने लगे। विशेष तौर पर उन नगरों में जो औद्योगिक क्षेत्र में काफी प्रगति कर चुके हैं। इन नगरों में व्यक्ति मशीन की तरह काम करता है

और स्वयं भी मशीन हो जाता है जिसमें भावना नाम की वस्तु बड़ी कठिनाई से अनुभव करने को मिलती है। भावना के अभाव में व्यक्ति, व्यक्ति से दूर और पृथक्-पृथक् हो जाता है। **एक ब्यूरो रिपोर्ट** के अनुसार–"व्यक्ति को भावनात्मक मदद समुदाय से मिलती रही है। इसके अभाव में यह स्वयं में टूटता जा रहा है। वह सत्य है कि यह भावनात्मक मदद आर्थिक और सामाजिक सहायता से कहीं अधिक रही है, जिसने परिवार के सदस्यों को एक सूत्र में बाँधने का कार्य किया था।"

हर विचारक और समाज-सेवक अपने अनुभव और दृष्टिकोण के आधार पर बाल-अपराध की परिभाषा देने की कोशिश करता है। इसलिए इस समस्या की एक परिभाषा न होकर अनेक परिभाषाएँ हैं, जो विविध विचारकों के पृथक्-पृथक् दृष्टिकोणों को व्यक्त करती है। कुछ परिभाषाएँ निम्नलिखित हैं–

डा. सेठना के शब्दों में–"बाल अपराधों में विशेष रूप से उस समय लागू कानून द्वारा निर्धारित, एक निश्चित आयु के बालकों या युवकों द्वारा किये गये अनुचित कार्य शामिल होते हैं।"

गिलीन और गिलीन के अनुसार–"समाजशास्त्रीय दृष्टिकोण में अपराधी या बाल-अपराधी एक ऐसा व्यक्ति है जो ऐसे कार्य का अपराधी है जिसको वह समूह, जिसमें अपने विश्वासों को कार्यान्वित करने की शक्ति है, समाज के लिये हानिकारक समझता है और इसलिये ऐसा कार्य करना मना है।"

साधारणतया बाल-अपराध को परिभाषित करते समय हम उन लक्षणों एवं विशेषताओं की भी चर्चा करते हैं जो उनमें पाई जाती है, यथा स्कूल से अनुपस्थित रहना, आवारागर्दी करना, जुए के अड्डों पर रहना; चोर, डाकुओं, गुण्डों, वेश्याओं अथवा अन्य बुरे आदमियों की संगत में रहना या रात में इधर-उधर घूमना आदि ऐसे कार्य जो असामाजिक होते हैं। ऐसे कार्यों को करने वाले को बाल-अपराधी कहा जाता है। **रॉबिन्स** के अनुसार बाल-अपराधियों में अग्रांकित लक्षण पाये जाते हैं–"आवारागर्दी और भीख माँगना, दुर्व्यवहार, बुरे इरादे से शैतानी करना और उद्दण्डता।"

बाल-अपराधी की व्याख्या करते हुए संयुक्त राष्ट्र संघ कहता है–"बाल-अपराधी वह नवयुवक तथा नवयुवती है, जिसने निश्चित उम्र के भीतर दण्ड-विधान के तहत अपराध किया है एवं न्याय-अदालत या बाल-कल्याण समिति जैसी विशेष संस्था के सामने पेश किया गया है ताकि उसकी ऐसी चिकित्सा का प्रबन्ध हो सके, जिससे वह समाज द्वारा पुनः स्थापित यानि स्वीकृत हो जाए।

ज्यादातर मामलों में कानून बाल-अपराध की अधिक से अधिक ही नहीं, कम उम्र भी निर्धारित कर देता है जिससे नीचे की उम्र का बच्चा अपने अपराधों के लिए जिम्मेदार नहीं होता है।"

सफेदपोश अपराध

आज अपराध सिर्फ उन व्यक्तियों के द्वारा ही नहीं किए जाते हैं जिनकी आर्थिक अवस्था खराब है। अपराधी वे व्यक्ति ही नहीं हैं जिनमें कोई शारीरिक या मानसिक 'प्रकार' पाया जाता है या जिनके ऊपर वातावरण पाया जाता है या जिनके ऊपर वातावरण का दवाब रहता है। आधुनिक युग में अपराध उन व्यक्तियों के जरिये भी किए जाते हैं जिन्हें तमाम में उच्च प्रतिष्ठा प्राप्त है। समाज में इस प्रकार की कानून-विहीनता चिन्ता का विषय है। समाज में बढ़ती हुई इस अपराध प्रवृत्ति को 'सफेदपोश अपराध' (White Collar Crime) या 'व्यावसायिक अपराध (Occupational Crime) कहा जाता है।

प्रसिद्ध अपराधशास्त्री **सदरलैण्ड** के शब्दों में, *"सफ़ेदपोश अपराध सम्मानित और उच्च सामाजिक प्रस्थिति के व्यक्ति द्वारा अपने व्यवसाय के दौरान किया जानेवाला अपराध है।"* **'सफेदपोश'** का अभिप्राय मात्र सफेद कपड़े पहनने वालों से न होकर ऐसे व्यक्तियों से है जो समाज के उच्च पदों पर होने के कारण कानून की पकड़ में सरलता से नहीं आते हैं। हरेक समाज के व्यवसाय के आधार पर तथा धार्मिक, राजनीतिक, सामाजक प्रस्थिति के आधार पर उच्च पद जिन लोगों को मिलता है, ऐसे लोगों द्वारा किया जाने वाल अपराध सफेदपोश अपराध कहलाता है।

सदरलैण्ड की इस परिभाषा से स्पष्ट हो जाता है कि सफेदपोश अपराधी की सामाजिक प्रस्थिति उच्च होती है तथा वह अपने व्यवसाय के तहत अपराध करता है। इस प्रकार के अपराध का मुख्य लक्ष्य आर्थिक होता है। बड़े-बड़े व्यापारी मिलावट करते हैं। वकील जो धन के लोभ में असल तथ्यों को तोड़-मरोड़ देते हैं। डॉक्टर जो पैसे लेकर अवैध पोस्टमार्टम की रिपोर्ट देते हैं। कर नहीं देना, आय छिपाना, गलत बिक्री या आयकर रिटर्न भरकर लाभ लेना, खाद्य-पदार्थों में मिलावट करना ये सब सफेदपोश अपराधों के उदाहरण हैं।

अब सफेदपोश अपराध का दायरा बहुत व्यापक हो गया है। 'सफेदपोश' शब्द की बजाय अब इतना साहित्य सम्बोधन 'व्यावसायिक अपराध' हो गया है। इस अपराध के दायरे में व्यापारी, व्यवसायी और वे सभी सरकारी अधिकारी व कर्मचारी आ गए हैं जो अपने मुद्दों पर कार्य करते हुए कानून व नियमों का हनन करके सफेदपोश या व्यावसायिक अपराधों को अन्जाम देते हैं। इनके अन्तर्गत विज्ञापनों

राशि के गलत विवरण देना, श्रमिक कानूनों का उल्लंघन, करना वित्तीय धोखाधड़ी तथा कॉपीराइट कानूनों की परवाह न करना जैसे अपराध भी सम्मिलित हो गए हैं। पहले इन सफेदपोश अपराधियों पर हाथ डालना असम्भवं था। लेकिन अब सी.बी. आई. और उच्च तथा सर्वोच्च न्यायालय द्वारा मुस्तैदी दिखाए जाने के फल स्वरूप बड़े-बड़े आई.ए.एस, आई.पी.एस., नेता, जज और पूँजीपति सफेदपोश अपराधों की गिरफ्त में आ रहे हैं। हाँलांकि आर्थिक अपराधों में बढ़ोतरी बावजूद सजा पाने लोगों की गिनती आज भी स्थिर ही है।

संगठित अपराध

वर्तमान में अपराध का स्वरूप भी बदलता जा रहा है। पहले अधिकतर अपराध एकल या तीन-चार व्यक्तियों के समूह द्वारा किए जाते थे। आज अपराध का स्वरूप भी संस्थागत हो गया है। इस प्रकार **ऐसा अपराध जिसको करने में व्यक्तियों का एक बड़ा समूह लगा हो, उसे संगठित अपराध कहते हैं।** दूसरे शब्दों में अब अपराध एक प्रकार का सामूहिक कार्य हैं, जिसे काफी ज्यादा संगठित प्रणाली से किया जाता है। समाजशास्त्रियों ने तीन प्रकार के संगठित अपराधों की वर्णन की है–

(1) **गिरोह अपराध**–गिरोह अपराध के तहत लोगों से **धन ऐंठना** (जिसमें अपराध जगत के कुख्यात अपराधी, संरगनाओं,उदाहरणार्थ–दाउद इब्राहिम, छोटा राजन, बड़ा राजन, शकील, अबु सलेम आदि के नाम पर उनके आदमियों द्वारा हफ्ता या महीना वसूला जाता है), **डकैती** (जिसमें बैंक में भी डाली जाती है), **अपरहण** (जिसमें किसी बड़ी हस्ती का अपहरण कर लिया जाता है, जैसे चन्दन तस्कर वीरप्पन ने कर्नाटक के फिल्मी कलाकार श्री राजकुमार का अपहरण करके राज्य सरकार के पास अपनी माँग रखी थीं), **फिरौती** (इसमें भी किसी उद्योगपति के बच्चे को उठाकर धन की मांग की जाती है) सम्मिलित हैं। ऐसे अपराधों का निष्पादन काफी कठोर, निर्दयी और ताकतवर अपराधी गिरोह द्वारा किया जाता है।

(2) **धोखाधड़ी**–अधिक ब्याज देने के नाम पर नई-नई स्कीमों में लोगों से पैसे ठगना। नकली दवाओं का व्यापार करना, मिलावटी सामान बेचना,नकली पासपोर्ट-वीजा बनवाकर विदेश भेजने के नाम पर पैसा ठगना आदि अपराध धोखाधड़ी के श्रेणी में आते हैं। धोखाधड़ी करने वाले अपराधी गैर-कानूनी व्यवसाय, उदाहरण–ड्रग्स सप्लाई और तस्करों को सुरक्षा मुहैया करने का कार्य भी करते हैं।

(3) **संघ अपराध**–बड़े शहरों (महानगरों) यथा कोलकाता, चेन्नई, दिल्ली, मुम्बई, में संघ अपराध संगठित अपराधी गिरोह द्वारा किए जाते हैं। ये अपराधी गिरोह

सरगना कहलाते हैं। गिरोह अपराध में जिन कुख्यात अपराधियों का जिक्र किया गया है, वही इन माफिया के सरगना हैं। इनका महानगरों में काफी प्रभाव होता है। मुम्बई की पूरी फिल्म नगरी और बड़े व्यवसायों में इनकी तूती बोलती है, इनके प्रभाव के बिना वहाँ पत्ता भी नहीं हिल सकता है। ये एक डर का वातावरण उपस्थित करते हैं, इनका सम्बन्ध अन्तरराष्ट्रीय आतंकवादी गिरोह से भी होता है। ये नशीली दवाओं का अवैध व्यापार, सट्टेबाजी, गैर-कानूनी हथियारों को आतंकवादियों तक पहुँचाने का काम बेधड़क करते हैं। ये अपराधी किसी भी बड़े राज नेता या व्यापारी को उनके विरोधियों द्वारा मरवाने के नाम पर 'सुपारी' लेकर काम को अन्जाम देते हैं।

इनका जाल बड़े विस्तृत पैमाने पर दुनिया भर में फैला होता है। इन अपराधों की संख्या में बहुत बढ़ोतरी हुई है। अन्य देशों की तरह भारत भी संगठित अपराधों से घिरा हुआ है जिसका मूल्यांकन करना असम्भव है।

धन व शाक्ति से जुड़ा अपराध

आज के दौर में भ्रष्टाचार एक देशव्यापी समस्या बन चुकी है। आज हर क्षेत्र तथा विभाग में भ्रष्टाचार ही भ्रष्टाचार नजर आता है। इससे समाज का कोई भी अंग अछूता नहीं बचा है। आज सत्ता के शीर्ष से लेकर सबसे निचली पायदान तक भ्रष्टाचार का बोलबाला है। चाहे वह सामाजिक क्षेत्र हो, राजनीतिक क्षेत्र हो, आर्थिक क्षेत्र हो या अन्य कोई भी क्षेत्र हो, भ्रष्टाचार से अछूता नहीं है। भ्रष्टाचार की यह समस्या दिनौ-दिन इतनी जटिल होती जा रही है कि इस पर नियंत्रण करना काफी कठिन है। देश के अधिकांश सत्ताधारी व्यक्तियों एवं प्रशासनिक अधिकारियों के जीवन, व्यवहार, कार्यक्रम एवं विचार भ्रष्टाचार का एक अभिन्न अंग बन गया है। प्रजातंत्र, समाजवाद, स्वच्छ प्रशासन, सामाजिक न्याय एवं राष्ट्रीय चरित्र आदि आज आडम्बर मात्र बनकर रह गये हैं। यहाँ के प्रबुद्ध जन, राजनीतिज्ञ, प्रशासक एवं अन्य व्यक्ति भ्रष्टाचार पर लम्बी-लम्बी बहस करते हैं एवं व्याख्यान भी देते हैं लेकिन अफसोस तब होता है जब इनकी कथनी एवं करनी में अंतर दिखाई देता है। यहाँ की जनता भी अब भ्रष्टाचार को झेलने की आदी हो गई है और अब यह जीवन का अंग बन चुका है। भ्रष्टाचार अधिकांश व्यक्तियों के जीवन का एक पर्याय बन गया है। भ्रष्टाचार के सम्बन्ध में गुन्नार मिरडल ने अपने दिए गये वक्तव्य में इसे दक्षिण-पूर्व एशिया के देशों की एक लोक-रीति बताया। इनके वक्तव्य में पता चलता है कि आज भ्रष्टाचार इस रूप में पनप चुका है कि लोग इसे लोक-रीति की तरह अपना चुके हैं। इससे निजात पाना एक कठिन कार्य है। प्राचीन समय में समुदाय

छोटे होते थे और उनमें भी लोग एक-दूसरे को जानते थे। जब समुदाय का आकार बढ़ा तो नियंत्रण का अधिकार शासकों के हाथों में आ गया। प्राचीन समय में लोग परम्परा तथा धार्मिक नीतियों के नियम से बंधे हुए थे। आज यह दिखाई नहीं पड़ता है। यूरोप में सोलहवीं तथा सत्रहवीं शताब्दियों में निरपेक्षतावादी राष्ट्रों ने (Absolutist Nation States) तथा उन्नीसवीं शताब्दी में लोकतांत्रिक राष्ट्रों के उदय के साथ राजनीतिक संस्थाओं एवं जन प्रशासन के कार्यों में काफी परिवर्तन हुए। कार्यकुशलता सीमित करने वाले विभिन्न प्रतिबन्धों के विरोधस्वरूप निरपेक्षतादी राष्ट्रों की उत्पत्ति हुई थी। राज्य के प्रतिबन्ध तथा चर्च और जागीरदारी व्यवस्था के प्रतिबन्ध कुछ ऐसे ही प्रतिबन्धों के उदाहरण हैं।

प्राचीन समय में राज्यों के छोटे-छोटे आकार के कारण लोग एैक-दूसरे से परिचित रहते थे और उनका कार्यक्षेत्र भी सीमित था जिससे भ्रष्टाचार की इतनी जटिल गंभीर नहीं थी। इस सम्बन्ध में Report of the Committee on Prevention of Corruption में कहा गया है, "प्राचीन तथा मध्ययुगीन समाजों में सार्वजनिक अधिकारियों का क्षेत्र न्यूनतम था। अनेक कार्य जौ पहले समुदाय द्वारा किए जाते थे अब राज्य द्वारा सम्पन्न होने लगे हैं। बहुधा पद (Offices) वंशानुगत होते थे और आवश्यक गुण जो आज उत्कोच (Bribery) को बढ़ावा देते हैं उस समय निष्ठा और ईमानदारी के प्रचलित लक्षण माने जाते थे। उस समय राज्यों के कार्यों के सीमित क्षेत्र और लेन-देन के तरल साधनों (Fluid Resources) के अभाव के कारण भ्रष्ट होने तथा भ्रष्ट करने के अवसरों एवं क्षमता को नियंत्रित किया गया था।" धीरे-धीरे समय बदलता गया एवं समुदायों के बढ़ते आकार एवं परिवेश ने भ्रष्टाचार को बढ़ावा दे दिया। प्रत्येक विकासशील समाज में भ्रष्टाचार की समस्या किसी-न-किसी रूप में पनपती है। आज भ्रष्टाचार एक फैशन बन गया है। जो अधिकारी घूस नहीं लेते या भाई-भतीजावाद नहीं करते उन्हें आउट डेटेड मानकर उपहास का पात्र बताया जाता है। इस प्रकार यह पता चलता है कि भ्रष्टाचार की समस्या प्राचीन समय में गंभीर नहीं थी जबकि आज यह एक गंभीर समस्या बन चुकी है।

भ्रष्टाचार आज एक गंभीर सामाजिक समस्या बन चुकी है। मेकाईवर का कथन है कि समाज सामाजिक सम्बन्धों का जाल है, इस तथ्य की पुष्टि करता है कि समाज में सामाजिक सम्बन्धों की महत्त्वपूर्ण भूमिका होती है। सामाजिक सम्बन्ध समय के साथ बदलती रहती है। यह एक गतिशील व्यवस्था है। सामाजिक सम्बन्ध मानव के आचार-व्यवहार के तौर-तरीकों को निर्धारित करता है। मानव-समाज में

पाए जाने वाले आचार-विचार को दो भागों में विभाजित किया जा सकता है। एक शिष्टाचार कहा जा सकता है और दूसरा भ्रष्टाचार कहा जा सकता है। जो आचार-व्यवहार शिष्ट एवं शालीन होता है उसे शिष्टाचार और इसके विपरीत भ्रष्ट आचार को भ्रष्टाचार कहा जाता है। भ्रष्ट का अर्थ निकृष्ट से समझा जाता है। आचार का तात्पर्य मानव-व्यवहार एवं उसके क्रिया-कलाप से समझा जाता है। इस प्रकार भ्रष्टाचार का अर्थ मानव के निकृष्ट आचार-व्यवहार से हुआ। प्रत्येक समाज अपने सदस्यों के लिए कुछ आचार-व्यवहार निर्धारित करता है। इन्हीं आचारों-व्यवहारों का उल्लंघन करना भ्रष्टाचार कहा जाता है।

भ्रष्टाचार को विभिन्न विद्वानों ने परिभाषित किया है। ये परिभाषाएँ निम्नलिखित हैं–

ई.ए. रॉस (E.A. Ross) ने भ्रष्टाचार को परिभाषित करते हुए कहा है, "भ्रष्टाचार सामान्य नैतिकता पर प्रतिकूल प्रभाव डालता है क्योंकि यह अविश्वास और आस्थाहीनता की प्रवृत्तियों को बढ़ाता है। इस प्रकार सामाजिक विघटन की स्थिति का निर्माण करता है।" इस परिभाषा से पता चलता है कि भ्रष्टाचार नैतिकता के विपरीत होता है। इससे अविश्वास उत्पन्न होता है।

भ्रष्टाचार को परिभाषित करते हुए राबर्ट सी. ब्रुक्स ने कहा है, "कोई प्रत्यक्ष अथवा अप्रत्यक्ष व्यक्तिगत लाभ प्राप्त करने के लिए जान-बूझकर प्रदत्त कर्त्तव्य का पालन न करना, राजनीतिक भ्रष्टाचार है। भ्रष्टाचार सदैव किसी स्पष्ट अथवा अस्पष्ट लाभ के लिए कानून और समाज के विरोध में किया जाने वाला कार्य होता है।" इस परिभाषा के अनुसार भ्रष्टाचार जान-बूझकर अपने लाभ के लिए किया जाता है। इससे समाज एवं कानून दोनों के नियमों का उल्लंघन होता है।

भ्रष्टाचार को परिभाषित करते हुए आर.बी. गुप्ता ने कहा है, "भ्रष्टाचार का तात्पर्य उन व्यक्तियों द्वारा अर्जित अनुचित लाभ से है, जो सार्वजनिक हितों को तिलांजलि देकर सामाजिक प्रतिष्ठा, पद तथा धन के कारण कानून की आँखों में धूल झोंकने में समर्थ होते हैं।" इस परिभाषा से यह पता चलता है कि भ्रष्टाचार में लिप्त व्यक्ति अनुचित लाभ के लिए सार्वजनिक हितों को तिलांजलि दे देते हैं। ऐसे व्यक्ति कानून की आँखों में धूल झोंकने में समर्थ होते हैं।

भ्रष्टाचार निरोध समिति, 1962 ने भ्रष्टाचार के सम्बन्ध में कहा है, "शब्द के व्यापक अर्थ (Connotation) में, एक सार्वजनिक पद (Office) अथवा जनजीवन में उपलब्ध एक विशेष स्थिति (Position) के साथ संलग्न शक्ति तथा प्रभाव का अनुचित या स्वार्थपूर्ण प्रयोग ही भ्रष्टाचार है।"